T0247718

LAS FÁBULAS EGIPCIAS Y GRIEGAS

LAS FÁBULAS EGIPCIAS Y GRIEGAS

Desveladas y reducidas a un mismo principio

CON UNA EXPLICACIÓN DE LOS JEROGLÍFICOS Y DE LA GUERRA DE TROYA

Por **Dom Antoine Joseph Pernety**

Religioso Benedictino de la Congregación de Saint Maur.

Los Sacerdotes de Egipto recreaban al pueblo con estas fábulas, y éstas, con los nombres de los dioses del país servían de velo a su filosofía. *Orígenes, libro 1, contra Celsum.*

TOMO PRIMERO

París, Chez Delalain l'ainé, Libraire, rue Saint Jacques, N° 240.

MDCCLXXXVI

Con aprobación y privilegio del Rey.[1]

Traducción de José Romero

1. Esta traducción del francés ha sido realizada a partir de la versión facsímil aparecida en EDITIONS LA TABLE D'EMERAUDE, 21, rue de la Huchette 75005, París 1982.

Colección Biblioteca Esotérica
Las fábulas egipcias y griegas
Dom Antoine Joseph Pernety

1.ª edición: diciembre de 2023

Título original: *Les Fables égyptiennes et grecques dévoilées et réduites au même principe, avec une explication des hiéroglyphes et de la guerre de Troye*

Traducción: *José Romero*
Maquetación: *Vman Infotech / Editorial Obelisco*
Diseño de cubierta: *Carol Briceño*

Edita: Ediciones Obelisco, S. L.
Collita, 23-25. Pol. Ind. Molí de la Bastida
08191 Rubí - Barcelona
Tel. 93 309 85 25
E-mail: info@edicionesobelisco.com

ISBN: 978-84-1172-052-6
DL: B 11618-2023

Printed in India

PREFACIO

La filosofía considerada en general ha nacido con el mundo, porque desde todos los tiempos los hombres han pensado, reflexionado y meditado; desde todos los tiempos el gran espectáculo del Universo les ha ocasionado admiración y ha despertado su curiosidad natural. Nacido para la sociedad, el hombre ha buscado los medios de vivir con agrado y satisfacción; el buen sentido, la humanidad, la modestia, la urbanidad de costumbres, el amor a esta sociedad, han sido objeto de su atención. Pero por más admirable y por más sorprendente que haya sido para él el espectáculo del Universo, por más ventajas que haya creído poder sacar de la sociedad, todas estas cosas no estaban en él. ¿No debió de sentir, al reflexionar sobre sí mismo, que la conservación de su propio ser no era un objetivo menos interesante y pensó que se estaba olvidando de ello, por no ocuparse de aquel que era su Autor? Sujeto a tantas vicisitudes, acechándole tantos males, y además, intentando gozar de todo lo que le rodeaba, sin duda buscó los medios de prevenir o de curar sus enfermedades, para conservar durante más tiempo una vida siempre presta a escapársele. No ha necesitado meditar mucho para concebir y convencerse de que el principio que constituye su cuerpo y que lo alimenta era también el que debía de conservarle en su manera de ser. El apetito natural de los alimentos se lo indicaba suficientemente; sin embargo, se dió cuenta de que estos alimentos eran tan perecederos como él, a causa de la mezcla de las partes heterogéneas que los constituían, llevando en su interior un principio de muerte junto al principio de vida. Fue preciso, pues, razonar sobre los seres del Universo, meditar largo tiempo para descubrir este fruto de vida, capaz de conducir al hombre casi a la inmortalidad.

No era suficiente haber conocido este tesoro a través de la envoltura que lo cubre y lo oculta a los ojos del común. Para hacer de este fruto el uso que se proponía era indispensable desembarazarlo de su corteza y tenerlo en toda su pureza primitiva. Siguió a la naturaleza de cerca, espió los procesos que emplea en la formación de los individuos y en su destrucción. No solamente conoció que este fruto de vida era la base de todas las generaciones, sino que todo se resolvía finalmente en sus propios principios.

Se propuso, pues, imitar a la naturaleza, y bajo tal guía ¿era posible no salir airoso? ¿A qué extensión de conocimientos no conduciría este descubrimiento? ¿No podían ser efectuados algunos prodigios cuando se veía en la naturaleza como en un espejo que estaba a su alcance? ¿Se puede dudar que el deseo de encontrar un remedio a todos los males que afligen a la humanidad y de extender, si es posible, los límites prescritos en la duración de la vida, haya sido el primer objetivo de las ardientes búsquedas de los hombres y haya formado los primeros filósofos? Su descubrimiento debió de sorprender infinitamente al buscador y le hizo rendir grandes acciones de gracias a la Divinidad por un favor tan notable. Pero al mismo tiempo debió de pensar que Dios no había dado este conocimiento a todos los hombres, sin duda no quería que fuera divulgado. Fue preciso, pues, hacer partícipes sólo a algunos amigos; también Hermes Trismegisto, o tres veces grande, el primero de todos los filósofos conocidos con distinción, lo comunicó solamente a gentes de élite, a personas que él había probado en su prudencia y discreción. Estos hicieron partícipes a otros del mismo temple y este conocimiento se extendió por todo el Universo. Los druidas entre los galos, los gimnosofistas en las Indias, los magos en Persia, los caldeos en Asiria, Homero, Tales, Orfeo, Pitágoras y muchos otros filósofos de Grecia, tenían conformidad de principios y un conocimiento casi idéntico de los más raros secretos de la naturaleza. Pero este conocimiento privilegiado permanece siempre encerrado en un círculo muy estrecho de personas y se comunica al resto del mundo sólo como rayos de esa fuente de abundante luz.

Una vez conocido este agente, base de la naturaleza, se empleó siguiendo las circunstancias de los tiempos y la exigencia de los sucesos. Los metales y las piedras preciosas entraron en disposición de la sociedad, unos por necesidad y otros por comodidad y atractivo. Pero como estas últimas adquirieron un precio por su belleza y su esplendor y se volvieron preciosas por su rareza, hicieron uso de sus conocimientos filosóficos para multiplicarlas. Se transmutaron los metales imperfectos en oro y plata, se fabricaron piedras preciosas y se guardó el secreto de estas transmutaciones con el mismo escrúpulo que el de la panacea universal, porque no se podía desvelar a uno sin darlo a conocer a otro, y se presentía perfectamente que de su divulgación resultarían infinitos inconvenientes para la sociedad.

Pero ¿cómo podían comunicarse de edad en edad estos admirables secretos y al mismo tiempo mantenerlos ocultos al público? Hacerlo sólo mediante tradición oral hubiera sido arriesgarse a que se extinguiera incluso su recuerdo; la memoria es muy frágil como para fiarse de ella. Las tradiciones de esta especie se oscurecen a medida que se alejan de su fuente, hasta el punto que es imposible desembrollar el caos tenebroso donde el objeto y la materia de estas tradiciones se encuentran sepultados. Confiar estos secretos en tablillas, en lenguas y en caracteres familiares era exponerse a verlos publicados, podían haberlos perdido por negligencia, o por indiscreción podrían haberlos robado. Es más, era preciso eliminar la menor sospecha, sino de su existencia, al menos del conocimiento de estos secretos. No había, pues, otro recurso que el de los jeroglíficos, los símbolos, las alegorías, las fábulas, etc, que, siendo susceptibles de muchas explicaciones diferentes, podían servir para dar el cambio y para instruir a unos mientras que los otros permanecían en la ignorancia. Es lo que hizo Hermes y tras él todos los filósofos herméticos del mundo. *Ellos recreaban al pueblo con estas fábulas*, dice Orígenes, *y estas fábulas, con los nombres de los dioses del país, servían de velo a su filosofía.*

Estos jeroglíficos y estas fábulas, presentaban a los filósofos y a aquellos que instruían para ser iniciados en sus misterios, la teoría de su arte sacerdotal y diversas ramas de la filosofía, que los griegos sacaron de los egipcios. Los usos, los modos, los caracteres, incluso algunas veces la manera de pensar, varían según el país. Los filósofos de las Indias y los de Europa inventaron jeroglíficos y fábulas en su fantasía, pero siempre con el mismo objetivo. Con el paso del tiempo se escribió sobre esta materia, pero en un sistema tan enigmático que estas obras, aunque compuestas en lenguas conocidas, se volvieron tan ininteligibles como los mismos jeroglíficos. El afecto que produce recordar las antiguas fábulas ayuda a descubrir el objeto, y es lo que me ha empujado a explicarlas, según sus principios. En sus libros se encuentran suficientemente desarrolladas, pero se han de estudiar con una pertinaz atención y con el suficiente coraje como para tomarse la molestia de combinarlas y relacionarlas unas con otras. Ellos indican la materia de su arte sólo mediante sus propiedades, jamás por el nombre propio por el cual es conocida. En cuanto a las operaciones requeridas para trabajarla filosóficamente, las han ocultado bajo el sello de un secreto impenetrable; pero no han hecho un misterio de los colores o signos demostrativos que se suceden en el curso de las operaciones. Es lo que particularmente les ha proporcionado el tema a imaginar y a figurar los personajes, los dioses y los héroes de la fábula, así como las acciones que se les atribuye; todo ello se podrá juzgar por la lectura de esta obra. Cada capítulo es una especie de disertación, lo que le quita mucho atractivo y le impide ser tan divertida como pudiera parecer el tema. No me he propuesto escribir todas las fábulas, sino explicar aquellas que son más conocidas. En el discurso preliminar se verán las razones que me han determinado a poner en cabeza los principios generales de la física y un tratado de filosofía hermética. Era necesario introducir de esa manera al lector en el estilo y el lenguaje de los filósofos, pues me he propuesto hacerlo partícipe de sus ideas. Encontrará enigmas, alegorías y metáforas, de las que sus escritos están llenos. Si desea una explicación más detallada puede recurrir al *Diccionario Mito-hermético*, que he puesto al día al mismo tiempo.

Se pregunta si la filosofía hermética es una ciencia, un arte o un puro invento de la razón. El prejuicio tiende a hacer pensar esto último; pero el prejuicio no sirve de prueba. El lector, tras la lectura reflexiva de este tratado, decidirá como bien le parezca. Se puede arriesgar, y sin vergüenza, a equivocarse como tantos sabios que, en todos los tiempos, han combatido este prejuicio. ¿No habría de enrojecer más bien el que combate con desprecio la filosofía hermética, sin conocerla y sin admitir la posibilidad de su existencia? La cual está fundamentada sobre la razón y las pruebas aportadas por un gran número de autores, cuya buena fe no tiene nada de sospechosa. Al menos no se puede contestar razonablemente que la idea de una medicina universal y la de la transmutación de los metales, no hayan sido lo bastante sorprendentes como para excitar la imaginación de un hombre, y hacerle crear las fábulas para explicar lo que pensaba. Orfeo, Homero y los más antiguos autores hablan de una medicina que cura todos los males; hacen mención de ello de una manera tan positiva que no dejan ninguna duda sobre su existencia. Esta idea se ha perpetuado hasta nosotros; las circunstancias de las fábulas se combinan y se ajustan con los colores y las operaciones de las que hablan los filósofos; de esta manera se explican más verosímilmente que con ningún otro sistema ¿qué más se exigirá? Sin duda una demostración; pero corresponde a los filósofos herméticos usar este medio de convencer a los incrédulos, y yo no lo soy.

LAS FÁBULAS EGIPCIAS Y GRIEGAS

Desveladas y reducidas a un mismo principio, con una explicación de los jeroglíficos y de la Guerra de Troya

DISCURSO PRELIMINAR

El gran número de autores que han escrito sobre los jeroglíficos egipcios y sobre las fábulas, a las que éstos han dado lugar, son tan contrarios unos con otros, que sus obras se pueden considerar como nuevas fábulas. Por más bien imaginadas y por más bien concertadas que estén, al menos en apariencia, se puede ver en los sistemas que han usado muy poca solidez, cuando se está libre de prejuicios. Unos creen encontrar allí la historia real de aquellos lejanos tiempos, y a pesar de todo los llaman *tiempos fabulosos*. Otros no perciben más que principios de moral, y sólo es preciso abrir los ojos para ver por todas partes ejemplos capaces de corromper las mejores costumbres. Finalmente, otros, poco satisfechos de estas explicaciones, han sacado las suyas de la física. Yo pregunto a los físicos naturalistas de nuestros días si han tenido ocasión de quedar más contentos con ello.

Los unos y los otros no han tenido éxito; entonces, es natural pensar que el principio general sobre el cual han establecido sus sistemas, no fue jamás el verdadero principio de estas ficciones. Era necesario uno mediante el cual se pudiera explicar todo, incluso las menores circunstancias de los hechos relatados, aunque extravagantes, increíbles y por más contradictorios que parezcan. Este sistema no es nuevo y estoy muy lejos de querer otorgarme ese honor; yo lo he encontrado en fragmentos esparcidos de diversos autores, tanto antiguos como modernos; sus obras son poco conocidas o poco leídas, porque la ciencia que tratan es víctima de la ignorancia y del prejuicio. La gracia más grande que se cree otorgar a los que la cultivan, o que la defienden, es de considerarlos como locos, dignos de estar en manicomios por lo menos. Otras veces pasan por ser los más sabios de entre los hombres; pero la razón, aunque no sea siempre la dueña en todos los tiempos, está obligada a sucumbir bajo la tiranía del prejuicio y de la moda. Este sistema, pues, es la obra de estos pretendidos locos, a los ojos de la mayor parte de los modernos, es éste el que yo les presento; pero temo que mis pruebas, establecidas sobre las palabras de estos locos hagan observar mis razonamientos como aquellos de los que habla Horacio: *Isti tabulae fore librum persimilem, cujus velut aegri somnia, vanae fingentur species: ut nec pes, nec caput uni reddatur formae* (Arte Poético).

Cuento con no tener la aprobación de estos vastos genios, sublimes y penetrantes que lo abrazan todo, que saben todo sin haber aprendido nada, que disputan de todo y que deciden sobre todo sin conocimiento de causa. A tales gentes no se da lecciones; a ellos pertenece propiamente el nombre de *sabio*, mejor que a Demócrito, Platón, Pitágoras y los otros griegos que fueron a Egipto a respirar el aire hermético, y de allí sacaron la locura que aquí se cuestiona. No es para sabios de ese temple que está hecha esta obra; este aire contagioso de Egipto está extendido aquí por todas partes y ellos corren el riesgo de ser infectados, como Geber, Sinesio, Morien, Arnaldo de Vilanova, Raimon Llull y tantos otros, suficientemente buenos como para querer caer en esta filosofía. A ejemplo de Diodoro de Sicilia, de Plinio, de Suidas y de una cantidad de otros antiguos se volverían, quizás, lo bastante crédulos como para observar esta ciencia como real y para hablar de ella como tal. Ellos podrían caer en el ridículo de Borrichio, Kunckel, Beccher, Stahl, lo bastante locos como para hacer tratados que la prueban y la defienden.

Pero si el ejemplo de estos célebres hombres hace alguna impresión sobre los espíritus exentos de prejuicios a este respecto, sin duda serán lo bastante sensatos como para querer, como ellos, instruirse en una ciencia, en verdad poco conocida, pero cultivada en todos los tiempos. La orgullosa ignorancia y la fatuidad son las únicas cualidades capaces de despreciar y de condenar sin conocimiento de causa. No hace ni cien años que sólo el nombre de álgebra alejaba del estudio de esta ciencia e irritaba; el de geometría hubiera sido capaz de producir gases a nuestros pequeños maestros científicos de hoy día. Poco a poco uno se hace familiar con ellas. Los términos bárbaros con los que son erizadas no dan tanto miedo, luego se las estudia y se las cultiva y el honor sucede a la repugnancia, y yo diría al desprecio que se tenía por ellas.

La filosofía hermética aún está en desgracia y por ello mismo en descrédito. Está llena de enigmas y probablemente no será desembarazada en mucho tiempo de estos términos alegóricos y bárbaros de los que pocas personas toman el verdadero sentido. Su estudio es otro tanto más difícil, porque las perpetuas metáforas despistan a los que se imaginan entender a los autores que tratan de ello a la primera lectura que hacen. Estos autores advierten, nada menos, de que es una ciencia tal que no quiere ser tratada tan claramente como las otras, a causa de las funestas consecuencias que podrían resultar para la vida civil. Hacen un misterio de ello, misterio del cual estudian más la manera de oscurecerlo que de exponerlo. También recomiendan sin cesar no tomarlos al pie de la letra, estudiar las leyes y los procedimientos de la naturaleza, comparar las operaciones de las que hablan con las suyas propias y admitir aquellas que el lector encuentre conformes.

A las metáforas, los filósofos herméticos, han añadido los emblemas, los jeroglíficos, las fábulas y las alegorías, por esto se han vuelto casi ininteligibles para aquellos que a pesar de un largo estudio y un persistente trabajo no han sido iniciados en sus misterios. Aquellos que no han querido tomarse la molestia de hacer los esfuerzos necesarios para desarrollarlos, o que les han sido inútiles, han creído no tener nada mejor que hacer que ocultar su ignorancia al abrigo de la negativa de la realidad de esta ciencia; se han jactado de no tener para ella más que desprecio; la han tratado de quimera y de invento de la razón.

La ambición y el amor a las riquezas es el único resorte que pone en movimiento a casi todos los que trabajan para instruirse en los procedimientos de esta ciencia; ella les presenta montañas de oro en perspectiva y una larga y sólida salud para gozar. ¡Qué atractivos para los corazones apegados a este mundo! Se empieza, se corre para llegar a esta meta; y cómo se teme no llegar bastante pronto, se toma la primera vía que parece conducir allí más prontamente, sin querer tomarse la molestia de instruirse suficientemente del verdadero camino por el cual se llega. Se camina, pues, se avanza y se cree llegar al término; pero como se ha caminado ciegamente, se ha encontrado un precipicio y se ha caído allí. Entonces se cree ocultar la vergüenza de su caída, diciendo que esta pretendida meta es sólo una sombra a la que no se puede abrazar; se trata a sus guías de pérfidos y finalmente se viene a negar hasta la posibilidad misma de un efecto, porque se ignoran las causas. ¡Cómo! Los más grandes naturalistas han perdido sus vigilias y sus trabajos en querer descubrir qué procedimientos emplea la naturaleza para formar y organizar el feto en el seno de su madre, para hacer germinar y crecer una planta, para formar los metales en la tierra, ¿se negará de buena gana este hecho? Y ¿se considerará sensato a un hombre cuya ignorancia sea el fundamento de su negativa? Éste no se dignaría a hacer el menor gasto para costear la prueba y convencerse de ello.

Pero al mismo tiempo gentes eruditas, artistas esclarecidos y hábiles han estudiado toda su vida y han trabajado sin cesar para llegar a conseguirla y han muerto en la penuria ¿qué concluir de ello? ¿que la cosa no es real? ¡No! Hacia el año 550 después de la fundación de Roma, las gentes más hábiles habían trabajado en imitar el famoso espejo ardiente de Arquímedes, con el cual abrasó los barcos romanos en el puerto de Siracusa; era algo que en teoría no se hubiera podido lograr, se trató este hecho de historia inventada por placer, era una fábula y la fabricación misma del espejo era imposible. M. de Bufon pensó en tomar un camino más simple que los que le habían precedido y lo consiguió, sorprendió a todos y finalmente se vio que la cosa es posible.

Concluimos, pues, con más razón, que estos eruditos, estos hábiles artistas se fundaban en sus pretendidos conocimientos. En lugar de seguir las vías derechas, simples e iguales a la naturaleza, las suponían sutiles, cuando ella no lo fue jamás. El arte hermético, dicen los filósofos, es un misterio oculto para los que se fían mucho de su propio saber; pues es un don de Dios, que mira con buenos ojos y es propicio a los que son humildes y le temen, estos ponen toda su confianza en

Él y, como Salomón, le piden con insistencia y perseverancia esta sabiduría, que a su derecha tiene la salud,[1] y las riquezas a su izquierda; esta sabiduría que los filósofos prefieren a todos los honores y a todos los reinos del mundo, porque es el árbol de vida para aquellos que la poseen.[2]

Todos los filósofos herméticos dicen que, aunque la gran obra sea una cosa natural, sin embargo en su materia y en sus operaciones pasan cosas tan sorprendentes que elevan infinitamente el espíritu del hombre hacia el Autor de su ser; que ellas manifiestan su sabiduría y su gloria, que están muy por encima de la inteligencia humana y que solamente las comprenden aquellos a quienes Dios se digna abrir los ojos. La prueba es bastante evidente por las equivocaciones y el poco éxito de todos esos artistas famosos en la química vulgar, que a pesar de todas sus destrezas en su práctica y a pesar de toda su pretendida ciencia de la naturaleza, han perdido sus fatigas, su dinero y a menudo su salud en la búsqueda de este tesoro inestimable.

¡Cuántos Beccher, Homberg, Boherrave, Geofroy y tantos otros eruditos quimistas que mediante sus infatigables trabajos han forzado la naturaleza para descubrir alguno de sus secretos! A pesar de toda su atención en espiar sus procedimientos, en analizar sus producciones, para sorprenderla, casi siempre han caído, porque eran los tiranos de esta naturaleza y no sus verdaderos imitadores. Bastante esclarecidos en la química vulgar y bastante instruidos en sus procedimientos, pero ciegos en la química hermética, y arrastrados por el uso de aquélla, han levantado hornos sublimadores,[3] calcinadores, destiladores; han empleado una infinidad de vasos y crisoles desconocidos para la simple naturaleza y han llamado en su ayuda al fratricida fuego natural; ¿cómo podrían lograrlo con procedimientos tan violentos? Están absolutamente alejados de los que siguen a los filósofos herméticos. Si creemos al presidente Espagnet:[4] *Los quimistas vulgares están insensiblemente acostumbrados a alejarse de la vía simple de la naturaleza, por sus sublimaciones, sus destilaciones, sus soluciones, sus congelaciones, sus coagulaciones, por sus diferentes extracciones de espíritus y de tinturas y por cantidad de otras operaciones más sutiles que útiles. Ellos caen en los errores que se han seguido unos a otros; se han vuelto los verdugos de la naturaleza. Su sutilidad muy laboriosa, lejos de abrir sus ojos a la luz de la verdad, para ver las vías de la naturaleza, ha sido un obstáculo que la ha impedido venir hasta ellos. Son alejados cada vez más y más. La única esperanza que les queda, es encontrar un guía fiel, que disipe las tinieblas de su espíritu y les haga ver el Sol en toda su pureza. Con un genio penetrante, un espíritu firme y paciente, un ardiente deseo de la filosofía, un gran conocimiento de la verdadera física, un corazón puro, de*

1. *Proverbios*, 3, 16.
2. *Ibidem*. Vers. 18.
3. El Cosmopolita, *Nueva Luz Química*, trat. 1.
4. Espagnet, *La Obra secreta de la Filosofía de Hermes*, Canon 6.

costumbres rectas, un sincero amor de Dios y del prójimo, todo hombre por más ignorante que sea en la práctica de la química vulgar, puede con confianza proponerse llegar a ser filósofo imitador de la naturaleza. Si Hermes, el verdadero padre de los filósofos -dice el Cosmopolita[5]*- si el sutil Geber, el profundo Raimon Llull y tantos otros verdaderos y célebres químicos volvieran sobre la Tierra, nuestros químicos vulgares no solamente no querrían considerarlos como sus maestros, sino que creerían otorgarles muchas gracias y honores reconociéndolos como sus discípulos. Es verdad que no sabrían hacer todas estas destilaciones, circulaciones, calcinaciones, sublimaciones y, en fin, todas estas innumerables operaciones que los químicos han imaginado por haber entendido mal los libros de los filósofos.*

Todos los verdaderos adeptos hablan en el mismo tono, y si dicen verdad, sin tomarse tantas fatigas, sin emplear tantos vasos, sin consumir tanto carbón, sin arruinar su bolsa y su salud, se puede trabajar en concierto con la naturaleza que, ayudada, se prestará a los deseos del artista y le abrirá liberalmente sus tesoros. Aprenderá de ella, no a destruir los cuerpos que produce, sino cómo y con qué los compone y en qué se resuelven. Ella le mostrará esta materia, este caos que el Ser supremo ha desarrollado para formar el Universo. Verá la naturaleza como un espejo, cuya reflexión le manifestará la sabiduría infinita del Creador que la dirige y la conduce en todas sus operaciones por una vía simple y única, que constituye todo el misterio de la gran obra.

Pero esta cosa llamada piedra filosofal, medicina universal o medicina dorada ¿existe en la realidad como en la especulación? ¿Cómo, después de tantos siglos, un gran número de personas, que el Cielo parece haber favorecido con una ciencia y una sabiduría superior a las del resto de los hombres, la han buscado en vano? Pero por otro lado son tantos los hombres sabios que han atestiguado su existencia y han dejado mediante escritos enigmáticos y alegóricos la manera de hacerla, que es casi imposible dudarlo, sobre todo cuando se adaptan estos escritos a los principios de la naturaleza.

Los filósofos herméticos difieren absolutamente de los filósofos o físicos ordinarios. Estos últimos no tienen un sistema asegurado. Inventan uno todos los días y el último parece haber sido imaginado para contradecir y destruir a los que le han precedido. Finalmente, si uno se levanta y se establece, sólo lo hace sobre las ruinas de su predecesor y subsiste hasta que uno nuevo viene a derribarlo y ponerse en su lugar.

Los filósofos herméticos, al contrario, están todos de acuerdo entre ellos, pues uno no contradice los principios del otro. El que escribió hace treinta años habla como aquel que vivió hace dos mil años. Lo que tiene de singular es que no dejan de repetir este axioma que la Iglesia[6] adopta como la señal más infalible de la verdad en la que ella nos propone creer: *Quod ubique, quod ab omnibus & quod*

5. El Cosmopolita, *Nueva Luz Química*, trat. 1.
6. Vincent de Larin. Commonit.

semper creditum est, id firmissimè credendum puta. Ved, dicen ellos, leed, meditad las cosas que han sido enseñadas en todos los tiempos y por todos los filósofos; la verdad está encerrada en los lugares donde todos están de acuerdo.

En efecto ¿cuál es la probabilidad de que gentes que han vivido en siglos tan alejados y en países tan diferentes por su lengua, y oso decir, por su manera de pensar, concuerden todos sin embargo en el mismo punto? ¡Qué! Los egipcios, los árabes, los chinos, los griegos, los judíos, los italianos, los alemanes, los americanos, los franceses, los ingleses, etc, ¿estarían, de acuerdo sin conocerse, sin entenderse y sin haberse comunicado particularmente sus ideas, en hablar y escribir conformemente todos de una quimera, de un invento de la razón? Sin entrar en la cuenta de todas las obras compuestas sobre esta materia, que la historia[7] nos enseña haber sido quemadas por las órdenes de Diocleciano, creyendo quitar a los egipcios los medios de hacer oro y de privarles de esta ayuda para sostener la guerra contra él, nos queda aún un suficiente gran número de ellas en todas las lenguas del mundo, para justificar ante los incrédulos lo que acabo de adelantar. Sólo la biblioteca del rey conserva un prodigioso número de manuscritos antiguos y modernos compuestos sobre esta ciencia, en diferentes lenguas. Michel Maier decía respecto a esto, en un epigrama que se encuentra al principio de su tratado, que lleva por título *Symbola aureae mensae*: *Unum opus en priscis haec ad tempora seclis consona diffusis gentibus ora dedit.*

Que se lea a Hermes el egipcio; Abraham, Isaac de Moiros judíos, citados por Avicena; Demócrito, Orfeo, Aristóteles,[8] Olimpiodoro, Heliodoro,[9] Etienne,[10] y tantos otros griegos; Sinesio, Teófilo, Abugazal, etc, africanos; Avicena,[11] Rasis, Geber, Artefio, Alfidio, Hamuel llamado *Senior*, Rosinus, árabes; Alberto el Grande,[12] Bernardo Trevisano, Basilio Valentín, alemanes; Alain,[13] Isaac padre e hijo, Pontano, flamencos u holandeses; Arnaldo de Vilanova, Nicolás Flamel, Denis Zachaire, Cristof parisino, Gui de Montanor, Espagnet, franceses; Morien, Pierre Bon de Ferrare, el autor anónimo del matrimonio del Sol y la

---

7. Postquam (inquit Paulus Diac. In vitâ Diocletiani) Achillem Aegyptiorum ducem octomenses in Alexandrià Aegypti obsessum profligasset Diocletianus omnes Chymicae artis libros diligenti studio requisitos conflagravit, ne rèparatis opibus Romanis repugnarent. *Orosius dice la misma cosa,* c. 16, lib. 7, *Suidas en la palabra* Chemia, *se expresa así*: Chemia est auri & argenti confectio, cujus libros Diocletianus perquisitos exussit, eoquod Aegyptii res novas contra Diocletianum moliti fuerant duriter atque hostiliter eos tractavit. Quo tempore etiam libros de Chemia auri & argenti à veteribus conscriptios conquisivit & exussit, ne deinceps Aegyptiis divitae ex Arte illâ contingerent, nevè pecuniarum asfluentiâ confisi in posterum Romanis rebelarent.
8. Aristóteles, *De Secretis Secretorum.*
9. Heliodoro, *De rebus Chemicis ad Theodosium Imperatorem.*
10. Etienne, *De magnâ & sacrâ acientia, ad Heraclium Caesarem.*
11. Avicena, *De re rectâ. Tractatus Chemius. Tractatus ad Assem Philosophum. De animâ artis.*
12. Alberto el Grande, *De Alchymiâ. Concordantia Philosophorum. De compositione compositi, etc.*
13. Alain, *Liber Chemiae.*

Luna, italianos. Raimon Llull, mallorquín; Roger Bacon,[14] Hortulano, Juan Dastin, Richard, George Ripley, Thomas Norton, Filaleteo y el Cosmopolita, ingleses o escoceses; finalmente muchos autores anónimos[15] de todos los países y de diversos siglos; no se encontrará uno sólo que tenga principios diferentes a los otros. Esta conformidad de ideas y de principios ¿no forma al menos una presunción de que enseñan alguna cosa real y verdadera? Si todas las fábulas antiguas de Homero, de Orfeo y de los egipcios no son más que alegorías de este arte, como pretendo probar en esta obra mediante el fondo de las mismas fábulas, por su origen y por la conformidad que tienen con las alegorías de casi todos los filósofos, ¿se podrá persuadir uno de que el objeto de esta ciencia no es más que un vano fantasma que no ha tenido existencia jamás entre las producciones reales de la naturaleza?

Pero si esta ciencia tiene un objeto real, si este arte ha existido y es preciso creer a los filósofos sobre las admirables cosas que aportan, ¿por qué está tan despreciada, por qué tan desacreditada, por qué tan difamada? Helo aquí: la práctica de este arte jamás ha sido enseñada claramente. Todos los autores tanto antiguos como modernos que tratan de ella sólo lo han hecho bajo el velo de los jeroglíficos, de las alegorías y de las fábulas, de manera que los que han querido estudiarlas, comúnmente han tomado la cosa cambiada. De ello se ha formado una especie de secta, que por haber mal entendido y mal explicado los escritos de los filósofos, han introducido una nueva química y se han imaginado que no había ninguna real como la suya. Un buen número de gente se han vuelto célebres en esta última. Los unos, muy hábiles siguiendo sus principios, los otros extremadamente diestros en su práctica y particularmente en el juego de manos requerido para triunfar en ciertas operaciones, se han reunido contra la química hermética; han escrito de una manera más inteligible y más accesible para todo el mundo. Han probado sus pensamientos con argumentos especiosos; a fuerza de hacer, a menudo al azar, mezclas de diferentes materias y de trabajar a lo ciego, sin saber lo que resultaría de ello, han visto nacer monstruos y el mismo azar que los había producido ha servido de base y de fundamento para los principios establecidos en consecuencia. Las mismas mezclas reiteradas, el mismo trabajo repetido, han dado precisamente el mismo resultado; pero no han puesto atención en que este resultado era monstruoso y que sólo era análogo a las producciones monstruosas de la naturaleza y no a aquellas que resultan de sus procedimientos, cuando se encierra en las especies particulares a cada reino. Todas las veces que un asno monta a una yegua, lo que viene es un animal monstruoso llamado mulo; porque la naturaleza actúa siempre de la misma manera cuando se le proporciona las mismas materias y se le pone en el mismo caso de actuación, ya sea para producir monstruos,

14. Roger Bacon, *Speculum Alchemiae.*

15. *Turba Philosophorum, seu Codex veritatis. Clangor Buccinae. Scala Philosophorum. Aurora consurgens. Ludus puerorum. Thesaurus Philosophiae, etc.*

ya sea para formar a los seres conforme a su especie particular. Si los mulos nos vinieran de una isla muy alejada donde se guardara un secreto inviolable sobre su nacimiento, estaríamos ciertamente tentados en creer que estos animales forman una especie particular, que se multiplica a la manera de los otros. No supondríamos que fuesen monstruos. Somos afectados de la misma manera por los resultados de casi todas las operaciones químicas y nos tomamos las producciones monstruosas por producciones hechas en el orden común de la naturaleza. De manera que se podría decir de esta especie de química que es la ciencia de destruir metódicamente los mixtos producidos por la naturaleza, para formar monstruos, que tienen más o menos la misma apariencia y las mismas propiedades que los mixtos naturales. ¿Sería preciso más para conciliarse la aprobación del público? Prevenido y afligido por estas tramposas apariencias; inundado por los escritos sutilmente razonados; fatigado por las invectivas multiplicadas contra la química hermética, asimismo desconocida para sus agresores ¿es sorprendente que se la desprecie?

Basilio Valentín[16] compara a los químicos con los fariseos, que tenían honor y autoridad entre el público, a causa de su exterior afecto de religión y de piedad. Eran, dice él, hipócritas apegados únicamente a la tierra y a sus intereses; pero que abusaban de la confianza y de la credulidad del pueblo, que se deja ordinariamente llevar por las apariencias, porque no ha tenido la vista lo suficientemente perspicaz para penetrar hasta lo que hay debajo de la corteza. Sin embargo, que no se imagine que por un tal discurso pretendo perjudicar a la química de nuestros días. Se ha encontrado el medio de volverla útil, y se puede alabar mucho a los que hacen un estudio asiduo de ella. Las curiosas experiencias que la mayor parte de los quimistas han hecho no pueden más que satisfacer al público. La medicina saca tantas ventajas de ella que hacerlo sería ser enemigo del bien de los pueblos, así como desacreditarla. También ha contribuido mucho a las comodidades de la vida, por los métodos que ha dado para perfeccionar la metalurgia y algunas otras artes. La porcelana, la loza, son frutos de la química. Proporciona materias para los tintes, para las fábricas, etc. ¿Pero por el hecho de que su utilidad es reconocida, se debe de concluir que es la única y verdadera química? ¿es preciso, por esto, rechazar y despreciar la química hermética? Es verdad que mucha gente se las da de filósofos y abusan de la credulidad de los bobos. Pero ¿es ésta una falta de la ciencia hermética? Los filósofos gritan lo bastante alto como para hacerse oír en todo el mundo y para prevenirlo de las trampas que le tienden esta clase de gente. No es uno solo que dice que la materia de este arte es de un precio vil e incluso que no cuesta nada y que el fuego para trabajarla, no cuesta más; que sólo se necesita un vaso o máximo dos para todo el transcurso de la obra. Escuchemos a Espagnet:[17] *La obra filosófica requiere más*

16. Basilio Valentín, *Azot de los Filósofos.*

17. Espagnet, *La obra secreta de la Filosofía de Hermes,* Canon, 35.

tiempo y trabajo que gastos, pues le queda muy poco por hacer a aquel que tiene la materia requerida. Los que demandan grandes sumas para llevarla a su fin, tienen más confianza en las riquezas del prójimo que en la ciencia de este arte. Que aquel que es aficionado tenga cuidado y no caiga en las trampas que le tiendan los bribones que quieren su bolsa, al mismo tiempo que le prometen montañas de oro. Ellos piden el Sol para conducirse en las operaciones de este arte porque no ven nada. No debe empezar en la química hermética quien no sea más responsable que la honradez en comparación a la bribonería. Un arroyo puede estar sucio y hediondo a causa de las inmundicias que arrastra en su curso, sin que su manantial sea menos puro, menos bello y menos limpio.

Lo que desacredita aún a la ciencia hermética son estos bastardos de la química vulgar, conocidos ordinariamente con el nombre de sopladores y de buscadores de la piedra filosofal. Estos son los idólatras de la filosofía hermética. Todas las recetas que se les propone son para ellos tanto como Dios, ante lo cual doblan la rodilla. Se encuentra un buen número de esta clase de gente, muy bien instruidos en las operaciones de la química vulgar; y además tienen mucha destreza en el juego de manos; pero no están instruidos en los principios de la filosofía hermética y no tendrán éxito jamás. Otros ignoran incluso hasta los principios mismos de la química vulgar y estos son propiamente los sopladores. Es a ellos que es preciso aplicar el proverbio: *Alchemia est ars, cujus initium laborare, medium mentiri, finis mendicare.*

La mayor parte de los hábiles artistas en la química vulgar no niegan la posibilidad de la piedra filosofal; el resultado de un gran número de sus operaciones se lo prueba bastante claramente. Pero son esclavos del respeto humano, no osarían confesar públicamente que la reconocen posible, porque temen exponerse a la risa de los ignorantes y de los pretendidos eruditos, así como del prejuicio ciego. En público se chancean como los otros, o al menos hablan de ella con tanta indiferencia que no se les sospecha que la consideren como real, mientras que los ensayos que hacen en particular tienden casi todos a su búsqueda. Tras haber pasado unos años en medio de sus hornos sin tener éxito, su vanidad se encuentra ofendida, tienen vergüenza de haber fracasado y buscan seguidamente compensarse o vengarse hablando mal de la cosa que no han podido poseer. Eran gente que no tenían igual para la teoría y la práctica de la química y se las daban como tales, lo habían probado tanto bien como mal, pero a fuerza de decirlo o de hacerlo decir por otros, se les creía como tales. Como hacia el fin de sus días se atreven a desacreditar la filosofía hermética, no se examinará si lo hacen injustamente, la reputación que habían adquirido, responde que tenían derecho a hacerlo y no se osaría dejar de aplaudirles. Sí, se dice, si la cosa hubiera sido factible, no hubiera podido escapar a la ciencia, la penetración y la destreza de un hombre tan hábil. Estas impresiones se fortifican insensiblemente; un segundo, no estando mejor enseñado que el primero, ha sido frustrado en su esperanza y en sus fatigas; une su voz a la de los otros y grita más fuerte si puede para hacerse oír; la crítica se nutre y finalmente se llega al punto de decir con ellos que es una quimera y a quien esté allí se le persuade de ello sin conocimiento de causa. Aquellos a quien la experiencia ha probado lo contrario, contentos de su suerte, no envidian para nada los aplausos del pueblo ignorante. *Sapientiam & doctrinam stulti*[18] *descipiunt* (los insensatos desprecian la sabiduría y la enseñanza). Algunos han escrito para desmentirlos,[19] pero el público no ha querido sacudirse el yugo del prejuicio y se han quedado allí.

Pero finalmente ¿en qué consiste la diferencia que se encuentra entre la química vulgar y la química hermética? Hela aquí. La primera es propiamente el arte de destruir los compuestos que la naturaleza ha hecho, y la segunda es el arte de trabajar con la naturaleza para perfeccionarlos. La primera utiliza al tirano furioso y destructor de la naturaleza; la segunda emplea su agente dulce y benigno. La filosofía hermética toma como materia de su trabajo los principios secundarios o principiados de las cosas, para conducirlas a la perfección de la que sean susceptibles, por las vías y procedimientos conformes a los de la naturaleza. La química vulgar toma los mixtos venidos ya al punto de su perfección, los descompone y los destruye. Aquellos que sean curiosos y quieran ver un paralelismo muy extendido de estos dos artes, pueden recurrir a la obra que ha compuesto uno de los grandes antagonistas de la filosofía hermética, el padre Kircher, jesuita, y que Manget ha insertado en el primer volumen de su *Biblioteca de la Química curiosa*.

Los filósofos herméticos insisten casi siempre en señalar en sus obras la diferencia de estos dos artes. Pero la señal más infalible por la cual se puede distinguir un adepto de un quimista, es que el adepto, según lo que dicen todos los filósofos, no toma más que una sola cosa, o máximo dos de la misma naturaleza, un solo vaso o dos a lo más y un solo horno para conducir la obra a su perfección; el quimista, al contrario, trabaja sobre toda clase de materias indiferentemente. Es también la piedra de toque en la cual es preciso probar a estos bribones y sopladores que quieren vuestra bolsa, que piden oro para hacer oro y que en lugar de la transmutación que os prometen, sólo hacen, una traslación del oro de vuestra bolsa a la suya. Esta señal no considera menos a los sopladores honrados y de buena fe que creen estar en la buena vía y que engañan a los demás engañándose ellos mismos.

Si esta obra consigue hacer la suficiente impresión sobre los espíritus como para persuadirlos de la posibilidad y de la realidad de la filosofía hermética, Dios quiera que también sirva para desengañar a los que tienen la manía de dispensar sus bienes en soplar el carbón, en levantar hornos, en calcinar, en sublimar, en destilar, finalmente en reducirlo todo a nada, es decir, en ceniza y humo. Los adeptos no corren para nada detrás del oro y la plata. Morien da una gran prueba de ello al rey Calid. Éste habiendo encontrado muchos libros que trataban de la

18. *Proverbios*, cap. 1, 7.
19. Beccher, Stahl, M. Potth, M. de Justi en sus *Memorias*, la han defendido abiertamente.

ciencia hermética y no pudiendo comprender nada, hizo publicar que daría una gran recompensa a aquel que se la explicara.[20] El atractivo de esta recompensa atrajo allí a un gran número de sopladores. Morien, el ermitaño salió entonces de su desierto, movido no por la recompensa prometida sino por el deseo de manifestar el poder de Dios y cuánto hay de admirable en sus obras. Fue a encontrar al rey Calid y pidió, como los otros, un lugar propio para trabajar, a fin de probar por sus obras la verdad de sus palabras. Cuando terminó Morien sus operaciones, dejó la piedra perfecta en un vaso, alrededor del cual escribió: *Aquellos que tienen todo lo que les hace falta no necesitan ni recompensa ni ayuda de otro.* Desalojó enseguida el lugar sin decir palabra y volvió a su soledad. Calid, al encontrar el vaso y su escritura, comprendió lo que significaba y tras haber hecho la prueba del polvo, echó o hizo morir a todos aquellos que habían querido engañarle.

Los filósofos dicen, con razón, que esta piedra es como el centro y la fuente de las virtudes, puesto que los que la poseen desprecian todas las vanidades del mundo, la vana gloria, la ambición y no hacen más caso del oro que de la arena y del vil polvo[21] y la plata es para ellos como el barro. Sólo la sabiduría hace impresión sobre ellos, la envidia, los celos y las otras pasiones tumultuosas no excitan ninguna tempestad en su corazón, no tienen otro deseo que vivir según Dios, otra satisfacción que volverse útiles al prójimo, en secreto, y penetrar poco a poco en el interior de los secretos de la naturaleza.

La filosofía hermética es, pues, la escuela de la piedad y de la religión. Aquellos a quien Dios concede el conocimiento eran ya piadosos o se volvían.[22] Todos los filósofos empiezan sus obras por exigir de aquellos que las leen, con el deseo de penetrar en el santuario de la naturaleza, un corazón recto y un espíritu temeroso de Dios: *el principio de la sabiduría es el temor del Señor,*[23] un carácter compasivo, para socorrer a los pobres, una humildad profunda y un deseo formal de hacerlo todo para la gloria del Creador, que oculta sus secretos a los soberbios y a los falsos sabios del mundo, para manifestarlos a los humildes.[24]

Cuando nuestro primer padre oyó pronunciar la sentencia de muerte como castigo de su desobediencia, oyó al mismo tiempo la promesa de un liberador que debía de salvar a todo el género humano. Dios todo misericordioso no quiso permitir que la obra más bella de sus manos pereciera absolutamente. La misma sabiduría que había dispuesto con tanta bondad el remedio para el alma, sin duda no olvidó indicar uno contra los males que debían de afligir al cuerpo. Pero así como todos los hombres no sacan provecho de los medios de salud que Jesús-Cristo nos ha hecho merecer y que Dios ofrece a todos, asimismo todos los hombres no saben usar el remedio propio para curar los males del cuerpo, aunque la materia

20. Morien, *Conversación con el Rey Calid.*
21. *Sabiduría,* cap. 7.
22. Flamel, *Las Figuras Jeroglíficas.*
23. Proverbios, 1, 7.
24. Mateo, 11, 25.

de la que está hecho este remedio, sea vil, común y presente ante sus ojos, que la vean sin conocerla y que la empleen en otros usos que en aquel que le es verdaderamente propio.[25] Esto es lo que prueba bien que es un don de Dios, que favorece a aquel que le place. *El hombre ignorante no conoce y el necio no entiende esto.* Aunque Salomón, el más sabio de los hombres, nos dice *El Altísimo ha creado de la tierra los medicamentos y el hombre cuerdo no los desprecia.*[26]

Es ésta la materia que Dios empleó para manifestar su sabiduría en la composición de todos los seres. Él la animó con el soplo del espíritu que era llevado sobre las aguas, antes que su todo poder hubiera desenredado el caos del Universo. Ella es susceptible de todas las formas y no tiene ninguna que le sea propia.[27] La mayor parte de los filósofos también comparan la confección de su piedra a la creación del Universo. Había allí, dice la Escritura,[28] un caos confuso, en el cual ningún individuo estaba distinguido. El globo terrestre estaba sumergido en las aguas; estas parecían contener el Cielo y encerrar en su seno las simientes de todas las cosas. No había nada de luz, todo estaba en las tinieblas. Apareció la luz y las disipó y los astros fueron emplazados en el firmamento. La obra filosófica es precisamente la misma cosa. Primero es un caos tenebroso, allí todo parece confuso, que no se puede distinguir nada separadamente de los principios que componen la materia de la piedra. El Cielo de los filósofos está sumergido en las aguas, las tinieblas cubren toda la superficie; finalmente la luz se separa, la Luna y el Sol se manifiestan y vienen a esparcir la alegría en el corazón del artista y la vida en la materia.

Este caos consiste en lo seco y lo húmedo. Lo seco constituye la tierra, lo húmedo es el agua. Las tinieblas son el color negro, que los filósofos llaman el negro más negro que el mismo negro, *nigrum nigro nigrius.* Es la noche filosófica, las tinieblas palpables. La luz en la creación del mundo apareció antes que el Sol, es esta blancura de la materia tan deseada, que sucede al color negro. El Sol apareció finalmente de color naranja, del cual el rojo se fortifica poco a poco hasta el color rojo púrpura, lo que constituye el cumplimiento de la primera obra.

El Creador quiso seguidamente poner el sello a su obra; formó al hombre amasándolo de tierra, de una tierra que parecía inanimada y le inspiró un soplo de vida. Lo que Dios hizo entonces en atención al hombre, el agente de la naturaleza, que algunos llaman su *Arqueo,*[29] lo hizo sobre la tierra o limo filosófico. Lo trabaja por su acción interior y lo anima de manera que empieza a vivir y a fortificarse día a día hasta su perfección. Morien[30] habiendo señalado esta analogía, ha explicado la confección del magisterio mediante una comparación tomada de la creación y de la generación del hombre. Asimismo algunos pretenden que Hermes habla de la resurrección de los cuerpos en su *Poimandrés,* porque lo concluye

25. Basilio Valentín, *Azot de los Filósofos,* y el Cosmopolita.
26. Eclesiástico, 38, 4.
27. Basilio Valentín.
28. Génesis, cap. 1.
29. Paracelso, Van Helmont.
30. Morien, *op. cit.*

de lo que vio que sucede en el progreso del magisterio. La misma materia que había sido llevada a un cierto grado de perfección en la primera obra, se disuelve y se pudre, lo que muy bien se puede llamar una muerte, puesto que nuestro Salvador así lo ha dicho del grano que se siembra:[31] *si el grano de trigo no cae en la tierra y muere, queda solo; pero si muere lleva mucho fruto.*[32] En esta putrefacción, la materia filosófica se vuelve una tierra negra volátil, más sutil que ningún otro polvo. Los adeptos la llaman *cadáver* cuando está en este estado y dicen que tiene el mismo olor; Flamel no dice que el artista sienta un olor hediondo, puesto que ello se hace en un vaso sellado, sino que juzga que es así por la analogía de su corrupción con la de los cuerpos muertos. Este polvo o ceniza, que Morien dice que no se ha de despreciar porque debe de revivir y porque encierra la diadema del rey filosófico, retoma vigor, poco a poco, a medida que sale de los brazos de la muerte, es decir, de la negrura; ella se revivifica y toma un resplandor muy brillante, un estado de incorruptibilidad más noble que el que tenía antes de su putrefacción. Cuando los egipcios observaron esta metamorfosis, figuraron la existencia de un Fénix, del que decían que era un pájaro de color púrpura que renacía de sus propias cenizas. Pero este pájaro, absolutamente fabuloso, no era otro que la piedra de los filósofos llevada al color púrpura tras su putrefacción.

Muchos antiguos filósofos, esclarecidos por estos admirables efectos de la naturaleza, han concluido con Hermes, del que habían sacado sus principios en Egipto, que había una nueva vida después de que la muerte nos haya arrebatado. Es lo que han querido probar, cuando han hablado de la resurrección de las plantas de sus propias cenizas en otras plantas de la misma especie. No se encuentra quien haya hablado de Dios y del hombre con tanta elevación y nobleza. Él explica asimismo cómo se puede decir de los hombres que son de los dioses, *Ego dixi Dii estis & filii excelsi omnes*, dice David; y Hermes:[33] *El alma, oh Tat, es de la propia esencia de Dios. Pues Dios tiene una esencia y como ella pueda ser sólo él se conoce. El alma no es una parte separada de esta esencia divina, como se separa una parte de un todo material; sino que es como una efusión; poco más o menos como la claridad del Sol no es el Sol mismo. Esta alma es un Dios en los hombres; es por lo que se dice de los hombres que son de los dioses, porque lo que constituye propiamente la humanidad limita con la divinidad.*

¿Cuáles deben ser, pues, los conocimientos del hombre? ¿Es sorprendente que esclarecido por el padre de las luces él penetre hasta los rincones más sombríos y más ocultos de la naturaleza? ¿que conozca las propiedades y que sepa ponerlas en uso? Pero Dios es dueño de distribuir sus dones como le plazca. Si ha sido lo bastante bueno como para establecer un remedio contra las enfermedades que afligen a la humanidad, ha juzgado a propósito de ello no hacerlo

31. Flamel.
32. Juan, 12, 24.
33. Hermes, *Poimandrés*, cap. 12.

conocer a todo el mundo. Morien dice en consecuencia,[34] *que el magisterio no es otro que el secreto de los secretos del Dios altísimo, grande, sabio y creador de todo lo que existe; y que él mismo ha revelado este secreto a sus santos profetas, cuyas almas ha emplazado en su santo Paraíso.* Si este secreto es un don de Dios, dirá alguno, sin duda debe ser puesto entre la clase de los talentos que Dios confía y que no se deben enterrar. Si los filósofos son gente tan piadosa, tan caritativa ¿por qué se ven tan pocas buenas obras por su parte? Sólo un Nicolás Flamel en Francia ha construido y dotado de iglesias y de hospitales. Estos monumentos subsisten aún hoy día en medio y a la vista de todo París. Si hay otros filósofos ¿por qué no siguen su ejemplo?, ¿por qué no curan las enfermedades?, ¿por qué no levantan a las familias honradas, gentes que la miseria oprime? Respondo a esto que no se sabe todo el bien que se hace en secreto. No debe de hacerse publicándolo a sonido de trompeta; la mano izquierda, según el precepto de Jesús-Cristo nuestro Salvador, no debe de saber el bien que hace la derecha. Asimismo se ha ignorado, hasta después de la muerte de Flamel, que era el único autor de estas buenas obras. Las figuras jeroglíficas que hizo emplazar en los osarios de *los santos inocentes* no representaban nada que no fuera piadoso y conforme a la religión. Asimismo él vivió en la humildad, sin magnificencia y sin dar la menor sospecha del secreto del que era poseedor. Además, en aquel tiempo podía tener facilidades para hacer buenas obras que no se han tenido después en mucho tiempo.

Los filósofos no son tan comunes como los médicos. Son un número muy pequeño. Poseen el secreto para curar todas las enfermedades; no les falta buena voluntad para hacer el bien a todo el mundo; pero este mundo es tan perverso que es peligroso para ellos el hacerlo. No lo pueden hacer sin poner en peligro su vida. ¿Curarán a alguien como por milagro? Si así lo hacen se oirá levantarse una murmuración entre los médicos y el pueblo, y aquellos mismos que dudaban de la existencia del remedio filosófico, suponiéndola entonces existente, seguirán a este hombre y observarán sus pasos, el rumor se extenderá y los avaros y los ambiciosos lo perseguirán para obtener su secreto. ¿Qué podrá esperar si no las persecuciones o el exilio voluntario por su parte?

Los ejemplos del Cosmopolita y de Filaleteo son una prueba bien convincente de ello. *Nosotros estamos,* dice este último,[35] *como envueltos en la maldición y los oprobios; no podemos disfrutar tranquilamente de la sociedad de nuestros amigos; quien quiera que nos descubra por lo que somos, querrá o chantajear nuestro secreto o maquinar nuestra pérdida si lo rechazamos. El mundo es tan malvado y tan perverso hoy día que el interés y la ambición dominan de tal manera a los hombres, que todas sus acciones no tienen otra meta. ¿Queremos, como los apóstoles, operar obras de misericordia? Se nos devuelve mal por bien. He hecho*

---

34. Morien, *Conversación con el Rey Calid.*

35. I. Filaleteo, *Entrada abierta al palacio cerrado del Rey,* cap. 13.

la prueba hace poco en algunos lugares lejanos. He curado como por milagro a algunos moribundos abandonados por los médicos y para evitar la persecución me vi obligado más de una vez, por el peligro, a cambiar de nombre, de hábito, rasurarme los cabellos y la barba y huir con la ayuda de la noche. ¿A qué peligros, aún más apremiantes, no se expondría un filósofo que hiciera la transmutación? Aunque su deseo sólo fuera el hacer uso de ello para una vida muy simple y para hacer partícipes a aquellos que están en la necesidad. Este oro, más fino y más bello que el oro vulgar, según lo que ellos dicen, pronto sería reconocido. Sólo con este indicio se sospecharía del portador y quizás se le acusaría de hacer moneda falsa. ¿Qué horrendas consecuencias no debería de temer un filósofo cargado con tal sospecha?

Yo digo que un buen número de médicos ejercen su profesión más por el interés que por ansia de ofrecer servicio al público, pero todos no están en este caso. Unos se congratularían por el bien hecho a su prójimo mientras que otros se mortificarían por ser privados de la ocasión de engordar sus rentas. Apoderándose de su corazón los celos y la venganza ¿tardaría esto en hacer sus efectos? La ciencia hermética no se aprende en las escuelas de medicina, aunque se puede dudar de que Hipócrates no lo haya sido, cuando se pesa bien las expresiones esparcidas en sus obras y el elogio que hace de Demócrito a los abdericianos, que consideraban a este filósofo como insensato, porque cuando volvió a Egipto, le distribuyó casi todos los bienes del patrimonio que le quedaba, a fin de vivir como filósofo en una pequeña casa de campo alejada del tumulto. Sin embargo, esta prueba sería insuficiente para la antigüedad de la ciencia hermética; pero hay tantas otras que es preciso no haber leído a los autores antiguos para negarla. ¿Qué quiere decir Píndaro,[36] cuando declama que el más grande de los dioses hizo caer en la ciudad de Rodas una nieve de oro, hecha por el arte de Vulcano? Zósimo Panopolita, Eusebio y Sinesio nos enseñan que esta ciencia fue cultivada durante mucho tiempo en Menfis, en Egipto. Los unos y los otros citan las obras de Hermes. Plutarco[37] dice que la antigua teología de los griegos y de los bárbaros sólo era un discurso de física oculto bajo el velo de las fábulas. Asimismo prueba de explicarlo diciendo que por Latona entendían la noche; por Juno, la Tierra; por Apolo, el Sol y por Júpiter, el calor. Añade, más o menos, que los egipcios decían que Osiris era el Sol, Isis la Luna, Júpiter el espíritu universal extendido en toda la naturaleza y Vulcano el fuego, etc. Manetón se extiende mucho más allá.

Orígenes dice que los egipcios recreaban al pueblo con las fábulas y que ocultaban su filosofía bajo el velo de los nombres de los dioses del país. Coringio,[38] a pesar de todo lo que ha escrito en contra de la filosofía hermética se ve contra-

36. Píndaro, *Olímpicas,* 6.
37. Plutarco, *Teología Físico Grecorromana.*
38. Omnino tamen & ipse existimo Aegyptiorum Hierophantas, omnium mortalium principes κρυσοψαῆς jactifasse & ab Chemiae profluxisse exordia.

riado por sólidas pruebas al declarar que los sacerdotes de Egipto ejercían el arte de hacer oro y que la química había nacido allí. San Clemente de Alejandría hace en sus *Estromatas* un gran elogio de seis obras de Hermes sobre la medicina. Diodoro de Sicilia habla largo y tendido[39] de un secreto que tenían los reyes de Egipto para sacar oro de un mármol blanco que se encontraba en las fronteras de su imperio. Estrabón también hace mención de una piedra negra de la que se hacía mucho mortero en Menfis. Se verá en el transcurso de esta obra que esta piedra negra, este mármol blanco y este oro eran alegorías para significar la piedra de los filósofos venida al color negro, que los mismos filósofos han llamado *mortero,* porque la materia se tritura y se disuelve. El mármol blanco era esta misma materia llevada al blanco, llamada mármol, a causa de su fijeza. El oro era el oro filosófico, o la piedra fijada al rojo, que se saca y nace de esta blancura; se encontrarán estas explicaciones más detalladamente en el transcurso de esta obra.

Filón el judío cuenta que Moisés había tomado de Egipto la aritmética, la geometría, la música, la *filosofía simbólica,* que sólo se escribía mediante caracteres sagrados, la astronomía y las matemáticas. San Clemente de Alejandría se expresa en los mismos términos que Filón, pero añade la medicina y el conocimiento de los jeroglíficos, que los sacerdotes sólo enseñaban a los hijos de los reyes del país y a los suyos propios.[40]

Hermes fue el primero que enseñó todas estas ciencias a los egipcios, según Diodoro de Sicilia,[41] y Estrabón.[42] Kircher, aunque muy incitado contra la filosofía hermética, él mismo[43] ha probado que era ejercida en Egipto. Se puede ver también a Diodoro (*Antigüedad,* 1, cap. 2) y a Julio Matern. Firmico (lib. 3, cap. 1, de *Petosiri & Nicepso*). San Clemente de Alejandría[44] se expresa así respecto a esto: *Tenemos aún cuarenta y dos obras de Hermes muy útiles y muy necesarias. Treinta y seis de estos libros encierran toda la filosofía de los egipcios; y los otros seis observan la medicina en particular: uno trata de la construcción del cuerpo o anatomía; el segundo, de las enfermedades; el tercero, de los instrumentos; el cuarto, de los medicamentos; el quinto, de los ojos y el sexto de las enfermedades de las mujeres.*

---

39. Diodoro de Sicilia, *Antiguedad,* lib. 4, cap. 2.
40. Cùm autem Moses jam esset aetate grandior, Arithmeticam y Geometriam, Rhytmicam & Harmonicam & praeterea Medicinam ab iis (Aegyptiis) edoctus est, qui inter Aegyptios erant insigniores & praeterea eam, quae traditur per symbola & signa Philosophtam, quam in lateris osfendus hieri glyphicis. Alium autem doctrinae orbem tanquam puerum regium Graeci eum docuére in Aegypto, ut dicit Philo in vitá Mosis. Didicit autem litteras Aegyptiorum & rerum coelestium scientiam à Chaldeis & Aegyptiis. Unde in ejus gestis dicitur eruditus fuisse in omni scientiá Aegyptiorum. *Clemente de Alejandría,* lib. I, Estromata.
41. Diodoro de Sicilio, lib. 2, cap. 1.
42. Estrabón, lib. 17.
43. Kircher, *Oedip. Aegypt.* T. 2, p. 2.
44. Clemente de Alejandría, *Estromat,* lib. 6.

Homero había viajado a Egipto,[45] y aprendió muchas cosas en la frecuentación que tuvo con los sacerdotes de aquel país. Asimismo se puede decir que es de allí que sacó sus fábulas. Da pruebas de ello en muchos lugares de sus obras y particularmente en su himno 3 a Mercurio, donde dice que este dios fue el primero que inventó el arte del fuego. Πυρός δ'ἰτιμαίτο τέκιηι v. 108 y v. 111. Ερμῆς τοι προίτιςα πυρηία, πῦρ' τ' ανέδωκε. Homero habla asimismo de Hermes como del autor de las riquezas y lo llama en consecuencia χρυσόρροςτηις, δῦτορ ιάωι. Es por esto por lo que dice (*ibid.* v. 249) que Apolo habiendo ido a encontrar a Hermes para tener noticias de los bueyes que le habían robado, lo vio oculto en su obscuro antro, lleno de néctar, de ambrosía, de oro y de plata, y de los hábitos de las ninfas rojos y blancos. Este néctar, esta ambrosía y estos hábitos de las ninfas serán explicados en el curso de esta obra.

Esdrás, en su cuarto libro, capítulo 8, se expresa así: Quomodo interrogabis terram, & dicet tibi, quoniam dabit terram multam magis, unde fiat fictile, parvum autem pulverem unde aurum fit. Esteban de Bizancio estaba tan persuadido de que Hermes era el autor de la química y tenía tan gran idea de ello, que no ha tenido dificultad en nombrar al mismo Egipto Ερμικύμιος y Vosio (*de Idolatría*) ha creído deber de corregir esta palabra por la de Ερμοκήμιος. Es sin duda lo que también había inducido a Homero a fingir que estas plantas *Moly* y *Nepenthes*, que tenían tantas virtudes, venían de Egipto. Plinio[46] da testimonio de eso en estos términos: *Homerus quidem primus doctrinarum & antiquitatis parens, multus alias in admiratione Circes, gloriam herbarum Aegypto tribuit. Herbas certe Aegyptias a Regis uxore traditas suae Helenoe plurimas narrat, ac nobile illud nepenthes, oblivionem tristitiae veniamque asferens, ab Helena utique omnibus mortalibus propinandum.*

Está, pues, fuera de duda que el arte químico de Hermes fue conocido por los egipcios. No es menos patente que los griegos que viajaron a Egipto lo conocieron allí, por lo menos algunos y que, habiéndolo aprendido de los jeroglíficos, lo enseñaron seguidamente bajo el velo de las fábulas. Eustatio nos lo da a entender suficientemente en su comentario sobre la Ilíada. La idea de hacer oro con la ayuda del arte, pues, no es nueva; además de las pruebas que hemos dado, Plinio[47] lo confirma por lo que relata de Calígula. *El amor y la avidez que Caiüs Calígula tenía por el oro, empujaron a este príncipe a trabajar para procurárselo. Hizo, pues, cocer* –dice este autor– *una gran cantidad de oropimente y logró, en efecto, hacer oro excelente; pero en tan pequeña cantidad que tuvo más pérdidas que provecho.* Calígula sabía que se podía hacer oro artificialmente; la filosofía hermética, pues, era conocida.

---

45. Diodoro de Sicilia, lib. 1, cap. 2.
46. Plinio, lib. 13, cap. 2.
47. Plinio, lib. 33, cap. 4.

En cuanto a los árabes, nadie duda que la química hermética y la vulgar habían estado siempre en vigor entre ellos. Además, como nos enseña Albufaraio,[48] los árabes nos han conservado un gran número de obras de los caldeos, de los egipcios y de los griegos, por las traducciones que habían hecho a su lengua; tenemos todavía los escritos de Geber, de Avicena, de Abudalí, de Alfidio, de Alquindis y de muchos otros sobre estas materias. Asimismo se puede decir que la química se extendió en toda Europa mediante ellos. Alberto el grande, arzobispo de Ratisbona, es uno de los primeros conocidos después de los árabes. Entre otras obras llenas de ciencia y de erudición sobre la dialéctica, las matemáticas, la física, la metafísica, la teología y la medicina, se le encuentran muchas sobre química, de las que una que lleva por título *Alchymia*, se ha llenado a continuación de una infinidad de adiciones y de sofisticaciones. El segundo es intitulado *Concordantia Philosophorum*; el tercero, *Compositione Compositi*. Ha hecho también un tratado de los minerales, al final del cual pone un artículo particular de la materia de los filósofos bajo el nombre de *electrum minerale*. En el primero de estos tratados dice: *El deseo de instruirme en la química hermética me ha hecho recorrer muchas ciudades y provincias, visitar a gentes eruditas para ponerme al corriente de esta ciencia. He transcrito y estudiado con mucho cuidado y atención los libros que tratan de ello, pero durante mucho tiempo no he reconocido como verdad lo que enuncian. He estudiado de nuevo en los libros los pros y contras y no he podido sacar ni bien ni provecho. He encontrado muchos canónigos tan eruditos como ignorantes en la física, que confundían este arte y que habían hecho gastos enormes, a pesar de sus fatigas, sus trabajos y su plata, no habían logrado nada. Pero todo esto no me chocó y me puse a trabajar por mí mismo; hice el gasto, leí, velé, fui de un lugar a otro y medité sin cesar sobre las palabras de Avicena: si la cosa es ¿cómo es ella? Si no lo es ¿cómo no lo es? Trabajé, pues, estudié con perseverancia, hasta que encontré lo que buscaba. Tengo que agradecérselo a la Gracia del Santo Espíritu que me esclareció y no a mi ciencia.* También dice en su tratado de los minerales:[49] *No pertenece a los físicos el determinar y el juzgar la transmutación de los cuerpos metálicos y la transformación de uno en el otro, esto pertenece al arte, llamado alquimia. Esta clase de ciencia es muy buena y muy cierta, porque enseña a conocer cada cosa por su propia causa y no le es difícil distinguir de las cosas mismas las partes accidentales que no son de su naturaleza.* Añade después en el capítulo segundo del mismo libro: *La primera materia de los metales es una humedad untuosa, sutil, incorpórea y mezclada fuertemente con una materia terrestre.* Esto es el hablar de un filósofo y en conformidad con lo que dicen todos, como se verá en lo que sigue.

48. Albufaraio, *Dynastia nona.*

49. Alberto el Grande, *Tratado de los minerales*, lib. 3, cap. 1.

Arnaldo de Vilanova, su discípulo Raimon Llull y Flamel aparecieron poco tiempo después; el número aumentó poco a poco y esta ciencia se extendió en todos los reinos de Europa. En el último siglo se ve al Cosmopolita, Espagnet y a Filaleteo, como sin duda había otros y aún hoy en día existen, pero el número es tan pequeño, y se encuentran realmente tan ocultos, que no podríamos descubrirlos. Es una gran prueba el hecho de que no busquen la gloria del mundo, o que al menos teman los efectos de su perversidad. Se mantienen asimismo en el silencio, tanto por parte de la palabra como por parte de los escritos. Lo que no quiere decir que no aparezcan de tiempo en tiempo algunas obras sobre esta materia; pero es suficiente haber leído y meditado a los verdaderos filósofos, para apercibirse pronto de que sólo se asemejan a ellos en los términos bárbaros y el estilo enigmático, pero nunca en el fondo. Sus autores habían leído buenos libros, los citan bastante a menudo, pero lo hacen tan intempestivamente, que prueban claramente, o que no los han meditado, o que lo han hecho de manera para adaptar las expresiones de los filósofos a las falsas ideas que su prevención les había puesto en el espíritu respecto a las operaciones y a la materia, y no buscando rectificar sus ideas mediante las de los autores que leían. Estas obras de los falsos filósofos son un gran número, todo el mundo ha querido ponerse a escribir y la mayor parte, sin duda, para encontrar en la bolsa del librero un recurso que les faltaba de más, o al menos para hacerse un nombre que ciertamente no merecían. Un autor desearía que algún verdadero filósofo tuviera bastante caridad hacia el público como para publicar una lista de buenos autores en este género de ciencia, a fin de quitar a un gran número de personas la confianza con la que leen a los malos y que sólo les inducen a error. En consecuencia, Olao Borriquio Danois hizo imprimir, a finales de este último siglo, una obra que lleva por título: *Conspectus Chymicorum celebriorum.* Hace artículos separados de cada uno y dice bastante prudentemente lo que piensa. Excluye un gran número de autores de la clase de verdaderos filósofos, pero todos los que da por verdaderos ¿lo son en efecto? Además, el número de estos es tan grande que no se sabe cuál escoger preferiblemente. Por consiguiente, se tiene mucha dificultad cuando uno se quiere dar a este estudio. Yo querría mejor atenerme al sabio consejo que Espagnet da en estos términos en su *Arcanum Hermetica Philosophiae opus,* canon 9: *aquel que ama la verdad de esta ciencia debe leer pocos autores; pero señalados como buenos.* Y en el canon 10: *entre los buenos autores que tratan de esta filosofía profunda y de este secreto físico, los que han hablado con más espíritu, solidez y verdad son, entre los antiguos, Hermes*[50] *y Morien Romano;*[51] *entre los modernos, Raimon Llull, que estimo y considero más que a los otros, y Bernardo conde de la marca Trevisana, conocido bajo el*

50. Hermes, *La Tabla de Esmeralda y los Siete Capítulos.*

51. Morien, *Conversación con el Rey Calid.*

nombre de el buen Trevisano.[52] *Lo que el sutil Raimon Llull a omitido los otros lo han mencionado. Es bueno, pues, leer, releer y meditar seriamente su testamento antiguo y su codicilio, como un legado de un inestimable precio que nos ha hecho presente; en estas dos obras se reúne la lectura de sus dos prácticas.*[53] *Allí se encontrará todo lo que se puede desear, particularmente la verdad de la materia, los grados del fuego, el régimen o medio por el cual se perfecciona la obra; todas las cosas que los antiguos han estudiado la manera de ocultar con mucho cuidado. Ningún otro ha hablado tan claramente y tan fielmente de las causas ocultas de las cosas y de los movimientos secretos de la naturaleza. No ha dicho casi nada del agua primera y misteriosa de los filósofos, pero lo que dice es muy significativo.*[54]

En cuanto a esta agua límpida buscada por tantas personas, y encontrada por tan pocas, aunque esté presente en todo el mundo y se haga uso de ella. Un noble Polonés,[55] *hombre de espíritu y erudito, ha hecho mención de esta agua que es la base de la obra, a lo largo de sus tratados que llevan por título:* Nueva Luz Química; Parábola y Enigma del Sulfuro. *Ha hablado con tanta claridad que aquel que pida más, no sería capaz de ser contentado por los otros. Los filósofos* –continúa el mismo autor[56]– *se explican de muy buena gana y con más energía mediante un discurso mudo, es decir, mediante figuras alegóricas y enigmáticas, que por los escritos; tales son por ejemplo, la tabla de Senior; las pinturas alegóricas del Rosario; las de Abraham el judío aportadas por Flamel y aquellas mismas de Flamel. Entre ellas también están las de Michel Maier, donde ha encerrado y como explicado tan claramente los misterios de los antiguos que es casi imposible poner la verdad ante los ojos con más claridad.*

Sólo éstos son los autores alabados por Espagnet, sin duda suficientes para poner en práctica la filosofía hermética, para un hombre que quiera aplicarse en ello. Dice que no se ha de contentar con leerlos una o dos veces sino diez veces y más sin disgustarse; que es preciso hacerlo con un corazón puro y desprendido de los obstáculos fatigantes del siglo, con un verdadero y firme propósito de usar el conocimiento de esta ciencia sólo para la gloria de Dios y la utilidad del prójimo, a fin de que Dios pueda derramar sus luces y su sabiduría en el espíritu y el corazón; puesto que la sabiduría, según lo que dice el sabio, no habitaría jamás en un corazón impuro y mancillado de pecados.

Espagnet exige aún un gran conocimiento de la física; y es por esto por lo que he puesto a continuación de este discurso un tratado abreviado que encierra los principios generales sacados de los filósofos herméticos y que Espagnet

---

52. Trevisano, *La Filosofía de los Metales y su Carta a Thomas de Boulogne.*

53. La mayor parte de otros libros de Raimon Llull que no están citados aquí son inútiles.

54. Espagnet, *La Obra Secreta de la Filosofía de Hermes,* canon 11.

55. El Cosmopolita. Cuando Espagnet escribió esto, el público no estaba aún desengañado de su error, respecto al autor de este libro, que Michel Sendivogio Polonés puso al día bajo su nombre, por anagrama, pero se ha reconocido después que lo tenía en un manuscrito de la viuda del Cosmopolita.

56. Espagnet, *op. cit.* canon, 12.

ha recogido en su *Enchiridión*. El tratado hermético que sigue es absolutamente necesario para disponer al lector en la inteligencia de esta obra. Allí reúno citas de los filósofos, para que se vea que están de acuerdo sobre los mismos puntos.

Es muy recomendable el estudio de la física, porque en ella se aprende a conocer los principios que la naturaleza emplea en la composición y la formación de los individuos de los tres reinos, animal, vegetal y mineral. Sin este conocimiento se trabajaría a ciegas y se tomaría para formar un cuerpo lo que sería propio para formar un género o una especie completamente diferente de la que se propone. Pues el hombre viene del hombre, el buey del buey, la planta de su propia simiente y el metal de la suya. El que buscara, pues, fuera de la naturaleza metálica el arte y el medio de multiplicar o de perfeccionar los metales, estaría ciertamente en el error. Es preciso, sin embargo, declarar que la naturaleza sola no sabría multiplicar los metales, como lo hace el arte hermético. Es verdad que los metales encierran en su centro esta propiedad multiplicativa; pero estos son como las manzanas cogidas antes de su madurez, según lo que dice Flamel.

Los cuerpos o metales perfectos (filosóficos) contienen esta simiente muy perfecta y muy abundante, pero está sujeta allí tan firmemente que sólo la solución hermética la puede sacar. Aquel que tiene su secreto, tiene el de la gran obra, si se cree a todos los filósofos. Es preciso para llegar a ello, conocer los agentes que la naturaleza emplea para reducir los mixtos a sus principios, porque cada cuerpo está compuesto de aquello en lo que se resuelve naturalmente. Los principios de física detallados a continuación son muy propios para servir de antorcha y esclarecer los pasos del que quiera penetrar en el pozo de Demócrito y descubrir la verdad oculta en las tinieblas más espesas. Pues este pozo no es otro que los enigmas, las alegorías y las obscuridades esparcidas en las obras de los filósofos, que han tomado de los egipcios, como Demócrito, el hecho de no desvelar la sabiduría en la que habían sido instruidos por los sucesores del padre de la verdadera filosofía.

PRINCIPIOS GENERALES DE LA FÍSICA

Según la Filosofía Hermética

No es dado a todos penetrar hasta el santuario de los secretos de la naturaleza; muy pocos saben el camino que allí conduce. Los unos, impacientes, se extravían tomando los senderos que parece que abrevian la ruta; los otros encuentran casi a cada paso encrucijadas que les dificultan, toman la izquierda y van al Tártaro, en lugar de tomar la derecha que conduce a los Campos Elíseos, porque no tienen, como Eneas,[57] una Sibila que los guíe. Otros no creen equivocarse siguiendo el camino más frecuentado. Todos perciben, sin embargo, tras largas

57. Virgilio, *Eneida*, lib. 6.

fatigas que, lejos de haber llegado a la meta, han pasado por su lado, o le han dado la espalda.

Los errores tienen su fuerza en el prejuicio, como en la falta de luces y de instrucciones sólidas. La verdadera ruta sólo puede ser muy simple, puesto que no hay nada más simple que las operaciones de la naturaleza. Pero, aunque trazada por esta misma naturaleza, ella es poco frecuentada, y aquellos que pasan se hacen el celoso deber de ocultar sus huellas mediante zarzas y espinas. Allí no se anda más que a través de la oscuridad de las fábulas y de los enigmas; es muy difícil no extraviarse si un ángel tutelar no lleva la antorcha delante nuestro.

Es preciso, pues, conocer la naturaleza antes que proponerse imitarla e intentar perfeccionar lo que ella ha dejado en camino de perfección. El estudio de la física nos da este conocimiento, no el de esta física de escuelas, que sólo enseña la especulación, y que sólo llena la memoria de términos muy oscuros y menos inteligibles que la cosa misma que se quiere explicar. Física que pretendiéndonos definir claramente un cuerpo nos dice que está compuesto de puntos. Puntos que llevados de un lugar a otro formarán líneas, estas líneas acercadas harán una superficie, de allí una extensión y las otras dimensiones. De la reunión de las partes resultará un cuerpo, y de su desunión, la divisibilidad al infinito, o si se quiere, al indefinido. Finalmente nos da otros tantos razonamientos de esta especie, poco capaces de satisfacer a un espíritu curioso y deseoso de llegar a un conocimiento palpable y práctico de los individuos que componen este vasto Universo. Es a la física química a la que es preciso recurrir. Es una ciencia práctica, fundada sobre una teoría cuya experiencia prueba la verdad. Pero esta experiencia es desgraciadamente tan poco frecuente, que la mayoría aprovechan esta peculiaridad para dudar de su existencia.

En vano algunos autores, gente de espíritu, de genio y muy eruditos, por otra parte, han querido inventar sistemas, para representarnos, mediante una descripción florida, la formación y el nacimiento del mundo. Uno se ha embrollado en los torbellinos, cuyo movimiento muy rápido le ha transportado a él y se ha perdido con ellos. Su primera materia, divisada en materia sutil, ramosa y globulosa, sólo nos ha dejado una vana materia de razonamientos sutiles, sin enseñarnos más que lo que es la esencia del cuerpo. Otro, no menos ingenioso, se ha tomado la molestia de someterlo todo al cálculo, y ha imaginado una atracción recíproca que podría ayudarnos a razonarlo todo según el movimiento actual de los cuerpos, sin aportarnos ninguna luz sobre los principios de los que están compuestos. Éste sentiría muy bien que se hiciera revivir, bajo un nombre nuevo, las cualidades ocultas de los peripatéticos, desterrados de la escuela después de mucho tiempo; también se ha declamado su atracción como una conjetura, que sus sectarios se han visto en el deber de sostener como una cosa real. La cabeza del tercero, impresionada por el mismo golpe que su pretendido cometa recibe al chocar con el Sol, ha dejado tomar a sus ideas rutas tan poco regulares como aquellas que fijan los planetas formados, según él, de las partes separadas por el choque del cuerpo ígneo del astro que preside el día. Las imaginaciones de un Telliamed, y las de otros autores parecidos son fantasías que no merecen más que desprecio o indignación. Todos los que se han querido alejar de lo que Moisés nos ha dejado en el Génesis, están perdidos en sus vanos razonamientos.

Que no se nos diga que Moisés sólo ha querido hacer cristianos y no filósofos. Instruido por la revelación del Autor mismo de la naturaleza; versado, por otra parte, muy perfectamente en todas las ciencias de los egipcios, los más instruidos y los más esclarecidos en todas las que nosotros cultivamos, ¿quién mejor que él para enseñarnos alguna cosa cierta sobre la historia del Universo? Su sistema es verdadero, está muy cerca del hacer de los cristianos, pero esta cualidad, de la que carecen la mayor parte de los autores, ¿es incompatible con la verdad? Todo anuncia la grandeza, el poder y la Sabiduría del Creador, pero al mismo tiempo todo manifiesta a nuestros ojos la criatura tal cual es. Dios habló y todo fue hecho, *dixit & facta sunt.*[58] Esto era suficiente para los cristianos pero no para los filósofos. Moisés añade de dónde ha sido sacado este mundo; qué orden le ha placido al Ser Supremo poner en la formación de cada reino de la naturaleza. Él hace más, declara que es el principio de todo lo que existe, y el que da la vida y el movimiento a cada individuo. ¿Podría decirse más en tan pocas palabras? ¿Se exigiría de él que hubiera descrito la anatomía de todas las partes de estos individuos? Y cuando lo hubiera hecho, ¿se le hubiera tenido más en cuenta? Se le quiere examinar; porque se duda, se duda por ignorancia, y sobre tal fundamento, ¿qué sistema se puede levantar, que no caiga pronto en ruina?

El sabio no puede definir mejor esta especie de arquitectos, estos fabricantes de sistemas, que diciendo que Dios ha entregado el Universo a sus vanos razonamientos.[59] Mejor digamos: no hay nadie versado en la ciencia de la naturaleza, que no reconozca a Moisés como un hombre inspirado de Dios, como un gran filósofo y un verdadero físico. Ha descrito la creación del mundo y del hombre con tanta verdad como si hubiera asistido en persona. Pero reconozcamos, al mismo tiempo que sus escritos son tan sublimes que no están al alcance de todo el mundo, y que los que lo combaten lo hacen porque no los entienden, que las tinieblas de su ignorancia les ciega y que sus sistemas no son más que delirios mal combinados de una cabeza engreída de vanidad y enferma de excesiva presunción. Nada más simple que la física. Su objeto, aunque muy compuesto a los ojos de los ignorantes, no tiene más que un principio, pero dividido en partes, unas más sutiles que otras. Las diferentes proporciones empleadas en la mezcla, la reunión y las combinaciones de las partes más sutiles con aquellas que lo son menos, forman todos los individuos de la naturaleza. Y como estas combinaciones son casi infinitas, el número de los mixtos también lo es.

58. *Génesis,* 1.

59. *Eclesiastés,* 3, 2.

Dios es un Ser eterno, una unidad infinita, principio radical de todo; su esencia es una inmensa luz, su poder un todo-poder, su deseo un bien perfecto, su voluntad absoluta una obra cumplida. A quien quiera saber más, sólo le queda la estupefacción, la admiración, el silencio, y un impenetrable abismo de gloria. Antes de la creación estaba como replegado en sí mismo y esto le era suficiente. En la creación Él dio a luz, por así decirlo, y puso al día esta gran obra que había concebido de toda la eternidad. Él se desplegó por una extensión manifestada de sí mismo y volvió material este mundo ideal, como si hubiera querido volver palpable la imagen de su Divinidad. Es lo que Hermes ha querido hacernos entender cuando dice que Dios cambió de forma y que entonces el mundo fue manifestado y se transformó en luz.[60] Parece verosímil que los antiguos entendieran una cosa parecida del nacimiento de Palas, salida del cerebro de Júpiter con la ayuda de Vulcano o de la luz. No menos sabio en sus combinaciones que poderoso en sus operaciones, el Creador ha puesto un tan bello orden en la masa orgánica del Universo, que las cosas superiores están mezcladas sin confusión con las inferiores y se vuelven parecidas por una cierta analogía. Los extremos se encuentran ligados muy estrechamente por un medio insensible, o un nudo secreto en esta adorable obra, de manera que todo obedece en acuerdo a la dirección del Moderador supremo; sin que lo liguen las diferentes partes puede ser desunido sólo por aquel que ha hecho la unión. Hermes tenía razón al decir:[61] "que *lo que está abajo es como lo que está arriba*", para hacer todas las cosas admirables que vemos.

LA PRIMERA MATERIA

Algunos filósofos han supuesto una materia preexistente a los elementos; pero como no la conocen, sólo han hablado de una manera obscura y muy embrollada. Aristóteles, que parece haber creído en el mundo eterno, habla sin embargo de una primera materia universal, sin osar, sin embargo, comprometerse en las sutilezas tenebrosas de las ideas que tenía de ella. Respecto a esto sólo se expresa de una manera muy ambigua. La veía como el principio de todas las cosas sensibles, y parece querer insinuar que los elementos están formados por una especie de antipatía o de repugnancia que se encontraba entre las partes de esta materia.[62] Hubiera sido mejor filósofo si hubiera visto que lo que hay es una simpatía y un acuerdo perfecto, puesto que no se ve ni una contrariedad en los mismos elementos, aunque se piense ordinariamente que el fuego es opuesto al agua, no se equivocarían si se dieran cuenta de que esta pretendida oposición no viene más que de la intención de sus cualidades y de la diferencia de sutilidad de sus partes, puesto que no hay agua sin fuego.

---

60. Hermes, *Poimandrés,* 1.

61. Hermes, *La Tabla de Esmeralda.*

62. Aristóteles, *De ortu & interitu,* lib. 2, caps. 1-2.

Tales, Heráclito y Hesíodo han observado al agua como la primera materia de las cosas. Moisés, en el *Génesis*,[63] parece favorecer este sentimiento al dar los nombres de abismo y de agua a esta primera materia; no entendemos aquí el agua que nosotros bebemos, sino una especie de humo, un vapor húmedo, espeso y tenebroso, que seguidamente se condensó más o menos, según las cosas más o menos compactas que le complació formar al Creador. Esta niebla, este inmenso vapor se concentró, se espesó, o se rarificó en un agua universal y caótica, que se convirtió en el principio para lo presente y para lo que siguió.[64]

En su principio esta agua era volátil, como una niebla; la condensación hizo una materia más o menos fija. Pero ¿cuál puede ser esta materia, primer principio de las cosas? Ella fue creada en las tinieblas muy espesas y muy obscuras, para que el espíritu humano pueda ver claramente. Sólo el Autor de la Naturaleza la conoce, y en vano los teólogos y filósofos querrían determinar cómo es ésta. Sin embargo, es verosímil que este abismo tenebroso, este caos era una materia acuosa o húmeda, como más limpia y más dispuesta a ser atenuada, condensada y servir mediante estas cualidades a la construcción de los Cielos y de la Tierra. La Escritura Santa nombra a esta masa informe unas veces tierra vacía, otras veces agua, aunque no fuera ni lo uno ni lo otro aún, solamente en potencia. Se puede conjeturar, pues, que podría ser como un humo espeso y tenebroso, estúpido y sin movimiento, adormecido por una especie de frío y sin acción; hasta que esta misma palabra que creó este vapor insuflara un espíritu vivificante, que se volvió como visible y palpable por los efectos que allí produjo.

La separación de las aguas superiores de las inferiores, que se menciona en el Génesis, parece estar hecha por una especie de sublimación de las partes más sutiles y más tenues, aproximadamente como una destilación en la que los espíritus se separan de las más pesadas, más terrestres y ocupan lo alto del vaso, mientras que las más groseras permanecen en el fondo. Esta operación fué hecha por la ayuda del espíritu luminoso que había sido insuflado en esta masa. Pues la luz es un espíritu ígneo, que, agitándose sobre este vapor y dentro de él, volvió algunas partes más pesadas condensándolas y volviéndolas opacas por su estrecha adhesión; este espíritu las echó hacia la región inferior, y conservaron las tinieblas en las cuales estaban primeramente sepultadas. Las partes más tenues y vueltas cada vez más homogéneas por la uniformidad de su tenuidad y de su pureza, fueron elevadas y empujadas hacia la región superior, donde menos condensadas dejaron paso libre a la luz que se manifestó en todo su esplendor.

Lo que prueba que el abismo tenebroso, el caos, o la primera materia del mundo, era una masa acuosa y húmeda, es otra de las razones que hemos aportado, tenemos una prueba suficientemente palpable bajo nuestros ojos.

63. *Génesis*, 1.

64. El Cosmopolita, *Tratado*, 4.

Lo propio del agua es correr, fluir tanto como le anima el calor y la mantiene en su estado de fluidez. La continuidad de los cuerpos, la adhesión de sus partes es debida al humor acuoso. Es como la cola o la soldadura que reúne y liga las partes elementarias de los cuerpos. Mientras que no es separada enteramente, conservan la solidez de su masa. Pero si el fuego calienta esta masa más de lo necesario para su conservación en su estado actual, aleja y rarifica este humor, lo hace evaporar y el cuerpo se reduce en polvo, puesto que la ligadura que reunía las partes ya no está.

El calor es el medio y el instrumento que el fuego emplea en sus operaciones; asimismo produce mediante él dos efectos que parecen opuestos, pero que están muy de acuerdo con las leyes de la naturaleza, y que nos representan lo que pasó en el desenredo del caos. Separando la parte más tenue y más húmeda de la más terrestre, el calor rarificó la primera y condensó la segunda. Así por la separación de los heterogéneos se hizo la reunión de los homogéneos. Nosotros sólo vemos en el mundo un agua más o menos condensada. Entre el Cielo y la Tierra, todo es humo, nieblas, vapores empujados desde el centro y desde el interior de la tierra y elevados hacia lo alto de la circunferencia hacia la parte que llamamos aire. La debilidad de nuestros órganos sensoriales no nos permite ver los vapores sutiles, o emanaciones de los cuerpos celestes, que llamamos influencias y que se mezclan con los vapores que se subliman de los cuerpos sublunares. Es preciso que los ojos del espíritu vengan en ayuda de la debilidad de los ojos del cuerpo. En todo tiempo los cuerpos transpiran un vapor, sutil, que se manifiesta más claramente en el verano. El aire calentado sublima las aguas en vapores, los absorbe y los atrae hacia él. Cuando tras una lluvia los rayos del Sol son lanzados sobre la Tierra, se le ve humear y exhalar vapores. Estos vapores giran en el aire en forma de niebla cuando no se elevan mucho sobre la superficie de la Tierra, pero cuando suben hasta la región media, se les ve circular en forma de nubes. Después se convierten en lluvia, en nieve o granizo y caen para retornar a su origen. El trabajador lo siente con gran incomodidad cuando trabaja bajo la acción del calor. También el hombre ocioso lo prueba cuando hace mucho calor. El cuerpo transpira siempre y los sudores que fluyen a menudo por el cuerpo lo manifiestan.

Los que han profundizado en las ideas de los rabinos, han creído que había existido, antes de esta primera materia, un cierto principio más antiguo que ella, al cual han dado muy impropiamente el nombre de *Hylé*. Era menos un cuerpo que una sombra inmensa, menos una cosa que una imagen muy oscura de la cosa a la que se debería llamar más bien fantasma tenebroso del Ser, una noche muy negra, el vacío o el centro de las tinieblas; en fin, una cosa que sólo existía en potencia, la cual sólo le sería posible imaginar al espíritu humano en un sueño. Pero la misma imaginación sólo podría representárnosla como se le representaría la luz del Sol a un ciego de nacimiento. Estos sectarios del rabinismo han juzgado a propósito decir que Dios sacó de este principio un abismo tenebroso, informe como la materia cercana a los elementos y al mundo. Pero, en fin, todo esto en acuerdo nos anuncia al agua como primera materia de las cosas.

El espíritu de Dios que planeaba sobre las aguas,[65] fue el instrumento del que, el supremo Arquitecto del mundo se sirvió para dar forma al Universo. Propagó al instante la luz, volvió de potencia en acto las simientes de las cosas antes confusas en el caos y por una alteración constante de coagulaciones y de resoluciones hizo a todos los individuos. Repartido en toda la masa animó cada parte y por una continua y secreta operación dio movimiento a cada individuo según el género y la especie que había determinado. Es propiamente *El Alma del Mundo* y quien lo ignora o lo niega ignora las leyes del Universo.

LA NATURALEZA

A este primer motor o principio de generación y de alteración se le juntó un segundo corporificado al que damos el nombre de *naturaleza*. El ojo de Dios siempre atento a su obra, es propiamente la *naturaleza* misma y las leyes que Él ha puesto para su conservación son las causas de todo lo que se opera en el Universo. La naturaleza que acabamos de llamar un segundo motor corporificado es una naturaleza secundaria, un servidor fiel que obedece exactamente las órdenes de su amo,[66] o un instrumento conducido por la mano de un obrero incapaz de equivocarse. Esta naturaleza o causa segunda es un espíritu universal, que tiene la propiedad vivificante y fecundante de la luz creada en el principio y comunicada a todas las partes del macrocosmos. Zoroastro con Heráclito la han llamado *espíritu ígneo, fuego invisible y el alma del mundo.* Es de él que habla Virgilio cuando dice:[67] *Desde el principio un cierto espíritu ígneo fue infundido en el cielo, la tierra, el mar, la luna y los astros titanes o terrestres.*[68] *Este espíritu les da la vida y los conserva. Alma expandida en todos los cuerpos, da el movimiento a toda la masa y a cada una de sus partes. De ahí vienen todas las especies de seres vivientes, cuadrúpedos, aves, peces. Este espíritu ígneo es el principio de su vigor; su origen es celeste y les es comunicado por la simiente que los produce.*

El orden que reina en el Universo sólo es un desarrollado conjunto de las leyes eternas. Todos los movimientos de las diferentes partes de su masa dependen de ello. La naturaleza forma, altera y corrompe sin cesar; y su moderador, presente por todo, repara continuamente las alteraciones de la obra.

Se puede dividir el mundo en tres regiones, *la superior, la mediana y la inferior.* Los filósofos herméticos dan a la primera el nombre de *inteligible* y dicen que es espiritual, inmortal o inalterable; es la más perfecta. La mediana es lla-

65. *Génesis*, 1.
66. Cosmopolita, *Tratado*, 2.
67. Virgilio, *Eneida*, lib. 6.
68. Es decir, los minerales y los metales a los que se les han dado los nombres de los planetas.

mada *celeste*. Ella encierra los cuerpos menos imperfectos y una cantidad de espíritus.[69] Esta región está en medio y participa de la superior y de la inferior. Sirve como de medio para reunir estos dos extremos, y como de canal por donde se comunican sin cesar en la inferior los espíritus vivificantes que animan todas las partes. Está sujeta a cambios periódicos. La inferior o elementaria comprende todos los cuerpos sublunares. Ella sólo recibe, de las otras dos, los espíritus vivificantes para luego devolvérselos. Es por esto por lo que allí todo se altera, todo se corrompe, todo muere; no se hace ninguna generación que no proceda de la corrupción, y ningún nacimiento que no le siga la muerte. Cada región es sumisa y depende de la que le es superior, pero actúan en acuerdo. Sólo el Creador tiene el poder de destruir a los seres, como sólo él tiene el poder de sacarlos de la nada. Las leyes de la naturaleza no permiten que lo que tiene el carácter de ser o de substancia esté sujeto al aniquilamiento. Lo que hace decir a Hermes[70] que nada muere en este mundo, sino que todo pasa de una manera de ser a otra. Todo mixto está compuesto de elementos, y finalmente se resuelve en estos mismos elementos, por una rotación continua de la naturaleza, como lo ha dicho Lucrecio: *Huic accedit uti quicque in sua corpora rursum, dissolvat natura; neque ad nihilum interimat res.*

Hay, pues, desde el comienzo dos principios, uno luminoso acercándose mucho a la naturaleza espiritual y el otro todo corporal y tenebroso. El primero para ser el principio de la luz, del movimiento y del calor, el segundo como principio de tinieblas, entorpecimiento y de frío.[71] Uno activo y masculino y el otro pasivo y femenino. Del primero viene el movimiento para la generación en nuestro mundo elemental y por parte del segundo procede la alteración, de donde la muerte ha tomado principio. Todo movimiento se hace por rarificación y condensación.[72] El calor, efecto de la luz sensible o insensible, es la causa de la rarificación y el frío produce el estrechamiento o la condensación. Todas las generaciones, vegetaciones y desarrollos sólo se hacen por estos dos medios, puesto que son las dos primeras disposiciones de las que los cuerpos han sido afectados. La luz sólo es expandida por la rarefacción; la condensación, que produce la densidad de los cuerpos, sólo detiene tenido el progreso de la luz y conserva las tinieblas. Cuando Moisés dice que Dios creó el cielo y la tierra parece haber querido hablar de estos dos principios formal y material, o activo y pasivo como hemos explicado, él no parece haber entendido por la tierra esta masa árida que aparece tras la separación de las aguas. De lo que habla Moisés es del principio material de todo lo que existe y comprende el globo tierra-agua-aire.

69. Es preciso remarcar que los filósofos no entienden por estos espíritus, los espíritus inmateriales o espíritus angélicos, sino solamente los espíritus físicos, tales como el espíritu ígneo expandido en el Universo. Tal es también la espiritualidad de su región superior.
70. Hermes, *Poimandrés*.
71. Cosmopolita, *Tratado*, 1.
72. Beccher, *Física Sutil*.

La otra ha tomado propiamente su nombre de la sequedad y para distinguirla del conjunto de las aguas, *y llamó Dios a los seco tierra y a la reunión de las aguas llamó mares*[73] El aire, el agua y la tierra son una misma materia más o menos tenue y sutil, según esté más o menos rarificada. El aire como el más cercano al principio de rarefacción, es el más sutil, el agua le sigue y después la tierra. Como el objetivo que me propongo dando estos principios, compendios de física, es solamente el de instruir sobre lo que puede esclarecer a los aprendices de la filosofía hermética, no entraré en detalle sobre la formación de los astros y sus movimientos.

LA LUZ Y SUS EFECTOS

La luz, tras haber obrado sobre las partes de la masa tenebrosa que le eran más cercanas y haberlas rarificado más o menos en proporción de su alejamiento, penetra al fin hasta el centro, para animarla en su todo, fecundarla y hacerle producir todo lo que el Universo presenta ante nuestros ojos. Gustó, entonces a Dios, fijar la fuente natural en el Sol, sin embargo, sin juntarlo todo entero allí. Parece que Dios lo haya querido establecer como el único dispensador, a fin de que la luz creada de Dios único, luz increada, fuera comunicada a las criaturas por uno sólo, como para indicarnos su primer origen.

De esta antorcha luminosa todos los otros reciben su luz y el esplendor que reflejan sobre nosotros; porque su materia compacta produce hacia nosotros el mismo efecto que una masa esférica brillante, o un espejo sobre el cual caen los rayos del Sol. Debemos considerar a los cuerpos celestes como el de la Luna, en la cual sólo al verla nos descubre su solidez y una propiedad común a los cuerpos terrestres de interceptar los rayos del Sol, y de producir la sombra, lo que sólo conviene a los cuerpos opacos. No se debe de concluir de ello que los astros y los planetas no sean de cuerpo diáfano; puesto que las nubes, que son vapores de agua, hacen igualmente sombra interceptando los rayos solares. Algunos filósofos han llamado al Sol *alma del mundo*, y lo han supuesto emplazado en medio del Universo a fin de que, como desde un centro, le fuera más fácil comunicar por toda parte sus benignas influencias. Antes que las hubiera recibido la Tierra estaba como en una especie de ociosidad, o como una hembra sin macho. Tan pronto fue impregnada, ella produjo al momento, no los simples vegetales como antes, sino los seres animados y vivientes, los animales de todas las especies.

73. *Génesis*, 1.

Los elementos fueron también el fruto de la luz; y todos tienen un mismo principio, ¿cómo podrían, según la opinión vulgar, tener antipatía y contrariedad entre ellos? Es de su unión que son formados todos los cuerpos según sus diferentes especies; su diversidad sólo viene de lo más o lo menos que cada elemento provee para la composición de cada mixto. La primera luz había echado las simientes de las cosas en las matrices que eran propias a cada una; la del Sol las ha fecundado y hecho germinar. Cada individuo conserva en su interior una chispa de esta luz que reduce las simientes de potencia a acto. Los espíritus de los seres vivientes son los rayos de esta luz, y sólo el alma del hombre es un rayo o como una emanación de la luz increada. Dios, esta luz eterna, infinita, incomprensible, ¿podría manifestarse al mundo de otra manera que por la luz? Si ha infundido tanta belleza y virtudes en su imagen, se ha de admirar la que ha formado él mismo y en la cual ha establecido su trono: *en el Sol puso su tabernáculo.*[74]

EL HOMBRE

Dios al corporificarse, por así decirlo, por la creación del mundo, no creyó que fuera suficiente el haber hecho tan bellas cosas; quiso poner el sello de su Divinidad y manifestarse aún más perfectamente mediante la formación del hombre. A este efecto lo hizo a su imagen y a la del mundo. Le dio un alma, un espíritu y un cuerpo; de estas tres cosas reunidas en un mismo sujeto constituyó la humanidad. Compuso este cuerpo de un limo extraído de la más pura substancia de todos los cuerpos creados. Sacó su espíritu de todo lo que había de más perfecto en la naturaleza, le dio un alma hecha por una especie de extensión de sí mismo. Es Hermes quien habla.[75]

El cuerpo representa el mundo sublunar, compuesto de tierra y de agua; es por esto por lo que está compuesto de sequedad y humedad, o de hueso, carne y sangre. El espíritu infinitamente más sutil, tiene el medio entre el alma y el cuerpo, y sirve como de ligadura para unirlos, porque sólo se pueden reunir dos extremos por un medio. Es él que por su virtud ígnea vivifica y pone el cuerpo bajo la conducción del alma, que es su ministro; a veces se rebela a sus órdenes, sigue sus propias fantasías y su inclinación. Representa el firmamento, cuyas partes constituyentes son infinitamente más sutiles que las de la tierra y del agua. El alma, finalmente, es la imagen de Dios mismo, y la luz del hombre.

---

74. *Salmos,* 19, 4.

75. El Nous oh, Tat, está sacado de la substancia misma de Dios, si es que hay alguna substancia de Dios: en cuanto a saber de qué naturaleza resulte ser esta substancia, sólo Dios se conoce exactamente. El Nous no está troceado de la substancialidad de Dios, sino que se despliega, por así decirlo, a partir de esta fuente como la luz a partir del sol. En los hombres, este Noues es Dios: también algunos de los hombres son dioses, y está su humanidad muy cercana a la divinidad. Hermes, *Poimandrés,* cap. 12, 1.

El cuerpo saca su alimento de la más pura substancia de los tres reinos de la naturaleza, que pasan sucesivamente del uno al otro para desembocar en el hombre, que es el fin, el complemento y el compendio. Habiendo sido hecho de tierra y de agua, solamente puede nutrirse de una manera análoga, es decir, de agua y de tierra, y es necesario que allí se resuelva. El espíritu se nutre del espíritu del Universo y de la quintaesencia de todo lo que le constituye, porque ha sido hecho de ello. El alma del hombre se mantiene de la luz divina de la que saca su origen.

La conservación del cuerpo es confiada al espíritu. Éste trabaja los alimentos groseros que tomamos de los vegetales y de los animales, en los laboratorios practicados en el interior del cuerpo. Separa lo puro de lo impuro, guarda y distribuye en los diferentes vasos la quintaesencia análoga a aquella de la que el cuerpo fue hecho, sea para un aumento de volumen o sea para mantenerle; y devuelve y rechaza lo impuro y heterogéneo por las vías destinadas a este uso. Éste es el verdadero arqueo de la naturaleza, que Van Helmont[76] supone emplazado en el orificio del estómago; pero no parece haber tenido una idea clara, ya que habla de una manera embrollada volviéndose casi ininteligible.

Este arqueo es un principio ígneo, principio de calor, de movimiento y de vida, que anima el cuerpo y conserva la manera de ser durante el tiempo que la debilidad de los órganos lo permita. Se nutre de los principios análogos a sí mismo que extrae sin cesar por la respiración; es por lo que la muerte sucede a la vida casi en el momento en que la respiración es interceptada. El cuerpo es por sí mismo un principio de muerte análogo a esta masa informe, fría y tenebrosa de la que Dios formó el mundo. Representa las tinieblas. El espíritu tiene y participa de esta materia animada por el espíritu de Dios que al principio era llevado sobre las aguas y que por la luz que esparció infundió en la masa este calor que le da el movimiento y la vida a toda la naturaleza, y esta virtud fecundante, principio de generación que suministró a cada individuo le da el medio de multiplicar su especie.

Infundido en la matriz con la simiente misma que él anima, trabaja allí para formar y perfeccionar la morada y el alojamiento que él debe habitar, según la especie, la cualidad de los materiales suministrados y según la disposición de los lugares y la especificación de la materia. Si los materiales son de buena cualidad, el edificio será muy sólido, el temperamento muy fuerte y muy vigoroso. Si son malos, el cuerpo será muy débil y menos apropiado para resistir los perpetuos asaltos que tendrá de sostener mientras subsista. Si la materia es susceptible de una organización más desligada, más combinada y más perfecta, el espíritu la hará de manera que él pueda ejercer a continuación su acción con toda la libertad y facilidad posible. Entonces el niño que vendrá será más alegre, más vivo y el espíritu se manifestará en las acciones de la vida con más brillantez y esplendor. Pero si falta alguna cosa, si la materia es grosera y terrestre, si este espíritu

76. Van Helmont, *Tratado de las enfermedades,* 1.ª parte.

es débil por sí mismo, por su poca fuerza o cantidad, los órganos serán defectuosos o viciados; el espíritu sólo podrá trabajar en su morada débilmente, el niño será más o menos pesado, estúpido. El alma que allí será insuflada no será menos perfecta, pero su ministro sólo pudiendo ejercer allí sus funciones con dificultad, a causa de los obstáculos que encuentra a cada paso, no aparecerá con todo su esplendor y no podrá manifestarse tal como es. Una cabaña de campesino, incluso una casa burguesa no anunciaría la morada de un rey, aunque un rey hiciera allí su estancia. En vano tendrá todas las cualidades requeridas para reinar gloriosamente; en vano su ministro será oído y capaz de secundar a su Soberano; si la constitución del estado es malo, si no pueden hacerse obedecer, si no hay allí ningún remedio, el estado no será nada brillante, todo irá mal, todo languidecerá, tenderá a su perdición sin que nada pueda la existencia del Soberano, o echará sobre él la falta de gloria y de esplendor. Asimismo se devolverá al rey y a su ministro la justicia que les es debida.

De ahí el por qué la razón sólo se manifiesta en los niños a una cierta edad y en unos más que en otros; porque a medida que los órganos se debilitan, la razón parece también debilitarse. *Porque un cuerpo corruptible agobia al alma y una habitación terrena deprime al sentido lleno de inquietudes.*[77] Es preciso un cierto tiempo para que los órganos se fortifiquen y se perfeccionen. Finalmente se gastan, caen en decadencia y se destruyen. El estado fue el más alto grado de gloria, si empieza a declinar, si su pérdida es inevitable, el rey y su ministro con toda la atención y toda la capacidad posible, sólo podrán hacer de tanto en tanto algún esfuerzo, ya que manifestarán sus talentos, pero débilmente, de manera que no podrán detener la ruina del estado.

Por poco que un hombre sensato reflexione sobre sí mismo y que haga la anatomía de su compuesto, encontrará pronto estos tres principios de su humanidad que son realmente distintos, pero reunidos en un solo individuo.[78] Que los pretendidos espíritus fuertes, que los materialistas ignorantes y poco acostumbrados a reflexionar seriamente, entren de buena fe en ellos mismos y sigan paso a paso cada pequeño detalle del hombre; reconocerán pronto su extravío y la debilidad de sus principios. Verán que su ignorancia les hace confundir al rey con el ministro y los súbditos, el alma con el espíritu y el cuerpo. En fin, que un príncipe es responsable de sus propias acciones y las de su ministro cuando este las hace por sus órdenes o por su consentimiento y su aprobación.

Salomón confunde a los materialistas de su época y nos enseña a un mismo tiempo que ellos también razonaban locamente como los de nuestros días. *Ellos han dicho,*[79] *hablando insensatamente: el tiempo de la vida es corto y enojoso; no tenemos ni bienes ni placeres al esperar presta nuestra muerte; nadie ha venido*

77. *Sabiduría,* 9, 15.
78. Nicolás Flamel, *Explicación de las Figuras Jeroglíficas,* cap. 7.
79. *Sabiduría,* cap. 2

del otro mundo para enseñarnos lo que se dice y lo que pasa allí, porque hemos nacido de nada y después de nuestra muerte será como si no hubiéramos existido, es un humo lo que respiramos, una chispa que da movimiento a nuestro corazón; una vez apagada esta chispa nuestro espíritu se disipará en los aires, y nuestro cuerpo no será más que ceniza y polvo... Venid pues, amigos, aprovechemos los bienes presentes; disfrutemos de las criaturas, divirtámonos mientras somos jóvenes... Es así como han pensado y como han caído en el error, porque sus pasiones y la malicia de su corazón les ha cegado. Han ignorado las promesas firmes y duraderas de Dios; no han esperado la recompensa prometida a la justicia, no han querido tener el buen sentido y el suficiente juicio para reconocer el honor y la gloria que está reservada a las almas santas y piadosas, puesto que Dios ha creado al hombre a su imagen y lo ha hecho inexterminable.

Se ve claramente en este capítulo la distinción del espíritu y del alma. El primero es un vapor ígneo, una chispa, un fuego que da la vida animal y el movimiento al cuerpo, que se disipa en el aire cuando los órganos se destruyen. El alma es el principio de las acciones voluntarias y meditadas, sobrevive a la destrucción del cuerpo y a la disipación del espíritu. Este capítulo determina, en consecuencia, el sentido de las palabras del mismo autor:[80] *La condición del hombre es la misma que la de las bestias, los unos y los otros respiran y la muerte de las bestias es la misma que la del hombre.*

Este vapor ígneo, esta parcela de luz anima el cuerpo del hombre y le hace adquirir fuerzas. En vano se busca el lugar particular donde el alma tiene su residencia, donde ella es la dueña. Es la morada particular de este espíritu que se habría de buscar; pero inútilmente se le querría determinar. Todas las partes del cuerpo son animadas, está repartido por todo. Si la presión de la glándula pineal o el cuerpo calloso contienen la acción de este espíritu, no es que él habite allí en particular; es que las fuerzas que emplea el espíritu para hacer mover la máquina, resultan allí mediatamente o inmediatamente. Su acción es empujar por esta presión, y el espíritu que está repartido por todo no puede más que hacerlas obrar.

La tenuidad de este vapor ígneo es demasiado grande para ser percibido por los sentidos de otro modo que por sus efectos. Ministro de Dios y del alma en los hombres, sigue únicamente en los animales las impresiones y las leyes que el Creador le ha impuesto para animarles y darles el movimiento conforme a sus especies. Él se hace todo en todo y se especifica en el hombre y en los animales según sus órganos. De ahí viene la conformidad que se señala en un gran número de acciones de los hombres y de las bestias. Dios se sirve como de un instrumento en medio del cual los animales ven, gustan, huelen y oyen. Lo ha constituido bajo sus órdenes como guía de sus acciones. Lo especifica en cada uno de ellos, según la diferente especificación que ha querido dar a sus órganos. De ahí la

80. *Eclesiastés*, 3, 19 y ss.

diferencia de sus caracteres y sus diferentes maneras de obrar, pero sin embargo siempre uniformes en cuanto a cada uno en particular, tomando siempre el mismo camino para llegar a un mismo objetivo, cuando no se encuentran obstáculos.

El espíritu al que se llama ordinariamente *instinto*, cuando actúa en los animales, determinado y casi absolutamente especificado en cada animal, no lo es en el hombre, porque el del hombre es el compendio y la quintaesencia de todos los espíritus de los animales. Tampoco el hombre tiene un carácter particular que le sea propio como lo tiene cada animal. El perro es fiel, el cordero es dulce, el león es osado, atrevido, el gato es traidor, sensual; pero el hombre es todo junto: fiel, indiscreto, traidor, goloso, sobrio, dulce, furioso, osado, tímido, valeroso; las circunstancias o la razón deciden siempre lo que es a cada instante de la vida, y no se ve nunca en ningún animal estas variedades que se encuentran en el hombre, porque sólo él posee el germen de todo esto. Si este espíritu no estuviera subordinado a otra substancia superior a la suya, el hombre lo vería desarrollarse y lo reduciría de potencia a acto como los animales, todas las veces en que la ocasión se presentase. El alma, puramente espiritual, tiene las riendas, ella le guía y le conduce en todas las acciones reflexionadas. Algunas veces no le da tiempo de dar sus órdenes y de ejercer su dominio. Actúa por sí mismo, pone los resortes del cuerpo en movimiento y entonces el hombre hace acciones puramente animales. Tales son las que se llaman *primer movimiento*, las que se hacen sin reflexión, como ir, venir, comer, cuando se tiene la cabeza llena con algún asunto serio que la ocupa enteramente.

El animal obedece siempre infaliblemente a su inclinación natural porque tiende únicamente a la conservación de su ser mortal y pasajero, en el cual están su dicha y su felicidad. Pero el hombre no sigue siempre esta pendiente, porque si bien es llevado a conservar lo que tiene de mortal, también siente otra inclinación que le lleva a trabajar para la felicidad de su parte inmortal, y está convencido de que es a ésta que le debe preferencia. Dios ha creado al hombre a su imagen y lo ha formado, como compendio de todas sus obras, el más perfecto de los seres corporales. Se le llama con razón microcosmos. Es el centro donde todo desemboca, encierra la quintaesencia de todo el Universo. Participa de las virtudes y de las propiedades de todos los individuos. Tiene la fijeza de los metales y los minerales, la vegetalidad de las plantas, la facultad sensitiva de los animales y, además, un alma inteligible e inmortal. El Creador ha encerrado en él, como en una caja de Pandora, todos los dones y las virtudes de las cosas superiores e inferiores. Terminó su obra de la creación con la formación del hombre; así como creó el Universo en grande, así hizo su resumen. Y como el ser Supremo, no teniendo principio, fue sin embargo el principio de todo, quiso poner el sello de su obra mediante un individuo que, no pudiendo ser sin principio, fuera al menos sin fin como Él mismo. Que el hombre no deshonre, pues, el modelo del que es la imagen. Debe pensar que no ha sido hecho para vivir solamente siguiendo su animalidad, sino siguiendo su humanidad propiamente dicha. Que beba, que coma, pero que ruegue, que modere sus pasiones, que trabaje para la vida eterna, es en esto que se diferencia de los animales, y así será propiamente *hombre.*

El cuerpo del hombre está sujeto a la alteración y a la entera disolución, como los otros mixtos. La acción del calor produce esta mutación en la manera de ser de todos los individuos sublunares, porque su masa, siendo un compuesto de partes más groseras, menos puras, menos ligadas y más heterogéneas entre ellas que las de los astros o de los planetas, es más susceptible de los efectos de la rarefacción. Esta alteración es, en su progreso, una verdadera corrupción que se produce sucesivamente y que mediante grados dispone a una nueva generación, o nueva manera de ser, pues la armonía del Universo consiste en una diversa y graduada información de la materia que lo constituye.

Esta mutación de formas sólo llega a los cuerpos de este bajo mundo. La causa no es, como muchos lo han pensado, la contrariedad o la oposición de las cualidades de la materia, sino su propia esencia tenebrosa y puramente pasiva que, no teniendo de ella misma, con qué darse una forma permanente, está obligada a recibir estas formas diferentes y pasajeras del principio que la anima, siempre según la determinación que ha complacido a Dios dar a los géneros y las especies. Para suplir este defecto original de la materia, de la que el mismo cuerpo del hombre está formado, Dios puso a Adán en el Paraíso terrestre, a fin que pudiera combatir y vencer esta caducidad mediante el uso del fruto del árbol de la vida, del que fue privado como castigo a su desobediencia y condenado a sufrir la suerte de los otros individuos a los que Dios no había favorecido con esta ayuda.

La primera materia de lo que todo está hecho, la que sirve de base para todos los mixtos, parece haber sido de tal manera fundida e identificada en ellos, después de que ella hubiera recibido su forma de la luz, que no se la podría separar sin destruirlos. La naturaleza nos ha dejado una muestra de esta masa confusa e informe en esta agua seca que no moja, que se la ve salir de las montañas o que se exhala de algunos lagos, impregnada de las simientes de las cosas y que se evapora al más mínimo calor. Esta agua seca es la que hace de base de la gran obra, según los filósofos. Quien hiciera casar esta materia volátil con su macho, extraerles los elementos y separarlos filosóficamente podría deleitarse, dice Espagnet,[81] de estar en posesión del más preciado secreto de la naturaleza y así mismo del resumen de la esencia de los cielos.

81. Espagnet, *Física Restituida,* can. 49.

LOS ELEMENTOS

La naturaleza, pues, desde el comienzo sólo empleó dos principios simples, de los que está formado todo lo que existe, a saber, la primera materia pasiva y la plata luminosa que le da la forma. Lo elementos salieron de su acción como principios secundarios, la mezcla de los cuales forma una segunda materia sujeta a las vicisitudes de la generación y de la corrupción. En vano se imaginará, mediante el arte químico, poder adquirir y separar los elementos absolutamente simples y distintos unos de otros. El mismo espíritu humano no los conoce. Estos a los que vulgarmente se les da el nombre de elementos no son realmente simples y homogéneos, están mezclados y unidos de tal manera que son inseparables. Los cuerpos sensibles de la tierra, del agua y del aire, que en sus esferas son realmente distintos, no son los primeros elementos simples que la naturaleza emplea en sus diversas generaciones. Estos parecen ser sólo la matriz de los otros. Los elementos simples son imperceptibles e insensibles, hasta que su reunión constituye una materia densa, que nosotros llamamos cuerpos, a la cual se unen los elementos groseros como partes integrantes. *Ex insensibilibus namque omnia confueare.*[82]

Los elementos que constituyen nuestro globo son muy crudos, impuros e indigestos para formar una generación perfecta. Intempestivamente los químicos y los físicos les atribuyen las propiedades de los verdaderos elementos principales. Estos son como el alma de los mixtos, los otros sólo son los cuerpos. El arte ignora los primeros y trabajaría en vano al reducir los mixtos, pues eso es obra de la naturaleza solamente.

Sobre estos principios los antiguos filósofos distinguieron los elementos en tres solamente, figuraron al Universo gobernado por tres hermanos, hijos de Saturno, del que dijeron que era hijo del Cielo y de la Tierra. Los egipcios, de los que los antiguos filósofos griegos habían tomado su filosofía, observaron a Vulcano como padre de Saturno, si creemos a Diodoro de Sicilia. Sin duda es la razón por la que se les puede determinar el hecho de no poner al fuego entre el número de los elementos. Pero como suponían que el fuego de la naturaleza, principio del fuego elemental, tenía su fuente en el cielo, dieron su dominio a Júpiter, y por cetro y marca distintiva lo armaron con un rayo de tres puntas y le asociaron por mujer a su hermana Juno, figurando que presidía el aire. Neptuno fue constituido sobre el mar y Plutón sobre los infiernos. Los poetas adoptaron estas ideas de los filósofos, que conocían perfectamente la naturaleza, juzgaron a propósito de ello distinguirla solamente en tres, persuadidos de que los accidentes que diferencian la región baja del aire de la superior, no sugerían una razón suficiente para hacer una distinción real. Sólo observaron una diferen-

82. Lucrecio, lib. 2.

cia, la de lo seco y lo húmedo, de calor y de frío unidos juntamente, es lo que hizo imaginar los dos sexos en el mismo elemento.

Cada uno de los tres hermanos tenía un cetro de tres puntas como señal de su dominio, y para dar a entender que cada elemento, tal como lo vemos, es un compuesto de tres. Ellos eran propiamente hermanos, puesto que habían salido de un mismo principio, hijos del cielo y de la tierra, es decir la primera materia animada, de lo que todo ha sido hecho. Plutón es llamado rey de las riquezas y señor de los infiernos, porque la tierra es la fuente de las riquezas y porque nada atormenta tanto a los hombres como la sed de riquezas y la ambición.

No es muy difícil de aplicar el resto de la fábula a la física. Muchos autores están ejercitados sobre esta materia y han demostrado que los antiguos sólo se proponían instruir mediante la invención de estas fábulas. Los filósofos herméticos, que se deleitan de ser los verdaderos discípulos y los imitadores de la naturaleza, hicieron una doble aplicación de estos principios, viendo en los procesos y los progresos de la gran obra las operaciones de la naturaleza, como en un espejo, no distinguieron más a los unos de los otros y los explicaron de la misma manera. Compararon entonces todo lo que pasa en la obra a los progresos sucesivos de la creación del Universo, por una cierta analogía que creían observar allí. ¿Es sorprendente que todas sus ficciones tuvieran a estas dos cosas por objeto? Si se reflexionara sobre ello, no se encontraría nada de ridículo en sus fábulas. Si lo personificaron todo, fue para volver sus ideas más sensibles, pronto se les reconocería algo más que las acciones ridículas y licenciosas que atribuían a sus pretendidos dioses, pues sólo eran operaciones de la naturaleza, que nosotros vemos todos los días sin ponerles atención. Queriéndose explicar sólo mediante alegorías, ¿podían suponer las cosas hechas de otra manera y por otros actores? Nuestra ignorancia en la física no nos da ningún privilegio como para burlarnos de ellos y de imputarles el ridículo que quizás harían recaer fácilmente sobre nosotros si estuvieran sobre la Tierra, para explicarse al estilo del siglo presente. El análisis de los mixtos sólo nos da lo seco y lo húmedo, de donde se debe concluir que sólo hay dos elementos sensibles en el compuesto de los cuerpos, a saber, la tierra y el agua. Pero la experiencia misma nos muestra que los otros dos están allí ocultos. El aire es muy sutil para hacer impresión en nuestros ojos, el oído y el tacto son los únicos sentidos que nos demuestran su existencia. En cuanto al fuego de la naturaleza, es imposible para el arte manifestarlo de otra manera que por sus efectos.

LA TIERRA

La tierra es fría en su naturaleza porque participa más de la primera materia que es opaca y tenebrosa. Este frío hace el cuerpo mas pesado, como más denso, y esta densidad la vuelve menos penetrable por la luz, que es el principio del calor. Ella ha sido creada en medio de las aguas, con las cuales siempre está mezclada, y el Creador parece haberla vuelto árida en su superficie para convertirla propiamente en morada de los vegetales y de los animales. El Creador ha hecho la tierra esponjosa, a fin de que el aire, el agua y el fuego tuvieran un acceso más libre, y que el fuego interno, que le fue insuflado por el espíritu de Dios, antes de la formación del Sol,[83] pudiera hacer subir las virtudes de los elementos desde el centro a la superficie, exhalando así estos vapores húmedos que corrompen las semillas de las cosas mediante una ligera putrefacción, preparándolas para la generación. Estas semillas reciben después el calor celeste y vivificante atrayéndolo mediante un amor magnético, entonces el germen se desarrolla y la simiente produce su fruto. El calor que hay en el centro de la tierra sólo es propio a la corrupción. Su humedad lo debilita y no sabría producir nada si no estuviera ayudado por el calor celeste, puro y sin mezcla, que lleva a la generación excitando la acción del fuego interno, desarrollándolo, dilatándolo y sacándolo, por así decirlo, del centro de la semilla donde está escondido y dormido. Estos dos calores, por su homogeneidad, trabajan en concierto para la generación y la conservación de los mixtos.

Todo frío es contrario a la generación. Cuando una materia es de esta naturaleza se vuelve pasiva y sólo es apropiada para ello si es ayudada y corregida mediante un socorro extranjero. El Autor de la naturaleza, queriendo que la tierra fuera la matriz de los mixtos, la calienta en consecuencia continuamente mediante el calor de los fuegos celeste y central y le une la naturaleza húmeda del agua a fin de que, ayudada por los principios de la generación, lo caliente y lo húmedo, no sea estéril y se convierta en el vaso donde se hacen todas las generaciones.[84] Es por esta razón por lo que se dice que la tierra contiene a los otros elementos. Ella puede ser dividida en tierra pura y tierra impura. La primera es la base de todos los mixtos y produce todo mediante la mezcla con el agua y la acción del fuego. La segunda es como el vestido de la primera y entra como parte integrante en la composición de los individuos. La pura es animada por un fuego que vivifica los mixtos y los conserva en su manera de ser, mientras que el frío de la impura no la domine, o que no sea demasiado excitado y tiranizado por el fuego artificial y elementario, su fratricida. Éste que es visible en la tierra es fijo y el que es invisible es volátil

EL AGUA

El agua es de una naturaleza de tal densidad que está en medio entre la del aire y la de la tierra. Es el menstruo de la naturaleza y el vehículo de las simientes. Es un cuerpo volátil que parece huir del alcance del fuego y se exhala en vapores al más ligero calor. Es susceptible de todas las figuras y más cambiante que Proteo. El agua es un mercurio que tomando la naturaleza de un cuerpo

83. Cosmopolita, *Nueva Luz Química*, trat. 4.
84. Cosmopolita, *ibíd.*

tierra-agua como el de un cuerpo agua-aire, va a buscar las virtudes de las cosas superiores e inferiores. Viene a ser por este medio el mensajero de los dioses y su mediador; por él se produce el comercio entre el cielo y la Tierra.

Una flema untuosa es esparcida en el agua.[85] Eller lo ha reconocido bien en sus observaciones. *Un agua* -dice- *muy purificada y muy liberada de todas las partes heterogéneas (a la manera de los químicos vulgares) puede ser suficiente para la vegetación. Ella abastece la tierra, base de la solidez de las plantas, asimismo expande en ella esta parte inflamable, oleosa o resinosa que allí se encuentra. Que se tome una tierra después de haber sido lavada y secada al fuego, en la cual se habrá asegurado que no contiene ninguna simiente de plantas; que se la exponga al aire en un vaso y se tenga el cuidado de regarla con agua de lluvia, ella producirá pequeñas plantas en gran número; ello prueba que es el vehículo de las simientes.* Como el agua es de una naturaleza muy cercana a la de la primera materia del mundo, se convierte fácilmente en su imagen. El caos de donde todo ha salido era como un vapor o una substancia húmeda, parecida a un humo sutil. Habiéndola rarificado la luz, se formaron los cielos de la porción más sutilizada, el aire, de la que lo era un poco menos, el agua elemental, de la que era un poco más grosera y la tierra de la más densa y como de las heces.[86] El agua, pues, participando de la naturaleza del aire y de la tierra, se encuentra emplazada en el medio. Más ligera que la tierra y menos que el aire, siempre está mezclada con la una o con el otro. A la menor rarefacción parece abandonar la tierra para tomar la naturaleza del aire, y si es condensada por el menor frío, deja el aire y va a reunirse con la tierra. La naturaleza del agua es antes húmeda que fría, porque es más rara y más abierta a la luz que la tierra. El agua ha conservado la humedad de la primera materia y del caos, la tierra ha retenido la frialdad.

La sequedad es un efecto tanto del frío como del calor, lo húmedo es el principal sujeto sobre el cual lo caliente y lo frío actúan. Cuando aquel es vivo condensa y desecha lo húmedo; lo vemos en la nieve, el hielo, el granizo; de ahí viene la caída de las hojas en otoño. El frío aumenta, viene el invierno, lo húmedo se coagula en las plantas, los poros se cierran, el tallo se vuelve débil y falto de alimento; finalmente se secan. Si el invierno es riguroso, trae la sequedad hasta las raíces, ataca al húmedo vital y las plantas perecen. ¿Cómo se puede decir después de esto que el frío es una cualidad del agua puesto que es su enemigo, y que la naturaleza no sufre que un elemento actúe sobre sí mismo? Parece que se habla un poco más concretamente cuando se dice que el frío ha quemado las plantas. El frío y el calor queman igualmente, pero de una manera diferente, el calor dilatando y el frío constriñendo las partes del mixto.

Lo que el agua nos presenta visiblemente es volátil, su interior es fijo. El aire templa su humedad. Lo que el aire recibe del fuego lo comunica al agua y ésta a

85. Memorial de la Academia de Berlín.

86. Raimon Llull, Testamento, Antigua Teoría.

la tierra. Se puede dividir este elemento en tres partes: el puro, el más puro y el muy puro;[87] de éste han sido hechos los cielos, de lo más puro del aire, y lo simplemente puro permanece en su esfera, es el agua ordinaria, que forma un globo con la tierra. Estos dos elementos reunidos lo hacen todo, porque contienen a los otros dos. De su unión nace un limo, del que la naturaleza se sirve para formar todos los cuerpos. Este limo es la materia cercana a todas las generaciones. Es una especie de caos donde los elementos están como confundidos. Nuestro primer padre ha sido formado del limo, lo mismo que todas las generaciones que le han seguido. Del esperma y del menstruo se forma un limo y de este limo un animal.

En la producción de los vegetales, las simientes se pudren y se transforman en limo antes de germinar. Seguidamente se consolida y se afirma en cuerpo vegetal. En la generación de los metales, el azufre y el mercurio se resuelven en un agua viscosa que es un verdadero limo. La decocción coagula esta agua, la fija más o menos y de ellos resultan los minerales y los metales. En la obra filosófica, se forma primero un limo de dos substancias o principios, después se han de purificar bien. Como los cuatro elementos se encuentran allí, el fuego preserva la tierra de la sumersión y de la disolución completa, el aire alimenta al fuego y el agua conserva la tierra de los ataques violentos de este último; actuando así los unos sobre los otros, en concierto, resulta un todo armónico que compone esto que llaman la piedra filosofal y el microcosmos.

EL AIRE

El aire es ligero y no es visible, pero contiene una materia que se corporifica, que se vuelve fija. Es de una naturaleza medianera entre lo que está por encima y por debajo de él, es por lo que toma fácilmente las cualidades de sus vecinos. De allí vienen los cambios que nosotros experimentamos en la región baja, tanto de frío como de calor. El aire es el receptáculo de las simientes de todo, la criba de la naturaleza por la cual las virtudes y las influencias de los otros cuerpos se nos transmiten. Lo penetra todo. Es un humo muy sutil, el sujeto propio de la luz y de las tinieblas, del día y de la noche; un cuerpo siempre lleno, diáfano y el más susceptible de las cualidades extranjeras, así como el más fácil para abandonarlas. Los filósofos lo llaman espíritu cuando tratan de la gran obra. Contiene los espíritus vitales de todos los cuerpos y es alimento del fuego, de los vegetales y de los animales, que mueren cuando se les sustrae. Nada nacería en el mundo sin su fuerza penetrante y alterante y nada puede resistir a su rarefacción.

La región superior del aire, vecina de la Luna, es pura sin ser ígnea, como se ha enseñado durante mucho tiempo en las escuelas, sobre la opinión de los antiguos. Su pureza no está ensuciada por ninguno de los vapores que se elevan desde la base. El medio recibe las exhalaciones sulfurosas más sutiles, des-

87. Cosmopolita, *del Agua*.

embarazadas de los vapores groseros. Ellas erran allí y se inflaman de cuando en cuando por sus movimientos y los diferentes choques que suceden entre ellas. Estos son los meteoros que nosotros percibimos.

En la región baja se elevan y se reúnen los vapores de la tierra. Se condensan por el frío y recaen por su propio peso. La naturaleza rectifica así el agua y la purifica para volverla apropiada a sus generaciones. Es por lo que se distinguen las aguas en superiores y en inferiores. Éstas están contenidas en la tierra y están apoyadas como su base, y no forman más que un globo con ella. Las superiores ocupan la región baja del aire donde son elevadas en forma de vapores y de nubes y donde erran a voluntad de los vientos. El aire está lleno siempre de ellas, pero sólo se manifiestan a nuestra vista en parte, cuando se condensan en nubes. Es una consecuencia de la creación. Dios separó las aguas del firmamento de las que estaban debajo. No debe de sorprender que todas estas aguas reunidas hayan podido cubrir la faz de la tierra y formado un diluvio universal puesto que la cubrían antes de que Dios las hubo separado.[88] Estas masas húmedas que vuelan sobre nuestras cabezas, son como viajeros que van a recoger riquezas de todos los países, y vuelven a gratificar a su patria.

EL FUEGO

Algunos antiguos colocaban el fuego, como cuarto elemento, en la región más alta del aire, porque lo observaban como el más ligero y el más sutil. Pero el fuego de la naturaleza no difiere en nada del fuego celeste; es por lo que Moisés no hace ninguna mención en el *Génesis*, porque había dicho que la luz fue creada el primer día.

El fuego que se usa comúnmente es en parte natural y en parte artificial. El Creador ha reunido dentro del Sol un espíritu ígneo, principio del movimiento y un calor dulce, tal como le es necesario a la naturaleza para sus operaciones. Lo comunica a todos los cuerpos y excitando y desarrollando el fuego que les es innato, conserva el principio de generación y de vida. Cada individuo participa de él más o menos. Quien busca dentro de la naturaleza otro elemento que el fuego ignora lo que es el Sol y la luz. Está alojado en el húmedo radical como en el lugar que le es propio. En los animales parece haber establecido su domicilio principal en el corazón, que lo comunica a todas las partes como el Sol lo hace a todo el Universo.

El fuego de la naturaleza es su primer agente. Reduce las simientes de potencia a acto. En cuanto deja de actuar cesa todo movimiento aparente y toda la acción vital. El movimiento tiene a la luz por principio y el movimiento es la causa del calor. Es por lo que la ausencia del Sol y de la luz produce tan grandes efectos sobre los cuerpos. El calor penetra en el interior más opaco y más

88. *Génesis*, 5.

duro y anima la naturaleza escondida y adormecida. La luz sólo penetra los cuerpos diáfanos y su propiedad es manifestar los accidentes sensibles de los mixtos. El Sol es, pues, el primer agente natural y universal.

Al salir el Sol, la luz irradia sobre los cuerpos densos, tanto celestes como terrestres, pone sus facultades en movimiento, las arrebata, las refleja con ella y las expande tanto en el aire superior como en el inferior. El aire al tener la disposición de mezclarse con el agua y la tierra se convierte en vehículo de estas facultades y las comunica a los cuerpos que están formados, o que son susceptibles de ello por la analogía que tienen con ellas. Éstas son las facultades que se llaman *influencias*. Muchos físicos niegan su existencia porque no las conocen.

El fuego se divide en tres: el celeste, el terrestre o central y el artificial. El primero es el principio de los otros dos y se distingue en fuego universal y fuego particular. El universal, extendido por todas partes, excita y pone en movimiento las virtudes de los cuerpos; calienta y conserva las simientes de las cosas infusas en nuestro globo, destinado a servir de matriz. Desarrolla el fuego particular, mezcla los elementos y da forma a la materia.

El fuego particular es innato e implantado en cada mixto con su simiente. Sólo actúa cuando es excitado, entonces hace en una parte del Universo lo que su padre el Sol hace en todo. Dondequiera que haya generación, necesariamente está el fuego como causa eficiente. Los antiguos lo pensaban así, como nosotros.[89] Pero es sorprendente que hayan admitido contrariedad y oposición entre el fuego y el agua, puesto que no hay agua sin fuego y siempre actúan en acuerdo en las generaciones de los individuos.

Todo ojo un poco clarividente debe, al contrario, percibir un amor, una simpatía que hace la conservación del Universo, el cubo de la naturaleza y la ligadura más sólida para unir los elementos y las cosas superiores con las inferiores. Este mismo amor es, por así decirlo, por lo que se debería llamar a la naturaleza, el ministro del Creador, quien emplea los elementos para ejecutar sus voluntades, según las leyes que Él le ha impuesto. Todo se hace en el mundo en paz y en unión, y eso no puede ser un efecto del odio y la contrariedad. La naturaleza no sería tan parecida a ella misma en la formación de los individuos de una misma especie, si todo en ella no se hiciera en acuerdo. Sólo veríamos salir monstruos de la simiente heterogénea de padres perpetuamente enemigos que se combatirían sin cesar. ¿Vemos a los animales trabajar por odio y por contrariedad en la propagación de sus especies? Juzguemos otras operaciones de la naturaleza para ello, sus leyes son simples y uniformes.

Que la filosofía cese, pues, de atribuir la alteración, la corrupción, la caducidad y la decadencia de los mixtos a la pretendida contrariedad entre los elemen-

89. Y en él tiene su origen el humano, y el bruto, y el ave y cuanto monstruo cría, en sus senos marmóreos Océano. Centella celestial, ígnea energía, vida a esos seres da, germen temprano, en cuanto no los rinden a porfía, el fardo de la carne, los mortales órganos y ataduras mundanales. *Eneida*, VI, 148.

tos; ella se encuentra en la penuria y la debilidad propia de la primera materia; pues en el caos, *Frigida non pugnabant calidis, humentia ficcis.* Allí todo era frío y húmedo, cualidades que convienen a la materia, como hembra. El calor y lo seco, cualidades masculinas y formales, le llegan de la luz, de la que ha recibido la forma. También, sólo después de la retirada de las aguas la tierra fue llamada *árida* o seca. Vemos en esto que el calor y lo seco dan la forma a todo. Un alfarero nunca tendría éxito al hacer un vaso si la sequedad no diera a su tierra un cierto grado de ligadura y solidez. La tierra está muy mojada y es muy blanda, es el barro, es un limo que no tiene ninguna forma determinada.

Tal era el caos antes de que el calor de la luz la hubiera rarificado y evaporado una parte de su humedad. Las partes se acercaron más, el limo del caos se volvió tierra, una tierra de consistencia propia para servir de materia a la formación de todos los mixtos de la naturaleza. El calor y lo seco sólo son, pues, cualidades accidentales en la primera materia, esta ha sido dotada de ellos recibiendo la forma.[90] Tampoco, se dice en el *Génesis* que Dios encontrara el caos *muy bueno*, como lo asegura de la luz y de las otras cosas. El abismo sólo parece haber adquirido un grado de perfección cuando empezó a producir. La confusión, la deformidad, una densidad opaca, una frialdad, una humedad indigesta y una impotencia eran su patrimonio; cualidades que indican un cuerpo lánguido, enfermo, dispuesto a la corrupción. Ha conservado alguna cosa de esta mancha original y primitiva y ha infectado a todos los cuerpos que han salido para ser emplazados en esta baja región. Es por lo que todos los mixtos tienen una manera de ser pasajera, en cuanto a la determinación de su forma individual y específica.

Por más opuestas que parezcan la luz y las tinieblas, tras haber concurrido, la una como agente y la otra como paciente, a la formación del Universo, han hecho en este concurso de sus cualidades contrarias, un tratado de paz casi inalterable, que ha pasado a la familia homogénea de los elementos, de donde ha seguido la generación apacible de todos los individuos. La naturaleza se complace en la combinación y lo hace todo mediante proporción, peso y medida y no por contrariedad. *Est modus, sunt certè denique fines, quos ultra citraque nequit consistere rectum.* (Horacio, *Arte Poética*)

Cada elemento tiene en propiedad una de las cualidades de las que hablamos. El calor, lo seco, lo frío y lo húmedo son las cuatro ruedas que la naturaleza emplea para producir el movimiento lento, graduado y circular el cual parece actuar en la formación de todas sus obras. El fuego, su agente universal, es el principio del fuego elemental. El que se nutre de todas las cosas grasas, porque todo lo que es graso es de naturaleza húmeda y aérea. Aunque en el exterior nos parece seco, tal como el azufre, la pólvora en el cañón, etc, la experiencia nos enseña que este exterior oculta un húmedo graso, untuoso y oleoso, que se resuelve en el calor.

---

90. *Génesis,* 1.

Los que han imaginado que los cuerpos duros se formaban en el aire, tales como las piedras de centellas, están equivocados si los han considerado como cuerpos propiamente terrestres. Es una materia que pertenece al elemento grosero del agua, un humor graso, viscoso, encerrado en las nubes como en un horno, donde se condensa mezclándose con las exhalaciones sulfurosas, en consecuencia, calientes y muy fáciles de inflamar. El aire que se encuentra encerrado muy apretado por la condensación, se rarifica allí por el calor y hace el mismo efecto que la pólvora de cañón en una bomba; el vaso estalla, el fuego propagado en el aire, desembarazado de sus ligaduras por el movimiento, produce esta luz y este ruido que sorprende a menudo a los más intrépidos.

Nuestro fuego artificial y común tiene las propiedades completamente contrarias al fuego de la naturaleza, aunque lo tenga por padre. Es enemigo de toda generación y sólo se mantiene de la ruina de los cuerpos; sólo se alimenta de rapiña; lo reduce todo a cenizas y destruye todo lo que el otro compone. Es un patricida, el más gran enemigo de la naturaleza; si no se sabe poner diques a su furor, lo asola todo. ¿Es sorprendente, pues, que los sopladores vean perecer todo entre sus manos, sus bienes y su salud desvanecerse en humo y una ceniza inútil y sin remedio?

El señor Stahl no es el primero, como así lo ve el señor Pott, que haya dado ideas razonables y ligadas sobre la substancia del fuego que se encuentra en los cuerpos; pero es el primero que ha razonado sobre el nombre de *Flogístico.* Se ha visto anteriormente el sentimiento de los filósofos herméticos a este respecto. Sólo es preciso abrir sus libros para estar convencido de que ellos conocen perfectamente este agente de la naturaleza, aunque el señor Pott asegure, al contrario, a propósito de los autores anteriores al señor Stahl, que se pierden en continuas oscuridades e innumerables contradicciones. Puede ser que sólo hable de los químicos y de los físicos vulgares, pero en este caso este autor debería hacer una excepción respecto a los químicos herméticos, que sin duda ha leído y con los cuales se debe haber reencontrado afortunadamente, en su tratado del fuego y de la luz, imprimido en una traducción francesa de su *Litogeognosia.* El señor Stahl los habrá estudiado con mucha atención. De ello ha mostrado una gran prueba, no sólo por haber razonado como ellos sobre esta materia, sino por el gran número de citas que hace en su tratado que tiene por título *Fundamento químico, dogmático y experimental.* Allí da al mercurio el nombre de *agua seca*, nombre que los filósofos herméticos dan al suyo. Basilio Valentín, Filaleteo y muchos otros están citados a este respecto. Asimismo distingue a los químicos vulgares de los químicos herméticos,[91] nombrando a los primeros *físicos comunes* y a los segundos *químicos alii.* En la misma parte de la misma obra, en la página 2 dice que Isaac Hollandés, Arnau de Vilanova, Raimon Llull, Basilio Valentín, Tritemo, Paracelso, etc.... son recomendables en el arte químico. Lejos de despreciar,

91. Stahl, *Fundamento químico, dogmático y experimental,* parte 1.ª, p. 124.

como tantos otros, y de rechazar como falso lo que estos autores dicen, este hábil hombre se contenta en hablar como ellos, y dice, en la página 183, que se expresan mediante enigmas, alegorías, etc.... para ocultar su secreto al pueblo y que parecen haber fingido las contradicciones para despistar a los lectores ignorantes. Se extiende aún más sobre esta materia, en la página 219 y siguientes donde llama a los químicos herméticos con el nombre de *filósofos*. Se puede, pues, emplear esta denominación para tan gran hombre. Tendremos aún ocasión de hablar del señor Pott, al tratar de la luz y de sus efectos.

La proximidad del agua y de la tierra hace que estén casi siempre mezcladas. El agua diluye la tierra y esta espesa al agua, formándose así el limo. Si se expone esta mezcla a un calor vivo, cada elemento visible retorna a su esfera y la forma del cuerpo se destruye. Emplazada entre la tierra y el aire, el agua es propiamente la causa de las revoluciones, del desorden, de la turbación, de la agitación y del trastorno que se observa en el aire y la tierra. Obscurece el aire mediante negros y peligrosos vapores e inunda la tierra, trae la corrupción en el uno y en la otra y por su abundancia o su escasez turba el orden de las estaciones y de la naturaleza. En fin, produce tantos males como bienes. Algunos antiguos decían que el Sol presidía particularmente al fuego, y la Luna al agua, porque observaban al Sol como la fuente del fuego de la naturaleza y la Luna como principio de humedad. Lo que ha hecho decir a Hipócrates[92] que los elementos fuego y agua lo podían todo porque lo encerraban todo.

LAS OPERACIONES DE LA NATURALEZA

La sublimación, la descensión y la cocción son tres instrumentos o maneras de operar que la naturaleza emplea para perfeccionar sus obras. Mediante la primera evacua la humedad superflua, que sofocaría al fuego e impediría su acción en la tierra, su matriz. Por la descensión devuelve a la tierra la humedad de la que los vegetales o el calor la han privado. La sublimación se hace por la elevación de los vapores en el aire, donde estos se condensan en nubes. La segunda se hace por la lluvia o como rocío. El buen tiempo sucede a la lluvia y la lluvia al buen tiempo alternativamente; una lluvia continua lo inundaría todo y un perpetuo buen tiempo lo desecaría todo. La lluvia cae gota a gota, porque vertida en mucha abundancia lo arruinaría todo, como un jardinero que regara sus simientes a cubos llenos. Es así como la naturaleza distribuye sus beneficios con peso, medida y proporción. La cocción es una digestión del humor crudo destilado en el seno de la tierra, una maduración y una conversión de este humor en alimento mediante su fuego secreto.

Estas tres operaciones están realmente juntas y ligadas, ya que el fin de la una es el comienzo de la otra. La sublimación tiene por objeto convertir una cosa pesada

92. Hipócrates, *Sobre la dieta*, lib. 1.

en una ligera, una exhalación en vapores, atenuar el cuerpo craso e impuro y despojarlo de sus heces, hacer tomar a estos vapores las virtudes y propiedades de las cosas superiores, y finalmente, desembarazar a la tierra de un humor superfluo que impediría sus producciones. Apenas estos vapores son sublimados, se condensan en lluvia y de espirituosos e invisibles que eran se convierten, un instante después, en un cuerpo denso y acuoso, para recaer sobre la tierra e imbibirla del néctar celeste del cual ha sido impregnado durante su estancia en los aires. Tan pronto como la tierra lo ha recibido, la naturaleza trabaja para digerirlo y cocerlo.

Cada animal, el más vil gusano, es un pequeño mundo donde todas estas cosas se hacen. Si el hombre busca el mundo fuera de sí mismo lo encontrará por todas partes. El Creador ha fabricado una infinidad de esta misma materia, sólo la forma es diferente. La humildad, pues, conviene perfectamente al hombre y la gloria sólo a Dios.

El agua contiene un fermento, un espíritu vivificante, que derrama las naturalezas superiores sobre las inferiores, de las que ella es impregnada al errar en los aires y que deposita seguidamente en el seno de la tierra. Este fermento es una simiente de vida, sin la cual el hombre, los animales y los vegetales no vivirían y no engendrarían nada. Todo respira en la naturaleza y el hombre no vive sólo de pan sino de este espíritu aéreo que aspira sin cesar.

Sólo Dios y la naturaleza, su ministro, saben hacerse obedecer por los elementos materiales, principio de los cuerpos. El arte sabría alcanzarlo allí; pero los tres que resultan de ello, se vuelven sensibles en la resolución de los mixtos. Los químicos los nombran: azufre, sal y mercurio, que son los elementos principiados. El mercurio se forma por la mezcla del agua y de la tierra, el azufre de la tierra y del aire y la sal de la condensación del aire y del agua. El fuego de la naturaleza se une allí como principio formal. El mercurio está compuesto de una tierra grasa viscosa y de un agua límpida. El azufre de una tierra muy seca, muy sutil, mezclada con la humedad del aire. La sal, de un agua crasa, póntica y de un aire crudo que se encuentra embarazado. *Véase la Física subterránea de Becher.*

Demócrito ha dicho que todos los mixtos estaban compuestos por átomos, este sentimiento no parece nada alejado de la verdad, cuando se pone atención a lo que la razón nos dicta y a lo que la experiencia nos demuestra. Este filósofo ha querido, como los otros, bajo esta manera obscura, explicar la verdadera mezcla de los elementos, que, por ser conformes a las operaciones de la naturaleza, debe de hacerse íntimamente o como se dice: *per minima & actu indivisibila corpuscula.* Sin ésta las partes no serían un todo continuo. Los mixtos se resuelven en un vapor muy sutil mediante la destilación artificial y ¿no es la naturaleza una obrera más hábil que el hombre más experimentado? Esto es todo lo que Demócrito ha querido decir.

LA MANERA DE SER DE LOS MIXTOS, EN GENERAL

Se observan tres maneras de ser,[93] que constituyen tres géneros, o tres clases llamados reinos, el animal, el vegetal y el mineral. Los minerales solamente se engendran en la tierra, los vegetales tienen sus raíces en la tierra y se elevan en el agua y en el aire, los animales toman nacimiento en el aire, el agua y la tierra, y el aire es para todos unos principios de vida. Cualquier diferencia que los mixtos parecen tener en cuanto a sus formas exteriores no difiere en ellos, en nada, en cuanto a sus principios;[94] la tierra y el agua son la base de todos y el aire sólo entra en su composición como instrumento, así mismo como el fuego. La luz obra sobre el aire, el aire sobre el agua, el agua sobre la tierra. El agua a menudo es el instrumento de mezcla en las obras del arte, pero esta mezcla sólo es superficial, como lo podemos ver en el pan, en el ladrillo, etc. Hay otra mixtura íntima que Beccher llama central.[95] Es ésta por la cual el agua es realmente mezclada con la tierra y no se puede separar sin destruir la forma del mixto. No entraremos en detalles de los diferentes grados de esta cohesión a fin de ser más breve. Se puede ver todo esto en la obra que acabamos de citar.

LA DIFERENCIA QUE SE ENCUENTRA ENTRE ESTOS TRES REINOS

El mineral

Se dice comúnmente de los minerales que existen y no que viven como se dice de los animales o de los vegetales, si bien se puede decir que los metales sacan de alguna manera su vida de los minerales, ya sea porque en su generación hay como una conjunción del macho y de la hembra bajo el nombre de azufre y mercurio, como por una fermentación, una circulación y una cocción continuada, en la que se purifican con la ayuda de la sal de la naturaleza, finalmente se cuecen y se forman en una masa que llamamos metal; ya sea porque los metales perfectos contienen un principio de vida, o fuego innato que se vuelve lánguido y como sin movimiento bajo la dura corteza que lo encierra y es ocultado como un tesoro hasta que siendo puesto en libertad, de esta corteza, por una solución filosófica, se desarrolla y se exalta mediante un movimiento vegetativo, hasta el más alto grado de perfección que el arte puede darle.

---

93. El Cosmopolita, *Nueva Luz Química*, trat. 7.

94. El Cosmopolita, *Ibidem*, trat. 2.

95. Beccher, *Física subterránea*, secc. I, cap. 4.

El vegetal

Un alma o espíritu vegetativo anima a las plantas; es por él que éstas crecen y se multiplican, pero están privadas del sentimiento y del movimiento de los animales. Sus simientes son hermafroditas, aunque los naturalistas hayan señalado los dos sexos en casi todos los vegetales. El espíritu es vegetativo e incorruptible y se desarrolla en la fermentación y la putrefacción de las simientes. Aunque el grano esté podrido en tierra sin germinar, este espíritu va a unírsele en su esfera.

El animal

Los animales tienen de más que los minerales y los vegetales un alma sensitiva, principio de su vida y de sus movimientos. Son como el complemento de la naturaleza en cuanto a los seres sublunares. Dios ha distinguido y separado los dos sexos en este reino, a fin que de dos venga un tercero. Así en las cosas más perfectas se manifiesta más perfectamente la imagen de la Trinidad.

El hombre es el príncipe soberano de este bajo mundo. Todas sus facultades son admirables. Las turbaciones que se elevan en su espíritu, sus agitaciones, sus inquietudes, son como los vientos, los relámpagos, los truenos, los torbellinos y los meteoros que se elevan en el gran mundo. Su corazón, su sangre, todo su cuerpo mismo algunas veces es agitado, pero esto es como los temblores de la tierra y todo esto prueba que es verdaderamente el resumen del Universo. ¿No tenía, pues, razón David al exclamar que Dios es infinitamente admirable en sus obras?[96]

EL ALMA DE LOS MIXTOS

Todos los mixtos perfectos que tienen vida tienen un alma o espíritu y un cuerpo. El cuerpo está compuesto del limo o de tierra y de agua, el alma que da la forma al mixto es una chispa del fuego de la naturaleza o un rayo imperceptible de luz, que obra en los mixtos siguiendo la disposición actual de la materia y la perfección de los órganos especificados en cada uno de ellos. Si las bestias tienen un alma, sólo difiere de su espíritu en lo más o en lo menos. Las formas específicas de los mixtos, o si se quiere su alma, conserva un cierto conocimiento de su origen.

El alma del hombre se reflexiona a menudo sobre la luz divina mediante la contemplación. Ella parece querer penetrar en este santuario accesible sólo a Dios; se dirige allí sin cesar y allí vuelve finalmente. Las almas de los animales, salidas del secreto de los Cielos y de los tesoros del Sol, parecen tener una simpatía con este astro, por los diferentes presagios de su aparición, de su ocultación, del movimiento mismo de los cielos y de los cambios de temperatura del aire, que los movimientos de los animales nos anuncian. Abastecidas por el aire

96. *Salmos,* 91, 6 y 138, 14.

y casi totalmente aéreas, las almas de los vegetales brotan tanto que ponen la cabeza de su tallo en alto, como presurosas por volver a su patria.

Las rocas y las piedras, formadas de agua y de tierra, se cuecen en la tierra como una obra de alfarería, es por lo que tienden hacia la tierra como formando parte de ella. Pero las piedras preciosas y los metales están más favorecidos por las influencias celestes, las primeras son como las lágrimas del Cielo y un rocío celeste congelado, es por lo que los antiguos les atribuían tantas virtudes. El Sol y los astros parecen tener también una atención particular para los metales y se diría que la naturaleza les deja el cuidado de imprimirles la forma. El alma de los metales es como aprisionada en su materia, el fuego de los filósofos la atrae para hacerle producir un hijo digno del Sol y una quintaesencia admirable que acerca el Cielo a nosotros.

La luz es el principio de la vida y las tinieblas son el de la muerte. Las almas de los mixtos son los rayos de la luz y sus cuerpos son de los abismos tenebrosos. Todo vive por la luz y todo lo que muere es privado de ella. Es de este principio, al cual se pone tan poca atención, que se dice comúnmente de un hombre muerto que ha perdido el día, la luz y como dice San Juan:[97] *la luz es la vida de los hombres.*

Cada mixto tiene los conocimientos que le son propios. En cuanto a los animales es suficiente reflexionar sobre sus acciones para estar convencido de ello. El tiempo de acoplarse que les es tan bien conocido, la justa distribución de las partes en los pequeños que vienen, el uso que hacen de cada miembro, la atención y el cuidado que se dan, tanto para la alimentación de sus pequeños, como para su defensa; sus diferentes afecciones de placer, de miedo, de benevolencia hacia sus maestros, sus disposiciones para recibir las instrucciones, su destreza para procurarse las necesidades de la vida, su prudencia para evitar lo que les puede dañar y tantas otras cosas que un observador puede notar, prueban que su alma está dotada de una especie de razonamiento. .

Los vegetales tienen también una facultad vital y una manera de conocer y de prever. Las facultades vitales son en ellos el cuidado de engendrar sus semejantes, las virtudes multiplicativas, nutritivas, aumentativas, sensitivas y otras. Su noción se manifiesta en el presagio del tiempo y el conocimiento de la temperatura que les es favorable para germinar y sacar sus tallos. Sus observaciones estrictas de los cambios, como leyes de la naturaleza en la elección del aspecto del cielo que les es propia, en la manera de hundir sus raíces, de elevar sus tallos, de extender sus ramas, de desarrollar sus hojas, de configurar y de colorear sus frutos, de transmutar los elementos en alimento, de infundir en sus simientes una virtud prolífica.

¿Por qué ciertas plantas sólo brotan en ciertas estaciones, aunque se siembren ellas mismas por la caída natural de sus granos o, aunque se las siembre tan

---

97. *Evangelio de San Juan,* cap. 1.

pronto como han madurado? Ellas tienen desde entonces su principio vegetativo y sin embargo sólo lo desarrollan en un tiempo señalado, a menos que el arte les otorgue lo que encontrarían en la estación que les es propia. ¿Por qué una planta sembrada en una mala tierra contigua a una buena pondrá sus raíces del lado de esta última? ¿Qué es lo que enseña a una cebolla puesta en tierra, con el germen (la punta) hacia abajo a dirigirla hacia el aire? ¿Cómo la hiedra y otras plantas de tal especie, dirigen sus débiles ramas hacia los árboles que pueden sostenerlas? ¿Por qué la calabaza alarga su fruto todo lo posible hacia un vaso lleno de agua puesto al lado? ¿Qué es lo que enseña a las plantas en las cuales se observan los dos sexos a colocarse comúnmente el macho junto a la hembra y así mismo ponerse a menudo inclinados el uno hacia el otro? Declaramos que todo esto supera nuestro entendimiento, que la naturaleza no es ciega y que está gobernada por la sabiduría misma.

LA GENERACIÓN Y LA CORRUPCIÓN DE LOS MIXTOS

Todo vuelve a su principio. Cada individuo es en potencia, en el mundo material, antes de que aparezca al día bajo la forma individual y volverá, en su tiempo, a su rango al mismo punto de donde salió, como los ríos a la mar para renacer en su todo.[98] Puede ser que Pitágoras entendiera así su metempsicosis, la cual no se le ha comprendido.

Cuando el mixto se disuelve por el vicio de los elementos corruptibles que lo componen, la parte etérea lo abandona y va al encuentro de su patria. Se produce entonces un trastorno, un desorden, una confusión en las partes del cadáver, por la ausencia de aquel que allí conservaba el orden. La muerte y la corrupción se apoderan hasta que esta materia recibe de nuevo las influencias celestes que, reunificando los elementos dispersos y errantes, los vuelve aptos para una nueva generación. Este espíritu vivificante no se separa de la materia durante la putrefacción generativa, porque no es una corrupción entera y perfecta, como la que se produce en la destrucción del mixto. Es una corrupción combinada y causada por este mismo espíritu, para dar a la materia la forma que conviene al individuo que debe animar. Algunas veces está allí en la inacción, tal como se ve en las simientes, pero sólo espera ser excitado. Tan pronto como lo es, pone la materia en movimiento, y cuanto más obra más adquiere nuevas fuerzas hasta que ha acabado de perfeccionar al mixto.

Que los materialistas, los ridículos partidarios del azar en la formación de los mixtos y su conservación, examinen y reflexionen un poco seriamente y sin prejuicios sobre todo lo que hemos dicho y que me digan seguidamente cómo un ser imaginario puede ser la causa eficiente de alguna cosa real y tan bien combinada. Que sigan a esta naturaleza paso a paso, sus procesos, los medios que ella emplea

---

98. *Eclesiastés*, 1, 7.

y su resultado. Verán, si no quieren cerrar sus ojos a la luz, que la generación de los mixtos tiene un tiempo determinado, que todo se hace en el Universo mediante peso y medida y que no hay más que una sabiduría infinita que lo pueda presidir.

Los elementos empiezan la generación por la putrefacción, como los alimentos por la nutrición. Se resuelven en una naturaleza húmeda o primera materia, entonces se hace el caos y de este caos la generación. Es, pues, con razón que los físicos dicen que la conservación es una creación continua, puesto que la generación de cada individuo responde analógicamente a la creación y a la conservación del macrocosmos. La naturaleza siempre es parecida a ella misma, no tiene más que una vía derecha de la que sólo se aparta por obstáculos insuperables, entonces es cuando hace a los monstruos.

La vida es el resultado armónico de la unión de la materia con la forma, lo que constituye la perfección del individuo. La muerte es el término prefijado donde se hace la desunión y la separación de la forma y de la materia. Se empieza a morir desde que esta desunión comienza y la disolución del mixto es su complemento. Todo lo que vive ya sea vegetal, ya sea animal, tiene la necesidad de alimento para su conservación y estos alimentos son de dos clases. Los vegetales no se alimentan menos del aire que del agua y de la tierra. Los pechos mismos de ésta se secarían pronto si no estuvieran continuamente abrevados de leche etérea. Es lo que Moisés nos expresa perfectamente en los términos de la bendición que da a los hijos de José: *Bendita del Señor sea tu tierra, con lo mejor de los cielos, con el rocío, y con el abismo que está abajo. Con los más escogidos frutos del Sol, con el rico producto de la Luna. Con el fruto más fino de los montes antiguos, con la abundancia de los collados eternos. Y con las mejores dádivas de la tierra y su plenitud, etc...*[99]

¿Sería solamente para refrescar el corazón que la naturaleza habría tomado cuidado de colocar cerca de él los pulmones, estos admirables e infatigables fuelles? No, ellos tienen un uso más esencial; es para aspirar y transmitirle continuamente este espíritu etéreo que viene a socorrer a los espíritus vitales y reparar su pérdida y algunas veces los multiplica. Es por lo que se respira más a menudo cuando se produce más movimiento, porque entonces se produce más gran pérdida de espíritus que la naturaleza busca reemplazar.

Los filósofos dan el nombre de *espíritus,* o *naturalezas espirituales,* no solamente a los seres creados sin ser materia y que sólo pueden ser conocidos por el intelecto, tales como los ángeles y los demonios, sino a aquellos que, aunque materiales, no pueden ser percibidos por los sentidos a causa de su gran tenuidad. El aire puro o éter es de esta naturaleza, las influencias de los cuerpos celestes, el fuego innato, los espíritus seminales, vitales, vegetales, etc. Son los ministros de la naturaleza, que sólo parece obrar sobre la materia mediante ellos. El fuego de la naturaleza sólo se manifiesta en los animales por el calor

99. *Deuteronomio,* 33, 13-16, ss.

que él excita. Cuando se retira, la muerte toma su lugar, y el cuerpo elemental o el cadáver permanece entero hasta que empieza a resolverse. Este fuego es muy débil en los vegetales como para volverse sensible al sentido mismo del tacto. No se hace tal cual la naturaleza del fuego común, su materia es tan tenue que sólo se manifiesta por los otros cuerpos a los que ataca. El carbón no es fuego, ni la madera que arde, ni la llama que sólo es un humo inflamado. Luego parece extinguirse y desvanecerse cuando el alimento le falta. Es preciso que sea un efecto de la luz sobre los cuerpos combustibles.

LA LUZ

El origen de la luz nos demuestra su naturaleza espiritual. Antes de que la materia comenzara a recibir su forma, Dios formó la luz, ella se propagó inmediatamente en la materia, que le sirvió como de mecha para su conservación. La manifestación de la luz fue, pues, como el primer acto que Dios ejerció sobre la materia, el primer matrimonio del creador con la criatura, y el del espíritu con el cuerpo.

Extendida primeramente por todo, la luz parece reunirse en el Sol, como si muchos rayos se reunieran en un punto. La luz del Sol es en consecuencia un espíritu luminoso, unido inseparablemente a este astro, cuyos rayos se revisten de partes del éter para volverse sensibles a nuestros ojos. Estos son los raudales que manan de una fuente inagotable y que se extienden en la vasta extensión de todo el Universo. Sin embargo, no se ha de concluir de ello que estos rayos sean puramente espirituales. Ellos se corporifican con el éter como la llama con el humo. Suministremos en nuestros hornos un alimento perpetuamente humoso y tendremos una perpetua llama.

La naturaleza de la luz es de fluir sin cesar, y estamos convencidos al llamar rayos a estas efusiones del Sol mezcladas con el éter. No se ha de confundir, pues, la luz con el rayo o la luz con el esplendor y la claridad. La luz es la causa, la claridad el efecto. Cuando una bujía encendida se extingue, el espíritu ígneo y luminoso que inflama la mecha, no se pierde, como se cree comúnmente. Su acción sólo desaparece cuando el alimento le falta o cuando se le retira. Se expande en el aire que es el receptáculo de la luz y de las naturalezas espirituales del mundo material. Así como los cuerpos vuelven, mediante la resolución, a la materia de donde tienen su origen, asimismo también las formas naturales de los individuos vuelven a la forma universal o a la luz, que es el espíritu vivificante del Universo. No se debe confundir este espíritu con los rayos del Sol, puesto que ellos no son más que el vehículo. Él penetra hasta el centro mismo de la Tierra, aún cuando el Sol no esté sobre nuestro horizonte.

La luz es para nosotros una viva imagen de la Divinidad. El amor divino no pudiendo, por así decirlo, contenerse en sí mismo, es como expandido fuera de él y multiplicado en la creación. La luz no se encierra tampoco en los cuerpos luminosos, ella se expande y se multiplica, es como Dios una fuente inagotable de bienes. Se comunica sin cesar y sin ninguna disminución; asimismo parece tomar nuevas fuerzas por esta comunicación, como un maestro que enseña a sus discípulos los conocimientos que tiene, sin perderlos e imprimiéndolos por más tiempo en su espíritu.

Este espíritu ígneo traído a los cuerpos por los rayos se distingue muy fácilmente. Estos se comunican lo mismo, aunque se encuentren en su camino alguno de los cuerpos opacos que detenga su curso. Él penetra los cuerpos más densos, puesto que se siente el calor en el lado del muro opuesto al del lado donde recaen los rayos, aunque no hayan podido penetrar allí. Este calor subsiste aún después de que los rayos hayan desaparecido con el cuerpo luminoso. Todo cuerpo diáfano, el vidrio particularmente, transmite este espíritu ígneo y luminoso sin transmitir sus rayos, esto es porque el aire que está detrás suministrando un nuevo cuerpo a este espíritu, deviene iluminado y forma nuevos rayos que se extienden como los primeros. Además, todo cuerpo diáfano, sirviendo de medio para transmitir este espíritu, se encuentra no solamente esclarecido, sino que se vuelve luminoso, y este aumento de claridad se manifiesta fácilmente a los que ponen un poco de atención. Este aumento de esplendor no llegaría si el cuerpo diáfano transmitiera los rayos tal como los ha recibido.

El señor Pott parece haber adoptado estas ideas de los filósofos herméticos sobre la luz, en su *Ensayo de Observaciones Químicas y Físicas,* sobre las propiedades y los efectos de la luz y del fuego. Se encuentra perfectamente con Espagnet, cuyos sentimientos analizo aquí, y que vivió hace cerca de un siglo y medio. Las observaciones que este sabio profesor de Berlín aporta, concurren todas en probar la verdad de lo que hemos dicho hasta aquí. Él llama a la luz *el gran y maravilloso agente de la naturaleza.* Dice que su substancia, a causa de la tenuidad de sus partes, no puede ser examinada por el número, por la medida ni por el peso; que la química no puede exponer su forma exterior, porque en ninguna substancia puede ser concebida, y aún menos expresada, cómo son anunciadas su dignidad y su excelencia en la Escritura santa, donde Dios se hace llamar con el nombre de luz y de fuego, puesto que allí está dicho que Dios es una luz, que permanece en la luz, que la luz es su vestido, que la vida está en la luz, que hace a sus ángeles llamas de fuego, etc... y en fin, que muchas personas observan la luz más bien como un ser espiritual que como una substancia corporal.

Reflexionando sobre la luz, la primera cosa, dice este autor, que se presenta a mis ojos y a mi espíritu es la luz del Sol, y presumo que el Sol es la fuente de toda la luz que se encuentra en la naturaleza, ya que toda la luz entra allí como en su círculo de revolución y que de allí es de nuevo reenviada sobre todo el globo. No pienso, añade, que el Sol contenga un fuego ardiente y destructivo; sino que encierra una substancia luminosa, pura, simple y concentrada, que lo aclara todo. Miro la luz como una substancia, que alegra, que anima y que produce la claridad; en una palabra, la observo como el primer instrumento que

Dios puso y pone aún en obra en la naturaleza. De ahí viene el culto que algunos paganos han rendido al Sol; de ahí la fábula de Prometeo que roba el fuego en el Cielo para comunicarlo a la Tierra.

Sin embargo, el señor Pott no aprueba en apariencia, sino que lo hace en realidad, el sentimiento de los que hacen del éter un vehículo de la materia de la luz, porque multiplican, dice, los seres sin necesidad. Pero si la luz es un ser tan simple como él declara, ¿podrá manifestarse de otra forma que mediante alguna substancia sensible? Ella tiene la propiedad de penetrar muy sutilmente los cuerpos por su tenuidad superior a la del aire y por su movimiento progresivo, el más rápido que se puede imaginar, pero él no osa determinar si es de substancia espiritual, aunque sea cierto que el principio motor es tan antiguo como esta substancia misma.

El movimiento, como movimiento, no produce la luz, pero la manifiesta en las materias convenientes. Sólo se muestra en los cuerpos móviles, es decir, en una materia extremadamente sutil, fina y propia al movimiento precipitado, ya sea porque esta materia se derrama inmediatamente del Sol o de su atmósfera y penetra hasta nosotros, ya sea, lo que parece más verosímil, que el Sol pone en movimiento estas materias extremadamente sutiles de las que nuestra atmósfera está llena. He aquí pues un vehículo de la luz, vehículo que no difiere en nada del éter, puesto que este erudito añade más abajo: *es pues también allí la causa del movimiento de la luz que obra sobre nuestro éter y que nos viene principalmente y más eficazmente del Sol.* Este vehículo no es pues, como según dice él, un ser multiplicado sin necesidad.

Él distingue muy bien el fuego de la luz y señala la diferencia del uno y del otro, pero después de haber dicho que la luz produce la claridad, confunde aquí esta última con el principio luminoso, como se puede concluir de las experiencias que aporta. Yo habría concluido que hay allí un fuego y una luz que no queman, es decir, que no destruyen los cuerpos a los que son adheridos, pero no que haya una luz sin fuego. La falta de distinción entre el principio y la causa del resplandor y de la claridad y el efecto de esta causa es la fuente de una infinidad de errores sobre esta materia. Puede ser que esto fuera una falta del traductor que hubiera empleado indiferentemente los términos de luz y de claridad como sinónimos. Soy bastante partidario de creer esto, puesto que Pott, inmediatamente después de haber aportado diversos fenómenos de las materias fosfóricas, la madera podrida, los gusanos luminosos, la arcilla calcinada y frotada, etc...., dice que la materia de la luz en su pureza o separada de todo cuerpo, no se deja percibir y que sólo la tratamos rodeada de una envoltura y que sólo conocemos su presencia por inducción. Esto es distinguir propiamente la luz de la claridad que es el efecto. Con esta distinción vuelve fácilmente razonable una infinidad de fenómenos muy difíciles de explicar sin ésta.

El calor, aunque efecto del movimiento, es como identificado con él. La luz siendo el principio del fuego lo es del movimiento y del calor. Éste es sólo un grado menor del fuego, o el movimiento producido por un fuego muy moderado, o muy alejado del cuerpo afectado. Es a este movimiento que el agua debe su fluidez, puesto que sin esta causa sería hielo. No se debe confundir, pues, el fuego elemental con el fuego de las cocinas y observar que el primero sólo se vuelve fuego actual y ardiente cuando es combinado con las substancias combustibles, por él mismo no da ni llama, ni luz. Así el flogístico o substancia oleosa, sulfurosa, resinosa, no es el principio del fuego, sino la materia propia para mantenerlo, alimentarlo y para manifestarlo.

Los razonamientos de Pott prueban que el sentimiento de Espagnet y de otros filósofos herméticos sobre el fuego y la luz, es un sentir razonable y muy conforme a las observaciones físico-químicas más exactas, puesto que están de acuerdo con este erudito profesor de química de la Academia de las Ciencias y Bellas Letras de Berlín. Estos filósofos conocen, pues, la naturaleza, y si la conocen ¿por qué no probar, más bien, levantar el oscuro velo bajo el cual han ocultado sus procedimientos, mediante sus discursos enigmáticos, alegóricos y fabulosos, antes que despreciar sus razonamientos, puesto que parecen inteligibles, o acusarles de ignorancia y de mentira?

LA CONSERVACIÓN DE LOS MIXTOS

El espíritu ígneo, el principio vivificante, da la vida y el vigor a los mixtos, pero este fuego los consumiría pronto si su actividad no fuera moderada por el humor acuoso que los liga. Este humor circula perpetuamente en todos. Él se hace una revolución en el Universo, en medio de la cual los unos se forman, se nutren, aumentan asimismo de volumen mientras que su evaporación y su ausencia hacen desechar y perecer a los otros.

Toda la máquina del mundo sólo compone un cuerpo, cuyas partes están ligadas por los medios que participan de los extremos. Esta ligadura está oculta, este nudo es secreto, pero no es menos real, y es por su medio que todas estas partes se prestan ayuda mutua, puesto que hay una relación y un verdadero comercio entre ellas. Los espíritus emisarios de las naturalezas superiores hacen y mantienen esta comunicación, los unos se van cuando los otros vienen, estos vuelven a su fuente cuando aquellos descienden, los que han venido últimos toman el lugar de los que parten en su viaje, luego los otros les suceden, y por este flujo y reflujo continuos la naturaleza se renueva y se mantiene. Esto son las alas de Mercurio, mediante la ayuda de las cuales este mensajero de los dioses rinde tan frecuentes visitas a los habitantes del Cielo y de la Tierra.

Esta sucesión circular de espíritus se hace mediante dos medios, la rarefacción y la condensación, que la naturaleza emplea para espiritualizar los cuerpos y corporificar los espíritus, o si se quiere, para atenuar los elementos groseros, abrirlos, levantarlos asimismo en la naturaleza sutil de las materias espirituales y enseguida hacerlos retornar a la naturaleza de los elementos groseros y corporales. Así experimentan sin cesar estas metamorfosis. El aire abastece al agua de una substancia tenue etérea que allí empieza a corporificarse, el agua la comunica a la tierra donde se corporifica aún más. Se vuelve entonces un alimento para los minerales y los vegetales. En estos se hace tallo, corteza, hojas, flores, fruto, en una palabra, una substancia corporal palpable. En los animales, la naturaleza separa lo más sutil, lo más espiritual de lo que beben y lo que comen para volverlo alimento. Cambia y especifica la más pura substancia en semilla, en carne, en hueso, etc…., deja lo más grosero, lo más heterogéneo para los excrementos. El arte imita a la naturaleza en sus resoluciones y sus composiciones.

EL HÚMEDO RADICAL

La vida y la conservación de los individuos consisten en la estrecha unión de la forma y de la materia. El nudo, la ligadura que forma esta unión consiste en la del fuego innato con el húmedo radical. Este húmedo es la porción más pura, la más digerida de la materia y como un aceite extremadamente rectificado por los alambiques de la naturaleza. Las simientes contienen mucho de este húmedo radical, en el cual se alimenta una chispa del fuego celeste, y puesto en una matriz conveniente opera, cuando es ayudado constantemente, todo lo que es necesario para la generación. En este húmedo radical se encuentra algo de inmortal, la muerte de los mixtos no lo hace evaporarse ni desaparecer. Resiste asimismo al fuego más violento, puesto que se le encuentra aún en las cenizas de los cadáveres quemados.

Cada mixto contiene dos húmedos, aquel del que acabamos de hablar y un húmedo elemental, en parte acuoso y en parte aéreo. Éste cede a la violencia del fuego, se eleva en humo, en vapores y cuando está completamente evaporado el cuerpo no es más que cenizas o partes separadas las unas de las otras. No es así respecto al húmedo radical, puesto que constituye la base de los mixtos afronta la tiranía del fuego, sufre el martirio con un coraje insuperable y permanece unido firmemente a las cenizas del mixto, lo que indica manifiestamente su gran pureza.

La experiencia ha mostrado a los vidrieros, gente comúnmente muy ignorante en el conocimiento de la naturaleza, que este húmedo está oculto en las cenizas. Han encontrado en la fuerza del fuego el secreto de manifestar, en lo que cabe, de lo que son capaces el arte y la violencia del fuego artificial. Para hacer el vidrio necesariamente se han de poner las cenizas en fusión y no habría fusión si no hubiera allí el húmedo. Sin saber que las sales extraídas de las cenizas contienen la más gran virtud de los mixtos, los labradores queman los rastrojos y las hierbas para aumentar la fertilidad de sus campos, prueba de que este húmedo radical es inaccesible a los ataques del fuego, porque es el principio de la generación, la base de los mixtos, y que su virtud y su fuego activo sólo permanecen entorpecidos hasta que la tierra, matriz común de los principios, desarrolla sus facultades, lo que se ve diariamente en las semillas. Este bálsamo radical es el fermento de la naturaleza, que se extiende en toda la masa de los individuos. Es una tintura indeleble, que tiene la propiedad de multiplicar, que penetra hasta en los más sucios excrementos, puesto que los emplea con éxito para estercolar las tierras y aumentar su fertilidad.

Se puede conjeturar con razón, que esta base, esta raíz de los mixtos que sobrevive a su destrucción, es una parte de la primera materia, la porción más pura e indestructible, mostrada en el extremo de la luz de la que recibe la forma. Pues el matrimonio de esta primera materia con la forma es indisoluble y todos los elementos corporificados en los individuos sacan de ella su origen. En efecto, ¿no es necesaria una tal materia para servir de base incorruptible y como raíz cúbica a los mixtos corruptibles, para poder ser un principio constante, perpetuo y sin embargo material, en torno del cual girarían sin cesar las vicisitudes y los cambios que los seres materiales experimentan todos los días?

Si está permitido aportar conjeturas en la obscuridad del porvenir ¿no se podría decir que esta substancia inalterable es el fundamento del mundo material y el fermento de su inmortalidad mediante el cual subsistirá tras su destrucción, después de haber pasado por la tiranía del fuego y haber sido purgado de su mancha original, para ser renovado y devenir incorruptible e inalterable durante toda la eternidad? Parece que la luz sólo ha operado sobre él y que ha dejado el resto en las tinieblas, pues conserva siempre una chispa que sólo necesita ser excitada. Pero el fuego innato es bien diferente del húmedo. Tiene la espiritualidad de la luz y el húmedo radical es de una naturaleza mediana entre la materia extremadamente sutil y espiritual de la luz y la materia grosera, elemental y corporal. Participa de los dos y liga estos dos extremos. Es el sello del pacto visible y palpable de la luz y las tinieblas, el punto de reunión y de comercio entre el Cielo y la Tierra.

No se puede, pues, confundir sin error este húmedo radical con el fuego innato. Éste es el habitante y aquél la habitación, la morada. Es en todos los mixtos el laboratorio de Vulcano, es el fogón donde se conserva este fuego inmortal, primer motor creado de todas las facultades de los individuos, el bálsamo universal, el elixir más precioso de la naturaleza, el mercurio de vida perfectamente sublimado y trabajado, que la naturaleza distribuye mediante peso y medida a todos los mixtos. Quien sepa extraer este tesoro del corazón, y del centro oculto de las producciones de este bajo mundo, desnudarlo de la espesa corteza, elemental, que lo oculta a nuestros ojos y sacarlo de la prisión tenebrosa donde está encerrado y en la inacción, podrá gloriarse de saber hacer la más preciosa medicina para aliviar el cuerpo humano.

LA ARMONÍA DEL UNIVERSO

Los cuerpos superiores y los inferiores del mundo, al tener una misma fuente y una misma materia por principio, han conservado entre ellos una simpatía que hace que los más puros, los más nobles, los más fuertes, comuniquen a los que lo son menos toda la perfección de la que son susceptibles. Pero cuando los órganos de los mixtos se encuentran mal dispuestos naturalmente o por accidente, esta comunicación es turbada o impedida, entonces el orden establecido para este comercio se trastorna, lo débil menos socorrido se debilita, sucumbe y se vuelve el principio de su propia ruina, *mole ruit súa.*

Las cuatro cualidades de los elementos, lo frío, lo caliente, lo seco y lo húmedo, son como los tonos armónicos de la naturaleza. No son más contrarios entre ellos que el tono grave en la música lo es del agudo, pero son diferentes y como separados por los intervalos o tonos medios que acercan a los dos extremos. Así como mediante estos tonos medios se puede componer una muy bella harmonía, la naturaleza también hace combinar las cualidades de los elementos, de manera que resulta un temperamento que constituye el de los mixtos.[100]

EL MOVIMIENTO

No hay ningún reposo real y propiamente dicho en la naturaleza.[101] No puede permanecer ociosa, si dejara suceder el reposo real al movimiento durante un sólo instante, toda la máquina del Universo caería en la ruina. El movimiento la ha sacado como de la nada, el reposo la sumergiría allí de nuevo. A lo que nosotros damos el nombre de reposo no es más que un movimiento menos acelerado, menos sensible. El movimiento es, pues, contínuo en cada parte como en el todo. La naturaleza obra siempre en el interior de los mixtos; los mismos cadáveres no están en reposo, puesto que se corrompen y la corrupción no puede hacerse sin movimiento.

El orden y la uniformidad reinan en la manera de mover la máquina del mundo, pero tiene diversos grados en este movimiento, que es desigual y diferente en las cosas diferentes y desiguales. La misma geometría exige esta ley de desigualdad y se puede decir que los cuerpos celestes tienen un movimiento igual en razón geométrica, a saber, relativamente a su tamaño, su distancia y su naturaleza. Fácilmente percibimos en el curso de las estaciones que las vías que la naturaleza emplea sólo difieren entre ellas en apariencia. Durante el invierno parece sin movimiento, muerta o por lo menos adormecida. Sin embargo, es durante esta *muerta estación* que prepara, digiere, incuba las simientes y las dispone para la generación. Ella da a luz, por así decirlo, en la primavera, nutre y cría en verano, asimismo madura ciertos frutos y reserva otros para el otoño, cuando estos tienen necesidad de una digestión más larga. Al final de esta estación todo se vuelve caduco para disponerse a una nueva generación.

---

100. El Cosmopolita, *Tratado,* 2.
101. El Cosmopolita. *Tratado,* 4.

El hombre experimenta en esta vida los cambios de estas cuatro estaciones. Su invierno no es el tiempo de la vejez, como se dice comúnmente, es el que pasa en el vientre de su madre sin acción y como en las tinieblas, porque no ha gozado aún de los beneficios de la luz solar. Apenas ha visto el día empieza a crecer, entra en su primavera, que dura hasta que él sea capaz de madurar sus frutos. Su verano sucede entonces, se fortifica, digiere, cuece el principio de vida que deberá dar a otros. Su fruto está maduro, domina el otoño, se vuelve seco, marchita, se inclina hacia el principio donde su naturaleza lo arrastra, cae allí, muere y no más.

De la distancia desigual y variada del Sol procede particularmente la variedad de las estaciones. El filósofo que quiere aplicarse en imitar los procedimientos de la naturaleza en las operaciones de la gran obra, debe meditarlos muy seriamente. No entraré aquí en los detalles de los diferentes movimientos de los cuerpos celestes. Moisés ha explicado lo que concierne al globo que habitamos. No ha dicho casi nada de las otras criaturas, sin duda a fin de que la curiosidad humana encontrara antes materia de admiración que para formar argumentos de disputa. El deseo desordenado de todo saber tiraniza sin embargo aún al débil espíritu del hombre. No sabe comportarse y es lo suficiente loco como para prescribir al Creador las reglas para conducir el universo. Forja sistemas y habla en un tono tan decisivo que se diría que Dios lo ha consultado para sacar al mundo de la nada y que ha sugerido al Creador las leyes que conservan la armonía de su movimiento general y particular. Afortunadamente los razonamientos de estos pretendidos filósofos no influyen en nada sobre esta harmonía. Deberíamos saber, en lugar de temer las consecuencias de ello, también fastidiosas para nosotros, que las que se sacan de sus principios son ridículas. Tranquilicémonos, el mundo irá a su paso durante el tiempo que le complazca conservarlo a su Autor. No perdamos el tiempo de una vida tan corta como la nuestra en disputar sobre las cosas que ignoramos. Apliquémonos más bien en buscar el remedio a los males que nos agobian, en rogar a aquel que ha creado *la medicina de la tierra*, para que nos la haga conocer y después de habernos favorecido con este conocimiento lo usemos nada más que para la utilidad de nuestro prójimo, por amor hacia el Ser soberano al que sólo a Él se ha de rendir gloria en todos los siglos de los siglos.

TRATADO DE LA OBRA HERMÉTICA

La fuente de la salud y de las riquezas, dos bases sobre las cuales se apoya la felicidad de esta vida, son el objeto de este arte. Siempre fue un misterio, y aquellos que la han tratado, han hablado de ella en todos los tiempos como de una ciencia cuya práctica tiene algo de sorprendente y cuyo resultado es milagroso en sí mismo y en sus efectos. Sólo Dios Autor de la naturaleza, a la que el filósofo se propone imitar, puede esclarecer y guiar al espíritu humano en la búsqueda de este tesoro inestimable y en el laberinto de las operaciones de este arte. Todos estos autores que citamos también recomiendan recurrir al Creador y pedirle esta gracia con mucho fervor y perseverancia.

¿Debe sorprender que los poseedores de un tan bello secreto lo hayan velado en las sombras de los jeroglíficos, las fábulas, las alegorías, las metáforas y los enigmas, para apartar del conocimiento al común de los hombres? Sólo han escrito para aquellos a los que Dios dignó otorgándoles la inteligencia. Difamarles, declamar fuertemente contra la ciencia misma, porque se han hecho esfuerzos inútiles para obtenerla, es una baja venganza, es hacer agravio a su propia reputación, es publicar su ignorancia y la impotencia de lo que de ello les ha llegado. Que se levante su voz contra los sopladores, contra estos quemadores de carbón, que tras haber sido engañados por su propia ignorancia finalmente buscan hacer a otros engañados. Yo me uniría voluntariamente a estas fuertes críticas, y asimismo querría tener una voz de estentóreo para hacerme oir mejor. Pero ¿quién son los que se enredan a hablar y a escribir contra la filosofía hermética? Yo apostaría que son los que ignoran incluso su definición, gente cuyo malvado humor sólo es excitado por el prejuicio. Apelo a la buena fe, que examinen seriamente si están al caso de lo que critican. ¿Han leído y releído veinte veces y más a los buenos autores que tratan esta materia? ¿Quién de entre ellos puede jactarse de saber las operaciones y los procesos de este arte? ¿Qué Edipo les ha dado la inteligencia de sus enigmas y de sus alegorías? ¿Cuál es la sibila que les ha introducido en su santuario? Que permanezcan pues en la estrecha esfera de sus conocimientos: *ne futor ultra crepitam.* O puesto que es la moda, que les sea permitido anhelar un tan gran tesoro del que desesperan por poseerlo. ¡Débil consolación, pero es lo único que les queda! Y gustó a Dios que sus gritos fueran oídos por todos los que malgastan a propósito sus bienes en la persecución de lo que se les escapa, a falta de conocer los procedimientos simples de la naturaleza.

El señor Maupertuis piensa de otra manera (cartas): *Bajo cualquier aspecto que se considere la piedra filosofal,* –dice este célebre académico– *se puede probar su imposibilidad, pero su premio* –añade– *no es suficiente para compensar la poca esperanza de encontrarla.* El señor Justi, director general de las minas de la emperatriz reina de Hungría, prueba no solamente la posibilidad, sino su actual existencia, en un discurso que ha hecho públicamente y cuyos argumentos están fundados en la propia experiencia.

CONSEJOS FILOSÓFICOS

Adorad sólo a Dios, amadle con todo vuestro corazón y a vuestro prójimo como a vosotros mismos. Proponeos siempre la gloria de Dios como fin de todas vuestras acciones, invocadle y Él os otorgará, glorificadle y Él os exaltará.

Sed tardíos en vuestras palabras y en vuestras acciones. No os apoyéis sobre vuestra prudencia, sobre vuestros conocimientos, ni sobre las palabras y las riquezas de los hombres, principalmente de los grandes. No pongáis vuestra confianza más que en Dios. Haced valer el talento que os ha confiado. Sed avaros con el tiempo, es infinitamente corto para un hombre que ha de emplearlo en ello. No dejéis para mañana lo que podáis hacer hoy. Frecuentad a los buenos y los sabios. El hombre ha nacido para aprender, su curiosidad natural es una prueba palpable de ello, y es degradar a la humanidad estancarse en la ociosidad y la ignorancia. Cuantos más conocimientos tiene un hombre, más se acerca al Autor de su ser, que lo hace todo. Aprovechad pues, las luces de los sabios, recibid sus instrucciones con dulzura y sus correcciones siempre buenamente. Evitad el comercio ruin, la multitud de ocupaciones y la cantidad de amigos.

Las ciencias sólo se adquieren estudiando y meditando y no disputando. Aprended poco a la vez; repetid a menudo el mismo estudio, el espíritu puede todo cuando está en poco y no puede nada cuando está al mismo tiempo en todo. La ciencia unida a la experiencia forma la verdadera sabiduría. Es contrario, en su defecto, recurrir a la opinión, a la duda y a la conjetura y a la autoridad.

Los sujetos de la ciencia son Dios, el gran mundo y el hombre. El hombre ha sido hecho por Dios, la mujer por Dios y el hombre y las otras criaturas por el hombre y la mujer,[102] a fin de que hicieran uso de sus ocupaciones para su propia conservación y la gloria de su Autor común. Con todo, es preciso que siempre estéis bien con Dios y con vuestro prójimo. La venganza es una debilidad en los hombres. No os hagáis jamás un enemigo y si alguien quiere haceros algún mal o ya os lo ha hecho, no seréis mejores o más nobles por el hecho de vengaros que por el de hacer el bien.

AFORISMO DE LA VERDAD DE LAS CIENCIAS.

Dos clases de ciencias y no más. La religión y la física, es decir, la ciencia de Dios y la de la naturaleza, el resto no son más que ramas. También las hay bastardas, pero son más bien errores que ciencias.

Dios da la primera en su perfección a los santos y a los hijos del Cielo. Esclarece el espíritu del hombre para adquirir la segunda y el demonio pone allí los velos para insinuar las bastardas.

La religión viene del Cielo, es la verdadera ciencia, porque Dios, fuente de toda verdad, es su Autor. La física es el conocimiento da la naturaleza, con ella el hombre hace cosas sorprendentes. *Mens humana mirabilium effectrix.*

El poder del hombre es más grande de lo que se podría imaginar. Puede todo por Dios, nada sin Él, excepto el mal.

102. Sabiduría, 9, 2, ss.

LA LLAVE DE LAS CIENCIAS

El primer paso en la sabiduría es el temor de Dios, el segundo el conocimiento de la naturaleza. Por ella se sube hasta el conocimiento de su Autor.[103] La naturaleza enseña a los clarividentes la física hermética. La obra larga es siempre de la naturaleza, ella opera simplemente, sucesivamente y siempre por las mismas vías para producir las mismas cosas. La obra del arte es menos larga, éste avanza mucho los pasos de la naturaleza. El de Dios se hace en un instante. La alquimia propiamente dicha es una operación de la naturaleza ayudada por el arte. Ella nos pone en la mano la llave de la magia natural o de la física y nos vuelve admirables a los hombres, elevándonos por encima de lo común.

EL SECRETO

La estatua de Harpócrates, que tiene una mano sobre la boca, era para los antiguos sabios el emblema del secreto, que se fortifica por el silencio y se debilita y se desvanece por la revelación. Jesús Cristo nuestro Salvador sólo reveló nuestros misterios a sus discípulos y habló siempre al pueblo mediante alegorías y en parábolas. *Vobis dacum est noscere mysteria regni coelorum, sine parabolis non loquebutur eis.*[104]

Los sacerdotes egipcios, los magos persas, los mecubales y los cabalistas hebreos, los brahmanes hindúes, Orfeo, Homero, Pitágoras, Platón, Porfirio entre los griegos y los druidas entre los occidentales, sólo han hablado de las ciencias secretas mediante enigmas y alegorías; si hubieran dicho cuál era el verdadero objeto, no habría habido más misterios y lo sagrado habría sido mezclado con lo profano.

LOS MEDIOS PARA CONSEGUIR EL SECRETO

Las disposiciones para llegar hasta el secreto, son el conocimiento de la naturaleza y de sí mismo. Sólo se puede tener perfectamente el primero, así como el segundo, con la ayuda de la alquimia, el amor de la sabiduría, el horror al crimen y a la mentira, la persecución de los cacoquímicos, la frecuentación de los sabios, la invocación del Espíritu Santo, no añadir secreto sobre secreto y unirse sólo a una cosa, porque Dios y la naturaleza se complacen en la unidad y en la simplicidad. Siendo el hombre el resumen de toda la naturaleza, debe aprender a conocerse como lo más preciso y abreviado de ella. Por su parte espiritual participa en todas las criaturas inmortales y por su parte material en todo lo que es caduco en el Universo.

---

103. San Pablo, *Romanos*, 1, 20.

104. Mateo, 13, 2; Marcos, 4, 2; Mateo 13, 34.

LAS LLAVES DE LA NATURALEZA

De todas las cosas materiales se hace ceniza, de la ceniza se hace sal, de la sal se separa el agua y el mercurio, del mercurio se compone un elixir o una quintaesencia. El cuerpo se pone en cenizas para ser limpiado de sus partes combustibles, en sal para ser separado de sus terrestreidades, en agua para pudrir y putrificarse y en espíritu para volverse quintaesencia.

Las sales son, pues, las llaves del arte y de la naturaleza, sin su conocimiento es imposible imitarla en sus operaciones. Éste hace saber su simpatía y su antipatía con los metales y entre ellos mismos. Propiamente no hay más que una sal de naturaleza, pero se divide en tres clases para formar los principios de los cuerpos. Éstos son el nitro, el tártaro y el vitriolo, todos los otros son compuestos.

El nitro es hecho de la primera sal por atenuación, sutilización y purgación de las terrestreidades crudas y frías que allí se encuentran mezcladas. El Sol lo cuece, lo digiere en todas sus partes y hace la unión de los elementos impregnándolo de las virtudes seminales que seguidamente trae con la lluvia a la tierra, que es la matriz común.

La sal del tártaro es este mismo nitro más cocido, más digerido por el calor de la matriz donde ha sido depositado, porque esta matriz sirve de horno a la naturaleza. Así del nitro y del tártaro se forman los vegetales. Esta sal se encuentra en todo lugar donde el nitro ha sido depositado, pero particularmente sobre la superficie de la tierra donde el rocío y la lluvia la abastecen abundantemente.

El vitriolo es la misma sal nitro que, habiendo pasado por la naturaleza de la tierra, se vuelve sal mineral mediante una cocción más larga y en hornos más ardientes. Se encuentra en abundancia en las entrañas, las concavidades y las porosidades de la tierra, donde se reúne con un humor viscoso que lo vuelve metálico.

LOS PRINCIPIOS METÁLICOS

De las sales que acabamos de hablar y de sus vapores se hace el mercurio que los antiguos han llamado *simiente mineral*. De este mercurio y del azufre, ya sea puro o sea impuro, son hechos todos los metales en las entrañas de la tierra y en su superficie.

Cuando los elementos corporificados por su unión toman la forma de salitre, de tártaro y de vitriolo, el fuego de la naturaleza, excitado por el calor solar, digiere la humedad que es atraída por la sequedad de estas sales y separando lo puro de lo impuro, la sal de la tierra, las partes homogéneas de las heterogéneas, la espesa en plata viva, después en metal puro o impuro, según la mezcla y la calidad de la matriz.

La diversidad del azufre y del mercurio según sean más o menos puros y estén más o menos digeridos, de su unión y sus diferentes combinaciones se forma la numerosa familia del reino mineral. Las piedras, las marcasitas, los minerales difieren entre ellos, según la diferencia de sus matrices y la más o menos cocción.

LA MATERIA DE LA GRAN OBRA EN GENERAL

Parece que los filósofos sólo han hablado de la materia para ocultarla, al menos cuando se trata de designarla en particular. Pero cuando hablan en general se extienden mucho sobre sus cualidades y sus propiedades, le dan todos los nombres de los individuos del Universo, porque dicen que ella es el principio y la base de todos. *Examinad* –dice el Cosmopolita–[105] *si esto que os proponéis hacer es conforme a lo que puede hacer la naturaleza. Ved cuales son los materiales que emplea y de qué vaso se sirve. Si sólo queréis lo que ella hace seguidla paso a paso. Si queréis hacer alguna cosa mejor, ved lo que puede servir a este efecto, pero permaneced siempre en las naturalezas del mismo género. Si, por ejemplo, queréis llevar un metal más allá de la perfección que ha recibido de la naturaleza es preciso tomar vuestras materias en el género metálico y siempre un macho y una hembra, sin los cuales no lo lograríais. Pues en vano os propondríais hacer un metal con una hierba o una naturaleza animal, así como de un perro o cualquier otra bestia no sabríais producir un árbol.*

Esta primera materia es llamada muy comúnmente azufre y plata viva. Raimon Llull,[106] los nombra como los dos extremos de la piedra y de todos los metales. Otros dicen en general que el Sol es su padre y la Luna su madre, que es macho y hembra, que está compuesta de cuatro, de tres, de dos y de uno y todo esto para ocultarla. Ella se encuentra por todo, sobre la tierra, sobre el mar, en los llanos, sobre las montañas, etc. El mismo autor dice que su materia es única y dice seguidamente que la piedra está compuesta de muchos principios individuales. Sin embargo, todas estas contradicciones sólo son aparentes, porque no hablan de la materia desde un sólo punto de vista, sino en cuanto a sus principios generales o de los diferentes estados en los que ella se encuentra en las operaciones.

Es cierto que no hay más que un solo principio en toda la naturaleza y que lo es de la piedra como lo es de las otras cosas. Se ha de saber distinguir, pues, lo que los filósofos dicen de la materia en general de lo que dicen en particular. También, no hay más que un solo espíritu fijo, compuesto de un fuego muy puro e incombustible que tiene su morada en el húmedo radical de los mixtos. Es más perfecto en el oro que en toda otra cosa y sólo el mercurio de los filósofos tiene la propiedad y la virtud de sacarlo de su prisión, de corromperlo y de disponerlo para la generación. La plata viva es el principio de la volatilidad, de la maleabilidad y de la mineralidad, el espíritu fijo del oro no puede nada sin él. El oro es humectado, reincrudado, volatilizado y sometido a la putrefacción por la operación del mer-

105. Cosmopolita, *Tratado* 1.

106. Raimon Llull, *Codicilio*, cap. 9.

curio; éste es digerido, cocido, espesado, desecado y fijado por la operación del oro filosófico que lo convierte, por este medio, en tintura metálica.

El uno y el otro son el mercurio y el azufre filosófico. Pero éste no es suficiente hasta que se haga entrar en la obra un azufre metálico como levadura, lo que hace también como un esperma o simiente de naturaleza sulfurosa para unirse a la simiente de substancia mercurial. Este azufre y este mercurio han sido sabiamente representados entre los antiguos por dos serpientes, la una macho y la otra hembra, enroscadas alrededor de la vara de oro de Mercurio. La vara de oro es el espíritu fijo donde deben ser unidas. Éstas son las mismas que Juno envió contra Hércules, en el tiempo que este héroe estaba aún en la cuna.

Este azufre es el alma de los cuerpos y el principio de la exuberación de su tintura; el mercurio vulgar está privado de él, el oro y la plata vulgares sólo tienen para ellos. El mercurio apropiado para la obra debe, pues, primeramente ser impregnado de un azufre invisible,[107] a fin de que esté más dispuesto a recibir la tintura visible de los cuerpos perfectos y que pueda seguidamente comunicarla con usura.

Numerosos químicos sudan sangre y agua para extraer la tintura del oro vulgar, imaginan que fuerza de torturarlo se la harán vomitar y que enseguida encontrarán el secreto para aumentarlo y para multiplicarlo, pero: *Spes tandem agricolas vanis aludit aristis*[108] Pues es imposible que la tintura solar pueda ser enteramente separada de su cuerpo. El arte no sabría deshacer en este género lo que la naturaleza ha unido tan bien. Si lograran sacar del oro un licor brillante y permanente por la fuerza del fuego o por la corrosión de las aguas fuertes se le ha de considerar solamente como una porción del cuerpo, pero no como su tintura, pues lo que constituye propiamente la tintura no puede ser separada del oro. Es este término de tintura lo que hace ilusión a la mayor parte de los artistas. Con mucho gusto querría yo que eso fuera una tintura, al menos convendrán en que aún siendo alterada por la fuerza del fuego, o por las aguas fuertes no puede ser útil a la obra y que no podría dar a los cuerpos volátiles la fijeza del oro del que ella habría sido separada. Es por estas razones por lo que Espagnet[109] les aconseja no gastar su plata y su oro en un trabajo tan penoso y del que no podrían sacar ningún fruto.

LOS NOMBRES QUE LOS ANTIGUOS FILÓSOFOS HAN DADO A LA PIEDRA

Los antiguos filósofos ocultaban el verdadero nombre de la materia de la gran obra con tanto cuidado como lo hacen los modernos. Sólo han hablado mediante alegorías y símbolos. Los egipcios la representaron en sus jeroglíficos bajo la

107. Espagnet, *La Obra secreta de la Filosofía de Hermes,* can. 30.
108. Virgilio, *Geórgicas*
109. Espagnet, *ibíd.* can. 34.

forma de un buey, que era al mismo tiempo símbolo de Osiris y de Isis, que se suponían haber sido hermano y hermana y esposo y esposa, el uno y la otra nietos del Cielo y de la Tierra. Otros le han dado el nombre de Venus. También la han llamado Andrógino, Andrómeda, mujer de Saturno, hija del dios Neptuno; Latona, Maya, Semele, Leda, Ceres, y Homero la ha honrado más de una vez con el título de madre de los dioses. También era conocida bajo el nombre de Rea, tierra fluyente, fusible, en fin, con una infinidad de otros nombres de mujeres, según las diferentes circunstancias en las que ella se encuentra en las diversas y sucesivas operaciones de la obra. Ellos la personificaban y cada circunstancia les sugería un motivo para yo no se cuantas fábulas alegóricas que inventaban como bien les parecía; se verán la pruebas de ello en el transcurso de esta obra.

El filósofo hermético quiere que el *Latón* (nombre que les ha complacido dar también a su materia) sea compuesto de un oro y de una plata que están crudos, volátiles, inmersos y llenos de negrura durante la putrefacción que es llamada *vientre de Saturno*, del que Venus fue engendrada. Es por lo que ella es considerada como nacida del mar filosófico. La sal que se produjo era representada por Cupido, hijo de Venus y de Mercurio, la plata viva, o el mercurio filosófico.

Nicolás Flamel ha representado la primera materia en sus figuras jeroglíficas bajo la figura de dos dragones, uno alado y el otro sin alas para significar, dice él:[110] *...el principio fijo, el macho o el azufre y por el que tiene alas el principio volátil, la humedad, la hembra o la plata viva. Estos son* –añade– *el Sol y la Luna de fuente mercurial. Son estas serpientes y dragones que los antiguos egipcios han pintado en círculo, la cabeza mordiéndose la cola para decir que habían salido de una misma cosa, que es suficiente a ella misma y que se perfecciona en su contorneo y circulación. Estos son los dragones que los antiguos filósofos poetas han puesto a guardar sin dormir a las manzanas de oro de los jardines de las vírgenes Hespérides. Estos son sobre los cuales Jasón, en la aventura del Toisón de oro, derramó la pócima preparada por la bella Medea; de los discursos de los cuales los libros de los filósofos están tan llenos, y no hay ningún filósofo que no haya escrito sobre ellos después del verídico Hermes Trismegisto, Orfeo, Pitágoras, Artefio, Morien y los siguientes hasta mí. Son las dos serpientes enviadas por Juno, que es la naturaleza metálica, que el fuerte Hércules, es decir el sabio, debe estrangular en su cuna, quiero decir vencer y matar para hacerlas pudrir, corromper y engendraral comienzo de su obra. Son las dos serpientes atadas alrededor del caduceo de Mercurio, con las cuales ejerce su gran poder y se transforma y se cambia como le place.*

La tortuga era también entre los antiguos el símbolo de la materia, porque lleva sobre su concha una especie de representación de esta figura de Saturno ♄. Es por lo que Venus era a veces representada[111] sentada sobre un chivo, cuya cabeza como la del carnero presenta poco más o menos esta figura ♉ de Mercurio y el pie derecho apoyado sobre la tortuga. Se ve también en un emblema

110. Flamel, *Explicaciones de las Figuras jeroglíficas*, cap. 4.

111. Plutarco *in praeceptis connub.*

filosófico un artista haciendo una salsa con uvas en una tortuga. Y un filósofo interrogó ¿cuál es la materia? respondió: *testudo solis cum pinguedine vitis.*

En los aborígenes la figura ♄ de Saturno era muy venerada, la ponían en sus medallas, sobre sus columnas, obeliscos, etc... Representaban a Saturno bajo la figura de un anciano, teniendo sin embargo un aire masculino y vigoroso que dejaba brotar su orina en forma de chorro de agua, era en esta agua en la que consistían la mayor parte de su medicina y de sus riquezas. Otros añaden allí la planta llamada *Molydnos*, o planta Saturnina, de la que dicen que la raíz era de plomo, el tallo de plata y las flores de oro. Es la misma de la que se hace mención en Homero,[112] bajo el nombre de Moly. Hablaremos de ella más extensamente en las explicaciones que daremos en el descenso de Eneas a los infiernos, al final de esta obra. Los griegos también inventaron una infinidad de fábulas respecto a esto y en consecuencia formaron el nombre de *Mercurio* de Μαρός *inguin* (ingle) y de κῦρος *puer* (niño), porque el Mercurio filosófico es una agua que muchos autores, y particularmente Raimon Llull[113] han llamado *orina de niño*. De allí también la fábula de Orión engendrado de la orina de Júpiter, de Neptuno y de Mercurio.

LA MATERIA ES UNA Y TODA COSA

Los filósofos, siempre atentos en ocultar tanto su materia como sus procedimientos, llamaron indiferentemente su materia, a esta misma materia en todos los estados en los que se encuentra durante el transcurso de sus operaciones. Le dieron a este efecto nombres en particular que sólo le convenían en general y jamás un mixto ha tenido tantos nombres. Ella es una y todas las cosas, dicen, porque es el principio radical de todos los mixtos. Está en todo y parecida a todo porque es susceptible de todas las formas, pero antes de que sea especificada en cualquier especie de los individuos de los tres reinos de la naturaleza. Cuando es especificada en el reino mineral ellos dicen que es parecida al oro, porque es su base, su principio y su madre. Es por lo que la han llamado oro crudo, oro volátil, oro inmaduro, oro leproso. Ella es análoga a los metales siendo el mercurio del que están compuestos. El espíritu de este mercurio es tan congelante que se le llama padre de las piedras tanto preciosas como vulgares. Es la madre que los concibe, la humedad que los nutre y la materia que los hace.

Los minerales también son formados de ella y como el antimonio es el Proteo de la química y el mineral que tiene más propiedades y virtudes, Artefio ha nombrado a la materia de la gran obra *Antimonio de las partes de Saturno.* Pero aunque da un verdadero mercurio, no se ha de imaginar que este mercurio se saca del antimonio vulgar, ni que éste sea el mercurio común. Filaleteo nos

---

112. Homero, *Odisea,* 10, 302 y ss.

113. Raimon Llull, *lib. Secretorum & alibi.*

asegura[114] que de cualquier manera que se trate el mercurio vulgar, jamás se hará de él mercurio filosófico. El Cosmopolita dice que éste es el verdadero mercurio y que el mercurio común no es más que su hermano bastardo.[115] Cuando el mercurio de los sabios es mezclado con la plata y el oro es llamado electro de los filósofos, su bronce, su latón, su cobre, su acero, y en las operaciones, su veneno, su arsénico, su oropimente, su plomo, su latón que se ha de blanquear, Saturno, Júpiter, Marte, Venus, la Luna y el Sol.

Este mercurio es un agua ardiente que tiene la virtud de disolver todos los mixtos, los minerales, las piedras y todo lo que los otros menstruos o aguas fuertes no sabrían hacer, la guadaña del viejo Saturno viene al punto para significarlo, por lo que se le ha dado el nombre de disolvente universal.

Paracelso, hablando de Saturno, se expresa así:[116] *No sería a propósito que se les persuadiera, aún menos que fueran instruidos en las propiedades ocultadas en el interior de Saturno y todo lo que se puede hacer con él y por él. Si los hombres lo supieran, todos los alquimistas abandonarían cualquier otra materia para trabajar nada más que sobre ésta.*

Terminaré lo que tengo que decir sobre la materia de la gran obra con la exclusión que algunos filósofos dan a cierta materia que los sopladores toman comúnmente para hacer la medicina dorada o piedra filosofal. *Yo he hecho* –dice Ripley– *muchas experiencias sobre todas las cosas que los filósofos nombran en sus escritos para hacer el oro y la plata y os las voy a contar. He trabajado sobre el cinabrio, pero no vale nada y sobre el mercurio sublimado, que me costó bien caro. He hecho muchas sublimaciones de espíritus, de fermentos, de sales de hierro, de acero y de su espuma, creyendo que por este medio y estas materias llegaría a hacer la piedra; pero al fin he visto que había perdido el tiempo, mis costes y mis esfuerzos. Seguía sin embargo exactamente todo lo que me era prescrito por los autores y encontré que todos los procedimientos que enseñaban eran falsos. Seguidamente tomé aguas fuertes, aguas corrosivas, aguas ardientes con las cuales operé de diversas maneras, pero siempre sin provecho alguno. Después recurrí a la cáscara de los huevos, al azufre, al vitriolo, que los artistas insensatos toman por el león verde de los filósofos, al arsénico, al oropimente, a la sal amoníaca, a la sal de vidrio, a la sal alkalí, a la sal común, a la sal de gema, o salitre, o sal de soda, o sal ática, o sal de tártaro, o sal alembrot; pero creedme, guardaos de todas estas materias. Evitad los metales imperfectos rubificados; el olor del mercurio y el mercurio sublimado o precipitado pues os hará equivocar como a mí. Lo he probado todo, la sangre, los cabellos, el alma de Saturno, las marcasitas, l'aes ustum (metales quemados), el azafrán de Marte, las escamas y la espuma del hierro, el litargirio, el antimonio; todo esto no vale una figura podrida. He trabajado mucho para tener el aceite y el*

114. I. Filaleteo, *Entrada abierta al palacio cerrado del Rey.*
115. El Cosmopolita, *Diálogo del Mercurio, el alquimista y Naturaleza.*
116. Paracelso, *Cielo Filosófico*, can. De Saturno.

agua de plata, he calcinado este metal con una sal preparada, y sin sal, con el agua de vida; he sacado aceites corrosivos, pero todo esto fue inútil. Empleé los aceites, la leche, el vino, el cuajo, el esperma de las estrellas que cae sobre la tierra, la celidonia, las fecundaciones y una infinidad de otras cosas y no he sacado ningún provecho. He mezclado el mercurio con los metales, los he reducido a cristal, imaginándome hacer algo bueno; he buscado en las mismas cenizas, pero creedme, por Dios, huid de tales necedades. Sólo he encontrado una obra verdadera.

El Trevisano[117] se explica, más o menos, en el mismo sentido: *Y así* –dice– *hemos visto y conocido muchos e infinitos trabajos en estas amalgamas y multiplicaciones al blanco y al rojo, con todas las materias que pudierais imaginar y tantas fatigas continuas y constantes, que creí que era posible pero jamás encontramos nuestro oro ni nuestra plata multiplicada, ni del tercio ni de la mitad ni de ninguna parte. Y así hemos visto tantos blanqueos y rubificaciones, recetas, sofisticaciones, y por tantos países, en Roma, Navarra, España, Turquía, Grecia, Alejandría, Barbaria, Persia, Mesina, en Rodas, en Francia, en Escocia, en Tierra Santa y sus alrededores, en toda Italia, en Alemania, en Inglaterra y casi rodeando todo el mundo. Pero sólo encontramos gente que trabajaba en cosas sofisticadas y materias herbales, animales, vegetales y plantables, piedras, minerales, sales alumbres y aguas fuertes, destilaciones, separaciones de los elementos y sublimaciones, calcinaciones, congelaciones de plata viva mediante hierbas, piedras, aguas, aceites, estiércoles, y fuego y vasos muy extraños y jamás encontramos obreros sobre la debida materia.*

Encontramos en estos países a quienes sabían bien de la piedra, pero jamás pudimos tener un trato íntimo... y me puse, pues, a leer los libros antes de trabajar más tiempo, pensando en mí mismo que siguiendo a cualquier hombre no podría lograrlo, puesto que si ellos lo sabían nunca lo querrían decir... así, observé allí dónde los libros más concordaban y entonces pensé que esto era la verdad; pues sólo pueden decir verdad en una cosa. Y así encontré la verdad. Pues donde más concordaban, esto era la verdad; todo cuanto nombra uno de una manera el otro lo hace de otra; no obstante, todo es una substancia en sus palabras. Pero conocí que la falsedad estaba en la diversidad y no en la concordancia, y si esto era verdad, sólo ponían allí una materia, algunos nombres y algunas figuras que daban. Y ¡Dios mío! creo que los que han escrito parabólicamente y figurativamente sus libros, hablando de cabellos, de orina, de sangre, de esperma, de hierbas, de vegetales, de animales, de plantas, de piedras y de minerales como son sales, alumbres y porosas, otros como vitriolos, bórax y magnesia y piedras cualquiera, y aguas; creo, digo, que les ha costado muy poco, o se han tomado pocas molestias, o es que son muy crueles... Pues sabed que ningún libro la declara en palabras verdaderas, sino mediante parábolas y como en figuras. Pero el hombre debe pensar y revisar frecuentemente en lo posible lo que dicen y observar las operaciones que la naturaleza dirige en sus obras. Porque concluyo, y creedme: dejad las sofisticaciones y

117. Bernardo el Trevisano, *Filosofía de los Metales.*

a todos los que en ellas creen, huid de sus sublimaciones, conjunciones, separaciones, congelaciones, preparaciones, desuniones, conexiones y otras decepciones [...] Y se amontonan los que afirman otra tintura que no es la nuestra, no verdadera, y sin ningún provecho. Y se amontonan los que van diciendo y sermoneando otro azufre que no es el nuestro, que está oculto en la magnesia (filosófica) y que quieren sacar otra plata viva que la del servidor rojo, y otra agua que no es la nuestra, que es permanente, que de ningún modo se une a nada más que a su naturaleza, y que no moja otra cosa que no sea la propia unidad de su naturaleza [...] Dejad alumbres, vitriolos, sales y otros, bórax, cualquier agua fuerte, animales, bestias y todo lo que de ellos pueda salir; cabellos, sangre, orina, espermas, carnes, huevos, piedras y todos los minerales. Dejad todos los metales, pues aunque se haga uso de ellos, nuestra materia, dicho por todos los filósofos, debe estar compuesta de viva-plata; y la viva-plata no está en otras cosas que en los metales, como aporta Geber, en el gran Rosario, en el código de toda verdad, por Morien, por Haly, por Calib, por Avicena, por Bendegid, Esid, Serapión, por Sarne, que hizo el libro llamado Lilium, *por Euclides en su septuagésimo capítulo de las Retracciones y por el filósofo (Aristote), en el tercero de los meteoros [...] y por esto dicen Aristote y Demócrito en el libro de la Física, capítulo tercero de los meteoros, que es muy caro para los alquimistas, pues ellos no cambiarán jamás la forma de los metales, si no se hace una reducción a su primera materia [...] O, sabed, como dice Noscus, en la Turba, el cual fue rey de Albania, que del hombre sólo viene hombre, de volátil sólo volátil, y de bestia sólo bestia bruta, y que naturaleza sólo, se corrige en su propia naturaleza y no a otra.*

Lo que acabamos de aportar, de estos dos autores, es una lección para los sopladores. Les indica claramente que no están en la buena vía., y podrá servir al mismo tiempo de preservativo a los que ellos quisieran engañar, porque cada vez que un hombre prometa hacer la piedra con las materias aquí arriba excluidas, se puede concluir que es un ignorante o un bribón. Está claro también, por todo este razonamiento del Trevisano, que la materia de la gran obra debe de ser de naturaleza mineral y metálica; pero ¿Cuál es esta materia en particular? Ninguno lo dice precisamente.

LA LLAVE DE LA OBRA

Basilio Valentín[118] dice que aquel que tiene la harina hará pronto la masa y que aquel que tiene la masa encontrará pronto un horno para cocerla. Es como si dijera que el artista que tenga la verdadera materia filosófica no tendrá dificultad para ponerla en obra; es verdad, si se cree a los filósofos, que la confección de la obra es una cosa muy fácil y que es preciso más tiempo y paciencia que gastos; pero sin duda ésto sólo debe entenderse de ciertas circunstancias de la

118. Basilio Valentín, Adición a las *Doce Llaves.*

obra y cuando se ha llegado a un cierto punto. Flamel[119] dice que *la preparación de los agentes es una cosa más difícil que todo lo otro en el mundo.* Augurel[120] nos asegura que es preciso un trabajo de Hércules: *Alter inauratam noto de vertice pellem, principium velut ostendit, quod sumere possis, alter onus quantum subeas.* Y Espagnet no tiene dificultad en decir que allí hay mucha obra que hacer:[121] *En la sublimación filosófica del mercurio, o la primera preparación, es necesario un trabajo de Hércules, pues sin él Jasón jamás habría osado emprender la conquista del Toisón de oro.*

Sin embargo, no se ha imaginar que esta sublimación se hace a la manera de las sublimaciones químicas, pues también tiene el cuidado de llamarla filosófica. Es preciso entender por lo que dice después, que consiste en la disolución y la putrefacción de la materia, porque esta sublimación no es otra cosa que la separación de lo puro de lo impuro, o una purificación de la materia y que su naturaleza sólo puede ser sublimada por la putrefacción. Espagnet cita en consecuencia las palabras siguientes de Virgilio: *El poeta* –dice– *parece haber tocado alguna cosa de la naturaleza, de la cualidad y del cultivo de la tierra filosófica mediante estos términos*: *en la nueva primavera cuando se funde el hielo sobre los blancos montes y la ablandada gleba se esteriliza al dulce Céfiro, quiero desde entonces ver al toro empezar a gemir bajo el peso del arado y a la reja resplandecer en el surco que cava.* (Geórgicas, I.)

La solución es pues, la llave de la obra. Todos los filósofos están de acuerdo en ello y todos hablan de la misma manera al respecto. Pero hay dos trabajos en la obra, uno para hacer la piedra y el otro para hacer el elixir. Primero se han de preparar los agentes; y es de esta preparación que los filósofos no han hablado nada, porque todo depende de ella y porque la segunda obra sólo es, según su decir, un juego de niños y una diversión de mujeres. Pues no se ha de confundir las operaciones de la segunda obra con las de la primera, aunque Morien[122] nos asegura que la segunda obra, que él llama *disposición,* sólo es una repetición de la primera. Sin embargo, se ha de creer que esto no es una cosa tan penosa y tan difícil puesto que ellos no dicen palabra, o sólo hablan para ocultarla. Sea lo que sea esta preparación, es cierto que debe de empezar por la disolución de la materia, aunque muchos le hayan dado el nombre de calcinación o de sublimación, y puesto que no han querido hablar claramente de ello, al menos se pueden extraer de las operaciones de la segunda disposición, las introducciones para aclararnos sobre las operaciones de la primera.

Primero se trata de hacer el mercurio filosófico o el disolvente con una materia que encierra en ella dos cualidades y que sea en parte volátil y en parte

119. Flamel, *Explicación de las Figuras Jeroglíficas.*

120. Augurel, *Crisopeya,* lib. 2.

121. Espagnet, *La obra secreta de la Filosofía de Hermes,* can. 42.

122. Morien, *Conversación del Rey Calid.*

fija. Lo que prueba que se hace una disolución, es como lo que el Cosmopolita nos dice que hay que buscar una materia de la cual podamos hacer un *agua* que disuelve el oro naturalmente y sin violencia. Según eso, una materia sólo se puede reducir a agua por la disolución, aunque no se emplee la destilación de la química vulgar, que está excluida de la obra.

Es bueno remarcar aquí que todos los términos de la química vulgar, que los filósofos emplean en sus libros, no deben de ser tomados en el sentido ordinario, sino en el sentido filosófico. Es por lo que Filaleteo nos advierte[123] que los términos de destilación, sublimación, calcinación, asación, reverberación, disolución, descensión, coagulación, son una misma operación, hecha en un mismo vaso, es decir, una cocción de la materia; haremos ver las diferencias en lo que sigue, cuando hablemos de cada una en particular.

Es preciso aún, remarcar que los signos demostrativos de la obra, de los cuales los filósofos hacen mención, consideran particularmente la segunda obra. Se observará también que la mayor parte de autores herméticos empiezan sus tratados en esta segunda operación y que suponen su mercurio y su azufre ya hechos; así como las descripciones que hacen en sus enigmas, sus alegorías, sus fábulas, etc, están casi todas sacadas de lo que pasa en esta segunda disposición de Morien; y que de allí vienen las aparentes contradicciones que se encuentran en sus obras, donde uno dice que se necesitan dos materias, otro dice que una solamente, otro que tres, otro cuatro y etc. Así, para expresarse conforme a las ideas de los filósofos, es preciso, pues, seguirles paso a paso; y como no quiero alejarme en nada de sus principios, ni de su manera de exponerlos, los copiaré palabra por palabra, a fin de que el lector no considere las explicaciones que daré de las fábulas como una pura producción de mi imaginación. Basilio Valentín es uno de los que da más explicaciones de ello, en su tratado de las *Doce Llaves*, pero las emplea para formar sus alegorías y no para hacer ver cuál era la intención de sus autores. Flamel, al contrario, cita de tanto en tanto algunas en el sentido de sus autores; es por lo que yo lo citaré aquí más a menudo que a los otros y la mayor parte de este tratado estará compuesto de sus propias palabras.

Los dos dragones que ha tomado como símbolo jeroglífico de la materia, son, dice:[124] *las dos serpientes enviadas por Juno, que es la naturaleza metálica, y que el fuerte Hércules, es decir, el sabio, debe estrangular en su cuna, quiero decir vencer y matar para hacerlas pudrirse, corromperse y engendrar al principio de su obra*. He aquí la clave de la obra o la disolución anunciada; las serpientes, los dragones, la Quimera, la Esfinge, las harpías y los otros monstruos de la fábula, que se deben matar; y cómo la putrefacción sucede a la muerte, Flamel dice que: *es preciso hacerlas pudrirse y corromperse. Estando pues, puestas*

123. I. Filaleteo, *Enarratio method. Trium Gebri medicin.*

124. Flamel, *op. cit.*

juntamente en el vaso del sepulcro, se muerden las dos cruelmente y por su gran veneno y furiosa rabia no se dejan jamás desde el momento en que son tomadas y entrelazadas (si el frío no se lo impide), hasta que las dos con su baboso veneno y mortales heridas, no estén ensangrentadas en todas las partes de su cuerpo, y que finalmente, matándose la una a la otra, se asfixien en su propio veneno, que las convierta tras su muerte en agua viva y permanente. Esta agua es propiamente el mercurio de los filósofos. Estos son –añade– *los dos espermas masculino y femenino descritos al principio de mi sumario filosófico, que son engendrados (dicen Rasis, Avicena y Abraham el Judío) en los riñones, entrañas y operaciones de los cuatro elementos. Son el húmedo radical de los metales, azufre y plata viva, no los vulgares que son vendidos por mercaderes y boticarios; sino los que nos dan los dos bellos y queridos cuerpos que tanto amamos. Estos dos espermas, decía Demócrito, no se encuentran sobre la tierra de los vivos. Lo mismo afirma Avicena, pero, añade, se recogen del estiércol, basura y podredumbre del Sol y de la Luna.*

La putrefacción es declarada mediante los términos siguientes: *La causa por la que he pintado estos dos espermas en forma de dragones, es porque su pestilencia es muy grande, como lo es la de los dragones, y las exhalaciones que suben en el matraz son oscuras, negras, azules y amarillentas, el filósofo no siente jamás esta pestilencia, si no aparta sus vasos, pero la juzga así sólo por la vista y los cambios de colores procedentes de la putrefacción de sus confecciones.* Que los químicos o sopladores que buscan la piedra filosofal en sus calcinaciones y sus crisoles, juzguen de estas palabras de Flamel si sus operaciones son conformes a las suyas, y si tienen razón al exponerse a respirar los vapores de las materias hediondas y arsenicales sobre las cuales operan.

La putrefacción de la materia en el vaso es, pues, el principio y la causa de los colores que se manifiestan, y el primera un poco permanente, o de cierta duración, que debe aparecer es el color negro, que ellos llaman simplemente *el negro* y con una infinidad de otros nombres que se verán aquí durante el curso de esta obra, o en el *Diccionario Mito-Hermético* de los términos propios de la filosofía hermética, que le sigue inmediatamente.

Este color significa la putrefacción y la generación que le sigue y que nos es proporcionada por la *disolución* de nuestros cuerpos perfectos. Estas últimas palabras indican que Flamel habla de la segunda operación y no de la primera. *Esta disolución procede del calor externo que ayuda y de la ignidad póntica y admirable virtud agria del veneno de nuestro mercurio, que convierte y descompone en puro polvo, e incluso en partículas impalpables, lo que se le resiste. De esta forma la acción del calor sobre y contra la humedad radical metálica, viscosa y oleaginosa, engendra sobre el sujeto la negrura. Ella es esta vela negra con la que el navío de Teseo volvió victorioso de Creta y que fue la causa de la muerte de su padre. Asimismo es necesario que el padre muera para que de las cenizas del Fénix renazca otro, y que el hijo sea rey.*

La verdadera clave de la obra es esta negrura al comienzo de sus operaciones, y si aparece otro color rojo o blanco antes que ella, es una prueba de que no se ha conseguido, o como dice nuestro autor: *en verdad quien no vea esta negrura en el inicio de sus operaciones, durante los días de la piedra, aunque vea cualquier otro color, falla por completo en el magisterio, y no podrá terminarlo con ese caos [...] Y ciertamente, te digo nuevamente, que aún cuando tú mismo trabajes sobre las verdaderas materias, si al principio, tras haber puesto las confecciones en el huevo filosófico, es decir, algún tiempo después de que el fuego las haya irritado, no ves la cabeza de cuervo negro, de un negro muy negro, tendrás que volver a empezar, pues esta falta es irreparable. Sobre todo, se debe de temer un color anaranjado o medio rojo, porque si en un principio lo ves en tu huevo, sin duda quemas o has quemado el verdor y la vivacidad de la piedra.*

El color azulado y amarillento indica que la putrefacción y la disolución no están aún acabadas. La negrura es el verdadero signo de una perfecta solución. Entonces la materia se disuelve en polvo más menudo, por así decirlo, como los átomos revolotean a los rayos del Sol y estos átomos se cambian en agua permanente. Los filósofos han dado a esta disolución los nombres de *muerte, destrucción y perdición, infierno, tártaro, tinieblas, noche, vestido tenebroso, sepulcro, tumba, agua venenosa, carbón, estiércol, tierra negra, velo negro, tierra sulfurosa, melancolía, magnesia negra, barro, menstruo hediondo, humo, fuego venenoso, nubarrón, plomo, plomo negro, plomo de los filósofos, Saturno, polvo negro, cosa despreciable, cosa vil, sello de Hermes, espíritu hediondo, espíritu sublimado, sol eclipsado, o eclipse del Sol y de la Luna, estiércol de caballo, corrupción, corteza negra, espuma del mar, cobertura del vaso, capitel del alambique, nafta, inmundicia de muerto, cadáver, aceite de Saturno, negro más negro que el mismo negro.* En fin, lo han designado mediante todos los nombres que pueden expresar o designar la corrupción, la disolución y la negrura. Es ella la que ha facilitado a los filósofos la materia para tantas alegorías sobre muertos y tumbas. Algunos la han nombrado *calcinación, denudación, separación, asación,* a causa de la reducción de las materias en polvo muy menudo. Otros: *reducción en primera materia, molificación, extracción, conmixtión, licuefacción, conversión de los elementos, sutilización, división, humación, empastación (argamasa) y destilación.* Otros, *sombras cimmerianas, remolino, generación, ingresión, sumersión, complexión, conjunción, impregnación.* Cuando el calor actúa sobre estas materias, se cambian primeramente en polvo y agua grasa y viscosa, que sube en vapor hasta lo alto del vaso, y recae en rocío o lluvia al fondo del vaso,[125] donde se vuelve al poco como un caldo negro un poco graso. Es por lo que se le ha llamado sublimación y volatilización, ascensión y descensión. El agua, al coagularse seguidamente, se vuelve como pez negra, lo que hace que se la nombre tierra fétida y hedionda. Da un olor de relente, de sepulcros y de tumbas. Hermes la llama la tierra de las hojas. *Más su verdadero nombre* –dice Flamel– *es el de Latón o Letón, que se ha de blanquear. Los antiguos sabios* –añade– *la han descrito bajo la histo-*

125. Artefio.

ria de la serpiente de Marte, que había devorado a los compañeros de Cadmo, el cual la mató horadándola con su lanza contra un roble hueco. Poned atención en este roble. Pero para llegar a esta putrefacción es preciso un agente o disolvente análogo al cuerpo que debe disolver. Éste es el cuerpo disoluble llamado simiente masculina; el otro es el espíritu disolvente, llamado simiente femenina. Cuando están reunidos en el vaso, los filósofos les dan el nombre de *Rebis*; es por lo que Merlín ha dicho: *Res rebis est bina conjuncta, sed tamen una.*

Filaleteo[126] se expresa así respecto a este disolvente: *esta simiente femenina es uno de los principios de nuestro magisterio; es preciso, pues, meditar profundamente sobre ella como una materia sin la cual no se puede tener éxito, puesto que si bien es plata viva, no es en efecto una plata viva natural en su propia naturaleza, sino otro cierto mercurio propio a una nueva generación y que además, su pureza, requiere una larga y admirable preparación, que le deja su cualidad mineral, homogénea, sana y salva. Pues si se le quita a este espíritu disolvente su fluidez y su mercurialidad, se vuelve inútil para la obra filosófica, puesto que ha perdido su naturaleza disolvente; y si fuera cambiada en polvo, de cualquier especie que pueda ser, si no es de naturaleza de cuerpo disoluble, se pierde, no tiene más relación ni proporción con él, y debe ser rechazada de nuestra obra. Piensan locamente y falsamente los que alteran la plata viva, antes de que sea unida con las especies metálicas. Pues esta plata viva, que no es la vulgar, es la materia de todos los metales y como su agua, a causa de su homogeneidad con ellos. Se reviste de su naturaleza en su mezcla con ellos y toma todas sus cualidades, porque se asemeja al mercurio celeste, que se vuelve parecido a las cualidades de los planetas con los cuales está en conjunción.*

Ninguna agua puede disolver radicalmente y naturalmente las especies metálicas si no es de su naturaleza y si no puede ser congelada con ellas. Es preciso que pase a los metales como un alimento que se incorpora con ellos y se hace una misma substancia. Aquel que separe pues de la plata viva su humedad con las sales, los vitriolos u otras cosas corrosivas, obra con insensatez. No se equivocan menos aquellos que se imaginan extraer del mercurio natural un agua límpida y transparente, con la cual pueden hacer cosas admirables. Aunque consiguieran hacer una tal agua, no valdría nada para la obra.

DEFINICIONES Y PROPIEDADES DEL MERCURIO

El mercurio es una cosa que disuelve los metales en una disolución natural, que conduce sus espíritus de potencia a acto. El mercurio es esta cosa que vuelve la materia de los metales lúcida, clara y sin sombra, es decir, que los limpias de sus impurezas, y saca del interior de los metales perfectos su naturaleza y simiente que allí está oculta.

---

126. I. Filaleteo, *Verdadera confección de la piedra Filosofal*, p. 13, y ss.

El mercurio disolvente es un vapor seco y de ningún modo viscoso, tiene mucha acidez, es muy sutil, muy volátil al fuego, tiene una gran propiedad de penetrar y de disolver los metales; preparándolo y haciendo esta disolución, además de lo largo del trabajo, se corre un gran peligro, dice Filaleteo, y en consecuencia recomienda preservar sus ojos, sus orejas y su nariz. La confección de este mercurio, añade este mismo autor, es el más grande de los secretos de la naturaleza, sólo se puede aprender por la revelación de Dios, o de un amigo, pues casi nunca se tendrá éxito por las instrucciones de los libros.

El mercurio disolvente no es el mercurio de los filósofos antes de su preparación, sino solamente después, y es el comienzo de la medicina de tercer orden. Ved lo que se entiende por estas medicinas, en el diccionario adjunto. Aquellos que en lugar de este mercurio emplean para la obra filosófica el mercurio natural, sublimado o en polvo, calcinado o precipitado, se equivocan torpemente.

El mercurio disolvente es un elemento de la tierra en el cual es preciso sembrar el grano de oro. Él corrompe el Sol, lo pudre, lo resuelve en mercurio y lo vuelve volátil y semejante a él mismo. Se transforma en Sol y Luna y se vuelve como los mercurios de los metales. Saca afuera las almas de los cuerpos, las eleva y las cuece. Es lo que ha dado lugar de decir a los antiguos sabios que el dios Mercurio sacaba las almas de los cuerpos vivientes y las conducía al reino de Plutón. Es por esto por lo que Homero lo llama muy a menudo mercurio Αργυφόιδας, *Argicida.*

El mercurio disolvente no debe estar seco, pues si es así, todos los filósofos nos aseguran que no será apropiado para la disolución. Es preciso pues, tomar una simiente femenina en forma parecida y cercana a la de los metales. El arte la vuelve menstruo de los metales, y mediante las operaciones de la primera medicina, o de su preparación imperfecta, pasa por todas las cualidades de los metales, hasta las del Sol. El azufre de los metales imperfectos lo coagula y toma las cualidades del metal cuyo azufre lo ha coagulado; si el mercurio disolvente no está animado, en vano se le emplea para la obra universal, ni para la particular.

El mercurio disolvente es el vaso único de los filósofos, en el cual se cumple todo el magisterio. Los filósofos le han dado diversos nombres, he aquí los más usados: *Vinagre, vinagre de los filósofos, campo, aludel, agua, agua del arte, agua ardiente, agua divina, agua de fuente, agua purificante, agua permanente, agua primera, agua simple, baño, prisión, párpado superior, criba, humo, humedad, fuego, fuego artificial, fuego corroyente, fuego contra natura, fuego húmedo, jordán, licor, licor vegetal crudo, luna, materia, materia lunar, primera virtud, madre, mercurio crudo, mercurio preparado, ministro primero, servidor fugitivo, ninfas, bacantes, musas, mar, espíritu crudo, espíritu cocido, sepulcro, esperma de mercurio, agua estigia, estómago de avestruz, vaso, vaso de los filósofos, inspector de las cosas ocultas, plata viva cruda sacada simplemente de su minera;* pero no se debe de olvidar que éste no es aquel que se vende en las boticas de los boticarios o droguistas.

Cuando la conjunción del mercurio está hecha con el cuerpo disoluble, los filósofos hablan de las dos como de una sola cosa; y entonces dicen que los sabios encuentran en el mercurio todo lo que les hace falta. No se debe dejarse engañar por la diversidad de los nombres, y para prevenir los errores de esta clase, he aquí algunos de los principales. *Agua espesa, nuestra agua, agua segunda, arcano, plata viva, bien, bien que tiene muchos nombres, caos, hylé, nuestro compuesto, nuestra confección, cuerpo confuso, cuerpo mixto, cobre, aes de los filósofos, latón, lodo, humo acuoso, humedad ardiente, fuego extranjero, fuego innatural, piedra, piedra mineral, piedra única, materia única, materia confusa de los metales, menstruo, menstruo segundo, minera, nuestra minera, minera de los metales, mercurio, mercurio espeso, pieza de moneda, huevo, huevo de los filósofos, raíz, raíz única, piedra conocida en los capítulos de los libros.* En fin, es con esta mezcla de mercurio con lo que la mayor parte de los autores comienzan sus libros y sus tratados sobre la obra.

EL VASO DEL ARTE Y EL DE LA NATURALEZA.

Tres clases de matrices, la primera es la tierra, la materia universal del mundo, el receptáculo de los elementos, el gran vaso de la naturaleza, el lugar donde se hace la corrupción de las semillas, el sepulcro y la tumba viviente de todas las criaturas. Ella es en particular la matriz de lo vegetal y de lo mineral. La segunda matriz es la del *úterus* en el animal, la de los volátiles es el huevo, y el peñasco la del oro y de la plata. La tercera es la del metal, es conocida por pocas personas siendo la matriz, con el esperma, la causa de la especificación del metal. El conocimiento de este precioso vaso y del espíritu fijo y saxífico[127] implantado en él, era uno de los más grandes secretos de la cábala de los egipcios.

Es preciso, pues, buscar un vaso análogo a aquel que la naturaleza emplea para la formación de los metales; un vaso que devenga matriz del árbol dorado de los filósofos, y no se ha encontrado ninguno mejor que el vidrio. Ellos han añadido la manera de sellarlo a imitación de la naturaleza, a fin de que no se exhale ninguno de sus principios. Pues, como dice Raimon Llull, la composición que se hace de la substancia de los vapores exhalados y recaidos sobre la materia que se corrompe, por la humectación, y la disuelve, es la putrefacción. Este vaso debe de tener, pues, una forma propia para facilitar la circulación de los espíritus y debe ser de un espesor y de una consistencia capaz de resistir su impetuosidad.

---

127. Saxífico, del Latín *saxíficus*: que convierte en piedra, 'dícese de la cabeza de medusa'. *(N. del T.)*

NOMBRES DADOS A ESTE VASO POR LOS ANTIGUOS

Los filósofos usaban una manera de hacer entrar este vaso en sus alegorías de manera que no se pudiera tener la menor sospecha respecto a la idea que ellos tenían. Unas veces era una torre, otras una nave, aquí un cofre, allí una canastilla. Tal fue la torre de Dánae, el cofre de Deucalión y la tumba de Osiris, además, la canastilla de Baco y su botella, el ánfora de oro o vaso de Vulcano, el punto en que Juno presenta a Tetis el barco de Jasón, el pantano de Lerna que fue así llamado de λάρναξ, *capsa, loculus,* (caja, ataúd, urna); la cesta de Erictonio, el cofrecito en el que fueron encerrados Tenes el troadita con su hermana Hemítea, la habitación de Leda, los huevos de donde nacieron Cástor, Pólux, Clitemnestra y Helena, la ciudad de Troya, las cavernas de los monstruos, los vasos que Vulcano hizo como presente a Júpiter, el cofre que Tetis dio a Aquiles, en el cual se puso los huesos de Patroclo y los de su amigo, la copa con la cual Hércules pasó el mar para ir a raptar los bueyes de Gerión, la caverna del monte Helicón, que servía de morada a las Musas y a Febo; en fin, otras tantas cosas acomodadas a las fábulas que se inventaron respecto al sujeto de la gran obra. El lecho donde Venus fue encontrada con Marte, la piel en la cual Orión fue engendrado, la clepsidra o cuerno de Amaltea, de Κλέπτω, *oculto*, y ὕδωρ, *agua*. Los egipcios, finalmente, no entendían otra cosa por sus pozos, sus sepulcros, sus urnas y sus mausoleos en forma de pirámide.

Pero lo que más ha engañado a los que han estudiado la filosofía hermética en sus libros, es que el vaso del arte y el de la naturaleza no estén allí comúnmente distinguidos. Hablan ahora del uno como ahora del otro, según lo que el asunto les induzca, sin que nadie haga distinción entre ellos. Ordinariamente hacen mencion de un triple vaso. Flamel lo ha representado en sus jeroglíficos bajo la figura de un escritorio. *Este vaso de tierra en forma de escritorio dentro de un nicho, es llamado* –dice– *el triple vaso, pues en su centro hay un estante (o grada) sobre el cual hay una escudilla llena de cenizas tibias en las cuales está puesto el huevo filosófico, que es un matraz de vidrio que ves pintado en forma de escritorio y que está lleno de la confección del arte, es decir, de la espuma del mar rojo y de la grasa del viento mercurial.* Pero parece, por la descripción que da de este triple vaso, que habla no solamente del vaso sino del horno.

Es absolutamente necesario conocer el vaso y su forma para tener éxito en la obra. En cuanto al del arte, debe ser de vidrio, de forma oval, pero para el de la naturaleza, los filósofos nos dicen que es preciso ser instruido perfectamente de su cantidad y de su calidad. Es la tierra de la piedra, o la hembra, o la matriz en la cual la semilla del macho es recibida, donde se pudre y se dispone a la generación. Morien habla de éste en estos términos: *¡oh buen rey! Como este magisterio es el secreto de los secretos de Dios muy grande, lo ha confiado y recomendado a sus profetas, cuyas almas ha introducido en su paraíso. Que si los sabios, sus sucesores, no hubiesen comprendido lo que habían dicho de la cualidad del vaso en el cual se hace el magisterio, no habrían podido hacer jamás la obra. Este vaso*

–dice Filaleteo– es un aludel, no de vidrio, sino de tierra; es el receptáculo de las tinturas y respectivamente en la piedra debe de contener (el primer año de los caldeos) veinticuatro medidas llenas de Florencia, ni más ni menos.

Los filósofos han hablado de diferentes vasos para engañar a los ignorantes. Asimismo han buscado hacer un misterio de ello, así como de todo el resto. Es por lo que le han dado diversos nombres, según las diferentes denominaciones que les ha complacido dar a los diversos estados de la materia. Así han hecho mención del alambique, de la cucúrbita, de los vasos sublimadores, calcinadores y etc. Pero no hay más que un vaso del arte que Espagnet[128] describe así: *pero a decir verdad y hablando con ingenuidad, no se necesita más que un sólo vaso para perfeccionar los dos azufres, y es preciso un segundo para el elixir. La diversidad de las digestiones no necesita cambio de vaso; asimismo es necesario no abrirlo ni cambiarlo hasta el fin de la primera obra. Este vaso será de vidrio, teniendo el fondo redondo u ovalado y un cuello de un palmo de largo al menos, pero estrecho como el de una botella; es preciso que el vidrio sea espeso y por igual en todas sus partes, sin nudos ni grietas, a fin de que pueda resistir un fuego largo y algunas veces vivo. El segundo vaso del arte será hecho de dos hemisferios de roble hueco, en los cuales se pondrá el huevo para incubarlo.* El Trevisano también hace mención de este tronco de roble, en estos términos:[129] *después, a fin de que la fuente sea más fuerte y los caballos no marchen, ni otras bestias brutas, se levanta allí un hueco de roble cortado por el medio, que guarde el Sol y la sombra de él.*

Finalmente, el tercer vaso es el horno que encierra y conserva los otros dos vasos y la materia que contienen. Flamel dice que jamás hubiera podido adivinar su forma si Abraham el Judío no la hubiera pintado con el fuego proporcionado en sus figuras jeroglíficas. En efecto, los filósofos lo han puesto entre el número de sus secretos, y lo han nombrado atanor, a causa del fuego que allí se mantiene continuamente, aunque desigual algunas veces, porque la capacidad del horno y la cantidad de la materia requieren un fuego proporcionado. En cuanto a su construcción se puede ver lo que dice de ello Espagnet.

EL FUEGO EN GENERAL

Aunque hayamos hablado bastante del fuego a lo largo de los principios de la física que preceden a este tratado, a propósito de ello aun diré dos palabras, para quien observe la obra. Conocemos tres clases de fuego, el celeste, el fuego de nuestras cocinas y el fuego central. El primero es muy puro, simple y no arde por él mismo; el segundo es impuro, espeso y ardiente; el central es puro en él mismo, pero está mezclado y temperado. El primero es ingenerado y luce sin arder; el segundo es destructivo y arde luciendo, en lugar de engendrar; el ter-

---

128. Espagnet, *La Obra secreta de la Filosofía de Hermes*, can. 112 y ss.

129. El Trevisano, *Filosofía de los metales*, 4.ª parte.

cero engendra y alumbra algunas veces sin arder, y arde algunas veces sin alumbrar. El primero es dulce; el segundo es acre y corrosivo; el tercero es salado y dulce. El primero es por él mismo sin color y sin olor; el segundo es hediondo y coloreado, según su alimento; el tercero es invisible, aunque de todos los colores y de todos los olores. El celeste sólo es conocido por sus operaciones; el segundo por los sentidos y el central por sus cualidades.

El fuego es muy vivo en el animal, estúpido y ligado en el metal, temperado en el vegetal, hirviente y muy ardiente en los vapores minerales. El fuego celeste tiene por esfera la región etérea, desde donde se hace sentir hasta nosotros. El fuego elemental tiene por morada la superficie de la tierra y nuestra atmósfera; el fuego central está albergado en el centro de la materia. Este último es tenaz, viscoso, glutinoso y es innato en la materia, es digerente, madurante, ni cálido ni ardiente al tocarlo; se disipa y consume muy poco, porque su calor es temperado por el frío. El fuego celeste es sensible, vital, activo en el animal, muy cálido al tocarlo, menos digerente y se exhala sensiblemente. El elemental es destructivo, de una voracidad increíble; hiere los sentidos, quema, no digiere ni cuece y no engendra nada. En el animal es lo que los médicos llaman *calor febril* y contra natura; consume o divide el humor radical de nuestra vida. El celeste pasa a la naturaleza del fuego central, se vuelve interno, engendrando; el segundo es externo y separante; el central es interno, unificante y homogéneo.

La luz o el fuego del Sol cubierta por los rayos del éter, concentrados y reverberados sobre la superficie de la tierra, toma la naturaleza del fuego elemental, o de nuestras cocinas. Éste pasa a la naturaleza del fuego celeste a fuerza de dilatarse y se vuelve central a fuerza de concentrarse en la materia. Tenemos un ejemplo de los tres fuegos en una bujía encendida, su luz en su expansión representa el fuego celeste; su llama el fuego elemental y la mecha el fuego central.

Como el fuego del animal es de una disipación increíble, del cual lo más grande se hace por la transpiración insensible, los filósofos buscan estudiosamente algún medio de reparar esta parte, y sintiendo mucho que esta reparación no puede hacerse porque es impuro y corruptible como el animal mismo, han recurrido a una materia donde este calor requerido fue concentrado abundantemente. El arte de la medicina no pudiendo impedir esta pérdida, e ignorando los medios resumidos de repararla, se ha contentado en dirigirse a los accidentes que destruyen nuestra substancia, que vienen o de los vicios de los órganos, o de la intemperancia de la sangre, de los espíritus, de los humores, de su abundancia o su escasez, de donde sigue infaliblemente la muerte, si no se aporta un remedio eficaz, que los médicos mismos sólo pueden conocer imperfectamente.

EL FUEGO FILOSÓFICO

La razón que insinúan los antiguos sabios en hacer un misterio de su vaso era el poco conocimiento que se tenía en estos tiempos remotos de la industria del vidrio. Después se descubrió la manera de hacerlo, es por lo que los filósofos no han ocultado tanto la materia y la forma de su vaso. No es así de su fuego secreto, pues es un laberinto del que el más avisado no podría salir. El fuego del Sol no puede ser este fuego secreto, es interrumpido e irregular, no puede suministrar un calor parecido en todos sus grados, su medida y su duración. Su calor no sabría penetrar el espesor de las montañas, ni calentar la frialdad de los mármoles y de las rocas que reciben los vapores minerales de los que están formados el oro y la plata.

El fuego de nuestras cocinas impide la unión de los miscibles y consume o hace evaporar la ligadura de las partes constituyentes de los cuerpos; es el tirano. El fuego central o innato en la materia tiene la propiedad de mezclar las substancias y de engendrar, pero no puede ser este calor filosófico tan alabado, que ocasiona la corrupción de las simientes metálicas, puesto que lo que es de su mismo principio de corrupción sólo puede serlo de generación por accidente; digo por accidente, pues el calor que engendra es interno e innato en la materia y lo que corrompe es externo y extranjero.

Este calor es muy diferente en la generación de los individuos de los tres reinos. El animal lo lleva mucho en la actividad, por encima de las plantas. El calor del vaso en la generación del metal debe corresponder y ser proporcionado a la cualidad de la simiente cuya corrupción es muy difícil. Es preciso, pues, concluir que, no habiendo generación sin corrupción y corrupción sin calor, es preciso proporcionar el calor a la semilla que se emplea para la generación.

Hay, pues, dos calores, uno putrefactor, externo y uno vital o generativo interno. El fuego interno obedece al calor del vaso hasta que, desligado y liberado de su prisión, se vuelve el maestro. El calor putrefactor viene en su ayuda, pasa a la naturaleza del calor vital y los dos trabajan seguidamente en concierto.

Es el vaso quien administra el calor propio para corromper y la simiente quien abastece el fuego propio a la generación; pero como el calor de este vaso no es tan conocido por el metal como lo es por el animal y las plantas, es preciso reflexionar sobre lo que hemos dicho del fuego en general para encontrar ese calor. La naturaleza lo ha medido tan proporcionalmente en la matriz, en cuanto a los animales, que no puede apenas ser aumentado ni disminuido; la matriz es en este caso un verdadero atanor.

En cuanto al calor del vaso para la corrupción de la semilla de los vegetales, lo ha hecho muy pequeño; el Sol se lo ha proporcionado suficientemente; pero no es lo mismo en el arte hermético. Al ser la matriz de la invención del artista, requiere un fuego artísticamente inventado y proporcionado al que la naturaleza implanta al vaso para la generación de las materias minerales. Un autor anónimo dice que para conocer la materia de este fuego es suficiente saber cómo el fuego elemental toma la forma del fuego celeste y que para su forma todo el secreto consiste en la forma y la estructura del atanor, por medio del cual este fuego se vuelve igual, dulce, continuo y proporcionado de tal manera que la materia pueda corromperse, después debe hacerse la generación del azufre, quien tomará el dominio por algún tiempo y regirá el resto de la obra. Es por lo que los filósofos dicen que la hembra domina durante la corrupción y el macho caliente y seco durante la generación.

Artefio es uno de los que han tratado más ampliamente del fuego filosófico y Pontano declaró haber sido corregido y reconoció su error en la lectura del tratado de este filósofo. He aquí lo que dice: *nuestro fuego es mineral, es igual, es continuo, no se evapora si no es demasiado excitado, participa del azufre; no es tomado de otra cosa que, de la materia, destruye todo, disuelve, congela y calcina; es preciso el artificio para encontrarlo y hacerlo; no cuesta nada, o al menos muy poco. Además, es húmedo, vaporoso, digerente, alterante, penetrante, sutil, aéreo, no violento, incombustible, o que no arde, cercano, continente y único. Es también la fuente de agua viva que rodea y contiene el lugar donde se bañan y se lavan el rey y la reina. Este fuego húmedo es suficiente en toda la obra al comienzo, en medio y al final. Hay aún un fuego natural, un fuego contra natura y un fuego innatural que no arde; finalmente, para complementar, hay un fuego caliente, seco, húmedo, frío. Pensad bien en lo que acabo de decir y trabajad derechamente sin serviros de ninguna materia extranjera.*

Lo que el mismo autor añade después es en el fondo una verdadera explicación de estos tres fuegos; pero como los llama *fuego de lámparas, fuego de cenizas y fuego natural de nuestra agua,* se ve bien que ha querido despistar; los que quieran ver un detalle más circunstancial del fuego filosófico, pueden recurrir al Testamento de Raimon Llull y su Codicilio; Espagnet habla también ampliamente de ello, después del Canon 98 hasta el 108. Los otros filósofos casi lo han mencionado sólo para ocultarlo, o solamente lo han indicado por sus propiedades. Mas cuando se trata de alegorías o de fábulas, han dado a este fuego los nombres de espada, de lanza, de flechas, de dardos, de hacha, etc. Tal fue aquella en la que Vulcano golpeó a Júpiter para hacerle dar a luz a Palas; la espada que el mismo Vulcano dio a Peleo padre de Aquiles; la maza que le fue presentada a Hércules; el arco que este héroe recibió de Apolo; la cimitarra de Perseo; la lanza de Belerofonte, etc. Es el fuego que Prometeo robó al Cielo; aquel que Vulcano empleó para fabricar los rayos de Júpiter, y las armas de los dioses, el cinturón de Venus, el trono de oro del Soberano de los Cielos, etc. Es finalmente, el fuego de Vesta, mantenido escrupulosamente en Roma, y que se castigaba con la muerte a las vírgenes vestales a las cuales habían confiado el cuidado de mantenerlo, cuando por negligencia u otra cosa lo dejaban extinguir.

PRINCIPIOS OPERATIVOS

La preparación está compuesta de cuatro partes. La primera es la solución de la materia en agua mercurial; la segunda es la preparación del mercurio de los filósofos; la tercera es la corrupción; la cuarta es la generación y la creación del azufre filosófico. La primera se hace por la simiente mineral de la tierra; la segunda volatiliza y espermatiliza los cuerpos; la tercera hace la separación de las substancias y su rectificación; la cuarta las une y las fija, lo que es la creación de la piedra. Los filósofos han comparado la preparación a la creación del mundo, que primero fue una masa, un caos, una tierra vacía, informe y tenebrosa que no era nada en particular, pero todo en general; la segunda es una forma de agua ponderosa y viscosa, llena del espíritu oculto de su azufre; y la tercera es la figura de la tierra que aparece árida tras la separación de las aguas. Dios dijo: hágase la luz; ella salió del limbo y se emplazó en la región más elevada. Entonces las tinieblas desaparecieron ante ella, el caos y la confusión tomaron lugar en el orden, la noche en el día, y por así decirlo, la nada en el ser. Dios habló una segunda vez; los elementos confusos se separaron, los más ligeros se alojaron arriba y los más pesados abajo, entonces la Tierra libre de sus húmedos abismos apareció y apareció capaz de producirlo todo.

Esta separación del agua de la tierra, donde se encuentra el aire y el fuego se expande, sólo es un cambio sucesivo de la materia bajo esta doble forma, lo que ha hecho decir a los filósofos que el agua es todo el fundamento de la obra, sin la cual la tierra no podría ser disuelta, podrida, preparada, y que la tierra es el cuerpo donde los elementos húmedos se terminan, se coagulan y se sepultan de alguna manera, para retomar una vida más noble. Se produce entonces una circulación, cuyo primer movimiento sublima la materia rarificándola, el segundo la baja congelándola, y todo termina al fin en una especie de reposo, o más bien en un movimiento interno, una cocción insensible de la materia.

La primera rueda de esta rotación de elementos, como la llama Espagnet, consiste en la reducción de la materia en agua, donde la generación empieza; seguidamente se produce el eclipse del Sol y de la Luna. La segunda es una evacuación de la humedad superflua y una coagulación de la materia bajo la forma de una tierra viscosa y metálica; la tercera rueda opera la separación y la rectificación de las substancias, las aguas se separan de las aguas. Todo se espiritualiza o se volatiliza; el Sol y la Luna retoman su claridad y la luz empieza a aparecer sobre la tierra. La cuarta es la creación del azufre. *Por la primera digestión* –dice el autor que acabo de citar[130]– *el cuerpo se disuelve; la conjunción del macho y de la hembra y la mezcla de sus simientes se hacen; la putrefacción sucede y los elementos se resuelven en un agua homogénea. El Sol y la Luna se eclipsan en la cabeza del dragón y, finalmente, todo el mundo retorna y reentra en el antiguo caos y en el abismo tenebroso. Esta primera digestión se hace como la del estómago, por un calor cocedor y debilitante, más propio a la corrupción que a la generación.*

En la segunda digestión, el Espíritu de Dios es llevado sobre las aguas, la luz empieza a aparecer y las aguas se separan de las aguas; la Luna y el Sol reaparecen; los elementos resurgen del caos para constituir un nuevo mundo, un nuevo cielo y una tierra nueva. Los pequeños cuervos cambian sus plumas y se convierten en palomas; el águila y el león se reúnen mediante un nudo indisoluble. Esta regeneración se hace por el espíritu ígneo, que desciende bajo la forma de agua para lavar la materia de su pecado original y traer allí la simiente aurífica, pues el agua de

130. Espagnet, *La Obra secreta de la Filosofía de Hermes*, can. 68 y ss.

los filósofos es un fuego. Pero poned toda vuestra atención para que la separación de las aguas se haga por peso y medida, por temor a que aquellas que están bajo el cielo inunden la tierra, o que se eleven en muy gran cantidad, pues entonces dejan la tierra muy seca y muy árida.

La tercera digestión suministra a la tierra naciente una leche cálida e infunde allí todas las virtudes espirituales de una quintaesencia que liga el alma con el cuerpo mediante el espíritu. La tierra entonces oculta un gran tesoro en su seno, primeramente, se vuelve semejante a la Luna y después al Sol. La primera se llama tierra de la Luna, la segunda tierra del Sol y son nacidas para ser ligadas por un matrimonio indisoluble, pues la una y la otra no temen más a los ataques del fuego.

La cuarta digestión acaba todos los misterios del mundo; la tierra se vuelve, mediante ella, un fermento precioso, que lo fermenta todo en cuerpos perfectos, así como la levadura cambia toda la pasta en su naturaleza, ella ha adquirido esta propiedad volviéndose quintaesencia celeste. Su virtud emanada del espíritu universal del mundo, es una panacea o medicina universal para todas las enfermedades de las criaturas que pueden ser curadas. El horno secreto de los filósofos os dará este milagro del arte y de la naturaleza, repitiendo las operaciones de la primera obra.

Todo el procedimiento filosófico consiste en la disolución del cuerpo y la coagulación del espíritu, y todo se hace mediante una misma operación. El fijo y el volátil se mezclan íntimamente, pero esto no puede hacerse si el fijo no es previamente volatilizado. El uno y el otro se abrazan al fin, y mediante la reducción se vuelven absolutamente fijos. Los principios operativos, que se llaman también las llaves de la obra, o el régimen, son, pues, en número de cuatro: el primero es la solución o liquefacción; el segundo la ablución; el tercero la reducción; y el cuarto la fijación. Por la solución, los cuerpos retornan a su primera materia y se reincrudan mediante la cocción. Entonces sucede el matrimonio entre el macho y la hembra y nace el cuervo. La piedra se resuelve en cuatro elementos confundidos juntamente; el cielo y la tierra se unifican para poner a Saturno en el mundo. La ablución enseña a blanquear el cuervo y a hacer nacer a Júpiter de Saturno, esto se hace por el cambio de cuerpo en espíritu. El oficio de la reducción es devolver al cuerpo su espíritu que la volatilización le había levantado y nutrirlo seguidamente de una leche espiritual en forma de rocío, hasta que el pequeño Júpiter haya adquirido una fuerza perfecta.

Durante estas dos últimas operaciones, –dice Espagnet– *el dragón descendido del cielo, se vuelve furioso contra él mismo, devora su cola y se engulle poco a poco hasta que, al fin, se metamorfosea en piedra.* Tal fue el dragón del que habla Homero,[131] el cual es la verdadera imagen o el verdadero símbolo de estas dos operaciones: *mientras estábamos reunidos bajo un bello plátano, dijo Ulises a los griegos, donde estábamos para hacer las hecatombes, tras una fuente que surgía de este árbol, apareció un prodigio maravilloso. Un horrible dragón cuyo lomo estaba*

131. Homero, *Ilíada*, lib. 2, vers. 306 y ss.

manchado, enviado por el mismo Júpiter, salió del fondo del altar y corrió al plátano. En lo alto de este árbol había ocho pequeños gorriones con su madre que revoloteaba alrededor de ellos. El dragón los tomó con furor y también a la madre, que lloraba la pérdida de sus pequeños. Tras esta acción el mismo dios que lo había enviado lo volvió bello, brillante y lo convirtió en piedra ante nuestros asombrados ojos. Dejo al lector hacer la aplicación.

PRINCIPIOS OPERATIVOS EN PARTICULAR

La Calcinación

La calcinación vulgar no es otra cosa que la muerte y la mortificación del mixto, por la separación del espíritu, o del húmedo que ligaba sus partes. Es propiamente hablando una pulverización por el fuego y una reducción del cuerpo en cal, ceniza, tierra, flores, etc. La filosófica es una extracción de la substancia del agua, de la sal, del aceite, del espíritu y el resto de la tierra, y un cambio de accidentes, una alteración de la cantidad, una corrupción de la substancia, sin embargo, de manera que todas estas cosas separadas puedan reunirse para que venga a ser un cuerpo más perfecto. La calcinación vulgar se hace por la acción del fuego de nuestras cocinas, o de los rayos concentrados del Sol, la filosófica tiene el agua como agente, lo que ha hecho decir a los filósofos: *los químicos queman con el fuego y nosotros quemamos con el agua;* de donde se debe concluir que la química vulgar es tan diferente de la química hermética como el fuego difiere del agua.

La Solución

La solución, químicamente hablando, es una atenuación de la materia bajo forma de agua, aceite, espíritu o de humor. Pero la filosófica es una reducción del cuerpo en su primera materia, o una desunión natural de las partes del compuesto y una coagulación de las partes espirituales. Es por lo que los filósofos la llaman solución del cuerpo y coagulación del espíritu. Su efecto es de licuar, disolver, abrir, reincrudar, decocer y evacuar las substancias de sus terrestreidades, descorporificar el mixto para reducirlo a esperma.

La Putrefacción

La putrefacción es de alguna manera la clave de todas las operaciones, aunque no sea propiamente la primera. Ella nos descubre el interior del mixto; es la herramienta que rompe las ligaduras de las partes; hace, como dicen los filósofos, lo oculto manifiesto. Es el principio del cambio de las formas, la muerte de los accidentales, el primer paso para la generación, el comienzo y el término de la vida; el medio entre el no ser y el ser. El filósofo quiere que se haga cuando el cuerpo disuelto por una resolución natural, está sometido a la acción del calor pudridor. La destilación y la sublimación sólo han sido inventadas a imitación de las de la naturaleza a complacencia de los elementos, cuya inclinación o disposición es rarificarse y elevarse, condensarse y descender, haciendo así toda la mezcla y las producciones de la naturaleza.

La destilación difiere de la sublimación en que la primera se hace por la elevación de las cosas húmedas, que destilan seguidamente gota a gota, en lugar de la sublimación y la elevación de una materia seca que se sujeta al vaso. La una y la otra son vulgares. La destilación y la sublimación, filosóficamente hablando son una purgación, sutilización, rectificación de la materia. La coagulación y la fijación son los dos grandes instrumentos de la naturaleza y del arte.

La Fermentación

El fermento es en la obra lo que la levadura en la fabricación del pan. No se puede hacer pan sin levadura, y no se puede hacer oro sin oro. El oro es pues el alma y lo que determina la forma intrínseca de la piedra. No enrojezcamos de aprender a hacer el oro y la plata como el panadero hace el pan, que sólo está compuesto de agua y de harina amasada, fermentada, y que sólo difieren el uno del otro por la cocción. Asimismo la medicina dorada es una composición de tierra y de agua, es decir de azufre y de mercurio fermentados con el oro, pero con un oro reincrudado. Pues, así como no se puede hacer levadura con el pan cocido, no se puede hacer oro con el oro vulgar en tanto que permanezca oro vulgar.

El mercurio o agua mercurial es esta agua, el azufre esta harina, que por una larga fermentación se agrian y son hechas levadura, con la cual son hechos el oro y la plata. Y como la levadura se multiplica eternamente y sirve siempre de materia para hacer el pan, la medicina filosófica también se multiplica y sirve eternamente de levadura para hacer oro.

SIGNOS O PRINCIPIOS DEMOSTRATIVOS

Los colores que sobrevienen a la materia filosófica durante el curso de las operaciones de la obra son los signos demostrativos que hacen conocer al artista que ha procedido de manera correcta para tener éxito. Se suceden inmediatamente y por orden; si este orden es trastornado es una prueba de que se ha operado mal. Hay tres colores principales; el primero es el negro, llamado cabeza de cuervo y con muchos otros nombres, que hemos aportado anteriormente en el artículo intitulado *Clave de la obra*. El comienzo de esta negrura indica que el fuego de la naturaleza empieza a operar y que la materia está en vías de solución; cuando este color negro es perfecto, la solución lo es también y los elementos están confundidos. El grano se pudre para disponerse a la generación. *Aquel que no ennegrezca, no sabrá blanquear* –dice Artefio– *porque la negrura es el principio de la blancura y es la señal de la putrefacción y de la alteración. He aquí como se hace ésta. En la putrefacción que se hace en nuestra agua, aparece primeramente una negrura que se parece al caldo graso, sobre el cual se ha echado pimienta. Este licor siendo enseguida espesado, se vuelve como una tierra negra, ella se blanquea continuando su cocción [...] y asimismo como el calor actúa sobre lo húmedo, produce la negrura, la cual es el primer color que aparece; del mismo calor, continuando siempre su acción, produce la blancura que es el segundo principal de la obra.*

Esta acción del fuego sobre lo húmedo lo hace todo en la obra, como lo hace todo en la naturaleza para la generación de los mixtos. Ovidio lo había dicho: *A los calores excesivos siguieron los aires templados y a los frios vientos, la nieve.* (Metamorfosis, Lib. I, 120)

Durante esta putrefacción, el macho filosófico o el azufre es confundido con la hembra, de manera que forman un mismo cuerpo, al que los filósofos llaman hermafrodita: *Éste* –dice Flamel–[132] *es el andrógino de los antiguos, la cabeza del cuervo y los elementos convertidos. De esta manera, te pinto aquí que tienes dos naturalezas reconciliadas que pueden formar un embrión en la matriz del vaso y después darte a luz un rey muy poderoso, invencible e incorruptible [...] Nuestra materia en este estado es la serpiente Pitón que habiendo tomado su ser de la corrupción del limo de la tierra debe ser muerta y vencida por la flechas del dios Apolo, por el rubio Sol, es decir, por nuestro fuego, igual al del Sol. Aquel que lava o más bien que hace continuar estos lavamientos mediante la otra mitad, estos son los dientes de esta serpiente que el sabio operador, el prudente Cadmo, sembrará en la misma tierra, de donde nacieron los soldados que se destruyeron ellos mismos, dejándose resolver en la misma naturaleza de la tierra [...] Los filósofos envidiosos han llamado a esta confección, Rebis, y aún Numus, Ethelia, Arene, Boritis, Corsufle, Cambar, Albar, Duenech, Bauderic, Kukul, Thabuiris, Ebisemeth, Ixir, etc. Esto es lo que han recomendado blanquear.* He hablado bastante ampliamente de esta negrura en el artículo de los principios operativos; el lector podrá recurrir allí.

El segundo signo demostrativo o el segundo color principal es el blanco. Hermes dice:[133] sabed, hijos de la ciencia, que como el buitre criado en lo alto de la montaña, yo soy el blanco del negro; porque la blancura sucede a la negrura. Morien llama a esta blancura el humo blanco. Alfidio nos enseña que esta materia o este humo blanco es la raíz del arte y la plata viva de los sabios. Filaleteo[134] nos asegura que esta plata viva es el verdadero mercurio de los filósofos: *esta plata viva,* –dice– *extraída de esta negrura muy sutil, es el mercurio teñidor filosófico con su azufre blanco y rojo mezclados naturalmente y juntos en su minera.*

Los filósofos le han dado entre otros nombres los que siguen: *cobre blanco, cordero, cordero sin mancha, albatest, blancura, alborach, agua bendita, agua*

132. Flamel, *op. cit.*

133. Hermes, Los Siete Capítulos.

134. I. Filaleteo, *Narrat. Method,* p. 36.

pesante, talco, plata viva animada, mercurio coagulado, mercurio purificado, plata, azoth, baurach, bórax, buey, cambar, caspa, cerusa, cera, comerisón, cuerpo blanco, cuerpo impropiamente dicho, diciembre, e, electro, esencia, esencia blanca, Eufrates, hada, favonius, fundamento del arte, piedra preciosa de givinis, diamante, cal, goma blanca, hermafrodita, he, hipostase, hylé, enemigo, insípido, leche, leche de virgen, piedra conocida, piedra mineral, piedra única, Luna, Luna en su plenitud, magnesia blanca, alumbre, madre, materia única de los metales, medio dispositivo, menstruo, mercurio en su poniente, aceite, aceite vivo, legumbre, huevo, flema, plomo blanco, punto, raíz, raíz del arte, raíz única, rebis, sal, sal álcali, sal alerot, sal alembrot, sal fusible, sal de naturaleza, sal gema, sal de los metales, jabón de los sabios, seb, secondine, sedine, vejez, set, serinech, siervo fugitivo, mano izquierda, estaño sublimado, jugo, azufre blanco, azufre untuoso, tierra, tierra enramada (de hojas), tierra fecunda, tierra en potencia, campo en el cual es preciso sembrar el oro, tevos, tincar, vapor, estrella del anochecer, vidrio, vidrio de faraón, veintiuno, orina de niño, buitre, zibach, ziva, velo, velo blanco, narciso, lis, rosa blanca, hueso calcinado, cáscara de huevo, etc.

Artefio dice que la blancura viene de que el alma del cuerpo sobrenada por encima del agua como una crema blanca, y que los espíritus se unen entonces tan fuertemente que no pueden huir, porque han perdido su volatilidad.

El gran secreto de la obra es, pues, el blanquear el latón y dejar allí todos los libros, a fin de no errar por su lectura, ya que podría hacer nacer algunas ideas respecto de algún trabajo inútil y costoso. Esta blancura es la piedra perfecta al blanco; es un cuerpo precioso, que, cuando está fermentado se vuelve el elixir al blanco, está lleno de una tintura exuberante que tiene la propiedad de comunicar a todos los otros metales. Los espíritus que anteriormente eran volátiles entonces son fijados. El nuevo cuerpo resucita bello, blanco, inmortal y victorioso. Es por lo que se le ha llamado *resurrección, luz, día,* y de todos los nombres que puedan indicar blancura, fijeza e incorruptibilidad.

Flamel ha presentado este color en sus figuras jeroglíficas, mediante una mujer rodeada de un rollo blanco, para mostrarte dice: *cómo Rebis empezará a blanquearse de esta misma manera, blanqueando primeramente las extremidades entorno a este círculo blanco.* La escalera de los filósofos[135] dice: *el signo de la primera parte de la blancura, es cuando se le ve un cierto círculo pequeño capilar, es decir, pasando sobre la cabeza, que aparecerá en el entorno de la materia a los lados del vaso, un color tirando hacia naranja.*

Los filósofos, según el mismo Flamel, han representado también esta blancura bajo la figura de una espada desnuda y brillante. *Cuando hayas blanqueado* –añade este autor– *habrás vencido a los toros encantados que echaban fuego y humo por las narices. Hércules ha de limpiar el establo lleno de inmundicia de podredumbre y de negrura. Jasón ha vertido el jugo sobre los dragones de Colcos*

135. *Escalera de los Filósofos.*

y tienes en tu poder el cuerno de Amaltea que, aunque sólo sea blanca te puede colmar el resto de tu vida de gloria de honor y de riquezas. Para tenerla te es preciso combatir valientemente como un Hércules. Pues este Aqueloo, este río húmedo (que es la negrura, el agua negra del río Esep) está dotado de una fuerza muy poderosa, además cambia muy a menudo de una forma a otra.

Como el negro y el blanco son, por así decirlo, dos extremos y como dos extremos sólo pueden unirse por un medio, al dejar la materia el color negro, no se vuelve blanca de golpe; el color gris se encuentra como intermediario, porque participa de los dos. Los filósofos le han dado el nombre de Júpiter, porque sucede al negro, al que han llamado Saturno. Es lo que ha hecho decir a Espagnet, que el aire sucede al agua después de que ha terminado sus siete revoluciones, a las que Flamel ha llamado *inhibiciones. La materia* –añade Espagnet– *es fijada en el fondo del vaso, Júpiter, tras haber echado a Saturno, se apodera del reino y emprende su gobierno. En su desenlace se forma el hijo filosófico, se nutre en la matriz y viene finalmente al día con un bello rostro, brillante y blanco como la Luna. Esta materia al blanco es desde entonces un remedio universal para todas las enfermedades del cuerpo humano.* En fin, el tercer color principal es el rojo; es el complemento y la perfección de la piedra. Se obtiene esta rojez sólo por la continuación de la cocción de la materia. Tras la primera obra se la llama *esperma masculino, oro filosófico, fuego de la piedra, corona real, hijo del Sol, minera del fuego celeste.*

Hemos dicho ya que la mayor parte de los filósofos empiezan sus tratados de la obra en la piedra al rojo. Los que lean estas obras, deberían de poner mucha atención en esto. Pues es una fuente de errores para ellos, tanto porque no podrían adivinar entonces de qué materia hablan los filósofos, como a causa de las operaciones de las materias que están en la segunda obra, o la fabricación del elixir, pues son bien diferentes de las de la primera. Aunque Morien nos asegura que esta segunda operación no es más que una repetición de la primera, es bueno sin embargo señalar que lo que ellos llaman fuego, aire, tierra y agua en la una, no son las mismas cosas que aquellas a las que dan los mismos nombres en la otra. Su mercurio es llamado mercurio, tanto bajo la forma líquida como bajo la forma seca. Aquellos, por ejemplo, que leen a Alfidio, se imaginan, cuando llama a la materia de la obra *minera roja*, que es preciso buscar para el comienzo de sus operaciones, una materia roja; en consecuencia, unos trabajan sobre el cinabrio, otros sobre el minio, otros el oropimente, otros sobre el óxido de hierro; porque no saben que esta minera roja es la piedra perfecta al rojo y que Alfidio no empieza su obra sino desde allí. Pero a fin de que los que lean esta obra y quieran trabajar no sean equivocados, he aquí un gran número de nombres dados a la piedra al rojo. *Ácido, agudo, adam, aduma, almagra, alto o elevado, azernard, alma, carnero, oro, oro alterado, cáncer, cadmio, camereth, bilis, chibur, ceniza, ceniza de tártaro, corsufle, cuerpo, cuerpo propiamente dicho, cuerpo rojo, derecha, déhab, verano, hierro, forma, forma de hombre, hermano, fruto, gallo, cresta del gallo, gabricius, gabrius, gophrith, grano de Etiopía, goma, goma roja, hageralzarnard, hombre, fuego, fuego de natura, infinito, juventud, hebrit, piedra, piedra india, piedra indradema, piedra lasul, piedra roja, litargio de oro, litargio rojo, luz, mañana, Marte, arteck, macho, magnesia roja, metros, minera, neusi, aceite de Marte, aceite incombustible, aceite rojo, oliva, oliva perpetua, oriente, padre, una parte, piedra estrellada, phison, río, reezon, residencia, rojez, rubíes, sal, sal roja, simiente, sericon, sol, azufre, azufre rojo, azufre vivo, tamne, tercero, decimotercero, tierra roja, theríaco, thelima, thion, thita, toarech, vara, vena, sangre, adormidera, vino rojo, vino, virago, amarillo del huevo, vitriolo rojo, chalcitis, colchotar, cochinilla, vidrio, zaaph, zahau, zit, zumech, zumelazuli, sal de orina, etc.*

Pero todos estos nombres no le han sido dados por la misma razón; los autores en estas diferentes denominaciones sólo han tenido en consideración la manera de examinarla, a veces en relación a su color, a veces en relación a sus cualidades. Aquellos, por ejemplo, que han nombrado esta materia o piedra al rojo, ácido, adam, verano, almagra, alma, carnero, oro, cáncer, camerech, ceniza de tártaro, corsuflé, déeb, hermano, fruto, gallo, juventud, kibrit, piedra indradema, martek, macho, padre, sol, tercero, neusis, oliva, thion, vidrio, zaaph, la han nombrado así a causa de la alteración de su complexión. Los que han tenido en cuenta sólo su color la han llamado goma roja, aceite rojo, rubíes, sericon, azufre rojo, amarillo de huevo, vitriolo rojo, etc. *En esta operación de rubificación* –dice Flamel– *aunque imbibas no tendrás apenas negro, sino más bien violeta, azul y del color de la cola del pavo real: pues nuestra piedra es tan triunfante en sequedad como incontinente cuando tu mercurio la toca, la naturaleza regocijándose de su naturaleza se une a ella y la bebe ávidamente y por lo tanto el negro que viene de la humedad sólo se puede mostrar un poco bajo estos colores violetas y azules, mientras que la sequedad gobierne absolutamente [...] O si sigues al comenzar la rubificación por la aplicación del mercurio anaranjado rojo, pero casi no es preciso verter más que una o dos veces según como tú veas, pues esta operación se debe de hacer mediante fuego seco, sublimación y calcinación seca. Y verdaderamente te digo aquí un secreto que raramente encontrarás escrito.*

En esta operación el cuerpo fijo se volatiliza, sube y desciende circulando en el vaso, hasta que el fijo habiendo vencido al volátil lo precipita al fondo con él para hacer un sólo cuerpo de naturaleza absolutamente fija. Lo que hemos aportado de Flamel debe de entenderse del elixir del que hablaremos después; pero en cuanto a las operaciones de la primera obra, o de la manera de hacer el azufre filosófico, Espagnet la ha descrito así:[136] *Escoged un dragón rojo, valeroso, que no haya perdido nada de su fuerza natural; seguidamente siete o nueve águilas vírgenes, atrevidas, a las que los rayos del Sol no sean capaces de deslumbrar sus ojos; ponedlas con el dragón en una prisión clara y transparente, bien cerrada y por debajo un baño cálido, para excitarlas al combate. No tardarán en venir las presas; el combate será largo y muy penoso hasta el cuarenta y cinco o cincuenta*

136. Espagnet, *lum.* 109.

días, que las águilas empezarán a devorar al dragón. Éste al morir infectará toda la prisión de su sangre corrompida y de un veneno muy negro, a la violencia del cual las águilas no pudiéndolo resistir, expiarán también. De la putrefacción de sus cadáveres nacerá un cuervo, que levantará poco a poco su cabeza y por el aumento del baño, desplegará sus alas y empezará a volar; el viento y las nubes lo llevarán de aquí para allá; fatigado de ser así atormentado buscará escaparse; tomad, pues, cuidado de que no encuentre ninguna salida. En fin, lavado y blanqueado por una lluvia constante, de larga duración, y un rocío celeste, se le verá metamorfosearse en cisne. El nacimiento del cuervo os indicará la muerte del dragón. Si sois curiosos en llevarlo adelante hasta el rojo, añadid el elemento del fuego que falta a la blancura, sin tocar ni remover el vaso, pero fortificando el fuego por grados, empujad su acción sobre la materia hasta que lo oculto devenga manifiesto, el indicio será el color citrino. Dirigid entonces el fuego al cuarto grado, siempre por los grados requeridos, hasta que, por la ayuda de Vulcano, veáis manifestarse dos rosas rojas, que se cambiarán en amaranto, color de sangre. Pero no dejéis de hacer actuar al fuego por el fuego, hasta que lo veáis todo reducido a cenizas muy rojas e impalpables.

Este azufre filosófico es una tierra de una tenuidad, una ignidad y una sequedad extremas. Contiene un fuego de natura muy abundante, es por lo que se la ha nombrado *fuego de la piedra.* Tiene la propiedad de abrir, penetrar los cuerpos de los metales y cambiarlos en su propia naturaleza; en consecuencia, se le llama *padre y simiente masculina.* Los tres colores negro, blanco y rojo, necesariamente deben sucederse en el orden que los hemos descrito, pero no son los únicos que se manifiestan. Ellos indican los cambios esenciales que sobrevienen a la materia; en lugar de los otros colores, que casi infinitos y parecidos a los del arco iris, no son más que pasajeros y de una duración corta. Estos son especies de vapores que afectan más bien al aire que a la tierra, se cazan unos a otros y se disipan para dar lugar a los tres principales de los que hemos hablado. Sin embargo estos colores extranjeros son de alguna manera los signos de un mal régimen y de una operación mal conducida, la negrura repetida es una señal cierta de ello, *pues los pequeños cuervos,* dice Espagnet,[137] *no deben de volver al nido después de haberse ido.* La rojez prematura se encuentra entre este número; pues sólo debe de aparecer al fin, como prueba de la madurez del grano y del tiempo de la cosecha.

137. Espagnet, *La Obra secreta de la Filosofía de Hermes,* can. 66.

EL ELIXIR

No es suficiente haber logrado el azufre filosófico que acabamos de describir; la mayor parte se han equivocado en ello y han abandonado la obra en este estado, creyendo haberla llevado a su perfección. La ignorancia de los procedimientos de la naturaleza y del arte es la causa de este error. En vano se intentaría hacer la proyección con este azufre o piedra, al rojo. La piedra filosofal sólo puede ser perfecta al final de la segunda obra que se llama *Elixir*. De este primer azufre se hace un segundo, que seguidamente se puede multiplicar, al infinito. Se debe, pues, conservar preciosamente esta primera minera del fuego celeste para el uso requerido.

El elixir, según Espagnet, está compuesto de una materia triple, a saber, de un agua metálica o del mercurio sublimado filosóficamente, del fermento blanco, si se quiere hacer elixir al blanco, o del fermento rojo para el elixir al rojo y finalmente del segundo azufre; todo según los pesos y proporciones filosóficas. El elixir debe de tener cinco cualidades; debe de ser *fusible, permanente, penetrante, teñidor y multiplicante;* saca su tintura y su fijación del fermento; su fusibilidad de la plata viva, que sirve de medio para reunir las tinturas del fermento y del azufre; y la propiedad multiplicativa le viene del espíritu de la quintaesencia que tiene naturalmente. Los dos metales perfectos dan una tintura perfecta, porque sacan la suya del azufre puro de la naturaleza; no es preciso, pues, buscar su fermento en otra parte que en los cuerpos. Teñid pues, vuestro elixir blanco con la Luna y el rojo con el Sol. El mercurio recibe primero esta tintura y seguidamente la comunica. Tomad cuidado de no equivocaros en la mezcla de los fermentos y no toméis el uno por el otro, lo perderíais todo. La segunda obra se hace en el mismo vaso o en un vaso parecido al primero, en el mismo horno y con los mismos grados de fuego; pero cada vez más corto.

La perfección del elixir consiste en el matrimonio y la unión perfecta de lo seco y lo húmedo, de manera que sean inseparables y que lo húmedo de a lo seco la propiedad de ser fusible al menor calor. Se hace la prueba de ello poniendo un poco sobre una lámina de cobre o de hierro calentado, si funde primero sin humo, esto es lo que se deseaba.

PRÁCTICA DEL ELIXIR SEGÚN ESPAGNET

Tierra roja o fermento rojo tres partes, agua y aire tomados juntamente seis partes; mezcladlo todo y trituradlo para hacer una amalgama o paté metálico, de una consistencia como la manteca, de manera que la tierra sea impalpable o insensible al tacto; añadid una parte y media de fuego y ponedlo todo en un vaso, que sellareis perfectamente. Dadle un fuego de primer grado para la digestión; haréis enseguida la extracción de los elementos por los grados del fuego que les son propios hasta que sean todos reducidos a tierra fija. La materia se volverá como una piedra brillante, transparente, roja y estará entonces en su perfección. Tomad de ello a voluntad, ponedlo en un crisol sobre un fuego ligero e imbibid esta parte con su aceite rojo, incerándolo gota a gota hasta que se funda y brote sin humo. No temáis que vuestro mercurio se evapore, pues la tierra beberá con placer y avidez este humor que es de su naturaleza. Estaréis entonces en posesión de vuestro elixir perfecto. Agradeced a Dios el favor que os ha hecho; usadlo para su gloria y guardad el secreto.

El elixir blanco se hace igual que el rojo, pero con los fermentos blancos y el aceite blanco.

LA QUINTAESENCIA

La quintaesencia es una extracción de la más espiritual y radical substancia de la materia; se hace por la separación de los elementos que terminan en una celeste e incorruptible esencia libre de todas las hetereogenidades. Aristóteles la llama una substancia muy pura, incorporada en cierta materia no mezclada de accidentes. Heráclito la llama una esencia celeste que toma el nombre del lugar de donde tiene su origen. Paracelso la dice, el ser de nuestro cielo céntrico; Plinio, una esencia corporal, separada no obstante de toda materialidad y libre del comercio de la materia. Ha sido denominada, en consecuencia, cuerpo espiritual, o espíritu corporal, hecho de una substancia etérea. Todas estas cualidades han hecho darle el nombre de quintaesencia, es decir, una quinta substancia, que resulta de la unión de las partes más puras de los elementos. El secreto filosófico consiste en separar los elementos de los mixtos, rectificarlos y mediante la reunión de sus partes puras, homogéneas y espirituales, hacer esta quintaesencia que encierra todas las propiedades, sin estar sujeta a su alteración.

LA TINTURA

Cuando los ignorantes en la filosofía hermética leen el término de *tintura* en las obras que tratan de esta ciencia, imaginan que debe de entenderse solamente del color de los metales, tal como el naranja para el oro, y el blanco para la plata. Y como está dicho en estas mismas obras, que el azufre es el principio de la tintura, se trabaja en extraer este azufre mediante las aguas fuertes, las aguas regias, por la calcinación y las otras operaciones de la química vulgar. Ésta no es propiamente la idea de los filósofos, no solamente por las operaciones, sino por la tintura tomada en ella misma. La tintura del oro no puede ser separada de su cuerpo porque es el alma y no se la podría extraer sin destruir el cuerpo, lo que no es posible en la química vulgar, como lo saben muy bien todos los que han querido probar esta experiencia.

La tintura en el sentido filosófico, es el elixir mismo vuelto fijo, fusible, penetrante y teñidor, por la corrupción y las otras operaciones de las que hemos hablado. Esta tintura no consiste, pues, en el color externo sino en la substancia misma que da la tintura con la forma metálica. Ella actúa como el azafrán en el agua; penetra como el aceite lo hace en el papel; se mezcla íntimamente como la cera con la cera, como el agua con el agua, porque la unión se hace entre dos cosas de la misma naturaleza. Es de esta propiedad que le viene el hecho de ser una panacea admirable para las enfermedades de los tres reinos de la naturaleza; va a buscar en ellos el principio radical y vital, que desembaraza, por su acción, de los heterogéneos que la embarazan y la tienen en prisión; viene en su ayuda y se une a él para combatir sus enemigos. Actúan entonces en concierto y comportan una victoria perfecta. Esta quintaesencia caza la impureza de los cuerpos, como el fuego hace evaporar la humedad de la madera; conserva la salud, dando fuerzas al principio de la vida para resistir los ataques de las enfermedades y hacer la separación de la substancia verdaderamente nutritiva de los alimentos, de la que no es más que el vehículo.

LA MULTIPLICACIÓN

Se entiende por multiplicación filosófica, un aumento en cantidad y en cualidad y la una y la otra más allá de todo lo que se puede imaginar. La de la cualidad es una multiplicación de las tinturas mediante una corrupción, una volatilización y una fijación reiteradas tantas veces como le plazca al artista. La segunda aumenta solamente la cantidad de la tintura sin acrecentar sus virtudes.

El segundo azufre se multiplica con la misma materia de la que ha sido hecho añadiendo una pequeña parte del primero, según los pesos y medidas requeridas. Hay sin embargo tres maneras de hacer la multiplicación si creemos a Espagnet, que las describe de la manera siguiente. La primera se ha de tomar una parte del elixir perfecto rojo que se mezcla con nueve partes de su agua roja; se pone el vaso al baño para disolverlo todo en agua. Después de la solución se cuece esta agua hasta que se coagula en una materia parecida a un rubí; seguidamente se inserta esta materia a la manera del elixir y de esta primera operación la medicina adquiere diez veces más virtudes de las que tenía. Si se reitera este mismo procedimiento una segunda vez, ella aumenta cien, una tercera vez mil, y así en adelante, siempre por diez.

La segunda manera es mezclar la cantidad que se quiere del elixir con su agua, guardando sin embargo las proporciones entre uno y otra, y tras haber puesto todo en un vaso de reducción bien sellado, lo disuelve al baño y sigue todo el régimen del segundo destilando sucesivamente los elementos por sus propios fuegos, hasta que todo se vuelve piedra. Se inserta seguidamente como en la otra y la virtud del elixir aumenta en cien la primera vez, pero ésta es más larga. Se reitera como la primera para acrecentar su fuerza más y más.

Finalmente, la tercera es propiamente la multiplicación en cantidad. Se proyecta una onza del elixir multiplicado en cualidad sobre cien onzas de mercurio común purificado; este mercurio puesto sobre un pequeño fuego se transformará pronto en elixir. Si se echa una onza de este nuevo elixir sobre cien onzas de otro mercurio común purificado, se volverá oro muy fino. La multiplicación del elixir al blanco se hace de la misma manera tomando elixir blanco y su agua en lugar del elixir rojo.

Cuanto más se reitere la multiplicación en cualidad más efecto tendrá en la proyección, pero no de la tercera manera de multiplicar que hemos mencionado, pues su fuerza disminuye a cada proyección. Se puede sin embargo llevar esta reiteración hasta la cuarta o quinta vez porque entonces la medicina sería tan activa y tan ígnea que las operaciones se volverían instantáneas, puesto que su duración se abrevia a cada reiteración; su virtud en cualquier parte es tan grande en la cuarta o quinta vez como para colmar los deseos del artista, puesto que en la primera un grano puede convertir cien granos de mercurio en oro, en la segunda mil, en la tercera diez mil, en la cuarta cien mil, etc... Se debe de juzgar respecto a esta medicina como el grano que multiplica cada vez que se siembra.

LOS PESOS EN LA OBRA

Nada más embrollado que los pesos y proporciones requeridos en la obra filosófica. Todos los autores hablan de ello y ninguno lo explica claramente. Uno dice que es preciso medir su fuego clibánicamente,[138] otro geométricamente.[139] Aquel siguiendo el calor del Sol después de la primavera hasta el otoño; éste que es preciso un calor febril etc... Pero el Trevisano nos aconseja dar un fuego lento y débil antes que fuerte, puesto que entonces sólo se arriesga a terminar la obra más tarde, en cambio forzando el fuego se corre el peligro evidente de perderlo todo.

El compuesto de los mixtos y su vida sólo subsisten por la medida y el peso de los elementos combinados y proporcionados de manera que el uno no domine sobre los otros como tirano. Si hay allí mucho fuego el germen se quema, si mucha agua el espíritu seminal y radical se encuentra sofocado, y si mucho aire y tierra, el compuesto tendrá o mucha o poca consistencia y cada elemento no actuará libremente. Sin embargo esta dificultad no es tan grande como parece en la primera lectura de los filósofos; algunos nos advierten[140] que la naturaleza siempre tiene la balanza en la mano para pesar estos elementos y hacer sus mezclas proporcionadas de tal manera, que siempre resultan de ello los mixtos que se propone hacer, a menos que sea impedida en sus operaciones por defecto de la matriz donde hace sus operaciones, o por el de las semillas que se le suministran o, en fin, por otros accidentes. Asimismo vemos en la química vulgar que dos cuerpos heterogéneos no se mezclan, o no pueden estar mucho tiempo unidos; como cuando el agua ha disuelto una cierta cantidad de sal, no se disuelve más; cuanta más afinidad

138. Flamel.

139. Espagnet y Artefio.

140. El Trevisano.

tienen los cuerpos juntos, más parecen buscarse y asimismo rechazan a los que tienen menos para reunirse con los que tienen más. Estas experiencias son conocidas particularmente entre los minerales y los metales.

El artista de la obra se propone tener a la naturaleza por modelo; es preciso pues, que estudie esta naturaleza para poderla imitar. Pero ¿cómo encontrar sus pesos y sus combinaciones? Cuando ella quiere un mixto no nos llama para que le demos consejo, ni para sus operaciones, lo mismo para ver sus materias constituyentes, así como para su trabajo y el empleo que de ellas hace. Los filósofos herméticos no dejan de recomendar seguir la naturaleza; sin duda que ellos la conocen, puesto que se halagan de ser sus discípulos. Será pues en sus obras que se podrá aprender a imitarla. Pero el uno[141] dice: *que sólo se necesita una sola cosa para hacer la obra, que no hay más que una piedra, una medicina, un vaso, un régimen y una sola disposición o manera para hacer sucesivamente el blanco y el rojo. Así que como decimos,* –añade el mismo autor– *pon esto, pon aquello, no entendemos que se haya de tomar más de una cosa; ponedla una sola vez en el vaso y cerradlo seguidamente hasta que la obra sea perfecta y completa [...] el artista no tiene otra cosa que hacer que preparar exteriormente la materia, porque ella misma hace interiormente todo lo que es necesario para volverse perfecta [...] así prepara y dispón solamente la materia y la naturaleza hará todo el resto.*

Raimon Llull nos advierte que esta cosa única no es una sola cosa tomada individualmente, sino dos cosas de la misma naturaleza, de las que se hace una sola; si hay dos o más cosas a mezclar, es preciso hacerlo con proporción, peso y medida. Hemos hablado de ello en el artículo de los signos demostrativos, bajo los nombres de águila y dragón; y también hemos dado las proporciones de las materias requeridas para la multiplicación. Por elo se debe ver que las proporciones de las materias no son las mismas en la primera y la segunda obra.

REGLAS GENERALES MUY INSTRUCTIVAS

Casi nunca se ha de tomar las palabras de los filósofos literalmente porque todos sus términos tienen doble sentido y fingen emplear aquellas que son equívocas.[142] O si hacen uso de términos conocidos y usados en el lenguaje ordinario,[143] lo que dicen parece simple, claro y natural, pero es preciso sospechar que estén compuestos con artificio. *Timeo Danaos & done serentes.* Al contrario, en los lugares que parecen embrollados, velados y casi ininteligibles, es lo que se ha de estudiar con más atención. La verdad está allí oculta. Para descubrir mejor esta verdad es preciso compararlos los unos a los otros, hacer una concordan-

141. Artefio.

142. Respecto a la Y griega véase en el *Hilo de Penélope* de Emmanuel d'Hooghvorst, en Arola Editors, Tarragona, 2000, pág. 49, nota 3. *(N. del T.)*

143. Geber, Espagnet y muchos otros.

cia de sus expresiones y de sus dichos porque uno deja escapar alguna vez lo que el otro ha omitido intencionadamente.[144] Pero en esta compilación de textos se debe de tomar cuidado en no confundir lo que el uno dice de la primera preparación, con lo que el otro dice de la tercera.

Antes de ponerse manos a la obra se debe de tener todo de tal manera combinado que no se encuentre en los libros de los filósofos[145] ninguna cosa que no esté en estado de explicarse por las operaciones que uno se propone emprender. A este efecto se ha de estar seguro de qué materia se debe emplear; ver si tiene verdaderamente todas las cualidades y propiedades por las cuales los filósofos la designan, puesto que declaran que no la han nombrado por el nombre bajo el cual es conocida ordinariamente. Se debe observar que esta materia no cueste nada o poca cosa; que la medicina, que Filaleteo,[146] después de Geber, llama medicina de primer orden o la primera preparación se perfecciona sin muchos gastos, en todo lugar, en todo tiempo, para toda clase de personas, con tal de que haya una cantidad suficiente de materia.

La naturaleza sólo perfecciona los mixtos mediante dos cosas que son de una misma naturaleza;[147] no se debe, pues, tomar madera para perfeccionar el metal. El animal engendra el animal, la planta produce la planta y la naturaleza metálica los metales. Los principios radicales del metal son un azufre y una plata viva, pero no los vulgares, estos entran como complemento, asimismo como principios constituyentes, pero como principios combustibles, accidentales y separables del verdadero principio radical, que es fijo e inalterable. Se puede ver sobre la materia lo que he aportado en su artículo conforme a lo que dicen los filósofos.

Toda alteración de un mixto se hace por disolución en agua o en polvo y sólo puede ser perfeccionado por la separación de lo puro de lo impuro. Toda conversión de un estado a otro se hace mediante un agente y en un tiempo determinado. La naturaleza actúa sucesivamente; el artista debe de hacer lo mismo. Los términos de conversión, desecación, mortificación, inspisación, preparación, alteración, sólo significan la misma cosa en el arte hermético. La sublimación, descensión, destilación, putrefacción, calcinación, congelación, fijación, ceración, son, en cuanto a ellos mismos, cosas diferentes, pero sólo constituyen en la obra una misma operación continuada en el mismo vaso. Los filósofos han dado todos estos nombres a diferentes cosas o cambios que han visto pasar en el vaso. Cuando han percibido exhalar a la materia en humo sutil y subir a lo alto del vaso, han llamado a esta ascensión, *sublimación*. Viendo seguidamente este vapor descender al fondo del vaso lo han llamado *descensión, destilación*. Morien dice en consecuencia: toda nuestra operación consiste en extraer el agua de su tierra

144. I. Filaleteo.

145. Zachaire.

146. I. Filaleteo, *Enarr. Meth. Trium. Gebr. medic.*

147. El Cosmopolita.

y devolverla allí hasta que la tierra se pudre y se purifica. Cuando han percibido que esta agua, mezclada con su tierra se coagula o se espesa, hasta el punto que se vuelve negra y hedionda, han dicho que ésta era la putrefacción, principio de generación. Esta putrefacción dura hasta que la materia se vuelva blanca.

Esta materia siendo negra, se reduce a polvo cuando empieza a volverse gris; esta apariencia de ceniza ha hecho nacer la idea de la calcinación, inceración, incineración, dealbación, y cuando ha llegado a una gran blancura la han nombrado calcinación perfecta. Viendo que tomaba una consistencia sólida, que no fluía más, ha formado su *congelación,* su *endurecimiento*; es por lo que han dicho que todo el magisterio consiste en disolver y en coagular naturalmente. Esta misma materia congelada y endurecida de manera que no se resuelve más en agua, les ha hecho decir que era preciso secarla y fijarla y han dado a esta pretendida operación los nombres de *desecación, fijación, ceración,* porque explican este término de una unión perfecta de la parte volátil con la fija bajo la forma de un polvo o piedra blanca.

Es preciso, pues, considerar esta operación como única, pero expresada en términos diferentes. Se sabrá aún que todas las expresiones siguientes significan también la misma cosa. Destilar en el alambique, separar el alma del cuerpo, arder, licuar, calcinar, cerar, dar a beber, adaptar juntos, hacer comer; juntar, corregir, cribar, cortar con las tenazas, dividir, unir los elementos, extraerlos, exhalarlos, convertirlos, cambiarlos el uno en el otro, cortar con el cuchillo, golpear con la espada, con el hacha, con la cimitarra, horadar con la lanza, con la jabalina, con la flecha, maltratar, destruir; ligar; desligar; corromper, foliar, fundir, engendrar, concebir, poner en el mundo, sacar agua, humectar, regar, imbibir, empastar, amalgamar, enterrar, incerar, lavar, lavar con el fuego, dulcificar, pulir, limar, golpear con el martillo, mortificar, ennegrecer, pudrir, dar vueltas a la torre, circular, rubificar, disolver, sublimar, meter en colada, inhumar, resucitar, reverberar, moler, poner en polvo, triturar en el mortero, pulverizar sobre el mármol, y tantas otras expresiones parecidas; todo esto sólo quiere decir cocer por un mismo régimen, hasta el rojo subido. Se debe tener cuidado, pues, de no remover el vaso y no retirar el fuego, pues si la materia se enfriara todo estaría perdido.

LAS VIRTUDES DE LA MEDICINA

Ella es, según el decir de todos los filósofos, la fuente de las riquezas y de la salud, puesto que con ella se puede hacer oro y plata en abundancia y porque se pueden curar no solamente todas las enfermedades que pueden ser curadas, sino que, mediante su uso moderado, se las puede prevenir. Un sólo grano de esta medicina o elixir rojo dado a los paralíticos, hidrópicos, gotosos, leprosos, los curará con tal que tomen la misma cantidad durante algunos días solamente. La epilepsia, los cólicos, los reumas, flemones, frenesí y toda enfermedad interna no se pueden mantener contra este principio de vida. Algunos adeptos han dicho que da oído a los sordos y vista a los ciegos, que es un remedio seguro contra toda clase de enfermedades de los ojos, todas las apostemas, úlceras, heridas, cáncer, fístulas, y todas las enfermedades de la piel, haciendo disolver un grano de ella en un vaso de vino o de agua, al que importunen los males exteriores; que funde poco a poco la piedra en la vejiga; echa todo veneno y ponzoña al beberla como dice aquí arriba.

Raimon Llull[148] asegura que es en general un remedio soberano contra todos los males que afligen a la humanidad, desde los pies hasta la cabeza, que los cura en un día si han durado un mes, en doce días si son de un año y en un mes por viejos que sean.

Arnaldo de Vilanova[149] dice que su eficacia es infinitamente superior a todos los remedios de Hipócrates, Galileo, Alejandro, Avicena y de toda la medicina ordinaria; que alegra el corazón, da vigor y fuerza, conserva la juventud y hace rejuvenecer la vejez. En general, que cura todas las enfermedades tanto cálidas como frías, tanto secas como húmedas.

Geber,[150] sin enumerar las enfermedades que esta medicina cura, se contenta en decir que supera a todas aquellas que los médicos ordinarios consideran como incurables. Que rejuvenece la vejez y la mantiene con salud durante largos años, más allá de lo normal, tomando solamente tanto como un grano de mostaza dos o tres veces a la semana en ayunas.

Filaleteo[151] añade a esto que limpia la piel de todas las manchas, arrugas, etc. Que libera a la mujer, en el potro de sujeción, del niño, si está muerto, teniendo solamente el polvo en la nariz de la madre y cita a Hermes para garantizarlo. Asegura haber sacado él mismo, de los brazos de la muerte a enfermos abandonados por los médicos. Particularmente se encuentra la manera de hacer uso de ella en las obras de Raimon Llull y de Arnaldo de Vilanova.

LAS ENFERMEDADES DE LOS METALES

El primer vicio de los metales viene de la primera mezcla de los principios con la plata viva y el segundo se encuentra en la unión de los azufres y del mercurio. Cuanto más depurados están los elementos y más proporcionalmente mezclados y homogéneos son, más peso tienen y más maleabilidad, fusión, extensión, fulgidez e incorruptibilidad permanente. Hay, pues, dos clases de enfermedades en los metales, la primera es llamada original e incurable, la segunda viene de la diversidad del azufre que produce su imperfección y sus enfermedades, a saber, la lepra de Saturno, la ictericia de Venus, el resfriamiento de Júpiter, la hidropesia de Mercurio y la scabiosis.

148. Raimon Llull, *Testamento.*

149. Arnaldo de Vilanova, *Rosario.*

150. Geber, *Suma.*

151. I. Filaleteo, *Entrada abierta al palacio cerrado del Rey.*

La hidropesia del mercurio sólo le llega de la mucha acuosidad y crudeza que encuentra su causa en la frialdad de la matriz donde es engendrado y por la falta de tiempo para cocerse. Este vicio es un pecado original del que todos los otros metales participan. Esta frialdad, esta crudeza, esta acuosidad sólo pueden ser curadas por el calor y la ignidad de un azufre muy poderoso. Además de esta enfermedad, los otros metales tienen aquella que les viene de su azufre tanto interno como externo. Este último siendo sólo accidental puede ser fácilmente separado, porque no es de la primera mezcla de los elementos. Es negro, impuro, hediondo y no se mezcla con el azufre radical porque le es heterogéneo. No es susceptible de una decocción que pueda volverlo radical y perfecto.

El azufre radical purga, espesa, fija en cuerpo perfecto al mercurio radical; en lugar que el segundo que lo sofoca, lo absorbe y lo coagula con sus propias impurezas y sus crudezas, produciendo entonces los metales imperfectos. Se ve una prueba de ello en la coagulación del mercurio vulgar hecha por el vapor del azufre de Saturno, y apagada por la de Júpiter. Este azufre impuro produce toda la diferencia de los metales imperfectos. La enfermedad de los metales, pues, sólo es accidental; hay un remedio para curarlos y este remedio es el polvo filosófico, o piedra filosofal llamada por esta razón *polvo de proyección*. Su uso para los metales es, encerrar en un poco de cera proporcionalmente la cantidad del metal que se quiere transmutar, y echarla sobre el mercurio puesto en un crisol sobre el fuego, cuando el mercurio está a punto de ahumar. Es preciso que los otros metales estén fundidos y purificados. Se deja el crisol en el fuego hasta después de la detonación y después se retira, o se deja enfriar en el fuego.

LOS TIEMPOS DE LA PIEDRA

Los tiempos de la piedra están indicados, –dice Espagnet– *por el agua filosófica y astronómica. La primera obra al blanco debe ser terminada en la casa de la Luna; la segunda en la segunda casa de Mercurio. La primera obra al rojo, en el segundo domicilio de Venus y la segunda o última en la casa de exaltación de Júpiter, pues es de él que nuestro rey debe de recibir su cetro y su corona adornada de preciosos rubíes.*

Filaleteo[152] no deja de recomendar al artista que se instruya en los pesos, la medida del tiempo y del fuego; dice que no tendrá éxito jamás si ignora, en cuanto a la medicina de tercer orden, las cinco cosas siguientes.

Los filósofos reducen los años a meses, los meses a semanas y las semanas a días. Toda cosa seca bebe ávidamente la humedad de su especie. Ella actúa sobre esta humedad, después de que es imbibida, con mucha más fuerza y actividad que anteriormente. Cuanta más tierra haya y menos agua, la solución

152. I. Filaleteo, *op. cit.* p. 156.

será más perfecta. La verdadera solución natural sólo puede hacerse con dos cosas de la misma naturaleza y lo que disuelve la Luna también lo disuelve el Sol.

En cuanto al tiempo determinado y su duración para la perfección de la obra, ciertamente no se puede concluir nada de lo que dicen los filósofos, porque unos, al determinarlo, no hablan de aquel que se ha de emplear en la preparación de los agentes; otros sólo tratan del elixir; otros mezclan las dos obras; los que hacen mención de la obra al rojo no hablan siempre de la multiplicación; otros sólo hablan de la obra al blanco; otros tienen su intención particular. Es por lo que se encuentran tantas diferencias en las obras sobre esta materia. Uno dice que es preciso doce años, otro diez, siete, tres, uno y medio, quince meses, otras veces es un cierto número de semanas. Un filósofo ha titulado su obra *La obra de tres días*. Otro ha dicho que sólo eran precisos cuatro. Plinio el naturalista dice que el mes filosófico es de cuarenta días. En fin, todo es un misterio en los filósofos.

CONCLUSIÓN

Todo lo que he tratado está sacado de los autores; casi siempre he utilizado sus propias expresiones. He citado de cuando en cuando algunos a fin de persuadir mejor de que yo no hablo sino según ellos. Cuando no he citado sus obras es que no las tenía entonces en mi mano. Se debe de señalar que en ellos hay un acuerdo perfecto, pero que sólo hablan mediante enigmas y alegorías. Yo primeramente tenía la intención de aportar muchos de los tratados sacados de las doce llaves de Basilio Valentín porque él ha empleado más a menudo que los otros las alegorías de los dioses de la fábula y habrían tenido en consecuencia una relación más inmediata con el tratado siguiente, pero los enigmas no explican a los enigmas, además esta obra es lo bastante común, no es lo mismo que las otras.

Para entender más fácilmente las explicaciones que doy en el tratado de los jeroglíficos, se sabrá que los filósofos dan ordinariamente el nombre de macho o padre al principio sulfuroso y el nombre de hembra al principio mercurial. El fijo también es macho o agente, el volátil es hembra o paciente. El resultado de la reunión de los dos es el hijo filosófico, comúnmente macho y a veces hembra, cuando la materia sólo ha llegado al blanco, puesto que no tiene aún toda la fijeza de la que es susceptible; los filósofos también la han llamado Luna, Diana, y al rojo Sol, Apolo, Febo. El agua mercurial y la tierra volátil siempre son hembra, a menudo madre, como Ceres, Latona, Semele, Europa, etc. El agua es designada ordinariamente bajo los nombres de doncellas, Ninfas, Náyades, etc. El fuego interno siempre es masculino y en acción. Las impurezas están indicadas por los monstruos.

Basilio Valentín, que ya he citado antes, introduce a los dioses de la fábula, o los planetas, como interlocutores en la práctica resumida que da al principio de su *Tratado de las doce Llaves*. He aquí la substancia. *Disuelve bien, ahora bien, como enseña la naturaleza* –dice este autor– *encontrarás una simiente que es el principio, el medio y el fin de la obra, de la cual son producidos nuestro oro y su mujer, a saber, un sutil y penetrante espíritu, un alma delicada, limpia y pura, y un cuerpo o sal que es un bálsamo de los astros. Estas tres cosas están reunidas en nuestra agua mercurial. Se dirige esta agua al dios Mercurio su padre, que la desposa, y se hace un aceite incombustible. Mercurio saca sus alas de águila, devora su cola de dragón y ataca Marte que lo hace prisionero, y continua Vulcano como su carcelero. Saturno se presenta y conjura a los otros dioses para vengarle de los males que Mercurio le había hecho. Júpiter aprueba las quejas de Saturno y da las órdenes que fueron ejecutadas. Marte, entonces, aparece con una espada resplandeciente, variada en colores admirables, y se la da a Vulcano para que ejecute la sentencia pronunciada contra Mercurio y reduce a polvo los huesos de este dios. Diana o la Luna se lamenta de que Mercurio tenía a su hermano en prisión con él y que era preciso retirarlo, Vulcano no escucha su plegaria y asimismo no se rinde ante el ruego de la bella Venus que se presenta con todos sus atractivos. Pero al fin el Sol aparece cubierto con su manto púrpura y en todo su esplendor.*

Termino este tratado con la misma alegoría que Espagnet. El Toisón de oro es guardado por un dragón de tres cabezas, la primera viene del agua, la segunda de la tierra y la tercera del aire. Estas tres cabezas deben al fin, mediante las operaciones, reunirse en una sola, que será tan fuerte y tan poderosa como para devorar todos los otros dragones. Invocad a Dios para que os aclare; si os concede este Toisón de oro, usadlo sólo para su gloria, la utilidad del prójimo y vuestra salud.

LAS FÁBULAS Y LOS JEROGLÍFICOS DE LOS EGIPCIOS

LIBRO I

INTRODUCCIÓN

Todo en los egipcios tenía un aire de misterio, según el testimonio de San Clemente de Alejandría.[1] Sus casas, sus templos, sus instrumentos, los hábitos que llevaban tanto en las ceremonias de su culto como en las pompas y las fiestas públicas, sus mismos gestos eran símbolos y representaciones de alguna cosa grande. Habían tomado esta manera de hacer de las instrucciones del más gran hombre que jamás haya aparecido. Él mismo era egipcio, llamado *Thot* o *Phtah* por sus compatriotas, *Taut* por los fenicios,[2] y *Hermes Trismegisto* por los griegos. La naturaleza parecía haberlo escogido como favorito y en consecuencia le había prodigado todas las cualidades necesarias para estudiarla y conocerla perfectamente; Dios le había infundido, por así decirlo, las artes y las ciencias a fin de que instruyese al mundo entero.

Viendo la superstición introducida en Egipto y que ésta había oscurecido las ideas que sus padres les habían dado de Dios, pensó seriamente en prevenir de la idolatría que amenazaba en colarse insensiblemente en el culto divino. Pero sintió que no era apropiado descubrir los misterios más sublimes de la naturaleza y de su Autor a un pueblo tan poco capaz de ser impresionado por su grandeza, como poco susceptible de su conocimiento. Convencido de que más pronto o más tarde este pueblo abusaría de ello, pensó inventar símbolos tan sutiles y tan difíciles de entender que sólo los sabios y los genios más penetrantes fueran los que pudieran ver claro, mientras que el común de los hombres sólo encontrara allí motivo de admiración. Tenía sin embargo el deseo de transmitir sus ideas claras y puras a la posteridad y no quiso dejarlas a la adivinación sin determinar su significado y sin comunicarlas a algunas personas. Por esta razón eligió un cierto número de hombres que reconoció como los más

1. Clemente de Alejandría, *Estromatas*, lib. 6.
2. *Eusebio*, lib. 1, c. 7.

apropiados para ser depositarios de su secreto y esto solamente entre los que podían aspirar al trono. Los estableció como sacerdotes del Dios viviente, tras haberlos reunido e instruido en todas las ciencias y las artes, explicándoles lo que significaban los símbolos y los jeroglíficos que había imaginado.

El autor hebreo del libro que lleva por título *la Casa de Melkisedec* habla de Hermes en estos términos: *la casa de Canaan vio salir de su seno a un hombre de una sabiduría consumada, llamado Adris o Hermes. Instituyó la primera de las escuelas, inventó las letras y las ciencias matemáticas, enseñó a los hombres el orden del tiempo; les dio las leyes, les mostró la manera de vivir en sociedad y llevar una vida dulce y graciosa; aprendieron de él el culto divino y todo lo que podía contribuir en hacerles vivir dichosamente, de manera que todos los que él tomó se volvieron recomendables en las artes y las ciencias aspirando a llevar el mismo nombre de Adris.*

Entre el número de estas artes y ciencias había una que sólo comunicó a los sacerdotes a condición de que la guardaran para ellos con un secreto inviolable. Y les obligó bajo juramento a divulgarlo solamente a aquellos que, tras una larga prueba, hubieran sido encontrados dignos de sucederles; los mismos reyes les prohibieron revelarlo bajo pena de muerte. Este arte era llamado el *Arte de los Sacerdotes,* como lo aprendemos de Salamas,[3] de Mahumet Ben Almaschaudí en Gelaldino,[4] de Ismael Sciachinfeia y de Gelaldino mismo.[5] Alkandi hace mención de Hermes en los términos siguientes: *en el tiempo de Abraham vivió en Egipto Hermes o Idris segundo, que la paz esté sobre él, y se le dio el sobrenombre de Trismegisto, porque era profeta, rey y filósofo. Enseñó el arte de los metales, la alquimia, la astrología, la magia, la ciencia de los espíritus [...] Pitágoras, Bentocles (Empedocles), Arquelao el sacerdote, Sócrates, orador y filósofo, Platón autor político y Aristóteles el lógico, sacaron su ciencia de los escritos de Hermes.* Eusebio declara expresamente que, según Manethón, Hermes fue el institutor de los jeroglíficos, que los redujo en orden y los desveló a los sacerdotes, que Manethón, gran sacerdote de los ídolos, los explicó en lengua griega a Ptolomeo Filadelfo. Estos jeroglíficos eran considerados como sagrados y los tenían ocultos en los lugares más secretos de los templos.[6]

---

3. *De mirabili mundi.*
4. Fuit autem Nacraus artis sacerdotalis & magiae peritus; fecit autem ope magiae mirabilia multa & magna... & cum Nacraus fuisset mortuus, successit filius ejus Nathras; fuitque sicut pater artis sacerdotalis & magiae peritus. Gelaldino, *Historia de Egipto.*
5. Et cum mortuus esset Nathras, regnavit post cum frater ejus Mesram, fuitque sicut coeteri peritus artis sacerdotalis & magia, *ibíd.*
6. Ex scriptis Manethonis sebennitae, qui tempore Ptolomai Philadelphi Archisacerdos idolorum, quae sunt i Aegypto, oraculo doctus imaginum jacentium in terra Syradica, sacra dialecto inscriptorum, sacrisque litteris insculptorum a Thoyt primo Hermete, quas interpretatus est post Cataclysmum ex sacra dialecto in linguam Gracam litteris hieroglyphicis, posuit eas in libro Agatho daemon secundus Hermes, pater Tat, in adytis templorum Aegyptiorum, quas pronunciavit ipsi Philadelpho Regi secundo Ptolomaeo, qui in libros sothios, ita scribit: Regi magno Ptolomaeo, &c. Eusebio en *Sozomenis.*

El gran secreto que observaron los sacerdotes y las altas ciencias que profesaban les hicieron ser considerados y respetados por todo Egipto, no obstante, durante largos años no tuvieron ninguna comunicación con los extranjeros, hasta que les fue dada la libertad de comercio. Egipto siempre fue considerado como el seminario de las ciencias y de las artes. El misterio que los sacerdotes mantenían irritaba aún más la curiosidad. Pitágoras[7] siempre deseoso de aprender, consintió en sufrir la circuncisión para estar entre el número de los iniciados. En efecto, era halagüeño para un hombre ser distinguido del común, no por un secreto cuyo objeto habría parecido quimérico, sino por las ciencias reales, que no se podían aprender sin éste, puesto que sólo se comunicaban en el fondo del santuario,[8] y solamente a aquellos que se les había encontrado dignos, por la extensión de su genio y por su honradez.

Pero como las leyes más sabias encuentran siempre prevaricadores y como las cosas mejores instituidas están condenadas a no durar siempre en el mismo estado, las figuras jeroglíficas, que debían de servir de fundamento inquebrantable para apoyar la verdadera religión y mantenerla en toda su pureza, fueron un motivo de caída para el pueblo ignorante. Los sacerdotes obligados a mantener el secreto en lo concerniente a ciertas ciencias, temieron violarlo explicando estos jeroglíficos respecto a la religión, porque sin duda imaginaron que se encontrarían entre las gentes del común suficientes clarividentes como para sospechar que estos jeroglíficos servían al mismo tiempo de velo para algunos otros misterios y que llegarían al extremo de penetrarlos. Era preciso, pues, esquivarlos alguna vez y al dar explicaciones forzadas se convertirían en error. Asimismo añadieron algunos símbolos arbitrarios a los que Hermes había inventado; fabricaron fábulas que seguidamente se multiplicaron e indujeron insensiblemente a la costumbre de considerar como dioses a cosas que sólo se presentaban al pueblo para recordarle la idea de un solo y único Dios viviente.

No es sorprendente que el pueblo haya ido a parar ciegamente a ideas tan extravagantes. Poco acostumbrado a reflexionar sobre cosas que no fueran las que se cuidaban de evitar la ruina de sus intereses, o el riesgo de su vida, dejó a los que tenían más tiempo, el cuidado de pensar y de instruirlo. Los sacerdotes casi no razonaban con el pueblo más que simbólicamente y éste lo tomaba todo al pie de la letra. En los comienzos obtuvo las ideas que debía de tener de Dios y de la naturaleza; asimismo es verosímil que la mayoría de ellas las conservara siempre.

Los egipcios que pasaban por ser los más espirituales y los más iluminados de todos los hombres ¿hubieran podido ir a parar a las absurdidades más groseras y a puerilidades tan ridículas como las que se les atribuyen? No se debe de creer lo mismo de aquellos que de entre los griegos fueron a Egipto

7. S. Clemente de Alejandría, *Estromatas*, lib. I.
8. Justin quaest ad orthod.

para ponerse al día de sus ciencias, que sólo se aprendían mediante jeroglíficos. Si los sacerdotes no les desvelaron a todos el secreto del *Arte Sacerdotal* al menos no les ocultaron lo que considerababa la teología y la física. Orfeo se metamorfoseó, por así decirlo, en Egipto y se apropió de sus ideas y sus razonamientos, hasta el punto que los himnos y lo que ellos encierran,[9] anuncian más bien a un sacerdote egipcio que a un poeta griego. Él fue el primero que transportó a Grecia las fábulas de los egipcios; pero no es probable que un hombre, al que Diodoro de Sicilia llama *el más sabio de los griegos*, recomendable por su espíritu y sus conocimientos, haya querido narrar en su patria estas fábulas como realidades. Los otros poetas, Homero, Hesíodo ¿habrían tenido la sangre fría de engañar a los pueblos dándoles por verdaderas historias hechos falsos y unos actores que jamás existieron?

Un discípulo convertido en maestro da comúnmente sus lecciones y sus instrucciones de la misma manera y siguiendo el método que él las recibió. Ellos habían sido instruidos, mediante fábulas, jeroglíficos, alegorías y enigmas, y asimismo las utilizaron. Se trata de misterios, y han escrito misteriosamente. No era necesario advertir a los lectores, incluso los menos clarividentes podían darse cuenta de ello. Que se ponga atención solamente a los títulos de las obras de Eumolpo, de Mehandro, de Melanthio, de Jámblico, de Evanthe y de tantos otros que están llenos de fábulas, uno se convencerá totalmente de que deseaban ocultar los misterios bajo el velo de estas ficciones y que sus escritos encierran cosas que no se manifiestan a primera vista, aunque se haga una lectura muy atenta.

Jámblico se explica así al comienzo de su obra: *los escritores de Egipto piensan que Mercurio lo había inventado todo, le atribuían todas sus obras. Mercurio preside a la sabiduría y a la elocuencia; Pitágoras, Platón, Demócrito, Eudoxo y muchos otros se fueron a Egipto para instruirse mediante la frecuentación de los sabios sacerdotes de este país. Los libros de los asirios y los egipcios están llenos de las diferentes ciencias de Mercurio y las columnas las presentan a los ojos del público. Están llenas de una doctrina profunda; Pitágoras y Platón sacaron de allí su filosofía.*

La destrucción de muchas ciudades y la ruina de casi todo Egipto por Cambises, rey de Persia, dispersó a muchos de los sacerdotes por los países vecinos y en Grecia. Llevaron allí sus ciencias; pero sin duda continuaron enseñándolas a la manera usada entre ellos, es decir, misteriosamente. No queriéndolas prodigar a todo el mundo, las envolvieron aún en las tinieblas de las fábulas y de los jeroglíficos, a fin de que el común, viendo no viera nada y oyendo no comprendiera

---

9. Quod vel inde pater, quod Orphei Hymni nefein quid Aegyptiacum oleant; imo hieroglyphicam doctrinam mysteriosis suis allegoriis ita exade exibeant; ut non a Graeco, sed Aegyptio sacerdote compositi videantur. *Kircher. Ob. Pamph,* lib. II, cap. 3. Este testimonio del P. Kircher no ha podido persuadir a los sabios que consideran las obras de Orfeo como supuestas.

nada. Todos extrajeron de esta fuente, pero unos sólo tomaban agua pura y limpia mientras que la enturbiaban para los otros que no encontraron allí más que barro. De ahí esta fuente de absurdos que han inundado la Tierra durante tantos siglos. Estos misterios ocultos bajo tantas envolturas, mal entendidos y mal explicados, se extendieron en Grecia y de allí por toda la tierra.

Estas tinieblas, en el seno de las cuales nació la idolatría, se extendieron más y más. La mayor parte de los poetas, poco al corriente de estos misterios en cuanto a su fondo, apostaron aún más por las fábulas de los egipcios y el mal se desarrolló hasta la venida de Jesús-Cristo nuestro Salvador, quien desengañó a los pueblos de los errores en los que estas fábulas les habían arrojado. Hermes había previsto esta decadencia del culto divino y los errores de las fábulas que debían de tomar su lugar:[10] *El tiempo vendrá* –dice– *en que parecerá que los egipcios han adorado inútilmente a la Divinidad con la piedad requerida y que han observado su culto con todo el celo y exactitud que debían... ¡Oh, Egipto! ¡Oh, Egipto! No quedará de tu religión más que las fábulas que se volverán increíbles para nuestros descendientes; las piedras grabadas y esculpidas serán los únicos monumentos de tu piedad.*

Es cierto que ni Hermes ni los sacerdotes de Egipto reconocían una pluralidad de dioses. Que se lea atentamente los himnos de Orfeo, particularmente el de Saturno donde dice que este dios está extendido en todas las partes que componen el Universo y que no ha sido engendrado; que se reflexione sobre el Asclepios de Hermes, sobre las palabras de Parménides el pitagórico, sobre las obras de Pitágoras mismo, se encontrará por todas partes expresiones que manifiestan su sentimiento sobre la unidad de un Dios, principio de todo, él mismo sin principio, y que todos los otros dioses de los que hacen mención sólo son diferentes denominaciones, ya sea de sus atributos ya sea de las operaciones de la naturaleza. Jámblico[11] es capaz de convencernos de ello por lo que dice de los misterios de los egipcios, cuando sus discípulos le preguntaron cuál pensaba que era la primera causa y el primer principio de todo.

---

10. Hermes, *Asclepio.*

11. Ego vero causam imprimis tibi dicam, ob quam sacri & antiqui Aegyptiorum scriptores de his varia senserint & insuper hujus saeculi sapientes non eádem de his ratique loquantur. Cum enim multae in universo sint essentiae, ac simul multifariam inter se differant, meritò earum & multa earum tradita sunt principia habentia ordines differentes ... Mercurius ipse tradit 20000 voluminibus, vel sicut Manethon refert 30000 & in his perfecte omnia demonstravit. Oportet igitur de his omnibus veritatem breviter declarare, atque primum quod primó quaeritis. Primus Deus ante ens & solus, pater est primi Dei, quem gignit manens in unitate sua solitaria, atque id est superintelligible; atque exemplar illius, quod dicitur sui pater, sui filius, unipater & Deus veré bonus; ille enim major & primus & fons omnium & radix eorum quae prima intelliguntur & intelligunt, scilicet idearum. Ab hoc utique unus Deus per se sufficiens, sui pater, sui princeps. Est enim hic principium, Deus Deorum, unitas ex uno super essentiam essentiae principium, ab eo enim essentia, propterea pater essentiae nominatur. Ipsa enim est ens intelligibilium principium; haec sunt principia omnium antiquissima; quae Mercurius proponit de Diis Aethaereis, &c.

Hermes y los otros sabios, pues, sólo presentaron a los pueblos las figuras de las cosas y de los dioses para manifestarles un sólo y único Dios en todas las cosas, pues aquel que ve la sabiduría,[12] la providencia y el amor de Dios manifestados en este mundo, ve a Dios mismo, puesto que todas las criaturas sólo son espejos que reflejan sobre nosotros los rayos de la sabiduría divina. Se puede ver sobre ello la obra de Paul Ernest Jablonski, donde justifica perfectamente a los egipcios de la idolatría ridícula que se les imputa.[13]

Los egipcios y los griegos no siempre tomaron estos jeroglíficos por puros símbolos de un solo Dios; los sacerdotes, los filósofos de Grecia, los magos de Persia, etc. Fueron los únicos que conservaron esta idea, pero la de la pluralidad de los dioses se acreditó de tal manera entre el pueblo, que los principios de la sabiduría y de la filosofía no siempre fueron tan fuertes como para vencer la timidez de la debilidad humana en aquellos que habrían podido desengañar a este pueblo y hacerle conocer su error. Los filósofos parecían adoptar en público las absurdidades de las fábulas, lo que hizo que un sacerdote de Egipto gimiendo sobre la pueril credulidad de los griegos, dijera un día a algunos: *los griegos son niños y siempre será niños.*[14]

Esta manera de expresar a Dios, sus atributos, la naturaleza, sus principios y sus operaciones fue usada por toda la antigüedad y en todos los países. No se creía que fuera conveniente divulgar al pueblo misterios tan elevados y tan sublimes. La naturaleza del jeroglífico y del símbolo es conducir al conocimiento de una cosa mediante la representación de otra totalmente diferente. Pitágoras, según Plutarco,[15] fue de tal manera embargado de admiración cuando vio la manera en que los sacerdotes de Egipto enseñaban las ciencias que se propuso imitarles; le salió tan bien que sus obras están llenas de equívocos y sus sentencias están veladas mediante rodeos y maneras de expresar muy misteriosas. Moisés, si queremos creer a Ramban,[16] escribió sus libros de una manera enigmática: *todo lo que está contenido en la ley de los hebreos* –dice este autor– *está escrito en un sentido alegórico o literal, mediante términos que resultan de algunos cálculos aritméticos, o de algunas figuras geométricas de caracteres cambiados o transpuestos o colocados armónicamente siguiendo su valor. Todo esto resulta de las formas de los caracteres, de sus uniones y de sus separaciones, de su inflexión, su curvatura, su rectitud, de lo que les falta, de lo que tienen de más, de su grandeza, de su pequeñez, de su obertura, etc.*

Salomón consideró los jeroglíficos, los proverbios y los enigmas como objeto digno de estudio de un hombre sabio, se puede ver las alabanzas que les hace en

12. *S. Denis el Aeropagita.*
13. Jablonski, *Pantheon Aegyptiorum.* Frankfurt, 1751.
14. Platón, *Timeo.*
15. Plutarco, *Libro de Isis y Osiris.*
16. Ramban, *Exordio al Génesis.*

todas sus obras. *El sabio se dará*[17] *al estudio de las parábolas; se aplicará a interpretar las expresiones, las sentencias y los enigmas de los antiguos sabios. Penetrará*[18] *en los rodeos y las sutilezas de las parábolas, discutirá los proverbios para descubrir lo que hay allí de más oculto, etc.*

Los egipcios no siempre se expresaban mediante jeroglíficos o enigmas, sólo lo hacían cuando era preciso hablar de Dios o de lo que pasa de más secreto en las operaciones de la naturaleza; los jeroglíficos de uno no eran siempre los jeroglíficos del otro. Hermes inventó la escritura de los egipcios; no se está de acuerdo en la clase de caracteres que primero puso en uso, pero se sabe que había cuatro clases: la primera[19] eran los caracteres de la escritura vulgar conocida por todo el mundo y empleada en el comercio de la vida. La segunda sólo la usaban entre los sabios, para hablar de los misterios de la naturaleza; la tercera era una mezcla de caracteres y de símbolos; y la cuarta era el carácter sagrado, conocido por los sacerdotes, que sólo la usaban para escribir sobre la Divinidad y sus atributos.

Es preciso, pues, no confundir estas diferentes maneras que los egipcios tenían para dibujar y corporificar sus pensamientos. Esta falta de distinción ha ocasionado los errores en que han caído numerosos anticuarios que, sólo teniendo un objeto a la vista, explicaban todos los monumentos antiguos conforme a este objeto. De ahí las múltiples disertaciones hechas por diferentes autores que no están en nada de acuerdo entre ellos. Sería preciso, para lograrlo perfectamente, tener los modelos de todos estos diferentes caracteres. Lo que estuviera escrito en los antiguos con una especie de carácter, sería explicado de las cosas que se expresan por este carácter. Si fuera el primero de los egipcios, se podría asegurar que las cosas deducidas observaban el comercio de la vida, la historia, etc. Si fuera el segundo, las cosas de la naturaleza, el cuarto lo que concierne a Dios, su culto, o las fábulas. Entonces no se encontrarían en el caso de recurrir a la conjetura para explicar un monumento antiguo de una cosa, mientras que tenía totalmente otro motivo. Pero de ello no nos queda propiamente nada cierto, sobre todo en lo que concierne a las fábulas, como lo había previsto Hermes en el Asclepios de Apuleyo que hemos citado a este respecto.

Todo hombre sensato que quiera, de buena fe, reflexionar sobre las absurdidades de las fábulas nada le impide considerar a los dioses como seres imaginarios, puesto que las divinidades paganas sacan su origen de aquellas que los egipcios habían inventado. Pero Orfeo y aquellos que llevaron estas fábulas a Grecia las declamaron de la manera y en el sentido que ellos las habían tomado en Egipto. Si en este país sólo fueron imaginadas para explicar simbólicamente lo que pasa en la naturaleza, sus principios, sus procedimientos, sus produc-

17. *Proverbios*, cap. 1.
18. Eclesiástico, cap. 39.
19. Abenephis.

ciones y al mismo tiempo alguna operación secreta de un arte que imitaría a la naturaleza para lograr un mismo objetivo, se deben de explicar, sin replicar, las fábulas griegas, al menos las antiguas, aquellas que han sido divulgadas por Orfeo, Melampo, Lino, Homero, Hesíodo, etc, en el mismo sentido y conforme a la intención de sus autores, ya que se proponían tener a los egipcios por modelo.

La mayor parte de las obras fabulosas han llegado hasta nosotros; se puede hacer un análisis reflexivo y ver si en ellas se han colado algunos tratados particulares que desenmascaren el objeto que tenían a la vista. Todas las puerilidades los absurdos que sorprenden en estas fábulas, muestran que el deseo de sus autores no era de hablar de la Divinidad real. Habían sacado de las obras de Hermes y en la frecuentación de los sacerdotes de Egipto ideas muy puras y muy elevadas de Dios y de sus atributos como para hablar de una manera en apariencia tan indecente y ridícula.

Cuando es preciso tratar los altos misterios de Dios lo hacen con mucha elevación de ideas, sentimientos y expresiones, tal como conviene. Entonces no es cuestión de incestos, de adulterios, de parricidios, etc. Sólo podían, pues, tener la naturaleza a la vista; han personificado a la manera de los egipcios los principios que ella emplea y sus operaciones, han representado sus diferentes fases y las han envuelto bajo diferentes velos, aunque entendieran la misma cosa. Han tenido la destreza de mezclar lecciones de política, de moral y tratados generales de física; alguna vez han tenido ocasión de tomar un hecho histórico para formar sus alegorías, pero todas estas cosas no son más que accidentales y no hicieron de ello la base y el objetivo.

En vano se intentarán explicar estos jeroglíficos fabulosos por otros medios. Los que han creído que debían de hacerlo por la historia, han tenido la necesidad de admitir la realidad de estos dioses, diosas, héroes y heroínas, al menos como reyes, reinas y gentes de las que han relatado las acciones. Pero la dificultad de colocarlo todo siguiendo las reglas del hecho cronológico presenta en su trabajo un obstáculo invencible, es un laberinto del que no saldrán jamás. El objetivo de la historia fue en todos los tiempos el proponer modelos de virtudes a seguir y ejemplos para formar las costumbres, se podría casi pensar que los autores de estas fábulas se habrían propuesto este objetivo, pero están llenas de tantas absurdidades y de tratos tan licenciosos que están muchísimo más cerca de corromper las costumbres que de formarlas. Sería, pues, igualmente inútil torturarse buscándoles un sentido moral.

Sin embargo, probablemente se pueden distinguir cuatro clases de sentidos dados a estos jeroglíficos, tanto para los egipcios como para los griegos y las otras naciones donde fueron usados. Los ignorantes, de los que el común del pueblo está compuesto, tomaban la historia de los dioses al pie de la letra, lo mismo que las fábulas que habían sido imaginadas en consecuencia, he aquí la fuente de supersticiones a las que el pueblo está tan inclinado. La segunda clase era la de aquellos que pensaban que estas historias no eran más que ficciones, penetraban en los sentidos ocultos y misteriosos de las fábulas y les explicaban las causas, los efectos y las operaciones de la naturaleza. Y como habían adquirido un conocimiento perfecto, por las instrucciones secretas que se daban los unos a los otros sucesivamente, siguiendo aquellas que habían recibido de Hermes, operaban cosas sorprendentes accionando los resortes de la naturaleza a la que se proponían imitar en sus procedimientos para llegar a un mismo objetivo. Estos son los efectos que formaban el objeto del *Arte Sacerdotal*; este arte sobre el cual obligaban bajo juramento, guardarlo en secreto y que les estaba prohibido, bajo pena de muerte, divulgar de alguna manera a otros que a aquellos que juzgaran dignos de ser iniciados en el orden sacerdotal, de donde los reyes eran sacados.

Este arte no era otro que el de hacer una cosa que pudiera ser la fuente de dicha y de felicidad del hombre en esta vida, es decir, la fuente de la salud, de las riquezas y del conocimiento de toda la naturaleza. Este secreto tan recomendado no podía tener otros objetivos. Hermes instituyendo los jeroglíficos no deseó introducir la idolatría ni mantener secretas las ideas que debían de tener de la Divinidad; su objetivo era hacer conocer a Dios, como el único Dios e impedir que el pueblo adorara a otros; se esforzó en hacerlo conocer a todos los individuos, haciendo considerar en cada uno los rasgos de la sabiduría divina. Si veló bajo la sombra de los jeroglíficos algunos sublimes misterios no fue tanto para ocultarlos al pueblo sino por el hecho de que estos misterios no estaban a su alcance y que no pudiéndolos contener en los límites de un prudente y sabio conocimiento no dudarían en falsear las instrucciones que se les dieran a este respecto. Sólo a los sacerdotes era confiado este conocimiento tras una prueba de muchos años. Era preciso, pues, que este secreto tuviera otro objetivo.

Muchos antiguos nos han dicho que consistía en el conocimiento de lo que habían sido Osiris, Isis, Horus y los otros pretendidos dioses, y que estaba prohibido, bajo pena de perder la vida, decir que habían sido hombres. Pero estos autores ¿estaban en lo cierto de lo que aventuraban? Y si lo que decían era verdad, este secreto no tendría por objeto a Dios, los misterios de la Divinidad y su culto, puesto que Hermes, que obligó a los sacerdotes a respetar este secreto, sabía bien que Osiris, Isis, etc, no eran dioses y no los hubiera dado como tales a los sacerdotes que habría instruido en la verdad, al mismo tiempo que habría inducido a error al pueblo. No se puede suponer un tan gran hombre con una conducta tan condenable y que no está acorde de ninguna manera con el retrato que se nos ha hecho de él.

El tercer sentido del que estos jeroglíficos son susceptibles, fue el de la moral o el de las reglas de conducta. Y el cuarto era propiamente el de la alta sabiduría. Se explicaba, mediante estas pretendidas historias de los dioses, todo lo que había de sublime en la religión, en Dios y en el Universo. Es de allí de donde los filósofos extrajeron lo que han dicho de la Divinidad. No lo mantenían en secreto para aquellos que podían comprenderlo. Los filósofos griegos fueron instruidos en la frecuentación que tuvieron con los sacerdotes y de esto se tienen grandes pruebas en todas sus obras. Todos los autores convienen en ello, y se nombra a aquellos de los que estos filósofos tomaron sus lecciones.

Eudoxio tuvo, se dice, por maestro a Conofeo de Menfis; Solón a Sonchis de Sais; Pitágoras a Oenufeo de Heliópolis, etc. Pero, aunque no hubieron ocultado nada para la mayor parte de estos filósofos, en cuanto a lo que se observaba de la Divinidad y la filosofía tanto moral como física, sin embargo no les enseñaron a todos este *Arte Sacerdotal* del que hemos hablado. Quien dice *Arte* dice una cosa práctica. El conocimiento de Dios no es un arte, no más que el conocimiento de la moral, ni el de la filosofía.

Los antiguos autores nos enseñaron que Hermes enseñó a los egipcios el arte de los metales y *la alquimia*. El padre Kircher mismo sostenía, sobre el testimonio de la historia y de toda la antigüedad, que Hermes había velado el arte de hacer oro bajo la sombra de los enigmas y de los jeroglíficos, los mismos jeroglíficos que servían para retirar al pueblo el conocimiento de los misterios de Dios y de la naturaleza. *Es tan patente* –dice este autor–[20] *que estos primeros hombres poseían el arte de hacer oro, ya sea sacándolo de toda clase de materias, ya sea transmutando los metales, que aquel que dudara o que quisiera negarlo se mostraría perfectamente ignorante en la historia. Los sacerdotes, los reyes y los jefes de familia eran los únicos instruidos. Este arte fue conservado siempre en un gran secreto y los que eran poseedores guardaban siempre un profundo silencio a este respecto, por miedo a que los laboratorios y el santuario más oculto de la naturaleza, fueran descubiertos al pueblo ignorante, volviendo este conocimiento en perjuicio y en ruina de la república. El ingenioso y prudente Hermes previniendo este peligro que amenazaba al Estado, tuvo razón, pues, al ocultar este arte de hacer oro bajo los mismos velos y las mismas obscuridades jeroglíficas que servían para ocultar al pueblo profano la parte de la filosofía que concernía a Dios, los ángeles y al Universo.*

El padre Kircher no es sospechoso sobre este artículo, puesto que ha discutido contra la piedra filosofal en todas las circunstancias en las que ha tenido ocasión de hablar. Es preciso, pues, que la evidencia y la fuerza de la verdad le hayan arrancado tales declaraciones, si no fuera así sería difícil conciliarlo con él mismo. Dice en su prefacio sobre la alquimia de los egipcios: *algún Aristarco se levantará sin duda contra mí respecto a que me propongo hablar de un arte que muchos observan como odioso, engañoso, sofístico, lleno de supercherías, sin embargo, muchos otros tienen una idea de él como de una ciencia que manifiesta el más alto grado de la sabiduría divina y humana. Pero, aunque se enfaden porque me he propuesto explicar, en calidad de Edipo, todo lo que los egipcios han velado bajo sus jeroglíficos, debo tratar de esta ciencia que tenían sepultada en las mismas tinieblas de los símbolos. No es que yo lo apruebe o que piense que se puede sacar de esta ciencia alguna utilidad en cuanto a la parte que concierne al arte de hacer oro, sino porque toda la respetable antigüedad habla de ello y nos lo ha transmitido bajo el sello de una infinidad de jeroglíficos y de figuras*

20. Kircher, *Oedypus Aegypt.* T. II, p. 2 de Alquymia, cap. 1.

simbólicas. Es cierto que de todas las artes y de todas las ciencias que irritan a la curiosidad humana a las cuales el hombre se aplica, no he conocido ninguna que haya sido atacada con más fuerza y que haya sido mejor defendida.

Él aporta en el curso de la obra un gran número de testimonios de antiguos autores, para probar que esta ciencia era conocida por los egipcios, que Hermes la enseñó a los sacerdotes y que era de tal manera un honor en aquel país que era un crimen merecedor de la muerte el divulgarlo a otros que no fueran los sacerdotes, reyes y filósofos de Egipto. El mismo autor concluye, a pesar de todos estos testimonios,[21] que los egipcios no conocían la piedra filosofal y que sus jeroglíficos no tenían como objeto su práctica. Es sorprendente que habiéndose tomado la molestia de leer a los autores que tratan de ello, para explicar mediante ellos el jeroglífico hermético del cual da la figura y que copiándolos, por así decirlo, palabra por palabra a este efecto, tales como son los *doce tratados* del Cosmopolita y el de la *obra secreta de la filosofía de Hermes* de Espagnet, etc, Kircher ose sostener que esta figura y los otros jeroglíficos no observan la piedra filosofal, de la que los autores que acabo de citar tratan, como se dice exprofeso. Puesto que todo lo que estos autores dicen concierne a la piedra filosofal, Kircher no tenía más que emplear sus razonamientos para este objeto. *Los egipcios* -dice- *no tenían en vistas la práctica de esta piedra y si tocaban alguna cosa de la preparación de los metales y desvelan los tesoros más secretos de los minerales, no entendían por ello lo que los alquimistas antiguos y modernos entienden; sino que indicaban una cierta sustancia del mundo inferior análoga al Sol, dotada de excelentes virtudes y de propiedades sorprendentes, que están por encima de la inteligencia humana, es decir, una quintaesencia ocultada en todos los mixtos, impregnada de la virtud del espíritu universal del mundo, y aquel que, inspirado por Dios y esclarecido por sus divinas luces, encontrara el medio de extraerla, se volvería mediante ella exento de todas las enfermedades y llevaría una vida llena de dulzura y de satisfacciones. Lo que no era, pues, de la piedra filosofal que hablaban, sino que es del elixir de lo que acabo de hablar.*

Si lo que acabamos de aportar de Kircher no es precisamente referente a la piedra filosofal, yo no se en qué consiste. Si la idea que él tenía no era conforme a la que hemos dado en los autores propuestos, todo lo que dice contra ella no la incumbe. Ello se puede juzgar, tanto por lo que hemos dicho hasta aquí, como por lo que diremos en adelante.

El objetivo de los filósofos herméticos, antiguos o modernos, fue siempre el de extraer de un cierto sujeto, por las vías naturales, este elixir o esta quintaesencia de la que habla el Kircher, y de operar siguiendo las leyes de la naturaleza, de manera que separándola de las partes heterogéneas en las cuales está envuelta, se pueda poner en estado de actuar sin obstáculos, para liberar a los tres reinos de la naturaleza de sus enfermedades, lo que casi no

21. Kircher, *Ibidem*, cap. 7.

sabría negar que fuera posible, puesto que este espíritu universal siendo el alma de la naturaleza y la base de todos los mixtos, les es perfectamente análogo, como él lo es por sus efectos y sus propiedades con el Sol, es por lo que los filósofos dicen que el Sol es su padre y la Luna su madre.

No se ha de confundir a los filósofos herméticos o verdaderos alquimistas con los sopladores, los que buscan hacer el oro inmediatamente con las materias que emplean, mientras que los otros buscan hacer una quintaesencia que pueda servir de panacea universal para curar todas las enfermedades del cuerpo humano y un elixir para transmutar los metales imperfectos en oro. Son propiamente los dos objetivos que se proponían los egipcios, según todos los autores tanto antiguos como modernos. Es este arte sacerdotal del que hacían tan gran misterio, y que los filósofos tendrán siempre envuelto en la oscuridad de los símbolos y las tinieblas de los jeroglíficos. Se contentarán en decir con Haled:[22] *que hay una esencia radical, primordial, inalterable en todos los mixtos, que se encuentra en todas las cosas y en todos los lugares; ¡dichoso aquel que puede comprender y descubrir esta secreta esencia y trabajarla como es preciso! Hermes dice también que el agua es el secreto de esta cosa y el agua recibe su alimento de los hombres. Marcunes no tiene dificultad en asegurar que todo lo que está en el mundo se vende más caro que esta agua, pues todo el mundo la posee, todo el mundo la necesita. Abuamil dice, hablando de esta agua, que se encuentra en todo lugar, en los llanos, en los valles, sobre las montañas, en el rico y en el pobre, en el fuerte y en el débil. Tal es la parábola de Hermes y de los sabios, tocando su piedra; es un agua, un espíritu húmedo del que Hermes ha envuelto su conocimiento bajo las figuras simbólicas más obscuras y las más difíciles de interpretar.*

La materia de donde se saca esta esencia encierra un fuego oculto y un espíritu húmedo; no es sorprendente, pues, que Hermes nos la haya presentado bajo el emblema jeroglífico de Osiris, que quiere decir *fuego oculto*,[23] y de Isis que siendo tomada por la Luna, significa la naturaleza húmeda. Diodoro de Sicilia confirma esta verdad diciendo que los egipcios que consideraban a Osiris y a Isis como a dioses, decían que éstos recorren el mundo sin cesar, que alimentan y hacen crecer todo, durante las tres estaciones del año, la Primavera, el Verano y el Invierno y que la naturaleza de estos dioses contribuye infinitamente a la generación de los animales, porque uno es ígneo y espiritual y el otro húmedo y frío; que el aire es común a los dos; en fin, que todos los cuerpos son engendrados y que el Sol y la Luna perfeccionan la naturaleza de las cosas.

Plutarco[24] nos asegura por su lado, que todo lo que los griegos nos cantan y nos declaman, los gigantes, los titanes, los crímenes de Saturno y de los otros dioses, del combate de Apolo con la serpiente Pitón, las carreras de Baco, las bús-

---

22. Haled, *Coment. en Hermet.*
23. Kircher, *Oedip. Aegypt.* T. I, p. 176.
24. Plutarco, *Isis y Osiris.*

quedas y los viajes de Ceres, no difieren en nada de lo que se observa de Osiris y de Isis, y todo lo que se ha inventado de parecido con tanta libertad en las fábulas que las divulgan, debe ser entendido de la misma manera, como lo que se observa en los misterios sagrados y que se dice ser un crimen el desvelarlo al pueblo.

Todo en la naturaleza ha sido engendrado de lo cálido y lo húmedo; los egipcios dieron al uno el nombre de Osiris y al otro el de Isis y dijeron que eran hermano y hermana, esposo y esposa. Se les tomó siempre por la naturaleza misma, como veremos en lo que sigue. Cuando no se quiera recurrir a sutilidades será fácil descubrir lo que los egipcios, los griegos, etc, entendían por sus jeroglíficos y sus fábulas. Las habían imaginado tan ingeniosamente que ocultaban muchas cosas bajo la misma representación, como entendían también una misma cosa por diversos jeroglíficos y diversos símbolos, los nombres, las figuras, las mismas historias eran varias, pero el fondo y el objeto no eran para nada diferentes.

Se sabe, y sólo es preciso abrir las obras de los filósofos herméticos, para ver a primera vista que no sólo han seguido el método de los egipcios, en todos los tiempos, para tratar de la piedra filosofal, sino que también han empleado los mismos jeroglíficos y las mismas fábulas en todo o en parte siguiendo la manera en que ellos eran impresionados. Los árabes han imitado más de cerca a los egipcios, porque tradujeron a su lengua un gran número de tratados herméticos y otros escritos en lengua y estilo egipcios. La proximidad del país y por consiguiente la frecuentación y el comercio más particular de estas dos naciones puede también haber contribuido a ello.

Esta unanimidad de ideas y este uso no interrumpido después de tantos siglos forman, sino una prueba sin réplica, por lo menos una presunción de que los jeroglíficos de los egipcios y las fábulas habían sido imaginados en vistas a la gran obra e inventadas para instruir en su teoría y en su práctica, solamente a algunas personas, mientras que a causa del abuso y de los inconvenientes que resultarían de ello, se tendrían la una y la otra ocultas al pueblo y a los que se juzgara no dignos.

Yo no he sido, pues, el primero que haya tenido la idea de explicar estos jeroglíficos y estas fábulas mediante los principios, las operaciones y el resultado de la gran obra, llamada también piedra filosofal y medicina dorada. Se les ve extensamente en casi todas las obras que tratan de este arte misterioso. Algunos químicos han hecho tratados en el mismo sentido que yo. Fabri de Castelnaudari da en el último siglo alguna cosa sobre los trabajos de Hércules bajo el título de *Hércules Philochymicus;* Jacques Tolle quiso abrazar toda la fábula en una pequeña obra intitulada *Fortuita*. No es sorprendente que el uno y el otro no lo hayan logrado perfectamente. El primero parece haber leído a los filósofos herméticos, pero tan superficialmente que no ha podido hacer una concordancia juiciosa y penetrar en los verdaderos principios. El segundo, muy obstinado en la química vulgar, sólo juró por Basilio Valentín, al que no entendió sin duda alguna, puesto que lo explica siempre literalmente, aunque siguiendo a Olaus Borrichio.[25]

Basilio Valentín fue uno de los autores herméticos más difícil de entender, tanto por las alteraciones que se han hecho a sus tratados, como por el velo oscuro de los enigmas, los equívocos y las figuras jeroglíficas de los que los ha llenado. Michael Maier ha compuesto un gran número de obras sobre esta materia, se puede ver su enumeración en el *catálogo de autores químicos, metalúrgicos y filósofos herméticos* que el abad Lenglet du Fresnoy ha insertado en su *historia de la filosofía hermética*. Espagnet estimó entre otras obras de Maier su *tratado de los emblemas*, porque representan -dice- con mucha claridad, a los ojos de los clarividentes, lo que la gran obra tiene de más secreto y más oculto. He leído con mucha atención muchos de los tratados de Maier y me han sido de una gran ayuda, como aquel que lleva por título *Arcana Arcanísima*, que me ha servido de bosquejo para mi obra, al menos para su distribución, pues no he seguido siempre sus ideas. Este autor embrolló sus razonamientos cuando no quería o no podía explicar ciertos trazos de la fábula, ya sea por el secreto tan recomendado a los filósofos que lo sujetaba y temiera ser indiscreto, o, como podría creerse, que su discreción fuera forzada.

Los filósofos herméticos que han empleado las alegorías de la fábula, son tan oscuros como la fábula misma, por lo menos, para los que no son adeptos, sólo han arrojado luz sobre ella cuando era preciso para hacernos comprender que sus misterios no eran misterios para ellos: *acordaos bien de esto* -dice Basilio Valentín-[26] *trabajad de manera que Paris pueda defender a la bella Helena; impedid que la ciudad de Troya sea asolada de nuevo por los griegos; aseguraos de que Príamo y Menelao no estén más en guerra y en aflicción; Hector y Aquiles estarán pronto de acuerdo, no combatirán más por la sangre real, tendrán entonces una monarquía y dejarán asimismo en paz a todos sus descendientes.* Este autor introduce los principales dioses de la fábula en las *doce llaves*. Raimon Llull habla a menudo de Egipto y de Etiopía. Uno emplea una fábula y el otro otra, pero siempre alegóricamente.

Todas las explicaciones que daré están tomadas de estos autores o apoyadas sobre sus textos y sus razonamientos; serán tan naturales que se habrá de concluir que la verdadera química fue la fuente de las fábulas, que encierran todos los principios y las operaciones, que en vano se intentará forzar su explicación por otros medios. No pienso que todo el mundo convenga en ello pues se ha introducido el uso de explicar a los antiguos mediante la historia y la moral, este uso ha prevalecido y se acredita hasta el punto que el prejuicio hace considerar toda otra explicación como fantasías.

25. Borrichio, *Prospect. Chym. Celebr.*
26. Basilio Valentín, *Tratado del Vidrio.*

Se las observará desde el punto de vista que se quiera, poco me importa. Escribo para los que quieran leerme, para los que no logrando salir del laberinto donde se encuentran obligados, siguiendo los sistemas que acabo de mencionar, buscarán aquí un hilo de Ariadna, que ciertamente encontrarán; para los que, versados en la lectura asidua de los filósofos herméticos, están más en un estado de aportar un juicio sano y desinteresado, encontrarán lo necesario para fijar sus ideas vagas e indeterminadas sobre la materia de la gran obra y sobre la manera de trabajarla. En cuanto a los cegados por el prejuicio o por malvadas razones, que atribuyen a los egipcios, pitagóricos, Platón, Sócrates y a los otros grandes hombres ideas tan absurdas como la de la pluralidad de los dioses, les rogaría nada más conciliar, con este sentimiento, la idea de la alta sabiduría que sobresale en todos sus escritos y que se les otorga con razón. Les recomiendo una lectura de sus obras más seria y más reflexiva para encontrar lo que se les había escapado. Yo no ambiciono los aplausos de aquellos a quienes la filosofía hermética les es completamente desconocida. Sólo podrían juzgar esta obra como un ciego juzga a los colores.

CAPÍTULO I

Los Jeroglíficos de los Egipcios

Cuando se toma al pie de la letra a las fábulas de Egipto y lo que explican de la Divinidad, no hay nada más raro, nada más ridículo y nada más extravagante. Los traficantes de antigüedades han seguido comúnmente este sistema en sus explicaciones de los monumentos que nos han dejado. Veo que esto, muy a menudo, son las señales de la superstición, que prevalece entre el pueblo en los tiempos posteriores a aquel en el que Hermes imaginó los jeroglíficos, pero para desvelar lo que tienen de oscuro es preciso necesariamente remontarse a su institución y ponerse en el caso de los que las inventaron. Ni las ideas que el pueblo mantuvo, ni las que tenían los autores griegos o latinos que, aunque muy eruditos en otras cosas, nos deben de servir de guía en estas ocasiones. Si sólo han frecuentado al pueblo sólo han podido tener respecto de ello ideas populares. Es preciso estar seguro de que han sido iniciados en los misterios de Osiris y de Isis, etc, e instruidos por los sacerdotes a quien la inteligencia de estos jeroglíficos había sido confiada. Hermes dice más de una vez en su diálogo con Asclepios que Dios no puede ser representado por ninguna figura, que no puede dársele nombre, porque siendo solo, no tiene necesidad de un nombre distintivo, que no tiene movimiento porque está por todo, que, en fin, Él es su propio principio y su padre en Él mismo. No parece que haya querido, pues representarle mediante figuras ni hacerle adorar bajo los nombres de Osiris y de Isis, etc.

Muchos antiguos han hecho poco de los verdaderos sentimientos de Hermes y de los sacerdotes, sus sucesores, dando así ocasión a estas falsas ideas declamando lo que los egipcios decían de la Divinidad que, de hecho, solamente lo decían de la naturaleza. Hermes, queriendo instruir a los sacerdotes que había escogido, les dijo que había dos principios en las cosas, uno bueno y otro malo y si creemos a Plutarco, toda la religión de los egipcios estaba fundada sobre eso. Otros autores han pensado como Plutarco sin examinar si este sentimiento estaba fundado sobre un error popular y si los sacerdotes, encargados de instruir al pueblo, pensaban así realmente de la Divinidad o de los principios de los mixtos, uno principio de vida y el otro principio de muerte.

Sobre este pensamiento de Plutarco, apoyado por otros autores, los anticuarios han aventurado explicaciones de muchos monumentos que el tiempo ha perdonado y han adoptado sus ideas porque no se encuentran otras más verosímiles. Es sin embargo verdadero que los anticuarios han tenido la discreción de confesar que sólo hablan en muchos casos mediante conjeturas y que ciertos monumentos sólo se pueden explicar adivinando. El primero que se presenta en la *antigüedad explicada* por Montfaucon es un ejemplo de ello, siguiendo el sistema recibido; este erudito nos advierte que se encuentran otros casos de esta especie en el curso de su obra. No ve nada difícil de entender en este monumento y es poquísimo lo que presenta naturalmente de las cosas.

Todo hombre versado en la ciencia hermética lo habría comprendido al primer vistazo, y no habría necesidad de recurrir a un Edipo, o a la conjetura, para dar una explicación.

Esto se podrá juzgar comparando la explicación que Montfaucon ha dado con la que yo daré. *Este monumento* –dice nuestro autor– *es una piedra sepulcral que se llama Ara, que A. Herennuleio Hermes ha hecho para su mujer, para él, para sus hijos y para su posteridad. Está representado él mismo en medio de la inscripción sacrificando a los manes. En el otro lado de la piedra hay dos serpientes erguidas sobre su cola y puestas de cara la una contra la otra, de las que una tiene un huevo en la boca y la otra parece querer quitárselo.* Fabreri, a quien pertenecía este monumento, había querido explicar este símbolo, pero como no satisfizo a Montfaucon, éste lo explicó en estos términos: *antes de avanzar mi conjetura sobre este monumento es preciso señalar que se encuentra en Roma y hay en Italia cantidad de estas señales de superstición egipcias, que los romanos habían adoptado. Éste está entre ese número: es una imagen cuyo significado sólo puede ser simbólico. Los antiguos egipcios reconocían en él un buen principio que había hecho el mundo, lo que expresaban alegóricamente por una serpiente que tiene un huevo en la boca, este huevo significaba el mundo creado. Esta serpiente que tiene el huevo en la boca será el buen principio que ha creado el mundo y que lo sostiene. Pero como los egipcios admitieron dos principios, el uno bueno y el otro malo, es preciso decir que la otra serpiente que se sostiene sobre su cola, es opuesta a la primera, será la imagen del mal principio que quiere quitar el mundo al otro.*

Para poner al lector en estado de poder juzgar si mi explicación será más natural que la de Montfaucon, voy a dar una descripción de esta piedra pretendidamente sepulcral. Las dos serpientes están sostenidas sobre su cola replegada en círculo; la una tiene el huevo entre los dientes, la otra tiene la cabeza apoyada encima, la boca un poco abierta, como si quisiera morder a la otra y disputarle este huevo. Las dos tienen una cresta poco más o menos cuadrada. Sobre el otro lado de la piedra está la figura de un hombre de pié, con hábito largo, las mangas remangadas hasta el codo, tiene el brazo derecho extendido y una especie de aro en la mano en el centro del cual aparece otro pequeño círculo o un punto. Con la mano izquierda levanta su ropa, teniéndola apoyada sobre la cadera. En el entorno de esta figura hay gravadas las siguientes palabras: *A Herennuleius Hermes fecit conjugi bene merenti Julie L. F. Latine sibi & suis posterque cor.*

No es necesario recurrir a la religión de los egipcios para explicar este monumento. Los dos principios que admitieron los sacerdotes de Egipto sólo deben de entenderse de los dos principios, bueno y malo, de la naturaleza, que se encuentran siempre mezclados en sus mixtos y que cooperan en su composición, es por esto que dicen que Osiris y Tifón eran hermanos y que este último hacía siempre la guerra al primero. Osiris era el buen principio o el humor radical, la base del mixto y la parte pura y homogénea; Tifón era el mal principio o las partes heterogéneas, accidentales y principio de destrucción y de muerte, así como Osiris lo era de vida y de conservación. Las dos serpientes del monumento, del que se trata, representan en verdad a los dos principios, pero los dos principios que la naturaleza emplea en la producción de los individuos, se les llama, por analogía, al uno macho y al otro hembra; tales son las dos serpientes enroscadas en el caduceo de Mercurio, la una macho y la otra hembra, que están también representadas enroscadas la una con la otra y entre sus dos cabezas una especie de globo alado al que parece que quieren morder. Las dos crestas cuadradas de las dos serpientes del monumento del que hablamos son un símbolo de los elementos del que el gran mundo y el pequeño mundo están formados y el huevo es el resultado de la reunión de estos dos principios de la naturaleza. Pero como en la composición de los mixtos hay los principios puros y homogéneos y los principios impuros y heterogéneos se encuentra entre ellos una especie de enemistad; el impuro tiende siempre a corromper al puro, es lo que se ve representado por la serpiente que parece querer disputar el huevo a la que lo tiene en posesión. La destrucción de los individuos sólo es producida por este mutuo combate. He aquí lo que se puede decir para explicar en general esta parte del monumento del que hablamos.

Pero sin duda su autor tenía una intención menos general, es cierto que quería significar alguna cosa en particular. Comparemos todas las partes simbólicas de este monumento, la relación que tienen entre ellas nos desvelará esta intención particular. El que hizo hacer este monumento se nombra *Herennuleio Hermes,* y lleva un hábito largo como los filósofos, parece ser que este Herennuleio era uno de estos sabios iniciados en los misterios herméticos (lo que es designado por el sobrenombre de Hermes), que, como ya he dicho antes, estando instruido en estos misterios, tomó el nombre de Adris o Hermes. Tiene en la mano derecha una especie de círculo, que Montfaucon sin duda ha tomado por un *vaso* o taza, y ha decidido a consecuencia de este error que Herennuleio hacía un sacrificio a los manes, nada más puede significar esta acción. Este círculo no es para nada un vaso, es el signo simbólico del oro o del Sol terrestre y hermético, que los mismos químicos vulgares representan aún hoy de esta manera.

Es en este lado del monumento que es preciso acercar en particular el jeroglífico de las dos serpientes y del huevo que se encuentran en el lado opuesto, para hacer de ello un todo, del cual el resultado consiste en este oro filosófico que presenta Herennuleio. He aquí, pues, cómo es preciso explicar este monumento en particular. Las dos serpientes son los dos principios del arte sacerdotal o hermético, uno macho o fuego, tierra fija o azufre, el otro hembra, agua volátil y mercurial, que concurren los dos a la formación y generación de la piedra hermética, que los filósofos llaman huevo y pequeño mundo y que está compuesto de los cuatro elementos representados por las dos crestas cuadradas pero que sólo dos de ellos son visibles, la tierra y el agua. Se puede también explicar el huevo como el vaso, en el cual el huevo se forma, por el combate del fijo y el volátil, que se reúnen el uno con el otro y sólo son un todo fijo llamado oro filosófico o sol hermético. Es este oro que Herennuleio muestra al espectador como el resultado de su arte. La mayor parte de filósofos que han tratado esta ciencia han representado sus dos principios bajo el símbolo de dos serpientes. Se encontrará una infinidad de pruebas de ello en esta obra. La inscripción de este monumento nos enseña solamente que Herenuleio ha hecho este oro como una fuente de salud y de riquezas, para él, para su esposa a la que amó tiernamente, para sus hijos y su posteridad.

He aportado este ejemplo para hacer ver cuán fácil es explicar los jeroglíficos de ciertos monumentos egipcios, griegos, etc, cuando se les relaciona con la filosofía hermética, sin las luces de la cual se volverían ininteligibles e inexplicables. No pretendo, sin embargo, que todos se deban de explicar por el mismo medio. Si bien ha sido la fuente, la base y el fundamento de los jeroglíficos, no ha de ser el objeto de todos los monumentos y los jeroglíficos que nos quedan. La mayor parte son históricos o representan algunos rasgos de la fábula ajustados según la fantasía de aquel que los encargó al artista o la del artista mismo que, no estando iniciados en los misterios egipcios, griegos, romanos, etc, conservaron solamente el fondo, según las instrucciones muy defectuosas y poco esclarecidas que tenían, para el resto seguían su estilo y su imaginación: *Pictoribus atque Poëtis Quidlibet audendi semper fuit aequa potestas.* (Horacio en *Arte Poético*) Y Cicerón en su tratado *Natura Deorum* dice que los dioses nos presentan las figuras que ha gustado darles a los pintores y a los escultores. *Deos omnes eâ facie novimus, quâ Pictores fictoresque voluerunt.* (Lib. 2 de *Natura Deorum*)

Nos quedan, pues, monumentos jeroglíficos de todas las especies y los de los egipcios tienen ordinariamente como fundamento a Osiris, Isis, Horus y Tifón, con algunos rasgos de su fabulosa historia. Los unos son desfigurados por los artistas ignorantes, los otros conservan la pureza de su invención, cuando han sido hechos o conducidos por los filósofos o personas bien instruidas. Aún hoy tenemos ante nuestros ojos ejemplos de esto. Un escultor hace un grupo de estatuas, un pintor hace un lienzo, el uno y el otro a un tema determinado, siempre que representen este tema de manera que se reconozca a primera vista, y que guarden la costumbre en cuanto a todo lo que es necesario para las figuras y la acción ¿cuántos artistas se encuentran que añadan allí figuras inútiles y por decirlo en términos del arte *figuras para ensalzar*?, ¿cuántos ponen ornamentos arbitrarios y fantasiosos, conchas, flores, algunos animales, rocas, etc.? Si los artistas instruidos caen algunas veces en este defecto, ¿qué se debe pensar de los ignorantes que a menudo sólo tienen buena mano y una impetuosa imaginación que concibe todo lo que publican? Locura que quiere empecinarse en explicar todas sus producciones. ¿No se habrían de hacer menos disertaciones llenas de pesquisas y de erudición sobre bagatelas y cosas poco interesantes que se encuentran en muchos de los monumentos antiguos?

Consta que los jeroglíficos han nacido en Egipto y la opinión más común considera a Hermes como su inventor, aunque los más antiguos escribanos de la historia de Egipto no nos enseñen nada absolutamente cierto sobre el origen de los caracteres de la escritura y de las ciencias. Asimismo no se encuentra nada positivo sobre los primeros reyes del mundo que no sea susceptible de contradicción. Los autores han sido tan poco sensatos como para decir que los primeros hombres han salido de la tierra como los champiñones, otros han imaginado que los hombres habían sido formados en Egipto, conjeturando sin duda que han venido de la tierra, como estas ratas que se ven salir en gran número de las grietas del limo del Nilo después de que el Sol ha secado la humedad.

Diodoro de Sicilia,[27] tras haber recorrido gran parte de Europa, de Asia y de Egipto, confiesa no haber podido descubrir nada cierto sobre los primeros reyes de todos estos países. Lo que nos queda de más constancia son los jeroglíficos egipcios, en cuanto a lo que observa la escritura; pero en lo que concierne a los reyes sólo tenemos fábulas. El mismo Diodoro[28] dice que los primeros hombres han adorado al Sol y a la Luna como a dioses eternos, que han llamado al Sol Osiris y a la Luna Isis, lo que conviene perfectamente a las ideas que se nos da del pueblo de Egipto. Para nosotros que hemos aprendido más ciertamente de la Escritura Santa, cuál es el único verdadero Dios de los otros dioses, cuál fue el primer hombre y la tierra que habitó, nos dolemos de la vanidad de los egipcios, que les hacía llevar la antigüedad de su nación y la genealogía de sus reyes hasta más allá de veinte mil años.

No es que los sabios de Egipto adoptaran este sentimiento, sabían muy bien que no había más que un Dios único. Por otra parte, ¿cómo habrían podido conceder la eternidad de Osiris y de Isis con la paternidad de Saturno o de Vulcano, de los cuales, según ellos, Osiris e Isis eran hijos? Prueba muy evidente de que Diodoro sólo estaba instruido en las ideas populares. Los egipcios entendían otra

27. Diodoro de Sicilia, lib. 1, cap. 1.
28. Diodoro de Sicilia, *Ibidem*, cap. 2.

cosa por estos hijos de Saturno, tenemos innumerables indicios que demuestran que en Egipto se cultivó la ciencia de la naturaleza; que la filosofía hermética era conocida y practicada por los sacerdotes y los más antiguos reyes de aquel país y no se duda que para comunicarla a los sabios, sus sucesores, sin saberlo el pueblo, han inventado los jeroglíficos tomados de animales, de hombres, etc; y finalmente para explicar lo que significan estos caracteres imaginaron las alegorías y las fábulas tomadas de figurados personajes y las pretendidas acciones de estos personajes. Hablaremos más extensamente de estos jeroglíficos en lo que sigue de esta obra.

CAPÍTULO II

Los Dioses de Egipto

Se puede poner en duda que la pluralidad de los dioses haya sido admitida por el pueblo de Egipto. Los más antiguos historiadores nos aseguran que los mismos griegos y las otras naciones no tenían otros dioses que los de los egipcios, pero bajo nombres diferentes. Herodoto[29] contó doce principales dioses que los griegos habían tomado de los egipcios con sus mismos nombres y añade que estos últimos pueblos erigieron los primeros altares y levantaron templos a los dioses. Pero no es menos destacable que, aunque fuera supersticiosa esta nación, se vean allí trazos de la verdadera religión. Una parte considerable de Egipto, la Tebaida, dice Plutarco, no reconoció ningún dios mortal, sino un Dios sin principio e inmortal, que en la lengua del país llamaban *Cneph* y según Estrabón *Knufis*. Lo que hemos dicho de Hermes, de Jámblico, etc, prueba aún más claramente que los misterios de los egipcios no tenían como objeto a los dioses como Dios y su culto como culto de la Divinidad.

Isis y Osiris sobre los cuales gira casi toda la teología egipcia eran, según el sentimiento de diversos autores, todos los dioses del paganismo. Isis, según ellos era Ceres, Juno, la Luna, la Tierra, Minerva, Proserpina, Tetis, la madre de los dioses o Cibeles, Venus, Diana, Bellona, Hécate, Ramnusia, la naturaleza misma, en una palabra, todas las diosas. Es lo que ha dado lugar a llamarla *Myrionyme*, o la diosa de los mil nombres. Lo mismo que Isis se tomaba por todas las diosas se tomaba también a Osiris por todos los dioses; unos dicen que Osiris era Baco, otros le hacen lo mismo que Serapis, el Sol, Plutón, Júpiter, Amón, Pan; Otros[30] que son de Osiris: Atis, Adonis, Apis, Titán, Apolo, Febo, Mitra, el Océano, etc. No entraré en detalles que se pueden ver en muchos otros autores.

Las interpretaciones mal entendidas de los jeroglíficos inventados por los filósofos y los sacerdotes, han dado lugar a esta cierta multitud de dioses, que

29. Herodoto, lib. 2.

30. Hesiquius.

Hesíodo[31] calcula en 30 000. Trismegisto, Jámblico, Psello y muchos otros no han determinado su número, pero han dicho que los cielos, el aire y la tierra estaban llenos de ellos. Máximo de Tiro decía, hablando de Homero, que este poeta no reconocía ningún lugar de la Tierra que no tuviera su dios. La mayor parte de los paganos observaban del mismo modo la Divinidad como teniendo los dos sexos y la nombraban Hermafrodita, lo que ha hecho decir a Valerio Sorano: *Jupiter omnipotens, Regum, rerumque Deûmque Progenitor, genitrixque Deûm, Deus unus & omnis.*

Esta confusión tanto en los nombres como en los mismos dioses debe de convencernos de que aquellos que los inventaron sólo podían tener a la vista la naturaleza, sus operaciones y sus producciones. Y como la gran obra es uno de sus más admirables efectos, los primeros que la encontraron, tras haber considerado su materia, su forma, los diversos cambios que le sobrevenían durante las operaciones, sus sorprendentes efectos y que en todo esto participaba de alguna manera con las principales partes del Universo,[32] tales como el Sol, la Luna, las estrellas, el fuego, el aire, la tierra y el agua, tomaron ocasión de darle todos estos nombres.

Todo lo que se forma en la naturaleza, se hace solamente por la acción de dos, uno agente y el otro paciente, que son análogos al macho y a la hembra en los animales, el primero caliente, seco, ígneo, el segundo frío y húmedo. Los sacerdotes de Egipto personificaron la materia de su arte sacerdotal y llamaron Osiris, o fuego oculto, al principio activo que hace las funciones de macho e Isis al principio pasivo que tiene el lugar de hembra. Designaron al uno por el Sol, a causa del principio de calor y de vida que este astro expande en toda la naturaleza y el otro por Luna, porque la consideraban como de una naturaleza fría y húmeda. Al fijo y al volátil, al calor y la humedad, siendo las partes constituyentes de los mixtos, con ciertas partes heterogéneas que se encuentran siempre mezcladas y que son la causa de la destrucción de los individuos, les juntaron un tercero al que dieron el nombre de Tifón o mal principio. Mercurio fue dado como ayudante a Osiris y a Isis, para socorrerles contra las empresas de Tifón, porque Mercurio es como el lazo y el medio que reúne lo cálido y lo frío, lo húmedo y lo seco, es como el nudo o medio por el cual lo sutil y lo espeso, lo puro y lo impuro se encuentran asociados y que, en fin, no se hace ninguna conjunción del Sol con la Luna sin que Mercurio, cercano al Sol, esté presente. Osiris e Isis fueron considerados como esposo y esposa, hermano y hermana, hijos de Saturno, según unos,[33] hijos del Cielo según otros,[34] Tifón pasó solamente por ser su hermano uterino, porque la unión de las partes homogéneas, inalterables y radicales con las partes heterogéneas, impuras

31. Hesíodo, *Teogonía.*
32. Michael Maier, *Arcana Arcanísima.*
33. Diodoro de Sicilia.
34. Kircher, p. 179.

y accidentales de los mixtos se hace en la misma matriz o en las entrañas de la tierra. Todas las cualidades malas que se atribuyen a Tifón nos descubren perfectamente lo que se desea significar mediante él. Diremos alguna cosa más detallada en lo que sigue.

Estas cuatro personas, Osiris, Isis, Mercurio y Tifón, eran para los egipcios los principales y los más célebres; tres pasaban por dioses y Tifón por un espíritu maligno. Pero por los dioses de la naturaleza de los que Hermes habló a Asclepios, quiero decir dioses fabricados artísticamente por mano de los hombres.[35]

A estos cuatro añadieron a Vulcano, inventor del fuego, que Diodoro hace padre de Saturno, porque el fuego filosófico es absolutamente necesario en la obra hermética. Les asociaron también a Palas o la sabiduría, la prudencia y la dirección en la conducción del régimen para las operaciones. El Océano, padre de los dioses, y Tetis su madre vinieron seguidamente con el Nilo, es decir, el agua, y finalmente la tierra, madre de todas las cosas, porque, según Orfeo, la tierra nos suministra las riquezas. Saturno, Júpiter, Venus, Apolo y algunos otros dioses fueron admitidos finalmente, y Horus lo fue como hijo de Osiris y de Isis.

No solamente las cosas, sino sus virtudes y propiedades físicas se volvieron dioses en el espíritu del pueblo, a medida que se esforzaba en demostrar su excelencia. San Agustín,[36] Lactancio, Eusebio y otros muchos autores cristianos y paganos nos lo dicen en diferentes lugares; Cicerón,[37] Dionisio de Halicarnaso,[38] piensan que la variedad y la multitud de los dioses del paganismo nacieron de las observaciones que habían hecho los sabios sobre las propiedades del Cielo, las esencias de los elementos, las influencias de los astros, las virtudes de los mixtos, etc. Imaginaron que no había una planta, un animal, un metal o una piedra especificada sobre Tierra, que no tuviera su estrella, o su genio dominante.[39] Además, los dioses de los que hemos hablado anteriormente, que Herodoto[40] llama los *grandes dioses*, y que los egipcios observaron como celestes, según Diodoro: *tenían aún,* –dice este autor–[41] *genios, que han sido hombres, pero que, según su vida, han sobresalido en sabiduría y se han vuelto recomendables por sus beneficios hacia la humanidad. Algunos de entre ellos, dicen, han sido sus reyes y se llama-*

35. Asclepio: *¿cuál es la cualidad de los dioses a los que se llama terrestres?* Trismegisto: *se encuentra en la virtud divina que existe de forma natural en las hierbas, las piedras y perfumes*. Hermes en *Asclepio.*

36. S. Agustín, *La Ciudad de Dios*, 4.

37. Cicerón, lib. 2 de la *Naturaleza de los Dioses.*

38. D. Halicarnaso, lib. 2, *Antiquit. Roman.*

39. *Videtis-ne igitur ut à physicis rebus vene & utiliter inventis, ratio sit tracta ad commentitios Deos? Quae res genuit falsas opiniones, erroresque turbulentos, & superstitiones pené aniles.* Eusebio. *Non est tibi ulla herba, aut planta, aut aliud inferius, cui non sit stella in firmamento, qui fulciat eam, & dicat ei, cresce.* Rab. Mos. O Rambam *in Moreh Nebuchim*. Citado por Kircher, Obelisc. De Pamph, p. 1

40. Herodoto, lib. 2.

41. Diodoro de Sicilia, lib. 1, cap. 2.

ron como los dioses celestes, otros tenían los nombres que les eran propios. El Sol, Saturno, Rea, Júpiter, llamado Ammon, Juno, Vulcano, Vesta, y finalmente Mercurio. El primero se llamó Sol, lo mismo que el astro que nos ilumina. Pero muchos de sus sacerdotes sostenían que era Vulcano, el inventor del fuego, y que esta invención había obligado a los egipcios a hacerlo su rey. El mismo autor añade que tras Vulcano reinó Saturno, que desposó a su hermana Rea, que fue padre de Osiris, de Isis, de Júpiter y de Juno, que estos últimos obtuvieron el imperio del mundo por su prudencia y su valor. Júpiter y Juno, si creemos a Plutarco,[42] engendraron a cinco dioses, siguiendo los cinco días intercalados de los egipcios, a saber, Osiris, Isis, Tifón, Apolo y Venus. A Osiris se le llamó también Denis y a Isis Ceres. Casi todos los autores convienen en que Osiris era hermano y marido de Isis, así como Júpiter era hermano y marido de Juno, pero Lactancio y Minucio Félix dicen que era hijo de Isis, Eusebio lo llama su marido, su hermano y su hijo.

Si es difícil conciliar todas estas cualidades y todos estos títulos en una misma persona, no lo es menos explicar cómo, según los egipcios, es que Osiris e Isis contrajeron matrimonio en el vientre de su madre y que Isis salió en cinta de Arueris,[43] o el antiguo Horus, que ha pasado por ser su hijo. De cualquier manera que se pueda interpretar esta ficción, parecerá siempre extravagante a todo hombre que la vea con los ojos de los mitólogos, que querrán explicarlo históricamente, políticamente o moralmente, ella no puede convenir a ninguno de estos sistemas, en cambio el de la filosofía hermética la explica muy claramente, como veremos seguidamente.

Los egipcios, según el mismo Plutarco, contaban muchas otras historias que están marcadas por el mismo extremo de oscuridad y de puerilidad; que Rea, tras haber conocido a Saturno a escondidas, tuvo a continuación un asunto con el Sol, después con Mercurio, y que ella puso en el mundo a Osiris, que oyó en el momento de su nacimiento[44] una voz que decía: *el Señor de todo ha nacido.* Al día siguiente nació Arueris, o Apolo, u Horus el antiguo. El tercer día, Tifón, que no vino al mundo por las vías ordinarias, sino por un lado de su madre arrancado violentamente. Isis apareció la cuarta y Nephté la quinta.

Sea como sea, de todas estas fábulas Herodoto nos enseña que Isis y Osiris eran los dioses más respetables de Egipto y que eran honrados en todos los países, en lugar de muchos otros que sólo lo eran en los *nomes* particulares.[45] Lo que pone mucho embrollo y obscuridad sobre su historia, es que en los tiempos posteriores a aquellos que imaginaron estos dioses, y lo que se les atribuye, por parte de los eruditos, pero poco instruidos en las intenciones y las ideas de Mercurio Trismegisto, observaron estos dioses como a personas que

42. Plutarco, *De Isis y Osiris.*
43. Manethon, apud Plutarco.
44. Diodoro de Sicilia.
45. Esta palabra significa las diferentes prefecturas, o los diferentes gobiernos de Egipto.

habían gobernado en otro tiempo en Egipto con mucha sabiduría y prudencia, y otros, como a seres inmortales en su naturaleza, que habían formado el mundo y arreglado la materia en la forma que conserva hoy día.

Esta variedad de sentimientos hizo perder de vista el objeto que tenía el inventor de estas ficciones que, además, las había envuelto de tal manera en la oscuridad y las tinieblas de los jeroglíficos que eran ininteligibles e inexplicables en su verdadero sentido, para todos excepto para los sacerdotes, confidentes únicos del secreto del arte sacerdotal. Por más crédulo que sea el pueblo es preciso, sin embargo, presentarle las cosas de una manera verosímil. Para ello se trata de fabricar una historia seguida, así la hizo, y lo que allí se mezcló, aunque poco conforme a lo que pasa comúnmente en la naturaleza sólo fue para el pueblo un motivo de admiración.

Seguidamente esta historia misteriosa, o más bien esta ficción, se convirtió en fundamento de la teología egipcia que se encontraba oculta en los símbolos de estas dos Divinidades, mientras que los filósofos y los sacerdotes veían allí los más grandes secretos de la naturaleza. Osiris era para los ignorantes el Sol o el astro del día e Isis la Luna, los sacerdotes veían los dos principios de la naturaleza y del arte hermético. Las etimologías de estos dos nombres ayudaban a despistar. Los unos, como Plutarco, pretendían que Osiris significa *muy santo*, otros con Diodoro, Horus-Apolo, Eusebio, Macrobio, decían que quiere decir, *el que tiene muchos ojos, el que ve claro*; se tomaba en consecuencia a Osiris por el Sol. Pero los filósofos veían en el nombre de este dios, el Sol terrestre, el fuego oculto de la naturaleza, el principio ígneo, fijo y radical que lo anima todo.

Isis por lo común era *la antigua* o la Luna, para los sacerdotes era la naturaleza misma, el principio material y pasivo de todo. Es por lo que Apuleyo[46] hace hablar así a esta diosa: *soy la naturaleza, madre de todas las cosas, dueña de los elementos, el principio de los siglos, la soberana de los dioses, la reina de los Manes,* etc. Pero Herodoto nos enseña que los egipcios tomaban también a Isis por Ceres y creían que Apolo y Diana eran sus hijos. Dice en otro lugar que Apolo y Horus, Diana, o Bubastis, y Ceres no son diferentes de Isis, prueba de que el secreto de los sacerdotes había calado un poco en el público, puesto que, a pesar de esta contradicción aparente, todo esto se ve en efecto en la obra hermética, donde la madre, los hijos, el hermano y la hermana, el esposo y la esposa están reunidos en un mismo sujeto.

Es así como los sacerdotes habían encontrado el arte de velar sus misterios, ya sea presentando a Osiris como un hombre mortal, cuya historia reconocían, ya sea diciendo que éste era, no un hombre mortal sino un astro que llenaba todo el Universo, y Egipto en particular, por tantos beneficios, por la fecundidad y abundancia que procura. Sabían asimismo, despistar a los que, sospechando alguna cosa misteriosa, buscaban instruirse penetrando allí. Como los principios teóri-

46. Apuleyo, *Metamorfosis, o el Asno de oro,* lib. 1.

cos y prácticos del arte sacerdotal o hermético podían aplicarse al conocimiento general de la naturaleza y de sus producciones, a la que este arte se propone seguir como modelo, dieron a estas gentes curiosas lecciones de física y muchos de los filósofos griegos pusieron su filosofía en estas clases de instrucciones.

CAPÍTULO III

Historia de Osiris

Osiris e Isis convertidos en esposos pusieron todos sus cuidados en procurar la dicha de sus personas. Como vivían en una perfecta unión trabajaban en concierto, se aplicaron en pulir a su pueblo, en enseñarles la agricultura, a darles leyes y en enseñarles las artes necesarias para la vida.[47] Les enseñaron, entre otras cosas el uso de los instrumentos y la mecánica, la fabricación de armas, el cultivo de la viña y del olivo, los caracteres de la escritura en la que Mercurio o Hermes o Tat les había instruido. Isis construyó, en honor de sus padres Júpiter y Juno, un templo célebre por su grandeza y magnificencia. Hizo construir otros dos pequeños de oro, uno en honor a Júpiter el celeste y otro menor en honor del Júpiter terrestre, o rey su padre, al que algunos han llamado Amón. Vulcano era muy necesario como para ser olvidado, también tuvo un soberbio templo y cada dios –continua Diodoro– tuvo su templo, su culto, sus sacerdotes y sus sacrificios. Isis y Osiris instruyeron también a los súbditos en la veneración que debían tener hacia los dioses y la estima que debían de tener a los que habían inventado las artes o que las habían perfeccionado. En la Tebaida se vio a obreros de toda clase de metales. Los unos forjaban las armas para la caza de las bestias, los instrumentos y los útiles propios para el cultivo de las tierras y las otras artes, los orfebres hicieron los pequeños templos de oro y emplazaron allí las estatuas de los dioses compuestas del mismo metal. Asimismo los egipcios pretenden –añade el autor– que Osiris honró y reverenció particularmente a Hermes como el inventor de muchas de las cosas útiles en la vida.

Es Hermes, dicen, el primero en mostrar a los hombres la manera de registrar por escrito sus pensamientos y de poner sus expresiones en orden para que resultara un discurso seguido. Dio el nombre conveniente a muchas cosas, instituyó las ceremonias que debían de observarse en el culto de cada dios. Observó el curso de los astros, inventó la música, los diferentes ejercicios del cuerpo, la aritmética, la medicina, el arte de los metales, la lira de tres cuerdas, pautó los tres tonos de la voz, el agudo tomado del verano, el grave tomado del invierno y el medio de la primavera. Él mismo enseñó a los griegos la manera de interpretar los términos, de donde le dieron el nombre de *Hermes*, que significa *intérprete*.

47. Diodoro de Sicilia, lib. 1, cap. 1; y Plutarco, *Isis y Osiris*.

Todos los que, en el tiempo de Osiris, hicieron uso de las letras sagradas, lo aprendieron de Mercurio.

Osiris, habiéndolo dispuesto todo con sabiduría y hecho florecer los estados, concibió el deseo de hacer partícipe a todo el Universo de la misma dicha. A este efecto juntó un gran ejército, menos para conquistar el mundo por la fuerza de las armas que mediante la dulzura y la humanidad, persuadido de que civilizando a los hombres y enseñándoles el cultivo de las tierras, la educación de los animales domésticos y tantas otras cosas útiles, le quedaría una gloria eterna.

Antes de partir en su expedición lo arregló todo en su reino. Dio su regencia a Isis y dejó cerca de ella a Mercurio como su consejero, con Hércules al que constituyó como intendente de las provincias. Repartió seguidamente su reino en diversos gobiernos. Fenicia y las costas marítimas tocaron en suerte a Busiris; Libia y Etiopía y algunos países vecinos a Anteo. Seguidamente partió y fue tan dichoso en su expedición que todos los países donde fue se sometieron a su imperio.

Osiris llevó con él a su hermano al que los griegos llamaron Apolo, el inventor del laurel. Anubis y Macedón, hijos de Osiris, pero de un valor diferente, siguieron a su padre; el primero tuvo a un perro como insignia, el segundo un lobo. Los egipcios tomaron de ello ocasión de representar a uno con cabeza de perro y al otro con cabeza de lobo y de tener mucho respeto y veneración por estos animales. Osiris se hizo acompañar también de Pan, en honor del cual los egipcios construyeron a continuación una ciudad en la Tebaida, a la que dieron el nombre de *Chemnim*, o *Ciudad de Pan.* Maron y Triptolemo fueron también en parte, el uno para enseñar a los pueblos el cultivo de la viña y el otro el de los granos. Osiris partió pues, y es preciso hacer hincapié en que tuvo una atención particular en conservar su cabellera, hasta su retorno. Tomó su camino por Etiopía, donde encontró a los sátiros, cuyos cabellos les caían hasta la cintura. Como amaba mucho la música y la danza llevó con él un gran número de músicos, pero destacaron particularmente nueve muchachas bajo la dirección de Apolo, que los griegos llamaron las nueve musas y decían que Apolo había sido su maestro, de donde le dieron el nombre de músico e inventor de la música.

En aquel tiempo, dicen los autores, el Nilo, en el nacimiento del *perro Sirio*, es decir, al principio de la canícula, inundó la parte más grande de Egipto y en particular aquella en la que presidía Prometeo. Este sabio gobernador, indignado de dolor a la vista de la desolación de su país y de sus habitantes, quiso darse muerte por desespero. Dichosamente vino Hércules en su socorro e hizo tanto con sus consejos y sus trabajos, que hizo reentrar al Nilo en su lecho. La rapidez de este río y la profundidad de sus aguas hicieron darle el nombre de *Águila*.

Osiris estaba entonces en Etiopía, donde viendo que el peligro de una tal inundación amenazaba todo el país, hizo levantar diques sobre las dos riveras del río, de manera que contenían las aguas en su lugar, sin embargo, estos diques dejaban escapar el agua suficiente como para fecundar el terreno.

De allí atravesó Arabia y llegó hasta los extremos de las Indias, donde construyó muchas ciudades, a una de las cuales dio el nombre de *Nisa*, en memoria de aquélla donde había sido educado y plantó allí la hiedra, el único arbolillo que se levanta en estas dos ciudades. Recorrió muchos otros países de Asia y a continuación vino a Europa por el Helesponto. Atravesando Tracia mató a Licurgio, rey bárbaro que se opuso a su paso, y puso al viejo Marón en su lugar. Estableció a su hijo Macedón como rey de Macedonia y envió a Triptolemo a Ática para enseñar allí la agricultura.

Osiris dejó por todas partes las marcas de sus beneficios, condujo a los hombres, que entonces eran totalmente salvajes, a las dulzuras de la sociedad civil, les enseñó a construir ciudades y pueblos y finalmente volvió a Egipto por el mar Rojo, colmado de gloria tras haber hecho levantar en los lugares por donde había pasado columnas y otros monumentos sobre los cuales eran gravadas sus hazañas. Este gran príncipe se apartó finalmente de los hombres para ir a disfrutar de la sociedad de los dioses. Isis y Mercurio le otorgaron los honores e instituyeron las misteriosas ceremonias para el culto que debía rendírsele, para dar una gran idea del poder de Osiris.

Tal es la historia de este pretendido rey de Egipto, según lo que relata Diodoro de Sicilia que sin duda la cuenta de la manera que se declamaba en el país. El tipo de muerte de este príncipe no es menos interesante, haremos mención de ello más adelante, cuando hayamos hecho algunas reseñas sobre las principales circunstancias de su vida.

No es sorprendente que se haya supuesto a Osiris[48] muy religioso y lleno de veneración hacia Vulcano y Mercurio, él había obtenido de estos dioses todo lo que era. Según el autor citado, Vulcano era su abuelo, inventor del fuego y el principal agente de la naturaleza, mientras que Osiris él mismo era un fuego oculto. Pero ¿de qué fuego era el supuesto inventor Vulcano? Se piensa que era aquel del que Diodoro habla en estos términos: *el rayo habiendo puesto el fuego en un árbol durante el invierno, la llama se comunicó a los árboles vecinos. Vulcano acudió allí y sintiéndose calentado, recreado y reanimado por el calor, abasteció al fuego de nuevas materias combustibles y habiéndolo mantenido por este medio hizo venir a los otros hombres para ser testigos de este espectáculo y se preconizó como su inventor.* No creo que este sentimiento de Diodoro se acepte. Este fuego no es otro que aquel de nuestras cocinas, que era muy conocido antes del diluvio, Caín y Abel lo emplearon en sus sacrificios, Tubalcaín lo usó en sus obras de hierro, de cobre y otros metales. Esto haría decir que Diodoro o los egipcios tenían por Vulcano a Caín o Abel.

Este fuego cuya invención se atribuye a Vulcano, era, pues, diferente del de nuestras forjas, aunque comúnmente se considere a Vulcano como el dios de los forjadores. Este fuego, siguiendo las ideas de Hermes, era el fuego que los filó-

48. Diodoro de Sicilia, *Ibidem*.

sofos tienen en tan gran misterio, este fuego cuya invención, según Artefio, requiere un hombre hábil, ingenioso y sabio en la ciencia de la naturaleza, este fuego que debe de ser administrado geométricamente según el mismo Artefio y Espagnet, clibánicamente si creemos a Flamel y con peso y medida según Ramón Llull. Se puede decir de tal fuego que ha sido inventado, pero no del de nuestras cocinas, que es conocido por todos y que, según todas las apariencias, lo fue desde el comienzo del mundo.

El pueblo egipcio, del cual Diodoro había sin duda tomado lo que decía de Vulcano, no conocía otro fuego que el común, no podía, pues, hablar de aquel otro. Los sacerdotes, los filósofos instruidos por Hermes, conocían este otro fuego que es el principal agente del arte sacerdotal o hermético, pero se guardaban bien de explicar a este sujeto porque formaba parte del secreto que les era confiado. Vulcano era este mismo fuego personificado por ellos y por eso se le encontraba como abuelo de Osiris, o del fuego oculto en la piedra de los filósofos, a la que Espagnet llama *minera del fuego*.

Para conciliar todas las aparentes contradicciones de los autores sobre la genealogía de Osiris es preciso ponerse ante los ojos lo que pasa en la obra hermética y los nombres que los filósofos han dado en todos los tiempos a los diferentes estados y a los diversos colores principales de la materia en el transcurso de las operaciones. Esta materia está compuesta de una cosa que contiene dos substancias, la una fija y la otra volátil, o agua y tierra. Han llamado al uno macho y a la otra hembra, de los dos reunidos nace un tercero, que se encuentra como su hijo, sin diferir de su padre y de su madre que encierra en él, en cuanto a la substancia radical. La segunda obra es parecida a la primera.

Esta materia puesta en el vaso al fuego filosófico llamado Vulcano, o como se dice inventado por Vulcano, se disuelve, se pudre y se vuelve negra por la acción de este fuego. Ella es entonces el Saturno de los filósofos, o hermético, que en consecuencia se vuelve hijo de Vulcano, como lo llama Diodoro. Este color negro desaparece, el blanco y el rojo toman su lugar sucesivamente, la materia se fija y forma la piedra de fuego de Basilio Valentín,[49] la minera de fuego de Espagnet, *el fuego oculto* significado por Osiris. He aquí, pues, a Osiris hijo de Saturno. No es menos fácil de explicar el sentimiento de los que le hacen hijo de Júpiter y he aquí de qué manera. Cuando el color negro se desvanece, la materia pasa por el gris antes de llegar al blanco y los filósofos han dado el nombre de Júpiter a este color gris. Si se reflexiona un poco seriamente sobre lo que acabo de decir no se encontrará nada de embarazoso ni dificultoso en concebir cómo Osiris e Isis podían ser hermano y hermana, esposo y esposa, hijos de Saturno, hijos de Vulcano, hijos de Júpiter; cómo el mismo Osiris ha podido ser padre de Isis, puesto que Osiris siendo el fuego oculto en la materia, es el que le da la forma, la consistencia y la fijeza que ella adquiere seguidamente. En dos palabras, los egip-

49. Basilio Valentín, *El carro triunfal del Antimonio.*

cios entendían por Isis y Osiris tanto la substancia volátil y la substancia fija de la materia de la obra, como el color blanco y el rojo que toma en las operaciones.

Estas explicaciones, dirá alguien, no se corresponden en nada con la fábula, que hizo a Vulcano hijo de Júpiter y de Juno y que en consecuencia no podría ser padre de Saturno. Yo respondo a éste que estas contradicciones sólo son aparentes, se convencerá de ello cuando haya leído el capítulo que observa a Vulcano en particular, al cual remito al lector, para retornar a Osiris y a su expedición.

No es hombre sensato quien no reconoce el relato de esta historia como una ficción. Formar el deseo de marchar a conquistar toda la tierra, reunir para ello un ejército compuesto de hombres y mujeres, de sátiros, de músicos, de danzantes; empeñarse en enseñar a los hombres lo que ya sabían, no está muy bien concertado. Pero suponer que un rey, con un ejército de esta especie, haya recorrido África, Asia, Europa hasta sus extremos, asimismo que no haya un lugar donde no haya estado, según esta inscripción: *soy el hijo primogénito de Saturno, salido de un ilustre tronco y de una sangre generosa, primo del día, no hay lugar donde no haya estado y he extendido liberalmente mis beneficios sobre todo el género humano.*[50] El hecho no es verosímil y ello no se concebirá, como el abad Banier[51] puede haberlo contado con una gran sangre fría, si no se sabe que adopta de buena gana, sin mucha crítica, todo lo que es favorable a su sistema incluso aquello que aportan los autores y que él mismo dice de ello en más de un lugar que no hay que hacerle mucho caso. Al menos es inútil recurrir a la expedición de Osiris para fijar el tiempo en el que se empezó a cultivar las tierras en Ática y los otros países de Asia y de Europa. Las Santas Escrituras, el libro más antiguo y la más verdadera de todas las historias, nos enseñan que la agricultura era conocida antes del diluvio. Sin señalar lo falso y ridículo de una tal historia tomada al pie de la letra, es suficiente presentarla a un hombre un poco versado en la lectura de los filósofos herméticos para que decida, ya en el primer relato, que es un símbolo palpable de ello. Pero como debo de suponer que los lectores no tienen todas las operaciones de este arte suficientemente presentes, voy a pasar revista a todas las principales circunstancias de esta historia.

Isis y Osiris son, como ya hemos dicho, el agente y el paciente en un mismo sujeto. Osiris parte en su expedición y dirige su ruta primeramente por Etiopía para llegar al mar Rojo que rodea a Egipto, lo mismo que a Etiopía. Éste no era el camino más corto, pero es la ruta necesaria para las operaciones de la gran obra, donde el color negro y el color rojo son los dos extremos. La negrura se manifiesta primero al principio de las operaciones significadas por el viaje de Osiris a las Indias, pues ya sea porque Espagnet, Raimon Llull, Filaleteo, etc, hayan hecho alusión a este viaje de Osiris, o al de Baco, ya sea por otras razones, nos

50. Diodoro de Sicilia.

51. Banier, *Mitología*, t. 1.

dicen que no se puede tener éxito en la obra si no se recorren las Indias. Es preciso, pues, pasar primeramente por Etiopía, es decir, ver el color negro puesto que es la entrada y la llave del arte hermético: *estas cosas son creadas en nuestra tierra de Etiopía* -dicen Flamel[52]y Rasis[53]- *blanquead vuestro cuervo, si queréis hacerlo con el Nilo de Egipto, tomará, después de haber pasado por Etiopía, un color blanquecino, después conduciéndolo por los secretos de Persia con esto y con eso, el color rojo se manifestará tal como el de la adormidera en el desierto.*

Estando Osiris en Etiopía hizo levantar unos diques para preservar al país, no del desbordamiento del Nilo, sino de una inundación capaz de asolar el país, pues el agua de este río es absolutamente necesaria para volverlo fértil. Espagnet dice respecto a esto:[54] *el movimiento que debe ser particularmente lento al principio de su revolución* (de la circulación de los elementos que se hace durante la solución y la negrura), *en este segundo círculo debe ser más ligero que el movimiento del primero, por miedo a que los pequeños cuervos se encuentren inundados y sumergidos en su nido y que el mundo naciente sea destruido por el diluvio.* Este círculo debe distribuir el agua sobre el terreno con peso y medida y en proporción geométrica.[55] Es preciso, pues, levantar diques, ya sea para hacer entrar de nuevo al río en su lecho, como hizo Hércules en el territorio de Prometeo, ya sea para impedir que lo inunde, como hizo Osiris en Etiopía.

El autor de la simulada historia de Osiris no ha olvidado nada de lo que era necesario para dar jeroglíficamente una idea tanto de lo que compone la obra como de las operaciones requeridas y de los signos demostrativos. Es preciso señalar primero que, durante la estancia de Osiris en Etiopía, el Nilo se desbordó y este príncipe hizo levantar diques para preservar al país de los desastres que su inundación habría ocasionado, este autor ha querido designar mediante ello la resolución de la materia en agua, lo mismo que por el desbordamiento del Nilo en Egipto, en el territorio del cual Prometeo era rey o gobernador. El artista de la gran obra debe de poner atención en que Etiopía no fue inundada y que el gobierno de Prometeo lo fue. Es como la parte de la materia terrestre que se pudre y ennegrece, que sobrenada en la disolución, el lugar que la fija, que encierra el fuego innato y que Prometeo robó al Cielo para hacer partícipes a los hombres, permanece en el fondo del vaso y se encuentra sumergido.

Las atenciones que debe de tener en esta ocasión el artista, significado por Hércules, están muy bien expresadas en la nota a pie de página.[56] Explicare-

52. Flamel, *Deseo deseado.*
53. Rasis, *Libro de las luces.*
54. Espagnet, *La Obra secreta de la Filosofía de Hermes,* can. 88.
55. Este círculo es aquel que pesa el agua y examina su medida, pues la distribuye por razón y proporción geométricas. Espagnet, *ibíd.*
56. Las leyes del movimiento de este círculo son que gire lentamente y por grados y que destribuya (el húmedo) con moderación, por temor de que, precipitándose demasiado, se aleje de su justa medida y de que el fuego, tanto el natural como el injertado, arquitecto de toda la obra, una vez recubierto por

mos en el capítulo de Baco, en el libro tres, lo que se debe de entender por los sátiros, y se encontrará en el de Orestes lo que concierne a la cabellera de Osiris. Las nueve ninfas o musas y los músicos que están en el séquito de Osiris son las partes volátiles, o las nueve águilas que Senior dice que son requeridas con una parte fija designada por Apolo. Hablaremos de ello más extensamente en el capítulo de Perseo, donde explicaremos su genealogía y sus acciones.

Triptolemo preside la simiente de los cereales, es encargado por Osiris para instruir a los pueblos en todo lo que concierne a la agricultura. No hay alegorías más comunes en las obras que tratan del arte hermético que aquellas que tratan de la agricultura. Hablan sin cesar del grano, de la elección que se ha de hacer, de la tierra donde es preciso encerrarlo y de la manera de hacerlo. Se verán los ejemplos de ello cuando hablemos de la educación de Triptolemo a cargo de Ceres en el cuarto libro. Raimon Llull,[57] Ripley y muchos otros filósofos llaman a su agua mercurial, *vino blanco o vino rojo.*

Aunque Osiris conocía perfectamente la prudencia y la capacidad de Isis para gobernar sus estados durante su expedición, sin embargo, dejó a Mercurio junto a ella para darle consejo. Sentía la necesidad de tal consejero puesto que Mercurio es el mercurio de los filósofos, sin el cual no se puede hacer nada al comienzo, en el medio y al final de la obra, es él quien, en concierto con Hércules o el artista, constituido gobernador general de todo el imperio, lo debe dirigir todo, conducirlo todo y hacerlo todo. El mercurio es el principal agente interior de la obra, es caliente y húmedo, disuelve y pudre, dispone a la generación y el artista es el agente exterior. Esto se encontrará explicado con más detalle en el transcurso de esta obra, particularmente en el capítulo de Mercurio, libro tercero y en el quinto donde trataremos los trabajos de Hércules.

Si se examinan con cuidado todas las particularidades de la expedición de Osiris se verá claramente que no hay una sola que no haya sido puesta a propósito y con intención, incluso las ceremonias del culto rendido a Osiris, que se dice que fueron instituidas por Isis ayudada por los consejos de Hermes. Se habría dicho más verdad si se hubiera atribuido esta institución nada más que a Hermes, pues parece ser que fue el inventor de la historia de Isis y de Osiris y del misterioso culto que se le rendía en Egipto. Pero ¿a qué viene ese misterio, si sólo se trataba de contar una historia real y de instituir ceremonias para conservar su recuerdo? El simple relato de los hechos y los triunfos que tubieron serían más que suficiente para inmortalizar al uno y al otro. Hubiera

las aguas pierda su vigor y se extinga. Es necesario también que el alimento sólido y el líquido sean tomados alternativamente a fin de hacer mejor la digestión y que sea más perfecta la proporción de seco y húmedo, dado que este vínculo indisoluble es el fin y el cuerpo de la obra. Por lo tanto, ten el cuidado, cuando rocíes, de poner tanto húmedo como el que se consume durante el calor de la evacuación, a fin de que la restauración, que es corroborativa, restituya tantas fuerzas perdidas como las que se ha llevado la evacuación debilitante. Espagnet, *ibid.* can. 89

57. R. Llull, *El Testamento, Codicilio, lib. de la quintaesencia y otros.*

sido más natural recordar su memoria mediante las representaciones tomadas del fondo de la cosa misma. Puesto que se quería que todo el pueblo fuera instruido, hubiera sido preciso poner todo a su alcance y no inventar jeroglíficos, de los que solamente los sacerdotes tendrían la llave. Este misterio debe hacer suponer algún secreto oculto bajo estos jeroglíficos que sólo se desvelaría a los iniciados o a los que se quería iniciar en el arte sacerdotal.

Las dos obras que son objeto de este arte están comprendidas, la primera en la expedición de Osiris, la segunda en su muerte y su apoteosis. Por la primera se hace la piedra, por la segunda se forma el elixir. Osiris recorre en su viaje Etiopía, después las Indias, Europa y regresa a Egipto por el mar Rojo para disfrutar de la gloria que había adquirido, pero encuentra allí la muerte. Es como si se dijera: en la primera obra la materia pasa primero por el color negro, seguidamente por colores variados, el gris, el blanco y al fin sobreviene el rojo, que es la perfección de la primera obra y de la piedra o del azufre filosófico. Estos variados colores han sido declarados más abiertamente y designados más claramente mediante los leopardos y los tigres que la fábula supone haber acompañado a Baco en un viaje parecido al de Osiris, pues todo el mundo conviene en que Osiris y Baco son una misma persona, o mejor dicho, dos símbolos de una misma cosa.

La segunda obra está muy bien representada por la clase de muerte de Osiris y por los honores que se le rinden. Escuchemos a Diodoro a este respecto. Se ha descubierto -dice- en los antiguos escritos secretos de los sacerdotes que vivieron en el tiempo de Osiris, que este príncipe reinó con justicia y equidad sobre Egipto, que su hermano impío y malvado, llamado Tifón, lo asesinó y lo cortó en 26 partes, que distribuyó entre sus cómplices, a fin de volverlos más culpables, a estos se les unieron más y los tenía como defensores y sostén en su usurpación. Isis, hermana y mujer de Osiris, para vengar la muerte de su marido, llamó en su ayuda a su hijo Horus, el cual mató en combate a Tifón y sus cómplices y tomó junto con su hijo la posesión de la corona.

La batalla se dio a lo largo de un río, en la parte de Arabia donde está situada la ciudad que tomó el nombre de Antea después de que Hércules en el tiempo de Osiris hubiera matado a un príncipe tirano que llevaba el nombre de esta ciudad. Isis encontró los miembros esparcidos del cuerpo de su esposo y los reunió con cuidado, pero buscó inútilmente ciertas partes que al no encontrarlas consagró sus representaciones, de ahí el uso del falo vuelto tan célebre en las ceremonias religiosas de los egipcios.

De cada miembro, Isis formó una figura humana añadiéndoles aromas y cera. Juntó a los sacerdotes de Egipto y les confió a cada uno en particular uno de estos depósitos, asegurándoles que cada uno de ellos tenía el cuerpo entero de Osiris, recomendándoles expresamente no descubrir jamás a nadie que poseían este tesoro y de rendirle y hacer rendirle el culto y los honores que se les había prescrito. A fin de persuadirlos más seguramente les concedió la tercera parte de los campos cultivados de Egipto. Ya sea porque los sacerdotes estaban convencidos de los méritos de Osiris –es siempre Diodoro el que habla– o bien porque fueron persuadidos por estos beneficios de Isis, el caso es que hicieron todo lo que les había recomendado y cada uno de ellos se deleita aún hoy día de ser el poseedor de la tumba de Osiris. Honran a los animales que se habían consagrado a este príncipe desde el comienzo y cuando estos animales mueren, los sacerdotes renuevan los llantos y el duelo que se hizo en la muerte de Osiris. Le sacrifican toros sagrados, de los que uno lleva el nombre de Apis y el otro el de Mnevis, el primero era sostenido en Menfis, el segundo en Heliópolis; todo el pueblo reverencia a estos animales como a dioses.

Isis, según la tradición de los sacerdotes, juró, tras la muerte de su marido, que no se volvería a casar. Mantuvo su palabra y reinó tan gloriosamente que ninguno de los que llevaron la corona tras ella le sobrepasó. Tras su muerte le otorgaron los honores de los dioses y fue enterrada en Menfis en la selva de Vulcano, donde se muestra aún su tumba. Mucha gente –añade Diodoro– piensan que el cuerpo de estos dioses no está en los lugares donde se cuenta en el pueblo del que son, sino que han sido depositados sobre las montañas de Egipto y Etiopía junto a la isla llamada *las puertas del Nilo,* a causa del campo consagrado a estos dioses. Algunos monumentos favorecen esta opinión, pues se ve en esta isla un mausoleo levantado en honor de Osiris y todos los días los sacerdotes de este lugar rellenan de leche 360 urnas y renuevan el duelo por la muerte de este rey y de esta reina dándoles el título de dios y diosa. Es por esto por lo que no está permitido a ningún extranjero atracar en esta isla. Los habitantes de Tebas, que pasa por ser la ciudad más antigua de Egipto, observan como el más gran juramento el que hacen por Osiris, que habita en las nubes, pretendiendo tener en posesión todos los miembros del cuerpo de este rey, que Isis había reunido. Cuentan más de diez mil años, algunos dicen cerca de veintitrés mil, después del reino de Osiris y de Isis hasta el de Alejandro de Macedonia, que construyó en Egipto una ciudad con su nombre.

Plutarco[58] nos enseña de qué manera Tifón hizo perder la vida a Osiris. Tifón, dice él, habiéndolo invitado a un soberbio festín, propuso a los invitados, tras la comida, medirse en un cofre trabajado exquisitamente, prometiendo darlo a aquel que fuera de la misma medida. Cuando le tocó el turno a Osiris, al ponerse allí, los conjurados se levantaron de la mesa, cerraron el cofre y lo echaron al Nilo. Isis, informada del trágico fin de su esposo, emprendió la búsqueda de su cuerpo y habiendo conocido que estaba en Fenicia, oculto bajo un tamarindo donde las olas lo habían echado, fue a la corte de Biblos donde se puso al servicio de Astarté para tener más comodidad en descubrirlo. Al fin lo encontró e hizo tan grandes lamentaciones que el hijo del rey de Biblos murió de pena, lo que tocó tan fuerte al rey, su padre, que permitió a Isis llevarse este cuerpo y retirarse a Egipto. Tifón, informado del duelo de su bella hermana, se apoderó del cofre, lo abrió, cortó en trozos el cuerpo de Osiris e hizo lle-

58. Plutarco, *Isis y Osiris.*

var los miembros a diferentes lugares de Egipto. Isis reunió con cuidado estos miembros esparcidos los encerró en un ataúd y consagró la representación de las partes que no había podido encontrar, tras haber derramado cantidad de lágrimas, lo hizo enterrar en Abyde, ciudad situada al occidente del Nilo. Y si los antiguos emplazan la tumba de Osiris en otros lugares es porque han hecho levantar una por cada parte del cuerpo de su marido, en el lugar mismo donde Isis lo había encontrado.

Me he referido aquí a Plutarco sólo para hacer ver que los autores están de acuerdo en cuanto al fondo, aunque varíen respecto a las circunstancias. Esta servidumbre de Isis en casa del rey de Biblos bien podría haber dado lugar a aquella de Ceres en casa de Triptolemo en Eleusis, puesto que se conviene en que Isis y Ceres son una misma persona. Lo confesamos de buena fe: aún cuando la misma Escritura santa y los historiadores no nos convencieran de la falsedad del cálculo cronológico de los egipcios, el resto de esta historia ¿tiene un aire verosímil?, ¿puede ser que una reina tan ilustre y tan conocida como Isis, haya estado puesta al servicio en casa de un rey, su vecino? ¿y que el hijo de este rey muriera de pena al verla lamentarse sobre el cuerpo de su marido perdido?, y que finalmente, ¿lo encuentre bajo un tamarindo y lo vuelva a llevar a Egipto, etc.? Semejantes historias no merecen ser refutadas pues su absurdidad es tan palpable que es sorprendente que Plutarco se haya dignado conservárnosla y aún más asombroso que los autores eruditos lo sostengan. Pero estas circunstancias de la muerte de Osiris y lo que sigue están lejos de parecer absurdas si se toman en el sentido alegórico del arte sacerdotal pues entonces, sucede lo contrario, reafirman muy grandes verdades. He aquí la prueba, por la simple exposición de lo que pasa en la operación del elixir.

Esta segunda operación es parecida a la primera y su llave es la solución de la materia, o la división de los miembros de Osiris en muchas partes. El cofre donde este príncipe es encerrado es el vaso filosófico sellado herméticamente. Tifón y sus cómplices son los agentes de la disolución, veremos el por qué después de esto en la historia de Tifón. La dispersión de los miembros del cuerpo de Osiris es la volatilización del oro filosófico y la reunión de estos miembros indica la fijación. Ésta se hace mediante los cuidados de Isis, o la tierra que, como un amante, dicen los filósofos, atrae a ella las partes volatilizadas; entonces Isis, con la ayuda de su hijo Horus, combate a Tifón, lo mata, reina gloriosamente y se reúne al fin con su querido esposo en la misma tumba, es decir, que la materia disuelta, se coagula y se fija en el mismo vaso, porque como dice un axioma de los filósofos es, *solutio corporis est coagulatio spiritus.*

Horus, hijo de Osiris y de Isis, es reconocido por todos los autores por ser lo mismo que Apolo, se dice también que Apolo mató a la serpiente Pitón a flechazos, *Pithón* es el anagrama de *Tiphón*. Pero este Apolo debe de entenderse como el Sol o el oro filosófico, que es la causa de la coagulación y de la fijación. Se encontrará esto explicado con más detalle en el tercer libro de esta obra en el capítulo de Apolo.

Osiris fue finalmente puesto en el rango de los dioses por Isis, su esposa, y por Mercurio, quien instituyó las ceremonias de su culto. Es preciso señalar dos cosas respecto a esto: 1.º, que los dioses, en el rango de los cuales fue puesto Osiris, no podían ser más que dioses fabricados por la mano de los hombres, es decir, dioses químicos o herméticos. Mercurio Trismegisto lo dice positivamente;[59] ya hemos aportado sus palabras respecto a esto. 2.º, Que *Mercurio* es igualmente el nombre del mercurio de los filósofos y de Hermes Trismegisto. El uno y el otro han trabajado con Isis en la deificación de Osiris, el filosófico actuando en el vaso en concierto con Isis y el filósofo conduciendo exteriormente las operaciones, es lo que ha hecho dar al uno y al otro el título de consejero de Isis porque no emprendía nada sin ellos. Fue, pues, Trismegisto quien determinó su culto y quien instituyó las misteriosas ceremonias, para que fueran símbolos y alegorías permanentes tanto de la materia como de las operaciones del arte hermético o sacerdotal, como veremos seguidamente

CAPÍTULO IV

Historia de Isis

Cuando se hace la genealogía de Osiris, se hace también la de Isis, su esposa, puesto que era su hermana. Se piensa comúnmente que era el símbolo de la Luna, como Osiris lo era del Sol, pero se la toma también por la naturaleza en general y por la tierra, según Macrobio. De allí viene, dice este autor, que se represente a esta diosa teniendo todo el cuerpo cubierto de tetas. Apuleyo es del mismo parecer que Macrobio y hace la descripción siguiente:[60] *una cabellera larga y bien provista caía en ondas sobre su divino cuello, tenía en la cabeza una corona variada por su forma y por las flores que la adornaban. En medio, por delante, aparecía una especie de globo, en forma casi de espejo que despedía una luz brillante y plateada, como la de la Luna. A la derecha y a la izquierda de este globo se levantaban dos ondulantes víboras, como para engarzarla y sostenerla y de la base de la corona salían espigas de trigo. Una ropa de lino fino la cubría enteramente. Esta ropa era muy resplandeciente, tanto por su gran blancura como por su amarillo azafranado, en fin, por un color de fuego tan vivo, que mis ojos estaban deslumbrados. Una toga destacable por su gran negrura pasaba desde el hombro izquierdo por debajo del brazo derecho y ondeaba en muchos pliegues descendiendo hasta los pies, estaba bordada de nudos y flores variadas y salpicada de estrellas en toda su extensión. En medio de estas estrellas se mostraba*

59. Hermes, *Asclepio.*

60. Apuleyo, *Metamorfosis*, lib. 11.

la Luna con rayos parecidos a las llamas. Esta diosa tenía un cetro en la mano derecha, que por el movimiento que le daba producía un sonido agudo, pero muy agradable; en la izquierda llevaba un vaso de oro cuya asa estaba formada por un áspid que elevaba la cabeza con aire amenazante; el calzado que cubría sus pies, exhalantes de ambrosía, era de un tejido que estaba hecho de palma victoriosa. Esta gran diosa cuya dulzura del aliento sobrepasa a todos los perfumes de la dichosa Arabia, se dignó hablarme en estos términos: soy la naturaleza madre de las cosas, dueña de los elementos, el principio de los siglos, la soberana de los dioses, reina de los manes, la primera de las naturalezas celestes, la faz uniforme de los dioses y de las diosas, soy yo que gobierno la sublimidad luminosa de los cielos, los vientos saludables de los mares y el silencio lúgubre de los infiernos. Mi divinidad única es honrada por todo el universo, pero bajo diferentes formas, bajo diversos nombres y por diferentes ceremonias. Los frigios, lo primeros nacidos de los hombres, me llaman Pesinúntica madre de los dioses, los atenienses Minerva Cecrópea, los de Chipre Venus Pafia, los de Creta Diana Dictina, los sicilianos, que hablan tres lenguas, Proserpina Estigiana, los eleusinos la antigua diosa Ceres, otros Juno, otros Belona, algunos Hécate, otros Ramnusia. Pero los egipcios que están instruidos en la antigua doctrina me honran con las ceremonias que me son propias y convenientes y me llaman por mi verdadero nombre, la reina Isis.

Isis era más conocida por su propio nombre fuera de Egipto que Osiris porque era considerada como madre y naturaleza de las cosas. Este sentimiento universal debería de haber hecho abrir los ojos a los que la observaban como una verdadera reina de Egipto y que, en consecuencia, pretendían adaptar su figurada historia a la historia real de los reyes de aquel país.

Los sacerdotes de Egipto contaban, según el testimonio de Diodoro, veinte mil años después del reino del Sol hasta el tiempo en que Alejandro el Grande pasó a Asia. Decían también que sus antiguos dioses reinaron cada uno doscientos de años y que sus sucesores no reinaron menos de trescientos, lo que algunos entienden según el curso de la Luna y no del Sol, contando los meses por años. Eusebio, que hace mención de la cronología de los reyes de Egipto, emplaza a Océano como el primero de todos, hacia el año del mundo 1802, tiempo en el cual Nimrod fue el primero en atribuirse la superioridad sobre los otros hombres. Eusebio dio como sucesores de Océano a Osiris e Isis. Los pastores reinaron seguidamente durante 103 años, después la dinastía de los politanos durante 348 años, de los cuales el último fue Miris o el faraón, llamado Menofis, alrededor del año del mundo 2550. A esta dinastía sucedió la de los Lartes que duró 194 años, después la de los diapolitanos que fue de 177 años.

Pero si quitamos 1020 años del mundo hasta el reinado de Alejandro, el reino del Sol u Horus, que sucedió a Isis, recaerá en el año del mundo alrededor de 2608, tiempo en el cual, según Eusebio, reinó Zeto, inmediato sucesor de Miris. Así, por este cálculo, no se encuentra lugar para colocar los reinados de Osiris, Isis, el Sol, Mercurio, Vulcano, Saturno, Júpiter, el Nilo y Océano. Se sabe, sin embargo –dice Diodoro– que algunos aurores emplazan las tumbas de estos reyes dioses en la ciudad de Nisa en Arabia, de donde han dado a Dionisio el sobre nombre de Niseo. Como la cronología de los reyes de Egipto no entra en el deseo de esta obra, dejo a otros el cuidado de levantar todas estas dificultades cronológicas y retorno a Isis como principio general de la naturaleza y principio material del arte hermético.

El retrato de Isis que hemos dado, según Apuleyo, es una alegoría de la obra, palpable para los que han leído atentamente las obras que tratan de ello. Su corona y los colores de su hábito lo indican todo en general y en particular. Isis pasó por ser la Luna, la tierra y la naturaleza. Su corona, formada por un globo brillante como la Luna, lo anuncia a todo el mundo. Las dos serpientes que sostenían este globo son las mismas de las que hemos hablado en el primer capítulo de este libro, explicando el monumento de A. Herenuleio Hermes. El globo es también la misma cosa que el huevo de este monumento. Las dos espigas que salen indican la materia del arte hermético, que la naturaleza emplea para hacerlo vegetar todo en el Universo. Los colores que sobrevienen a esta materia durante las operaciones ¿no están expresamente dichos en la mención que se hace de la vestimenta de Isis? Una toga o larga ropa sorprendente por su gran negrura, *palla nigerrima splendescens atro nitore,* cubre totalmente el cuerpo de Isis dejando percibir solamente por lo alto otra ropa de lino fino, primero blanco, después azafranado, finalmente el color del fuego. *Multicolor bysso tenxi proetexta, nunc albo candore lucida, nunc croceo flore lutea, nunc roseo rubore flammea.* Apuleyo había copiado sin duda esta descripción de algún filósofo, pues todos se expresan de la misma manera a este respecto. Ellos llaman al color negro, el negro más negro que el mismo negro, *nigrum nigro nigrius*. Homero da un parecido a Tetis, cuando se dispone ir a solicitar los favores y la protección de Júpiter para su hijo Aquiles.[61] No había en el mundo, dice este poeta, vestimenta más negra que la suya. El color blanco sucede al negro, el azafranado al blanco y el rojo al azafranado, precisamente como lo relata Apuleyo. Se puede consultar más arriba el tratado de la obra que he dado anteriormente. Espagnet en particular está perfectamente conforme con la descripción de Apuleyo y nombra estos cuatro colores como los medios demostrativos de la obra.[62]

61. Tomó el velo azul sombrío; ningún vestido más oscuro que este había. *Ilíada,* lib. 24, vers. 93.

62. Los medios que conciernen a los signos demostrativos son los colores, que aparecen sucesivamente y en orden en la materia, indicando sus afecciones y pasiones, de los que tres son tenidos por principales y críticos: el primero es el negro llamado cabeza de cuervo, en razón de la extrema negrura que con ella adviene a la materia: su crepúsculo y una blancura desfalleciente indican el comienzo de la acción del fuego de la naturaleza, o principio de la disolución; pero su noche más negra indicará la perfección de la licuefacción y de la confusión de los elementos. Entonces el grano empieza a pudrirse y a corromperse, con objeto de ser más apto para la generación. Al color negro sigue el color blanco, donde se alberga la perfección del primer grado, la del azufre blanco, de ahí que entonces sea llamada piedra bendita: esa es la tierra blanca y foliada en la que los filósofos siembran su oro. El tercer color es el color citrino que

Parece que Apuleyo haya querido decirnos que todos estos colores nacen los unos de los otros, que el blanco está contenido en el negro, el amarillo en el blanco y el rojo en el amarillo, es por esto por lo que el negro cubre a los otros. Se me podría objetar quizás que esta ropa negra es el símbolo de la noche y que la cosa está indicada por la Luna creciente, emplazada en medio con las estrellas de las que ella está totalmente salpicada, pero los otros acompañamientos no convienen en ello del todo. No es asombroso que haya puesto sobre la ropa de Isis una Luna creciente puesto que se la tomaba por la Luna, pero como la noche impide distinguir el color de los objetos, Apuleyo habría dicho muy mal a propósito que los cuatro colores del vestido de Isis se distinguían y despedían cada uno en particular un resplandor tan grande que estaba deslumbrado. Por otro lado, este autor no hace ninguna mención de la noche ni de la Luna, sino solamente de Isis como principio de todo lo que la naturaleza produce, lo que no haría convenir a la Luna celeste, sino solamente a la Luna filosófica, puesto que en la celeste sólo sobresale el color blanco y no el azafranado y el rojo.

Las espigas de trigo prueban que Isis y Ceres eran un mismo símbolo, la cítara y el vaso o pequeño cubo son las dos cosas requeridas para la obra, es decir, el *latón* filosófico y el agua mercurial, pues la cítara era comúnmente un instrumento de cobre y las varitas que lo atravesaban eran también de cobre, alguna vez de hierro. Los griegos inventaron después la fábula de Hércules que cazó los pájaros del lago Estinfalia haciendo ruido con un instrumento de cobre. Lo uno y lo otro debe de explicarse de la misma manera. Hablaremos de ello en los trabajos de Hércules, en el quinto libro.

Ordinariamente se representaba a Isis no solamente teniendo una cítara sino con un cubo u otro vaso en la mano, o detrás de ella, para señalar que no podía hacer nada sin el agua mercurial que se le había dado como consejero. Ella es la tierra o el *latón* de los filósofos, pero el latón no puede nada por él mismo, dicen, si no es purificado y blanqueado por el azot o agua mercurial. Por la misma razón, Isis era muy a menudo representada con un cántaro sobre la cabeza, a menudo también con un cuerno de la abundancia en la mano, para significar en general a la naturaleza que abastece de todo abundantemente y en particular la fuente de la felicidad, de la salud y de las riquezas, como se encuentra en la obra hermética.

En los monumentos griegos[63] se la ve algunas veces rodeada de una serpiente o acompañada por este reptil, porque la serpiente era el símbolo de Esculapio, dios de la medicina, y los egipcios atribuían su invención a Isis. Pero tenemos más razones para considerarla como la materia misma de la medicina filosófica o universal que empleaban los sacerdotes de Egipto para curar todo tipo de enfer-

se produce cuando el blanco pasa al rojo y que es como un intermediario entre esos dos colores, al estar mezclado de uno y de otro y es pareciso a la aurora de cabellos dorados, la precursora del Sol. *La Obra secreta de la Filosofía de Hermes,* can. 64

63. Lo que digo aquí de los atributos de Isis se prueba por los monumentos antiguos citados en *la Antiguedad explicada* de D. Bernard de Montfaucon.

medades. Sin que el pueblo supiera cómo[64] ni con qué, porque la manera de hacer este remedio estaba contenida en los libros de Hermes que sólo los sacerdotes tenían derecho a leer y que sólo ellos podían entender, a causa de que todo estaba velado bajo las tinieblas de los jeroglíficos. El mismo Trismegisto nos enseña,[65] que Isis no fue la inventora de la medicina sino que fue el abuelo de Asclepios o Hermes del que llevaba el nombre.

No es preciso, pues, creer a Diodoro, ni a la tradición popular de Egipto, según la cual dice que Isis inventó no sólo muchos de los remedios para curar las enfermedades, sino que contribuyó infinitamente en la perfección de la medicina y que ella misma encontró un remedio capaz de procurar la inmortalidad del que usó con su hijo Horus, cuando fue muerto por los Titanes y, en efecto, lo volvió inmortal. Se convendrá conmigo que todo esto debe de explicarse alegóricamente y que, según la explicación que nos ofrece el arte hermético, Isis contribuyó mucho en la perfección de la medicina, puesto que ella misma es la materia de la que se hace el más excelente remedio que se ha hecho jamás en la naturaleza. Pero ello no sería así si Isis estuviera sola, es preciso necesariamente que ella se case con Osiris, porque los dos principios deben de estar reunidos en un todo, así como desde el principio de la obra ellos sólo forman un mismo sujeto, en el cual están contenidas dos substancias, una macho y la otra hembra.

El viaje de Isis a Fenicia para ir a buscar el cuerpo de su marido, los lloros que ella vertió antes de encontrarlo, el árbol bajo el cual estaba ocultado, todo está señalado en el arte sacerdotal. En efecto, Osiris estando muerto, es echado al mar, es decir, sumergido en el agua mercurial o mar de los filósofos; se dice que Isis vierte lágrimas porque la materia siendo aún volátil, representada por Isis, sube en forma de vapores, se condensa y recae en forma de gotas. Esta tierna esposa busca a su marido con inquietud, con llantos y gemidos y sólo lo puede encontrar bajo un tamarindo, esto es porque la parte volátil sólo se reúne con la fija cuando sobreviene la blancura; entonces la rojez u Osiris es ocultado bajo el tamarindo, porque las flores de este árbol son blancas y las raíces rojas. Este último color está indicado más precisamente por el nombre de Fenicia, que viene de φοῖνιξ, rojo, color púrpura.

Isis revivió a su marido y, tras haber reinado gloriosamente, fue puesta entre el número de los dioses. Mercurio determinó su culto, como lo había hecho con el de Osiris, porque en la segunda operación llamada segunda obra, o segunda disposición por Morien,[66] la Luna de los filósofos, o su Diana, o la materia al blanco, significada también por Isis, aparece aún tras la solución o la muerte de Osiris, por eso se encuentra puesta en el rango de los dioses,

64. Qui quidem libro (Medici) nonnisi abiis qui sacerdotalis ordinis erant legebantur; unde & hieroglyphicis variis obvelati morbo quidem oppressis applicati ad salutem ita conferum ipsam plebem lateret ut in sequentibus probaturi sumus. *Kircher, Oedyp. Aegypt.* T. II, 2.ª parte, cl. p. 347.

65. Hermes, *Asclepio.*

66. Morien, *Conversación con el Rey Calid.*

pero de los dioses filosóficos, puesto que ella es su Diana o la Luna, una de las principales diosas de Egipto, en ello se ve claramente el por qué se atribuye esta deificación a Mercurio.

Pero si toda esta historia no es una ficción, como pretende el abad Banier,[67] puesto que dice que Osiris es el mismo que Mizraim, hijo de Cam, que pobló Egipto algún tiempo después del diluvio. Y también añade que a pesar de la oscuridad que reina en la historia de Osiris, los eruditos están obligados a convenir que ha sido uno de los primeros descendientes de Noé, por Cam, y que gobernó en Egipto donde se retiró su padre, que Diodoro de Sicilia nos asegura que este príncipe es el mismo que Menes, el primer rey de Egipto y que es allí donde hizo guardarse; invitaría a todos estos sabios a que me dijeran por qué todos los autores antiguos que han hablado de Mizraim y de Menes no han hecho ninguna mención hablando de ellos, del famoso viaje o célebre expedición que el pretendido Osiris hizo a África, a Asia y por todo el mundo, según esta inscripción encontrada sobre antiguos monumentos, aportado por Diodoro y todos los autores que después han hablado de Osiris y por el mismo abad Banier, pero que no lo ha referido exactamente:

> SATURNO, EL MÁS JOVEN DE TODOS LOS DIOSES, ERA MI PADRE. SOY OSIRIS, REY; HE RECORRIDO TODO EL UNIVERSO, HASTA LAS EXTREMIDADES DE LOS DESIERTOS DE LA INDIA, DE ALLÍ HACIA EL SEPTENTRIÓN, HASTA LOS MANANTIALES DEL ISTER; SIGUIENDO POR OTRAS PARTES DEL MUNDO HASTA EL OCÉANO. SOY EL HIJO PRIMOGÉNITO DE SATURNO, SALÍ DE UNA RAMA ILUSTRE, Y DE UNA SANGRE GENEROSA, QUE NO TENÍA SIMIENTE. NO HAY LUGAR DONDE YO NO HAYA ESTADO. HE VISITADO TODAS LAS NACIONES PARA ENSEÑARLES TODO AQUELLO DE LO QUE HE SIDO INVENTOR.

No creo que pueda atribuirse a ningún rey de Egipto todo lo que reza en esta inscripción, particularmente *la generación sin simiente,* en cambio esta última definición se encuentra en la obra hermética, donde se entiende por Saturno el color negro, del cual nacen el blanco o Isis y el rojo u Osiris, la primera llamada Luna y el segundo Sol o Apolo. No es menos difícil, o más bien imposible, poder aplicar a una reina la inscripción siguiente, sacada de una columna de Isis y aportada por los mismos autores.

> YO, ISIS, SOY LA REINA DE ESTE PAÍS, EGIPTO, Y TENGO A MERCURIO COMO PRIMER MINISTRO. NADIE PODRÁ REVOCAR LAS LEYES QUE HE HECHO E IMPEDIR LA EJECUCIÓN DE LO

67. Banier, *Mitología*, t. 1, p. 483, ss.

QUE HE ORDENADO. SOY LA PRIMOGÉNITA DE SATURNO, EL MÁS JOVEN DE LOS DIOSES, SOY LA HERMANA Y LA MUJER DE OSIRIS. SOY LA MADRE DEL REY HORUS. SOY LA PRIMERA INVENTORA DE LA AGRICULTURA. SOY EL PERRO BRILLANTE ENTRE LOS ASTROS. LA CIUDAD DE BUBASTE HA SIDO CONSTRUIDA EN MI HONOR. ¡REGOCÍJATE, OH EGIPTO! QUE ME HAS NUTRIDO.

Pero si se aplica ésta a la materia del arte sacerdotal y si se comparan estas expresiones con las de los filósofos herméticos, se las encontrará totalmente tan conformes, que se estará, por así decirlo, obligado a convenir en que el autor de estas inscripciones tenía a la vista el mismo objeto que los filósofos. Diodoro dice que sólo se podía leer de su tiempo lo que hemos aportado, porque el resto estaba borrado por la antiguedad. No es posible –añade– tener ningún esclarecimiento respecto a ello, pues los sacerdotes guardan inviolablemente el secreto sobre lo que les ha sido confiado, queriendo mejor que la verdad sea ignorada por el pueblo que correr el riesgo de sufrir las penas impuestas a los que divulgaran estos secretos. Pero todavía una vez más, ¿cuáles eran estos secretos tan fuertemente recomendados? Los que con Cicerón dicen que consistía en no decir que Osiris había sido un hombre ¿están en lo cierto? Sólo la pretendida conducta de Isis en consideración a los sacerdotes era capaz de traicionar estos secretos, la de los sacerdotes hacia el pueblo lo descubría aún más. ¡Cómo! ¿Se me hará creer que Osiris no fue jamás un hombre y se me mostrará su tumba? Asimismo me temo que no dudo de su muerte y como si se quisiera que no se le pierda de vista, se multiplica esta tumba. Cada sacerdote me dice que él es el poseedor de la misma. Confesemos que este secreto estaría mal concertado. Y después de todo ¿para qué este secreto inviolable expuesto en la tumba de un rey ardientemente amado por sus súbditos? ¿Cuál es el interés en ocultar la tumba de Osiris?

Si se dice que Hermes aconsejó a Isis que ocultara la tumba de su marido, a fin de evitar al pueblo la ocasión de hacer idolatría, porque sentía que el gran amor que había concebido el pueblo por Osiris, a causa de los beneficios de él recibidos, podría conducirle a adorarle en reconocimiento, este sentimiento estaría muy conforme con las ideas que debemos de tener de la verdadera piedad de Hermes. Pero lejos de ocultar esta tumba, Isis hizo una para cada miembro y quiso persuadir de que todo el cuerpo de Osiris estaba en cada una de estas tumbas, esto es, al contrario, multiplicar la piedra de escándalo y de tropiezo. La Escritura santa nos enseña que Josué condujo a los israelitas por otra ruta cuando Moisés murió,[68] para impedir sin duda que los hebreos imitasen todavía a los egipcios en este género de idolatría.

68. *Deuteronomio*, 34.

Pero no era para ocultar al pueblo la pretendida humanidad de Osiris que se hizo un secreto de su tumba; si se prohibía, bajo penas rigurosas, decir que Isis y su marido habían sido hombres es porque, en efecto, jamás lo fueron. Esta prohibición que no se concedía de ningún modo con la demostración pública de sus tumbas, tendría de hacer suponer algún misterio oculto bajo esta contradicción; el gran secreto que observaban los sacerdotes todavía habría de provocar más la curiosidad. Pero el pueblo no pensaba en sondear tan escrupulosamente las cosas, las tomaban tal como se las daban sin examinarlas mucho. Por otra parte ¿de qué secreto se trataba, que pudiera tener relación con una tumba y con lo que encerraba? Tomemos la cosa alegóricamente; leamos a los filósofos y veremos las tumbas tan misteriosas. Basilio Valentín[69] emplea esta alegoría dos o tres veces; Norton[70] dice que es preciso hacer morir al rey y amortajarlo. Raimon Llull, Flamel, el Trevisano, Aristeo en *la Turba* y otros tantos se expresan poco más o menos en este sentido, pero todos ocultan con mucho cuidado la tumba y lo que encierra, es decir, el vaso y la materia que contiene. El Trevisano dice,[71] que el rey viene a bañarse en el agua de una fuente, porque ama mucho esta agua y que es amado por ella, porque de allí ha salido y allí muere y que ella le sirve de tumba. Sería muy largo aportar todas las alegorías de los autores que prueban, a los que no se dejan cegar por los prejuicios, que este secreto es el del arte sacerdotal, tan fuertemente recomendado a todos los adeptos.

Los sacerdotes instruidos por Hermes tenían, pues, otro objeto a la vista que el de la historia, con el que no podían acordar todas las diferentes cualidades de madre e hijo, esposo y esposa, hermano y hermana, padre e hija, que se encuentran en las diversas historias de Osiris y de Isis, pero que convenían muy bien a la obra hermética, cuando se toma su única materia bajo diferentes puntos de vista. Que se reflexione un poco sobre ciertos rasgos de esta historia. ¿Por qué Isis reúne todos los miembros del cuerpo de Osiris, excepto las partes naturales? ¿Por qué, tras la muerte de su marido, juró no desposarse con otro? ¿Por qué se hace enterrar en el bosque de Vulcano? ¿Cuáles son estas partes naturales, sino las terrestres negras y feculentas de la materia filosófica en las que es formada, o ha tomado nacimiento, y que es preciso rechazar como inútiles, porque le son heterogéneas? Si Isis hace el juramento es porque tras la solución perfecta, designada por la muerte, ella no puede ser separada de Osiris por ningún artificio. Veremos en lo que sigue por qué se dice que fue inhumada en el bosque de Vulcano. Ello se sabrá atendiendo a que[72] la inhumación filosófica no es otra cosa que la fijación o el retorno de las partes volatilizadas y su reunión con las

69. Basilio Valentín, *Las 12 Llaves.*

70. Norton, *Ordinal.*

71. El Trevisano, *Filosofía de los Metales.*

72. Véase a I. Filaleteo, *Enarratio methodica,* y a d'Espagnet, citado tan a menudo.

partes fijas e ígneas de las cuales habían sido separadas, es por esto que Isis y Osiris son llamados nietos de Vulcano.

¿Es sorprendente, después de lo que hemos dicho hasta aquí, que se haya supuesto que Osiris e Isis tuvieran a Vulcano y a Mercurio una gran veneración? Se considera a Mercurio como inventor de las artes y de los caracteres jeroglíficos porque Hermes las inventó con motivo del mercurio filosófico. Él ha enseñado la retórica, la astronomía, la geometría, la aritmética y la música, porque ha mostrado la manera de hablar de la obra, los astros que allí están contenidos, las proporciones, los pesos y medidas que es preciso observar para imitar a los de la naturaleza. Lo que hace decir a Ramón Llull:[73] *la naturaleza encierra en ella misma la filosofía y la ciencia de las siete artes liberales; contiene todas las formas geométricas y sus proporciones; termina todas las cosas por el cálculo aritmético, por la igualdad de un cierto número y por un conocimiento razonado y teórico ella conduce al intelecto de potencia a acto.* He aquí cómo Mercurio fue el intérprete de todo y sirvió de consejero a Isis. Ella no podía hacer nada sin Mercurio, porque él es la base de la obra y sin él no se puede hacer nada. No se puede, razonablemente, atribuir a Mercurio o Hermes la invención de todo en otro sentido, puesto que se sabe que las artes eran conocidas antes del diluvio, y tras el diluvio la torre de Babel es una nueva prueba.

Isis, según Diodoro, construyó todos los templos de oro, *delubra aurea,* en honor a Júpiter y los otros dioses. ¿En aquel lugar del mundo y en aquel siglo de la historia nos enseña que se haya levantado uno sólo parecido? Jamás el oro de las minas fue tan común como lo es hoy, y a pesar de esta abundancia ¿cuál es el pueblo que pueda tener el suficiente para ello? ¿No habrá querido decir que estos templos eran de la misma naturaleza que los dioses que encerraban? ¿Y no se habría de creer que estos no fueran otros que los templos y los dioses herméticos, es decir, la materia aurífica y los colores de la obra que, en efecto, Isis construye puesto que ella es la materia misma? Por esta misma razón se dice que Isis consideraba infinitamente a los artistas del oro y de los otros metales. Ella era una diosa de oro, la Venus dorada de toda Asia.

En cuanto a la cronología de los egipcios es igualmente misteriosa. No parecen estar de acuerdo entre ellos, no es que no lo estén en efecto, sino que lo han querido ocultar y embrollar adrede y no, como muchos ignorantes pretenden, porque querían establecer la eternidad del mundo. Es de ellos como lo ha sido de los adeptos en todos los tiempos, porque éstos siempre han seguido los procedimientos de los primeros. Uno dice que no es preciso más que cuatro días para hacer la obra, el otro asegura que un año, aquel un año y medio, aquel otro fija este tiempo en tres años, otro pone hasta siete, otro hasta diez años; al oírles hablar tan diferentemente ¿no se creería que todos son contrarios? Pero el que está en el caso hará bien en ponerlos de acuerdo, dice

73. R. Llull, *Theor. Metam.* C. 50.

Maier. Que se ponga atención solamente en el hecho de que uno habla de una operación y el otro trata de otra, que en ciertas circunstancias los años de los filósofos se reducen a meses, según Filaleteo,[74] los meses a semanas, las semanas a días, etc, que los filósofos cuentan los días tanto a la manera vulgar, como a la suya, que hay cuatro estaciones en el año común y cuatro en el año filosófico, que hay tres operaciones para llevar la obra a su fin, ha saber, la operación de la piedra o del azufre, la del elixir y la multiplicación, que estas tres tienen cada una sus estaciones, que componen cada una un año y que las tres reunidas hacen también un año, que finaliza en otoño, porque es el tiempo de recoger los frutos y de disfrutar de sus trabajos.

CAPÍTULO V

Historia de Horus

Muchos autores han confundido a Horus u Orus con Harpócrates, pero no discutiré aquí las razones que les ha podido determinar a ello. El sentimiento más admitido es que Horus era hijo de Osiris y de Isis y el último de los dioses de Egipto, no es que lo fuera en mérito, sino por la determinación de su culto y porque es, en efecto, el último de los dioses químicos, siendo el oro hermético o el resultado de la obra. Es este Orus o Apolo por el cual Osiris emprendió tan gran viaje y sufrió tantos trabajos y fatigas. Es el tesoro de los filósofos, de los sacerdotes y de los reyes de Egipto, el hijo filosófico nacido de Isis y de Osiris, o si se desea mejor, Apolo nacido de Júpiter y de Latona. Pero se dirá que los autores han observado a Apolo, Osiris e Isis como hijos de Júpiter y de Juno, Apolo no puede, pues, ser hijo de Isis y de Osiris. Algunos autores dicen asimismo que el Sol fue el primer rey de Egipto, seguidamente Vulcano, después Saturno, finalmente Osiris y Horus. Todo esto, lo confieso, podría causar embrollo y presentar dificultades insuperables en un sistema histórico, pero en cuanto a la obra hermética no se encuentra ninguna dificultad, nueva prueba de que ella era el objeto de todas estas ficciones. El agente y el paciente en la obra, al ser homogéneos, se reúnen para producir un tercero semejante a ellos que procede de los dos, el Sol y la Luna son su padre y su madre, dice Hermes, y los otros filósofos después de él.

Estos nombres de Sol y Luna dados a muchas cosas, causan un equívoco que ocasiona todas estas dificultades; es de esta fuente de la que salen todas las cualidades de padre, madre, hijo, hija, abuelo, hermano, hermana, tío, esposo y esposa, y tantos otros nombres parecidos, que sirven para explicar los pretendidos incestos y los adulterios tan a menudo repetidos en las fábulas antiguas. Sería preciso ser filósofo hermético o sacerdote de Egipto para desarrollar todo esto, pero Harpócrates recomienda el secreto y no se debe de esperar que

---

74. I. Filaleteo, *Enarrat. Method.* 3. *Medicin. Gebri.*

sea violado, al menos claramente. Lo que se puede concluir de la buena fe y de la ingenuidad más bien que de la indiscreción de algunos adeptos, es, que la materia de la obra es el principio radical de todo, pero que es en particular el principio activo y formal del oro, por lo que se vuelve oro filosófico mediante las operaciones de la obra, imitando a las de la naturaleza. Esta materia se forma en las entrañas de la tierra y es llevada por las aguas de las lluvias animadas por el espíritu universal, esparcido en el aire, y este espíritu saca su fecundidad de las influencias del Sol y de la Luna, que por este medio se vuelven el padre y la madre de esta materia. La tierra es la matriz donde esta simiente es depositada y por eso se encuentra allí como su nodriza. El oro que se forma es el Sol terrestre. Esta materia es donde el sujeto de la obra es compuesto de dos substancias, la una fija y la otra volátil, la primera ígnea y activa, la segunda húmeda y pasiva, a las cuales se ha dado el nombre de Cielo y Tierra, Saturno y Rea, Osiris e Isis, Júpiter y Juno, y el principio ígneo o fuego de naturaleza que allí está encerrado y que ha sido llamado Vulcano, Prometeo, Vesta, etc. De esta manera Vulcano y Vesta que es el fuego de la parte húmeda y volátil, son propiamente el padre y la madre de Saturno lo mismo que el Cielo y la Tierra, porque los nombres de estos dioses no se dan solamente a la materia todavía cruda e indigesta tomada antes de la preparación que le da el artista en concierto con la naturaleza, sino todavía durante la preparación y las operaciones que le siguen. Todas las veces que esta materia se vuelve negra es el Saturno filosófico, hijo de Vulcano y de Vesta, que son ellos mismos hijos del Sol por las razones que hemos dicho. Cuando la materia se vuelve gris tras el negro es Júpiter, luego se vuelve blanca y es la Luna, Isis, Diana, y cuando llega al rojo es Apolo, Febo, el Sol, Osiris. Júpiter es, pues, hijo de Saturno, Isis y Osiris hijos de Júpiter. Pero como el color gris no es uno de los principales de la obra la mayor parte de los filósofos no lo mencionan y pasan de golpe del negro al blanco, Isis y Osiris son comparados a Saturno y se vuelven sus hijos primogénitos, conforme a las inscripciones que hemos aportado.

Isis y Osiris son, pues, hermano y hermana, ya sea que se los observe como principios de la obra, ya sea que se les considere como hijos de Saturno o de Júpiter. Asimismo Isis se encuentra como madre de Osiris, puesto que el color rojo nace del blanco. Pero se dirá ¿cómo pueden ser esposo y esposa? Si se pone atención a todo lo que hemos dicho se verá que lo son bajo todos los puntos de vista en que se les pueda considerar, pero lo son más abiertamente en la producción del Sol filosófico llamado Horus, Apolo o azufre de los sabios, puesto que está formado de estas dos substancias fija y volátil reunidas en un todo fijo, llamado Orus.

Cuando se hace abstracción de la preparación o primera operación de la obra, (lo que es muy usado entre los filósofos, que comienzan sus tratados del arte sacerdotal o hermético por la segunda operación) como el oro filosófico ya está hecho y es preciso emplearlo como base de la segunda obra, entonces el Sol se encuentra como primer rey de Egipto; él contiene el fuego de naturaleza en su seno y este fuego, actuando sobre las materias, produce la putrefacción y la negrura; he aquí de nuevo a Vulcano hijo del Sol, y a Saturno hijo de Vulcano. Osiris e Isis vendrán seguidamente y finalmente Orus, por la reunión de su padre y de su madre.

En esta segunda operación es preciso aplicar estas expresiones de los filósofos: *es preciso casar a la madre con el hijo*, es decir, que tras su primera cocción se le debe de mezclar con la materia cruda de la que ha salido y cocerla de nuevo hasta que estén reunidos y sólo sean uno. Durante esta operación la materia cruda disuelve y pudre a la materia digerida, es la madre que mata a su hijo y lo mete en su vientre para renacer y resucitar. Durante esta disolución, los titanes matan a Orus y seguidamente su madre lo devuelve de la muerte a la vida. El hijo, entonces menos apegado hacia su madre de lo que ella lo estaba hacia él, dicen los filósofos,[75] hace morir a su madre y reina en su lugar. Es decir, que el fijo u Orus fija al volátil o Isis, que lo había volatilizado, pues matar, atar, encerrar, inhumar, congelar, coagular o fijar, son términos sinónimos de fijar, en el lenguaje de los filósofos, así como dar la vida, resucitar, abrir, desligar, viajar, significan la misma cosa que volatilizar.

Isis y Osiris son, pues, a título justo, reputados como los principales dioses de Egipto junto con Horus que, en efecto, reina el último, puesto que es el resultado de todo el arte sacerdotal. Esto puede ser lo que ha hecho que lo confundieran algunos con Harpócrates, dios del secreto, porque el objeto de este secreto no era otro que Orus, del que también se tenía razón al llamarlo Sol o Apolo, puesto que es el Sol o el Apolo de los filósofos. Si los expertos hubieran estudiado la filosofía hermética, no hubieran tenido dificultad para encontrar la razón que obligó a los egipcios a representar a Horus bajo la figura de un niño, a menudo envuelto en pañales. Hubieran aprendido que Orus es el hijo filosófico nacido de Isis y de Osiris, o de la mujer blanca y del hombre rojo;[76] es por esto que a menudo se le ve en los monumentos entre los brazos de Isis que lo amamanta.

Estas explicaciones servirán de antorchas a los mitólogos, para penetrar en la oscuridad de las fábulas que hacen mención de adulterios, de incestos del padre con la hija, tal como el de Ciniras con Mirra; del hijo con su madre, tal como se aporta con el de Edipo; del hermano con la hermana, como el de Júpiter y Juno, etc. Los patricidas, matricidas, etc, no serán más que alegorías inteligibles y desveladas y no acciones que son un horror para la humanidad y que no hubieran debido de encontrar lugar en la historia. Los amantes de la filosofía hermética encontrarán cómo es preciso entender los textos siguiendo a los adeptos. *Haced las bodas* –dice Geber– *meted al esposo con la esposa en el lecho nupcial; esparcid sobre ellos un rocío celeste: la esposa concebirá un hijo al que amamantará; cuando se haga mayor vencerá a sus enemigos y será coronado con una diadema roja.*

75. La Turba.

76. *El Código de verdad.*

Venid hijos de la sabiduría -dice Hermes-[77] *y regocijémonos de este momento, la muerte es vencida, nuestro hijo se ha vuelto rey, tiene un hábito rojo y ha tomado su tintura del fuego.*

Un monstruo dispersa mis miembros[78] *tras haberlos separado, pero mi madre los reúne. Soy la antorcha de los míos; manifiesto en camino la luz de mi padre Saturno.*

Tengo la verdad -dice el autor del gran secreto- *soy un gran pescador; acostumbro a cortejar y divertirme con mi madre que me ha llevado en su seno, la abrazo con amor, ella concibe y multiplica el número de mis hijos; ella aumenta mis semejantes, según lo que dice Hermes, mi padre es el Sol y mi madre es la Luna.*

Es preciso -dice Ramón Llull-[79] *que la madre que había engendrado un hijo sea sepultada en el vientre de este hijo y que sea engendrada a su vuelta.*

Si Osiris se halaga de una excelencia tan superior a la de los otros hombres, es porque ha sido engendrado de un padre sin simiente, el hijo filosófico tiene la misma prerrogativa y su madre, a pesar de su concepción y su alumbramiento, permanece siempre virgen, según este testimonio de Espagnet:[80] *Tomad* -dice- *una virgen alada, puesta en cinta por la simiente espiritual del primer macho, conservando no obstante la gloria de su virginidad intacta, a pesar de su embarazo.*

No terminaría nunca si quisiera daros todos los textos de los filósofos que tienen una relación palpable con las particularidades de la historia de Osiris de Isis y de Horus. Estos serán suficientes para los que quieran hacer el esfuerzo de compararlos y de hacer su aplicación.

CAPÍTULO VI

Historia de Tifón

Diodoro[81] hace nacer a Tifón de los titanes. Plutarco[82] lo llama hermano de Osiris y de Isis, otros enuncian que nació de la Tierra, cuando la irritada Juno la hirió en el pié; cómo el temor que tuvo de Júpiter le hizo huir a Egipto, donde no pudiendo soportar el calor del clima se precipitó a un lago donde pereció. Hesíodo nos hace de ello una de las descripciones más horrendas,[83] que Apolodoro parece haber copiado. La Tierra, dicen, ofendida de furor porque Júpiter había fulminado a los titanes, se unió con el Tártaro y haciendo un último esfuerzo engendró a Tifón. Este monstruo espantoso tenía un tamaño y una fuerza superior a todos los otros juntos. Su altura era tan enorme que sobrepasaba en mucho

77. Hermes, *Los Siete Capítulos.*
78. Belín en la *Turba.*
79. Raimon Llull, *Codicilio,* 4.
80. Espagnet, *La Obra secreta de la Filosofía de Hermes,* can. 58.
81. Diodoro de Sicilia, lib. 1, cap. 2.
82. Plutarco, *Isis y Osiris.*
83. Hesíodo, *Teogonía.*

a las más altas montañas y su cabeza penetraba hasta los astros. Sus brazos extendidos tocaban desde el oriente al occidente y de sus manos salían cien dragones que lanzaban sin cesar su lengua de tres puntas. Innumerables víboras salían de sus piernas y de sus nalgas y se enroscaban en diferentes circunvoluciones extendiéndose a todo lo largo de su cuerpo con silbidos tan horribles que sorprendían a los más intrépidos. Su boca exhalaba llamas, sus ojos eran carbones ardientes, con una voz más terrible que el trueno, unas veces mugía como un toro, otra rugía como un león y a veces ladraba como un perro. Toda la parte superior de su cuerpo estaba cubierta de plumas y la parte inferior estaba cubierta de escamas. Tal era este Tifón, temible para los mismos dioses, que osó lanzar contra el Cielo rocas y montañas produciendo horrorosos aullidos, los dioses fueron espantados de tal manera que no creyéndose a salvo en el Cielo, huyeron a Egipto y se pusieron al abrigo de las persecuciones de este monstruo ocultándose bajo la forma de diversos animales.

Se ha buscado explicar moralmente, históricamente y físicamente lo que los antiguos autores han dicho de Tifón. Las aplicaciones que se han hecho algunas veces han sido bastante acertadas, pero a los mitólogos jamás les ha sido posible explicar completamente la fábula mediante el mismo sistema. Su matrimonio con Equidna le hizo padre de diversos monstruos dignos de su origen, tales como la Gorgona, el Cerbero, la Hidra de Lerna, la Esfinge, el águila que desdichadamente devoró a Prometeo, los dragones guardianes del Toisón de oro y del jardín de las Hespérides, etc. Los mitólogos para superar la dificultad en que les ponía esta fábula, que se les presentaba como uno de los misterios más oscuros de la mitología,[84] se cuidaban de decir que los griegos y los latinos, ignorantes del origen de esta fábula, sólo han hecho que oscurecerla durante mucho tiempo, al querer transportarla, según su costumbre, desde la historia de Egipto a la suya. Basados en las tradiciones que habían tomado mediante su comercio con los egipcios, hicieron de Tifón un monstruo tan horrible como raro, que la celosa Juno había hecho salir de la Tierra para vengarse de Latona, su rival.

Lo que nos aportan Diodoro[85] y Plutarco[86] no es del gusto del abad Banier, sin duda porque no son favorables para su sistema. *Estos dos autores* –dice– *según el genio de su nación, no han dejado de mezclar en lo que relatan muchas ridículas ficciones y además poco exactas en su cronología, sabiendo sólo muy confusamente de las primeras historias del mundo renovado tras el diluvio, entre las cuales está sin duda ésta que explico* (la de Tifón), *éstas son como guías que sólo se han de tratar con muchos miramientos.*[87] Aunque el abad Banier tenga razón en que estos autores no conocen el fondo de la historia de Tifón, no es

84. Banier, *Mitología*, t. 1, p. 468.
85. Diodoro de Sicilia, lib. 1.
86. Plutarco, *Isis y Osiris*.
87. Banier, t. 1, p. 468.

menos verdad que habían recogido lo decían de la tradición conservada por los egipcios. Aunque han mezclado algunas circunstancias para adaptarla a las fábulas de su país, han conservado el fondo, que es igualmente fabuloso. En vano Gerard Vosio[88] pretende que Og, rey de Basán, es el mismo que Tifón, por el parecido de los dos nombres, pues dice que el de Tifón viene de Τίφω, *uro* (quemar), *accendo* (encender), y el de Og significa *ussit, ustulavit* (quemar, chamuscar).

En vano Huet[89] hace de él el legislador de los hebreos vuelto odioso para los egipcios, a causa de sus hijos primogénitos. El abad Savin no tiene razón al ponerlo en el lugar de Cus, ni el abad Banier en el de Sebon, siguiendo en esta ocasión el pensamiento de Plutarco, que se apoya en la autoridad de Manetón. No sería posible conciliar a Plutarco con él mismo. Bochart lo logra mejor[90] que todos los autores mencionados anteriormente, pensando que Tifón es el mismo que Encelades, pero lo ha adivinado sin saber por qué, puesto que ignoraba la razón que obligó a los poetas a nombrarlos indiferentemente al uno por el otro y a hacerles perecer a los dos de la misma manera.

Los poetas, mejor que los historiadores, nos han conservado el verdadero fondo de las fábulas y, propiamente hablando, las han desfigurado menos que los historiadores, puesto que se contentaron en relatarlas, embelleciéndolas en verdad algunas veces, pero sin embrollarse en discutir por qué y cómo y en qué tiempo podían haberse hecho estas cosas, al contrario de los historiadores que buscaban acomodarlas a la historia suprimiendo algunos rasgos y mezclando conjeturas suyas y algunas veces substituyendo nombres, etc.

Pero finalmente ¿qué concluir de tan diferentes sentimientos?... que es preciso buscar lo que debemos pensar de Tifón en los rasgos en los que los historiadores, los poetas y los mitólogos están de acuerdo o que difieren poco. Todos los poetas y los mitólogos dicen en concierto que Tifón fue precipitado bajo el monte Etna y los antiguos que no han emplazado allí su tumba, para esta han escogido lugares sulfurosos y conocidos por sus fuegos subterráneos, como la Campanie o cerca del monte Besubio, como lo pretende Diodoro[91] o en los campos Flegeos, como lo cuenta Estrabón[92] o en el lugar de Asia de donde sale de la tierra y algunas veces del agua, otras del fuego, según Pausanias.[93] En una palabra, en todas las montañas y todos los lugares donde habían exhalaciones sulfurosas. Los egipcios contaban que había sido fulminado y que había perecido dentro de un torbellino de fuego.

88. Gerard Vosio, *De Idolatría,* lib. 1, p. 26.
89. Huet, *Demonst.* Ev. Prop. 4.
90. Bochart, *Chan.*
91. Diodoro, lib. 4.
92. Estrabón, lib. 5.
93. Pausanias, *Arcadia.*

Comparemos todo esto con algunas circunstancias de la vida de Tifón y, a menos que queramos obstinadamente cerrar los ojos a la luz, se estará obligado a convenir en que toda la historia de este pretendido monstruo sólo es una alegoría que forma parte de la que los sacerdotes egipcios, o el mismo Hermes, habían inventado para velar el arte sacerdotal, puesto que según el mismo abad Banier,[94] *los poetas y los historiadores griegos y latinos nos han conservado entre sus fábulas más absurdas las tradiciones de Egipto*, es a estas tradiciones primitivas que debemos de atenernos. Ellas nos enseñan que Tifón era hermano de Osiris, que le persiguió hasta hacerle morir de la manera que ya hemos dicho, que seguidamente fue vencido por Isis ayudada por Horus y que pereció finalmente en el fuego.

Los historiadores relatan también que los egipcios tenían al mar como abominación porque creían que era Tifón y lo llamaban *espuma o saliva de Tifón*,[95] nombres que también daban a la sal marina. Pitágoras, instruido por los egipcios, decía que el mar era una lágrima de Saturno. La razón que tenían era que el mar, según ellos, era un principio de corrupción, puesto que el Nilo que les procuraba tantos bienes, se viciaba al mezclarse con él. Estas tradiciones nos enseñaban todavía que Tifón hizo perecer a Orus en el mar donde lo precipitó y que Isis, su madre, lo recogió de allí y lo resucitó.

Hemos dicho que Osiris era el principio ígneo, dulce y generativo, que la naturaleza emplea en la formación de los mixtos y que Isis era el húmedo radical, pues es preciso no confundir al uno con el otro puesto que difieren entre ellos como el humo y la llama, la luz y el aire, el azufre y el mercurio. El humor radical es en los mixtos el asiento y el alimento del calor innato o fuego natural y celeste y se vuelve como el lazo que lo une con el cuerpo elemental; esta virtud ígnea es como la forma y el alma del mixto. Es por lo que hace el oficio de macho y el humor radical hace, en tanto que húmedo, la función de hembra, son pues, como hermano y hermana y su reunión constituye la base del mixto. Pero estos mixtos no están compuestos tan sólo del humor radical, en su formación de las partes homogéneas, partes impuras y terrestres se unen a él para completar los cuerpos de los mixtos, y estas impurezas groseras y terrestres son el principio de su corrupción, a causa de su azufre combustible agrio y corrosivo que actúa sin cesar sobre el azufre puro e incombustible. Estos dos azufres o fuegos son, pues, dos hermanos, pero hermanos enemigos, y por la destrucción diaria de los individuos se puede uno convencer que lo impuro vence sobre lo puro. Estos son los dos principios bueno y malo de los que hemos hablado en los capítulos primero y segundo de este libro.

Sentado esto, no es difícil concebir el por qué se hace de Tifón un monstruo espantoso, siempre dispuesto a hacer el mal y que tuvo incluso la audacia de hacer

94. Banier, *Mitología*, t.1, p. 478.

95. Kircher, *Obelis. Pamph.* p. 155.

la guerra a los dioses. Los metales abundan en este azufre impuro y combustible que los corroe y los convierte en herrumbre, cada uno en su especie. Los dioses habían dado sus nombres a los metales y es por lo que Herodoto[96] dice que los egipcios contaban primeramente sólo ocho grandes dioses, es decir, los siete metales y el principio del que estaban compuestos. Tifón era nacido de la tierra grosera siendo el principio de la corrupción. Él fue la causa de la muerte de Osiris, porque la corrupción se hace mediante la solución que hemos explicado hablando de la muerte de este príncipe. Las plumas que cubrían la parte superior del cuerpo de Tifón y su altura, que llevaba su cabeza hasta las nubes, indican su volatilidad y su sublimación en vapores. Sus piernas y sus nalgas cubiertas de escamas y las serpientes que le salían de todos los lados son el símbolo de su acuosidad corrosiva y putrefactiva. El fuego que echa por la boca señala su adustibilidad corrosiva y designa su pretendida fraternidad con Osiris, porque éste es un fuego oculto, natural y vivificante y el otro es un fuego tirano y destructivo. Es por lo que Espagnet lo llama *el tirano de natura* y el *fratricida* del fuego natural, lo que conviene perfectamente a Tifón. Las serpientes son para los filósofos ordinariamente el jeroglífico de la disolución y de la putrefacción, también se conviene en que Tifón no difiere en nada de la serpiente Pitón, muerta por Apolo. Se sabe también que Apolo y Horus eran considerados como el mismo dios.

Este monstruo no se contenta con haber hecho morir a su hermano Osiris, precipitó también a su sobrino Horus en el mar, después de ser ayudado por una reina de Etiopía. No se puede designar más claramente la resolución en agua del Horus o el Apolo filosófico, que haciéndolo precipitar en el mar; la negrura que es la señal de la solución perfecta y de la putrefacción llamada *muerte* por los adeptos, se ve en esta reina de Etiopía. Esta materia corrompida y podrida es precisamente esta espuma o saliva de Tifón en la cual Orus fue precipitado y sumergido. Ella es verdaderamente una lágrima de Saturno, puesto que el color negro es el Saturno filosófico. Finalmente Isis resucitó a Horus, es decir, que el Apolo filosófico, tras haber sido disuelto, podrido y vuelto negro, pasa de la negrura a la blancura llamada resurrección y vida en el estilo hermético. El padre y la madre se reunieron entonces para combatir a Tifón o la corrupción y tras haberle vencido reinaron gloriosamente, primero la madre o Isis, es decir, la blancura y después de ella Orus su hijo o la rojez.

Sin recurrir a tantas explicaciones, sólo las supuestas tumbas de Tifón nos hacen entender lo que se pensaba de este monstruo, padre de tantos otros, como explicamos en los capítulos que les conciernen. Unos dicen que Tifón se tiró a un pantano donde pereció, otros que fue fulminado por Júpiter y que pereció por el fuego. Estos dos géneros de muerte son bien diferentes y sólo la química hermética puede cuadrar esta contradicción; Tifón pereció, en efecto, por el agua y por el fuego al mismo tiempo, pues el agua filosófica, o el menstruo

96. Herodoto, *Euterpe*.

fétido, o el mar de los filósofos, que es una misma agua formada por la disolución de la materia, es también un pantano puesto que estando encerrado en el vaso no tiene corriente. Esta agua es un verdadero fuego, dicen casi todos los filósofos, puesto que quema con tanta fuerza y actividad como lo hace el fuego elemental. *Los químicos queman con el fuego y nosotros quemamos con el agua* –dicen Ramón Llull y Ripley– *Nuestra agua es un fuego* –añade este último–[97] *que quema y atormenta los cuerpos tanto como el fuego del infierno.*

Cuando dice que Júpiter lo fulminó es que el color gris o el Júpiter de los filósofos es el primer dios químico que triunfa de los titanes, o que sale victorioso de la negrura y de la corrupción. Entonces el fuego natural de la piedra empieza a dominar. Horus viene en ayuda de su madre y Tifón queda vencido. Es suficiente comparar la historia, o más bien la fábula de Pitón con la de Tifón para ver claramente que las explicaciones que acabo de dar expresan la verdadera intención del que inventó estas alegorías. En efecto, la serpiente Pitón nace en el barro y el limo y Tifón nació de la tierra, el primero pereció en el mismo fango que le vio nacer, tras haber combatido contra Apolo, el segundo murió, entonces, en un pantano tras haber hecho la guerra a los dioses y particularmente a Horus, que es el mismo que Apolo y por el cual fue vencido. Estos hechos no requieren ninguna explicación.

CAPÍTULO VII

Harpócrates

Sólo hay un sentimiento en todos los autores respecto a Harpócrates, considerado como el dios del silencio, y es verdad que en todos los monumentos donde está representado su actitud es de llevar el dedo a la boca, para señalar, dice Plutarco[98] que los hombres que conocieron a los dioses, en los templos en que Harpócrates era emplazado, no debían de hablar temerariamente. Esta actitud le distingue de todos los otros dioses de Egipto, con los cuales tenía a menudo alguna relación por los símbolos que le acompañan. De ahí viene que muchos autores lo hayan confundido con Horus y hayan dicho que era hijo de Isis y de Osiris. En todos los templos de Isis y de Serapis se veía otro ídolo llevando el dedo sobre la boca y este ídolo es sin duda aquel del que habla San Agustín[99] después de Varrón, que decía que había una ley en Egipto para prohibir bajo pena de muerte revelar que estos dioses habían sido hombres. Este ídolo no podía ser otro que Harpócrates, que Ausonio llama *Sigaleon.*

Confundiendo a Horus con Harpócrates se encuentra uno en la necesidad de decir que eran el uno y el otro el símbolo del Sol y a decir verdad algunas

---

97. *Las Doce Puertas.*

98. Plutarco, *Isis y Osiris.*

99. S. Agustín, *La Ciudad de Dios,* lib. 18 cap. 5.

figuras de Harpócrates adornadas con rayos, o sentado sobre el loto, o que llevaban un arco y un manojo de flechas o carcaj, han dado lugar a este error. En este caso haría decir que los egipcios tenían de la discreción del Sol otra idea diferente de la que tenían los griegos. Si Harpócrates era el dios del silencio y era al mismo tiempo el símbolo del Sol entre los primeros, no podía ser el uno y el otro en los segundos, puesto que Apolo o el Sol, según los griegos, no pudo guardar el secreto sobre el adulterio de Marte y de Venus. Sin embargo, tenían los unos y los otros la misma idea de Harpócrates y lo consideraban como el dios del secreto que se conservaba en el silencio y se desvanecía por la revelación. En consecuencia, Harpócrates no era el símbolo del Sol, pero los jeroglíficos que acompañan su figura tenían una relación simbólica con el Sol, es decir, el Sol filosófico del que Horus era también el jeroglífico.

Los autores que nos enseñan que Harpócrates era hijo de Isis y de Osiris dicen verdad, porque lo tenían así de los sacerdotes de Egipto, pero estos autores tomaron esta generación en el sentido natural, en lugar de los sacerdotes filósofos que lo decían en un sentido alegórico. Puesto que todos los griegos y los latinos estaban convencidos de que estos sacerdotes mezclaban siempre el misterio en sus palabras, sus gestos, sus acciones, sus historias y sus figuras, que observaban todas como símbolos, es sorprendente que estos autores hayan tomado al pie de la letra tantas cosas que nos aportan de los egipcios. Sus testimonios los condenan respecto a esto. Nuestros mismos mitólogos y nuestros expertos hubieran debido de poner más atención. El secreto del que Harpócrates era el dios, era en verdad el secreto en general que se debía de guardar sobre todo lo que nos es confiado. Pero los atributos de Harpócrates nos indican el objeto del secreto en particular del que trataban los sacerdotes de Egipto. Isis, Osiris, Horus o más bien lo que representan simbólicamente, eran el objeto de este secreto. Ellos fueron la materia, ellos facilitaron el sujeto, lo hicieron nacer, él sacó, pues, su existencia de ellos, y se podría decir en consecuencia que Harpócrates era hijo de Isis y de Osiris.

Si como lo ha pretendido probar el ilustre señor Cuper en su tratado sobre Harpócrates, se debe considerar a este dios como una misma persona con Orus, ¿por qué todos los antiguos los distinguieron? ¿por qué Orus no ha pasado jamás por ser el dios del silencio?, Y ¿por qué no se le vio en ningún monumento representado de la misma manera y con los mismos símbolos? Yo sólo veo un parecido y es que el uno y el otro se encuentran bajo la figura de un niño, pero aún y así diferentes, pues Orus está casi siempre envuelto en pañales o sobre las rodillas de Isis que lo amamanta, al contrario que Harpócrates que a menudo es un joven o también un hombre ya hecho.

El gato aullando, el perro, la serpiente, no fueron jamás símbolos dados a Orus, y todo lo que pudieran tener en común son los rayos que se han puesto a la altura de la cabeza de Harpócrates y el cuerno de la abundancia, tal como se ve en muchos lugares en la *antigüedad explicada* de Dom Bernard de Montfaucon. Pero se ha de señalar que Harpócrates jamás se encuentra representado con la cabeza resplandeciente sin que tenga junto a él algún otro símbolo. La serpiente, el gato y el perro son símbolos que convienen perfectamente al dios del secreto y de ningún modo a Orus, tomado por el Sol. El gato aullando era el pájaro de Minerva, diosa de la sabiduría; la serpiente fue siempre un símbolo de prudencia y el perro un símbolo de fidelidad. Dejo al lector hacer su aplicación.

Los otros símbolos dados a Harpócrates significan el objeto mismo del secreto que recomienda poniendo el dedo sobre la boca, es decir, el oro o el Sol hermético, por la flor de loto sobre la cual se le encuentra algunas veces sentado o que lleva sobre la cabeza, por los rayos que envuelven su cabeza y, en fin, por el cuerno de la abundancia que sostiene, puesto que el resultado de la gran obra o elixir filosófico es el verdadero cuerno de Amaltea, siendo la fuente de riquezas y de salud.

Plutarco tiene razón al decir que Harpócrates era emplazado en la entrada de los templos para advertir a los que conocían a estos dioses que no hablaran temerariamente, esto no afecta, pues, al pueblo que tomaba al pie de la letra lo que se contaba de estos dioses y que, en consecuencia, ignoraba de qué se trataba. Los sacerdotes tenían siempre al dios del silencio ante los ojos para recordarles el tener cuidado en divulgar el secreto que les era confiado. Se les obligaba, además, bajo pena de muerte y se tenía la prudencia de hacer cumplir esta ley. Egipto habría corrido grandes peligros si las otras naciones hubieran sido informadas con certitud que los sacerdotes egipcios poseían el secreto de hacer oro y de curar todas las enfermedades que afligen al cuerpo humano. Hubieran tenido que sostener muchas guerras sangrientas. Jamás la paz hubiera hecho sentir allí sus dulzuras. Los mismos sacerdotes habrían sido expuestos a perder la vida por parte de los reyes divulgando el secreto y por parte de aquellos de entre el pueblo a los que hubieran rehusado decírselo, cuando se les hubiera presionado a hacerlo. Se sentiría además las consecuencias de una tal revelación por parte de quienes se volvieran extremadamente impertinentes para el estado mismo.

Sólo habría subordinación en la mayoría de la sociedad y todo el orden habría sido trastornado. Estas razones bien reflejadas en todos los tiempos han hecho tan gran impresión en los filósofos herméticos que todos los antiguos no han querido declarar lo que era objeto de sus alegorías y de las fábulas que inventaban. Tenemos aún una gran cantidad de obras donde la gran obra es descrita enigmáticamente o alegóricamente, estas obras están entre las manos de todo el mundo, y sólo los filósofos herméticos leen en el sentido del autor, mientras que los otros no lo descubren y ni siquiera lo suponen. De ahí que los sumerios hayan agotado su erudición para hacer comentarios que no satisfacen en nada a la gente sensata, porque sienten que todos los sentidos que se les presentan son forzados. Es preciso juzgar lo mismo de casi todos los autores antiguos que nos hablan del culto de los dioses de Egipto. Sólo hablan para el pueblo que no estaba en el caso. Aquellos mismos como Herodoto y Diodoro de Sicilia que habían interrogado a los sacerdotes y que hablan de sus respuestas, no nos dan ninguna aclaración. Los sacerdotes les daban el cambio, como ellos lo dieron al pueblo; se cuenta asimismo cómo un sacerdote egipcio, llamado León, actuó de esta manera con Alejandro, que quería que se le explicara la religión de Egipto. Él respondió que los dioses que el pueblo adoraba sólo eran antiguos reyes de

Egipto, hombres mortales como los otros hombres. Alejandro lo creyó tal como se lo había dicho y mandó, se dice, a su madre Olimpia recomendándole echar su letra al fuego, a fin de que el pueblo de Grecia, que adoraba a los mismos dioses, no fuera instruido y que el miedo que se le había inculcado respecto a estos dioses lo retuviera en el orden y la subordinación.

Los que habían hecho las leyes para la sucesión al trono habían tenido, por todas las razones que hemos deducido, la sabia precaución de evitar todos estos desórdenes ordenando que los reyes fueran tomados de entre el número de los sacerdotes, que sólo comunicaban este secreto a aquellos de sus hijos y a otros sacerdotes como ellos que fueran juzgados dignos después de una larga prueba. Esto es lo que les hizo empeñarse en prohibir la entrada en Egipto a los extranjeros durante tanto tiempo o a obligarles, mediante afrentas con peligro de sus vidas, a salir de allí cuando habían entrado. Psamético fue el primer rey que permitió el comercio de sus súbditos con los extranjeros y desde aquel momento algunos griegos, deseosos de instruirse, se trasladaron a Egipto, donde tras las pruebas requeridas fueron iniciados en los misterios de Isis y los llevaron a su patria bajo la sombra de las fábulas y las alegorías imitando a las de los egipcios. Es lo que hicieron también algunos sacerdotes de Egipto, que a la cabeza de muchas colonias fueron a establecerse fuera de su país, pero todos guardaban escrupulosamente el secreto que se les había confiado y, sin cambiar el objeto, variaban las historias bajo las cuales lo envolvían. De ahí han venido todas las fábulas de Grecia y de otros, como lo veremos en los siguientes libros.

El secreto fue siempre el atributo del sabio y Salomón nos enseña que no se debe revelar la sabiduría a los que pueden hacer un mal uso de ella o que no son capaces de guardarlo con prudencia y discreción.[100] Es por lo que los antiguos hablaron mediante enigmas, parábolas, símbolos, jeroglíficos, etc, a fin de que sólo los sabios extrajeran y comprendieran alguna cosa.

100. Los sabios guardan la sabiduría. *Proverbios,* 10, 14. El hombre cuerdo encubre su saber. *Ibíd.* 12, 23. Trata tu causa con tu compañero y no descubras el secreto a otro. *Ibíd.* 25, 9. El que anda en chismes descubre el secreto. *Ibíd.* 20, 19. Gloria de Dios es encubrir un asunto, pero honra del rey es escudriñarlo. *Ibíd.* 25, 2.

CAPÍTULO VIII
Anubis

Diodoro de Sicilia[101] dice que Anubis fue uno de los que acompañaron a Osiris en su expedición a las Indias, que era hijo de este mismo Osiris, que llevaba como avituallamiento de guerra una piel de perro y que era, según la interpretación del abad Banier,[102] capitán de la guardia de este príncipe. El primero de estos autores aporta lo que había tomado en Egipto, y dice verdad, pero el segundo ha acusado injustamente a la mitología griega de haber confundido a *Anubis con Mercurio Trismegisto, tan célebre en Egipto por estos bellos descubrimientos, por la invención de los caracteres y por el prodigioso número de libros que compuso sobre toda clase de ciencias.*

Los que trasladaron la mitología de los egipcios a los griegos, tales como Museo, Orfeo, Melampo, Eumolpo, Homero, etc, no se apartaron en nada de las ideas de los egipcios y no confundieron jamás a Anubis con Trismegisto sino con otro Mercurio desconocido para el abad Banier, al menos en el sentido que estos promulgadores de la mitología lo tenían. El poco conocimiento que se tenía de este Mercurio, que en efecto acompaña a Osiris en su viaje, ha ocasionado los falsos razonamientos que la mayor parte de los autores han hecho sobre Anubis; no es, pues, sobre su testimonio que se han de establecer conjeturas y fundar juicios. El padre Kircher[103] es uno de los que intempestivamente confundió, en el decisivo tono que le es habitual, a Mercurio con Anubis y está falsamente persuadido de que los egipcios lo representaban bajo la figura de Anubis. *Unde posteri virum tam admirandá scientiá praeditum inter deos relatum divinis honoribus coluerunt, eum Anubin vocantes, hoc est, canem, ob admirabilem hujus in rebus, quâ inveniendis, quâ investigandis sagacitatem,* sin duda ha sido equivocado por las explicaciones de los jeroglíficos egipcios dadas por Horapolo,[104] que dice que el perro era el símbolo del ministro, del consejero, del secretario de estado, del profeta, del sabio, etc. Plutarco también puede haber contribuido a equivocar a nuestros mitólogos dando a este dios el nombre de *Herm-Anubis,* que significa Mercurio Anubis. Apuleyo podría sin embargo haberlos sacado del error si hubieran reflexionado sobre la descripción que hace en estos términos: *Anubis es intérprete de los dioses del cielo y de los del infierno. Tiene la cara tanto negra como de color de oro. Tiene levantada su gran cabeza de perro, llevando en la mano izquierda un caduceo y en la derecha una palma verde, que parece agitar.*

---

101. Diodoro de Sicilia, lib. 1.
102. Banier, *Mitología,* t. 1, p. 496.
103. Kircher, *Obelisc. Pamph.* p. 292.
104. Horapolo, lib. 1, *Explicat.* 39.

Un jeroglífico antiguo, que Boisard nos ha conservado, y que se encuentra también en Kircher,[105] y en la *antigüedad explicada* de Montfaucon, (t.2, part.2ª, p. 314) y según la inscripción, dedicada por un gran sacerdote llamado Isias, muestra claramente lo que los egipcios entendían por Anubis. Este Isias dedicó este jeroglífico a los dioses hermanos θεοί αδελφι y dice que estos dioses, es decir, Serapis u Osiris y Apis y Anubis son los *dioses synthrônes* de Egipto o participantes del mismo trono en Egipto. Isias muestra mediante esta inscripción que estaba más al caso de la naturaleza de estos dioses y de su genealogía que muchos de los antiguos autores griegos y latinos y de lo que lo están aún hoy día muchos mitólogos. La fraternidad de estos tres dioses zapa los fundamentos de todas sus explicaciones, contradice a Plutarco que dice que Anubis era hijo de Nefté, que lo parió, según él, antes del tiempo por el terror que tenía a Tifón su marido y que éste fue el que, aunque muy joven, recibió de Isis, su tía, la primera noticia de la muerte de Osiris. Ello no concuerda con Diodoro que hace a Anubis hijo de Osiris. Pero si nuestros mitólogos penetraran en las ideas de Isias verían que estas contradicciones son aparentes y que estos tres autores hablan realmente de un sólo y único sujeto, aunque se expresen diversamente. Diodoro y Plutarco aportan las tradiciones egipcias tal como las habían tomado sin saber lo que significaban, al contrario de Isias que estaba instruido en los misterios que encerraban. Esto se juzgará por la explicación siguiente.

Había dos Mercurios en Egipto, el uno de sobrenombre Trismegisto, inventor de los jeroglíficos de los dioses de Egipto, es decir, de los dioses fabricados por los hombres y que eran el objeto del arte sacerdotal, y el otro Mercurio llamado Anubis, que era uno de estos dioses en vista de los cuales fueron inventados estos jeroglíficos. El uno y el otro de estos Mercurios fueron dados como consejeros a Isis; Trismegisto para gobernar exteriormente y Anubis para el gobierno interior. Pero se dirá ¿cómo se puede hacer esto, puesto que Diodoro relata que Anubis acompañó a Osiris en su expedición? He aquí el medio de poner de acuerdo estas contradicciones, por el cual se verá que Anubis es hijo, así como hermano de Osiris.

Hemos dicho que Osiris e Isis eran símbolo de la materia del arte hermético, que el uno representaba el fuego de la naturaleza, el principio ígneo y generativo, el macho y el agente y que el otro o Isis significaba el húmedo radical, la tierra o la matriz y la sede de este fuego, el principio pasivo o la hembra y que los dos sólo formaban un mismo sujeto compuesto de estas dos substancias. Osiris era el mismo que Serapis o Amún, que algunos dicen Amón y Ammón, representado por una cabeza de carnero o con cuernos de carnero, porque este animal, según los autores citados por Kircher,[106] es de una naturaleza cálida y húmeda. Se veía

105. Kircher, *op. cit.* p. 294.

106. Kircher, *Obelisc. Pamph.* p. 295.

a Isis con una cabeza de toro, porque era tomada por la Luna, cuyo creciente es representado por los cuernos de este animal y que además es pesado y terrestre.

Anubis en *la antigüedad* de Boissart, se encuentra emplazado entre Serapis y Apis, para dar a entender que está compuesto de los dos, o que viene de ellos, es pues, hijo de Osiris y de Isis y he aquí cómo. Esta materia del arte sacerdotal, puesta en el vaso, se disuelve en agua mercurial, esta agua forma el mercurio filosófico o Anubis. Plutarco dice que, aunque muy joven, fue el primero que anunció a Isis la muerte de Osiris porque este Mercurio sólo aparece tras la disolución y la putrefacción designadas por la muerte de este príncipe. Y como Tifón y Nefti son los principios de destrucción y las causas de disolución, se dice que Anubis es hijo de este monstruo y de su hembra. He aquí, pues, Anubis hijo de Osiris y de Isis en realidad y nacido de ellos generativamente. Tifón y Nefti son también sus padres y madre pero solamente como causas ocasionales. Ramón Llull se expresa en este sentido[107] cuando dice: *mi hijo, nuestro hijo tiene dos padres y dos madres. Esta agua es llamada agua de la sabiduría, porque es todo oro y plata y en ella reside el espíritu de la quintaesencia que lo hace todo y sin ella no puede hacerse nada.* Este fuego, esta tierra y esta agua que se encuentran en esta misma materia de la obra, son hermanos como los elementos lo son entre ellos, lo que hace que Isias los llame con este nombre θεοι αδελφοι. Dice también que son dioses *synthrônes* de Egipto, o dioses igualmente reverenciados por los egipcios, participantes de un mismo trono y un mismo honor, para hacernos entender que los tres sólo son uno y que significan la misma cosa, aunque tengan diferentes nombres. Esta unidad o estos tres principios que se reúnen para hacer solamente un todo, es declarada palpablemente por el triángulo que se ve en este monumento.

Habiendo dicho lo que es Anubis se adivina fácilmente cómo puede acompañar a Osiris en su viaje, puesto que el Mercurio filosófico está siempre en el vaso, que pasa por el negro o Etiopía, el blanco y etc, se ha visto el resto en el capítulo de Osiris. En cuanto a la cabeza de perro que se da a Anubis, hemos visto que los egipcios tomaban al perro como símbolo de un ministro de estado, lo que conviene muy bien al mercurio de los filósofos, puesto que es él quien conduce todo el interior de la obra. Sólo el caduceo ya da a conocer a Mercurio, la casa, tanto negra como del color del oro que le da Apuleyo ¿no indica claramente los colores de la obra? El texto de Ramón Llull que hemos citado hace ver que Osiris, Isis y Anubis o Serapis, Apis y Anubis están encerrados en un mismo sujeto, puesto que Osiris, símbolo del Sol, e Isis, símbolo de la Luna, se encuentran en el agua mercurial, pues los filósofos llaman indiferentemente Sol u oro a su azufre perfecto al rojo y Luna o plata a su materia fijada al blanco. El cocodrilo, animal anfibio, sobre el cual Isias ha hecho representar a Anubis de pié, designa que Mercurio o el dios Anubis está compuesto o nacido de la tierra y del agua y a fin

107. R. Llull, *Vademeum.*

de que no se menospreciara ha hecho poner después un prefetículo y una patera, que son los vasos donde se mete el agua u otros licores. El fardo que Kircher no ha explicado y que Montfaucon toma por un *cojín terso*, confesando que no sabe para qué uso, significa el comercio que se hace mediante el oro, cuyo símbolo es el globo que Anubis lleva en la mano derecha. Se ve tan a menudo el globo en los jeroglíficos egipcios porque tenían al arte sacerdotal como objeto. Cuando este globo está junto a una cruz es para hacer ver que el oro está compuesto de los cuatro elementos tan bien combinados que no se destruyen el uno al otro. Cuando el globo es alado es el oro que es preciso volatilizar para llegar a darle la virtud transmutativa. Un globo rodeado por una serpiente o una serpiente apoyada sobre un globo es signo de la putrefacción por la cual debe pasar antes de ser volatilizado. Asimismo se le encuentra algunas veces alado con una serpiente sujeta debajo,[108] y entonces designa la putrefacción y la volatilización que le sigue. Pero es preciso poner atención en que hablo del oro filosófico o Sol hermético, me creo en el deber de hacer esta observación temiendo que algún soplador tome ocasión de buscar mediante las aguas fuertes o algunos disolventes parecidos, el medio de destilar el oro común y se imagine haber dado en el blanco cuando haya llegado a hacerlos pasar juntos al recipiente.

CAPÍTULO IX

Los Cánopes

Los mitólogos han arriesgado bastante en conjeturas físicas, astronómicas y morales sobre los Cánopes y se encuentran algunas muy ingeniosas, pero uno no se esclarece más después de esto pues cada uno ha vuelto la alegoría del lado que más impresionaba su imaginación sin que, sin embargo, ninguno haya dado con el objetivo que se habían propuesto los egipcios con la invención y las representaciones del dios Cánope. Si hubieran seguido mi sistema no habrían tenido necesidad de torturarse tanto el espíritu para adivinar lo que podía significar este dios cántaro. Sólo les habrían sido necesarios los ojos y no habrían perdido su tiempo en sutilizar vanamente. Que se muestre a un filósofo hermético un Cánope, no titubeará en decir lo que es, aunque no hubiera oído jamás hablar del Cánope de Egipto ni de los jeroglíficos en los que están encubiertos, porque allí encontraría una representación simbólica de todo lo que es necesario en la obra de los sabios.

En efecto, este dios ¿no está siempre representado en los monumentos egipcios bajo la forma de un vaso coronado con una cabeza de hombre o de mujer, siempre cubierto y la cobertura atada con una venda, un poco casi como la cobertura de una botella, para impedir que el licor se vierta o se evapore? ¿Es preciso, pues, ser un Edipo para adivinar una cosa que se manifiesta por sí

108. Kircher, *Obelisc. Pamph.* p. 399.

misma? Un Cánope no es otra cosa que la representación del vaso en el cual se pone la materia del arte sacerdotal; el cuello del vaso está designado por el de una figura humana, la cabeza y la cobertura muestra la manera en que debe de ser sellada y los jeroglíficos que llenan su superficie anuncian a los espectadores las cosas que este vaso contiene y los diferentes cambios de forma, de colores y maneras de ser de la materia. *El vaso del arte* –dice Espagnet–[109] *debe de ser de forma redonda u oval, con un cuello de la altura de un palmo o más, la entrada será estrecha. Los filósofos han hecho de ello un misterio y le han dado diversos nombres. Lo han llamado cucúrbita o vaso ciego, porque se le cierra el ojo con el sello hermético para impedir que nada extraño se introduzca y que los espíritus se evaporen.*

Los mitólogos se han persuadido obstinadamente de que el dios Cánope era únicamente el jeroglífico del elemento agua. Los que están horadados con pequeños agujeros o que tienen mamas por las cuales el agua se derrama han sido hechos a imitación de los Cánopes, no para representar simplemente al elemento agua, sino para indicar que el agua mercurial de los filósofos contenida en los Cánopes, es el principio húmedo y fecundante de la naturaleza. Es de esta agua que se habla cuando se dice en Plutarco que Cánope había sido piloto del barco de Osiris, porque el agua mercurial conduce y gobierna todo lo que pasa en el interior del vaso. La mordedura de serpiente, de la que Cánope fue herido, señala la putrefacción del mercurio y la muerte que sigue, ello indica la fijación de esta substancia volátil. Todo esto está muy bien significado por los jeroglíficos de los Cánopes. Como ya he explicado la mayor parte en los capítulos precedentes, el lector podrá recurrir allí. En cuanto a los animales hablaremos seguidamente.

En una desembocadura del Nilo había una ciudad con el nombre de Cánope, donde este dios tenía un soberbio templo. San Clemente de Alejandría[110] dice que había en esta ciudad una academia de las ciencias, la más célebre de todo Egipto, donde se aprendía toda la teología egipcia y las letras jeroglíficas, allí iniciaban los sacerdotes en los misterios sagrados y no había otro lugar donde se explicaran con más atención y exactitud, es por esta razón por lo que los griegos hacían tan frecuentes viajes allí. Sin duda dando instrucciones sobre el dios Cánope se encontraría uno en la necesidad de explicar al mismo tiempo todos los misterios velados bajo la cantidad de jeroglíficos, de los que la superficie de este dios estaba llena, al contrario de las otras ciudades donde se adoraba a Osiris e Isis, etc, que sólo se encontraban allí en el caso de hacer la historia del dios o la diosa a los que estaban reservados en particular.

109. Espagnet, *La Obra secreta de la Filosofía de Hermes,* can. 113.
110. Clemente de Alejandría, *Estromatas,* lib. 1, 6.

He aquí los principales dioses de Egipto en los cuales están comprendidos todos los otros. Herodoto[111] nombra también a Pan como el más antiguo de todos los dioses de este país y dice que en lengua egipcia se le llama *Mendés*. Diodoro[112] nos asegura que se le tenía en tan gran veneración en aquel país que se veía su estatua en todos los templos y que fue uno de los que acompañaron a Osiris en su expedición a las Indias. Pero como este dios no indica otra cosa que el principio generativo de todo y que se le confunde en consecuencia con Osiris, no diré nada más. Diremos dos palabras de Serapis en la tercera sección. Se conceden también los honores del culto a Saturno, Vulcano, Júpiter, Mercurio, Hércules, etc. Trataremos de ello en los libros siguientes, cuando explicaremos la mitología de los griegos.

111. Herodoto, lib. 2.
112. Diodoro de Sicilia, lib. 1, p. 16.

SECCIÓN SEGUNDA

Reyes de Egipto y Monumentos levantados en aquel país

La historia no nos enseña sobre los primeros reyes de Egipto, nada de más cierto que sobre los de Grecia y los de las otras naciones. La realeza no era hereditaria entre los egipcios, según Diodoro. Elegían a sus reyes entre los que se volvían más recomendables, ya sea por la invención de algunas artes útiles, ya sea por los beneficios otorgados al pueblo. El primero en este género, si queremos creer a los árabes, fue *Hanuch*, el mismo que Henoch hijo de Jared, que fue nombrado también *Idris o Idaris* y que Kircher dice[1] que era el mismo que Osiris, según el testimonio de Abenefi y de algunos otros árabes. Pero sin ponernos a discutir si estos árabes y Manetón 1.º o el sibenita dicen la verdad respecto a lo que ha precedido al diluvio, es esta remarcable época que debemos fechar. Muchos autores están persuadidos de que Manetón, que era sacerdote de Egipto, había formado sus dinastías y escrito otras muchas cosas conforme a las fábulas que habían sido inventadas y divulgadas mucho tiempo antes que él. Este sentimiento está tanto o mejor fundado que estas fábulas que contenían la historia de la pretendida sucesión de los reyes del país, para ocultar su verdadero objeto, del que los sacerdotes hicieron un misterio y un secreto que les estaba prohibido revelar bajo pena de muerte. Manetón como sacerdote fue, pues, obligado a escribir conforme a lo que se contaba al pueblo. Pero el secreto al cual se debía, no le obligaba a desfigurar lo que había de verdad en la historia y es lo que ha ha hecho que se pudiera conservar al menos en parte.

La discusión de la sucesión de los reyes de Egipto me llevaría a una disertación que no entra en el plan que me he propuesto. Dejo este asunto a aquellos que quieran emprender la historia de aquel país. Es suficiente, para cumplir mi objetivo, aportar los reyes que los autores citan y que dejaron los monumentos que prueban que el arte sacerdotal o hermético era conocido y estaba en vigor en Egipto.

El primero que se estableció tras el diluvio fue Cam, hijo de Noé, que según Abenefi[2] fue llamado Zoroastro y Osiris, es decir, *fuego resplandeciente en*

1. Kircher, *Edip. Egipt.* t. 1, p. 66 y ss.
2. Kircher, *op. cit.* p. 85.

toda la naturaleza. A Cam le sucedió Mesraim. La crónica de Alejandro[3] da a éste el sobrenombre de Zoroastro y Opmecro lo llama Osiris. El retrato que los autores hacen de Cam y Mesraim o Mitsraim es el de un príncipe idólatra, sacrílego, dado a toda clase de vicios y libertinajes y no puede convenir a Osiris, que estaba ocupado en restablecer el verdadero culto de Dios en vigor, en hacer florecer la religión y las artes y en hacer a sus pueblos dichosos bajo la conducta prudente, sabia y religiosa del incomparable Hermes Trismegisto. Sólo este contraste debería hacer abandonar la opinión de los que sostienen que Cam o Mitsraim, su hijo, eran los mismos que Osiris. Es más natural pensar que el pretendido Zoroastro u Osiris, que significan fuego oculto o fuego extendido en todo el Universo, no fue jamás de otro reino que el del imperio de la naturaleza, que considerar este nombre como sobrenombre de un hombre hecho rey, puesto que eso no haría convenir a toda la humanidad reunida.

La crónica de Alejandría hizo a Mercurio sucesor de Mitsraim y dice que reinó 35 años, añade que dejó Italia para volverse a Egipto donde filosofaba bajo un hábito trenzado en oro, que enseñó allí una infinidad de cosas,[4] que los egipcios lo proclamaron dios y lo llamaron el *dios de oro*, a causa de las grandes riquezas que les procuró. Plutarco[5] da a Mercurio 38 años de reinado. Sin duda éste es el mismo Mercurio que, según Diodoro, fue dado por consejero a Isis.

Pero si las cosas son así ¿dónde se emplazará el reino de los dioses? Si Vulcano, el Sol, Júpiter, Saturno, etc, han sido reyes de Egipto y que cada uno no reinó menos de doscientos años, como hemos dicho anteriormente, no es posible conciliar todo esto, cuando se dijo asimismo que estos nombres de dios no eran más que sobrenombres dados a verdaderos reyes. La cosa se volverá aún menos verosímil si se quiere referir a la crónica de Alejandría que da a Vulcano como sucesor de Mercurio y al Sol sucesor de Vulcano. Tras el Sol pone a Sosin o Sotin o Sochin. Tras Sosin a Osiris, después a Horus, seguidamente a Thulen que pudo ser el mismo que Eusebio llama Thuois y Herodoto Thonis. Diodoro trastorna todo el pretendido orden de esta sucesión, y la confusión que nace de ello forma un laberinto de dificultades imposibles de apartar. Pero, en fin, es preciso atenernos a alguna cosa, es por lo que diremos con Herodoto y Diodoro[6] que el primer rey que reinó en Egipto después de los dioses, fue un hombre llamado Menas o Menes que enseñó a los pueblos el culto de los

3. Alejandro, lib. 1.
4. Convasato ingenti auri pondere Italiâ excessit atque in Aegyptum se consulit ad stirpent à Chamo, Noemi filiopatrono suo oriundam, à quà perhonorificé exceptus est, qui dum tibi ageret, prae se contempsit omnes, auteumque amiculum indutus philosophabatur apud Aegyptios, multa mirabiliadocens eos, & multa eis praedicebat eventura, naturâ enim erat ingeniosus. Aegytii ergo eum Mercurium Deum proclamârunt, ut qui futura praenunciaret, illisque â Deo oracula & responsa de futuris, veluti internuncius referet, autumque subministraret, quem opum largitorem appellabant, autemque Deum vocabant.
5. Plutarco, *Isis y Osiris.*
6. Diodoro de Sicilia, lib. 1, p. 2, cap. 1.

dioses y las ceremonias que debían de observar. Así empezó, pues, el reino de los hombres en Egipto, que duró, según algunos, hasta la 180 olimpiada, tiempo en el cual Diodoro fue a Egipto donde reinaba Ptolemeo IX, de sobrenombre Dionisio.

Menas dio a los egipcios leyes por escrito, que decía haber promulgado por orden de Mercurio, como principio y causa de su dicha. Se ve que Mercurio se encuentra por todo, ya sea durante el reinado de los dioses que los autores hacen durar un poco menos de ochomil años y cuyo último rey fue Horus, ya sea durante el reinado de los hombres, que empezó con Menas, de lo que se debe concluir, en contra del pensamiento de Kircher,[7] que este Menas no puede ser el mismo que Mitra y Osiris, puesto que este último fue el padre de Horus. Pero sigamos a Diodoro. La raza de Menas dio 52 reyes en el año 1040. Busiris fue elegido seguidamente y ocho de sus descendientes le sucedieron. El último de los ocho se llamó también Busiris, hizo construir la ciudad de Tebas o la ciudad del Sol. Tenía ciento cuarenta estadios de circuito, Estrabón le da ochenta de largo, tenía cien puertas, doscientos hombres pasaban por cada una de ellas con sus carros y sus caballos.[8] Todos los edificios eran soberbios y de una magnificencia inimaginable. Los sucesores de este Busiris se hicieron la gloria de contribuir al adorno de esta ciudad. Decoraron los templos, las estatuas de oro, de plata, de marfil de una colosal grandeza. Hicieron levantar obeliscos de una sola piedra y, en fin, la volvieron superior a todas las ciudades del mundo. Estos son los propios términos de Diodoro de Sicilia, que está de acuerdo en esto con Estrabón.

Esta ciudad, que se volvió célebre en todo el mundo y de la que los griegos, no sabiendo nada durante largo tiempo sólo de oídas, no han podido hablar de ella sino de una manera muy sospechosa, fue construida en honor de Orus o Apolo, el mismo que el Sol, último de los dioses que fueron reyes en Egipto, y no en honor del astro que lleva este nombre, así como los monumentos que dan testimonio de ello. Una ciudad tan opulenta, tan llena de oro y de plata, aportados a Egipto por Mercurio, que como hemos dicho según los autores, enseñó a los egipcios la manera de hacerlo, ¿no es ello una prueba convincente de la ciencia de los egipcios, en cuanto a la filosofía o el arte hermético? Había en esta misma ciudad, continúa Diodoro, cuarenta y siete mausoleos de reyes, de los cuales diecisiete subsistieron aún en el tiempo de Ptolomeo Lago. Después de los incendios acaecidos en el tiempo de Cambises, que transportó el oro y la plata a Persia, se encontraron aún allí trescientos talentos pesados de oro y dos mil trescientos de plata.

Busiris, fundador de esta ciudad, era hijo de rey, en consecuencia, filósofo instruido en el arte sacerdotal, era asimismo sacerdote de Vulcano. La entrada

---

7. Kircher, *Edip.* t. 1, p. 93.
8. Ni cuanto ingresa en Orcómeno, ni cuanto afluye a Tebas egipcia, en cuyas casas es donde más riquezas hay atesoradas, ciudad que tiene cien puertas y por cada una doscientos hombres van y vienen con caballos y con carros. Homero, *Ilíada,* IX, 381.

estaba prohibida a los extranjeros. Esta fue sin duda una de las razones que obligaron a los griegos a desacreditar tan fuertemente a este Busiris, el mismo del que se hace mención en los trabajos de Hércules. ¿Pero de qué no es capaz la envidia y los celos? Los griegos sólo podían correr tras estas riquezas que sólo vieron en perspectiva.

Sólo los obeliscos son suficientes para probar que aquellos que los hicieron levantar estaban perfectamente en el caso del arte hermético. Los jeroglíficos de los que estaban revestidos, los excesivos gastos que fueron precisos y hasta la materia, incluso la elección de la piedra, descubren esta ciencia. Yo aportaría como pruebas lo que dice Kircher,[9] que la primera invención de los obeliscos se debe a un hijo de Osiris, al que él llama *Meframutisis,* que tuvo su residencia en Heliópolis y que levantó allí el primero, porque estaba instruido en las ciencias de Hermes y frecuentaba habitualmente a los sacerdotes. Solamente diré con el mismo autor[10] que a fin de que todo fuera misterioso en estos obeliscos, los inventores de los caracteres jeroglíficos hicieron también la elección de una materia conveniente a estos misterios.

La piedra de estos obeliscos –dice el mismo autor–[11] *era una especie de mármol cuyos diferentes colores parecían haber sido echados gota a gota, su dureza no cedía en nada a la del pórfido, que los griegos llaman πυροποικιλον, los latinos piedras de Tebas y los italianos granito rosso (rojo). La cantera de donde sacaban este mármol estaba cerca de esta famosa ciudad, Tebas, donde residían antiguamente los reyes de Egipto, tras las montañas que miraban a Etiopía y las fuentes del Nilo, hacia el mediodía. No hay ninguna clase de mármoles que Egipto no suministrara, no veo por qué razón los hieromistas escogieron para los obeliscos aquel mármol en vez de otro. Ciertamente había allí algún misterio oculto y sin duda estaba en relación con algún secreto de la naturaleza.* Se dirá quizás que su dureza y su tenacidad hizo preferir este mármol a otro, porque era propia a resistir las injurias del tiempo. Pero el pórfido, tan común en aquel país, también era sólido y en consecuencia también duradero. ¿Por qué, además, no consideraron lo mismo cuando se trataba de levantar otros monumentos más grandes o más pequeños que los obeliscos y se emplearon entonces otras especies de mármoles? Digo, pues, –añade el mismo autor– que estos obeliscos eran levantados en honor a la divinidad solar, y se escogía para hacerlos una materia en la cual se reconocían algunas propiedades de esta divinidad o que tenía alguna analogía con ella.

Kircher tenía razón al suponer un misterio en la preferencia que se daba a este mármol, cuyos colores eran constantemente en número de cuatro. Asimismo no ha hablado mal cuando dice que era a causa de una especie de analogía con

9. Kircher, *Obelisc. Pamph.* p. 48.
10. Ne quicquam mysteriorum tam arcanae Obeliscorum machinatione deesset; materiam lapidis, primi illi hieroglyficae literaturae inventores elegerunt, mysteriis quae continebant congruam. *Ibíd.* p. 49.
11. Kircher, *op. cit.*

el Sol, podría haber asegurado la cosa si hubiera seguido nuestro sistema para guiarle en sus explicaciones. Pues habría visto claramente que los colores de este mármol son precisamente los que sobrevienen a la materia que se emplea en las operaciones de la gran obra, para hacer el Sol filosófico en honor y en memoria del cual han levantado estos obeliscos. Esto se juzgará por la siguiente descripción que hace el mismo autor:[12] *La naturaleza ha mezclado cuatro substancias para la composición de esta pirita egipcia, la principal que hace la base y el fondo es un rojo resplandeciente, en el cual son incrustados trozos de cristal y otras amatistas, unas de color ceniza, otras azules y otras negras, que están como sembradas allí dentro con toda la substancia de esta piedra. Los egipcios al ver esta mezcla juzgaron que esta materia era la más apropiada para representar sus misterios.*

Un filósofo hermético no se expresaría de otra manera que Kircher, pero tendría unas ideas bien diferentes. Se sabe, y lo hemos repetido a menudo, que los tres colores principales de la obra son el negro, el blanco y el rojo. ¿No son éstos los de este mármol? ¿El color ceniza no es aquel que los filósofos llaman Júpiter y que se encuentra como intermediario entre el negro llamado Saturno y el blanco llamado Luna o Diana? El rojo que domina en este mármol ¿no designa claramente aquel que en los libros de los filósofos herméticos es comparado al color de las amapolas del campo y que constituye la perfección del Sol o Apolo de los sabios? ¿El azul no es aquel que precede a la negrura en la obra, del que Flamel,[13] y Filaleteo[14] dicen que es un signo de que la putrefacción no es aún perfecta? Hablaremos de ello más extensamente en el capítulo de Ceres en el cuarto libro, cuando expliquemos lo que era el lago Cianeo, por el cual huyó Plutón al secuestrar a Proserpina.

He aquí todo el misterio desvelado. He aquí el motivo de la preferencia que los egipcios dieron a este mármol para formar los obeliscos y esto, como se ve, con razón, puesto que se trataba de levantarlos en honor a Horus o el Sol filosófico y representar sobre sus superficies los jeroglíficos bajo las tinieblas de los cuales estaban escondidas la materia de la que Horus se hizo y las operaciones requeridas para llegar a ello. Sin embargo, no pretendo que fuera el único objetivo de la creación de estos obeliscos y de las pirámides. Sé que toda la filosofía de la naturaleza estaba jeroglíficamente encerrada allí en general, y que Pitágoras, Sócrates, Platón y la mayor parte de los otros filósofos griegos sacaron su ciencia de esta fuente tenebrosa, donde no se puede penetrar a menos que los sacerdotes de Egipto aporten la antorcha de sus instrucciones; pero también sé que los filósofos dicen[15] que el conocimiento de la gran obra da el de toda la naturaleza donde se ven todas sus operaciones y sus procesos como en un espejo.

12. Kircher, *ibíd.* p. 50.
13. Flamel, *Explicación de las Figuras Jeroglíficas.*
14. I. Filaleteo, *Enarrat. Method.* 3, *Gebri. Medic.*
15. El Cosmopolita, *Nueva Luz Química.* Espagnet, Ramón Llull, etc.

Plinio no está de acuerdo con Diodoro sobre el rey de Egipto que fue el primero en levantar los obeliscos. Plinio[16] atribuye su invención a Mitras o Mitra: *Trabes ex os reges, quodam certamine obeliscos vocantes Solis numini sacratos; radiorum ejus argumentum in effigie est, & ita significat in nomine Aegyptio. Primns omnium id instituid Mitres, qui id urbe Solis (Heliopoli seu Thebis intellige) primus regnabat, somnio jussus, & hoc ipsum scriptum in eo.* Pero sin duda que esta diferencia sólo viene de que Mitra o Mithra significaba el Sol y Menas la Luna. Parece que se pudiera decir que Mitra y este Menas eran los mismos que Osiris e Isis, no que ellos hayan, en efecto, levantado los obeliscos, puesto que no han existido nunca bajo forma humana, sino porque es en su honor que se levantaron. No se prueba mejor su existencia real diciendo que construyeron Menfis[17] o alguna otra ciudad de Egipto, puesto que Vulcano, Neptuno y Apolo no son personajes menos fabulosos como para haber construido la ciudad de Troya, como lo probaremos en el curso de esta obra y particularmente en el sexto libro.

Sin acercarme escrupulosamente a la sucesión cronológica de los reyes de Egipto, puesto que su historia entera no entra en mi plan, paso a algunos de los que han dejado los particulares monumentos de la obra hermética y me atengo a Diodoro de Sicilia para evitar discusiones. Simandio, según Hecateo y Diodoro, hizo cosas sorprendentes en Tebas y sobrepasó a sus predecesores en este género. Hizo erigir un monumento admirable por su grandeza y por el arte con el que fue trabajado. Tenía diez estadios, la puerta por donde se entraba tenía dos arapendes[18] de largo y cuarenta y cinco codos de altura. Sobre este monumento había una inscripción que decía en estos términos: *Yo soy Simandio rey de reyes, si alguien desea saber lo que yo he sido y donde estoy, que considere mis obras.* Omito la descripción de este soberbio monumento, ésta se puede ver en los autores citados, solamente diré con ellos que entre las pinturas y las esculturas emplazadas sobre uno de los lados de este famoso peristilo se ve a Simandio ofreciendo a los dioses el oro y la plata que hizo durante todos los años, la suma estaba señalada y ascendía a 131 200 000 000 de minas, según el mismo Diodoro. Después de este monumento se veía la biblioteca sagrada, sobre cuya puerta había escrito: REMEDIO DEL ESPÍRITU. Sobre la parte trasera había una bella casa donde se veían 20 cojines o pequeñas camas arregladas para Júpiter y Juno, la estatua del rey y su tumba. Alrededor habían distribuidos unos apartamentos adornados con pinturas, que representaban todos los animales reverenciados en Egipto y todos parecían dirigir sus pasos hacia la tumba. Este monumento estaba rodeado por un círculo de oro macizo, de un codo de espesor y su circunferencia era de 365. Cada codo tenía un cubo de oro marcado con divisiones. Sobre cada una estaban gra-

16. Plinio, lib. 36. Cap. 8.
17. Herodoto, *Euterpe*, 1.ª parte.
18. Medida antigua romana de superficie. Medida agraria francesa que variaba entre 35 y 50 áreas. (*N. del T.*)

bados los días, los años, la salida y la ocultación de los astros y todo lo que significaba, según las observaciones astrológicas de los egipcios. Se dice que este círculo fue levantado en el tiempo en que Cambises y los persas reinaron en Egipto.

Lo que acabamos de relatar de la magnificencia de Simandio muestra suficientemente, tanto por la materia de la que estaban hechas estas cosas como por la forma que se les dio, por qué razón y con qué intención se las había hecho así. Cualquier interpretación que los historiadores puedan darle ¿cómo podrían suponer que Simandio había podido sacar, ya sea de las minas ya sea de los impuestos, tan prodigiosa cantidad de oro? Y aún cuándo pudieran suponerlo ¿habría tenido Simandio el derecho de hacerse una gloria particular y de hablar de ello como de su obra? Si los otros reyes tenían la misma renta hubieran podido glorificarse como él. ¿Hubiera tenido la locura de hacer grabar sobre su tumba lo que tenía en riquezas, así como lo de sus exacciones y la puerilidad de indicar la suma de estas riquezas que sacó anualmente de la tierra? Una tan gran suma parecería en verdad increíble, pero no lo es para los que saben lo que se puede transmutar de una cantidad de polvo de proyección, multiplicado en calidad tanto como lo pueda ser.

La inscripción puesta encima de la puerta de la biblioteca anuncia cuán útil es la lectura, pero parece haber sido puesta sólo para señalar el tesoro que había encerrado allí, es decir, los libros que los egipcios llamaban *sagrados*, o los que contenían en términos alegóricos y en caracteres jeroglíficos toda la filosofía hermética o el arte de hacer oro y el remedio para curar todas las enfermedades, puesto que la posesión de este arte hace desvanecer la fuente de todas las enfermedades del espíritu, la ambición, la avaricia y las otras pasiones que lo tiranizan. Siendo esta ciencia la de la sabiduría, se puede decir con Salomón:[19] *el oro sólo es arena vil en comparación a la sabiduría y la plata sólo es barro. Su adquisición vale más que todo el comercio del oro y la plata, su fruto más precioso que todas las riquezas del mundo, todo lo que se desee no puede comparársele. La salud y la longevidad están a su derecha,*[20] *la gloria y las infinitas riquezas están a su izquierda. Sus vías son bellas operaciones, loables y no despreciables; estas no se hacen con precipitación ni con prisa sino con paciencia y atención durante un largo trabajo; es el árbol de vida para los que la poseen; ¡dichosos son los que la tienen en su poder!* Comúnmente se explican estas palabras de la sabiduría y de la piedad; pero, aunque se posea todo, aún cuando se posee a Jesús-Cristo y se es fiel en observar su ley, la experiencia de todos los tiempos nos demuestra que la salud, la longevidad, la gloria y las riquezas no son el atributo de todos los santos. ¿No lo habría dicho Salomón de la sabiduría hermética, puesto que todo conviene allí perfectamente y es propiamente su definición?

19. *Sabiduría*, 7.

20. *Proverbios*, 3.

El octavo rey de Egipto después de Simandio o Smendes, llamado también Osimandrias, fue Ochoreo, según Diodoro,[21] al que me he propuesto seguir. Hizo construir Menfis, le dio ciento cincuenta estadios de circuito y la convirtió en la más bella ciudad de Egipto, los reyes que le sucedieron la eligieron como residencia. Miris, el duodécimo de su raza, reinó seguidamente e hizo construir en Menfis el vestíbulo septentrional del templo, cuya magnificencia no era inferior a lo que habían hecho sus predecesores. También hizo cavar el lago Moeris, de tres mil seiscientos estadios de circunferencia y cincuenta brazas de profundidad, a fin de recibir las aguas del Nilo cuando desbordaban con mucha abundancia y poderlas distribuir en los campos de los alrededores cuando las aguas escaseaban en el país. Cada vez que se daba salida o entrada a estas aguas negociaba cincuenta talentos. En medio de esta especie de lago, Miris hizo levantar un mausoleo con dos pirámides con la altura de un estadio cada una, una para él y otra para su esposa, a la cual concedió para su tocador todo el producto del impuesto sobre el pescado que se pescaba en este lago. Sobre cada pirámide había una estatua de piedra sentada sobre un trono, todo de un trabajo exquisito.

Sesostris tomó seguidamente la corona y sobrepasó a todos sus predecesores en gloria y magnificencia. Después de que hubo nacido, Vulcano se apareció en sueños a su padre y le dijo que Sesostris, su hijo, dominaría todo el Universo. En consecuencia, lo hizo educar entre el número de otros hijos de la misma edad, lo obligó a los mismos fatigantes ejercicios y no quiso que tuviera otra educación que ellos, más para unirlos en la frecuentación que para inducirlo al trabajo. Para conciliarse la sujeción de todo el mundo empleó beneficios, presentes, dulzura e impunidad respecto a los que le habían ofendido. Afirmó la benevolencia de los jefes y de los soldados, emprendió esta expedición de la que los historiadores nos han conservado su memoria. De vuelta a Egipto hizo una infinidad de cosas bellas con grandes gastos a fin de inmortalizar su nombre. Empezó por construir en cada ciudad de sus estados un magnífico templo en honor del dios que allí era adorado e hizo poner una inscripción en todos los templos que anunciaba a la posteridad que los había hecho levantar todos con sus propios gastos, sin haber impuesto ninguna contribución sobre sus pueblos. Hizo amontonar tierra en forma de montañas, construir ciudades sobre estas elevaciones y las pobló con los habitantes que sacó de sus ciudades bajas, muy expuestas a ser sumergidas por los desbordamientos del Nilo. Se cavaron bajo sus órdenes un gran número de canales de comunicación, tanto para facilitar el comercio como para defender la entrada de Egipto de sus enemigos. Hizo construir un navío de madera de cedro de 280 codos de largo, todo dorado por fuera y plateado por dentro que ofreció al dios que se reverenciaba particularmente en Tebas. Emplazó en el templo de Vulcano, en Menfis, su estatua y la de su esposa, hechas de una sola piedra de treinta codos de altura y la de sus hijos de veinte.

21. Diodoro de Sicilia, lib.1, p. 2 c.1.

Adquirió tanta gloria y su memoria fue de tal veneración que muchos siglos después, Darío padre de Xerxes, quería hacer emplazar su estatua delante de la de Sesostris en el templo de Menfis, el príncipe de los sacerdotes se opuso, objetando que aún no había hecho tantas y tan grandes cosas como Sesostris.

Darío, lejos de enfadarse por la libertad del gran sacerdote, le respondió que pondría todos sus cuidados para lograrlo y que si el cielo le conservaba la vida haría por no desmerecerlo en nada. Sesostris había reinado treinta y tres años cuando murió y el hijo que lo sucedió no hizo nada señalable en hechos de magnificencia, excepto dos obeliscos, cada uno de una misma piedra, de cien codos de alto y ocho de largo, que hizo arreglar en honor del dios de Heliópolis, es decir, del Sol u Horus. Herodoto[22] nombra a *Ferón*, este hijo de Sesostris, y le da a Proteo por sucesor, en lugar de Diodoro que pone muchos entre ellos y no nombra ninguno hasta Amasis, que tuvo por sucesor a Actisanes el etíope, después Ménides, que algunos llamaron Marus. Es el que hizo hacer este célebre laberinto del que Dédalo quedó tan encantado que construyó uno parecido en Creta durante el reinado de Minos. Este último no duró hasta el tiempo de Diodoro y el de Egipto subsistió intacto.

Cetés, al que los griegos llamaron *Proteo*, reinó después de Ménides; Cetés era experto en todas las artes. Es el Proteo de los griegos, que se cambiaba en toda clase de figuras y que tomaba las formas tanto de león, como de toro, de dragón, de árbol, de fuego, etc. Explicaremos el por qué en los libros siguientes. El noveno que llevó la corona en Egipto tras Proteo fue Chembis, que reinó cincuenta años e hizo levantar la más grande de las tres pirámides y que se considera entre el número de las maravillas del mundo. La más grande cubre en su base siete arapendes de terreno, su altura tiene seis y la longitud de cada uno de sus lados, que disminuye a medida que la pirámide se eleva, tiene sesenta y cinco codos. Toda la obra es de una piedra extremadamente dura muy difícil de trabajar. Se puede acordar uno del asombro que produce a la vista de un edificio tan admirable. Algunos aseguran –continúa Diodoro– que hace más de tres mil años que esta masa enorme de construcción ha sido elevada, que subsiste todavía nada menos que intacta. Estas pirámides son tanto más sorprendentes al estar en un terreno arenoso alejado de toda clase de canteras y que cada piedra de las más grandes de estas pirámides no tenía menos de treinta pies de superficie, según lo relata Herodoto.[23] La tradición del país era que se habían hecho transportar estas piedras desde las montañas de Arabia. Una inscripción grabada sobre la pirámide enseñaba que el gasto hecho en cebollas, ajos y nabos dados para vivir a los obreros que habían trabajado en su construcción ascendía a 1 600 talentos de oro, que trescientos sesenta mil hombres fueron empleados durante veinte años y que costó doce millones de talentos de oro

22. Herodoto, lib. 2, c. 3.

23. Herodoto, lib. 2.

para transportar las piedras, tallarlas y ponerlas. Después Amiano Marcelino no hizo menos gastos para el laberinto. ¿Cuánto debió de costarle, dice Herodoto, el hacerlo, las vestimentas de los obreros y las otras cosas requeridas?

Chabreo y Micerinos que reinaron tras Chembis, hicieron levantar también soberanas pirámides con gastos proporcionados, pero inmensos. Bochoro vino después, y Sabacho que abdicó la corona y se retiró a Etiopía. Egipto después de esto fue gobernado por doce iguales durante quince años, al cabo de los cuales uno de los doce llamado Psamético se hizo rey. Fue el primero en atraer a los extranjeros a Egipto[24] y les procuró toda la seguridad que no habían tenido bajo sus predecesores que los hacían morir o los reducían a la servidumbre. La crueldad que los egipcios ejercieron hacia los extranjeros bajo el reinado de Busiris, dio ocasión a los griegos –dice Diodoro– de invectivar contra este rey, de la manera que lo han hecho en sus fábulas, aunque todo lo que relatan sea contrario a la verdad.

Tras la muerte de Psamético empezó la cuarta raza de reyes de Egipto, es decir, de Apries, que habiendo sido atacado por Amasis, jefe de los egipcios sublevados, fue apresado y estrangulado. Amasis fue elegido en su lugar alrededor del año del mundo 3390, que fue el del retorno de Pitágoras a Grecia, su patria. Durante el reinado del sucesor de Amasis, Cambises, rey de Persia, subyugó a Egipto hacia el tercer año de la 63 olimpiada. Los etíopes, los persas y los macedonios llevaron también la corona de Egipto y entre los que allí reinaron hubo seis mujeres.

Algunas reflexiones sobre lo que hemos aportado, siguiendo a Diodoro, no estarán fuera de propósito. Los soberbios monumentos que el tiempo había destruido o que subsistían todavía cuando este autor fue a Egipto, los inmensos gastos con los que los habían levantado, el uso de escoger a los reyes entre el número de los sacerdotes y tantas otras cosas que se presentan al espíritu, son pruebas convincentes de la ciencia químico hermética de los egipcios. Diodoro habla como historiador y no puede ser sospechoso en cuanto a este arte sacerdotal, a esta química que ignoraba, que según parece había estado en vigor en aquel país. Él no sospechó que se podía tener un oro además del de las minas. Lo que dice[25] de la manera de sacarlo de las tierras fronterizas de Arabia y de Etiopía, el inmenso trabajo que fue requerido para esto, el gran número de personas que fueron ocupadas en ello, da a entender que no creyera que se sacó de otro lugar. Tampoco había sido iniciado en los misterios de este país. Asimismo parece que hubiera tenido una lección particular con los sacerdotes. Sólo aporta lo que había visto o tomado de los que, como él, no supusieron nada de lo misterioso, sin embargo, algunas veces confiesa que todo lo que relata tiene un aire de fábula, pero no tuvo en cuenta el querer penetrar en su obscuridad. Dice que los sacerdotes conservaron inviolablemente un secreto que se confiaban sucesivamente. Pero estaba

24. Herodoto, lib. 2, c. 154.

25. Diodoro de Sicilia, *Rer. Antiq*, lib. 3, cap.2.

entre el número de los que pensaban ver claro donde no veían nada y que se imaginaban que este secreto no tenía otro objeto que la tumba de Osiris y puede ser esto lo que se entendía por las ceremonias del culto a este dios, de Vulcano y de los otros. Si hubiera prestado atención al culto particular que se rendía a Osiris, Isis, Horus, que sólo pasaban por hombres, el de Vulcano que todos los reyes se empeñaron en embellecer su templo en Menfis, las ceremonias particulares que se observaban en este culto, que los reyes eran llamados *sacerdotes de Vulcano*, mientras que para las otras naciones Vulcano era considerado como un dios miserable caído del cielo a causa de su fea figura y condenado a trabajar para ellos.

Si Diodoro hubiera reflexionado sobre la atención que tenían los reyes de Egipto, antes de Psamético, en impedir la entrada en su país a las otras naciones, hubiera visto sin esfuerzo que no lo hacían sin razón. La locura de los egipcios al negar el comercio con los extranjeros, que hubiera podido aportar a Egipto abundantes riquezas, que llevaban a los otros países, hubiera tenido que sobrecogerle. Diodoro está de acuerdo sin embargo con todos los autores, que los egipcios eran los más sabios de todos los pueblos y esta idea no puede convenir a estas puerilidades introducidas en su culto, a menos que se suponga que encerraban sublimes misterios conforme a la idea que se tenía de su alta sabiduría. Puesto que el comercio no llevaba a Egipto ni el oro ni la plata, sin duda tenían otra fuente para encontrar estos metales para ellos, pero suponiendo con Diodoro que se sacara, al menos el oro, de una tierra negra y un mármol blanco, ¿se puede pensar cómo se abastecieron tanto de ellos, como para sufragar los excesivos gastos que los reyes necesitaron para la construcción de estas maravillas del mundo? ¿Estos metales podían volverse tan comunes como para que el pueblo tuviera esta abundancia, de la que hace mención la Escritura, respecto de la salida de Egipto de los hebreos? Si estas minas hubieran sido tan ricas ¿fue preciso tanto trabajo para explotarlas? Yo estaría tentado en creer que Diodoro habla de estas minas sólo de oídas.

Esta tierra negra, este mármol blanco de donde se sacaba el oro, me dan la impresión de no ser otros que la tierra negra y el mármol blanco de los filósofos herméticos, es decir, el color negro del cual Hermes y los que había instruido, sabían sacar el oro filosófico. Éste era el secreto del arte sacerdotal, el arte de los sacerdotes de donde se sacaban a los reyes, también Diodoro dice que la invención de los metales era muy antigua en los egipcios y que lo habían aprendido de los primeros reyes del país. Que los metalúrgicos de nuestros días sigan en el trabajo de las minas, método que Diodoro detalla tan bien y que nos dice seguidamente que habrían logrado con su trabajo. Kircher sentía bien su insuficiencia y la imposibilidad de la cosa, cuando para probar que la filosofía hermética o el arte de hacer oro no era conocido por los egipcios, aporta el testimonio de Diodoro como prueba de que estos pueblos lo sacaban de las minas y se ve obligado a recurrir a un secreto que tenían para sacar este metal de toda clase de materias. Este secreto supone, pues, que el oro se encuentra en todos los mixtos. Los filósofos herméticos dicen, es verdad que está allí en potencia, es por lo que su materia, según ellos, se encuentra por todas partes y en todo, pero Kircher no lo entendía en este sentido diciendo: *allí el secreto de extraer en realidad el oro de todos los mixtos es una suposición sin fundamento.*

La ciencia hermética, el arte sacerdotal, era la fuente de todas las riquezas de los reyes de Egipto y el objeto de estos misterios tan ocultos bajo el velo de su pretendida religión. ¿Qué otro motivo podría llevarles a explicarse solamente mediante jeroglíficos? ¿Una cosa tan esencial como la religión requiere ser enseñada mediante figuras inteligibles sólo para los sacerdotes? El fondo de la religión o más bien el objeto hecho de los misterios, no tiene nada de sorprendente, todo el mundo sabe que el espíritu humano está muy limitado para concebir claramente todo lo que se refiere a Dios y sus atributos, pero está lejos de querer volverlos todavía más incomprensibles presentándolos bajo las tinieblas casi impenetrables de los jeroglíficos. Hermes y los sacerdotes que se proponían dar al pueblo el conocimiento de Dios, habrían puesto medios más a su alcance, lo que no sería coherente de ninguna manera y hubiera sido contradictorio con este secreto que les había sido recomendado y que guardaban tan inviolablemente. Esto hubiera sido poner medios para no lograr sus deseos.

Sé que de algunas fábulas egipcias se podría formar un modelo de moral, pero las otras no convienen en nada. Parece pues, que tenían otro objeto que el de la religión. Se ha inventado una infinidad de sistemas para explicar los jeroglíficos y las fábulas; el señor Peluche[26] siguiendo las ideas de algunos ha pretendido que no tenían otros significados que las estaciones y que sólo eran instrucciones que se daban al pueblo para la agricultura. Pero ¿qué conexión puede haber en esto con todos estos soberbios monumentos, estas inmensas riquezas de las que hemos hablado, estas pirámides donde los autores nos aseguran que los antiguos filósofos griegos tomaron su filosofía? Estos sabios veían, pues, lo que los inventores de estos jeroglíficos no tenían el deseo de exponer, digamos más bien que los fabricadores del sistema del señor Peluche no veían nada. Un pueblo que hubiera estado ocupado solamente en el cultivo de las tierras y que no ejercieran ningún comercio con las otras naciones ¿habría encontrado estos tesoros que proporcionaban tantos gastos? ¿Cómo adaptaría el señor Peluche este secreto tan recomendado a su sistema? ¿Se habría representado el misterio jeroglíficamente para explicarlo después abiertamente a todo el mundo? ¿Se puede a un mismo tiempo ocultar y descubrir una misma cosa? Hubiera sido un secreto de comedia. No es verosímil que se hubiera hecho no solamente un misterio de lo que todo el mundo sabía, sino que fuese prohibido bajo pena de muerte el divulgarlo. Veamos algunos de estos jeroglíficos y por las explicaciones que daremos, sacadas de la filosofía hermética, habrá ocasión de convencerse de la ilusión de Peluche y de tantos otros.

---

26. Peluche, *Historia del Cielo.*

SECCIÓN TERCERA

Los animales reverenciados en Egipto y las plantas jeroglíficas

CAPÍTULO I

El Buey Apis

Todos los historiadores que hablan de Egipto hacen mención del buey sagrado: *Añadiremos a lo que hemos dicho del culto rendido a los animales las atenciones y la necesidad que los egipcios tienen por el toro sagrado que ellos llaman Apis. Cuando este buey muere*[1] *y ha sido magníficamente inhumado, los sacerdotes encargados para esto, buscaban uno parecido y el luto del pueblo cesaba cuando este toro era encontrado. Los sacerdotes a quienes se confiaba este cuidado conducían al joven animal a la ciudad del Nilo donde lo alimentaban durante cuatro días. Lo introducían seguidamente en un barco cubierto, en el cual se le había preparado un alojamiento de oro y habiéndolo conducido a Menfis con todos los honores dignos de un dios, lo alojaban en el templo de Vulcano. Sólo durante este tiempo las mujeres tenían permiso de ver al buey, tenían que ponerse de pié ante él de una manera muy indecente.* Éste era el único momento en que lo podían ver. Estrabón[2] dice que este buey debía de ser negro, con una sola marca blanca formando una Luna creciente en la frente o sobre uno de los lados. Plinio es del mismo pensamiento.[3] Herodoto[4] hablando de Apis, que los griegos llaman Epafus, dice que debía de haber sido concebido por el trueno, que debía de ser todo negro y tener una señal cuarteada en la frente, la figura de un águila sobre el lomo, la de un escarabajo en el paladar y el pelo doble en la cola.[5] Pomponio

---

1. Diodoro, lib. 1, cap. 4.
2. Estrabón, *Georg*, lib. último.
3. Bos ab Aegyptiis numinis vice cultus Apis vocatur, ac candicanti maculà in dextro latere, ac cornibus lunae crescentis insignibus, nodum sub lingua habet quem cantharum appellant. Hunc Bovem certis vitae annis transactis, mersum in sacerdorum fonte enecant; interim luctu allum quem substituant quaesituri, donec inveniat derasis capitibus lugent, inventus deducitur à sacerdotibus. *Memphim,* lib. 8, cap. 46.
4. Herodoto, lib. 3, cap. 28.
5. Est autem hic Apis, idimque Epaphus, è vacca genitus quae nullum dum alium potest concipere foetum: quam Aegyptii aiunt fulgure ictam concipere ex eo Apim. Habet autem hic vitulus, qui appellatur Apis

Mela está de acuerdo con Herodoto, en cuanto a la concepción de Apis, lo mismo que Eliano. *Los griegos* –dice este último– *lo llaman Epafus y pretenden que saca su origen de Io la Argiva, hija de Inaco, pero los egipcios lo niegan y prueban su falsedad asegurando que el Epafus de los griegos vino muchos siglos después que Apis. Los egipcios lo tienen por un gran dios, concebido por una vaca mediante la impresión de un rayo.* Se alimentaba este toro durante cuatro años, al cabo de los cuales se le conducía con gran solemnidad a la fuente de los sacerdotes en la que se le hacía ahogar para enterrarlo seguidamente en una magnífica tumba.

Muchos autores hacen mención de soberbios palacios y de magníficos apartamentos que los egipcios construían en Menfis para alojar al toro sagrado. Se tenían los cuidados que los sacerdotes mandaban para su manutención y la veneración que el pueblo tenía por él. Diodoro nos enseña que en su tiempo el culto de este buey estaba aún en vigor y añade que era muy antiguo. Tenemos una prueba de ello en el becerro de oro que los israelitas fabricaron en el desierto. Este pueblo salió de Egipto y se llevó con él la inclinación a la idolatría egipcia. Ésta fue mantenida muchos siglos después de Moisés hasta Diodoro, que vivió, según su propio testimonio en el tiempo de Julio César y fue a Egipto durante el reinado de Ptolomeo Aulete, alrededor del 55 antes del nacimiento de J. C.

Los egipcios de la época del viaje de este autor ignoraban probablemente el verdadero origen del culto que rendían a Apis, puesto que sus pensamientos variaban sobre este asunto. Los unos –dice– piensan que adoran a este buey porque el alma de Osiris tras su muerte, pasó al cuerpo de este animal y de éste a sus sucesores. Otros cuentan que un cierto Apis recogió los miembros esparcidos de Osiris muerto por Tifón, los puso en un buey de madera, cubierto de piel blanca de buey y que por esta razón se dio a la ciudad el nombre de Busiris. Este historiador aporta los sentimientos del pueblo pero él mismo sabe que[6] los sacerdotes tenían otra tradición secreta, conservada por escrito. Las razones que Diodoro dedujo respecto a los egipcios y del culto que rendían a los animales le han parecido fabulosas a él mismo y en efecto son tan poco verosímiles que me creo en el deber de pasarlas en silencio. No es sorprendente que el pueblo y Diodoro no hayan sabido la verdad, puesto que los sacerdotes, obligados al secreto inviolable sobre este asunto fueron dados a guardarse bien de declararlo.

---

haec signa. Toto corpore est niger, in fronte habens candorem figurae quadratae, in tergo affigiem Aquilae, cantharum in palato, duplices in cauda pilos. *Herodoto*, lib. 3, cap. 28.

6. Multa alia de Api fabulantur, quae longum effet singularim refere Omnia verò miranda & fide majora de hujusmodi animalium honore differentes Aegyptii, dubitationem hau aquam quaerentibus causas injecerunt. Sacerdotes secretiora quaedam seripta, ut jam diximus habent. Multi Aegyptiorum tres causas reddunt, quarum prima praeferrim, omninò fabulosa est, & antiquorum simplicitate digna. Diodoro, *lib. I, rerum Antiq. C. 4.*

Éstas son las malas razones que han puesto en tan gran ridículo al culto que los egipcios rendían a los animales. Considerados en todos los tiempos como los más sabios, los más avisados y los más industriosos de todos los hombres, la fuente misma donde los griegos y las otras naciones sacaron toda su filosofía y su sabiduría ¿cómo habrían caído los egipcios en tan grandes absurdidades? Pitágoras, Demócrito, Platón, Sócrates, etc, sabían bien, sin duda, que encerraban algunos misterios que el pueblo ignoraba, pero de los que los sacerdotes estaban perfectamente instruidos.

Este culto por él mismo era tan pueril que no podía caer en el espíritu de un tan gran hombre como lo era Hermes Trismegisto, su inventor, si no hubiera tenido los designios ulteriores que juzgó a propósito de manifestar sólo a los sacerdotes, pensando que las instrucciones que se daban además al pueblo para hacerle conocer el verdadero Dios y conservar el culto, bastaron para impedirle caer en la idolatría. ¡Vaya! A pesar de las instrucciones diarias que se les dio da la verdadera religión y del culto religioso que la debía de acompañar ¿cuántos pueblos no introdujeron supersticiones? No creo –dice el abad Banier–[7] que haya habido alguna religión en el mundo que estuviera exenta de este reproche, si se tiene en consideración que las prácticas populares, son a menudo una superstición poco esclarecida.

El secreto confiado a los sacerdotes de Egipto no tenía, pues, como objetivo el culto al verdadero Dios, y el culto a los animales era relativo a este secreto. Intimidados por la pena de muerte y sabiendo de más las funestas consecuencias de la divulgación de este secreto, lo guardaban inviolablemente. El pueblo, ignorando las verdaderas causas de este pretendido culto a los animales no podían dar más que frívolas razones, conjeturales y fabulosas. Sería preciso que fueran enseñados por aquellos que habían sido iniciados y esos no lo decían. Los historiadores que no estaban entre éstos se encuentran en el mismo caso que Diodoro. Se entrevé solamente a través de las nubes de estas tradiciones fabulosas algunos rasgos de luz que los sacerdotes y los filósofos habían dejado escapar. El mismo Horus-Apolo siguió las ideas populares en la interpretación que ha dado de los jeroglíficos egipcios. No son, pues, las explicaciones que dan estos autores las que se han de mantener, puesto que está claro que, al no estar entre el número de los iniciados, los sacerdotes no les han desvelado su secreto. Sólo se ha de examinar el simple relato que hacen de las cosas y ver si hay medio de encontrar una base sobre la cual todo esto pueda rodar, un objeto sobre el cual los animales tomados por ellos mismos y las ceremonias de su pretendido culto puedan relacionarse con todo, al menos a su instrucción primitiva.

Todos los que, como Kircher, han querido dar sus propias ideas o fundar sus interpretaciones sobre la de los historiadores que no estaban al caso, han probado claramente por sus forzadas explicaciones que no es necesario referirse a

7. Banier, *Mitología*, t.1 p. 512.

ellos. La base de la que he hablado es la filosofía hermética y el objeto de este culto no es otro que la materia requerida para el arte sacerdotal y los colores que le sobrevienen durante las operaciones, las cuales, en su mayor parte, están indicadas por la naturaleza de los animales y por las ceremonias que se observaban en su culto. A fin de convencer a los que quieran aún dudar, examinemos cada cosa en particular.

Es preciso un toro negro, con una marca blanca en la frente o a uno de los lados del cuerpo; esta marca debía de tener la forma de luna creciente, según algunos autores, asimismo este toro debía de haber sido concebido por las impresiones de un rayo. No se puede designar mejor la materia del arte hermético que mediante todos estos caracteres. En cuanto a su concepción Haymon[8] dice en los términos expresados que se engendra entre el rayo y el trueno. El negro es el carácter indudable de la verdadera materia, como lo dicen unánimemente todos los filósofos herméticos, porque el color negro es el comienzo y la llave de la obra. La marca blanca en forma de Luna creciente era un jeroglífico del color blanco que sucede al negro y que los filósofos han llamado *Luna*. El toro, por estos dos colores, tenía una relación con el Sol y la Luna, que Hermes[9] dice que son el padre y la madre de la materia. Porfirio[10] confirma esta idea diciendo que los egipcios tenían consagrado el toro Apis al Sol y a la Luna, porque llevaba los caracteres en sus colores negro y blanco y el escarabajo que debía de tener sobre la lengua. Apis era más en particular el símbolo de la Luna, a causa de sus cuernos que representan la creciente, puesto que la Luna no estando llena, tiene siempre una parte tenebrosa indicada por el negro, y la otra parte blanca, clara y resplandeciente caracterizada por la señal blanca o en forma de Luna creciente.

Estas razones eran suficientes para hacer elegir un toro de esta especie como carácter jeroglífico, preferiblemente a todo otro animal, pero los sacerdotes aún tenían otras, cuyos motivos no eran menos razonables. El Sol produce esta materia, la Luna la engendra, la tierra es la matriz donde se nutre, es ella que nos la proporciona, como las otras cosas necesarias para la vida, y el buey es el más útil para el hombre, por su fuerza, su docilidad, su trabajo en la agricultura, de la que los filósofos emplean sin cesar su alegoría para expresar las operaciones del arte hermético. Es por esta razón por lo que los egipcios decían alegóricamente que Isis y Osiris habían inventado la agricultura y que eran los símbolos del Sol y de la Luna. Osiris e Isis no estaban mal designados por el buey, según las ideas que

8. Jam ostendam vobis fideliter locum ubi lapidem sostrum tolletis. Ite secreté & morosè cum magno silentio, & accedite posteriora mundi, & audietis tonitrum sonantem, sensietis ventum stantem, & haec est res quam desideratis. Haymon, *Epístolas*.

9. Hermes, *Tabla de Esmeralda*.

10. Lunae praeterea taurum dedicarunt Aegyptii, quem Apim nuncupant, nigrum prae caeteris & signa Solis & Luna habentem; mutuatur autem ex Sole Luna lumen, solis symbolum est nigredo, nam & solis ardor nigriora reddit corpora humana, & qui sub lingua est scurabaeus Lunae verò coloris divisio. Porfirio, *lib. De abstinentia*.

algunos autores atribuyen a los egipcios respecto a esto. Osiris significa fuego oculto, el fuego que anima todo en la naturaleza y que es el principio de la generación y de la vida de los mixtos.

Los egipcios pensaban, según el testimonio de Abenefis,[11] que el genio y el alma del mundo habitaban en el buey, así como todos los signos o marcas distintivas de Apis eran caracteres simbólicos de la naturaleza; los egipcios, según Eusebio, decían también que señalaban en el buey muchas de las propiedades solares y que no podían representar mejor a Osiris o el Sol que mediante este animal. Pero si ello es verdad, se dirá que, si los sacerdotes de Egipto no pretendían dar al pueblo a Apis por un dios, ¿por qué le otorgaban un culto y unas ceremonias? Yo respondo a esto que el culto no era un culto de latría o una verdadera adoración, sino solamente relativo y las ceremonias eran tales como las que están en uso en las fiestas públicas, o poco más o menos como cuando se les pone el incienso a las personas vivientes o a las figuras que están representadas sobre sus tumbas. Es una pura señal de veneración para su rango o para su memoria y no se pretende rendirles los mismos honores que a la Divinidad.

Los sacerdotes tenían además dos plausibles razones para actuar así. Penetrados de reconocimiento hacia el Creador, por una gracia tan especial como la del conocimiento del arte sacerdotal, querían no solamente rendirle acciones de gracias en particular, sino que querían también ligar al pueblo a reunir a los suyos, puesto que se aprovechaba de esta gracia, aunque sin saberlo, por las ventajas que se sacaba de las producciones del arte hermético. En consecuencia, se presentaba a este pueblo, que práctiamente se guiaba por los sentidos, el animal más útil y el más necesario para inducirle a pensar en el Creador y en recurrir a él, dándole así ocasión de reflexionar sobre sus beneficios. No podía ver a Dios. El pueblo, totalmente ocupado en las cosas terrestres, le era necesario un objeto sensible que se lo recordara sin cesar, y en particular en ciertos tiempos, es decir, los días de fiestas y de pompas intituídas para ello. Es la idea que se debe de tener de los sacerdotes de Egipto respecto a esto, y creo que se debe de pensar con Kircher,[12] y con otros eruditos, que estos sacerdotes que fueron los maestros de estos filósofos, y a quienes la posteridad ha consagrado el nombre de sabios por excelencia, eran muy sensatos como para creer en la letra de las fábulas de Osiris, Isis, Horus, Tifón, etc, y como para rendir un culto tan extravagante a los animales u otros símbolos de la Divinidad. Los testimonios de Hermes Trisme-

---

11. Dicebant autem Aegyptii quod sub Bove habitaret genius, ipse est anima mundi; & omne signum, quod observabant in corpore ejus, illud putabant signum quoddam& caraterem Naturae. Abenephius, *de cultu Aegypti.*

12. Quicquid igitur pottentorum coluit Aegyptus: quicquid fabularum de Diis suis, Osiride, Iside, Typhone, Horo aliisque tradidit, iis sacerdotes sapientissimos, nequaquam existimandum est, vel fidem abuisse; aut stolidà quâdam, ac insipiente persuasione (uti plebs faciebat) inductos, simulachra veluti numina quaedam adorasse hoc enim quam ab animo sapienti alienum esse nemo non novit. Sed magna iis mysteria significasse, neque haec ratione carere, sed certas causas habere, vel historia, vel naturà introductas, symbolis istis tam multiformibus luculenter confessi sunt. *Kircher. Mistag. Aegypt*, lib. 3, cap. 3.

gisto mismo, de Jámblico sobre los misterios de los egipcios, lo que dice Plotino en su tercer libro de los Hipóstases, Herodoto, Diodoro de Sicilia, Plutarco, etc, es más que suficiente para fijar lo que debemos de pensar de ello. Desconfiamos de los autores griegos y latinos que no siempre estaban tan bien instruidos en los misterios de los egipcios, que los sacerdotes les ocultaron como a profanos.

La segunda razón es que el secreto del arte sacerdotal siendo de una naturaleza no comunicable sin haber probado la discreción y la prudencia de aquellos a quienes se proponían iniciar, los jóvenes sacerdotes que allí se disponían para las instrucciones, tenían siempre estos jeroglíficos ante los ojos, sentían despertar su curiosidad y se encontraban animados por su presencia en la búsqueda de lo que ellos podían significar. Pasaban un noviciado de siete años en recibir estas instrucciones y en ejercer sobre lo que estos animales representaban, a fin de saber perfectamente la teoría antes que darse a la práctica.

Es preciso también tener en consideración lo poco que se quería instruir en el fondo del misterio y el hecho de emplear explicaciones figuradas, pero con un aire de verosimilitud, que pudiera al menos impedir suponer el verdadero fondo de la cosa. Sin esta destreza, los sacerdotes no habrían podido guardar tranquilamente un secreto que el pueblo habría conocido totalmente. Las ideas de la religión que este pueblo acomodó allí, también se volvían un freno para su curiosidad. El fuego mantenido perpetuamente en el templo de Vulcano podía haber irritado a este pueblo, pero las simuladas explicaciones y las fábulas alegóricas que se declamaban a este respecto, impedían poner atención a su verdadero objeto.

La materia del arte filosófico era pues, designada por Osiris e Isis, cuyo símbolo jeroglífico era el toro, en el cual los egipcios decían que las almas de estos dioses habían pasado tras su muerte, lo que hizo que le dieran el nombre de Serapis y los llevaba a rendirle los mismos honores que a Osiris e Isis. Diremos dos palabras de esto después.

Los griegos, instruidos por los egipcios, representaban también a la materia filosófica por uno o más toros, como se ve en la fábula del Minotauro encerrado en el laberinto de Creta, vencido por Teseo con la ayuda del hilo de Ariadna; por los bueyes que Hércules robó a Gerión; los de Augias; por los bueyes del Sol que pasaron a Trinacria; los que Mercurio robó; por los toros que Jasón se vio obligado a poner bajo el yugo para llegar a conseguir el Toisón de oro y también otros como se puede ver en las fábulas. Todos estos bueyes no eran negros y blancos como debía de ser Apis, puesto que los de Gerión eran rojos; pero es preciso observar que el color negro y el blanco que le sucede en las operaciones de la obra no son los dos únicos que sobrevienen a la materia, el color rojo viene también tras el blanco y los que han inventado estas fábulas han tenido en cuenta estas diferentes circunstancias. Las velas del barco de Teseo eran negras, después de que hubo vencido al Minotauro y las del barco de Ulises lo eran también, cuando partió para llevar a Criseis a su padre, pero las puso blancas para su retorno, porque las dos circunstancias eran bien diferentes, como veremos en sus historias.

Apis debía ser un toro joven, sano, animoso; es por los que los filósofos dicen que es preciso escoger la materia fresca, nueva y en todo su vigor; no la toméis si no es fresca y cruda, dice Haimon.[13] Se mantenía a Apis durante unos cuatro años y su alojamiento estaba en el templo de Vulcano. Pasado este tiempo se le hacía ahogar en la fuente de los sacerdotes y se buscaba uno parecido para sucederle, y es que siendo finalizada la primera obra en el horno filosófico es preciso empezar la segunda, parecida a la primera, según el testimonio de Morien.[14] El horno secreto de los filósofos es el templo de Vulcano, donde se mantiene un fuego perpetuo, para indicar que el fuego filosófico también debe de estar conservado sin interrupción, es por lo que han dado a su horno secreto el nombre de atanor. Se dice que Vulcano significa el fuego. Si este fuego se extinguiera un instante y la materia sintiera el menor frío, Filaleteo, Ramón Llull, Arnaldo de Vilanova y todos los filósofos aseguran que la obra estaría perdida. Ellos aportan respecto a esto el ejemplo de la gallina que incuba, si los huevos se enfrían un instante solamente, el pollito perecería.

Las cuatro estaciones de los filósofos y los cuatro colores principales que deben aparecer en cada obra, están indicados por los cuatro años de mantenimiento de Apis, estos cuatro años, tomados en el sentido natural, significan también alguna cosa, pero cuando los filósofos hablan del tiempo que dura cada *disposición*, por utilizar el término que utiliza Morien, hablan tan misteriosamente como del resto y no quieren declarar por qué se ahoga el toro en el quinto año. Daremos algunos esclarecimientos al respecto cuando tratemos de las fiestas y juegos de los antiguos, en el cuarto libro de esta obra.

Así como el toro era símbolo del caos filosófico, los otros animales significaban las diferentes cualidades de la materia, como su fijeza, su volatilidad, su ponticidad, su virtud resolutiva, voraz, sus variados colores, según los diferentes progresos de la obra, y sus propiedades relativas a los elementos y a la naturaleza de estos animales. El pueblo al haberlos visto esculpidos o pintados junto a Osiris, a Apis, a Isis, a Tifón, a Horus, etc, empezaron primero por tener un cierto respeto por ellos, relativo a los pretendidos dioses cerca de los cuales los veían. Este respeto se fortificó poco a poco, la superstición se metió en parte y se creyó que merecían un culto particular, así como Apis tenía el suyo. No se vio dificultad y no se encontró extravagante el adorar un carnero, así como el rendir culto a un buey, el león valía tanto como el carnero, al que se le concedió el suyo y así los otros, según cómo el pueblo fuera afectado. Las supersticiones se incuban a la chita callando, y enraízan hasta el punto de que es casi imposible destruirlas.

13. Haimon, *Espístolas.*

14. Morien, *Conversación con el Rey Calid.*

Los sacerdotes a menudo sólo eran instruidos cuando el remedio fuera capaz de agriar el mal. El progreso va siempre a su paso, se fortifica cada vez más. Los sucesores de Hermes bien podían desengañar al pueblo de Egipto de estos errores, y lo hacían sin duda, tenemos una prueba de ello en la respuesta que el gran sacerdote dio a Alejandro, en las instrucciones que dieron a los griegos y las otras naciones que tomaron lecciones en Egipto, pero era preciso para estos sacerdotes la circunspección y la prudencia, desengañando al pueblo corrían el riesgo de desvelar su secreto. Si, por ejemplo, explicando la expedición de Osiris, hubieran dicho que no se debía de entender una expedición real y que las pretendidas enseñanzas que se dio a las diferentes naciones sobre la manera de cultivar las tierras, de sembrarlas y en recoger los frutos, debían de entenderse del cultivo de un campo bien diferente que el de las tierras comunes ¿se les habría preguntado cuál era este campo? ¿Habrían dicho, sin violar su juramento, que este campo era la tierra foliada de los filósofos[15] donde todos los adeptos dicen que es preciso encerrar el oro? Basilio Valentín ha hecho de ello el emblema de su octava llave. Seguidamente hubieran estado en la necesidad de decir lo que entendían por esta tierra foliada. Es en el mismo sentido que los griegos hablaban de Ceres, de Triptolemo, de Dionisio, etc.

Este error del pueblo, respecto a los animales, lo condujo insensiblemente a estos ridículos cultos que se reprocha a los egipcios. La ignorancia hizo tomar el símbolo por la realidad, así de superstición en superstición, de error en error, el mal se acrecentó siempre e infectó a casi todo el mundo, cada ciudad encontró ocasión de elegirse un dios según su fantasía y tomó su nombre como el de su dios, bajo la forma de este animal había estado el fundador. Se ve entonces a Bubaste, así llamado por el buey, Leontópolis por el león, Licópolis del lobo, etc. Estrabón[16] hablando del culto que los egipcios rindieron a los animales, dice que Saitas y los tebanos adoraban particularmente al buey, los latopolitanos al latus, pez del Nilo, los licopolitanos al lobo, los hermopolitanos al cinocéfalo, los babilonios a la ballena. Los de Tebas también adoraban al águila, los mendesienses al macho cabrío y la cabra, los atribitos a la rata y la araña. Sólo hablaremos de algunos como el perro, el lobo, el gato, el macho cabrío, el ichneumón, el cinocéfalo, el cocodrilo, el águila, el gavilán y el ibis, se podrá juzgar a los otros mediante éstos.

CAPÍTULO II

El Perro y el Lobo

Este animal estaba consagrado a Mercurio a causa de su fidelidad, de su vigilancia y de su industria. Asimismo era el carácter jeroglífico de este dios, es por lo

15. Michael Maier, *Atalanta Fugiens,* emblema 6.
16. Estrabón, *Geórgicas,* lib. 17.

que se le representaba con una cabeza de perro y se le llamaba *Anubis*; es lo que hace decir a Virgilio: *Omnigenumque deum monstra & latrador Anubis.* Horus-Apolo da una razón por la cual los egipcios tomaban al perro como símbolo de Mercurio, dice:[17] es que este animal observa fijamente los simulacros de los dioses, lo que no hacen los otros animales, y porque el perro es entre ellos el jeroglífico el de un secretario o ministro. Aunque esta primera razón no parezca tener relación visible y palpable con el arte sacerdotal, los filósofos herméticos no se expresarían de otra manera en su enigmático estilo. Todos dicen que sólo su Mercurio es el que puede actuar sobre sus metales, a los cuales dan los nombres de los dioses o los planetas, y que su Mercurio es un águila que mira al Sol fijamente sin pestañear los ojos y sin ser deslumbrado, dan a su Mercurio los nombres de *perro de Corascene y perro de Armenia.* Hemos aportado otras razones en el capítulo de Anubis.

El lobo tiene mucho parecido con el perro y sólo es, por así decirlo, un perro salvaje, por lo tanto, no es sorprendente que fuera partícipe de los mismos honores que el perro. Tenía también alguna relación con Osiris, puesto que los egipcios pensaban que Osiris había tomado la forma de lobo para ayudar a Isis y a Horus contra Tifón. Esta fábula parecería ridícula a un hombre que sólo busque la historia, pero no lo es de ninguna manera en el sentido filosófico, puesto que los filósofos herméticos ocultan bajo el nombre de lobo, su materia perfeccionada hasta un cierto grado. Basilio Valentín[18] dice que es preciso tomar un lobo arrebatador y hambriento que corra por el desierto, buscando siempre qué devorar. El que ponga atención a lo que hemos dicho en el capítulo de Osiris y del combate de Isis contra Tifón, verá fácilmente la analogía que se encuentra entre Osiris y el lobo en ciertas circunstancias de la obra y el por qué los egipcios declaraban esta ficción. Es suficiente para dirigirse sobre las vías, el hacer observar que el lobo era consagrado a Apolo, lo que hizo que se la llamara *Apolo Lucius.* La fábula dice también, según el relato de algunos autores, que Latona para evitar las persecuciones y los efectos de los celos de Juno, se ocultó bajo la forma de una loba y bajo esta forma puso en el mundo a Apolo. Se dice que Osiris y Horus eran los jeroglíficos de Apolo, lo que debe de entenderse del Sol u oro filosófico. *Nuestro lobo* –dice Rashí–[19] *se encuentra en Oriente y nuestro perro en Occidente. Ellos se muerden el uno al otro, volviéndose rabiosos y se matan. De su corrupción se forma un veneno que seguidamente se cambia en tríaca.* El autor anónimo de las rimas alemanas dice también: *el filósofo Alejandro nos enseña que un lobo y un perro han sido levantados en esta arcilla y que tienen los dos el mismo origen.* Este origen está señalado en la ficción de Osiris donde se dice que este príncipe se hizo acompañar de sus dos hijos, Anubis bajo la forma de perro y Macedón bajo

17. Horus-Apolo, lib. 1, cap. 40.
18. Basilio Valentín, *Las doce llaves.* Llave 1.
19. Raíz, *Epístolas.*

la forma de lobo. Estos dos animales representaban, pues, jeroglíficamente dos cosas tomadas de un mismo sujeto, o de una misma substancia, de los que uno es más tratable y el otro más feroz. Isis, según la inscripción de su columna, dice que ella misma es este perro brillante entre los astros al que llamamos la *canícula*.

CAPÍTULO III

El Gato o Aelurus

El gato tenía gran veneración entre los egipcios, porque era consagrado a Isis. Comúnmente se representaba este animal sobre lo alto de la cítara, instrumento que se veía a menudo en la mano de esta diosa. Cuando un gato moría, los egipcios lo embalsamaban y lo llevaban con gran duelo a la ciudad de Bubaste, donde Isis era particularmente reverenciada. Sería sorprendente que el gato no hubiera tenido los mismos honores que los otros animales entre un pueblo que había hecho un estudio tan particular de la naturaleza de las cosas, y de la relación que tenían, o parecían tener entre ellas. Siendo Isis el símbolo de la Luna ¿podían escoger un animal que tuviera más relación con este astro? Pues todo el mundo sabe que la forma de ciruela de los ojos del gato parece seguir los diferentes cambios que llegan a la Luna, en su crecimiento o en su declinación. Los ojos de este animal brillan en la noche como los astros del firmamento. Asimismo algunos autores han querido persuadirnos de que la hembra del gato hacía al año tantas crías como días hay en un mes lunar. Estos rasgos de parecido dieron sin duda ocasión de decir que la Luna o Diana se ocultó bajo la forma de gato, cuando se refugió en Egipto con los otros dioses, para ponerse a cubierto de las persecuciones de Tifón. *Fele soror Phoeli*[20]

Todos estos rasgos parecidos eran más que suficientes para determinar a los egipcios a tomar al gato como símbolo de la Luna celeste, pero los sacerdotes que tenían una intención ulterior especificaron este símbolo por los atributos, cuyo sentido misterioso era conocido sólo por ellos. Este dios gato está representado en diferentes monumentos, con una cítara en una mano y llevando, como Isis, un vaso de diferentes asas, a veces sentado y con una cruz sujeta a un círculo. Se sabe que la cruz en los egipcios era el símbolo de los cuatro elementos, en cuanto a los otros atributos los hemos explicado en el capítulo de Isis.

CAPÍTULO IV

El León

Este animal tenía uno de los primeros rangos en el culto que los egipcios rendían a los animales. Pasa por ser el rey por su fuerza, su coraje y sus otras cua-

20. Ovidio, *Metamorfosis*, lib. 5.

lidades muy superiores a las de los otros. El trono de Horus tenía leones como soporte. Eliano dice que los egipcios consagraban los leones a Vulcano, porque este animal es de una naturaleza ardiente y llena de fuego. La idea que da de Vulcano confirma lo que hemos dicho. *Eos ideo Vulcano consecrant, (est autem Vulcanus nihil aliud, nisi ignea quedam solis subterranei virtus, & fulgore eluces-cens) quod sunt natura vehementer ignita, atque ideo exteriorem ignem, ob inte-rioris vehemantiam agerrimé intuentur.* Esta interpretación de Eliano muestra tal como era la idea de los sacerdotes de Egipto, consagrando el león a Vulcano. Todas las explicaciones que yo pudiera dar se relacionan enteramente con ello, puesto que hemos dicho que Vulcano era el fuego filosófico. El león ha sido tomado, casi por todos los filósofos, por un símbolo del arte hermético. Apenas hay un animal del que se haya hecho mención tan a menudo en las obras que tratan de ello y siempre en el sentido que expresa Eliano. Tendremos tantas ocasiones de hablar de ello en lo que sigue que es inútil alargarnos aquí más extensamente sobre este artículo.

CAPÍTULO V

El Macho Cabrío

Todas las naciones están de acuerdo en observar al macho cabrío como el símbolo de la fecundidad. Era aquel Pan o principio fecundante de la naturaleza, es decir, el fuego innato, principio de vida y de generación. Por esta razón los egipcios tenían consagrado el cabrón a Osiris. Eusebio[21] aportándonos un jeroglífico egipcio nos da a entender las ideas que este pueblo tenía al respecto, según la interpretación que da, pero poniendo un poco de atención a la descripción que hace de este jeroglífico se debe ver en nuestro sistema el sentido oculto que los sacerdotes asociaban allí: *cuando quieren representar* –dice– *la fecundidad de la primavera y la abundancia de la que es fuente, ponían un niño sentado sobre un macho cabrío y vuelto hacia Mercurio.* Yo vería en ello más bien, con los sacerdotes, la analogía del Sol con Mercurio y la fecundidad, de la que la materia de los filósofos es el principio en todos los seres, es esta materia espíritu universal corporificada, principio de vegetación, que se vuelve aceite en la oliva, vino en el racimo de uvas, goma, resina en los árboles, etc. Si el Sol por su calor es un principio de vegetación, lo hace excitando el fuego adormecido en las simientes, donde permanece como entorpecido hasta que sea despertado y animado por un agente exterior. Es lo que sucede también en las operaciones del arte hermético donde el mercurio filosófico trabaja mediante su acción sobre la materia fija, donde este fuego innato está como en prisión, lo desarrolla rompiendo sus ligaduras y lo pone en estado de actuar para conducir la obra a su

21. Eusebio, *De paraep. Ev,* lib. 2, cap. 1.

perfección. Esto es este niño sentado sobre el cabrón y al mismo tiempo la razón por la que se vuelve hacia Mercurio. Osiris siendo este fuego innato no difiere de Pan, también el macho cabrío estaba consagrado tanto al uno como al otro. Por la misma razón esto también era uno de los atributos de Baco.

CAPÍTULO VI

El Icneumón y el Cocodrilo

Se considera a este animal como el enemigo jurado del cocodrilo y no pudiendo vencerlo por la fuerza, pues sólo es una especie de rata, emplea la destreza. Se dice que cuando el cocodrilo duerme el icneumón se desliza en su boca abierta, desciende a sus intestinos y los roe. Algo parecido sucede en las operaciones de la obra. El fijo, que primeramente parece poca cosa, o más bien el fuego que encierra que parece no tener ninguna fuerza, es dominado largo tiempo por el volátil, pero a medida que se desarrolla se insinúa allí de manera que toma al fin la cima y lo mata, es decir, lo fija como él. Hemos hablado del cocodrilo en el capítulo de Anubis, pero diremos aún dos palabras. El cocodrilo era un jeroglífico natural de la materia filosófica, compuesta de agua y de tierra, puesto que este animal es anfibio, también se le veía a menudo como acompañamiento de las figuras de Osiris y de Isis. Eusebio[22] dice que los egipcios representaban al Sol como piloto en un navío y este navío era llevado por un cocodrilo, para significar –añade– el movimiento del Sol en la humedad; pero era más bien para señalar que la materia del arte hermético es el principio o base del oro o Sol filosófico, el agua donde nada el cocodrilo es este Mercurio o esta materia reducida en agua, el navío representa el vaso de la naturaleza, en el cual el Sol o el principio ígneo y sulfuroso está como piloto, porque es él quien conduce la obra mediante su acción sobre el húmedo o el Mercurio. El cocodrilo era también el jeroglífico del mismo Egipto y particularmente de la base, porque este país es pantanoso.

CAPÍTULO VII

El Cinocéfalo

Ninguno entre los jeroglíficos egipcios es más frecuente que el cinocéfalo, puesto que era propiamente la figura de Anubis o de Mercurio, ya que este animal tiene el cuerpo parecido al de un hombre y la cabeza a la de un perro. San Agustín[23] lo menciona y Tomás de Valois dice en el lib. 3, cap. 12 y 16 que San Agustín entendía al hablar de Mercurio o el Hermes egipcio al cino-

22. Eusebio, *Praepar. Evang,* lib. 3, cap. 3.
23. S. Agustín, lib. 2 de *La Ciudad de Dios,* cap. 14.

céfalo. Isidoro[24] dice que Hermes tenía cabeza de perro. Virgilio, Ovidio, Propercio, Prudencio, Amiano, le dan todos el epíteto de *ladrador.* Los egipcios habían señalado bastante la relación del cinocéfalo con el Sol y la Luna, que lo emplearon a menudo como símbolo de estos dos astros, si creemos a Horapolo. Este animal orinaba una vez cada hora del día y de la noche en el tiempo de los equinoccios.[25] Se volvía triste y melancólico durante los dos o tres primeros días de la Luna, porque entonces no aparece a nuestros ojos, la lloraba como si nos hubiera sido arrebatada. Los egipcios suponían también que el cinocéfalo había indicado a Isis el cuerpo de Osiris que buscaba, ponían a menudo a este animal detrás de este dios y de esta diosa.

Todos estos razonamientos son propiamente alegóricos, la verdad de todo esto es que el cinocéfalo era el jeroglífico de Mercurio y del mercurio filosófico, que debía de acompañar siempre a Isis, como su ministro, porque, como hemos dicho en los capítulos de estos dioses, sin el Mercurio Isis y Osiris no pueden hacer nada en la obra. Hermes o el Mercurio filosófico habiendo dado ocasión, por su nombre, de confundirlo con el mercurio filosófico, del que se supone inventor, no es sorprendente que los egipcios y los autores que no estaban en el caso, hayan confundido la cosa inventada con su inventor, puesto que llevaban el mismo nombre, y que en consecuencia hayan tomado el jeroglífico del uno por el jeroglífico del otro. Cuando el cinocéfalo está representado con el caduceo, algunos vasos o con una Luna creciente, o con la flor de loto o alguna cosa acuática o volátil, es entonces un jeroglífico del mercurio de los filósofos, pero cuando se le ve con una caña o un rollo de papel, representa a Hermes, que se dice ser el inventor de la escritura y de las ciencias y además secretario y consejero de Isis. La idea de tomar a este animal por símbolo de Hermes ha venido de lo que los egipcios pensaban que el cinocéfalo sabía escribir naturalmente las letras que estaban en uso en el país, es por lo que cuando se llevaba a los sacerdotes un cinocéfalo para ser alimentado con los otros en el templo, se le presentaba un trozo de canilla o de junco propio para formar los caracteres de la escritura, con la tinta y el papel a fin de conocer si era de la raza de los que conocían la escritura y que sabían escribir. Horapolo hace mención de este uso en el capítulo 14 del primer libro de su interpretación de los jeroglíficos egipcios y dice que es por esta razón que el cinocéfalo estaba consagrado a Hermes.

CAPÍTULO VIII

El Carnero

La naturaleza del carnero que se considera como cálido y húmedo, respondía perfectamente a la del mercurio filosófico, los egipcios no olvidaron poner este

24. Isidoro de Sevilla, lib. 8, último capítulo.
25. Horapolo, lib. 1, cap. 16.

animal entre el número de sus principales jeroglíficos. Seguidamente contaron la fábula de la huida de los dioses a Egipto, donde dijeron que Júpiter se ocultó bajo la forma de un carnero y habiéndolo representado en consecuencia con una cabeza de este animal, le dieron el nombre de Amún o Ammón. *Conductor de rebaños se hace Júpiter, dice, por eso aún representan al libio Ammon con retorcidas cornamentas,* (Ovidio, *Metamorfosis*, lib. 5)

Todas las otras fábulas que los antiguos han contado a este respecto no merecen ser aportadas. Una de entre todas será suficiente para hacer ver que sólo fueron inventadas, para indicar el mercurio filosófico. Baco, dicen, estando en Libia con su ejército se encontró extremadamente oprimido por la sed e invocó a Júpiter para tener ayuda contra un mal tan apremiante. Júpiter se le apareció bajo la forma de un carnero y lo condujo a través del desierto a una fuente donde se refrescó y donde, en memoria de este acontecimiento, se levantó un templo en honor a Júpiter, bajo el nombre de *Júpiter Ammón* y se representó a este dios con cabeza de carnero. Lo que confirma mi sentimiento es que este animal era uno de los símbolos del Mercurio.[26] El carnero se apareció a Baco en Libia, porque Libia significa una piedra de donde fluye el agua de λιψ, viniendo de λειζω, *yo destilo*, el mercurio cuya naturaleza es cálida y húmeda se forma por la resolución de la materia filosófica en agua: *buscad* –dice el Cosmopolita–[27] *una materia de la cual podáis sacar una agua que pueda disolver el oro sin violencia y sin corrosión, sino naturalmente. Esta agua es nuestro mercurio, que sacamos en medio de nuestro imán, que se encuentra en el vientre del carnero.* Herodoto[28] dice que Júpiter se apareció a Hércules bajo la misma forma y que es por esto por lo que se le consagra el carnero a este padre de los dioses y de los hombres y que se le representa teniendo la cabeza de este animal. Este favor que Júpiter concedió al instante por el ruego de Hércules, caracteriza precisamente el deseo violento que tienen todos los artistas herméticos de ver al Júpiter filosófico, que sólo se puede mostrar en Libia, es decir, cuando la materia pasa por la disolución, porque ellos tienen entonces el Mercurio tras el cual han suspirado tanto. Demostraremos en el quinto libro que, tanto en Egipto como en Grecia, Hércules fue siempre el símbolo del artista o filósofo hermético. La alegoría de la fuente ha sido empleada por muchos adeptos y en particular por el Trevisano[29] y por Abraham el judío en sus *figuras jeroglíficas* presentadas por Nicolás Flamel. Hablaremos aún del carnero en el libro 2, cuando expliquemos la fábula del Toisón de oro. El carnero era una víctima que se sacrificaba a casi todos los dioses, porque el

26. Pausanias, en *Corint.*
27. El Cosmopolita, *Nueva Luz Química.*
28. Itaque Thebani & quicumque propterillosovibus parcunt, aiunt ideò sibi conditam hanc legem quod Jupiter, quam ab Hercule cornure eum volente, cerni nollet, tandem exoratus, hoc conmentus sit, ut amputato atletis capite, pelleque eillosà, quam illi detraxerat, induta sibi, ita sefe Herculi ostenderet & eb id Aegiptios instituisse Jovis simulacrum facee arietino capite. Herodoto, lib. 2, cap. 42.
29. El Trevisano, *Filosofía de los Metales.*

Mercurio, del cual era el símbolo, los acompaña a todos en las operaciones del arte sacerdotal, pero se decía que Mercurio, aunque mensajero de los dioses, lo era más especialmente de Júpiter y en particular para los mensajes graciosos, en lugar que Isis por la que casi siempre era enviado nada más que para asuntos tristes, guerras, combates, etc. La razón es totalmente natural para un filósofo que sabe que se debe entender por Isis los colores variados del arco iris, que se manifiestan durante la disolución de la materia, tiempo en el cual se da el combate entre el fijo y el volátil.

CAPÍTULO IX

El Águila y el Gavilán

Estos dos pájaros tienen mucha relación por su naturaleza; el uno y el otro son fuertes, osados, emprendedores, de un temperamento caliente, ígneo, hirviente y las razones que, según Horus, habían determinado a los egipcios a incluir al gavilán en sus jeroglíficos convenían muy bien con aquellas que han llevado a los filósofos a tomar el nombre de este pájaro para dárselo a su materia llevada a un cierto grado de perfección, donde adquiere una ignidad que la caracteriza particularmente, quiero decir cuando se vuelve azufre filosófico, es en este estado que Ramón Llull[30] la llama *nuestro gavilán* o la primera materia fija de las dos grandes luminarias.

El águila es el rey de los pájaros y consagrado a Júpiter porque fue un dichoso presagio para este dios, cuando fue a combatir a su padre Saturno y proveyó de armas al mismo Júpiter, cuando venció a los titanes y etc. Su carro es tirado por dos águilas y no se representa jamás a este dios sin poner a este pájaro cerca de él. Por poco que se hayan leído las obras de los filósofos herméticos se está al caso de la idea que tenían los que han inventado estas ficciones. Todos llaman *águila* a su mercurio o a la parte volátil de su materia. Es el nombre más común que le han dado en todos los tiempos. Los adeptos de todas las naciones están de acuerdo sobre ello. En ellos el león es la parte fija y el águila la parte volátil. Ellos sólo hablan de los combates de estos dos animales. Es pues, inútil aportar aquí los textos, supongo que hablo a personas que por lo menos los han hojeado.

Se ha figurado con razón que el águila fue un buen augurio para Júpiter, puesto que la materia se volatiliza en el tiempo en que Júpiter consigue la victoria sobre Saturno, es decir, cuando el color gris toma el lugar del negro. Por la misma razón suministra las armas a este dios contra los titanes, como lo probaremos en el tercer libro, en el capítulo de Júpiter donde volveremos a ver la explicación de este hecho.

30. Ramón Llull, lib. *Experim.* 13.

El mismo motivo ha hecho decir que el carro de este dios era tirado por dos águilas. Pero ¿por qué representaban a Osiris con una cabeza de gavilán? Los que han puesto atención a lo que hemos dicho de este dios lo adivinarán fácilmente. El gavilán es un pájaro que ataca a todos los otros, que los devora y los transforma en su naturaleza cambiándolos en su propia substancia, puesto que le sirven de alimento. Osiris es un principio ígneo y fijo que fija las partes volátiles de la materia designadas por los pájaros. El texto que he citado de Ramón Llull prueba la verdad de mi interpretación. He dicho también que Osiris era el oro, el Sol, el azufre de los filósofos y el gavilán es un símbolo del Sol. Homero[31] lo llama el mensajero de Apolo cuando cuenta que Telémaco estando cerca de volver a Ítaca, se apercibió de uno que devoraba una paloma, de lo que conjeturó que tendría éxito sobre sus rivales.

Los egipcios daban como razón del culto rendido a este pájaro que había venido desde países desconocidos a Tebas donde había traído a los sacerdotes un libro escrito en letras rojas en el cual estaban todas las ceremonias de su culto religioso. No hay nadie que no vea cuán fabuloso es tal hecho, pero se ha de pensar que no se ha inventado sin razón. Sin duda se dirá que los sacerdotes contaron tal fábula para dar más respeto al pueblo, haciéndole creer que algún dios había enviado este pájaro cargado con este mensaje. Pero no hubieran estado de acuerdo con ellos mismos puesto que publicaron al mismo tiempo que Hermes con Isis eran los inventores y los institutores de este culto y de las ceremonias que allí se observaban. Habría habido una contradicción, al menos aparentemente, pues en el fondo todo concuerda perfectamente. El pretendido libro estaba escrito en letras rojas, porque el magisterio filosófico, el elixir perfecto del arte sacerdotal, Osiris, del cual el gavilán era el símbolo o el Apolo de los filósofos, es rojo y de un rojo de amapola de campo. Las ceremonias de su culto estaban escritas, puesto que eran una alegoría de las operaciones y de todo lo que pasa desde el comienzo de la obra hasta su perfección, tiempo en el cual se muestra el gavilán, es por lo que se decía que este pájaro había traído este libro, he aquí la ficción. Hermes, por otro lado, había instituido las ceremonias y había establecido a los sacerdotes, a los que confió su secreto, para observarlos, he aquí la verdad. Isis estaba mezclada en esta institución porque había tenido buena parte en ella, siendo el objeto y como materia había dado lugar a ello. De entre los egipcios los que estaban encargados de escribir lo que observa este culto, llevaban, según Diodoro,[32] un sombrero rojo con un ala de gavilán, por las razones anteriormente dichas.

Parece que haya otra contradicción en lo que acabo de decir, sin embargo, conforme a lo que decían los egipcios. Osiris y Horus no eran el mismo, puesto que uno era el padre y el otro el hijo. Se está de acuerdo sin embargo que el uno y

31. Homero, *Odisea*.
32. Diodoro de Sicilia, lib. 1, cap. 4.

el otro eran el símbolo del Sol o Apolo. Reclamo a los mitólogos cómo, siguiendo sus diferentes sistemas, podrían resolver esta dificultad. Dos personas diferentes, dos reyes que han reinado sucesivamente, de manera que allí mismo hubo el reinado de Isis entre medio, ¿pueden ser considerados una misma persona? La misma fabulosa historia del reino de los dioses en Egipto no nos enseña que el Sol haya reinado dos veces. Ella nos enseña que Osiris murió por la perfidia y la maniobra de Tifón; pero no dice que resucitara. Sin embargo, Osiris era el mismo que el Sol, Horus lo mismo que Apolo y el Sol no difiere de Apolo. No veo, pues, cómo nuestros mitólogos podrían salirse de este laberinto. Pero lo que prueba bien claramente la verdad de mi sistema, es que siguiéndolo, los egipcios no podían combinar esta historia de otra manera, sin apartarse de la verdad, quiero decir, sin cambiar el orden de lo que pasa sucesivamente en el progreso de la obra. En efecto, hay dos operaciones, o si se quiere, dos obras que suceden inmediatamente. En la primera, dice Espagnet,[33] se crea el azufre y en la segunda se hace el elixir, el azufre y el oro vivo de los filósofos, su Sol u Osiris. En la segunda obra es preciso hacer morir este Osiris, por la disolución y la putrefacción, tras la cual reina Isis o la Luna, es decir, el color blanco llamado *Luna* por los filósofos. Este color desaparece para dar lugar al amarillo azafranado, es Isis que muere y Horus que reina o el Apolo del arte hermético. Es inútil extenderse más, lo hemos explicado suficientemente, tanto en el tratado de este arte como en los capítulos de este libro que conciernen a estos dioses.

CAPÍTULO X

El Ibis

Herodoto[34] relata que hay en Egipto dos clases de ibis, la una toda negra que combate contra las serpientes aladas y les impide penetrar en el país, cuando en la primavera vienen en tropel desde Arabia, la otra es blanca y negra. Es esta

---

33. Espagnet, *La Obra secreta de la Filosofía de Hermes,* can. 121.

34. Est autem Arabiae locus, ad Butum urbem ferè positus: ad quem ego me contuli, quod audirem volucres esse serpentes. Eo quum perveni ossa serpentum aspexi, & spinas multitudine supra fidemad enarrandum, quarum acervi erant magni, & his alii atque alii minores ingenti numero. Est autem hic locus ubispinae projectae jacebant, hujuscemodi. Exarctis montibus exporrigitur in vastam planitiem Aegyptiae contiguam. Fertur ex Arabia serpentes alatos ineuntestatim vere in Aegyptum volare, fed eio ad ingreccum planitiei ocurrentes aves Ibides, non permittere, fed ipsos interimere: & ob id opus Ibin in magno honore ab Aegyptiis haberi Arabes aiunt, confitentibus & ipsis Aegyptiis. Ejus avis species talis est: nigra tota vehementer est, cruribus gruinis, rostro maximá ex parte adunco, aedem qua crex magnitudine. Et haec quidem species est nigrarum quae cum serpentibus pugnant. At earum quae pedes humanis similes habent, gracile caput ac totum colum pennae candidae, praeter caput cervicemque, & externa alarum & natium, quae omnia quae dixi sunt vehementer nigram crura & rostrum alteri consentanea serpentis porro figura qualis hydrarum, alas pennatas nonn gerit, sed glabras & alis vispertilionum valde similes, Herodoto, lib. 2, cap. 75 – 76.

segunda especie que se emplea para representar a Isis. Herodoto no dice haber visto estas serpientes aladas, sino las pilas de esqueletos de serpientes. Sólo lo dice de oídas, que estos reptiles sean alados. Podría decirse que la cosa no fue real en cuanto a esta circunstancia, pero en cuanto a la alegoría sería muy justa. Eliano, Plutarco, Horapolo, Abenefis, Platón, Cicerón, Pomponio Mela, Diodoro de Sicilia y otros tantos autores hablan del ibis y dicen las relaciones que tiene con la Luna y Mercurio y es inútil ponerse como deber el probarlo.

Los grandes servicios que este pájaro rindió en todo Egipto, ya sea matando las serpientes de las que hemos hablado ya sea rompiendo los huevos de los cocodrilos, fue bien a propósito en determinar a los egipcios a rendirle los mismos honores que a los otros animales. Pero había otras razones para incluirlo entre sus jeroglíficos. Mercurio huyendo delante de Tifón tomó la forma de ibis, además Hermes bajo esta forma veló, según Abenefis,[35] por la conservación de los egipcios y los instruyó en todas las ciencias. Señalaron también en su color, su temperamento y sus acciones mucha relación con la Luna cuyo símbolo era Isis. He aquí por qué dieron a esta diosa una cabeza de ibis y por qué ella era a un mismo tiempo consagrada a Mercurio. Pues se ve entre Isis y Mercurio una tan gran analogía y una relación tan íntima que no se les separó casi nunca, también supusieron que Hermes era consejero de esta princesa y que actuaban siempre en concierto, esto era con razón, puesto que la Luna y el Mercurio filosófico sólo son en cierta manera una misma cosa y los filósofos los nombran indiferentemente al uno por el otro. *Aquel que diga que la Luna de los filósofos o lo que es la misma cosa, su Mercurio es el mercurio vulgar querría engañar con conocimiento de causa* –dice Espagnet–[36] *o se engaña él mismo. Los que establecen por materia de la piedra el azufre y el mercurio, entienden por el azufre el oro y la plata común, y por el mercurio la Luna de los filósofos.*

Por los colores negro y blanco del ibis se ve la misma relación de la Luna con el toro Apis que se vuelve por eso mismo símbolo de la materia del arte sacerdotal. El ibis todo negro que combatió y mató a las serpientes aladas, indica el combate que se produce entre las partes de la materia durante la disolución; la muerte de estas serpientes significa la putrefacción que sigue a la disolución donde la materia se vuelve negra. Flamel ha supuesto en este caso el combate de los dragones, el uno alado y el otro sin alas, de donde resulta el Mercurio. Muchos otros han empleado alegorías parecidas. Tras esta putrefacción la materia se vuelve en parte negra y en parte blanca, tiempo en el cual se hace el Mercurio; de la segunda especie de ibis es de la que Mercurio toma su forma.

Tales son las razones simples y naturales que los sacerdotes egipcios tenían para introducir los animales en su aparente culto de religión y en sus jeroglíficos. Inventaron cantidad de otras figuras, tal como se ve en las pirámides y

35. Abenefis, *Del Culto Egipcio.*

36. Espagnet, *La Obra secreta de la Filosofía de Hermes,* can. 44 y 24.

los otros monumentos egipcios. Pero todas tenían alguna relación cercana o lejana con los misterios del arte hermético. En vano se harán grandes comentarios para explicar estos jeroglíficos en otro sentido que el químico. Si Vulcano y Mercurio no son la base de todas estas explicaciones se encontrarán a cada paso insuperables dificultades y aunque se torture uno para encontrar verosimilitudes, a imitación de Plutarco, de Diodoro y otros griegos antiguos y modernos, siempre se sentirá que estas explicaciones están sacadas como de lejos, que son forzadas y que no satisfacen. Se tendrá siempre ante los ojos a este Harpócrates con el dedo sobre la boca que nos anunciará sin cesar que todo este culto y estos jeroglíficos encierran misterios en que no estaba permitido penetrar a todo el mundo, que es preciso meditarlos en silencio, que el pueblo no estaba instruido y que no se desvelaban a estas gentes de las que los sacerdotes estaban persuadidos haber venido a Egipto sólo para satisfacer su curiosidad. Los historiadores están entre este número, no son más creíbles en las interpretaciones que dan de lo que lo era el pueblo de Egipto que rendía los honores del culto a los animales porque se les había dicho que los dioses habían tomado esa figura. *Hasta aquel lugar pretende que llegó Tifón el terrestre y se escondieron los dioses adoptando una falsa figura. Conductor de rebaños se hace Júpiter, dice, por eso aún representan al libio Ammon con retorcidas cornamentas; Delio es un cuervo, el hijo de Semele un macho cabrío, Diana, la hermana de Febo, una gata, la saturnia Venus en pescado y Mercurio con alas en un ibis.* (Ovidio, *Metamorfosis*, lib. 5)

CAPÍTULO XI

El Loto y el Haba de Egipto

El loto es una especie de lis que crece en abundancia tras la inundación del Nilo.[37] Los egipcios, tras haberla cortado, la hacían secar al Sol y de una parte de esta planta, que parecía una adormidera, hacían el pan. Su raíz es redonda del grosor de una manzana y muy buena para comer. El mismo autor dice[38] que el fruto del loto se parece al del lentisco, tan agradable al gusto como el de la palmera. Los lotófagos, eran así llamados porque usaban de este fruto para todo alimento, y hacían vino de él. Los egipcios, según Plutarco,[39] peinaban la flor de loto al Sol naciente, no porque creyeran -dice- que hubiera nacido así, sino porque representaban alegóricamente la mayor parte de las cosas.

37. Caeterum ad victus facilitatem alia sunt eis excogitata. Siquidem quum fluvius plenus campos inundavit, in ipsa aqua exoritur ingens copia liliorum, qua loton Aegyptii vocant... Est autem hujus loti radix quoque esculenta, etiam suavitate praestanti orbiculata, mali magnitudine. Sunt & alia lilia rosis similia, & ipsa la flumine nuscentia. Herodoto, lib. 2, cap. 92.

38. Herodoto, lib. 4, cap. 177.

39. Plutarco *Isis y Osiris*.

Mahudel leyó en la academia de las inscripciones y bellas letras, en 1716, una memoria sobre juicios muy documentada sobre las diferentes plantas de Egipto que se encuentran en los monumentos de aquel país y que sirven de adorno o de atributos a Osiris, Isis, etc. Según él el loto es una especie de *nymphea*, que difiere del haba de Egipto sólo por el color de su flor que es blanca, mientras que la otra es de un rojo encarnado, lo que conviene a la idea que nos da Herodoto en el lugar que hemos citado. Es inútil buscar la descripción de Teofrasto, Plinio y Dioscórides, que no habían visto estas plantas en su lugar natal. Si el señor Mahudel hubiera supuesto que el color del fruto y de la raíz del loto y del haba de Egipto, hubieran merecido que se hiciera mención, no habría olvidado hacerlo con todo detalle, pero sólo vio este fruto y esta flor en los monumentos y sólo se refirió particularmente a esto. Por alguna cosa la hoja entraba también en las ideas jeroglíficas de los egipcios, puesto que representaba de alguna manera al Sol por su redondez y por sus fibras que desde un pequeño círculo que hay en el centro de esta hoja se expanden hacia todos lados como los rayos del Sol hasta la circunferencia. La flor abierta representa casi la misma cosa. Pero es la flor, de todas las partes de la planta, lo que más comúnmente se señala sobre la cabeza de Isis y de Osiris y de los mismos sacerdotes que estaban a su servicio. La relación que los egipcios creían que la flor de loto tenía con el Sol, puesto que al levantar este astro se mostraba en la superficie del agua y se sumergía de nuevo cuando se ocultaba, no era precisamente lo único que había hecho que se la consagrara a él. Si los estudiosos hubieran podido distinguir o por lo menos hubieran puesto atención en examinar que era del color de las flores que se ponían sobre la cabeza de Osiris y de las que se ponían sobre la de Isis, habrían visto sin duda que la flor encarnada del haba de Egipto no se encontraba jamás sobre la cabeza de Isis, sino solamente la flor blanca del loto y que se asignaba la primera a Osiris. El completo parecido de estas dos plantas ha impedido sospechar el misterio en su elección y señalar esta diferencia. Se podrá encontrar en lo que sigue, o puede ser que se tenga ya algunos monumentos egipcios coloreados, sobre los cuales se verá esta distinción.

Los inventores de los jeroglíficos no admiraban nada que no tuviera una relación con la cosa significada. Plutarco[40] lo ha intuido en el color del fruto de las plantas de las que hablamos, que tienen la forma de una copa o de copón, de la que llevaba el nombre entre los griegos. Viendo representado un niño sentado sobre este fruto, ha dicho que este niño era el crepúsculo, por relación al parecido del color del bello momento del día con el de este fruto. Se ha de prestar atención, pues, al color mismo de estos atributos para poder dar las interpretaciones justas y conformes a las ideas de sus institutores. Se ha debido de señalar hasta aquí que el color amarillo y el rojo eran particularmente los de Horus y de Osiris y el blanco el de Isis; porque los dos primeros eran

40. Plutarco, *Ibidem*.

los colores del Sol y el blanco el de la Luna, en el mismo sistema hermético. Es pues, verosímil que los egipcios emplearan el loto y el haba de Egipto en sus jeroglíficos a causa de su diferente color, puesto que, siendo parecidas en todo el resto, una de estas dos plantas hubiera sido suficiente. La mayor parte de los vasos, sobre la copa de los cuales se ve a un niño sentado, son el fruto del loto.

CAPÍTULO XII

La Colocasia

La colocasia es una especie de arum (yaro o aro, planta) o de pie de becerro, que crecía en los lugares acuáticos. Sus hojas son grandes, nerviosas por debajo, sujetas a rabillos largos y gruesos; su flor es de una especie de flores de pie de becerro con forma de oreja de asno o de corneta, en la cual está emplazado el fruto compuesto de diferentes bayas rojas amontonadas como en grupo a lo largo de una especie de pilón que se eleva desde el fondo de la flor. Los árabes comercian con su raíz pues es buena para comer.

Se reconoce esta flor sobre la cabeza de muchas divinidades y muy a menudo sobre la de algunos Harpócrates, no porque sea un símbolo de fecundidad, como dicen algunos, sino porque el color rojo de los frutos representaba al Horus hermético con el cual se ha confundido a menudo a Harpócrates y porque este dios del silencio fue inventado para señalar el silencio que se debe guardar respecto a este mismo Horus.

CAPÍTULO XIII

El Persea

Es un árbol que crece en los alrededores del gran Cairo. Sus hojas son muy parecidas a las del laurel, excepto que son más grandes. Su fruto tiene la forma de una pera y encierra un hueso que tiene gusto de castaña. La belleza de este árbol que está siempre verde, el parecido de sus hojas a una lengua y la de su hueso a un corazón, habían hecho que se consagrara al dios del silencio, sobre la cabeza del cual se veía más ordinariamente que sobre la de cualquier otra divinidad. Algunas veces entero, otras veces abierto para hacer aparecer la almendra, pero siempre para anunciar que es preciso saber controlar la lengua y conservar en el corazón el secreto de los misterios de Isis y de Osiris y de las otras divinidades adoradas en Egipto. Es por esta razón por lo que se le ve algunas veces sobre la cabeza de Harpócrates resplandeciente o puesto sobre una Luna creciente.[41]

---

41. Montfaucon, *Antiqu. Explicat,* t. 2, p. 2, pl. 124, fig. 8 y 10.

CAPÍTULO XIV

La Musa o Amusa

Algunos botánicos y muchos historiadores lo han calificado de árbol, aunque esté sin ramas. Su tronco es ordinariamente grueso como el muslo de un hombre, esponjoso y cubierto de muchas cortezas u hojas escamosas, acostadas las unas sobre las otras; sus hojas son largas, obtusas y su longitud sobrepasa algunas veces los siete codos.[42] Están afirmadas por una costilla gruesa y larga que reina en medio de ellas a todo lo largo, de la cima del tallo nacen flores rojas o amarillentas. Lo frutos que producen son de un gusto agradable y se parecen mucho a un pepino dorado. Su raíz es larga y gruesa, negra por fuera, carnosa y blanca por dentro. Cuando se hacen incisiones en esta raíz sale un jugo blanco pero que se vuelve enseguida rojo.

M. Mahudel, con muchos estudiosos, sólo vieron en esta planta su belleza como motivo capaz de determinar a los egipcios a consagrarla a las divinidades locales de la comarca, donde crecía con mucha abundancia, pero puesto que la empleaban en los jeroglíficos, sin duda se unía allí a alguna idea particular que estaba señalada en esta planta por alguna relación con estas divinidades. Las plumas de Osiris, las de los sacerdotes y las de Isis, donde estas hojas se encuentran algunas veces, el fruto cortado que se deja ver entre las dos hojas que forman el penacho, en fin, Isis presentando el tallo florecido de esta planta a su esposo, son las cosas que la tabla Isíaca nos pone más de una vez ante los ojos, ¿se creerá que solamente la belleza de esta planta sea el motivo? ¿No es más natural pensar que un pueblo tan misterioso lo haga teniendo alguna intención? Podría, pues, estar allí el misterio oculto debajo, y en efecto, allí se encontraba, pero se trata de un misterio fácil de desvelar para aquel que tras haber hecho algunas reflexiones sobre lo que hemos dicho, verá en la descripción de esta planta los cuatro colores principales de la gran obra.

El negro se encuentra en la raíz, así como el color negro es la raíz, la base o la llave de la obra; si se le levanta esta corteza negra se descubre el blanco, la pulpa del fruto es también de este último color; las flores que Isis presenta a Osiris son amarillas y rojas y la mondadura del fruto es dorada. La Luna de los filósofos es la materia venida al blanco; el color amarillo azafranado y el rojo que suceden al blanco son el Sol o el Osiris del arte; se tiene razón, pues, en representar a Isis en la postura de una persona que ofrece una flor roja a Osiris. Se puede finalmente observar que los atributos de Osiris participan todos o en parte del color rojo o del amarillo o del azafranado y los de Isis, del negro y del blanco tomados separadamente, o mezclados, porque los monumentos egipcios nos representan estas divinidades siguiendo los diferentes estados en que se encuentra la materia de la obra durante el curso de las operaciones.

---

42. *Mem. De l'Acad. Des Inscript. & Bell. Lett.*, t. 3.

Se puede encontrar a Osiris de todos los colores, pero entonces es preciso prestar atención a los atributos que le acompañan. Si el autor del monumento estaba en el caso de los misterios de Egipto y quería representar a Osiris en su gloria, los atributos serán rojos o al menos azafranados; en su expedición a las Indias, serán variados y de diferentes colores, lo que estaba indicado por los tigres y los leopardos que acompañaban a Baco, en Etiopía o muerte, los colores serán negros o violetas, pero jamás se encontrarán mezclados en el blanco, así como no se verá jamás ningún atributo de Isis puramente rojo. Sería de desear cuando se encuentra algún monumento coloreado que se recomendara al grabador de blasones todo lo que está representado, o que aquel que da la descripción al público tenga la atención de designar exactamente los colores tal cual. No sería menos apropiado obligar a los grabadores a que representaran los monumentos tal como son y no dejarles la libertad de cambiar las proposiciones y las actitudes de las figuras bajo el pretexto de suplir la ignorancia de los antiguos artistas y de dar una forma más elegante a estas figuras. La exactitud tiene una muy gran consecuencia, particularmente respecto a los atributos. Una obra sobre los antiguos, puesta al día después de unos pocos años me obliga a hacer esta observación.

Los griegos y los romanos que observaban como bárbaro todo lo que no había nacido en Roma o en Atenas, exceptuaron a los egipcios de una imputación tan injusta, y sus mejores autores, lejos de imitar a Juvenal, Virgilio, Marcial y sobre todo a Lucio, que desplegaban las burlas más finas contra las supersticiones de los egipcios, están llenos de elogios que conceden a su cortesía y a su saber. Entendían que fueron sus grandes hombres los que habían puesto todos estos bellos conocimientos que adornaron sus obras. Si no se puede justificar absolutamente al pueblo de Egipto sobre la oscuridad y el ridículo del culto que rendía a los animales, no atribuyamos a los sacerdotes y a los sabios de aquel país los excesos, pues su sabiduría y sus conocimientos los volvían incapaces de ello. Las tradiciones se oscurecen algunas veces a medida que se alejan de su fuente. Los jeroglíficos tan multiplicados pueden, en el curso de los tiempos, haber sido interpretados por las gentes poco o nada instruidos en su verdadero significado. Los autores que han bebido en esta fuente impura sólo han podido transmitirla de la manera que ellos la han recibido o quizás más desfigurada aún. Parece asimismo que Herodoto, Diodoro de Sicilia, Plutarco y algunos otros buscan excusar a los egipcios del culto que rendían a los animales, aportando razones verosímiles. Dicen que adoraban en estos animales la divinidad cuyos atributos se manifestaban en cada animal, como el Sol en una gota de agua que es tocada por sus rayos.[43] Es cierto además, que todo culto no es un culto religioso y aún menos una verdadera adoración y todo lo que está emplazado en los templos para ser objeto de veneración pública, no está en el

43. Plutarco, *Isis y Osiris*.

rango de los dioses. Los historiadores, pues, han podido equivocarse en el relato que han hecho de los dioses de Egipto y asimismo en cuanto a lo que observaba el culto del pueblo, y con más razón en lo que concernía a los sacerdotes y los filósofos, cuyos misterios ignoraban.

La escritura simbólica conocida bajo el nombre de jeroglíficos no era contraria al deseo que los egipcios tenían en trabajar para la posteridad. El señor conde de Cailus[44] no ha entrado en sus ideas a este respecto. Estos jeroglíficos fueron un misterio en el tiempo mismo de su institución como lo son aún y lo serán siempre para los que buscan explicarlos por otros medios que los que propongo. El deseo de los que los instauraron no era volver el conocimiento público grabándolos sobre sus monumentos para conservarlos para la posteridad, han actuado como los filósofos herméticos, que escriben de alguna manera para ser entendidos por los que están en el caso de su ciencia o para darles algunos trazos de luces absorbidas, por así decirlo, en una obscuridad tan grande que los ojos más clarividentes sólo son sorprendidos tras largas búsquedas y profundas meditaciones.

La mayor parte de las antigüedades egipcias, por su naturaleza, no nos pueden deleitar y esclarecernos perfectamente. Todas las explicaciones que se querrá dar para acercarlas a la historia se reducirán a conjeturas, porque todo es afectado por el misterio que reinaba en este país y que, para fundar sus razonamientos sobre el encadenamiento de los hechos, se encuentra que el primer año de la cadena que los liga desemboca en las fábulas. Es pues a estas fábulas que se ha de recurrir, y observándolas como tales, hacer el esfuerzo para penetrar el verdadero significado. Cuando se encuentra un sistema que las desarrolla naturalmente es preciso tomarlo como guía. Todos los que han seguido el sistema histórico hasta aquí son reconocidos insuficientes por todos los autores que han escrito sobre las antigüedades. A cada paso se encuentran obstáculos que no se pueden superar. No son pues, los verdaderos hilos de Ariadna que nos servirán para sacarnos de este laberinto, en consecuencia, es preciso abandonarlos.

Dirigiéndose a los principales autores de la filosofía hermética y estudiándolos tanto como para ponerse en estado de hacer justas aplicaciones, hay pocos jeroglíficos que no se puedan explicar. No serían admitidos como hechos históricos aquellos que son puramente fabulosos y no se rechazarían de estos hechos la circunstancias que los caracterizan particularmente, bajo pretexto de que han sido añadidos para embellecer la narración y aumentar lo maravilloso. Este último sistema ha sido seguido por el abad Banier en su *mitología,* y a pesar de que le haya procurado alguna facilidad, se encuentra a menudo en la fastidiosa necesidad de confesar que le es imposible desembrollar este caos.

44. Cailus, *Recueil d'antiq*, p. 2.

SECCIÓN CUARTA

Las Colonias Egipcias

La filosofía hermética no estuvo siempre encerrada en los límites de Egipto, donde parece que Hermes la había hecho florecer. Al haberse multiplicados los habitantes de aquel país, algunos tomaron la decisión de salir de allí para establecerse, primero en las inmediaciones y después en países más alejados. Muchos jefes de familia condujeron sus colonias y llevaron consigo a sacerdotes instruidos. Belus que fijó su residencia cerca del Eufrates, se estableció en Babilonia y fueron llamados caldeos. Se volvieron célebres por los conocimientos que adquirieron observando los astros a la manera de Egipto. Los eruditos creían que el sabesmo o esta fuerte idolatría que tiene por objeto de su culto a los astros y los planetas, empezó en Caldea, donde se habían fijado estos filósofos egipcios, pero es más verosímil decir que ellos la llevaron allí desde Egipto, de donde salieron y donde el Sol y la Luna eran adorados bajo el nombre de Osiris y de Isis, puesto que Herodoto dice que la astrología nació en Egipto donde se conviene en que era cultivada desde los tiempos más remotos.

El nombre de ciencia caldea que llevó después durante largo tiempo, prueba además que los astrólogos de Caldea se volvieron más célebres que los de otras naciones. Babilonia, capital del país, aunque la más idólatra de todas las ciudades del mundo, según la idea que nos da el profeta Jeremías[1] llamándola tierra de ídolos, *terra sculptilium,* parecía haber sacado sus dioses de Egipto, del que había conservado hasta los monstruos, *in portentis gloriantur.* Los sacerdotes instruidos en las mismas ciencias que aquellos de los que se acababan de separar, sin duda sabían también a qué atenerse respecto al culto de estos ídolos, pero obligados al mismo secreto que los de Egipto, se impusieron sucesivamente el deber de no divulgarlo. Los nombres de Saturno y de Júpiter dados a Belus prueban muy claramente que se conocía en Caldea la genealogía de los dioses herméticos de los egipcios.

Danao intentó también establecerse fuera de su país. Marchó de Egipto, su patria, y partió con cincuenta hijas que había tenido de muchas mujeres, con toda su servidumbre y algunos egipcios que quisieron seguirle. Se dice que arribó primeramente a Rodas, donde, tras haber consagrado una estatua a

1. Jeremías, cap. 50.

Minerva, una de las grandes divinidades de Egipto, se embarcó y llegó a Grecia donde, si creemos a Diodoro, hizo construir la ciudad de Argos y en Lidia la de Chipre, en la cual hizo levantar un templo a Minerva y estableció allí a los sacerdotes para el servicio del mismo culto que se rendía en Egipto a esta diosa. El nombre de Beleides dado a las hijas de Danao, prueba que tenía alguna afinidad con Belus, y algunos autores han considerado a este Belus como padre de Danao. Las alegorías que los poetas han hecho sobre el suplicio de las Danaides y sobre la masacre de sus esposos, es una nueva prueba de que fueron imitadas de Egipto, donde Diodoro cuenta[2] que 360 sacerdotes de Achante tenían costumbre de sacar agua con un vaso horadado. Explicaremos estas alegorías en los libros siguientes.

Cecrops venido de Egipto se estableció en Ática. Llevó allí junto con las leyes de su país el culto de los dioses que allí adoraban, y sobre todo el de Minerva, honrada en Sais su patria, el de Júpiter y los otros dioses de Egipto, este hecho es atestiguado por toda la antigüedad. Eusebio[3] dice que éste fue el primero que dio el nombre de dios a Júpiter, le levantó un altar y erigió una estatua en honor a Minerva. San Epifanio repite lo mismo y Pausanias lo había dicho antes que ellos, pero este último[4] remarca que sólo ofrecía en sus sacrificios cosas inanimadas. Atenas, el triunfo de las artes y de las ciencias, el tallo de la urbanidad y de la erudición, debe pues, sus comienzos a Egipto. Sea como fuere esta historia, los atenienses están de acuerdo en ello y se glorían de ser descendientes de los saitas; algunos dicen que Dipetas, padre de Mnesteo, rey de Atenas, fue egipcio, lo mismo que Ericteo, que el primero les aportó los granos de Egipto y la manera de cultivarlos, lo que hizo que lo establecieran rey. Les enseñó también las ceremonias de Ceres Eleusina, siguiendo las que observaban los egipcios, es por lo que los atenienses pensaban que este rey era contemporáneo de Ceres. Diodoro, al relatar esto, ignoraba sin duda que Ceres e Isis eran una misma divinidad. Debería de haberse acordado de que había contado la misma cosa de Triptolemo. Hablaremos de la naturaleza de estos granos y de toda esta historia en el cuarto libro.

Los habitantes de la Cólquida eran también una colonia de Egipto, según Diodoro y Herodoto[5] que aporta como prueba muchas razones, entre otras, que hacían circuncidar a sus hijos, y que este uso lo habían traído de Egipto. Sin duda ignoraba la Escritura santa que nos señala tan positivamente el origen de la circuncisión. Diodoro concluye, por la misma razón, que los judíos, habitantes entre Arabia y Siria habían venido de Egipto, pero habla de estos judíos sólo después de su servidumbre en este país y esto es lo que ocasiona su error. Este

2. Diodoro de Sicilia, lib. 2, cap. 6.
3. Eusebio, *Prep. Evang*, lib. 1, cap. 9.
4. Pausanias, *In. Attic*, lib. 8.
5. Herodoto, lib. 2, cap. 104 y ss.

seguimiento de los judíos es remarcable por todos los acontecimientos que le precedieron y le siguieron, lo que tiene más relación con nuestro sujeto es la cantidad prodigiosa de oro y de plata que se encontraba entonces entre los egipcios. Moisés notificó a los judíos que tomaran de sus huéspedes todos los vasos de oro y de plata que pudieran obtener. Y ¿quiénes eran estos huéspedes? la gente común; ¿a quién daban estos vasos? a los judíos esclavos, despreciados y sin recursos, gente que no se podía ignorar que tenían el deseo de salir del país y de huir para sustraerse de la servidumbre; y si el pueblo estaba tan bien provisto ¿cuánto debían de tener el rey y los sacerdotes que, como nos lo enseña Herodoto, hacían construir edificios para conservarlo?

Cadmo era originario de Tebas de Egipto. Habiendo sido enviado a la búsqueda de su hermana por Agenor su padre, rey de Fenicia, se encontró expuesto a una furiosa tempestad, que le obligó a atracar en Rodas, donde erigió un templo en honor de Neptuno cuyo servicio se confió a los fenicios que dejó en esta isla. Ofreció a Minerva un vaso de cobre muy bello de forma antigua, sobre el cual había una inscripción que decía que la isla de Rodas sería asolada por las serpientes. Sólo esta inscripción indica que toda esta historia es una alegoría del arte sacerdotal. Pues ¿por qué ofreció a Minerva un vaso antiguo de cobre? Se hubiera debido suponer que Cadmo habría vivido en tiempos bien remotos. ¿Cuál podría ser, pues, la antigüedad de este vaso? Parece ser que es preciso tener en consideración a la materia y no a la forma. Esta materia es la tierra de Rodas o la tierra roja filosófica que debe ser asolada por las serpientes, es decir, disuelta por el agua de los filósofos, que a menudo es llamada serpiente. Cadmo, al corriente de estos misterios, no tuvo ningún esfuerzo en predecir esta devastación. El presente de un vaso antiguo de cobre ¿era de una tan gran consecuencia que mereció ser presentado a la diosa de la sabiduría? El oro, las pedrerías habrían sido más dignos de ella. Pero sin duda había en ello un misterio encerrado, es necesario un vaso de cobre, pero no del vulgar, sino de bronce filosófico, que los favoritos de Minerva, los sabios filósofos, llaman comúnmente *latón* por letón. Blanquead el latón, dice Morien,[6] y romped vuestros libros. El azot y el latón os son suficientes.

Toda la historia de Cadmo será siempre considerada como una pura fábula, que parecerá ridícula a todo hombre de buen sentido, puesto que no la entenderá conforme a la química hermética. En efecto ¿qué idea es la de seguir un buey de diferentes colores, construir una ciudad donde el buey se detuvo, enviar a sus compañeros a una fuente, donde fueron devorados por un horrible dragón, hijo de Tifón y Equidna, dragón que seguidamente fue muerto por Cadmo, que le arrancó los dientes, los sembró en un campo como se siembra el grano, de donde nacieron unos hombres que atacaron a Cadmo y que al fin por una piedra que tiró entre ellos se destruyeron unos a otros sin que quedara uno solo? Más

6. Morien, *Conversación del Rey Calid.*

adelante en esta obra probaremos que esta historia es una alegoría siguiendo todo lo que pasa en el curso de las operaciones de la obra filosófica.

El abad Banier[7] dice que Cadmo llevó a Grecia los misterios de Baco y Osiris. La fábula nos enseña sin embargo que Baco era nieto de Cadmo. Es verdad que este mitólogo introduce a otro Baco, hijo de Semele a fin de ajustar su historia, pero ¿sobre qué fundamento?, ¿tiene el permiso de introducir de su propia cosecha personajes nuevos para salirse de los embrollos? Orfeo transportando a Grecia las fábulas egipcias las vistió a la griega y supuso un Dioniso, que no difiere en nada del Osiris de los egipcios y del Baco de los latinos, pero este Dioniso u Osiris era célebre en Egipto mucho antes de que fuera cuestión lo de Cadmo. Es por lo que los egipcios se burlaban de los griegos, cuando les oían decir que Dioniso había nacido entre ellos.

Otros atribuyen a Melampo la institución de las ceremonias del culto a Dioniso en Grecia, la historia de Saturno y la guerra de los titanes. Se dice que Dédalo fue el arquitecto del famoso vestíbulo del templo levantado en Menfis en honor de Vulcano. Pero los griegos, dice Diodoro, habiendo aprendido las historias y las alegorías de los egipcios, inventaron otras sobre estos modelos. En efecto, los poetas y los teólogos del paganismo parecen haber copiado estas fábulas de Egipto, llevadas a Grecia por Orfeo, Museo, Melampo y Homero. Los legisladores han formado sus leyes sobre las de Licurgo; los príncipes de las sectas filosóficas han sacado sus sistemas de Pitágoras, Platón, Eudoxo y Demócrito. Y si han sido tan diferentes entre ellos es porque no todos ellos estaban al corriente de los misterios egipcios y en consecuencia han explicado mal las alegorías.

Las columnas de Mercurio, de las cuales estos primeros filósofos sacaron su ciencia, por las explicaciones que los sacerdotes de Egipto les dieron podrían muy bien ser las de Osiris e Isis de las que hemos hablado, puede ser que los obeliscos que se ven aún en Roma, como se dice, fueran transportados desde Egipto y cuya superficie está llena de triángulos, de círculos, de cuadrados y de figuras jeroglíficas. Más de un autor se ha dado a la tortura para explicarlos, Kircher ha hecho un tratado sobre ello, pero a pesar de su decisión sostenida en una ciencia muy extendida, no se ha creído su palabra. Es de los autores antiguos de donde sacaron su ciencia en Egipto, entonces es en ellos que deberían buscar su interpretación, pero para entender a la mayor parte de ellos se necesitaría también la ayuda de un Edipo, porque han escrito alegóricamente como sus maestros. No teniendo, pues, guías asegurados, los más célebres autores son todos diferentes entre ellos. Según Bochard, Mercurio es el mismo que Canaan y según el señor Huet, el mismo que Moisés. El uno dice que Hércules es Sansón y el otro que es Josué. El uno que Noé es Saturno, el otro que es Abraham. El uno sostiene que Ceres fue una reina de Sicilia, el otro que ella no difiere en nada de Isis y que no

7. *Mitología,* t. 1, p. 67 y t. 2, p. 262.

fue jamás a aquel país. Asimismo los más antiguos autores no están de acuerdo entre ellos y abruman las contradicciones que allí se encuentran, cuántas cosas gratuitas se ven allí, por no decir de más. En cuanto a las comparaciones de las que los libros de algunos sabios modernos están llenos, yo preguntaría ¿está permitido decir que Thamas-Kouli-Cham es el mismo que Tamerlan, sólo porque hay mucho parecido en el humor y en las acciones de estos dos príncipes?

Creo que se pueden sacar muchas luces de los antiguos autores griegos para penetrar en la oscuridad de las fábulas, no que se deba buscar precisamente en ellas sobre el verdadero origen de los antiguos pueblos, puesto que lo que dicen es casi todo fabuloso, pero puesto que ellos han copiado a los egipcios, que fueron los primeros inventores de las fábulas y que haciendo la comparación de las fábulas antiguas de Grecia con las de Egipto se nota fácilmente que todas han salido de la misma fuente, lo que se parecería a un viajero que se vestía en cada país que recorría siguiendo la moda que estaba en uso. Las obras egipcias que habrían podido darnos algunas ideas de su manera de pensar, las de Hermes y las de los otros filósofos se nos han escapado con el tiempo y lloraremos siempre sobre las tristes cenizas de la biblioteca de Alejandría. No tenemos otra fuente que la de los griegos, discípulos de los sabios sacerdotes de Egipto, es de ellos, pues, que es preciso obtener la ayuda, persuadidos de que han entrado en las ideas de los maestros de los que habían recibido las lecciones.

Estoy sorprendido de que el abad Banier esté respecto a esto tan poco de acuerdo con él mismo, que tras haber dicho[8] y haber empleado todas las razones posibles para probar que no es en los historiadores griegos donde se ha de buscar el origen de los antiguos pueblos ni de los monumentos de la antigüedad, este erudito los aporta como pruebas de lo que establece en el curso de su obra. Es verdad que tiene una atención particular en escoger, de todo lo que los autores han aportado, lo que es favorable para su sistema y rechazar como fábula todo lo que podía serle contrario. Asimismo y como último recurso decide sobre esto con el tono de un juez, pero como no está siempre conforme con él mismo y declara en más de un sitio que es preciso tener a sus mismas garantías como sospechosas, nos restablece nuestros derechos y nos deja la libertad de pensar lo que queramos.

Yo sería del pensamiento de Diodoro en cuanto a los nombres de algunas antiguas ciudades, montañas, ríos, etc. Este autor dice que los antiguos filósofos sacaron de su doctrina la mayor parte de estos nombres y denominaron los lugares según la relación que veían allí con algunos rasgos de esta ciencia. Se trata pues, de saber cuál era esta doctrina. Nadie duda de que ésta sea la que aprendieron en Egipto. Jámblico[9] nos asegura que esta ciencia estaba grabada en

8. Banier, *op. cit.* p. 55 y ss.
9. Jámblico, *Los Misterios de los Egipcios.*

las columnas de Hermes. Josefo[10] habla de dos columnas, la una de piedra, la otra de ladrillo, levantadas antes del diluvio, sobre las cuales estaban grabados los principios de las artes. Bernardo, conde de la marca Trevisana[11] instruido por la lectura de los libros antiguos, dice que Hermes encontró siete tablas en el valle de Hebrón, sobre las cuales estaban grabados los principios de las artes liberales. Pero que Hermes las haya encontrado o que las haya inventado, lo que parece ser es que estos principios estaban expresados en jeroglíficos, y que esta manera de enseñar indicaba que el fondo de esta ciencia era un misterio que no se quería desvelar a todo el mundo, y en consecuencia los términos y los nombres empleados formaban también parte de este misterio, de donde debemos concluir que los nombres dados a los lugares por los antiguos filósofos contenían de alguna manera los misterios de los egipcios.

Todo espíritu que no quiera permanecer tercamente en su prejuicio debe ver en lo que hemos dicho cuál era el objeto de estos misterios. La magnificencia de los reyes de Egipto, que si creemos a Plinio[12] hicieron levantar estas maravillas del mundo a fin de emplear sus inmensas riquezas, es una prueba bien palpable del arte hermético. Semiramis hizo levantar en Babilonia un templo en honor a Júpiter en lo alto del cual emplazó tres estatuas de oro, una de este dios, la segunda de Juno y la tercera de la diosa Ops. La de Júpiter, según Diodoro, subsistía aún en su tiempo, tenía 40 pies de altura y pesaba mil talentos Babilónicos. La estatua de Ops, del mismo peso, se ve aún en la sala dorada. Dos leones, añade este autor, y serpientes de plata de un grosor enorme están emplazadas a su lado. Cada figura es de un peso de treinta talentos. La diosa tiene en la mano derecha una cabeza de serpiente y en la izquierda un cetro de piedra. En la misma sala se encuentra también una tabla de oro de 40 pies de longitud, 12 de largo y 50 talentos de peso. La estatua de Juno es de 800 de peso.

Diodoro y los otros historiadores aportan muchas de las cosas que prueban las inmensas riquezas de los egipcios y de los babilonios, y que sacaron su origen mediante Belus. Pero lo que habría de sorprender a estos historiadores y a todos los que vieron la estatua de Ops es su actitud y sus atributos. Yo querría que nuestros eruditos me explicaran ¿por qué se había puesto un cetro de piedra en una de las manos de esta diosa y una serpiente en la otra? ¿Se pone cetros de piedra a una estatua de oro? Una tal idea pasaría por ridícula a los ojos de los que no ven en ello nada alegórico, pero si se toma herméticamente, es natural representar a la diosa Ops así, porque el oro de los filósofos es llamado piedra y su mercurio serpiente. Ops o la tierra, que era la materia, tenía estos dos símbolos en la mano para indicar que contenía estos dos principios del arte. Y como este arte era la fuente de las riquezas, Ops fue considerada como diosa.

10. Josefo, *De las Antiguedades de los Judios.*

11. El Trevisano, *Filosofía de los Metales.*

12. Plinio, lib. 26, cap. 12.

Asimismo la cosa se ve más particularmente designada al poner junto a Ops dos leones y dos serpientes, puesto que los filósofos emplean ordinariamente la alegoría de estos animales para significar los principios materiales de la obra durante el curso de las operaciones. Júpiter y Juno, hermano y hermana, esposo y esposa, se encontraban en esta sala con su abuela y ante ellos una tabla de oro común a los tres, porque salen de un mismo principio aurífico, del cual se extraen dos cosas, una humedad aérea y mercurial y una tierra fija ígnea, que reunidas sólo son una y misma cosa llamada oro hermético, común a los tres porque está compuesto de ellos, y el verdadero remedio del espíritu, del que hemos hablado, al cual Diodoro da el nombre de Nepentes, porque está hecho de la pretendida hierba que tiene este nombre, de la que Homero[13] dice que en Egipto se compone un remedio que hace olvidar todos los males y conduce al hombre a una vida exenta de dolor y melancolía, propiedades tan alabadas en el oro hermético. El mismo poeta añade que este remedio era el de Helena, hija de Júpiter, la que ocasionó la guerra de Troya. Veremos las razones de ello en el sexto libro. El origen egipcio del remedio y de la manera de hacerlo es una prueba, que Homero nos da de paso, de que él estaba instruido en la naturaleza de este remedio, de sus propiedades y del lugar donde estaba en boga. Él ha podido, pues, tomarlo como objeto de su alegoría de la toma de la ciudad de Troya, donde, al menos, lo habría tomado de una guerra y de un asedio real para formar una alegoría de la gran obra, como lo probaremos discutiendo todas las circunstancias de este asedio.

No veo en qué se funda el abad Banier para decir[14] que había habido, antes que Homero, otros poetas que habían tratado el sujeto de la guerra de Troya y que habían hecho las Ilíadas, la única razón que este erudito aporta es que la poesía griega no había empezado por las obras maestras. Dejo al lector el juzgar la bondad de este razonamiento y la obra de este abad que, aunque muy erudito y muy bien concertado, es un hormiguero de pruebas de este temple. Si bien Homero, para dar un aire de verosimilitud a su ficción, ha introducido nombres de ciudades y de pueblos existentes, y se ve obligado a declarar que conoce Ítaca, las Cimerias, la isla de Calipso y muchas otras cosas que hay en sus obras ¿Dónde se vio jamás a los arimaspes, los isedones, los hiperbóreos, los acéfalos, etc.? Pero se convendrá en que las fábulas tienen su origen en Egipto y Fenicia, es pues por las que se declamaban en aquellos países, que se ha de juzgar a las otras, al menos las más antiguas.

No pienso encontrar contradicciones sobre este artículo ¿pero no se convendrá conmigo en que todos los monumentos de los que he hablado son una prueba convincente de que el arte hermético era conocido y practicado entre los egipcios? Los eruditos por poco de acuerdo que estén entre ellos, han fortificado

13. Homero, *Odisea*, lib. 4, v. 221 y ss.

14. Banier, *ibíd.* t. 1, p. 67.

mediante sus obras el prejuicio que nació en el relato de antiguos historiadores. Se ha creído que estando más cerca que nosotros de esos tiempos oscuros, lo mejor que se puede hacer es seguir el camino que ellos han trazado, persuadidos de que estaban en el caso de todo esto. Sin embargo, se sabe, y lo dicen los mismos antiguos, que los sacerdotes de Egipto guardaban un secreto inviolable sobre el verdadero significado de sus jeroglíficos, pero no se ha reflexionado mucho sobre eso. Se trataría pues, de desnudarse de todo prejuicio respecto a esto, examinar las cosas sin prevención y comparar las explicaciones que los anticuarios o los mitólogos han dado de los jeroglíficos y de las fábulas egipcias con las que yo he dado, y juzgar seguidamente sobre la verdad de unas y de otras. Por este método se encontrará uno en estado de decidir si la moral, la religión, la física y la historia han suministrado materia a estas fábulas y a estos jeroglíficos o si no es más simple darles un sólo y único objeto, así como un secreto tan precioso y de una tan gran consecuencia como puede ser aquel que conserva a la humanidad en todo el estado perfecto del que es susceptible, procurándole las fuentes de riquezas y de salud.

LIBRO II

Alegorías que tienen una relación más palpable con el Arte Hermético

Nunca un país fue tan fértil en fábulas como Grecia. Las cuales había recibido de Egipto, y no siéndole estas suficientes, inventó un número infinito de ellas. Los egipcios sólo reconocían, propiamente como dioses a Osiris, Isis y Horus, pero multiplicaron los nombres, viéndose por ello obligados a multiplicar las ficciones históricas. De allí vinieron doce dioses principales, Júpiter, Neptuno, Marte, Mercurio, Vulcano, Apolo, Juno, Vesta, Ceres, Venus Diana y Minerva, seis machos y seis hembras. Sólo estos doce, considerados como grandes dioses, fueron representados en estatuas de oro. Después se imaginaron otros, a los que se les dio el nombre de semi-dioses, que no eran conocidos en el tiempo de Herodoto, o al menos no hace mención de ellos bajo este título. Sus figuras eran esculpidas en madera, en piedra o en arcilla.

El mismo Herodoto dice,[1] que los egipcios fueron los primeros en poner estos doce nombres y que los griegos los recibieron de ellos.

Según Diodoro de Sicilia los primeros griegos que pasaron a Egipto fueron, Orfeo, Museo, Melampo y los otros, de los que hemos hablado en el libro precedente. De allí sacaron los principios de la filosofía y de las otras ciencias y los llevaron a su país, donde los enseñaron de la misma manera que los habían aprendido, es decir, bajo el velo de las alegorías y de las fábulas. Orfeo encontró allí el sujeto de sus himnos sobre los dioses y sus orgías.[2] Que estas solemnidades tienen su origen en Egipto es un hecho en el que están de acuerdo igualmente los mitólogos como los eruditos y no es necesario probarlo. Este poeta introdujo en el culto de Dioniso las mismas ceremonias que se observaban en el culto de Osiris. Las de Ceres se relacionaban con las de Isis. Es el primero en hacer mención del castigo a los impíos, de los campos Elíseos y da nacimiento al uso de las estatuas. Figuró que Mercurio estaba destinado a conducir las almas de los difuntos y se hizo imitador de los egipcios en una infinidad de otras ficciones.

---

1. Herodoto, *Euterpe*, c. 50, 1.ª parte.
2. Banier, *Mitología*, t. 2, p. 273.

Cuando los griegos vieron que Psamético protegía a los extranjeros y que podían viajar a Egipto sin riesgo de su vida o de su libertad, fueron allí en gran número, los unos para satisfacer su curiosidad sobre las maravillas que habían escuchado de este país, los otros para instruirse. Orfeo, Museo, Lino, Melampo y Homero pasaron por allí sucesivamente. Estos cinco junto con Hesíodo fueron los propagadores de las fábulas en Grecia, mediante los poemas y las ficciones que expandieron. Sin duda estos grandes hombres no habrían adoptado y expandido con sangre fría tantas aparentes absurdidades si al menos no hubieran sospechado que tenían un sentido oculto y un objeto real envuelto en tinieblas. ¿Habrían querido, maliciosamente o por burla, engañar a los pueblos? Y si pensaban seriamente que estos personajes eran dioses, a los que debían presentar como modelos de perfección y de conducta ¿les habrían atribuido toda clase de adulterios, incestos, parricidios y tantos otros crímenes? El tono en el que Homero habla es suficiente para dar a entender cuáles eran sus ideas al respecto.

Es, pues, muy probable que sólo presentaran estas ficciones como símbolos y alegorías, pues quisieron volver más sensible, personificando y deificando, los efectos de la naturaleza. En consecuencia, asignaron un oficio particular a cada uno de estos personajes deificados, reservando solamente el imperio universal del Universo a un sólo y único verdadero Dios. Orfeo se explica muy claramente respecto a eso, diciendo que todos ellos no son más que una misma cosa comprendida bajo diversos nombres. Estos son los términos: *El mensajero* –interpreta Cilenio– *está en todos. Las ninfas son el agua; Ceres, los granos; Vulcano es el fuego; Neptuno el mar; Marte la guerra; Venus la paz; Themis la justicia; Apolo, disparando sus flechas, es lo mismo que el Sol radiante, ya sea que este Apolo esté considerado como actuando desde lejos o desde cerca, ya sea como divino, augusto como el dios de Epiduro que cura las enfermedades. Todas estas cosas no son más que una, aunque tengan muchos nombres.*

Hermesianax dice que Plutón, Perséfone, Ceres, Venus y los amores, los tritones, Nerea, Tetis, Neptuno, Mercurio, Juno, Vulcano, Júpiter, Pan, Diana y Febo son el mismo dios. Todos los oficios de la naturaleza se volvieron dioses entre sus manos, pero dioses sometidos a un sólo Dios supremo, según lo que habían aprendido en Egipto. Estos diferentes atributos de la naturaleza concernían sin embargo a efectos particulares, ignorados por el pueblo y conocidos solamente por los filósofos.

Si algunas de estas ficciones tuvieron al Universo en general por objeto, no se negará que el mayor número de ellas eran una aplicación particular, y muchas tan especialmente determinadas, que harían engañarse fácilmente. Es suficiente pasar revista a las principales, para poder juzgar a las otras. Hablaré pues, en primer lugar, de la expedición del Toisón de oro; de las manzanas de oro del jardín de las Hespérides y algunas otras que manifiestan muy claramente que la intención de los autores de estas ficciones era de velar allí los misterios del arte hermético.

Orfeo es el primero que ha hecho mención de la expedición del Toisón de oro, si se quieren admitir las obras de Orfeo como pertenecientes a las primeras de los poetas griegos, pero yo no entro en la discusión de los eruditos, que estas obras sean verdaderas o supuestas, poco me importa, me es suficiente que hayan partido de una pluma muy antigua, sabia y sean referentes a los misterios de los egipcios y de los griegos. San Justino en su *Parenet*, Lactancio y san Clemente de Alejandría, en su *discurso a los gentiles*, hablan en este tono. Este poeta ha dado a esta ficción un aire de historia que hace que nuestros mitólogos modernos la consideren como tal, a pesar de la imposibilidad en que se encuentran al querer ajustar las circunstancias. Más bien lo han intentado y han preferido encallarse que ver el sentido oculto y misterioso que presenta y que el mismo autor ha manifestado tan visiblemente citando, en el transcurso de esta ficción, algunas otras de sus obras, a saber, un *tratado de las pequeñas piedras* y otro del *antro de Mercurio como fuente de todos los bienes*. Es fácil ver de qué pretende hablar Mercurio, puesto que lo presenta como siendo parte del objetivo que se propone Jasón en la conquista del Toisón de oro.

CAPÍTULO I

Historia de la conquista del Toisón de oro

Hay pocos autores antiguos que hablen de esta famosa conquista. Ella ha ejercitado el espíritu de nuestros eruditos, que han hecho muchas disertaciones sobre este sujeto; el abad Banier, que ha insertado muchas de ellas en las memorias de la academia de bellas artes, observó este hecho como tan constante que llega a decir[3] que no se puede apartarlo de la historia antigua de Grecia sin derribar casi todas las genealogías de ese tiempo. Tenemos un poema bajo el nombre de Orfeo, pero Vosio pretende que este poeta no es el autor y que este poema no es más antiguo que Pisistrare. Se le atribuye a Onomácrito y se dice que fue compuesto hacia la LV olimpiada. También podría ser que este Onomácrito no fuera el autor, sino solamente el restaurador, o que hubiera recogido todos los fragmentos dispersos, como hizo Aristarque con los de Homero. Apolonio de Rodas compuso uno sobre la misma materia hacia el tiempo de los primeros Ptolomeos. Píndaro hace un extenso detalle en la cuarta olimpiada y en la tercera ístmica; muchos otros poetas hacen frecuentes alusiones a esta conquista. Pero lo que prueba la antigüedad de esta fábula es que Homero hace dos menciones en el libro 12 de la Odisea. El abad Banier encontró en este pasaje un error de este último poeta, y dice que hace hablar a Circe de ciertas rocas errantes como situadas sobre el estrecho que separa Sicilia de Italia y que están, en efecto, en la entrada del Ponto-Euxino.

3. Banier, *Mitología*, t. 3, p. 198.

Para ajustar esta expedición a las ideas del abad Banier, en verdad estas rocas no serían encontradas en el lugar señalado por Homero, pero yo hubiera querido que él más bien hubiera tenido el propósito de buscar los medios de acordar al abad Banier con Homero que el de acusar a este poeta de error, para eludir las dificultades a las que este pasaje dio lugar. Es fácil quitarse los estorbos cuando se obta por semejantes recursos. Homero tenía sin duda sus razones para emplazar allí estas rocas errantes, pues la mayoría de errores que se le encuentran a este poeta, y a los otros inventores de fábulas, parecen haber sido puestos con simulación, como para indicar a la posterioridad que estas son puras ficciones que ellos recitaban y no verdaderas historias. Los lugares que se hace recorrer a los argonautas y los lugares donde se les hace abordar, están tan alejados de la ruta que hubieran debido o podido recorrer, y hay una tan manifiesta imposibilidad de que hayan seguido aquella de la que habla Orfeo, que se ve claramente que la intención de este poeta era la de contar una fábula.

Las dificultades que se presentan a un mitólogo que quiere encontrar una verdadera historia en esta ficción no han chocado a la mayor parte de los eruditos. Eustatio,[4] entre los antiguos, la ha considerado como una expedición militar en la cual, además del objetivo del Toisón de oro, es decir, según él, la recuperación de los bienes que Frixo se había llevado a la Cólquida, tenía aún otros motivos, como el de traficar sobre las costas de Ponto-Euxino y de establecer allí algunas colonias para asegurar el comercio. Los que han querido conducir la mayor parte de las fábulas antiguas a la historia santa, como el padre Thomasin y el señor Huer, se han imaginado ver allí la historia de Abraham, de Agar y de Sara, de Moisés y de Josué. Según semejantes ideas, no hay fábulas, por más palpablemente que vea que son fábulas, que se puedan hacer avenir como tales.

Eustatio, para acreditar su sentimiento, dice que ve allí un número de barcos reunidos en una flota, de la que el navío Argos era el almirante, pero como los poetas sólo han hablado de un barco y sólo han nombrado a los jefes de esta expedición, yo no creo que sea creíble la palabra de este autor, puesto que no tiene otra garantía que la razón por conveniencia, que exige que las cosas fueran así para que su sentir pueda sostenerse. El abad Banier, que utilizó bastante este género de pruebas, osadamente resuelve que esta expedición no es para nada el misterio de la gran obra. ¿Se ha pronunciado con conocimiento de causa? ¿Ha leído a los filósofos? ¿Tiene él mismo la idea que se ha de tener respecto a la gran obra? Yo respondería que sólo conoce el nombre, pero ninguno de los principios.

Para dar una idea justa de esta ficción, se habría de tomar la cosa desde su origen, explicar cómo este pretendido Toisón de oro fue llevado a la Cólquida y recorrer toda la historia de Atamas (o Atamante), de Ino, de Néfele y de Frixo,

4. Eustatio, *Sobre el versículo 686 de Dionisio Arepagita.*

de Learco y de Melicertes, pero como tendremos ocasión de hablar de ello en el cuarto libro, explicando los juegos ístmicos, sólo entraremos en el detalle de esta expedición según lo que Orfeo y Apolonio han referido.

Jasón tuvo por padre a Esón, a Creteo por abuelo, a Eolo por bisabuelo y a Júpiter por trisabuelo. Su madre fue Polimede, hija de Autólico, otros dicen que fue Alcímeda lo que convendría igualmente para el fondo de la historia, según mi sistema. Tiro hija de Salmoneo, educada por Creteo, hermano de aquel, gustó a Neptuno y tuvo a Neleo y Pelias; luego se desposó con Creteo su tío, del que tuvo tres hijos, Esón, Feres y Amitaón. Creteo derrotó la ciudad de Yolco, a la que hizo capital de sus estados y al morir dejó la corona a Esón. Pelías, a quien Creteo no le había dado ningún establecimiento, pues no le pertenecía, se volvió poderoso mediante intrigas y destronó a Esón. Entre tanto Jasón vino al mundo, Pelías se inquietó, tomó celos de él, y buscó por todos los medios hacerlo morir. Pero Esón y su esposa habían penetrado los malvados deseos del usurpador, y llevaron al joven Jasón, que entonces se llamaba Diomedes, al antro de Quirón, hijo de Saturno y de la ninfa Filira, que habitaba sobre el monte Pelión, y le confiaron su educación. El centauro era considerado como el hombre más sabio y el más hábil de su tiempo. Jasón aprendió allí la medicina y las artes útiles para la vida. Este joven príncipe, al llegar a la edad varonil, se introdujo en la corte de Yolco, tras haber ejecutado punto por punto todo lo que el oráculo le había predicho. Pelias no dudó de que Jasón había adquirido en mucho el favor del pueblo y de los grandes. Se volvió más celoso, y buscando un pretexto honesto para deshacerse de él, le propuso la conquista del Toisón de oro, persuadido de que Jasón no rehusaría una ocasión tan favorable de adquirir gloria. Pelias, que conocía todos los riesgos, pensó que moriría en el intento. Asimismo Jasón presintió todos los peligros que iba a correr, sin embargo, la proposición fue de su gusto y su gran coraje no le permitió negarse a aceptarla. Lo dispuso todo y siguiendo los consejos de Palas, hizo construir un barco al cual le puso un mástil hecho de un roble parlante de los de la selva de Dodona. Este barco fue llamado Argo, los autores no están de acuerdo sobre el motivo que hizo denominarlo así. Apolonio, Diodoro de Sicilia, Servio y algunos otros pretenden que este nombre le fue dado porque Argos propuso el diseño, incluso se varía mucho sobre este Argos, los unos le toman por el mismo que Juno empleó para la vigilancia de Io, hijo de Arestor; pero Meziriac quiere que se lea en Apolonio de Rodas, *hijo de Alector,* en lugar de *hijo de Arestor*. Sin entrar en detalle de los diferentes pensamientos respecto a la denominación de este barco, que se puede ver en muchos autores, diré solamente que fue construido de madera del monte Pelión, según la opinión de los antiguos. Ptolomeo Efestión dice, en relación a Fotius, que Hércules fue el constructor. La razón que el abad Banier aporta para rechazar esta opinión, no es nada concluyente respecto a esto. En cuanto a la forma de este barco, los autores no están más de acuerdo entre ellos. Los unos dicen que era largo, los otros que redondo, aquellos que tenía veinticinco remos a cada lado, estos que tenía treinta, pero en general se conviene en que no estaba hecho como los barcos ordinarios. Orfeo y los más antiguos autores que han hablado, no han dicho nada de esta forma, todo lo que los otros aportan sólo está fundado en conjeturas.

Todas las circunstancias de esta pretendida expedición sufren contradicción. Se varía sobre el jefe y sobre el número de los que le acompañaban. Algunos aseguran que Hércules fue el primero en ser escogido como jefe y que Jasón no lo fue hasta después de que Hércules hubiera sido abandonado en la Troade, donde descendió a tierra para ir a buscar a Hilas. Otros pretenden que no tuvo ninguna parte en esta empresa, pero el pensamiento más común es que se embarcó con los argonautas. En cuanto al número de estos, no se puede establecer nada de cierto, puesto que unos autores nombran a los que otros no hacen ninguna mención. Se cuentan comúnmente cincuenta, todos de origen divino. Unos hijos de Neptuno, otros de Mercurio, de Marte, de Baco, de Júpiter. Se puede ver los nombres y la historia resumida en el tomo tercero de la *mitología* del abad Banier, página 211 y ss, donde lo explica todo conforme a sus ideas, y decide, como es común en él, rechazar lo que no puede ajustar. Admite, por ejemplo, en el número de los argonautas a Acasto, hijo de Pelias y a Neleo, hermano de éste. Aparentemente, si esta expedición fuera un hecho verdadero, y se supone que Pelias era perseguidor y enemigo jurado de Jasón y el mismo Pelias no quiso embarcar a su sobrino en esta peligrosa expedición, porque pensaba que su pérdida era segura ¿por qué dio permiso a Acasto para acompañarlo, él que buscaba hacer perecer a Jasón para conservar la corona para este hijo suyo? No faltarían razones para rechazar otras tantas que este erudito mitólogo admite basándose en otros autores; sería fácil probar que no podían encontrarse allí, según el sistema de este mismo erudito, pero ello provocaría una discusión que no entra en nuestro plan.

Cuando todo estuvo dispuesto para el viaje la tropa de los héroes se embarcó y un viento favorable se puso en la vela; en primer lugar, abordaron en Lemnos, a fin de que Vulcano se volviera favorable. Se dice que las mujeres de esta isla habían faltado el respeto a Venus y esta diosa, para castigarlas, les adherió un olor tan insoportable que las volvió despreciables a los hombres de esta isla. Las lemnianas irritadas tramaron asesinarlos a todos durante el sueño. Sólo Hipsípila conservó la vida a su padre Thoas, que por entonces era rey de la isla. Jasón adquirió los favores de Hipsípila y tuvieron hijos.

Al salir de Lemnos, los tirrenos les libraron un sangriento combate, donde todos estos héroes fueron heridos, excepto Glauco que desapareció y fue puesto entre el número de los dioses de la mar.[5] De allí volvieron hacia Asia, recogieron a Marsias, a Cios y a Cícico, en Iberia, seguidamente se detuvieron en Bebricia, que era el antiguo nombre de Bitinia, si se ha de creer a Servio.[6] Amico, que reinaba allí, tenía la costumbre de desafiar en combate celta a los que llegaban a su país. Pólux aceptó el desafío y lo hizo morir bajo sus golpes. Después de aquello nues-

5. Pausis en Atenas, lib. 7, c. 12.
6. Servio, *Sobre el 5.º libro de la Eneida*, v. 373.

tros viajeros llegaron, a las Sirtes de Libia, por donde se va a Egipto. El peligro que tenía atravesar estas Sirtes fue que Jasón y sus compañeros tuvieron que tomar la resolución de llevar su barco sobre sus espaldas durante doce días a través del desierto de Libia, al cabo de los cuales, habiendo encontrado el mar, lo pusieron a flote.

Fueron también a visitar a Fineo, príncipe ciego y atormentado sin cesar por las harpías, de las que fue liberado por Calais y Zetes, hijos de Bóreas, los cuales tenían alas. Fineo, adivino y más clarividente con los ojos del espíritu que con los del cuerpo, les indicó la ruta que debían de tomar. Les dijo: primero debéis abordar las islas Cianeas, (que algunos han llamado *Simplégades*, donde hay escollos flotantes que entrechocan). Estas islas arrojan mucho fuego, pero evitaréis el peligro enviando allí una paloma. De allí pasaréis a Bitinia y dejaréis de lado la isla Tiniade. Veréis Mariandinos, Aquerusa, la ciudad de los enetas, Carambim, Halim, Iris, Temiscira, la Capadocia, las Cálibes y llegaréis finalmente al río Fasis, el cual riega la tierra de Circe, y de allí a Cólquide donde está el Toisón de oro.

Antes de llegar allí los argonautas perdieron a su piloto Tifis y pusieron a Anceo en su lugar. Por fin toda la tropa desembarcó sobre las tierras de Aetes, hijo del Sol y rey de Colcos, quien les otorgó una amable acogida. Pero como era extremadamente celoso del tesoro que poseía y puesto que había sido informado del motivo que allí le traía, cuando Jasón apareció ante él, simuló consentir de buena gana en concederle su demanda, pero lo puso al corriente de los obstáculos que se oponían a sus deseos. Las condiciones que le prescribió eran tan duras que hubieran sido capaces de hacer desistir a Jasón en su empeño. Pero Juno que quería a Jasón, convino con Minerva que haría enamorarse a Medea de este joven príncipe a fin de que, mediante el arte de los encantamientos del que esta princesa estaba perfectamente instruida, lo sacara de los peligros a los que se expondría para tener éxito en su empresa. En efecto, Medea tomó un tierno afecto por Jasón le ensalzó el coraje y le prometió todas las ayudas que dependieran de ella, con tal de que él se comprometiera a darle su palabra de matrimonio.

El Toisón de oro estaba suspendido en la selva de Marte, rodeado de un gran muro y sólo se podía entrar allí por una sola puerta guardada por un horrible dragón, hijo de Tifón y de Equidna. Jasón debía de poner bajo el yugo a dos toros, presente de Vulcano, que tenían los pies y los cuernos de bronce y que echaban torbellinos de fuego en llamaradas por la boca y las narices, engancharlos a un arado, hacerles labrar el campo de Marte y sembrar allí los dientes del dragón que antes debería haber matado. De los dientes de este dragón sembrados debían nacer hombres armados, los cuales era preciso exterminar hasta el último y el Toisón de oro sería la recompensa de su victoria. Jasón tomó de su amante cuatro remedios para salir airoso. Ella le dio un ungüento del que se untó todo el cuerpo, para preservarse del veneno del dragón y del fuego de los toros. El segundo era una composición somnífera que adormecería al dragón en cuanto Jasón se la echara en la boca. El tercero era un agua límpida para apagar el fuego de los toros; y el cuarto una medalla sobre la cual estaban representados el Sol y la Luna.

Al día siguiente Jasón, provisto de todo esto, se presentó ante el dragón, le echó la composición encantada en la boca y éste se adormeció, se durmió, se hinchó y reventó. Jasón le cortó la cabeza y le arrancó los dientes. A penas había terminado que los toros vinieron hacia él, arrojando una lluvia de fuego. Se libró echándoles su agua límpida. Se amansaron al instante, Jasón los aparejó y los puso bajo el yugo, labró el campo y sembró los dientes del dragón. Al momento vio salir a los combatientes, pero siguiendo los buenos consejos de Medea, se alejó un poco, les lanzó una piedra que los puso furiosos, volvieron sus armas los unos contra los otros y se mataron todos. Jasón libre de todos estos peligros corrió a coger el Toisón de oro, volviendo victorioso a su barco y partió con Medea para volver a su patria.

Tal es el resumen de la narración de Orfeo, o si se quiere, de Onomácrito. El abad Banier dice que el argonauta Orfeo había escrito una relación de este viaje en lengua fenicia. Yo no veo en que funda este mitólogo esta suposición. Orfeo no era fenicio, acompañó a los griegos y escribió para los griegos. Brochart, sin duda, le habrá formado esta idea, porque pretendía encontrar la explicación de estas ficciones en la etimología de los nombres fenicios. Pero este sistema no puede tener lugar respecto a la expedición de los argonautas, cuyos nombres son griegos y no fenicios. Si Onomácrito ha hecho su poema griego sobre el poema fenicio de Orfeo y él no entendía esta lengua, ¿cómo pretende el abad Banier, que Onomácrito haya podido seguir a Orfeo? Si se me presenta un poema chino que yo no entiendo ¿podría traducirlo o imitarlo?

El relato de Apolonio de Rodas y el de Valerio Flaco no difieren casi nada del de Orfeo, pero muchos antiguos han añadido allí circunstancias que es inútil repetir. Los que han leído a estos autores habrán visto que Medea escapándose con Jasón, asesinó a su hermano Absirto, lo cortó en pedazos y esparció sus miembros por el camino, para retrasar el paso de su padre y de los que la perseguían; que habiendo llegado al país de Jasón rejuveneció a Esón, padre de su amante e hizo muchos otros prodigios. Habrán leído que Frixo atravesó el Helesponto sobre un carnero, llegó a Colcos y sacrificó este carnero a Mercurio, quien doró el Toisón y luego fue suspendido en la selva de Marte; y finalmente, que de todos los que pretendieron la ayuda de Medea Jasón fue al único que la consiguió, sin la cual no hubiera podido salir airoso.

Habiendo de entrar en detalle de las explicaciones herméticas de esta ficción, veamos en pocas palabras lo que han pensado algunos eruditos acreditados. La mayor parte de ellos la han considerado como el relato de una expedición real, que contribuye mucho a esclarecer la historia de un siglo, cuyo estudio está acompañado de innumerables dificultades. El señor le Clerc[7] la ha tomado como el relato de un simple viaje de comerciantes griegos, que pretendían traficar en las costas orientales del Ponto-Euxino. Otros pretenden que Jasón fue a Colcos para

7. Le Clerc, *Biblioteca Universal*, c. 21.

reivindicar las riquezas reales que Frixo había llevado allí; y finalmente otros piensan que es una alegoría. Muchos han imaginado que este pretendido Toisón de oro debía de entenderse como el oro de las minas arrastrado por los torrentes del país de Colcos que se recogió con vellocinos de carnero, lo que se practica aún hoy en día en diferentes lugares. Estrabón es de este último parecer. Pero Plinio piensa con Varrón que las bellas lanas de este país han dado lugar a este viaje y a las fábulas que se le han hecho. Paléfate, quien quiso explicarlo todo en su fantasía ha imaginado que, bajo el emblema del Toisón de oro, se ha querido hablar de una bella flauta de este metal, que la madre de Pélope había hecho hacer y que Frixo se la había llevado a Cólquide. Suidas cree que el Toisón de oro era un libro de pergamino que contenía el arte hermético, o el secreto de hacer oro. Tollius ha querido, dice el abad Banier, hacer revivir esta opinión y ha sido seguido por todos los alquimistas. Es verdad que Jacobus Tollius en su tratado *Fortuita*, ha adoptado este sentimiento, pero el abad Banier, diciendo que todos los alquimistas piensan como él, da una prueba convincente de que no ha leído las obras de los filósofos herméticos, que consideran la fábula del Toisón de oro, no como Suidas y Tollius, sino como una alegoría de la gran obra y de lo que sucede en el transcurso de las operaciones de este arte. Se convencerá uno de ello si se toma la molestia de leer las obras de Nicolás Flamel, Augurel, Espagnet, Filaleteo, etc... Algunos autores han intentado dar a esta fábula un sentido puramente moral, pero han encallado; otros, forzados por la evidencia, han visto que era una alegoría hecha para explicar los secretos de la naturaleza y las operaciones del arte hermético, el conde Noel (Natali Conti) es de este parecer,[8] en cuanto a esta ficción, sin embargo no admite las otras. Eustatio, entre los antiguos, lo explica de la misma manera en las notas sobre Dionisio el geógrafo.

Examinando ligeramente estas diferentes opiniones, el lector podrá juzgar enseguida, cual es la mejor fundada. Por muy diferentes y extravagantes que sean, al menos en apariencia, los relatos de estos autores, tanto en la ida como en el retorno de los argonautas, pretenden sacar de la existencia real de estos lugares que se les hace recorrer, una prueba de la realidad de esta expedición. La consecuencia es que los historiadores las han adoptado, en todo o en parte; tales como Hetaceo de Mileto, Timageto, Timeo y Estrabón mismo, quien, no dando fe de ello, hace mención de los monumentos encontrados en los lugares citados por los poetas. Pero ¿no se sabe que a una ficción, a un romance, para que tenga gracia le ponen en escena cosas cercanas a lo verdadero? Lo verosímil hace que se las tome por historias, sin esta cualidad sólo se vería allí una pura fábula, tan pueril y tan insípida como los cuentos de hadas. La existencia real de los lugares de aquel país hizo que no hiciera falta dar prueba de cualquiera de los lugares, ni siquiera una presunción de ella, para establecer la realidad de esta historia, puesto

8. Natali Conti, *Mitología*, lib. 6. c. 8.

que Diodoro de Sicilia[9] asegura positivamente que la mayor parte de los lugares de Grecia han sacado sus nombres de la doctrina de Museo, de Orfeo, etc... Pues la doctrina de estos poetas, que aprendieron de los sacerdotes de Egipto, era la filosofía de Hermes o el arte sacerdotal llamado después arte hermético.

Pero lo que prueba claramente que la historia de los argonautas no es verdadera, es que el tiempo, las personas y sus acciones, junto a las circunstancias que se producen, no son para nada conformes a la verdad. Si se presta atención al tiempo, será fácil ver cuánto se han equivocado los que han querido determinar la época. Los eruditos han encontrado tal embrollo respecto a esto que no han podido ponerse de acuerdo entre ellos. Casi todos han tomado por punto fijo el acontecimiento de la guerra de Troya, puesto que Homero en su Ilíada nombra algunos de estos guerreros o de sus hijos, o de sus nietos, como habiendo asistido a esta segunda expedición. Pero para tener un polo fijo, con el cual se pueda hacer la comparación, es preciso que la época misma de la guerra de Troya sea determinada, lo que no es así, como lo demostraremos en el sexto libro. Estas dos épocas eran tan inciertas la una como la otra, que no podían utilizarse como pruebas recíprocas y, en consecuencia, todos los razonamientos que nuestros eruditos hacen se caen por su propio peso. Toda erudición que se expone respecto a esto sólo es polvo que se nos echa a los ojos. Que Cástor y Pólux, Filoctetes, Eurialuz, Néstor, Ascálafo, Yálmeno y algunos otros, supuestamente, se hayan encontrado en las dos expediciones, probaría que no estuvieron muy alejadas la una de la otra, pero esto no determinaría la época precisa.

Los unos, con Eusebio, ponen entre estos dos acontecimientos una distancia de 96 años, los otros con Scaliger cuentan sólo 20; y el abad Banier, para repartir la diferencia, pone que aproximadamente son unos 35 años. Apolodoro hace morir a Hércules 53 años antes del suceso de la guerra de Troya.[10] Herodoto sólo cuenta aproximadamente 400 años después de Homero hasta él, y cerca de 500 después de Hércules hasta Homero, aunque sólo pone 160 años de intervalo aproximadamente entre este último y la ocupación de Troya. Hércules, según Herodoto, habría muerto más de 300 años antes de la ocupación; se concluye pues que, puesto que Hércules había sido uno de los argonautas, esta expedición debe haber precedido 300 años a la toma de Troya. Pero, según este cálculo, ¿cómo es que algunos de los argonautas, o sus hijos habrían podido encontrarse en esta última expedición? Helena, que se dice haber sido la causa, hubiera sido entonces una belleza de muchos años y poco capaz de ser la recompensa del juicio de Páris. Esta dificultad parece tan difícil de salvar, que algunos antiguos, por quitarse el embrollo, han imaginado que Helena como hija de Júpiter, era inmortal. Todos los argonautas, al ser hijos de algún dios, o descendientes de ellos, ¿no podrían haber tenido el mismo privilegio? Herodoto habla en verdad

9. Diodoro de Sicilia, lib. 2, c. 6.

10. Clemente de Alejandría, *Estromata,* lib. 1.

de esta toma de Troya, pero las dificultades y las objeciones que se hace él mismo sobre su realidad y las respuestas que da, prueban que él mismo no lo creía verdadero. Hablaremos de todo esto en al sexto libro.

Otra dificultad no menos difícil de resolver se presenta en Teseo y su madre Etra. Teseo había raptado a Ariadna y la abandonó en la isla de Naxo, Baco la desposó y tuvieron a Toas, quien se convirtió en rey de Lemnos y padre de Hipsípila, la que recibió a Jasón en esta isla; Teseo pudo haber sido, pues, abuelo de Hipsípila, y Etra su bisabuela. ¿Cómo habría podido ésta encontrarse como esclava de Helena en el tiempo de la toma de Troya? No es posible poner de acuerdo todos estos hechos admitiendo con el abad Banier nada más que 35 años de distancia entre estos dos acontecimientos.

Teseo tenía al menos 30 años cuando emprendió el viaje a la isla de Creta, para liberar a su patria del tributo que pagaba a Minos, puesto que había hecho ya casi todas las grandes acciones que se le atribuyen y había sido reconocido como rey de Atenas. En consecuencia, Etra debía de tener, al menos 45 años. Después de este viaje de Teseo hasta el de los argonautas deben haber transcurrido aproximadamente 40 años, puesto que Toas nació de Ariadna, se hizo mayor, reinó en la isla de Lemnos y tuvo entre otros hijos a Hipsípila, que reinaba en esta isla cuando Jasón desembarcó en ella. Asimismo los autores dicen que Jasón contó a Hipsípila la historia de Teseo como una historia de los tiempos remotos.

Nueva dificultad: Toda la antigüedad está de acuerdo en que Teseo, a la edad al menos de cincuenta años, ya célebre por mil bellas acciones, tuvo noticias de la belleza de Helena, y resolvió raptarla. Forzosamente tenía que ser núbil, puesto que los antiguos autores aseguran que Teseo, después de haberla raptado, la dejó en cinta en manos de su madre Etra, de donde fue retirada después por sus hermanos Cástor y Pólux. Este hecho debe haber precedido necesariamente a la conquista del Toisón de oro, a la que asistieron estos dos hermanos. Que nuestros mitólogos quiten todas estas dificultades y tantas otras que les sería fácil en su manera de hacer. Y cuando lleguen al fin, de alguna manera, a satisfacer a los espíritus más difíciles ¿podrán jactarse de haber determinado la época precisa del viaje de los argonautas? Lejos de que el abad Banier, en sus memorias presentadas a la Academia de las Buenas Letras y en su mitología, haya dado en el blanco respecto a esto, parece haber escrito sólo para volver este acontecimiento más dudoso.

Vayamos a la cosa misma. ¿Se puede considerar como una historia verdadera, un acontecimiento que parece haber sido imaginado sólo para divertir a los niños? ¿Se persuadirá a la gente sensata de que se haya construido un barco de robles parlantes; que los toros arrojaban torbellinos de fuego por la boca y las narices; que, de los dientes del dragón sembrados en un campo labrado, nacen hombres armados que se matan unos a otros por una piedra que fue lanzada en medio de ellos y, en fin, tantas otras cosas que son puerilidades sin excepción en todas las circunstancias de esta célebre expedición? Y ¿hay alguna que no sea señalada en extremo de fábula, e incluso de fábula mal concertada y muy insípida si no se la observa desde un punto de vista alegórico? Sin duda es lo que ha impresionado a los que han considerado este relato como una alegoría tomada de las minas que se suponía había en la Cólquide. Ellos se han aproximado más a la verdad, y más aún los que la han interpretado como el libro de pergamino que contenía la manera de hacer el oro. Pero ¿cuál es el hombre que para un tal objeto querría exponerse a los peligros que Jasón superó? ¿De qué utilidad podrían serles los consejos de Medea, sus ungüentos, su agua, sus fármacos encantados, su medalla del Sol y de la Luna, etc....? ¿Qué relación tenían los bueyes vomitando fuego, un dragón guardián de la puerta y los hombres armados que salen de la tierra, con un libro escrito en pergamino, donde el oro era recogido con los toisones (pieles) de las ovejas? ¿Era pues necesario que Jasón (que significa medicina) fuera educado para ésta bajo la disciplina de Quirón? ¿Qué relación tendría el rejuvenecimiento de Esón hecho por Medea después de esta conquista?

Sé que los mitólogos se han esforzado en dar explicaciones a todas estas circunstancias. Se ha explicado el carro de Medea, arrastrado por dos dragones, como de un barco llamado dragón y cuando se ha podido salir airoso al dar un sentido mismamente forzado, se ha creído haber cortado el nudo de la dificultad diciendo con el abad Banier:[11] *aún y así es una ficción privada de todo fundamento,* ¡dichoso recurso! ¿Se podía imaginar uno más propio en hacer desaparecer todo lo que se encuentra de dificultoso para un mitólogo? ¿Pero es ello capaz de contener a un hombre sensato, que debe pensar naturalmente que los autores de estas ficciones tenían sin duda sus razones para introducir todas estas circunstancias? Casi todas las explicaciones dadas por los mitólogos o no aportan nada, o son imaginadas para eludir las dificultades.

Es pues, evidente que debe considerarse el relato de la conquista del Toisón de oro como una alegoría. Examinemos cada cosa en particular. ¿Qué fue Jasón? Su nombre, su educación y sus acciones lo anuncian suficientemente. Su nombre significa medicina, y curación. Se le pone bajo la disciplina de Quirón, el mismo que tomó también a su cuidado la educación de Hércules y de Aquiles, dos héroes, de los cuales uno se mostró invencible en la guerra de Troya y el otro fue para liberar la tierra de los monstruos que la infectaban. Así Jasón tuvo dos maestros, Quirón y Medea. El primero le dio las primeras instrucciones y la teoría y el segundo le guió en la práctica mediante sus asiduos consejos. Sin sus ayudas un artista no tendría éxito jamás y caería de error en error. El detalle que Bernardo Trevisano y Denis Zachaire[12] hacen de ello sería capaz de hacer perder a un artista la esperanza de llegar al fin de la práctica de este arte, si no dieran al mismo tiempo las advertencias necesarias para evitarlos.

---

11. Banier, *Mitología,* t. 3, p. 259.
12. El Trevisano, *Filosofía de los Metales.* Zachaire, *Opúsculo.*

Jasón era de la raza de los dioses. Pero ¿cómo ha podido ser enseñado por Quirón, si Saturno, padre de éste y Filira su madre no han existido en persona? Se dice que Medea, esposa de Jasón era nieta del Sol y del Océano e hija de Aetes, hermano de Pasifae y de Circe la encantadora. Tenemos que tales parientes convenían perfectamente a Jasón, para todas las circunstancias y acontecimientos de su vida. Todo lo suyo tiene algo de divino, hasta los mismos compañeros de su viaje. Hay muchas cosas a considerar en esta ficción. La nave Argo fue construida, según algunos, sobre el monte Pelión, de los robles parlantes de la selva de Dodona, o al menos pusieron uno allí que sirvió de mástil, ya sea en la popa o en la proa. Palas o la Sabiduría presidió su construcción. Según algunos autores, Orfeo fue designado como piloto junto con Tifis y Anceo. Los argonautas llevaron este navío sobre sus espaldas durante doce días a través de los desiertos de Libia. Jasón estaba al abrigo de la nave Argo cuando se derrumbó de vieja, fue aplastado y pereció bajo sus ruinas. La nave finalmente fue puesta en el rango de los astros.

Todas estas cosas, indican evidentemente que Orfeo fue el constructor y el piloto, es decir, que este poeta se declara él mismo como autor de esta ficción y que emplazó la nave en el rango de los astros a fin de conservar mejor su memoria para la posteridad. Si la gobernó al son de su lira, es para dar a entender que compuso la historia en versos que cantaba. La construyó siguiendo los consejos de Palas, porque Minerva o Palas era considerada como la diosa de las ciencias y que, como se dice, no se ha de empeñar uno en querer rimar sin el consentimiento de Minerva. El roble que se empleó en la construcción de esta nave, es el mismo que aquel contra el cual Cadmo mató la serpiente que había devorado a sus compañeros, es este roble hueco al pie del cual fue plantado el rosal de Abraham el judío del que habla Flamel,[13] el mismo que rodeaba la fuente del Trevisano,[14] y aquel del que Espagnet hace mención en el canon 114 de su tratado. Es preciso pues, que este tronco de roble esté hueco, lo que ha hecho darle el nombre de nave (vaso). Se ha fingido también que Tifis fue uno de los pilotos, porque el fuego es el conductor de la obra, pues Τύφω, *fumum excito in flammo (el humo sale de la llama)*. Se le dio a Anceo como ayudante, a fin de indicar que el fuego debe ser el mismo que el de una gallina que incuba, como dicen los filósofos, pues Anceo viene de ἀγκάς, *ulnae (codo, antebrazo)*.

Sigamos ahora a Jasón en su expedición. Primeramente, aborda Lemnos, ¿por qué? Dice que es para volverse favorable a Vulcano. ¿Qué aporta y qué

13. En el quinto folio, había un hermoso Rosal florecido en medio de un bello jardín, enroscado contra un roble hueco, de cuyos pies borboteaba una Fuente de agua muy blanca, que iba a precipitarse a los abismos... Flamel, *Explicación de las Figuras Jeroglíficas* (prólogo).

14. Una noche aconteció que devía de estudiar para disputar al día siguiente: encontré una pequeña fuente bella y clara rodeada toda ella de una bella piedra. Y esta piedra estaba debajo de un viejo *roble hueco*. He aquí la fuente de Cadmio y el roble hueco contra el cual horadó al Dragón. El Trevisano, *Filosofía de los Metales*, 4.ª parte.

relación tiene el dios del fuego con Neptuno, dios del mar? Si el poeta hubiera querido hacernos entender que el relato que nos dio era, en efecto, el de una expedición por mar, ¿habría caído en un desprecio tan grosero? Sin duda que no ignoraba que era al dios del agua al que había de dirigir sus ruegos. Pero era necesario que fuera Vulcano el que se volviera favorable, porque el fuego es absolutamente necesario ¿y qué fuego? un fuego de corrupción y de putrefacción. Los argonautas reconocieron sus efectos en Lemnos, allí encontraron mujeres que exhalaban un olor hediondo e insoportable. Tal es el de la materia filosófica cuando cae en la putrefacción. Toda putrefacción al ser ocasionada por la humedad y el fuego interno que actúa en ella, no podría significarse mejor que mediante las mujeres, que en el estilo hermético son su símbolo. Morien dice[15] que el olor de la materia es parecido a la de los cadáveres, y algunos filósofos han dado a la materia en este estado el nombre de *Asafétida* (licor fétido). La matanza que estas mujeres hicieron con sus maridos, significa la disolución del fijo por la acción del volátil, comúnmente designado por las mujeres. La volatilización está indicada más particularmente en esta circunstancia del viaje de los argonautas, por Toas, que viene de Θοός *céler* (ágil, ligero, vivo, activo), Θοάζω *celeriter, moveo,* (mover o agitar rápidamente). Y por su hija Hipsípila cuyo nombre significa, *la que ama las alturas.* Es así como el abad Banier y otros muchos otros la nombran siempre, pero Homero[16] y Apolonio[17] la llaman Hipsípila ὑψιπύλεια (de las alturas). Lo que conviene también a la parte volátil de la materia, que se eleva hasta la entrada del vaso donde la embocadura está sellada y cerrada como una puerta tapiada y bien clausurada.

Los argonautas se recrearon en esta isla y parecían haber olvidado el motivo de su viaje, cuando Hércules los despertó de este adormecimiento y los determinó a desistir de esta estancia.[18] Apenas hubieron dejado la orilla, los tirrenos se les enfrentaron en un combate sangriento donde todos fueron heridos y Glauco desapareció. Es el combate del volátil y del fijo, al cual sucede la negrura precedida del color azul. Apolonio añade también en el versículo 922: *Illine profunda nigri pelagi remis transmiserunt, ut hac Thracum tellurem, hac contrariam, huberent superius imbrum.* Y como los filósofos dan también los nombres de *noche y tinieblas,* a esta negrura, el mismo autor continúa: *At sole commodum, occaso devenerunt ad procurrentem peninsulam.*

Los argonautas atracaron en cierta isla y erigieron un altar de pequeñas piedras[19] en honor de la madre de los dioses o Cibeles, Dindimena, es decir, la Tierra. Titio y Mercurio, que habían socorrido y favorecido a nuestros héroes, no fueron olvidados. Esto tenía su razón. Cuando la materia empieza a fijarse se cambia

15. Morien, *Conversación del Rey Calid.*
16. Homero, *Ilíada,* lib. 7, vers. 469.
17. Apolonio, *Argonautas,* lib. 1, vers. 637.
18. Apolonio, *ibíd.* Vers. 864.
19. Apolonio, *ibíd.* Vers. 1123 y ss.

en tierra, que se convierte en la madre de los dioses herméticos. En el estado de negrura es Saturno, el primero de todos. Cibeles o Rea su esposa es esta primera tierra filosófica, que se convierte en madre de Júpiter o del color gris que esta tierra toma. Titio era este gigante célebre, hijo de Júpiter y de la ninfa Elara, que Júpiter ocultó en la tierra para sustraerlo de la ira de Juno. Homero dice, Titio hijo de la tierra misma: *Y vi a Titio el nacido de Gea, la gloriosa, tendido en el suelo.* (Odisea, lib. XI, vers. 575.) Como el volumen de la tierra filosófica aumenta siempre a medida que el agua se coagula y se fija, los poetas han figurado que Titio siempre iba creciendo, de manera que se hizo grande y enorme. Se dice que quiso atentar contra el honor de Latona, madre de Apolo y de Diana que lo mataron a flechazos. Es decir que esta tierra filosófica que no está aún absolutamente fijada y que está designada por Latona, como veremos en el libro siguiente, se vuelve fija, cuando la blancura, llamada Diana o Luna de los filósofos, y la rojez o Apolo aparecen. En cuanto a los honores a Mercurio, se le hacen con razón, puesto que es uno de los principales agentes de la obra. Apolonio sólo pone a estos tres dioses como protectores y guías de los argonautas,[20] en efecto, en esta circunstancia de la obra no hay más que tres cosas, la tierra, el hijo de esta tierra y el agua o Mercurio.

Después de que nuestros héroes hubieron recorrido las costas de la pequeña Misia y de la Troada, se detuvieron en Bebricia, donde Pólux mató a Ámico quien le había desafiado en combate, es decir, que la materia empieza a fijarse después de la volatilización designada por el combate. Aún está más particularmente indicada por las harpías, que tenían las uñas largas y las alas de bronce, cazadas por Calais y Zetes hijos de Bóreas, pues los filósofos dan el nombre de *bronce* o *latón* o *letón* a su materia en este estado: *Blanquead el Latón y romped los libros, para que no se rompan vuestros corazones.*[21] Después de dejar Bebricia, los argonautas atracaron en el país donde Fineo, adivino y ciego, hijo de Agenor, era molestado sin cesar por estas harpías. Ellas arrebataban los alimentos que le servían y ensuciaban los que le dejaban. Volatilizar es arrebatar. Calais, que es el nombre de una piedra, y Zetes las cazaron y las confinaron en la isla Plote, es decir, la que flota o que nada, porque la materia al coagularse forma una isla flotante como la de Delos, donde Latona dio a luz a Diana. Basilio Valentín alude a los dos hijos de Bóreas en estos términos[22]: *Dos vientos deben entonces soplar sobre la materia, uno llamado Vulturnus o viento de Oriente, el otro Notus o viento del Mediodía (Sur). Estos vientos han de soplar sin descanso hasta que el aire se haya vuelto agua; entonces tened confianza y contad con que lo espiritual se volverá corporal, es decir, que las partes volátiles se fijarán.* Todos los nombres dados

20. *Pratereaqûe Tityam & Cyllenum, Qui soli de multis duces cohortis & assessores, Matris Idaeae audierunt.* Apolonio, lib. 1, vers. 1125.
21. Morien y casi todos los Adeptos.
22. Basilio Valentín, *Las 12 llaves,* llave 6.

a las harpías expresan algo volátil y tenebroso, según Brochart, *Occipeté,* que vuela; *Celeno,* obscuridad, nube; *Aello,* tempestad; de donde se concluye que significan saltamontes. Eran hijas de Neptuno y de la Tierra, es decir, de la tierra y del agua mercurial de los filósofos. Se llamaba con razón a las harpías hermanas de Iris, puesto que Iris no es otra cosa que los colores del arco iris, que aparecen sobre la materia después de su putrefacción, cuando empieza a volatilizarse.

Según Apolonio, Fineo era hijo de Agenor y tenía su morada sobre una costa opuesta a Bitinia. El abad Banier dice que era hijo de Fénix, rey de Salmidese, sin enseñarnos de dónde descendía este Fénix. Sería muy difícil que Fineo hubiera vivido hasta el tiempo de los argonautas y asimismo que fuera encontrado en Tracia, pues debían de haber transcurrido dos siglos, según el cálculo del mismo abad Banier, después de Agenor hasta la guerra de Troya, por consiguiente, según él, Fineo tendría entonces al menos 165 años. Si lo llama nieto de Agenor por Fénix, este mitólogo no estará menos equivocado, puesto que dice,[23] según Higinio,[24] que Fénix se estableció en África, cuando buscaba a su hermana Europa. Fineo era ciego, lo que ha sido añadido para indicar la negrura llamada *noche y tinieblas,* puesto que es siempre de noche para un ciego. Las harpías sólo lo atormentaron después de que Neptuno le hubo quitado la vista, es decir, que el agua mercurial hubo ocasionado la putrefacción. Estos monstruos, símbolos de las partes volátiles, tenían alas y figura de mujer, para remarcar su ligereza, puesto que, según un antiguo: *¿Quid levius fumo? Flamen. Quid flamine? Ventus. Quid vento? Mulier. Quid mulier? Nihil.* Cuando se dice que Fineo era adivino, es que la negrura, siendo la llave de la obra, anuncia el logro al artista, éste al conocer la teoría del resto de las operaciones, ve todo lo que ocurrirá a continuación.

Para convencer al lector de la justicia y verdad de las explicaciones que acabo de dar, es suficiente que le muestre lo que dice Flamel respecto a esto,[25] verá a estas harpías bajo el nombre de dragones alados; la infección y el hedor que producían sobre los manjares de Fineo y finalmente su fuga. Podrá compararlo con los retratos que Virgilio[26] y Ovidio[27] hacen de ello, concluirá que el nombre de dragón les conviene perfectamente: *La causa por la que he pintado estos dos espermas en forma de dragón, es que su pestilencia es tan grande, como la de los dragones, y que las exhalaciones que suben por el matraz son oscuras, negras, azules y amarillentas, tal como están pintados los dos dragones; ciertamente su fuerza y la de los cuerpos disueltos es tan venenosa que no existe en el mundo mayor*

23. Banier, t. 3, p. 67.
24. Higinio, fáb. 178.
25. Flamel, *Explicaciones de las Figuras.* Cap. 4.
26. Alado cuerpo, rostros virginales; arroja el seno vil vestigio inmundo; corvas manos y pies, garfios rampantes; pálidos siempre de hambre los semblantes. Virgilio, *Eneida,* lib.3.
27. *Grande caput, stantes oculi, rostra apta rapinis, Canicies pennis, unguibus humus inest. Nocte volant cunis córpora rapta fuis.* Ovidio, *Fastos,* lib. 6.

veneno. Ya que por su fuerza y pestilencia es capaz de mortificar y matar todo lo vivo. El filósofo jamás puede oler esta pestilencia, si no rompe sus vasos, pero la reconoce al ver los cambios de los colores procedentes de la putrefacción de sus confecciones. [...] Al mismo tiempo, la materia se disuelve, se corrompe, ennegrece y concibe para engendrar, porque toda corrupción es generación. Siempre se ha de desear esta negrura. Es también la vela negra con el que el navío de Teseo volvió victorioso de Creta, y fue la causa de la muerte de su padre; así pues, es necesario que el padre muera para que de las cenizas del Fénix renazca otro, y que el hijo sea rey. En verdad, quien no vea esta negrura en el inicio de sus operaciones, durante los días de la piedra, aunque vea cualquier otro color, falla por completo en el magisterio, y no podrá terminarlo con ese caos. Ya que no se trabaja bien si no hay putrefacción, puesto que si no hay putrefacción no se corrompe, ni se engendra nada y, por consiguiente, la piedra no puede tomar vida vegetativa para crecer y multiplicarse. Y ciertamente, te digo nuevamente, que aún cuando tú mismo trabajes sobre las verdaderas materias, si al principio, tras haber puesto las confecciones en el huevo filosófico, es decir, algún tiempo después de que el fuego las haya irritado, no ves la cabeza del cuervo negro de un negro muy negro, tendrás que volver a empezar. [...] Así, pues, quienes no consigan estas señales esenciales, que se retiren pronto de las operaciones, para evitar una pérdida segura. [...] Un poco más tarde, el agua empieza a engordarse y a coagularse como si fuera una pez muy negra, y finalmente se vuelve cuerpo y tierra, que los envidiosos han llamado tierra fétida y pestilente. Ya que entonces, a causa de la perfecta putrefacción que es natural como las otras, esta tierra es pestilente y exhala un olor parecido al relente de los sepulcros repletos de podredumbre y de osamentas aún cargadas de humor natural. Esta tierra ha sido llamada por Hermes la tierra de las hojas, no obstante, su verdadero y más apropiado nombre es el de letón que después se debe blanquear. Los antiguos sabios cabalistas la han descrito en las metamorfosis bajo la historia de la serpiente de Marte que había devorado a los compañeros de Cadmo, quien la mató atravesándola con su lanza contra un roble hueco. Fíjate bien en este roble.

No se puede, pues, tener más dichoso presagio en los cuarenta primeros días, que esta negrura o Fineo ciego, es decir, la materia que en la primera obra había adquirido el color rojo y tanto esplendor y gloria, que había merecido los nombres de Fénix y de Sol, se encuentra al comienzo de la segunda, obscurecida, eclipsada y sin luz, lo que no podría expresarse mejor que por la pérdida de la vista. Fineo había recibido, dicen, el don de profecía de Apolo, porque Fineo era él mismo el Apolo de los filósofos en la primera obra o la primera preparación. Flamel dice positivamente que lo que acabo de referir debe de entenderse de la segunda operación.[28] *Así, pues, pinto aquí dos cuerpos, uno de macho y otro de hembra para enseñarte que en esta segunda operación tienes verdaderamente,*

28. Flamel, *Las Figuras Jeroglíficas*, cap. 4.

pero aún no perfectamente, dos naturalezas conjuntas y casadas, la masculina y la femenina, o mejor los cuatro elementos.

Orfeo o el inventor de este relato del viaje de los argonautas, había realizado la obra, por lo que no le fue difícil indicarles por medio de Fineo la ruta que debían de tomar y lo que debían de hacer seguidamente, el sabio y prudente piloto Orfeo también los condujo al son de su guitarra y les dijo lo que les era preciso hacer para librarse de los peligros que les amenazaban, las Sirtes, las Sirenas, Escila, Caribdis, las rocas Cianeas y los otros escollos. Estas dos últimas son dos montones de rocas en la entrada de Ponto-Euxino, de una figura irregular, de la cual una parte está del lado de Asia y la otra de Europa y que sólo hay entre ellas, según Estrabón,[29] un espacio de veinte estadios. Los antiguos decían que estas rocas eran móviles y que se aproximaban para engullir a los barcos, por lo que les fue dado el nombre de *Simplégades*, que significa que chocan entre sí. Estos dos escollos eran suficiente para sorprender a nuestros héroes, el retrato que les había hecho Fineo de ellos hubiera sido capaz de intimidarles si al mismo tiempo no les hubiera enseñado cómo debían sortearlos. Lo cual era soltar una paloma hacia el lado de allá y si volvía al de aquí sólo tenían que continuar su ruta, sino era así debían de tomar la determinación de volverse. Se puede alabar al inventor de esta ficción por el cuidado que ha tenido de no omitir casi ni una sola circunstancia remarcable de lo que pasa en el progreso de las operaciones. Cuando el color negro empieza a esclarecer, la materia se reviste de un color azul oscuro, que participa del negro y del azul; estos dos colores, aunque distintos entre ellos, parecen sin embargo a una cierta distancia formar un violeta. Es por lo que Flamel dice:[30] *He hecho tomar el campo donde están estas dos figuras azuladas y azul para mostrar que la materia no hace más que empezar a salir de la negrura muy negra. Pues el azulado y azul es uno de los primeros colores que nos deja ver la obscura hembra, es decir, la humedad cediendo un poco al calor y a la sequedad... Cuando la sequedad domine todo será blanco.* Puede que en esta descripción no veamos las rocas Cianeas, pero su mismo nombre Κυάνειος o Κυάιος designa un color azul negruzco. Antes de atravesarlas, es preciso hacer pasar una paloma por encima de ellas, es decir, volatilizar la materia, es el único medio, sin él no se puede salir airoso.

Más allá de las rocas Cianeas nuestros héroes hubieron de dejar a la derecha Bitinia, tocar solamente la isla Thirea y atracar en las Mariandinos. Las tumbas de los paflagonios, sobre los que Pélope había reinado antes, los cuales se halagan de ser descendientes suyos, no están lejos de allí, les dice Fineo.[31] Tenía razón, puesto que la materia entonces saca el color negro, designado allí por Pélope de πελος, *niger* (negro) y de όψ, *oculus* (ojo). Es también este color el que

29. Estrabón, lib. 7.

30. Flamel, *loc. cit.*

31. Apolonio, *Argonautas*, lib. 2, vers. 356.

viene de la putrefacción, del que los filósofos han tomado ocasión, dice Flamel, de alegorizarlo mediante las tumbas, dándole este mismo nombre.

En el lado opuesto hacia la osa mayor se elevaba en el mar una montaña llamada Carambim, debajo de la cual el Aquilón excitaba las tormentas. Abraham el judío ha empleado este símbolo para significar la misma cosa, lo que se encuentra en sus figuras jeroglíficas, restituidas por Flamel:[32] *En la otra cara del cuarto folio, pintaba una bella flor en la cima de una montaña muy alta a la que el Aquilón zarandeaba muy rudamente. Tenía el pie azul, las flores blancas y rojas, las hojas relucientes como el oro fino, y en su entorno dragones y grifos aquilonianos hacían sus nidos y moradas.* No lejos de allí, continúa Apolonio, el pequeño río Iris hace correr sus aguas *plateadas,* y va a lanzarse al mar. Después de haber pasado la desembocadura del Termodón, las tierras de los Cálibes, donde todos son obreros del hierro, y el promontorio de Júpiter el hospitalario, descenderéis a una isla deshabitada, en la cual cazaréis todos los pájaros que hay allí, en gran número. Encontraréis un templo que las amazonas Otrera y Antiope han hecho construir en honor a Marte, tras su expedición. Os conjuro que no faltéis allí, pues se os presentará del mar una cosa de un valor inexpresable. En el otro lado habitan los filiros, por encima los macrones, después los buzaros y al fin llegaréis a Cólquide. Pasaréis allí por el territorio citaico que se extiende hasta la montaña del Amaranto, después por las tierras que riega el Fasis, en cuya desembocadura veréis el palacio de Aetes y la selva de Marte, donde está suspendido el Toisón de oro.

He aquí toda la ruta que les indica Fineo, y es justo que les asegure no haber olvidado nada.[33] Después del color negro viene el gris al cual sucede el blanco o la plata, la Luna de los filósofos, Fineo lo indica con las aguas plateadas del pequeño río Iris y señala la cualidad ígnea con el río Termodón. Después del blanco aparece el color del robín de hierro, al que los filósofos llaman Marte. Fineo lo designa con la morada de los Calibes, obreros del hierro, con la isla y el templo de Marte, levantado por las amazonas Otrera y Antílope, es decir, por la acción de las partes volátiles sobre el fijo, que se ha de reconocer al término de *la expedición* que había precedido. Hizo cazar en esta isla a todos los pájaros, es decir, que es preciso fijar todo lo que es volátil, pues cuando la materia ha adquirido el color de la herrumbre está absolutamente fija, y sólo le falta fortificarse en color; es por lo que Fineo dice que pasaran por el territorio citaico, o el color de la flor de la granada, que conduce al monte Amaranto. Se dice que el amaranto es una flor de color púrpura y que es una especie inmortal. Es el color que indica la perfección de la piedra o del azufre de los filósofos. Todos estos colores están anunciados en pocas palabras por Espagnet:[34] *Tres especies de muy bellas flores han de ser bus-*

32. Flamel, *Explicación de las Figuras...* prólogo, p. 11.

33. Apolonio, lib.2, vers. 392.

34. *La obra secreta de la Filosofía de Hermes,* Canon, 53.

cadas y encontradas en el fondo de ese jardín de los sabios, las violetas el lis blanco y el amaranto púrpura e inmortal. Las violetas se encuentran en la entrada. El río dorado que las riega les hace tomar el color del zafiro; la industria y el trabajo hacen encontrar seguidamente el lis, al cual sucede insensiblemente el amaranto. ¿No se reconoce en estas pocas palabras todo el viaje de los argonautas? ¿Qué les quedaba por hacer? Era preciso entrar en el río Fasis o el que lleva el oro, y entrar en la ciudad del mismo nombre, donde los hijos de Frixo acogieron a nuestros héroes; Jasón fue llevado ante Eetes, hijo del Sol, quien había desposado a la hija del Océano, de la que había tenido a Medea. Así pues, el hijo del Sol es el poseedor de este tesoro y su nieta le facilitó los medios de adquirirlo, es decir, que la preparación perfecta de los principios materiales de la obra ya está acabada, el artista ha logrado la generación del hijo del Sol de los filósofos. Pero son tres los trabajos necesarios para acabar toda la obra, el primero está representado por el viaje de los argonautas a Cólquide, el segundo es el que Jasón hizo para apoderarse del Toisón de oro y el tercero, el retorno a su patria.

Hemos explicado extensamente el primero para dar una idea de los otros; por lo que seremos más breves en los dos siguientes. Una infinidad de obstáculos y de peligros salen al paso de Jasón. Un dragón grande como un navío de cincuenta remos es el guardián del jardín donde está el Toisón de oro, es preciso que lo venza, pero ¿quién osaría intentarlo sin la protección de Palas y el arte de Medea? Este es el dragón del que tanto hablan los filósofos, de los cuales es suficiente aportar solamente algunos textos. *Es preciso* –dice Raimon Llull–[35] *extraer de estas tres cosas el gran dragón, que es el comienzo radical y principal de la alteración permanente.* Y más abajo (cap. 10), *Por esta razón es preciso decir alegóricamente que este gran dragón sale de los cuatro elementos* (cap. 9). *El gran dragón es rectificado en este licor* (cap. 52). *El dragón habita en todas las cosas, es decir, el fuego en el cual está nuestra piedra aérea. Esta propiedad se encuentra en todos los individuos del mundo* (cap. 54). *El fuego contra natura está encerrado en el menstruo fétido que transmuta nuestra piedra en cierto dragón venenoso, vigoroso y voraz que pone en cinta a su propia madre.*

Son pocos los filósofos que no empleen la alegoría del dragón, se encontrarán pruebas más que suficientes de ello en toda esta obra. Este dragón, al ser un fuego, según la expresión de Raimon Llull, no es sorprendente que se haya figurado que el del Toisón de oro arrojara fuego por la boca y las narices. Sólo se puede conseguir matarlo echándole en la gola una composición narcótica y somnífera, es decir, que sólo se puede llegar a la putrefacción de la materia fija con la ayuda y la acción del agua mercurial, que parece apagarlo disolviéndola. Y sólo por este medio se le pueden arrancar los dientes, es decir, la simiente del oro filosófico, que debe ser sembrada seguidamente. Cada operación es una repetición de la que le precede, en cuanto a lo que se manifiesta en el pro-

35. Raimon Llull, *Teoría*, cap. 6.

greso, es fácil de explicar la una cuando se tiene la inteligencia de la otra. Ésta comienza pues, como la precedente, por la putrefacción; el género de muerte de este dragón y los accidentes que le acompañan están expresados en el testamento de Arnau de Vilanova.[36] Espagnet dice[37] también que sólo se puede vencer al dragón bañándolo en el agua. Es esta agua límpida que Medea le da a Jasón.

Pero no es suficiente haber matado al dragón; los toros se presentan también vomitando fuego, es preciso domarlos por el mismo medio y ponerlos bajo el yugo. Ya he explicado suficiente en el capítulo de Apis lo que se debe entender por los toros, es decir, la verdadera materia primordial de la obra; es con estos animales que se ha de labrar el campo filosófico y echar la semilla preparada que le conviene. Jasón usa la misma estratagema para vencer al dragón y a los toros, pero el principal medio que empleó fue el de proveerse de la medalla del Sol y de la Luna. Con este pentáculo, se está seguro de lograrlo. Se le encuentra en las operaciones precedentes, y no hay nada que los filósofos mencionen más que estas dos luminarias.

Apenas los dientes del dragón están en tierra, salen hombres armados que se matan entre ellos. Es decir que en el momento en que la semilla aurífica es puesta sobre la tierra, las naturalezas fijas y volátiles actúan la una sobre la otra; se produce una fermentación ocasionada por la materia fijada en piedra, el combate se induce, los vapores suben y descienden, hasta que todo se precipita y resulta una substancia fija y permanente, la posesión de ésta procura la del Toisón de oro. Virgilio habla de estos toros[38] en estos términos: *Este país no ha visto a toros soplando fuego por las narices, ligándolos para sembrar allí los dientes de una monstruosa hidra, ni una siega de cascos y abundantes lanzas de guerreros erizar sus campos.* Unos dicen que este Toisón era blanco, otros que, de color púrpura, pero la fábula nos enseña que había sido dorado por Mercurio, antes de que fuera suspendido en la selva de Marte. En consecuencia, había pasado del color blanco al amarillo, después al color de la herrumbre y al fin al color púrpura. Mercurio lo había dorado, puesto que el color citrino que se encuentra intermedio entre el blanco y el de la herrumbre es un efecto del mercurio.

Es a propósito señalar, con Apolonio[39] que Medea y Ariadna, tanto la una como la otra nietas del Sol, suministraron a Teseo y a Jasón los medios de vencer a los monstruos contra los cuales querían combatir. El parecido que se

36. Lapis Philosophorum de terra scaturiens, in igne rerficitur; axaltatur limpidistiniae aquae potu satiatus, sopitur & ad minus horis duodecim undique visibiliter tumescit. Deinde in furno aëris mediocriter calidi decoquitur, quosque in pulverem redigi, & fit aptus contritioni. Quibus peractis lac virgineum exprimitur ejus partibus; quod prorinus in ovum Philosophorum positum tandiu abigne variatur, dum varii colores cessent incandore fixo; & tandem purpureo diademate infans coronetur. Arnau de Vilanova, *Testamento.*

37. Espagnet, *La Obra secreta de la Filosofía de Hermes*, can. 50.

38. Virgilio, *Geórgicas,* 2, 140

39. Apolonio, *Argonautas,* lib. 3, vers. 996.

encuentra entre las expediciones de estos dos príncipes prueba claramente que estas dos ficciones fueron imaginadas a la vista del mismo objeto. Embarcaron los dos con algunos compañeros, cuando llegó Teseo encontró un monstruo con el que combatir, el Minotauro; Jasón también tuvo que vencer a los toros. Teseo para llegar al Minotauro es obligado a pasar por todas las revueltas de un laberinto siempre en peligro de perecer; Jasón tiene que hacer una ruta no menos difícil a través de los escollos y de los enemigos. Ariadna se prenda de amor por Teseo y contra los intereses de su propio padre otorga a su amante los medios de salir victorioso de los peligros a los que debía de exponerse; Medea se encuentra en el mismo caso y en una circunstancia parecida procura a Jasón todo lo que necesita para vencer; Ariadna deja a su padre, su patria y se va con Teseo, que seguidamente la abandona en la isla de Naxo, para desposar a Fedra de la cual tuvo a Hipólito y Demofón, tras haber tenido, según algunos autores, a Oenopion y Estáfilo de Ariadna. Medea también se escapa con Jasón, que después de tener dos hijos la deja para tomar a Creusa. Los hijos de unos y de otros perecieron miserablemente como las madres; Teseo murió precipitado desde lo alto de una roca al mar; Jasón pereció bajo las ruinas de la nave Argo. Medea abandonada por Jasón se casó con Egeo, Ariadna con Baco. En fin, es visible que estas dos ficciones sólo son una misma cosa explicada mediante dos alegorías, de las que han querido variar las circunstancias para hacer dos historias diferentes.

Si los mitólogos quisieran tomarse la molestia de reflexionar sobre esta semejanza, ¿podrían impedir que se les abriera los ojos a su error? y ¿se tomarían tanto esfuerzo para acercar a la historia, lo que palpablemente sólo es una ficción? Éstas no son las únicas fábulas que tienen una similitud inmediata, la de Cadmo también se asemeja a la de Jasón. Un mismo dragón que hace perecer, los mismos dientes que ha de sembrar, los mismos hombres que nacen y se matan entre ellos, allí es un toro que Cadmo sigue, aquí los toros que combate Jasón. En fin, si se quisieran acercar todas las fábulas antiguas, se vería sin esfuerzo que tengo razón al reducirlas todas a un mismo principio, porque tienen un mismo objeto.

El retorno de los Argonautas

Los autores están aún menos de acuerdo sobre la ruta que los argonautas tomaron para volver a Grecia de lo que lo están respecto a las otras circunstancias de esta expedición; tampoco es en estas simples historias donde los poetas que no están al corriente de la filosofía hermética describirán lo que pasa en el progreso de las operaciones de este arte. Herodoto[40] no da un detalle tan extenso como para que el abad Banier pueda decir,[41] con razón, que sólo esta historia proporciona lo que se ha de rectificar en el relato de las otras, solamente

40. Herodoto, lib. 4.

41. Banier, t. 3, p. 242.

se podría conjeturar de lo que dice que los argonautas, al volver, siguieron casi la misma ruta que habían seguido al ir. Hecateo de Mileto vio que del río Fasis estos héroes pasaron al Océano, de allí al Nilo, después al mar Tirreno o Mediterráneo y al fin a su país. Artemidoro de Efeso refuta a este autor y aporta como prueba el hecho de que el Fasis no comunica con el Océano. Timageto, Timeo y muchos otros sostienen que los argonautas han pasado por todos los lugares citados por Orfeo, Apolonio de Rodas y etc, porque pretenden que han encontrado aún en esos lugares monumentos de aquel tiempo que atestiguan este pasaje. Como si de tales monumentos, imaginados sin duda sobre los mismos relatos, o citados por los poetas, porque venían a propósito de las circunstancias que insertaron en sus ficciones, pudieran volver posible lo que no lo es.

Orfeo hace recorrer a los argonautas las costas orientales de Asia, atravesar el Bósforo cimerio, las lagunas meotidas, después un estrecho que no existió jamás por el cual entraron después de nueve días al Océano septentrional, de allí llegaron a la isla Peuceste, conocida por el piloto Anceo, después a la de Circe, seguidamente a las columnas de Hércules, reentraron en el Mediterráneo, costearon Sicilia, evitaron a Escila y Caribdis mediante la ayuda de Tetis, interesada por la vida de Peleo su esposo, abordaron el país de los feacios, después de haber sido salvados de las sirenas por la elocuencia de Orfeo, al salir de allí fueron arrojados sobre las Sirtes de África, en las cuales un tritón les aseguró la nave mediante un trípode. Al fin ganaron el cabo Maleo y después Tesalia.

Parece que Orfeo ha querido declarar abiertamente que su relato era absolutamente una ficción, por la poca verosimilitud que ha puesto en él, pero Apolonio de Rodas aún ha pujado mucho sobre Orfeo. Los argonautas, según él, habiendo recordado que Fineo les había recomendado volver a Grecia por una ruta diferente de la que habían tenido yendo a Cólquide y que esta ruta había sido marcada por los sacerdotes de Tebas en Egipto, entraron en un gran río que se les cortó y no pudieron seguir. Fueron obligados a llevar el barco sobre sus espaldas durante doce días hasta que encontraron el mar, siendo perseguidos por Absirto, hermano de Medea, del que se defendieron cortándolo en pedazos. Entonces el roble de Dodona pronunció un oráculo que predecía a Jasón que no volvería a ver su patria si no se sometía a la ceremonia de expiación por esta muerte. En consecuencia, los argonautas tomaron la ruta de Aea, donde Circe, hermana del rey de Colcos y tía de Medea, tenía su morada. Ella hizo todas las ceremonias usadas en las expiaciones y después los despidió. Su navegación fue dichosa durante algún tiempo, pero fueron arrojados sobre las Sirtes de África de donde sólo se retirarían con muchas fatigas y en las condiciones relatadas por Orfeo.

Es evidente que estos relatos son absolutamente falsos. Se excusa a estos autores por la falta de conocimiento de geografía y de navegación que en aquellos tiempos aún no estaba muy perfeccionado. Pero estos errores son tan groseros y tan palpables, que el abad Banier, como muchos otros mitólogos que admiten la veracidad de esta expedición, no han podido evitar decir[42] que era el colmo de la ignorancia, así como una ficción pueril, que estos autores sólo se hayan dedicado a exponer lo que se sabía en su tiempo sobre los pueblos que habitaron aquellas lejanas comarcas. Este erudito mitólogo vio también que la mayor parte de estos pueblos son desconocidos y no existieron en el tiempo de Orfeo, o de Onomácrito. Sin embargo, era necesario encontrar en estos poetas algunas cosas sobre las cuales el abad Banier pudiera establecer su sistema histórico. Apolonio le ha proporcionado un fundamento bien poco sólido en verdad. Son las pretendidas columnas de Cólquide, sobre las cuales este poeta dice que estaban grabadas todas las rutas conocidas en aquel tiempo.

Según este mitólogo, Sesostris es precisamente quien hizo levantar estas columnas. Desgraciadamente Sesostris vino al mundo mucho tiempo después de esta pretendida expedición, aún admitiendo la realidad de este viaje en el tiempo en el que este erudito fijó la época. Pero esta dificultad no tenía consecuencia para él. *Apolonio* –dice– *conocía sin duda la historia de Sesostris, y aunque fue posterior a la expedición de los argonautas, ha podido hablar anticipadamente de los monumentos que este conquistador dejó en Cólquide.* Dejo al lector juzgar la solidez de esta prueba.

Para mí, prefiero explicar a Apolonio por él mismo y decir con él que la ruta que ha hecho hacer a los argonautas es la misma que les había sido marcada por los sacerdotes de Egipto. Esto es insinuar claramente que todo es una pura ficción y un relato alegórico de lo que pasa en las operaciones del arte sacerdotal o hermético. Era de estos mismos sacerdotes que Orfeo, Apolonio y muchos otros habían tomado la ruta que se había de recorrer para llegar al fin que se propone la práctica de este arte. Parece ser, pues, que estas pretendidas columnas eran de la misma naturaleza que las de Osiris, de Baco, de Hércules, es decir, la piedra al blanco y la piedra al rojo, que son los dos términos de los viajes de estos héroes. Las faltas de geografía que se reprocha a estos poetas, sólo son faltas cuando son consideras desde el punto de vista que presentaría una historia verdadera, pero de ningún modo en una alegoría de este género, puesto que allí todo conviene perfectamente. Los lugares que se encontrarían naturalmente siguiendo la ruta de Cólquide a Grecia, no habrían sido propuestos para expresar las ideas alegóricas de estos poetas que, sin preocuparse mucho de conformarse a la geografía, han sacrificado la verdad por aquella que tenían a la vista. Yendo de Grecia a Cólquide todo se encuentra dispuesto como le era preciso, Lemnos se presenta primero, después de esto vienen las Cianeas y todo el resto, pero Fineo tenía razón al prescribirles otra ruta para la vuelta, porque la operación figurada mediante este retorno, debía ser parecida a la que era figurada por el viaje a Colcos, no habrían encontrado una Lemnos

42. Banier, *ibíd.* p. 242.

al salir de Fasis, ni las rocas Cianeas. Hubiera sido invertido el orden de lo que debía de acontecer en esta última operación.

La disolución de la materia, el color negro que le debe suceder y la putrefacción designada por Lemnos y el mal olor de las mujeres de esta isla, estarían entonces encontradas en el relato, al final de la obra, en lugar del comienzo, que es donde deben de aparecer, puesto que son la clave. Era preciso, pues, imaginar otra alegoría a riesgo de apartarse de lo verosímil en cuanto a la geografía. Esta disolución ha sido designada en el retorno por la muerte de Absirto y la división de sus miembros, por el presente que Eurípilo hizo a Jasón, es decir, un terrón de tierra que cae al agua, donde Medea habiéndola visto disolverse predijo muchas de las cosas favorables para los argonautas. Esta tierra es la de los filósofos que está formada de agua, para lograrlo es preciso reducirla a su primera materia, que es el agua, es por lo que se figura que un hijo de Neptuno había hecho este presente y que había sido dado en custodia a Eufemo, hijo del mismo dios y de Mecioni, u Oris, hija del río Eurotas, otros le dan por madre a Europa, hija del famoso Titio.

Apolonio de Rodas e Higinio[43] alababan mucho a Eufemo por su ligereza en la carrera, ya que dicen que era tal, que corriendo sobre el mar a penas mojaba sus pies. Pausanias le atribuía una gran habilidad al conducir un carro. Apolonio lo admiraba tanto que lo honra con los mismos epítetos que Homero da a Aquiles en la Ilíada; también eran hijos, el uno de Tetis, hija de Nereo y el otro de Oris, hija del río Eurotas, es decir del agua. La prueba de que estos dos poetas tenían la misma idea de estos héroes, es que Apolonio también hizo venir a Tetis para salvar a los argonautas de los escollos de Escila y Caribdis, a causa de su marido Peleo que se encontraba entre ellos.

La manera en que este poeta cuenta el acontecimiento del terrón de tierra prueba claramente a aquellos que han leído con atención las explicaciones precedentes, que es puramente una alegoría de lo que pasa en la obra después de la disolución de la materia hasta que viene a ser tierra y toma el color blanco. Los argonautas, estaban en la isla de Anaphé, una de las esporades vecina de la de Tera, y Eufemo se acordó de un sueño que había tenido la noche después del encuentro con el tritón y Eurípilo, que le había confiado el terrón de tierra, y lo contó a Jasón y a los otros argonautas. Había visto en el sueño que tenía el terrón de tierra en sus brazos y que veía manar de sus senos cantidad de gotas de leche sobre ella, que a medida que la humedecían le hacían tomar insensiblemente la forma de una joven hija muy amable. Se habría vuelto su amante en el momento que le pareció perfecta y no tenía ningún reparo en consentirle lo que quería, pero se arrepintió en el momento que empezó a creer que era incesto.

La hija lo había tranquilizado diciéndole que él no era su padre, que era hija de Tritón y de Libia y que un día sería la nodriza de sus hijos. Había añadido

43. Higinio, fáb. 14.

que permanecería en los alrededores de la isla de Anaphé y que aparecería sobre la superficie de las aguas, cuando llegara el tiempo. Para poner al lector en el caso, es suficiente recordar lo que hemos dicho antes de la isla flotante, Delos, donde Latona dio a luz a Diana. Cuando sucede que la materia empieza a volatilizarse después de su disolución, se ve el por qué se dice que Eufemo era tan ligero en la carrera, que corriendo sobre el agua, casi no se mojaban sus pies. Se ha de señalar que el trípode que Jasón dio como presente al Tritón, era de cobre, y que lo puso en su templo. Hago esta observación para mostrar cuánto se acuerdan todas estas circunstancias con las operaciones del arte hermético, cuando son conseguidas en el punto del que hablamos, puesto que los filósofos dan también el nombre de cobre a su materia en este estado diciendo: *blanquead el latón.*

Las diosas del mar y los genios que Apolonio hizo aparecer a los argonautas no son, pues, los habitantes de las costas de Libia, y el caballo alado desenganchado del carro de Neptuno, un barco de Eurípilo,[44] sino las partes acuosas y volátiles que se subliman. La nave Argo al ser la materia que nada en o sobre el mar de los filósofos, es decir, su agua mercurial, no les era difícil de llevar su barco y de conformarlo al mismo tiempo a las órdenes que tenían de seguir las huellas de este caballo alado que era tan veloz como el pájaro más ligero.

Para comparar aquí las fábulas recordemos que un héroe también hizo el presente a Minerva de un vaso antiguo de cobre. Diodoro de Sicilia, que habla también del trípode, dice que llevaba una inscripción en caracteres muy antiguos. Los autores cuentan muchas otras cosas del retorno de los argonautas, pero creo que las explicaciones que he dado me dispensan de extenderme con más detalle, sería necesario, por así decirlo, hacer un comentario, con notas sobre todo lo que avanzan estos autores. Me ciño, pues, a decir dos palabras de lo que pasa tras el retorno de Jasón. Todos están de acuerdo en que Medea al llegar a la patria de su amante rejuveneció a Esón, tras cortarlo en trozos y hacerlo cocer. Esquilo dice lo mismo de las nodrizas de Baco. Se cuenta la misma cosa de Dioniso y de Osiris. Los filósofos herméticos están de acuerdo con estos autores y atribuyen a su medicina la propiedad de rejuvenecer, pero se les toma al pie de la letra y se cae en el error. Balgo[45] nos enseñó cuál es este anciano: *Tomad* –dice– *el árbol blanco, edificadle una casa redonda, tenebrosa y rodeada de rocío, metedlo dentro con un viejo de cien años y habiendo cerrado la casa exactamente de manera que ni la lluvia ni el mismo viento puedan entrar, dejadles allí 80 días. ¡Os digo con verdad que este viejo no cesará de comer del fruto del árbol hasta que sea rejuvenecido! ¡Oh, que admirable es la naturaleza que transforma el alma de este viejo en un cuerpo joven y vigoroso y que hace que el padre se convierta en hijo! Bendito sea nuestro Creador.*

---

44. Banier, t. 3, p. 245.
45. Balgo, *La Turba.*

Estas últimas palabras explican el hecho de Medea en consideración a Pelias, relatado por Ovidio y Pausanias[46], a saber, que Medea para engañar a las hijas de Pelias, después de haber rejuvenecido a Esón, tomó un viejo carnero que cortó en pedazos, lo echó en una caldera, lo hizo cocer y lo retiró transformado en un joven cordero. Las hijas de Pelias, persuadidas de que ocurriría lo mismo con su padre, lo disecaron, lo echaron en una caldera de agua hirviendo donde fue de tal manera consumido que no quedó de él ninguna parte capaz de ser sepultada. Medea después de este golpe montó sobre su carro tirado por dos dragones alados y huyó por los aires. He aquí los dragones alados de Nicolás Flamel, es decir, las partes volátiles. Es por esto que se hace preceder esta huida por la muerte de Pelias, para señalar la disolución y la negrura, de παλός, barro, o πελός, negro.

Una expedición tan peligrosa, una navegación tan penosa, la ruta que los argonautas han seguido tanto al ir como al volver, requiere más tiempo del que algunos autores comprenden. Unos aseguran que todo fue acabado en un año, lo que no estaría de acuerdo con los dos años de permanencia que Jasón hizo en la isla de Lemnos. Sería preciso entonces computar tres años, tiempo que los barcos de Salomón emplearon para buscar el oro en la isla de Ofir. Pero los mitólogos, en vano intentaron determinar la duración de la navegación de los argonautas. Si Jasón era joven cuando partió hacia Cólquide, es cierto que Esón no era viejo, no más que Pelias. Sin embargo, los autores nos los representan como dos viejos decrépitos, en el retorno de los argonautas. La prueba es simple en la tabla genealógica que sigue.

Eolo Tuvo por Hijos a	Creteo tuvo Tiro	Esón tuvo Alcimede	Jasón	
	Atamas de Nephele	Frixo Hele	Argos, Frontis, Melas, Cilindo	
	Salmoneo tuvo	Tiro y ésta Neptuno	Neleo Pelias	Acasto

46. Pausanias, *Arcadias*.

Se ve en ello que Pelias, Esón y Frixo debían de ser casi de la misma edad, Calcíope, mujer de Frixo, era hermana de Medea e hizo todo lo que estuvo en su poder para favorecer la pasión de Jasón por su hermana. Frixo era joven cuando desposó a Calcíope, que no debía de ser vieja, cuando Jasón, de edad de unos veinte años, llegó a Colco, puesto que Medea, su hermana, también era joven. Es preciso, pues, que los mitólogos concluyan o que la expedición de los argonautas ha durado muchos años o que Pelias y Esón no eran tan viejos como los autores dicen. Esta dificultad no sería fácil de resolver con toda claridad para los mitólogos. Pero parece que los autores de los relatos del viaje a Cólquide no se han esforzado mucho en ello.

Los que estaban en el caso del arte hermético sabían bien que estas pretendidas dificultades desaparecían a los ojos de los filósofos, cuya manera de comprender los meses y los años es bien diferente de la del común de los cronólogos. Se ha visto en el tratado de este arte sacerdotal que los adeptos tienen sus estaciones, sus meses, sus semanas y que su manera de comprender la duración del tiempo varía según las diferentes disposiciones u operaciones de la obra. Es por lo que no parecen estar de acuerdo entre ellos cuando fijan la duración de la obra, los unos dicen un año, los otros quince meses, otros dieciocho, otros tres años. Incluso se ve que lo suben hasta diez y doce años. Se puede decir en general que la obra se acaba en doce meses o cuatro estaciones que son el año filosófico, pero esta duración, aunque compuesta de las mismas estaciones, es infinitamente abreviada en el trabajo de la multiplicación de la piedra, y cada multiplicación es más breve que la que le precede. Explicaremos estas estaciones en el *diccionario Mito-Hermético*, que comprende un seguimiento necesario para esta obra. Es en este sentido que se ha de explicar la duración de los viajes de Osiris y de Baco; también se ha de poner atención a que cada fábula no es siempre una alegoría entera de la obra completa. La mayor parte de los autores sólo tienen una parte como objetivo y más comúnmente las dos obras, la del azufre y la del elixir, pero particularmente éste último, como siendo el fin de la obra antes de la multiplicación, que puede dispensarse de hacer, cuando uno se quiere quedar allí.

Reconozcámoslo de buena fe, cuando se ha leído las historias de Atamas, de Ino, de Nefelé, de Frixo y Hele, de Learco y de Melicertes, que dieron lugar a la conquista del Toisón de oro; cuando se ha reflexionado sobre las de Pelias, de Esón, de Jasón y el viaje de los argonautas, ¿se encuentra, en la presentación del abad Banier y en las explicaciones que este mitólogo y los otros eruditos han dado, con qué satisfacer un espíritu exento de prejuicios? Parece que las dudas se multiplican a medida que ellos se esfuerzan en quitarlas. Sin cesar se ven forzados a declarar que tales circunstancias son puras ficciones, y si se quitara de estas historias todo lo que declaran como ficción no quedaría, seguramente, una sola circunstancia que razonablemente se pudiera explicar históricamente. He aquí la prueba.

La historia de Nefelé es una fábula, dice el abad Banier, (tom. III, p. 203). La del transporte del Toisón de oro en Cólquide, lo es también puesto que dice: *Para explicar las circunstancias tan visiblemente falsas, los antiguos mitólogos inventaron una nueva fábula, y dijeron, etc.* (Ibíd). Se puede dudar de que el viaje de Jasón desde el monte Pelión a Yolcos, la pérdida de su zapato y su pasaje del río Anaure, o Enipea según Homero,[47] sobre los hombros de Juno, no estén señalados también en el mismo lugar. Ciertamente no se creerá que la nave Argo hubiera sido construida con robles parlantes. Casi todos los trazos que componen la historia de los compañeros de Jasón, cada uno en particular, son reconocidos como fabulosos, ya sea en su genealogía, puesto que todos son hijos de dioses, o en sus descendientes. Sería muy largo entrar en detalle respecto a esto.

He aquí lo que ha precedido a la partida; veamos la navegación. La infección general de las mujeres de Lemnos, ocasionada por la irritación de Venus, no es verosímil como para hacer desaparecer la ira de la diosa, o lo que sería tener mala idea respecto a la delicadeza de los argonautas, que querían bien a las Lemnianas, y lejos de hacer en esta isla una estancia de dos años, ¿cómo habrían pasado allí dos días? El abandono de Hércules en la Troada, quien fue a buscar a Hilas raptado por las ninfas; los gigantes de Cícico que tenían cada uno seis brazos y seis piernas; la fuente que la madre de los dioses hizo salir de la tierra para que Jasón pudiera expiar la muerte involuntaria de Cícico. La visita hecha a Fineo, molestado sin cesar por las harpías, cazadas por los hijos de Bóreas, *es una ficción que oculta sin duda una verdad;*[48] los choques entre sí de las rocas Cianeas o Simplégades, es una fábula (ibid. p. 231). La fijación de las rocas y la paloma que pierde su cola en el trayecto, no son más verdad. Los pájaros de la isla de Arecia, que lanzaban desde lejos sus mortíferas plumas a los argonautas, no existieron jamás. En fin, helos aquí en Cólquide y todo lo que pasó allí son *fábulas tan extraordinarias como difíciles de explicar* (Ibíd. p. 233). El encantamiento de Medea, el dragón y los toros con los pies de bronce, los hombres armados que salieron de la tierra, las hierbas encantadas, el brebaje preparado, la victoria de Jasón, su partida con Medea *se ha podido decir solamente que todas estas fábulas no son más que un puro juego de la imaginación de los poetas.* (p. 235) Vayamos al retorno de los argonautas. Los poetas han imaginado la muerte de Absirto. (p. 238). Los relatos de este retorno son extravagantes. El de Onomácrito no es verosímil y el de Apolonio lo es aún menos, (p. 240). Es una ficción, (p. 241). Los pueblos citados por estos autores son o desconocidos o inexistentes en el tiempo de estos poetas, donde están emplazadas estas aventuras, (p. 242). Lo que pasa en el lago Tritónide es un cuento sobre el cual se debe de ver poca verdad, (p. 247). La historia de Jasón y la de Medea están, en fin, tan llenas de ficciones que se destruyen unas a otras, y es bien difícil de establecer algo de cierto respecto a ellas. (p. 253). ¿No debe de sorprender que después de tales declaraciones, el abad Banier haya emprendido la tarea de dar estas fábulas por historias reales y que haya querido hacer el esfuerzo de hacerlas verdaderas con las pruebas que aporta? Yo no me

47. Homero, *Odisea*, lib. 2, vers. 237.
48. Banier, *op. cit.* p. 229.

he propuesto discutir todas sus explicaciones, lo dejo al juicio de los que no se dejan deslumbrar por la gran erudición.

CAPÍTULO II

Historia del robo de las Manzanas de oro del Jardín de las Hespérides

Tras la conquista del Toisón de oro, no hay casi nada que venga mejor a nuestra causa que la expedición de Hércules para adquirir la posesión de estos famosos frutos conocidos por tan pocas personas, y que los autores que han hablado de ellos no están de acuerdo sobre su verdadero nombre. Los antiguos poetas han dado rienda suelta a su imaginación a este respecto y los historiadores que han hablado después de estos padres de las fábulas, tras haber buscado en vano el lugar donde estaba este jardín, el nombre y la naturaleza de estos frutos, son casi contrarios los unos con los otros. ¿Y cómo habrían podido decir algo cierto sobre un hecho que no existió jamás? Es inútil hacer diferenciaciones para favorecer el sentimiento de uno más que el de otro, puesto que están todos igualmente en el error respecto a ello. Es con razón, pues, que se pueden considerar como ideas vacías y quiméricas las explicaciones de la mayor parte de los mitólogos que han querido relacionarlo todo en la historia, por más ingeniosas y por más brillantes que sean, y aunque tengan ilustres garantías. Yo no hago aquí más que redargüir contra los mitólogos el argumento que uno de entre ellos[49] ha hecho contra Michel Maier; se podrá juzgar si tengo fundamento para hacerlo por las explicaciones que daremos a continuación.

No se ha de juzgar a los primeros poetas griegos como a los que han sido, por así decirlo, sus imitadores, ya sea por haber tratado los mismos asuntos, ya sea por haber trabajado sobre otros, pero a la manera de los primeros. Aquellos, instruidos por los egipcios, tomaron de este pueblo los asuntos de sus poemas y los disfrazaron a la manera griega, siguiendo el genio de su lengua y de su nación. Sorprendidos por la grandeza del objeto que tenían a la vista, pero que no quisieron desvelar a los pueblos, se interesaron en tratarlo mediante alegorías cuyas maravillas excitara la admiración y la sorpresa, a menudo sin ninguna consideración por lo verosímil, a fin de que las gentes sensatas no tomaran por una historia real lo que sólo era una ficción, y que sintieran al mismo tiempo que las alegorías contenían alguna cosa real.

Los poetas que aparecieron seguidamente y que ignoraban el punto de vista de los primeros, solamente vieron lo maravilloso. Trataron las materias siguiendo su genio y abusaron del privilegio de osar de todo. *Pictoribus atque poëtis quidlibet audenti semper suit aqua potestas.* (Horacio, *Arte Poético*) Sobre este

49. Massieu, *Memorias de las Bellas Letras*, t. 3, p. 40.

principio, cuando escogían como materia de sus obras los asuntos ya tratados, conservaban el fondo, pero añadían u omitían circunstancias, o hacían algunos cambios según su fantasía y sólo se aplicaban, por así decirlo, en excitar la admiración y la sorpresa, mediante lo maravilloso que propagaban, sin tener otro objeto que el del placer. No es sorprendente pues, que se encuentre en ellos rasgos que se podían explicar del asunto que se habían propuesto sus predecesores. Pero como un asunto es susceptible de mil alegorías diferentes, cada poeta lo ha tratado a su manera. No pretendo pues, que todas las fábulas puedan ser explicadas mediante mi sistema, sino solamente las antiguas, que tienen como base las ficciones egipcias y fenicias, puesto que se sabe que los más antiguos poetas griegos han sacado de allí las suyas, esto sería fácil de probar haciendo una concordancia que pusiera en evidencia que todas tenían el mismo motivo. Las fábulas, pues, no son todas ilusiones ingeniosas, sino solamente las que no tenían otro motivo que el placer. Aquellas que son aquí la cuestión y casi todas las de Orfeo, Homero y los más antiguos poetas, son alegorías que ocultan instrucciones bajo el velo de la genealogía y de las pretendidas acciones de los dioses, de las diosas o de sus descendientes.

Cuando se quiere reducir la fábula de las Hespérides a la historia, se hace como si se tratara de determinar alguna cosa precisa. Cada historiador pretende que debe ser creído preferentemente a cualquier otro, y sin embargo no da ninguna prueba sólida de su pensamiento. Están divididos en tantas y diferentes opiniones que uno no sabe en cual fijarse. Herodoto, el más antiguo de los historiadores, y muy instruido en todas las fábulas, no hace mención de la fábula de las Hespérides, ni de muchas otras, sin duda porque las consideraba como ficciones. Las tradiciones eran siempre más puras a medida que se las acercaba a su fuente, hubiera estado en mejor situación que los otros historiadores si nos hubiera dejado alguna cosa menos dudosa, aunque se le acusa de haber sido bastante crédulo. ¿Será a Paléfates al que habría que referirse? Todos los mitólogos convienen en que es un autor muy sospechoso, acostumbrado a forjar explicaciones y a dar en su fantasía existencia a personas que jamás han sido.[50] Él dice (cap. 19) que Hespero era un rico milesíaco, que fue a establecerse en el Cairo. Tuvo dos hijas, llamadas Hespérides, que tenían numerosos rebaños de ovejas, a las que llamó *ovejas de oro* a causa de su belleza. Confiaron su guarda aun pastor, llamado *dragón*, pero Hércules pasó por aquel país y robó el pastor y los rebaños.

No hay nada más simple que esta explicación de Paléfates, todo lo admirable, todo lo maravilloso de esta fábula se reduciría a tan poca cosa, que ciertamente no merecería ser puesta entre el número de los célebres trabajos del hijo de Júpiter y de Alcmena. ¿Hay alguna fábula que no se pueda explicar tan fácilmente imitando a Peléfates? Pero claro, tomándose la libertad de cambiar los nombres, los lugares, las circunstancias de los hechos y la naturaleza misma de

50. Banier, *Mitología*, t. 3, p. 283.

las cosas. A pesar de la poca solidez del razonamiento de este autor, a pesar de la poca conformidad que se encuentra entre su explicación y el hecho relatado por los poetas, Agroetas, otro historiador citado por los antiguos escoliadores, parece haber seguido a Paléfates y dice en el tercer libro de las *cosas líbicas*, que no eran manzanas sino ovejas, que se llamaban *ovejas de oro,* a causa de su belleza. Y el pastor encargado de su guarda no era un *dragón* sino un hombre llamado así, porque tenía la vigilancia y la ferocidad de este animal.

Varrón y Servio han adoptado estas ideas. Sin embargo, esta opinión no tuvo otros partidarios que aquellos que se han mantenido en los términos propios de los poetas. Estos han pretendido que los otros habían sido engañados por el equívoco término de μηλα que significa igualmente *oveja y manzana,* no se ven otras razones que hayan podido hacerles despistar. Los que han considerado estos frutos como verdaderos frutos no han estado menos equivocados cuando ha sido preciso determinar su especie. Las manzanas de oro no crecían en los árboles, pero se les ha llamado así, dicen, porque eran excelentes o porque los árboles que las producían daban un gran beneficio, o en fin, porque estos frutos tenían un color cercano al del oro.

Diodoro de Sicilia,[51] incierto sobre el partido que debía de tomar, dejó la libertad de pensar lo que se quiera y dice que eran frutos u ovejas. Fabrica una historia respecto a esto absolutamente contraria a lo que habían dicho los poetas. Lo que observa de esta historia el abad Massieu[52] es lo que nos queda de más sólido sobre el sujeto que examinamos, aunque no haga ninguna mención de las órdenes de Euristeo ni de lo que ha precedido al robo de estos frutos, ni de ninguna de las circunstancias de esta expedición. Según Diodoro, el azar condujo a Hércules a la orilla del mar Atlántida, durante el retorno de alguna de sus expediciones. Allí encontró a las hijas de Atlas que un pirata había secuestrado por orden de Busiris; mató a los corsarios y devolvió las Hespérides a su padre que en reconocimiento dio como presente a Hércules estos frutos u ovejas que sus hijas guardaban o cultivaban con extremo cuidado. Atlas, que era muy versado en la ciencia de los astros, quiso también iniciar al héroe en los principios de la astronomía y le dio una esfera. He aquí en síntesis la historia que hace Diodoro, hecho que emplaza en la parte más occidental de África en lugar de Paléfates que lo sitúa en el Cairo. Plinio el naturalista[53] no sabe donde emplazarlo, como sigue los pensamientos de los que admitieron estos frutos, también era preciso encontrar el jardín donde crecían.

En su tiempo, los unos lo situaban en Berénice, ciudad de Libia, los otros en Lixe, ciudad de Mauritania. Dice que es un brazo de mar que serpentea en torno de esta ciudad el que ha dado a los poetas la idea de su dragón. Los eruditos se

51. Diodoro de Sicilia, *Biblioteca*, lib. 5, cap. 13.
52. Massieu, *Memorias de las Bellas Letras*, t. 3, p. 31.
53. Plinio, lib. 5.

decantan por este último lugar. Esta diferencia de pensamientos prueba la incertidumbre de los historiadores respecto a esto. Asimismo no se sabe qué partido tomar tras haber acercado y confrontado sus testimonios. Paléfates admite sólo dos Hespérides, hijas de Haspero melisiano; Diodoro dice que eran siete las hijas de Atlas en Mauritania. Según algunos, Hércules se presentó armado para robar las manzanas de oro, según otros apareció como libertador. Hay quien pretende que un hombre feroz y brutal guardaba estas ovejas, y si se cree a otros, éste no era un hombre, ni un dragón, sino un brazo de mar. Si había alguna historia a concluir de todo esto, se reduce a decir que eran unas hermanas llamadas Hespérides que cultivaban bellos frutos o que tenían a su cuidado las ovejas que Hércules se llevó a Grecia. Esto tendría su dificultad, pues se trataría entonces de saber si el hijo de Alcmena fue alguna vez a Mauritania, si vivió en tiempos de Atlas y asimismo si Atlas vivió en tiempos de Busiris. Aún y así cada artículo requeriría una disertación, de la que finalmente no se concluiría nada cierto.

Admitiendo por un momento que estas manzanas de oro fueran frutos, los eruditos, tan inciertos sobre su especie como del lugar donde crecían, levantaron grandes controversias entre ellos. Budeo[54] pretende que eran membrillos, Saumesio y Espanhein, que eran naranjas, y muchos otros eruditos que eran limones. El primero funda su opinión sobre el término de χρυσομηλα, que quiere decir manzanas de oro, nombre que a menudo ha sido dado a los membrillos. Pero este nombre sólo prueba algo más a favor de los membrillos que de las naranjas y de los limones, que también tienen el color del oro; los que están por estos últimos frutos se apoyan en la misma prueba y también añaden algunas otras, pero poco sólidas, es por lo que yo no las aportaría. Y además ¿estos frutos eran tan raros que fue preciso confiarlos a la guarda de un monstruoso dragón? Es sorprendente que Paléfates y los que han adoptado su opinión hayan aceptado una explicación tan poco natural. Lo equívoco del término μηλα no sería excusable, puesto que las ovejas no nacen en los árboles, como los frutos. En cuanto a los que toman estas manzanas por naranjas o limones tendrían que haber puesto atención en que los poetas no dicen que estas manzanas eran de color de oro, sino que eran manzanas de oro, incluso los mismos árboles que las daban lo eran. *Árboles frondosos* -dice Ovidio- *luciendo oro radiante, ramos de oro, de abundantes manzanas de oro.* (Metamorfosis, lib. 4.)

Veamos, pues, lo que los poetas han dicho a propósito de este célebre jardín; el lugar donde habitaban las Hespérides era un jardín donde se encontraba reunido todo lo que la naturaleza tiene de bello. El oro brillaba por todas partes, era el lugar de las delicias y de las hadas. Las que lo habitaban cantaban admirablemente bien.[55] Ellas gustaban de adoptar toda clase de figuras para sorprender a los espectadores mediante sus súbitas metamorfosis. Si creemos al mismo

54. Budeo, *Comentario sobre Teofrastro.*

55. Apolodoro, *Argonáuticas,* lib. 4, v. 1396 y ss.

poeta, los argonautas visitaron a las Hespérides y se dirigieron a ellas conjurándolas a mostrarles alguna fuente de agua, porque estaban extremadamente presos por la sed. Pero en lugar de responderles se transformaron al instante en tierra y en polvo. Ταί δ'αλΦα κόνις και γαϊα κιόντων Εσσυμένως έγένοντο καταυτόθι (*Ibíd.* v. 1408)

Orfeo, que conocía este prodigio, no se desconcertó, conjuró de nuevo a estas hijas del Océano y redobló sus plegarias. Ellas lo escucharon favorablemente, pero antes de otorgarles sus deseos se metamorfosearon, primero en hierbas que crecían de esta tierra poco a poco. Estas plantas se elevaron insensiblemente y formaron ramas y hojas de manera que en un momento Hespera se volvió álamo, Eritea olmo y Eglé se encontró como sauce. Los otros argonautas, presos de espanto ante tal espectáculo no sabían qué pensar ni qué hacer, entonces Eglé bajo la forma de árbol los confortó y les dijo que dichosamente para ellos un hombre intrépido había venido a la ciudad, que sin respeto por ellas había matado al dragón guardián de las manzanas de oro y había huido con los frutos de las diosas, que este hombre tenía la mirada fiera, la fisonomía dura, que estaba cubierto de una piel de león y armado con una maza, con un arco y flechas, que había utilizado para matar al monstruoso dragón. Este hombre también ardía de sed y no sabía dónde encontrar agua. Pero al fin, ya sea por industria ya sea por inspiración, golpeó con el pie la tierra y brotó una abundante fuente de la que bebió largos tragos. Los argonautas habiéndose apercibido que Eglé durante su discurso había hecho un gesto con la mano, que parecía indicarles la fuente de agua que salía de la roca, corrieron y se saciaron dando gracias a Hércules por haber rendido tan gran servicio a sus compañeros, aunque no estuviera con ellos.

Tras haber hecho los encantamientos de estas hijas de Atlas, a los poetas sólo les quedó hacerlas divinidades; puede que los antiguos no tuvieran esta idea, pero Virgilio la ha relatado así.[56] Él les ha dado un templo y una sacerdotisa, temible por el soberano poder que ejerce sobre toda la naturaleza. Era la guardiana de los ramos sagrados y quien alimentaba al dragón, dominaba las negras penas, detenía el curso de los ríos, hizo retroceder a los astros y obligó a los muertos a salir de las tumbas. Tal es el retrato que los poetas hacen de las Hespérides y si no convienen todos, ya sea en el número de estas ninfas ya sea sobre el lugar donde estaba situado este célebre jardín, al menos todos estaban de acuerdo en decir que éste era el de las manzanas de oro y no de ovejas; que el jardín estaba guardado por un dragón y que Hércules lo mató y robó sus frutos.

---

56. Hinc mihi Massylae gentis monstrata sacerdos, Hespéridum templi custos, apulasque Draconi, Quae dabat & sacros servabat in arbore ramos. Spargens humidas mella, soporiferumque papaver. Haec se carminibus promittit solvere mentes, Quas velit, ast aliis duras immittere curas: Sistere aquam fluviis & sidera vertere retrò. Nocturnosque ciet manes. Homero, *Eneida,* lib. 4.

Se dice que Juno aportó como dote a su matrimonio con Júpiter los árboles que daban estas manzanas de oro. Este dios estuvo encantado y como les tenía infinito agrado, buscó los medios de ponerlos a resguardo de los ataques de los que desearan estos frutos. A este efecto los confió a los cuidados de las ninfas Hespérides que hicieron cercar de muros el lugar donde estos árboles estaban plantados y emplazaron allí un dragón para guardar la entrada. Se admiten comúnmente tres ninfas Hespérides, hijas de Hespero, hermano de Atlas y sus nombres eran Eglé, Aretusa y Hespertusa. Algunos poetas añaden una cuarta que es Héspera, otros una quinta que es Eriteis y otros una sexta bajo el nombre de Vesta. Diodoro de Sicilia las aumenta hasta siete. Hesíodo[57] les da a la Noche por madre; el abad Massieu está sorprendido y *no sabía,* dice, *avenirse al por qué este poeta da una madre tan fea a unas hijas tan bellas.* Se encontrará una buena razón para ello después.

Cherécrate las hace hijas de Forcis y de Ceto, dos divinidades del mar. En lo que concierne al dragón, Ferécido lo hace hijo de Tifón y de Equidna y Pisandro de la Tierra, lo que en mi sistema es la misma cosa. El poco acuerdo que hay entre los autores sobre la situación del jardín de las Hespérides prueba de alguna manera que jamás ha existido. La mayor parte de los poetas lo emplazan hacia el monte Atlas, sobre los lados occidentales de África. *Occani sinem iuxtà, solemque cademtem, ultimus Aethyopum locus est, ubi maximus Atlas, axem humero torquet stellis ardentibus aptum.* (Eneida, lib. 4)

Los historiadores lo ponen cerca de Lixe, ciudad de Mauritania, hacia los confines de Etiopía, algunos en Tingi, con Plinio,[58] pero Hesíodo lo transporta más allá del océano y otros, siguiendo su ejemplo, lo emplazan en las Canarias o islas afortunadas, sin duda por la misma razón que ha hecho conjeturar a Bochart[59] que estas manzanas u ovejas significaban las riquezas de Atlas, porque la palabra fenicia *melan,* de la que los griegos han hecho *malon,* significa igualmente riquezas y manzanas. Este último pensamiento se acerca un poco más a la verdad que los otros, porque tiene una relación más inmediata con el verdadero sentido alegórico. Pero en fin, puesto que los historiadores no pueden concluir nada cierto de esta variedad de opiniones deberían de convenir en que es una ficción. Tienen una buena razón para ello, puesto que los historiadores sólo hablan tras los poetas, y aunque se encuentre alguna cosa histórica en éstas narraciones, es de tal manera absorbida por lo que es pura ficción, que es imposible desembrollarlo. El empeño que se ve en ellos de volver los hechos poco verosímiles, debería hacer pensar naturalmente que no han deseado conservarnos en la memoria hechos realmente históricos.

57. Hesíodo, *Teogonía,* v. 315.

58. Plinio, lib. 5, cap. 5.

59. Bochart, *Mitología,* lib. 7, cap. 7.

Entre los que han considerado esta fábula como una alegoría, el conde Noel ha visto allí la más bella moralidad del mundo. Pretende[60] que el dragón vigilante que guardaba las manzanas de oro es la imagen natural de los avaros, hombres duros y despiadados, que no cierran el ojo ni de día ni de noche, corroídos por su loca pasión, no quieren que los otros toquen un oro del que ellos no hacen ningún uso. Tzetzez y después de él Vosio[61] encuentran en esta fábula el Sol, los astros y todos los cuerpos luminosos del firmamento. Las Hespérides son las últimas horas del día. Su jardín es el firmamento. Las manzanas de oro son las estrellas. El dragón es donde el horizonte, exceptuando bajo la línea, corta el ecuador en ángulos oblícuos, donde el zodíaco se extiende oblícuamente de un trópico al otro. Hércules es el Sol, puesto que su nombre viene de H″ ρύ'κλεος que significa la gloria del aire. El Sol apareciendo sobre el horizonte hace desaparecer las estrellas, es Hércules que roba las manzanas de oro.

Cuando se intenta explicar una cosa es preciso hacerlo de manera que la explicación convenga en todas las circunstancias. Por ingenioso y brillante que sea, carece de fundamento y solidez, si algunas de estas circunstancias no pueden convenir allí. He aquí precisamente el caso en que se encuentran los mitólogos y los historiadores respecto a la fábula que aquí tratamos, como se verá después. Sería injusto reprender a los que se toman el trabajo de buscar los medios de explicar las fábulas, su motivo es muy loable, los moralistas trabajan en formar las costumbres, los historiadores en esclarecer algunos puntos de la historia antigua. Los unos y los otros concurren en la utilidad pública, por lo tanto, se les debe agradecer. Aunque no se perciba la relación entre las manzanas de oro que crecen sobre los árboles y las estrellas emplazadas en el firmamento, entre Hércules que mata un dragón y el Sol que recorre el zodíaco, entre estas manzanas traídas a Euristeo y los astros que quedan en el cielo, Tzetzez no es más reprensible que los que cortan y trinchan en trozos esta fábula para tomar sólo aquellos que pueden convenir a su sistema. Si es un prejuicio desfavorable contra la verdad de sus explicaciones, la atención que pongo en no dejar una sola circunstancia de esta fábula sin ser explicada, debe hacer inclinar la balanza del lado de mi sistema. Entremos en materia.

Temis había predicho a Atlas que un hijo de Júpiter robaría un día estas manzanas,[62] esta empresa fue intentada por muchos, pero el éxito estaba reservado a Hércules. No sabiendo dónde estaba situado este jardín, tomó la resolución de ir a consultar a las cuatro ninfas de Júpiter y de Temis, que moraban en un antro. Ellas lo dirigieron hacia Nereo, éste lo envió a Prometeo que, según algunos autores, le dijo a Atlas, al enviarlo a buscar estos frutos, que sostuviera el

60. Natali Conti, *Cantos*, lib. 1, cap. 1.

61. Vosio, *De orig. Y progr. Idol*, lib. 2, p. 384.

62. Se acordaba del viejo oráculo que Temis dictó en el Parnaso y que decía: *Atlas, vendrá un día en que tu árbol será desnudado de su oro por un hijo de Jove.* Ovidio, Metamorfosis, lib. 4.

cielo sobre sus espaldas hasta su retorno, pero según otros, Hércules, habiendo tomado consejo de Prometeo, fue derecho al jardín, mató al dragón, se llevó las manzanas y las llevó a Euristeo, siguiendo la orden que había recibido. Se trata, pues, de descubrir el núcleo oculto bajo esta envoltura, de no tomar los términos según la letra y de no confundir estas manzanas del jardín de las Hespérides con aquellas de las que habla Virgilio en sus Églogas: *Aurea mala decem misi, cras altera mittam.* Las manzanas de las que aquí se trata crecen sobre los árboles que Juno aportó como dote cuando se casó con Júpiter. Son los frutos de oro que producen simientes de oro y árboles cuyas hojas y ramas son de este mismo metal; las mismas ramas de las que Virgilio hace mención en el sexto libro de su Eneida en estos términos: *Bajo la opaca copa de un árbol se oculta un ramo, cuyas hojas y flexible tallo son de oro, el cual está consagrado a la Juno infernal [...] no es dado penetrar en las entrañas de la tierra sino al que haya desgajado del árbol la áurea rama.*

Hemos visto anteriormente que Ovidio dice lo mismo de las manzanas del jardín de las Hespérides. Es inútil, pues, recurrir a los limones, a las naranjas, a los membrillos o a las ovejas, para tener una explicación simple y natural de esta fábula que, como muchas otras, fue hecha a imitación de las fábulas egipcias. Para mostrar lo falso de la historia que Diodoro fabrica, es suficiente decir sobre esto que Busiris al ser contemporáneo de Osiris, no es posible que lo fuera también del Hércules griego, al cual se atribuye esta expedición, puesto que éste viene al mundo siglos después de Busiris. Se responderá sin duda que este tirano, muerto por Hércules, era diferente de aquel que quiso robar a las hijas de Atlas, pero parece ser que Diodoro y nuestros modernos como él, habiendo transportado a Atlas[63] de Fenicia o de los países vecinos de los lados occidentales de África, no les era más difícil de hacer venir a Busiris y establecerlo como rey de España. Diodoro es el primero de los antiguos que hace mención de ello. Pero el monte Atlas, célebre en aquel tiempo, como lo es todavía, produce muchas especies de minerales y abunda en esta materia, de la cual se forma el oro. No es pues, sorprendente que se haya emplazado allí el jardín de las Hespérides. La misma razón ha hecho decir que Mercurio era hijo de Maya, una de las hijas de Atlas, pues el mercurio de los filósofos se compone de esta materia primitiva del oro. Y fue por esto llamada *Atlántida.* La cima del monte Atlas está casi siempre cubierta de nubes, de manera que no pudiendo ser percibida, parece que su cima se eleva hasta el Cielo.

¿Para personificarla, es preciso figurar por más tiempo que llevaba el cielo sobre sus espaldas? Añadid a esto que Egipto y África gozaban de un cielo sereno y que no hay un lugar en el mundo más propicio para la observación de los astros, particularmente el monte Atlas, a causa de su gran elevación. No es necesario, pues, hacer de él un astrónomo, inventor de la esfera; aún se le figura con menos

63. Banier, *Mitología,* t. 2, p. 3.

verosimilitud que fue el rey de Mauritania metamorfoseado en esta montaña cuando miró la cabeza de Medusa que Perseo le presentó. Daré la razón a esta ficción cuando hable de Perseo.

Muchos otros autores han confundido las Pléyades con las Hespérides y las han observado a todas como hijas de Atlas, pero las primeras en número de siete, cuyos nombres eran Maya, madre de Mercurio, Electra, madre de Dárdano, Taigete, Astépore, Mérope, Alciones y Celeno, son propiamente hijas de Atlas, y las Hespérides hijas de Haspero. Encuentro en esta genealogía una nueva prueba que muestra bien claramente que esta pretendida historia de las Hespérides es una ficción.

Todos los mitólogos convienen en que Electra fue madre de Dárdano, fundador de Dardania y primer rey de los troyanos. Átlas fue, pues, abuelo de Dárdano. Lo que se acordaría con el cálculo de Teófilo de Antioquía[64] según Talo, que dice positivamente que Cronos o Saturno, hermano de Atlas, vivió 321 años antes de la toma de Troya. Si no se quiere aceptar que esta Electra fue la misma que la Electra, hija de Atlas, puesto que se dice que la madre de Dárdano es una ninfa, hija de Océano y de Tetis, se convendrá al menos que la hija de Atlas era nieta de Saturno.[65] El abad Banier asegura[66] que creía que debía de atenerse al testimonio de Diodoro respecto a esto. Este erudito mitólogo reconocía nada menos que a Electra madre de Dárdano, como hija de Atlas; dice[67] que el Júpiter que tuvo relación con ella debió de vivir alrededor de 150 años antes de la guerra de Troya. Así, aunque abandonáramos a Teófilo de Antioquía para seguir el cálculo de Diodoro o incluso el del abad Banier, no sería posible que Hércules, hijo de Alcmena, hubiera sido el autor del robo de las manzanas de oro del jardín de las Hespérides, puesto que, según este mitólogo, Júpiter padre de Alcides: *sea como sea vivió 60 u 80 años solamente antes de la toma de Troya.* Es verdad que este autor es propenso a caer en contradicción con él mismo y que no se debe de contar mucho con lo que asegura positivamente, pues si se le quiere creer sobre el artículo de Hércules, este héroe murió 30 años antes de la toma de esta ciudad y habiendo vivido 52 años, ¿podría haber visto a Atlas y las Hespérides? Pero pasemos de una discusión que nos llevaría muy lejos, y no haríamos nada si quisiéramos comparar todas las épocas que determina.

El monte Atlas comprende casi todas las montañas que reinan a lo largo de la costa occidental de África, como se llama en general al monte Taurus, los Alpes, el monte de Oro, los Pirineos, etc, una cadena de montañas y no una sola montaña, los pequeños montes que se encuentran adyacentes a los montes Atlas y Hespero, parecen nacer de éstos, lo que puede haber dado lugar a con-

64. Teófilo de Antioquia, lib. 3, *adv. Ant.*
65. Diodoro de Sicilia.
66. Banier, t. 2, p. 3.
67. Banier, *Ibidem.* p. 15.

siderarlos como sus hijos, es por lo que se les llama *Atlántidos.* Pero Maier se equivoca cuando dice,[68] explicando esta fábula que se llamó a estas montañas Hespérides y cuando las hacía guardianas de las manzanas de oro, porque la materia propia para formar este metal se encuentra sobre estas pequeñas montañas. No estaría en este error si hubiera puesto atención en que el Mercurio de los filósofos, hijo de Maya, una de entre ellas, no nace sobre las montañas sino en el vaso del arte sacerdotal o hermético. Los tres nombres de las Hespérides les han sido dados porque significan las tres principales cosas que afectan la materia de la obra antes que sea propiamente el oro filosófico. Héspera es hija de Hespero, o del fin del día, en consecuencia, la noche o la negrura. Hespertusa, ha tomado este nombre de la materia que se volatiliza durante y después de esta negrura, de εσπιρος, *diei finis,* y de δυω, *ímpetu, furor.* Eglé significa la blancura que sucede a la negrura, de αγλη, *esplendor, fulgor,* porque la materia siendo llevada al blanco es brillante y tiene mucho resplandor. Se ve por ello el por qué Hesíodo dice que la noche fue madre de las Hespérides, pero el abad Massieu no tuvo cuidado en adivinar la razón, puesto que sin duda no sabía el nombre en el arte hermético y de ningún modo lo que pasa en sus operaciones. Acusando a Maier de quimera anuncia a todo el mundo su ignorancia en este arte y prueba, juzgando así sin conocimiento de causa, que se dejaba conducir por el prejuicio.

Apolonio de Rodas ha considerado en los nombres que da a las Hespérides, los tres colores principales de la obra, el negro bajo el nombre de Héspera, el blanco bajo el de Eglé y el rojo bajo el de Eriteis, que viene de ιρευθως *rubor.* Asimismo parece haberlo querido indicar más particularmente mediante las metamorfosis que relata de estas. Eran ninfas y se cambiaron en tierra y en polvo a la llegada de los argonautas. Hermes[69] dice que la fuerza o poder de la materia de la obra es completo si es convertida en tierra. Todos los filósofos herméticos aseguran que no se logrará jamás si no se cambia el agua en tierra. Apolonio hace mención de una segunda metamorfosis. De esta tierra pulularon, dice, tres plantas y cada una de las Hespérides se encuentra insensiblemente cambiada en un árbol que convenía a su naturaleza. Estos árboles crecían más gustosamente en los lugares húmedos, el álamo, el sauce y el olmo. El primero o álamo negro es aquel del que Hespera toma la figura, porque indica el color negro. El autor de la fábula del descenso de Hércules a los infiernos ha fingido también que este héroe encontró allí un álamo cuyas hojas eran negras de un lado y blancas del otro, a fin de hacer entender que el color blanco sucede al negro; Apolonio ha designado esta blancura mediante Eglé cambiada en sauce, porque las hojas de este árbol son lanuginosas y blanquecinas. Eriteis o el color rojo de la piedra de los filósofos casi no podía ser mejor indicado que por el olmo, cuya

68. Michael Maier, *Arcana Arcanísima,* lib. 2.

69. Hermes, *Tabla de Esmeralda.*

madera es amarilla cuando es verde y toma insensiblemente un color rojizo a medida que se seca. Esto es lo que llega en las operaciones de la obra, donde el citrino sucede al blanco y el rojo al citrino, según el testimonio de Hermes. Los que han puesto a Vesta como una de las Hespérides tienen en consideración la propiedad ígnea del agua mercurial de los filósofos, que les ha hecho decir, *nos lavamos con el fuego y nos abrasamos con el agua. Nuestro fuego húmedo,* dice Ripley,[70] *o el fuego permanente de nuestra agua, quema con más actividad y fuerza que el fuego ordinario, puesto que disuelve y calcina el oro, lo que el fuego común no sabría hacer.*

Las Pléyades, hijas de Atlas anuncian el tiempo lluvioso en el curso ordinario de las estaciones y las Pléyades filosóficas son, en efecto, los vapores que se elevan de la materia, se condensan en lo alto del vaso y recaen en lluvia que los filósofos llaman rocío de Mayo o de la Primavera, porque se manifiesta tras la putrefacción y la disolución de la materia, a las que llaman su Invierno. Una de estas Pléyades, Electra, mujer de Dárdano, se ocultó en el tiempo de la toma de Troya y no apareció más, dice la fábula; no es que una de estas Pléyades celestes haya desaparecido un poco antes del asedio de Troya, que no tuvo lugar jamás, pero puesto que una parte de esta lluvia o rocío filosófico se vuelve tierra, desaparece como para no mostrarse más bajo una forma conocida. Esta tierra es el origen de la ciudad de Troya. Cuando estaba aún bajo la forma de agua era madre de Dárdano, fundador del imperio Troyano. El mismo tiempo en el que el agua se transforma en tierra es el tiempo del asedio; explicaremos todo esto a lo largo del sexto libro. Pero se observará que esta tierra es designada con el nombre de Electra puesto que los filósofos la llaman *su Sol,* cuando es vuelta fija y como se hace venir de Ηλικταρ *Sol*, muchos autores herméticos, entre otros Alberto el Grande y Paracelso, dan el nombre de *Electra* a la materia del arte.

La entrada del jardín de los filósofos está guardada por el dragón de las Hespérides, dice Espagnet.[71] Lo que hay de remarcable es que este dragón era hijo de Tifón y de Equidna, en consecuencia hermano de aquel que guardaba el Toisón de oro, hermano de aquel que devoró a los compañeros de Cadmo, de aquel que estaba tras los bueyes de Gerión, del Cerbero, de la Esfinge, de Quimera y de tantos otros monstruos de los que hablaremos en su lugar. Sin embargo, todos estos acontecimientos han pasado en países bien diferentes y en tiempos bien alejados unos de otros. ¿Cómo estarían tan de acuerdo los inventores de estas ficciones y habrían figurado precisamente la misma cosa en circunstancias parecidas sin tener el mismo objeto en vistas? Sólo esta razón debería hacer reflexionar a los mitólogos y determinarles a ponerse de acuerdo en sus explicaciones. Pero, aunque hubieran querido hacerlo ¿lo habrían conseguido? Los diferentes sentimientos entre los cuales están repartidos no se lo permitirían. Están muy

70. Ripley, *Las Doce Puertas.*

71. Espagnet, *La Obra secreta de laFilosofía de Hermes,* can. 52.

divididos entre ellos como para ponerse de acuerdo, se combaten los unos a los otros, tampoco sus opiniones podrían sostenerse, todo estado dividido tiende a su ruina. Para saber la naturaleza de estos monstruos es preciso conocer la de su padre común. Considerando a Tifón como un príncipe de Egipto, no era posible que se le pudiera observar como padre de estos monstruos, por más explicación que se quisiera imaginar. Se han visto, pues, obligados a confesar que todo esto sólo eran ficciones. Es suficiente leer la teogonía de Hesíodo para estar convencido de ello. La genealogía que hace de Tifón, de Equidna y de sus hijos, no es susceptible de ninguna explicación histórica, por lo menos que fuera un poco verosímil. No es así en el caso de una explicación filósofo-hermética. Se ve en Tifón a un espíritu activo, violento, sulfuroso, ígneo, disolviendo bajo la forma de un viento impetuoso y envenenado de tal manera que lo destruye todo. Se reconoce en Equidna un agua corrompida, mezclada con una tierra negra, hedionda, bajo la descripción de una ninfa de ojos negros. De tales padres no podrían ser engendrados otra cosa que monstruos, y monstruos de la misma naturaleza que ellos, es decir, una Hidra de Lerna, engendrada en un pantano, dragones vomitando fuego, porque son de una naturaleza ígnea como Tifón, finalmente la peste y la destrucción de los lugares que habitaban, para señalar su virtud disolvente, resolutiva y la putrefacción que le sigue. Es de allí que los filósofos herméticos, de acuerdo con los poetas, han sacado sus alegorías. Es el dragón Babilónico de Flamel,[72] los dos dragones del mismo autor, el uno alado como los de Medea y de Ceres, el otro sin alas, como aquel de Cadmo, del Toisón de oro, de las Hespérides, etc. Es también el dragón de Basilio Valentín,[73] y de tantos otros que sería muy largo mencionar.

Algunos químicos han creído ver estos dragones en las partes arsenicales de los minerales y en consecuencia las han considerado como la materia de la piedra de los filósofos. Filaleteo ha confirmado a muchos en esta idea, por lo que dice respecto a esto en su *Entrada abierta al palacio cerrado del rey,* en el capítulo *investigación del magisterio*, en el cual parece designar claramente al antimonio; pero Artefio, Sinesio y muchos otros filósofos se contentan con decir que esta materia es un antimonio, porque tiene sus propiedades. *Es preciso advertir que el arsénico, los vitriolos, los atramentos, el borax, los alumbres, el nitro, las sales, los grandes, los medios y los bajos minerales y los metales solitos,* dice el Trevisano,[74] *no son la materia requerida para el magisterio*. En vano, pues, los sopladores atormentan estas materias mediante el fuego y el agua para hacer la obra hermética, no encontrarán más que ceniza, humo, trabajo y miseria: *Pues los filósofos que hablan de ello,* añade el mismo autor, *o han querido engañar*

72. Flamel, *Deseo deseado.*
73. Basilio Valentín, *Las Doce Llaves.* 3.ª llave
74. El Trevisano, *Filosofía de los Metales.*

o no estaban en el caso cuando han trabajado en ello o a penas lo han descrito bien cuando lo han hecho.

Apenas se puede ver una descripción, o más bien un cuadro pintado con los colores más vivos que aquel que Apolonio hace de los dragones de las Hespérides expirando.[75] *Ladus* –dice– *esta serpiente que guardaba aún ayer las manzanas de oro, de las que las ninfas Hespérides tenían tan gran cuidado, este monstruo, traspasado por los disparos de Hércules, está tendido al pie del árbol, la extremidad de su cola se mueve aún, pero el resto de su cuerpo está sin movimiento y sin vida. Las moscas aparecen en tropel sobre su negro cadáver, para chupar la sangre corrompida de sus heridas y la hiel amarga de la hidra de Lerna de la que las flechas estaban teñidas. Las Hespérides desoladas por este triste espectáculo apoyaban sobre sus manos su rostro cubierto de un velo blanco tirando hacia amarillo y lloraban lanzando lamentables gritos.* Si la descripción de Apolonio complace, por la belleza del cuadro representado, a aquellos que no están en el caso del objeto de esta alegoría, ¿cómo no habría de satisfacer a un filósofo hermético que ve allí, como en un espejo, lo que pasa en el vaso de su arte durante y tras la putrefacción de la materia? Ayer aún este Ladus, serpiente terrestre que guardaba las manzanas de oro y que las ninfas alimentaban, está tendido muerto, atravesado por las flechas. Es como si se dijera: esta masa terrestre y fija, tan difícil de disolver y que por esta razón guardaba obstinadamente y con cuidado la simiente aurífica o el fruto de oro que ella encerraba, se encuentra hoy disuelta por la acción de las partes volátiles. La extremidad de su cola se mueve aún pero el resto de su cuerpo está sin movimiento y sin vida; las moscas se reúnen en tropel sobre su negro cadáver para chupar la sangre *corrompida* de sus heridas; es decir, al poco de que la disolución sea perfecta, la putrefacción y el color negro ya aparecen, las partes volátiles circulan en gran número y volatilizan con ellas las partes fijas disueltas. Las ninfas desoladas lloran y se lamentan con la cabeza cubierta con un velo blanco amarillento. La disolución en el agua se produce, estas partes acuosas volatilizadas recaen en gotas como lágrimas y la blancura empieza a manifestarse. El retrato y el poder que Virgilio otorga a la sacerdotisa de las Hespérides nos anuncian precisamente las propiedades del mercurio de los filósofos. Es el que nutre al dragón filosófico, es el que hace retrogradar a los astros, es decir, que disuelve a los metales y los reduce a su primera materia. Es el que hace salir a los muertos de sus tumbas, o que, tras haber hecho caer a los metales en putrefacción, llamada *muerte,* los resucita haciéndoles pasar del color negro al blanco llamado *vida*, o volatilizando el fijo, puesto que la fijeza es un estado de muerte en el lenguaje de los filósofos y la volatilidad es un estado de vida, encontraremos una infinidad de ejemplos del uno y del otro en esta obra.

Pero sigamos esta fábula en todas estas circunstancias. Hércules va a consultar a las ninfas de Júpiter y de Temis, que tenían su morada en un antro en la ori-

75. Apolonio, *Argonáuticas,* lib. 4, v. 1400 y ss.

lla del río Eridan, conocido hoy bajo el nombre de Po en Italia. E″ρις ἰδ, quiere decir disputa, debate. Al comienzo de la obra las partes acuosas mercuriales excitan una fermentación, en consecuencia, un debate, he aquí las ninfas del río Eridan. Estas ninfas eran en número de cuatro, a causa de los cuatro elementos, de los que los filósofos dicen que su materia es como el resumen quintaesenciado por la naturaleza, según sus pesos, sus medidas y sus proporciones, que el artista o Hércules debe tomar como modelos. Por ello son llamadas ninfas de Júpiter y de Temis. Ahora bien, como un artista debe consultar la naturaleza,[76] e imitar sus operaciones para tener éxito en las del arte hermético, todos los filósofos convienen en ello y aseguran asimismo que se trabajaría en vano si no es así. Geber y los otros dicen que todo hombre que ignora la naturaleza y sus procedimientos no llegará jamás al fin que se propone, si Dios o un amigo no se lo revelan todo. Y aunque Basilio Valentín[77] dice: *nuestra materia es vil y abjecta y la obra, que se conduce solamente por el régimen del fuego, es fácil de hacer [...] Tú no tienes necesidad de otras instrucciones para saber gobernar tu fuego y construir tu horno, como aquel que tiene la harina a penas tarda en encontrar un horno y nada le impide cocer el pan.* El Cosmopolita nos dice también[78] que cuando los filósofos aseguran que la obra es fácil deberían de añadir, *para aquellos que la saben.* Y Pontano[79] nos enseña que él ha estado más de doscientas veces trabajando sobre la verdadera materia, porque ignoraba el fuego de los filósofos. El obstáculo es, pues, 1.º: encontrar esta materia, y es sobre ésta que Hércules va a consultar a las ninfas, que lo envían a Nereo el más antiguo de los dioses, según Orfeo, hijo de la tierra y del agua, o del Océano y de Tetis; el mismo que predijo a Páris la ruina de Troya y que fue padre de Tétis, madre de Aquiles. Homero[80] lo llama el *anciano*, y su nombre significa *húmedo*. He aquí, pues, esta materia tan común, tan vil, tan despreciada. Cuando Hércules se presentó a él no pudo reconocerlo y tener razón de él, porque lo encontraba cada vez bajo una nueva forma, pero al fin lo reconoció y lo apresó con tanto ahínco que le obligó a declararlo todo. Estas metamorfosis están tomadas de la naturaleza misma de esta materia, que Basilio Valentín,[81] Haimon[82] y muchos otros dicen no tener ninguna forma determinada, pero que es susceptible de todas, que se vuelve aceite en la nuez y la oliva, vino en la uva, amargo en el ajenjo, dulce en el azúcar, veneno en un sujeto, tríaca en el otro.

76. Denique nolite vobis res adeò subtiles imaginari, de quibus natura nihil scit; sed manere, manere inquam in via naturae simplici; quia in simplicitatearem citius palpare, quam eandem in subtilitate videre poteritis. *Cosmopolita, Prefacio en Enigma Filosófico.*

77. Basilio Valentín, *Las Doce Llaves.*

78. El Cosmopolita, *Nueva Luz Química.*

79. Pontano, *Epístolas.*

80. Homero, *Ilíada*, lib. 18, v. 36.

81. Basilio Valentín, *Las Doce Llaves.*

82. Haimon, *Epístolas.*

Hércules vio a Nereo bajo todas estas formas diferentes; pero no era bajo éstas que quería verlo. Hizo, pues, tanto que al fin lo descubrió bajo esta forma, que no presenta nada de gracioso ni de especificado, tal como es la materia filosófica. Es pues, necesario tener a Nereo como recurso, pero como no es suficiente haber encontrado la materia verdadera y próxima de la obra, para llegar a su fin, Nereo envió a Hércules a Prometeo, que había robado el fuego del Cielo para hacer partícipes a los hombres, es decir, el fuego filosófico, que da la vida a esta materia, sin el cual no se podría hacer nada. Prometeo siempre fue considerado como el titán ígneo, amigo del Océano. Tenía un altar común con Palas y Vulcano, porque su nombre significa *previsor, juicioso*, lo que conviene a Palas, diosa de la sabiduría y de la prudencia, y porque el fuego de Prometeo era lo mismo que Vulcano. También se ha querido señalar con ello la prudencia y la dirección que él da a un artista para dar a este fuego el régimen conveniente.

Este titán juicioso indujo a Júpiter a destronar a Saturno, su padre; Júpiter siguió sus consejos y tuvo éxito. Pero sin embargo se creyó en el deber de castigarlo por el robo que había hecho y lo condenó seguidamente a ser atado a una roca del monte Taurus y a que un buitre le devorara el hígado sin cesar, sin embargo, de manera que su hígado renacía a medida que el buitre lo devoraba. Mercurio estuvo encargado de esta expedición y el suplicio duró hasta que Hércules, por agradecimiento, mató al buitre, o al águila según algunos, y lo liberó. Como esta fábula forma un episodio y se encuentra explicada en otro lugar de esta obra, sólo diremos dos palabras. Prometeo o el fuego filosófico es aquel que opera todas las variaciones de los colores que la materia toma sucesivamente en el vaso. Saturno es el primero o el color negro, Júpiter es el gris que le sucede. Es pues, por el consejo y la ayuda de Prometeo que Júpiter destrona a su padre, pero este titán robó el fuego del Cielo y fue castigado. Este fuego robado es aquel que es innato en la materia. Ella ha sido impregnada de él como por atracción, le ha sido infundido por el Sol y la Luna, sus padre y madre, según la expresión de Hermes:[83] *su padre es el Sol y su madre la Luna;* es lo que ha hecho que se le de el nombre de fuego celeste. Prometeo es seguidamente atado a una roca ¿no es como si se dijera que este fuego se concentra y se ata a la materia que empieza a coagularse en piedra tras el color gris y que esto se hace mediante la operación del mercurio de los filósofos? La parte volátil que actúa sin cesar sobre la parte ígnea y fijada, por así decirlo, ¿podría estar mejor designada que mediante un águila o un buitre y este fuego concentrado mediante el hígado? Estos pájaros son carnívoros y voraces, el hígado es, por así decirlo, el asiento del fuego natural en los animales. El volátil actúa, pues, hasta que el artista, ya que Hércules es su símbolo, haya matado a esta águila, es decir, fijado el volátil.

Estos colores que se suceden son los dioses y los metales de los filósofos, a los que han dado los nombres de los siete planetas. El primero de los princi-

83. Hermes, *Tabla de Esmeralda.*

pales es el negro, el plomo de los sabios o Saturno. El gris que viene después está atribuido a Júpiter y lleva su nombre. El color de la cola de pavo real a Mercurio, el blanco a la Luna, el amarillo a Venus, el rojizo a Marte y el púrpura al Sol; asimismo han llamado *reino* al tiempo que dura cada color. Tales son los metales filosóficos y no los vulgares, a los cuales los químicos han dado los mismos nombres. Hagamos una reflexión respecto a esto. Un compuesto de dos cosas, la una acuosa y volátil, la otra terrestre y fija, al ser puesto en el vaso, si sobreviene una fermentación y una disolución, aparecerán los colores o se sucederán o se manifestarán mezclados como los de la cola del pavo real o del arco iris. Supongo que un hombre de espíritu, de genio y de una imaginación fecunda, pensando personificar la materia del compuesto y los colores que le sobrevienen, estando perfectamente al caso, por sus observaciones de los combates que se dan entre este fijo y este volátil y de los diferentes cambios o variaciones de colores que se producen, adquiere ganas de fabricar una fábula, una ficción alegórica, un romance, que llenará de acciones de personas figuradas, que su imaginación le suministrará, ¿le será difícil de dar a esta ficción el aire de una historia verosímil? Puesto que según el testimonio de Horacio: *Cui lecta potenter erit res; nec facundia deseret hunc, nec lucidus ordo.* (Arte Poético) ¿No será suficiente, con este fin, poner allí los lugares conocidos, que convendrán de una manera u otra a lo que se expresa alegóricamente?, ¿quién impedirá asimismo suponer la expedición a un lugar alejado y desconocido? Y si el autor de la fábula quiere que sólo sea tomada por una alegoría, no será entonces muy incomodado por lo verosímil, podrá poner en lo maravilloso tanto como le plazca. Supondrá si quiere los lugares y los pueblos que no existieron jamás y agregará a placer, conservando siempre sin embargo una alusión exacta en los acontecimientos figurados tanto en el carácter conveniente a los actores como en la continuación de variaciones de estado y de colores que sufre su materia en las operaciones. He aquí el origen de las fábulas y cómo una ficción de esta especie puede ser variada al infinito por una o más personas de ingenio, entonces las fábulas son multiplicadas en extremo. De ahí tantas obras alegóricas compuestas sobre la teoría y la práctica del arte hermético. Bien sentía el Cosmopolita cuán fácil es inventar sobre una materia tan fecunda, cuando dice:[84] *Vobis dico ut sitis simplices & non nimium rudentes, donec arcanum inventiris, quo habito necesario aderit prudentia, tunc vobis non deerit libros infinitos scribendi facilitas.* El lector excusará, si le complace, esta disgresión, si está fuera lugar no está fuera de propósito.

Volvamos a la fábula de las Hespérides; ella tiene todos los caracteres de los que acabo de hablar. Prometeo al haber visto y tomado consejo de Nereo y de Hércules no está ya obstaculizado para conseguirlo, toma el camino del jardín de las Hespérides, e instruido de lo que debía de hacer, se pone en situación de ejecutar su empresa. Apenas ha llegado allí, un monstruoso dragón se presenta en

84. El Cosmopolita, *Prefacio del Enigma Filosófico.*

la entrada. Él lo ataca, lo mata y este animal cae en putrefacción de la manera que ya he explicado. La alusión no habría sido exacta si este monstruo no hubiera sido supuestamente muerto en la entrada, la negrura sigue a la corrupción, siendo la llave de la obra, como lo prueba Sinesio:[85] *Cuando nuestra materia Hyle empieza a no subir y descender más lo que tiene de substancia humosa, se pudre y se vuelve tenebrosa, lo que se llama vestido negro o cabeza de cuervo [...] Esto hace también que no haya más que dos elementos formales en nuestra piedra, a saber, la tierra y el agua, pero la tierra contiene en su substancia la virtud y la sequedad del fuego, y el agua comprende al aire con su humedad [...] Notad que la negrura es el signo de la putrefacción (que llamamos Saturno) y que el comienzo de la disolución es el signo de la conjunción de las dos materias [...] Oh, hijo mío, tu tienes ya, por la gracia de Dios, un elemento de nuestra piedra, que es la cabeza negra, la cabeza de cuervo, que es el fundamento y la llave de todo el magisterio, sin los cuales no tendrías éxito jamás.* Morien se expresa en el mismo sentido y dice:[86] *Sabed, sin embargo, oh magnífico rey, que en este magisterio, nada está animado, nada nace y nada crece si no es después de la negrura de la putrefacción y después de haber sufrido, por un combate natural, la alteración y el cambio. Lo que ha hecho decir al sabio, que toda la fuerza del magisterio es después de la podredumbre.*

Nicolás Flamel,[87] que ha empleado la alegoría del dragón, dice también: *Al mismo tiempo la materia se disuelve, se corrompe, ennegrece y concibe para engendrar; porque toda corrupción es generación y siempre se debe desear esta negrura... En verdad quien no vea esta negrura durante los primeros días de la piedra, cualquier otro color que vea falla completamente en el magisterio y no lo puede acabar con ese caos; pues no trabaja bien, si no pudre nada.* Basilio Valentín trata de ellas en sus doce llaves; Ripley en sus doce puertas, en fin, y todos los otros filósofos que sería muy largo citar. Los antiguos habiendo observado que la disolución se hacía por la humedad y la putrefacción o al ser el negro su Saturno, tenían la costumbre de poner un tritón sobre el templo de este hijo del Cielo y de la Tierra, y se sabe que Tritón tenía relación inmediata con Nereo. Maier[88] nos asegura que las primeras monedas fueron acuñadas bajo los auspicios de Saturno y que llevaban como impresión una oveja y un barco, lo que haría alusión al Toisón de oro y a la nave Argo.

Los autores que han pretendido que Hércules no empleó la violencia para robar las manzanas de oro, sino que las recibió de manos de Atlas, sin duda no han puesto atención a lo que la fábula dice claramente que hizo para tener éxito, matar este dragón espantoso que guardaba la entrada del jardín. Pero los que son de este pensamiento y los que son de una opinión contraria tienen igual-

85. Sinesio, *De la Obra de los Sabios.*
86. Morien, *Conversación del Rey Calid.*
87. Flamel, *Explicación de las Figuras Jeroglíficas.*
88. Michael Maier, *Arcana Arcanissima,* lib. 2.

mente razón. Los alardes llenos de supercheria que Perécido[89] hace jugar a Hércules y a Atlas en esta ocasión son muy indignas de ellos y muy mal combinadas para merecer que se haga mención de ello. Hércules usó la violencia matando al dragón, en el sentido y de la manera que hemos dicho; se puede decir también que recibió las manzanas de la mano de Atlas, en cuanto a que este pretendido rey de Mauritania no significa otra cosa que la roca en la cual fue cambiado, es decir, la roca o la piedra de los filósofos de la cual se forma el oro de los sabios, que algunos filósofos han llamado fruto del Sol o manzanas de oro.

¿Pero qué razón tenían los filósofos antiguos y modernos para tener que figurar las manzanas de oro? Esta idea debe de venir bastante naturalmente a un hombre que hace que los filones de las minas se extiendan bajo tierra, más o menos como las raíces de los árboles. Las substancias sulfurosas y mercuriales se reencuentran en los poros y en las venas de la tierra y de las rocas, se coagulan para formar los minerales y los metales, así como la tierra y el agua impregnadas de diferentes sales fijas y volátiles concurren en el desarrollo de los gérmenes y el crecimiento de los vegetales. Esta alegoría de los árboles metálicos está, pues, tomada de la naturaleza misma de las cosas. Casi todos los filósofos herméticos han hablado de estos árboles minerales. Los unos se han explicado de una manera, los otros de otra, pero de modo que todos coinciden en tocar el mismo punto. *El grano fijo* –dice Flamel–[90] *es como la manzana y el mercurio es el árbol, no es preciso, pues, separar el fruto del árbol antes de su madurez, porque podría llegarle una falta de alimento [...] Es preciso transplantar el árbol, sin quitarle el fruto, a una tierra fértil, grasa y muy noble, que suministrará más alimento al fruto en un día que la primera tierra no le hubiera proporcionado en cien años, a causa de la continuada agitación de los vientos. La otra tierra, estando cerca del Sol, perpetuamente calentada por sus rayos y abrevada sin cesar por el rocío, ha hecho vegetar y crecer abundantemente el árbol plantado en el jardín filosófico.* Alguien señaló que, aunque haya relación de esta alegoría de Flamel con la del jardín de las Hespérides, la del Cosmopolita es aún más precisa. *Neptuno* –dice éste–[91] *me condujo a una pradera en medio de la cual había un jardín plantado de diversos árboles muy notables. Me mostró siete entre los otros que tenían sus nombres particulares y me hizo notar dos de estos siete, mucho más bellos y más elevados, uno llevaba frutos que brillaban como el Sol y sus hojas eran como de oro, el otro producía frutos de una blancura que sobrepasa a la del lis, y sus hojas se parecían a la plata más fina. Neptuno llamó al primero árbol solar y al otro árbol lunar.* Otro autor ha intitulado su tratado sobre esta materia, *arbor solaris.* Se encuentra en el sexto tomo del *Teatro Químico.*

89. Perécido, *Schol. Apollon,* lib. 4, Argen.

90. Flamel, *op. cit.*

91. El Cosmopolita, *Parábola.*

Tras una relación tan palpable ¿se podría persuadir uno de que estas antiguas y modernas alegorías no tenían el mismo objeto? Y si en efecto no lo tuvieran, ¿cómo se podría concebir que los filósofos herméticos al haberlas empleado para explicar sus operaciones, o la materia del magisterio, estén entre ellos tan conformes?

Puede ser que se diga que no son los poetas que han puesto sus fábulas en los filósofos, sino que son estos últimos que han tomado sus alegorías en las fábulas de los poetas. Pero si las cosas fueran así y los poetas sólo hubieran tenido a la vista la historia antigua, o la moral, ¿cómo es que la continuación sucesiva de todas las circunstancias de las hazañas aportadas por los poetas y las circunstancias de casi todas las fábulas se encuentran apropiadas para explicar alegóricamente todo lo que pasa sucesivamente en las operaciones de la obra? Y ¿cómo se puede explicar una con la otra? Si no hubieran más que una o dos fábulas que pudieran referirse a ello, se podría decir quizás que torturándolas a la manera de los mitólogos atraídos por la historia o la moral, se les podría hacer venir a la gran obra tanto para bien como para mal, pero no hay una sola de las antiguas fábulas egipcias y griegas que no se pueda explicar con las mismas circunstancias, que parecen las menos interesantes para los otros mitólogos, y que son tan necesarias en mi sistema; es un argumento que nuestros mitólogos deberían de tomarse el trabajo de resolver.

Sin embargo, Orfeo y los antiguos poetas no se han propuesto describir alegóricamente el seguimiento entero de la obra en cada fábula y también muchos filósofos herméticos sólo han descrito la parte que más les llamaba la atención. Uno ha tenido la intención de hacer alusión a lo que pasa en la obra del azufre; otro en las operaciones del elixir, un tercero ha hablado de la multiplicación. Algunas veces, para despistar, estos últimos han entremezclado las operaciones de una y de la otra obra. Es lo que los vuelve tan ininteligibles para aquellos que no saben hacer esta distinción; también es lo que hace que se encuentren a menudo aparentes contradicciones en sus obras, cuando se compara a unos con otros. Por ejemplo, un filósofo hermético que habla de las materias que entran en la composición del elixir, dice que son necesarias muchas y el que habla de la composición del azufre, que sólo se precisa una. Tienen razón los dos, es suficiente para ponerlos de acuerdo prestar atención en que no hablan de la misma circunstancia de la obra. Esto contribuye a confirmar la idea de contradicción que se les atribuye, y es que la descripción de las operaciones a menudo es la misma en la una y en la otra, pero aún tienen razón en esto, puesto que Morien, uno de entre ellos, nos asegura como muchos otros filósofos, que la segunda obra, a la que llama disposición, es totalmente parecida a la primera en cuanto a las operaciones.

Se deben juzgar las fábulas de la misma manera. Los trabajos de Hércules tomados separadamente, no hacen alusión a todos los trabajos de la obra, pero la conquista del Toisón de oro la encierra enteramente. Es por lo que se ven reaparecer muchas veces en esta última ficción, hechos muy diferentes entre ellos en cuanto a los lugares y las acciones, pero que, tomados en el sentido alegórico, significan la misma cosa. Al no ser, los lugares por los cuales era natural que los argonautas pasaran para volver a su país, los más apropiados para expresar lo que Orfeo tenía a la vista, ha figurado otros que no han existido jamás, o ha figurado que pasaban por lugares conocidos, pero que les sería imposible encontrar en su ruta natural. Éste señala el lugar para los otros, como veremos en lo que sigue. La propiedad que Midas había recibido de Baco, de convertir en oro todo lo que tocaba, sólo es una alegoría de la proyección o transmutación de los metales en oro. El arte nos proporciona todos los días en el reino vegetal ejemplos de transmutación que prueban la posibilidad de la de los metales. ¿No vemos que con sólo un pequeño esqueje tomado de un buen árbol y que, injertado en un arbolillo silvestre, lleva frutos de la misma especie que los del árbol de donde el esqueje ha sido sacado? ¿Por qué el arte no lo conseguiría en el reino mineral, proporcionando también un esqueje metálico al silvestre de la naturaleza, y trabajando con ella? La naturaleza emplea un año entero en hacer producir a un manzano, hojas, flores y frutos. Pero si a principios de Diciembre antes de las heladas, se corta de un manzano una pequeña rama en fruto y se pone en agua, en una estufa, se verá en pocos días retoñar hojas y flores. ¿Qué hacen los filósofos? Ellos toman una rama de su manzano hermético, lo meten en su agua y en un lugar moderadamente cálido, y les da flores y frutos a su tiempo. La naturaleza, pues, ayudada por el arte abrevia la duración de sus operaciones ordinarias. Cada reino tiene sus procedimientos, pero los que la naturaleza usa para uno justifica los del otro, porque siempre actúa por una vía simple y derecha; el arte la debe imitar, pero emplea diversos medios cuando se trata de llegar a puntos diferentes. La fábula de las Hespérides es una prueba de que el filósofo hermético debe consultar a la naturaleza, trabajar e imitar sus procedimientos en sus operaciones, si quiere, como Hércules, salir airoso al robar las manzanas de oro. Es en este mismo jardín que fue cogida la manzana, primera simiente de la guerra de Troya. También Venus tomó allí las que hizo presentar a Hipómenes para detener a Atalanta en su carrera. Explicaremos esta última fábula en el siguiente capítulo y nos reservamos la otra para el sexto libro.

CAPÍTULO III

Historia de Atalanta

La fábula de Atalanta está ligada de tal manera con la del jardín de las Hespérides que depende de ella absolutamente, puesto que Venus tomó de allí las manzanas que dio a Hipómenes. Ovidio sin duda había aprendido de algún anti guo poeta que Venus había cogido estas manzanas en el campo Damaseo de la isla de Chipre.[92] El inventor de esta circunstancia ha hecho alusión al efecto de estas manzanas, puesto que el nombre de este campo donde se supone que

92. Ovidio, *Metamorfosis,* lib. 10, fáb. 2.

crecían, significa vencer, domar, de δαμάω, *subigo, domo*; cualidad que tienen las manzanas de oro del jardín filosófico, lo que está tomado de la naturaleza misma de la cosa, como veremos después.

Hay opiniones varias sobre los parientes de esta heroína, unos la tienen con Apolodoro como hija de Jafo y otros como hija de Esqueneo, rey de Arcadia. Algunos autores han supuesto otra Atalanta, hija de Metalión, de la que dicen que era tan ligera en la carrera que ningún hombre, por vigoroso que fuera, podía atraparla. El abad Banier parece distinguirla de aquella que asistió a la caza del jabalí de Calidón, pero los poetas la hacen comúnmente hija de Esqueneo, rey de Eschitre. Era virgen y de una sorprendente belleza. Había resuelto conservar su virginidad,[93] porque habiendo consultado el oráculo para saber si debía de casarse, le respondió que no debía ligarse con un esposo, pero que sin embargo no lo podría evitar. Su belleza le atrajo muchos amantes, pero los alejaba a todos mediante duras condiciones que imponía a los que pretendían desposarla. Les proponía disputar con ella una carrera, con la condición que corrieran sin armas, que los seguiría con un venablo y a los que pudiera atrapar antes de llegar a la meta los mataría con esa arma, pero que el primero que llegara antes que ella sería su esposo. Muchos lo intentaron y perecieron. Hipómenes, biznieto del dios de las aguas,[94] impresionado él mismo del conocido valor y de la belleza de Atalanta no se echó atrás por la desgracia de los otros pretendientes de esta valerosa hija. Invocó a Venus y obtuvo tres manzanas de oro. Provisto de esta ayuda se presentó para correr con Atalanta en las mismas condiciones que los otros. El amante, según lo convenido, pasó delante, Hipómenes mientras corría dejó caer diestramente estas tres manzanas a cierta distancia una de la otra y Atalanta se entretuvo en recogerlas, él siempre tuvo ventaja y llegó primero a la meta. Mediante esta estratagema venció y desposó a esta princesa. Como ella amaba mucho la caza, practicaba a menudo este ejercicio. Un día que estaba muy fatigada, se sintió alcanzada por una violenta sed junto a un templo de Esculapio. Golpeó una roca, dice la fábula, e hizo salir una fuente de agua fresca con la que se sació. Pero seguidamente profanó con Hipómenes un templo de Cibeles, él fue transformado en león y Atalanta en leona.

Es vano querer considerarar esta ficción como una verdadera historia, pues todas las circunstancias tienen un aire fabuloso, el mismo abad Banier se contenta con aportar lo que dicen diversos autores, sin hacer ninguna aplicación de ello. Aquellos que encuentran en todas las fábulas reglas para aplicar a las costumbres ¿saldrán airosos diciendo que esta fábula es el retrato de la avaricia y de la voluptuosidad? o que esta rapidez en la carrera ¿indica la inconstancia que sólo puede ser fijada por el atractivo del oro? y que sus metamorfosis en animales ¿hace ver el embrutecimiento de aquellos que se libran sin moderación a la voluptuosidad?

93. Ovidio, *op. cit.*

94. Ovidio, *ibíd.*

Por poco verosímiles que sean estas explicaciones, ¿cuántas otras circunstancias encuentran en esta ficción que les desmientan y que no se puedan ajustar a lo que dicen? Pero todo ello no aporta dificultad en mi sistema. Atalanta tiene a Esqueneo por padre o una planta que crece en los pantanos de σχοïνος, *juncus*, (junco), era virgen y de una sorprendente belleza, tan ligera en la carrera que le pareció a Hipómenes que corría tan veloz como vuela una flecha o un pájaro. *Dum talia secum exigit Hyppomenes, passu volat alite virgo. Quae quanquàm Scythia non segnius ire sagitta Aonio visa est Juveni.* (Ovidio, *op. cit.*)

El agua mercurial de los filósofos tiene todas estas cualidades; es una virgen alada, extremadamente bella,[95] nacida del agua cenagosa del mar o del lago filosófico. Tiene las mejillas coloradas y es nacida de sangre real, tal como Ovidio nos representa a Atalanta, en el lugar citado: *Inque puellari corpus candore, ruborem traxerat.* Nada más volátil que esta agua mercurial; no es sorprendente, pues, que sobrepase a todos sus amantes en la carrera. Asimismo los filósofos a menudo le dan los nombres de flecha y de pájaro. Fue con estas flechas con las que Apolo mató a la serpiente Pitón; Diana las empleaba en la caza y Hércules en los combates que tuvo contra ciertos monstruos; la misma razón ha hecho suponer que Atalanta mataba con un venablo, y no con una pica, a aquellos que corrían delante de ella, Hipómenes fue el único que la venció, no solamente porque era descendiente del dios de las aguas, y en consecuencia de la misma raza que Atalanta, sino porque obtuvo la ayuda de las manzanas de oro del jardín de las Hespérides, que no son otra cosa que el oro o la materia de los filósofos fijada y fijativa.

Sólo este oro es capaz de fijar el mercurio de los sabios coagulándolo y transformándolo en tierra. Atalanta corre, Hipómenes corre a causa de ella, porque es una condición sin la cual no podría desposarla. En efecto, es absolutamente requerido en la obra que el fijo sea primeramente volatilizado antes de fijar al volátil y en consecuencia la unión de los dos no puede hacerse antes de esta sucesión de operaciones; es por lo que han figurado que Hipómenes había dejado caer sus manzanas a cierta distancia una de otra. Finalmente Atalanta se enamoró de su vencedor, el esposo, y viven juntos en buena inteligencia y se hacen inseparables, pero se dan aún a la caza, es decir, que después de que la parte volátil está reunida con la fija, se produce el matrimonio, es este famoso matrimonio del que los filósofos hablan en todos sus tratados.[96] Pero como la materia entonces no está absolutamente fija, se supone a Atalanta y a Hipómenes todavía dedicados a la caza.

95. Tomad la Virgen alada después de haberla lavado bien, purificado y preñado con la simiente de un primer macho pero que, sin embargo, permanezca virgen e impoluta [...] la descubrirás por sus mejillas teñidas de un color rojo. Espagnet, *La Obra secreta de la Filosofía de Hermes*, can. 58.

96. Espagnet, *La Obra secreta de la Filosofía de Hermes*, can. 58.

La sed de la que Atalanta es alcanzada es la misma que aquella que abrasaba a Hércules y a los argonautas cerca del jardín de las Hespérides, y este pretendido templo de Esculapio sólo difiere de este jardín en el nombre. Hércules en el mismo caso hizo salir, como Atalanta, una fuente de agua viva de una roca, pero a la manera de los filósofos, cuya piedra se transforma en agua. Pues como dice Sinesio,[97] todo nuestro arte consiste en saber sacar el agua de la piedra o de nuestra tierra y en remitir este agua sobre su tierra. Ripley se explica poco más o menos en los mismos términos: *nuestro arte produce el agua de la tierra y el aceite de la roca más dura. Si no cambiáis nuestra piedra en agua,* –dice Hermes–[98] *y nuestra agua en piedra, no lo lograréis.* He aquí la fuente del Trevisano y el agua viva de los sabios. Sinesio, al que acabamos de citar, había reconocido en la obra una Atalanta y un Hipómenes, cuando dice:[99] *Sin embargo si ellos piensan entenderme sin conocer la naturaleza de los elementos y de las cosas creadas y sin tener una noción perfecta de nuestro rico metal, se engañarán y trabajarán inútilmente. Pero si conocen las naturalezas que huyen y las que siguen, podrán, por la gracia de Dios, llegar donde tienden sus deseos.* Michel Maier ha hecho un tratado de emblemas herméticos, que ha titulado *Atalanta Fugiens.*

Aquellos de entre los antiguos que han dicho que Hipómenes era hijo de Marte, en el fondo no son nada contrarios a los que dicen que descendió de Neptuno,[100] puesto que el Marte filosófico se forma de la tierra proveniente del agua de los sabios, al que también llaman su mar. Esta materia fija es propiamente el dios de las aguas, de ella es compuesta la isla de Delos, de la que se dice que Neptuno fijó para favorecer la retirada y el parto de Latona, donde puso en el mundo a Apolo y a Diana, es decir, la piedra al blanco y la piedra al rojo, que son la Luna y el Sol de los filósofos y que no difieren en nada de Atalanta cambiada en leona y de Hipómenes metamorfoseado en león. Son el uno y el otro de una naturaleza ígnea y de una fuerza capaz de devorar los metales imperfectos, representados por los animales más débiles que ellos, y de transformarlos en su propia substancia, como hace el polvo de proyección al blanco y al rojo, que transmuta estos bajos metales en plata o en oro, según su cualidad. El templo de Cibeles donde se produjo la profanación que ocasionó la metamorfosis, es el vaso filosófico en el cual está la tierra de los sabios, madre de los dioses químicos.

Aunque Apolodoro haya seguido una tradición un poco diferente de la que acabamos de referir, el fondo es el mismo y se explica también fácilmente. Según este autor, ella fue expuesta desde su nacimiento en un lugar desierto, encon-

97. Sinesio, *Sobre la obra de los Filósofos.*
98. Hermes, *Los Siete Capítulos.*
99. El Trevisano, *Filosofía de los Metales.*
100. Hipómenes se acercó a la suspirante y sudorosa vencedora y le dijo ¿por qué no aceptas mi desafío? Sospechas que voy a vencerte ¿verdad? Pues si es así no te pesará, yo soy noble, hijo de Meagro y biznieto de Neptuno. Ovidio, *Metamorfosis,* lib. X, fáb. XI.

trada y llevada por cazadores, lo que le hizo tomar mucho gusto por la caza. Se encontró a aquel monstruoso jabalí de Calidón, luego los combates y los juegos instituidos en honor a Pelias, donde luchó contra Peleo y se llevó el premio. Después encontró a sus parientes, que la apremiaron a casarse y ella consintió en desposar a aquel que pudiera vencerle en la carrera, tal como se ha dicho. El desierto donde Atalanta es expuesta es el lugar mismo donde se encuentra la materia de los filósofos, hija de la Luna, según Hermes:[101] *su padre es el Sol, su madre la Luna, el viento lo ha llevado en su vientre, la Tierra es su nodriza*, pues Atalanta tenía a Menalion por madre, que parece venir de μηνη, *Luna*, y de λήιον, *seges*, (mies).

Los cazadores que la encontraron son los artistas a los que Raimon Llull[102] da el nombre de cazadores en esta misma circunstancia. *Cum venatus fueris eam* (materiam) *à terrâ noli ponere in ea aquam, aut pulverem, aut aliam quamqumque rem.* El artista con cuidado, la pone en el vaso y le da el gusto por la caza, es decir, la dispone para la volatilización; cuando tuvo la edad de sostener la fatiga, en la que fue ejercitada, asistió a la caza del jabalí de Calidón, es decir, al combate que se da entre el volátil y el fijo, donde el primero actúa sobre el segundo y lo vence como Atalanta hirió la primera con una *flecha* al fiero animal y fue causa de presa, es por lo que se le adjudicó la cabeza y la piel. A este combate sucede la disolución y la negrura, representadas por los combates instituidos en honor de Pelias, como lo veremos en el cuarto libro. En fin, tras haberse llevado el premio contra Peleo encontró a sus parientes, es decir, que después de que el color negro ha desaparecido la materia empieza a fijarse y a volverse Luna y Sol de los filósofos, que son el padre y la madre de su materia. El resto ha sido explicado antes. Lo que acabo de decir de la guerra de Calidón parecería exigir que entrara más en detalle al respecto, pero no siendo esta fábula de la naturaleza de las que me he propuesto explicar en este segundo libro, por su evidente relación con el arte hermético, no me extenderé más.

CAPÍTULO IV

La Cierva de los cuernos de oro

La historia de la caza de la cierva de los cuernos de oro y de los pies de bronce es tan manifiestamente una fábula que ningún mitólogo, pienso yo, se empeñará en tratarla de otra manera. El mismo abad Banier[103] ha sentido bien que los cuernos, y más los cuernos de oro dados a una cierva, que no suelen llevar de ninguna clase, provocaban una circunstancia que convierte la historia en alegórica por lo menos y que los pies de bronce deben de hacer alusión a

101. Hermes, *La Tabla de Esmeralda.*
102. Raimon Llull, *Teórica Testamento*, cap. 18.
103. Banier, t. 3, p. 276.

alguna cosa, pero ha aportado simplemente el hecho de los cuernos sin dar ninguna explicación, aunque tuvo deseos de dar esta ficción como una historia verdadera. Hubiera hecho bien en callarse también sobre los pies de bronce. *Hércules* –dice él– *persiguió durante un año a una cierva que Euristeo le había ordenado llevársela con vida; después se publicó que tenía los pies de bronce, pero era una expresión figurada, que señalaba la rapidez con que corría.* ¿Pensará el lector con este mitólogo que los pies de bronce sean propios a dar ligereza a un animal como para argumentar su rapidez? Para mí, si hubiera querido explicar esta fábula según el sistema de este erudito, habría supuesto al contrario que el autor de esta ficción habría fingido estos pies de bronce para volver el hecho más creíble, no en cuanto a los pies de bronce mismos, sino para dar a entender figuradamente que esta cierva era de una naturaleza mucho más pesada de lo que lo son comúnmente las ciervas, en consecuencia, mucho menos ligera en la carrera y más fácil de ser apresada por un hombre que la persiguiera. Pero salvada esta dificultad le queda aún la de los cuernos de oro, la de la persecución de un año entero, la de no poder ser muerta mediante ninguna arma, ni apresada en la carrera por ningún hombre, a no ser por un héroe como Hércules, finalmente todas las otras circunstancias de esta ficción. Una historia de esta especie se volvería un cuento pueril y un hecho muy poco digno de ser puesto entre el número de los trabajos de un tan gran héroe si no encerrara algunos misterios.

Se dice que esta cierva estaba consagrada a Diana. Habitaba en el monte Ménale y no estaba permitido cazarla con perros ni con arco, era preciso cogerla durante la carrera, en vida y sin pérdida de su sangre. Euristeo encomendó a Hércules que se la llevara. Hércules la persiguió sin descanso durante un año entero y la atrapó al fin en la selva de Artemisa, consagrada a Diana, cuando este animal estaba a punto de atravesar el río Ladón. La cierva es un animal de mucha rapidez en la carrera y ningún hombre podría presumir de atraparla. Pero esta tenía los cuernos de oro y los pies de bronce, en consecuencia, era menos ligera y más fácil de atrapar y a pesar de esto fue preciso un Hércules. En toda otra circunstancia quien se atreviera a atrapar una cierva consagrada a Diana en el bosque de esta diosa, etc, se habría expuesto inevitablemente a la indignación de la hermana de Apolo, extremadamente celosa de lo que le pertenecía, castigando severamente a los que le faltaran. Pero en este caso Diana parece haber actuado en concierto con Alcides, puesto que parecía hacer lo propio para proporcionar materia a los trabajos de este héroe. El león de Nemea y el jabalí de Erimanto son prueba de ello. Hércules que lanzaba sus flechas contra el mismo Sol ¿habría temido al coraje de Diana? Pero por temerario que hubiera podido ser, él que estaba en el mundo para purgarlo de los monstruos y de los malhechores que lo infectaban, ¿habría osado atacar a los dioses si hubiera observado a estos dioses como reales y si no hubiera sabido que eran de una naturaleza como para poder ser atacados impunemente por los hombres? El bravo Neptuno, Plutón, Vulcano, Juno, todos buscaban su impedimento poniéndole obstáculos. Pero tales son los dioses fabricados por el arte hermético, ellos dan la inquietud al artista, pero éste los persigue a golpes de flecha o de maza y vence al conseguir lo que se propone.

En la persecución que hace a esta cierva no emplea tales armas, pero el mismo oro del que están hechos los cuernos de este animal y sus pies de bronce favorecen a su empresa. Es, en efecto, lo que se necesita en el arte químico donde la parte volátil, figurada por la carrera ligera de la cierva, es volátil hasta el punto de que es preciso nada menos que una materia fija como el oro para fijarla. El autor del *Rosario* empleó figuradamente expresiones que significan la misma cosa cuando dice: *La plata viva volátil no sirve de nada si no es mortificada con su cuerpo; este cuerpo es de la naturaleza del Sol* [...] *Dos animales están en nuestra selva* –dice un antiguo filósofo Alemán–[104] *uno vivo, ligero, alerta, bello, grande y robusto; es un ciervo, el otro es el unicornio.* Basilio Valentín, en su alegoría sobre el magisterio de los sabios, se expresa así: *un asno ha sido enterrado, se corrompe y se pudre; ha venido un ciervo que tiene los cuernos de oro y los pies de bronce, bellos y blancos; puesto que la cosa cuya cabeza es roja, los ojos negros y los pies blancos, constituye el magisterio.* Los filósofos hablan a menudo del latón que es preciso blanquear. Este latón o la materia venida al negro por la putrefacción es la base de la obra. *Blanquead el latón y romped los libros*, dice Morien, *el azoth (azogue) y el latón os son suficientes.* Se ha figurado, pues, con razón que esta cierva tenía los pies de bronce. De este bronce eran aquellos vasos antiguos que algunos héroes de la fábula ofrecían a Minerva; el trípode que los argonautas ofrecieron como presente a Apolo; el instrumento con el que Hércules hizo ruido para cazar a los pájaros del lago Estimfalo; la torre en la cual Danae fue encerrada, etc. Todo en esta fábula tiene una relación inmediata con Diana. La cierva le está consagrada, habita sobre el monte Ménale, o piedra de la Luna, de μηνη, *luna*, y de λάας, *lapis*, piedra, ella fue presa en la selva de Artemisa que significa también Diana. La Luna y Diana son una misma cosa y los filósofos llaman Luna a la parte volátil o mercurial de su materia: *el que explica la Luna de los filósofos, o el Mercurio de los filósofos como si fuera mercurio vulgar, o engaña a otros o se engaña a sí mismo.*[105]

También llaman Diana a su materia llegada al blanco: *no hace mucho tiempo, y hablo como entendido, que muchas personas, de alta y baja condición, han visto a esta Diana totalmente desnuda,* dice el Cosmopolita en el prefacio de sus doce tratados. Es entonces que la cierva se deja coger, es decir, la materia que era volátil se vuelve fija. El río Ladón fue el término de la carrera, porque tras larga circulación se precipita al fondo del vaso en el agua mercurial, donde el volátil y el fijo se reúnen. Esta fijeza está designada por el presente que Hércules hace a Euristeo, pues Euristeo viene de ηὐρυς, *latus, amplus,* fuerza, brillante,

104. Rythmi German.

105. Espagnet, *La Obra secreta de la Filosofía de Hermes,* can. 44.

y de ςταω, *flo, maneo*, exhalar, mantenerse firme. Como se ha hecho también de Εὐρυσθεὑς firmiter *slans, o potens*, firmemente, fuerte, de Εὐρὐς, *latus*, fuerza, y de στέιος, *robur*, firmeza. Es, pues, como si se dijera que el artista, tras haber trabajado en fijar la materia lunar durante el tiempo requerido, que es el de un año, tiene éxito al hacer su Diana, o a llegar al blanco, y le da seguidamente el último grado de fijeza significada por Euristeo. Este término de un año no debe de entenderse de un año común, sino de un año filosófico, cuyas estaciones no son tampoco las estaciones vulgares. Ya he explicado lo que era esto en el tratado hermético que se encuentra al principio de esta obra y en el diccionario que le sirve de índice.

Esta persecución de un año habría de hacer suponer algún misterio oculto bajo esta ficción. Pero los mitólogos, al no estar en el caso de este misterio, no han podido ver más que lo fabuloso. Cada cosa tiene un tiempo fijo y determinado para llegar a su perfección. La naturaleza actúa siempre lentamente y aunque el arte pueda abreviar sus operaciones no se tendría éxito si se precipitaran mucho los procedimientos. Es en medio de un dulce calor, pero muy vivo, como el de la naturaleza, cuando se puede premadurar una flor o un fruto, pero un calor muy violento abrasaría la planta antes que hubiera podido producir lo que se esperaba. Es preciso, pues, la paciencia y el tiempo en el artista, así como el trabajo y el gasto, dice Espagnet.[106] Ripley nos asegura en otro lugar,[107] y muchos otros, que es preciso un año para llegar a la perfección de la piedra al blanco o la Diana de los filósofos, que este autor llama *cal. Nos es preciso* –dice él– *un año, para que nuestra cal se vuelva fusible, fija y tome un color permanente.* Zachaire y la mayor parte de los filósofos dicen que son precisos 90 días y otras tantas noches para llevar la obra al rojo después del verdadero blanco y 275 días para llegar a este blanco, lo que hace un año entero, al cual el Trevisano añade siete días.

Algunos mitólogos han hecho de esta fábula una aplicación muy extraordinaria. Dicen que Hércules es la figura al Sol, que hace su curso todos los años. Pero cuando es preciso decir qué es esta cierva que el Sol persigue se quedan en el camino, ¡cuán verdad es que toda explicación falsa cojea siempre por algún lado!

106. Espagnet, *La Obra secreta de la Filosofía de Hermes*, can. 35.

107. Ripley, *Las Doce Puertas*.

CAPÍTULO V

Midas

Aunque la fábula de Midas no encierre una sola circunstancia que se pueda observar con fundamento como historia, el abad Banier pretende que todo es verdad.[108] *Es así* –dice este mitólogo– *como los griegos gustaban de transformar la historia en ingeniosas fábulas. Digo la historia pues esta es una verdadera.* Los autores de esta ficción podrían decir del abad Banier con más razón: Es así como este erudito ha convertido en historia lo que sólo fue fruto de nuestra imaginación, pues la pretendida historia de Midas es una pura fábula. En efecto, ¿no son imaginarios todos los actores de la pieza? Hemos dado a Cibeles, madre de Midas, como madre de los dioses y le complace a este mitólogo hacer de ella una reina de Frigia, hija de Dindime y de Meón, rey de Frigia y de Lidia. Sileno era para nosotros el protector del dios Baco, que no existió jamás, él lo metamorfosea en un filósofo tan célebre por su ciencia como por borracho. Se bien que muchos antiguos autores son de su mismo pensamiento y consideran esta embriaguez de la que tanto se ha hablado, como una embriaguez misteriosa, la cual significaba que Sileno estaba profundamente sepultado en sus especulaciones. Cicerón, Plutarco y aún otros habían concebido de él una idea más o menos parecida; pero los unos sólo hablan apoyándose en los otros y cuando se rememora la fuente se ve a Sileno como un verdadero borracho, padre protector del dios Baco. La misma singularidad de la aventura que libra Sileno, en Midas, y lo que resulta de ello sólo puede ser considerada como pura ficción. Parece que Midas, en tanto que el más avaro de los hombres, ¿fue tan pródigo del vino hasta llenar una fuente para obligar a Sileno a beber con exceso y tenerlo así en su posesión? ¿No habría encontrado un avaro un medio más conforme a su avaricia que precisó usar una estratagema tan costosa para obtener una cosa tan fácil? Las maneras que usa Midas hacia Sileno, según lo que relaciona el abad Banier[109] destruyen absolutamente la idea de realidad. *Sileno* –dice este mitólogo– *vagabundeaba por el país montado sobre un asno y se detenía a menudo cerca de una fuente para remontar su vino y reposar de sus fatigas. La ocasión parece favorable para Midas, hizo echar vino en esta fuente y puso algunos aldeanos emboscados. Sileno bebió un día de este vino con exceso y los aldeanos que lo vieron ebrio se echaron sobre él, lo ataron con guirnaldas de flores y lo llevaron así al rey. Este príncipe, que estaba iniciado en los misterios de Baco, recibió a Sileno con grandes señales de respeto y tras haber celebrado con él orgías durante diez días y diez noches consecutivas, y haberlo oído discurrir sobre muchas materias, lo llevó a Baco. Este dios, encantado de recibir a su padre protector, cuya ausencia le había causado muchas inquietudes, ordenó*

108. Banier, *Mitología,* t. 2, p. 596.
109. Banier, *op. cit.* p. 395.

a Midas que le pidiera todo lo que quisiera. Midas, que era extremadamente avaro, deseó poder convertir en oro todo lo que tocara; lo que le fue concedido.

Si se cree al mismo autor, Sileno era, pues, un filósofo muy erudito, del que Midas empleó las luces para el establecimiento de la religión y los cambios que hizo en la de los lidios. Y para tener una garantía de la verdad de esta pretendida historia cita a Herodoto,[110] a quien hace decir lo que no dice, en efecto. Las otras explicaciones son tan poco naturales y se alejan tanto de lo verosímil que no creo que deba ni referirlas. Si Sileno era un filósofo, ¿qué razón podía haberle obligado a suponerlo protector de Baco? La filosofía ¿no es incompatible con la embriaguez? Un hombre dado habitualmente a este vicio de ninguna manera es propio a las profundas especulaciones que requiere esta ciencia. Puesto que este pretendido filósofo tenía costumbre de ir a remontar su vino en la fuente donde fue preso, ¿era necesario tomar tantas medidas para cogerlo? ¿Se pensará con el escoliasta de Aristófanes y el abad Banier que se ha fingido que Midas tenía dos orejas de asno, puesto que este príncipe tenía por todas partes espías que interrogaba y escuchaba con atención? ¿Se dirá con este mitólogo que comunicó su virtud aurífica al río Pactolo porque obligó a sus súbditos a recoger el oro que las aguas de este río arrastraban? Y si es verdad que era extremadamente grosero y estúpido,[111] ¿cómo tenía suficiente espíritu como para proponerse dar leyes a los lidios e instituir las ceremonias religiosas?[112] ¿para acreditarse entre sus pueblos y hacerse considerar como un segundo Numas? ¿para conducir un comercio de forma que se volviera tan opulento, que se haya fingido que lo cambiaba todo en oro?

Tales son las explicaciones o más bien las contradicciones de este erudito mitólogo que ingeniosamente hace uso de todos los autores para llegar a su meta. En un lugar Midas reina a lo largo del río Sangar, en otro es a lo largo del río Pactolo. Allí, es un hombre grosero y estúpido que en consecuencia merece que se figure que tenía orejas de asno, aquí es un hombre de espíritu, un genio vasto y extenso capaz de grandes empresas, digno de ser comparado a Numas, y que habiendo encontrado el secreto de saberlo todo mediante sus espías, había dado lugar a figurar que tenía orejas de asno. Los poetas no habían encontrado un desenlace tan ingenioso para esta ficción. Ovidio[113] nos dice que Apolo no creyó castigar mejor a Midas que haciéndole crecer las orejas de asno, para hacer conocer a todo el mundo el poco discernimiento de este rey, que había adjudicado la victoria a Pan sobre este dios de la música, lo que prueba bastante claramente que los historiadores han penetrado mal en el espíritu de los poetas al querer darnos a Midas por un hombre de espíritu y

110. Herodoto, lib. 1, cap. 14.

111. Banier, t. 2, p. 227.

112. Banier, *Ibidem*. p. 398.

113. Ovidio, *Metamorfosis*, lib. 2, fábula 4.

de genio. Pero tomemos la cosa de la manera que los poetas la relatan. Midas era, dicen ellos, un rey de Frigia que Orfeo había iniciado en el secreto de las orgías. Baco, fue un día a ver aquel país, Sileno su protector se separó de él y estando detenido cerca de una fuente de vino en un jardín de Midas, donde crecían de ellas mismas las más bellas rosas del mundo, Sileno se embriagó y se durmió. Midas habiéndose apercibido y sabiendo la inquietud en la que la ausencia de Sileno había puesto al hijo de Semele, cogió a Sileno lo envolvió de guirnaldas de flores de todas las especies y tras haberle hecho la acogida más amable que le fue posible lo condujo hasta Baco. Éste estuvo encantado de volver a ver a su padre protector y queriendo reconocer este beneficio de Midas, le prometió concederle todo lo que le pidiera. Midas pidió que todo lo que tocara se convirtiera en oro, lo que le fue concedido. Pero una tal propiedad se le volvió onerosa puesto que los manjares que le servían para su alimento se convertían en oro en el momento en que los tocaba hasta el punto que iba a morir de hambre, entonces se dirigió al mismo dios para ser librado de un poder tan incómodo. Baco consintió y le ordenó para ello ir a lavarse las manos en el Pactolo. Así lo hizo y comunicó a las aguas de este río la virtud fatal de la que se desembarazaba.

Cuando sucede lo que pasa en la obra hermética, cuando se trabaja en el elixir, la fábula de Midas lo representa como en un espejo. Puede recordarse que cuando el Osiris, Dionisio o Baco de los filósofos se forma, se hace una tierra. Esta tierra es como cuando se finge a Baco visitando Frigia, a causa de su virtud ígnea, ardiente y seca, porque φριγία quiere decir *terra tórrida & árida,* de φρυγω, *torreo, arefacio.* Se supone que Midas reina allí, pero para indicar claramente lo que se debe de entender por este pretendido rey se le dice hijo de Cibeles o de la Tierra, la misma que se observaba como madre de los dioses filósofo-herméticos. Así Baco, acompañado de sus bacantes y de sus sátiros, de los que Sileno era el jefe y sátiro él mismo, deja Tracia para ir hacia el Pactolo que desciende del monte Tmolo, es precisamente como si se le dijera el Baco filosófico, donde el azufre tras haber sido disuelto y volatilizado, tiene tendencia a la coagulación, puesto que Θρήκη, *Thracia,* viene de τέ, *curro,* correr, o de Θρέω, *tumultuando clamo,* gritar tumultuosamente, lo que designa siempre una agitación violenta, tal como la de la materia fija cuando se volatiliza después de su disolución.

Casi no se puede expresar mejor la coagulación que mediante el nombre de Pactolo que viene naturalmente de πακτις πακτόω, *compactus, compingo,* juntar, ligar, reunir al uno con el otro. Por esta reunión se forma esta tierra frigia o ígnea y árida, en la cual reina Midas. Lo que era entonces volátil es contenido por el fijo o esta tierra. Es Sileno sobre el territorio de Midas. La fuente donde, cerca de ella, este sátiro reposa, es el agua mercurial. Se figura que Midas había puesto allí el vino del que Sileno bebió con exceso, porque esta agua mercurial, que el Trevisano llama también fuente,[114] y Raimon Llull[115] vino, se vuelve roja a medida que esta tierra se vuelve más fija. El sueño de Sileno señala el reposo de la parte volátil y las guirnaldas de flores que se le ciñó para llevarlo a Midas son los diferentes colores por los cuales la materia pasa antes de llegar a la fijación. Las orgías que celebraron juntos antes de reunirse con Baco son los últimos días que preceden a la perfecta fijación, puesto que ella misma es el término de la obra. Asimismo se podría creer que se ha querido expresar este término por el nombre de *Denis* dado a Baco; puesto que puede venir de Διός y de νίσσα, *meta*, el dios que es el fin o el término.

Los poetas hacen descripciones admirables del Pactolo; cuando quieren describir una región afortunada la comparan al país que riega el Pactolo, en las aguas del cual Midas depositó el funesto don que le había sido comunicado. Creso sin el Pactolo no hubiera sido más que un monarca limitado en su poder e incapaz de excitar los celos de Ciro. Según el abad Bartelemi[116] el Pactolo siempre ha sido tan sólo una ribera muy mediocre, salida del monte Tmolo dirigido en su curso a través del llano y asimismo de la ciudad de Sardes, limitada por el río Hemus. Homero vecino de esta comarca no habla de ello, no más que Hesíodo, aunque ponga atención en nombrar las riberas de Asia menor. Mucho tiempo antes que Estrabón, el Pactolo no arrastraba mucho oro y en todos los siglos posteriores no han reconocido las riquezas en este raudal que ha sido tan afortunado bajo la pluma de los poetas. Aunque muchos graves historiadores le atribuyeran esta propiedad, yo no veo sobre qué fundamento, el abad Bartelemi, puede fijar la época de esta fecundidad del Pactolo en el octavo siglo antes de la era cristiana, bajo los ancestros de Creso, que perdió su reino 545 años antes de Jesús Cristo. Lidia podía ser rica en oro, independientemente del Pactolo y las riquezas de Ciro allí encontradas no prueban del todo que vinieran de este río. Jamás se ha encontrado oro sobre el monte Tmolo, ningún historiador habla de las minas de este monte. Concluyo, pues, de estas razones que todo es una fábula.

Baco está encantado de volver a ver a su padre protector y recompensa a Midas mediante el poder que le da de convertir en oro todo lo que toca. Este dios sólo podía dar lo que poseía en él mismo, era, pues, un dios aurífico. Esta propiedad debería haber ocasionado a los mitólogos algunas reflexiones, pero como han leído las fábulas con un espíritu lleno de prejuicios por la historia o la moral, no han visto nada. El oro es el objeto de pasión de los avariciosos, se finge que Midas pide a Dioniso el poder de hacer todo lo que quisiera, y se concluye que es un avaro, y el más avaro de los hombres. Pero si se hubiera prestado atención al

114. El Trevisano, *Filosofía de los Metales.*

115. Raimon Llull, En casi todas sus obras.

116. Bartelemi, *Memorias de la Academia,* de las Inscripciones y Bellas Letras para el año 1747, hasta el año 1748, t. 21.

hecho de que es Dioniso el que hace esta demanda y que este dios se la otorga con plena autoridad, sin recurrir a Júpiter su padre, ni a Plutón dios de las riquezas, se habría pensado naturalmente que Baco era un dios de oro, un príncipe aurífico, que puede transmutar él mismo y comunicar a otros el mismo poder de convertir todo en oro, al menos todo lo que es transmutable. Cuando los poetas nos dicen que todo se volvía oro en las manos de Midas, hasta los alimentos que le servían para alimentarse, se ve bien claro que sólo puede entenderse alegóricamente. También es esto una consecuencia natural de lo que había precedido. Midas, al haber conducido a Sileno hasta Baco, es decir, la tierra frigia, al haber fijado una parte del volátil lo vuelve todo fijo, y en consecuencia es la piedra transmutante de los filósofos. Él recibió de Baco el poder de transmutar, lo tenía en cuanto a la plata, pero sólo podía obtener esta propiedad de Baco, en cuanto al oro, porque este dios es la piedra al rojo, que sólo ella puede convertir en oro los metales imperfectos. Ya lo he explicado suficientemente en el primer libro, hablando de Osiris, que todo el mundo está de acuerdo en que es el mismo que Dioniso o Baco.

Se puede también recordar que he explicado a los sátiros y las bacantes como las partes volátiles de la materia que circulan en el vaso. Es la razón que ha hecho decir a los inventores de estas ficciones que el mismo Sileno era un sátiro hijo de una ninfa y del agua, y el padre de los otros sátiros, pues parece que no se podía indicar mejor la materia del arte hermético que mediante el retrato que se nos hace del buen hombre Sileno. Su exterior es grosero, pesado, rústico y parece que, hecho para ser puesto en ridículo, propio para excitar la risa en los niños, sin embargo, ocultaba alguna cosa bien excelente, puesto que la idea que se nos ha querido dar es la de un filósofo consumado. Es lo mismo de la materia del magisterio, despreciada de todo el mundo, pisada con los pies y asimismo alguna vez sirviendo para jugar a los niños, como dicen los filósofos, ella no tiene nada que atraiga las miradas. Se encuentra por todo como las ninfas, en las cercanías, los campos, los bosques, las montañas, los valles, los jardines, todo el mundo la ve y todo el mundo la desprecia a causa de su vil apariencia, porque es tan común que tanto el pobre como el rico la puede tener sin que nadie se oponga y sin emplear plata para adquirirla. Es preciso, pues, imitar a Midas y hacer una buena acogida a este Sileno, que los filósofos dicen que es hijo de la Luna y del Sol y que la tierra es su nodriza. También σελήνη significa Luna, y muy bien se podría haber hecho Sileno de *Selene*, cambiando la primera *e* en *i*, como se hace en *lira* de λΰρος, *plico* de πλίκυ, *aries* de Αριος y cientos de otras palabras parecidas.[117] Asimismo los jonios cambiaban bastante a menudo la ε en ι y decían έπεςιος por ιφίςιος *domesticus familiaris*; no habría, pues, nada de sorprendente en que se hubiera hecho este cambio para el nombre de Sileno.

117. Vosius *Etimología*.

Al ser esta materia el principio del oro, se tiene razón al considerar a Sileno como el padre protector de un dios aurífico. Asimismo ella es el néctar y la ambrosía de los dioses. Ella es, como Sileno, hija de ninfa y ninfa ella misma, puesto que es agua, pero un agua, dicen los filósofos, que no moja las manos. La tierra seca, árida e ígnea, figurada por Midas, bebe esta agua ávidamente, y en la mezcla que se hace de las dos surgen diferentes colores. Es la acogida que Midas hace a Sileno y las guirnaldas de flores con las que lo liga. En lugar de darnos a Sileno como un gran filósofo se habría encontrado mejor, entrando así en el espíritu de aquel que ha inventado esta ficción, si se hubiera dicho que Sileno era propio en hacer a los filósofos, siendo la materia misma sobre la cual razonan y trabajan los filósofos herméticos. Y si Virgilio[118] le hace razonar sobre los principios del mundo, su formación y la de los seres que la componen, es sin duda porque, si se cree a los discípulos de Hermes, esta materia es la misma de la que todo está hecho en el mundo. Es un resto de esta masa primera e informe, que fue el rincipio de todo.[119] Es el más precioso don de la naturaleza y un compendio de la quinta esencia celeste. Eliano[120] decía en consecuencia, que aunque Sileno no estuvo entre el número de los dioses, era sin embargo de una naturaleza superior a la del hombre. Es decir francamente, que debería de considerársele como un ser también imaginario como los dioses de la fábula y como las ninfas de las que Hesíodo[121] dice que han salido todos los sátiros.

Finalmente, Midas se deshizo del incómodo poder de cambiarlo todo en oro y se lo comunicó al Pactolo lavándose en sus aguas. Es precisamente lo que sucede en la piedra de los filósofos cuando se trata de multiplicar. Entonces se está obligado a ponerla en el agua mercurial, donde el rey del país, dice el Trevisano,[122] debe de bañarse. Allí se desnuda de su ropa de tela de oro fino. Y esta fuente da seguidamente a sus hermanos esta ropa y su carne sanguínea y colorada, para que se vuelvan como él. Esta agua mercurial es verdaderamente un agua pactolo, puesto que debe de coagularse en parte y volverse oro filosófico.

118. Virgilio, *Églogas*, 6.
119. Nos queda un ejemplar de esta masa confusa, o de la materia primera, en esa agua seca que no moja y que se encuentra en las grutas subterraneas e incluso en la orilla de los lagos; impregna todas las cosas con una simiente abundante y se volatiliza al menor calor; si supiéramos extraer de ella los elementos intrínsecos cuando se halla estrechamente unida a su macho y separarlos mediante el Arte y, después, reunirlos directamente, entonces podríamos jactarnos de haber descubierto un arcano preciosísimo de la Naturaleza y del Arte, e incluso, un resumen de la esencia celeste. Espagnet, *Ench. Phys. Restit. can. 49.*
120. Eliano, *Variar. Hist*, lib. 3, cap. 12.
121. Hesíodo, *Teogonía.*
122. El Trevisano, *Filosofía de los Metales*, 4.ª parte.

CAPÍTULO VI

La Edad de Oro

Todo es embarazoso, todo es dificultad y todo presenta a los mitólogos un laberinto del que no saben salir cuando se trata de relacionar en la historia lo que los autores nos han transmitido sobre el tiempo fabuloso. No es sólo uno que atribuye la edad de oro al reino de Saturno, pero cuando es preciso determinar el lugar donde este rey reinaba y la época de este reino y las razones que han podido inducir a llamarlo el *Siglo de oro* no se hace más comentario que de lo que se trata. Se habría hecho mejor en declarar que todas estas pretendidas historias sólo son ficciones, pero se quiere encontrar en ellas la realidad, como si interesara mucho hoy día justificar la credulidad de la mayor parte de los antiguos. Y sólo se pone atención para apoyar la autoridad de muchos de ellos; asimismo lo que se tiene por sospechoso, se prueba a los lectores que no merece ser creído por más tiempo. Si se tuviera como garantía a los autores contemporáneos, o que hubieran trabajado al menos sobre los monumentos constatados y cuya autenticidad fue bien comprobada, se les podría creer; pero se conviene en que todas estas historias nos vienen de los poetas que han imitado a las ficciones egipcias. Se dice que estos poetas lo han sacado casi todo de su imaginación y que los historiadores han hablado de aquellos tiempos sólo después de ellos.

Herodoto, el más antiguo que conocemos ha escrito más de 400 años después de Homero y éste largo tiempo después de Orfeo, Lino, etc. Ninguno de estos dice haber visto lo que relata en otra parte que en su imaginación. Sus mismas descripciones son absolutamente poéticas. La que Ovidio nos hace[123] del siglo de oro es más bien el retrato de un paraíso terrestre y de las gentes que lo habrían habitado, que de un tiempo posterior al diluvio y de una tierra sujeta a las estaciones. *Entonces se observaba* –dice él– *las reglas de la buena fe y de la justicia, sin ser molesto para las leyes. El miedo no era el motivo que hacía obrar a los hombres, no se conocían aún los suplicios. En este dichoso siglo no era preciso grabar sobre bronce estas leyes amenazantes, que se usaron después como freno a la licencia. No se veían en aquel tiempo a los criminales temblar en presencia de sus jueces; la seguridad en que se vivía no era el efecto de la autoridad que da las leyes. Los árboles sacados de las selvas no tenían que ser transportados todavía a un mundo que les era desconocido; el hombre habitaba la tierra donde había nacido y no utilizaba barcos para exponerse al furor de las olas. Las ciudades sin murallas ni fosos eran un asilo seguro. Las trompetas, los cascos, las espadas eran cosas que no se conocían aún y el soldado era inútil para asegurar a los ciudadanos una vida dulce y tranquila. La tierra, sin ser desgarrada por el arado producía toda clase de frutos y sus habitantes satisfechos por*

123. Ovidio, *Metamorfosis,* lib. 1, fáb. 3.

los alimentos que les proporcionaba sin ser cultivados, se alimentaban de frutos salvajes, o de las bellotas que caían de las encinas. La primavera reinaba todo el año; los dulces céfiros animaban con su calor a las flores que nacían de la tierra; los meses se sucedían sin que fuera necesario labrar ni sembrar. Se veía por todas partes manar a los arroyos leche y néctar y la miel salía en abundancia del hueco de los robles y de los otros árboles.

Querría admitir con Ovidio un tiempo donde los hombres habían vivido de la manera que acabamos de relatar, pero es alimentarse de quimeras y salirse de razón. Pero, aunque este poeta lo haya descrito tal como debía de ser para un siglo de oro, este retrato no es del gusto del abad Banier. Las gentes que habrían vivido de esta manera, habrían sido, según él,[124] gente que llevaría una vida salvaje, sin ley y casi sin religión. Jano se presentó y los reunió, les dio leyes, la dicha de la vida se manifestó, se vio nacer un siglo de oro. El temor, la sujeción que ocasionan las leyes amenazantes habían parecido a Ovidio contrarias a la dicha de la vida. Ellas son una fuente de felicidad para el abad Banier. Pero, en fin, ¿qué razones podían haber tenido los antiguos para atribuir al reino de Saturno la vida de un siglo de oro? Jamás un reino fue manchado con más vicios; las guerras, las matanzas, los crímenes de toda clase inundan la tierra durante todo aquel tiempo. Saturno subió al trono expulsando a su padre, tras haberlo mutilado. ¿Qué hizo Júpiter de más que Saturno, para haber merecido que no se diera a su reino el nombre de edad de oro? En verdad Júpiter trató precisamente de la misma manera a Saturno como él había tratado a su padre. Júpiter era un adúltero, un homicida, un incestuoso, etc. Pero ¿valía más Saturno? ¿No había desposado también a su hermana Rea? ¿No tuvo a Filira como concubina, sin contar a las otras? ¿Se puede ver un rey más inhumano que aquel que devora a sus propios hijos? Es verdad que no devoró a Júpiter, pero lo intentó de buena fe y no se le debe de agradecer, se le presentó una piedra, él la tragó y no pudiéndola digerir la devolvió. Esta piedra, según Hesíodo, fue emplazada sobre el monte Helicón, para servir de monumento a los hombres. ¡Vaya monumento, propio para traer el recuerdo de un siglo de oro!

¿No es sorprendente que una tal paradoja no haya hecho abrir los ojos a los antiguos y que todos hayan convenido en atribuir una edad de oro al reino de Saturno? El abad Banier lo dio al de Jano, que reinó conjuntamente con Saturno. *Este príncipe* –dice este mitólogo–[125] *suavizó la ferocidad de sus costumbres, los reunió en las ciudades y en los pueblos, les dio leyes y bajo su reino sus súbditos gozaron de una dicha que no habían conocido, lo que hace considerar al tiempo en que había reinado como un tiempo dichoso y un siglo de oro.* Pero no hay menos dificultad en tomar las cosas desde este lado. Asimismo no es posible hacer vivir a Saturno con Jano. Los tiempos no concuerdan en nada.

124. Banier, *Mitología,* t. 2, p. 110.

125. Banier, *op. cit.*

Teófilo de Antioquía nos asegura, sobre la autoridad de Talo,[126] que Cronos, llamado Saturno por los latinos, vivió trescientos veintiún años antes de la toma de Troya, lo que, admitiendo los mismos cálculos de los historiadores, supondría más de un siglo y medio entre él y Jano. De lo que haría concluir, o que Saturno no fue nunca a Italia o que fue mucho tiempo antes que el reinado de Jano. Sin embargo, toda la antigüedad atestigua la contemporaneidad de estos dos príncipes. Se podría suponer, dice el abad Banier con algunos otros, que se trata de otro Saturno y que aquel que era contemporáneo de Jano era Esterceo, padre de Pico, que tras su apoteosis fue nombrado Saturno. Pero estos autores no han prestado atención a que Jano no compartió su corona con Esterceo, porque la fábula dice que Jano reinaba ya cuando Saturno vino a Italia. No se puede decir esto de Esterceo, puesto que reinó antes que Jano. Este mismo Saturno que, según Virgilio,[127] reunió estos hombres salvajes, esta raza indócil, dispersada sobre sus montañas, que les dio leyes y que llamó a esta tierra *latium*, porque él estaba oculto allí, para evitar el furor de su hijo, no puede ser Esterceo, padre de Pico, puesto que aquel estaba en una edad muy tierna cuando su padre murió. Él lo entendía, pues, de Saturno, padre de Júpiter.

Puesto que no es posible conciliar todo esto, es natural pensar que el inventor de esta fábula no tenía la historia como intención sino como alguna alegoría, de la que los historiadores no han sospechado el sentido. No, Saturno, Jano, Júpiter, no han reinado jamás, porque para reinar es preciso ser hombre y todos estos dioses de los que hablamos sólo existieron en el espíritu de los inventores de estas fábulas, que la mayor parte de pueblos consideraron como historias reales, porque su amor propio se encontraba extremadamente adulado por ello. Les era infinitamente glorioso el tener a los dioses como los primeros de sus ancestros, o por reyes, o en fin, como fundadores de sus ciudades. Cada pueblo se enorgullecía en la envidia y se creía superior a los otros, en proporción a la grandeza del dios y de su antigüedad. Es preciso pues, buscar otras razones que hayan hecho dar al pretendido reino de Saturno el nombre de siglo de oro.

Yo encuentro más de una razón en el arte hermético donde estos filósofos llaman *reino de Saturno* al tiempo que dura la negrura, porque llaman Saturno a esta misma negrura, es decir, cuando la materia hermética puesta en el vaso es vuelta como pez fundida. Esta negrura, siendo también como ellos dicen, la entrada, la puerta y la llave de la obra, representa a Jano que en consecuencia reina conjuntamente con Saturno. Se ha buscado y se buscará durante mucho tiempo aún la razón que hacía abrir la puerta del templo de Jano, cuando se trataba de declarar

126. Teófilo de Antioquía, lib. 3, adv. Ant.

127. Saturno el primero vino del etéreo Olimpo a estas regiones, huyendo de las armas de Júpiter, destronado y proscrito; él empezó a civilizar a aquella raza indómita que vivía errante por los altos montes y les dio leyes y puso el nombre de *Lacio* a estas playas en memoria de haber hallado en ellas un asilo seguro donde ocultarse. Es fama que en los años que reinó Saturno fue la edad de oro: ¡de tal manera regía sus pueblos en plácida paz! Homero, *Eneida*, lib. 8.

la guerra, y cuando se cerraba en la paz. Un filósofo hermético la encuentra más simplemente que todos estos mitólogos. Hela aquí. La negrura es una especie de disolución; la disolución es la llave y la puerta de la obra. Ella sólo puede hacerse mediante la guerra que se levanta entre el fijo y el volátil y por los combates que se dan entre ellos. Al ser Jano esta puerta, era del todo natural que se abriera la del templo que le estaba consagrado para anunciar una declarada guerra. Mientras la guerra duraba permanecía abierta y se cerraba en la paz, porque esta guerra del fijo y del volátil dura hasta que la materia se haya vuelto absolutamente fija. Entonces se hace la paz. Es por lo que la Turba dice, *fac pacem inter humicos & opus completum est.* Asimismo los filósofos han dicho figuradamente, *abrir, desliar,* para decir *disolver,* y *cerrar, ligar,* para decir *fijar.* Macrobio dice que los antiguos tomaban a Jano por el Sol. Aquellos que entendían mal esta denominación la atribuían al Sol celeste que regula las estaciones, en lugar de entenderlo del Sol filosófico y es una de las razones que ha hecho llamar a su reinado *siglo de oro.*

Sin embargo, la negrura de la que hemos hablado, o el reinado de Saturno, el alma del oro, según los filósofos, se une con el mercurio y en consecuencia llaman a este Saturno *la tumba del rey,* o del Sol. Entonces es cuando empieza el reinado de los dioses, porque Saturno está considerado como el padre, por lo tanto, es la edad de oro, puesto que esta materia vuelta negra contiene en ella el principio aurífico y el oro de los sabios. El artista se encuentra además en el caso de los súbditos de Jano y de Saturno, desde que la negrura ha aparecido, está libre de obstáculos y de inquietudes. Hasta entonces había trabajado sin descanso y siempre incierto del éxito. Puede ser que haya *errado* en los bosques, las selvas y sobre las montañas, es decir, trabajado sobre diferentes materias poco propias a este arte, asimismo puede ser que haya *errado* cerca de doscientas veces trabajando, como Pontano,[128] sobre la verdadera materia. Entonces empieza a sentir una alegría, una satisfacción y una verdadera tranquilidad, porque ve sus esperanzas fundadas sobre una base sólida. ¿No sería esto, pues, una edad verdaderamente de oro, en el sentido mismo de Ovidio, donde el hombre viviría contento y tendría el corazón y el espíritu llenos de satisfacción?

CAPÍTULO VII

De las lluvias de oro

Los poetas a menudo han hablado de las lluvias de oro y algunos autores paganos han tenido la debilidad de relatar como verdad que cayó una lluvia de oro en Rodas, cuando el Sol se acostó con Venus. Se perdonaría esto a los poetas, pero lo que Estrabón nos dice[129] que llovió oro en Rodas cuando Minerva nació de la cabeza de Júpiter, no sabría pasárselo. Muchos autores nos asegu-

128. Pontano, *Epístola del Fuego.*

129. Estrabón, lib. 14.

ran en verdad que en tal o cual tiempo llovió piedras, fango o algún licor parecido, o insectos. Muchas gentes protestan aún hoy haber visto llover pequeñas ranas, que caían en abundancia sobre sus sombreros, mezcladas con una lluvia naranja y que habían visto una cantidad tan grande de ellas que la tierra se veía casi cubierta. Sin entrar en la búsqueda de las causas físicas de tales fenómenos y sin querer contradecirles o aprobarlos, porque no viene al caso en este tratado, yo diría solamente que esto puede ser, pero en cuanto a una lluvia de oro sería conveniente certificarlo, no creo a nadie tan crédulo como para creerlo sin haberlo visto. Es preciso, pues, observar esta historia como una alegoría.

En efecto, se puede llamar *lluvia de oro*, a una lluvia que produciría el oro, o a una materia propia para hacerlo, como el pueblo dice tan comúnmente que llueve vino, cuando viene una lluvia en el tiempo en que se desea, ya sea para enternecer la raíz en las viñas, ya sea para hacerla crecer. Es precisamente lo que llega por la circulación de la materia filosófica en el vaso donde está encerrada. Se disuelve y habiendo subido en vapores hacia lo alto del vaso se condensa y recae en lluvia sobre lo que queda en el fondo. Es por esto que los filósofos han dado algunas veces el nombre de *agua de nube* a su agua mercurial. Asimismo han llamado Venus a esta parte volátil y Sol a la materia fija. Nada es tan común en sus obras como estos nombres. *Nuestra Luna* -dice Filaleteo- *que hace en nuestra obra la función de hembra, es de la raza de Saturno, es por lo que algunos de nuestros autores deseosos la han llamado Venus.* Espagnet ha hablado muchas veces de esta agua mercurial bajo el nombre de *Luna* y de Venus, y ha expresado perfectamente esta conjunción del Sol y de Venus, cuando dice:[130] *La generación de los hijos es el objeto y el fin del legítimo matrimonio. Pero para que los hijos nazcan sanos, robustos y vigorosos es preciso que los dos esposos lo sean también, puesto que una simiente pura y limpia produce una generación que se le parece. Es así como deben ser el Sol y la Luna antes de entrar en el lecho nupcial. Entonces se consumirá el matrimonio y de esta conjunción nacerá un poderoso rey, del que el Sol será el padre y la Luna la madre.* También ha dicho[131] que la Luna de los filósofos es su Mercurio y que le han dado muchos nombres,[132] entre otros aquellos de tierra sutil, agua de vida, agua ardiente y permanente, agua de oro y de plata, en fin *de Venus*

130. Espagnet, *La Obra secreta de la Filosofía de Hermes*, can. 27.

131. Aquel que explica la Luna de los filósofos, o el Mercurio de los filósofos como si fuera mercurio vulgar, o bien engaña conscientemente a otro, o bien se engaña a sí mismo. Espagnet, *ibíd.* can. 44.

132. Al Mercurio de los filósofos se le llama con diferentes nombres; tan pronto se le llama tierra, como se le llama agua, por diversos motivos y sobre todo porque está compuesto naturalmente de una y otra. Esta tierra es sutil, blanca, sulfurosa, los elementos están fijos en ella y el Oro filosófico está allí en estado de simiente, mientras que el agua es un agua de vida, es decir, ardiente, permanente, extremadamente límpida, a la que también se llama agua del oro y de la plata. El Mercurio del que tratamos aquí, que todavía contiene su azufre, que se multiplica por medio del Arte, también puede ser llamado Azufre de plata viva. En fin, esta sustancia tan preciosa es la Venus de los antiguos y el Hermafrodita, dotado de los dos sexos. Espagnet, can. 46.

Hermafrodita. Sólo este epíteto explica muy claramente de qué naturaleza y substancia está formada esta pretendida diosa y la idea que se le debe unir, puesto que el nombre de Hermafrodita ha sido hecho según parece de Ερμης, *Mercurius*, y de Αφρός *spuma*, como si se dijera espuma del mercurio. Es sin duda por esto que la fábula dice Hermafrodita hija de Mercurio y de Venus. Se ha fingido que esta conjunción del Sol con Venus se hizo en Rodas porque la unión del Sol y del Mercurio filosóficos se hace cuando la materia empieza a enrojecer, lo que está indicado por el nombre de esta isla que viene de ρόδον, *rosa*. La materia fija o el oro filosófico, que tras haber sido volatilizado recae en lluvia, ha tomado, pues, con razón el nombre de lluvia de oro, sin esta lluvia el hijo hermético no se formaría.

Una lluvia parecida se hizo ver cuando Palas nació de la cabeza de Júpiter y esto por la misma razón, pues Júpiter no habría podido acostarse con ella si Vulcano o el fuego filosófico no le hubiera servido de sabia-hembra. Si se considera a Palas en esta ocasión como la diosa de las ciencias y del estudio, se puede decir, en cuanto al arte hermético, que se tendría en vano la teoría mejor razonada y la materia misma del magisterio llamada virgen, hija del mar, o del agua, o de Neptuno y del pantano Tritonis, pues jamás se tendría éxito al hacer la obra si no se empleara la ayuda de Vulcano o fuego filosófico. En consecuencia, algunos poetas han figurado que Palas se resistió vigorosamente a Vulcano, que quería violentarla, y al caer la simiente de éste en tierra, nació un monstruo que fue llamado Erictonio, que tenía figura humana desde la cabeza hasta la cintura y de dragón en toda la parte inferior. Este Erictonio es el resultado de las operaciones de los artistas ignorantes que ponen mano a la obra sin saber los principios y quieren trabajar a pesar de Minerva. Sólo producen monstruos, incluso con la ayuda de Vulcano. El abad Banier pretende[133] que este Erictonio fue realmente un rey de Atenas que sucedió a uno llamado Anfictión, su competidor, por el cual había sido vencido. Este Anfictión había sucedido a Cranao y éste a Cecrops, que vivía, según los intérpretes de los mármoles de Arondel, que son la cronología de Censorin y de Denis de Halicarnaso, 400 años antes de la toma de Troya.

El abad Banier rechaza esta cronología porque no es propia para confirmar su sistema y asegura que estos autores retroceden mucho la llegada de Cecrops a Grecia. Determina, pues, esta llegada en 330 años antes de la guerra de Troya.[134] Pero este mitólogo ha olvidado su propio cálculo algunas páginas después, donde hablando de la llegada de Deucalion a Tesalia, fija la época en el noveno año del reinado de Cecrops, *es decir* –dice nuestro autor–[135] *hacia el año 215 o 220 antes de la guerra de Troya*. Lo que produce un error de 110 años al menos en su misma cronología. Pero aún cuando esto pasara ¿se creería su palabra,

133. Banier, t. 3, p. 39.

134. Banier, *ibíd.* p. 37.

135. Banier, *ibíd.* p. 42.

cuando dice[136] que Erictonio había pasado por ser hijo de Minerva y de Vulcano porque había sido expuesto en un templo que les había sido consagrado? ¿Una tal exposición podría proporcionar materia a la fábula que da a Erictonio un origen totalmente infame? En esta ficción no hay ninguna circunstancia que tenga la menor relación con esta exposición. La misma continuación de la fábula, que dice que Minerva viendo a este niño con las piernas de serpiente, encargó su cuidado a Aglaura, hija de Cecrops quien, en contra de la prohibición de Minerva, tuvo la curiosidad de mirar en la canastilla donde estaba encerrado y fue castigada mediante una pasión de celos contra su hermana, cuyo amante era Mercurio. Y que habiendo querido un día impedir que este dios entrara en la cámara donde su hermana Hersé estaba, la golpeó con su caduceo y la convirtió en roca. Esta continuación de la ficción muestra bien claro que es una pura fábula y que sólo se puede explicar alegóricamente.

No puede suponerse que Palas, Vulcano, Mercurio y las hijas de Cecrops hayan vivido juntos, aunque se consideraran a unos y otros como personas reales, creo que no se me exigirá que de prueba de ello. Pero si se presta atención a la relación que esta fábula puede tener con el arte hermético, se encontrará primeramente a dos dioses y una diosa que le pertenecen de tal manera que son absolutamente necesarios, saber la ciencia de este arte y la prudencia para conducir el régimen del fuego y de las operaciones; en segundo lugar, el fuego filosófico o Vulcano, seguidamente el Mercurio de los sabios. Si el artista anima y empuja mucho este fuego, es Vulcano que va a violentar a Palas, a la que los filósofos a menudo han tomado por la materia. A pesar de la resistencia de esta virgen, Vulcano actúa siempre, abre la materia de los filósofos y la disuelve. Esta disolución sólo puede hacerse por esta especie de combate entre la materia filosófica, llamada virgen, como lo hemos probado más de una vez, y el fuego. Pero ¿qué resulta de ello? Un monstruo que se llama Erictonio, porque este mismo nombre designa la cosa, es decir, la disputa y la tierra. No sorprenderá que éste sea un monstruo cuando se le relacione con los otros de la fábula, Cerbero, la Hidra de Lerna, los diferentes dragones que se mencionan en las otras fábulas y que significan la misma cosa que Erictonio, es decir, la disolución y la putrefacción, que se dice con razón hijo de Vulcano y de la tierra, puesto que esta putrefacción es la de la misma tierra filosófica y un efecto de Vulcano o del fuego de los sabios. Es pues la simiente de Vulcano que produce a Erictonio. Y si se dice que Aglaura fue encargada por Minerva de su cuidado, sin que le fuera permitido mirar lo que la cestilla contenía, se entiende bien que una tal condición que volvió la cosa imposible, sólo puede haber sido inventada en vistas de una alegoría, asimismo como su transformación en roca. Es, en efecto, una manera de aludir al progreso de la obra hermética. Aglaura significa gloria, esplendor y los filósofos llaman con este nombre a su materia llegada

136. Banier, *ibíd.* p. 40.

al blanco a medida que desaparece la negrura; este intervalo entre el blanco y el negro es el tiempo de la educación de Erictonio. Y si Mercurio la transformó en roca es que la misma materia se coagula y se vuelve piedra cuando llega a este estado de blancura resplandeciente de la que acabamos de hablar; es por lo que los filósofos la llaman entonces su *piedra al blanco,* su *Luna*, etc. Al ser el Mercurio el agente principal, produce esta metamorfosis. Se supone a este dios amante de Hersé, hermana de Aglaura, porque Ερση significa el rocío y el Mercurio filosófico circula entonces en el vaso y recae como un rocío.

De una tercera lluvia de oro nació un héroe, pero un héroe más famoso que Erictonio. Danae fue encerrada en una torre de bronce por su padre Acrises, porque había aprendido del oráculo que el hijo que naciera de su hija lo privaría de la corona y de la vida y no quería oír ninguna proposición de matrimonio para ella. Júpiter fue preso de amor por esta bella prisionera. La torre estaba bien cerrada y bien guardada, pero el amor es ingenioso. Júpiter, acostumbrado a las metamorfosis, se transformó en lluvia de oro y se deslizó por este medio en el seno de Danae, que de esta visita concibió a Perseo. *Perseo concebido en Danae de una lluvia de oro.* (Ovidio, *Metamorfosis,* lib. 6) Al hacerse grande este hijo de Júpiter, entre otras hazañas, cortó la cabeza de Medusa y se sirvió de ella para petrificar a todo aquel al que se la presentaba. De las gotas de sangre que manaron de la herida de Medusa nació Crisaor, padre de Gerión, con tres cuerpos; algunos dicen tres cabezas.

La explicación de esta fábula será muy fácil para quien quiera recordar las que hemos dado de otras lluvias de oro. Se conoce fácilmente que Danae y la torre son la materia y el bronce de los filósofos que ellos llaman *cobre, latón o letón*; que la lluvia de oro son las gotas de agua de oro o el rocío aurífico que suben en la circulación y recaen sobre la tierra que está en el fondo del vaso. Asimismo se podría decir con los mitólogos que Júpiter es tomado por el aire, pero es preciso entenderlo aquí como el color gris llamado Júpiter, porque la lluvia de oro se manifiesta durante el tiempo que la materia pasa del color negro al gris.

Perseo es el fruto que nació de esta circulación. No veo sobre qué fundamento el abad Banier saca la etimología de Perseo de la palabra hebrea *Paras*, es verdad que significa *caballero* y que Perseo montó sobre un caballo. Pero ¿por qué los griegos habrían ido a buscar en la lengua hebraica los nombres que la lengua griega les proporciona abundantemente? De las gotas de sangre de Medusa nació Crisaor y de éste Gerión. Es como si se dijera que del agua roja de los filósofos, que Pitágoras llama *sangre,*[137] como también otros adeptos, y Raimon Llull con Ripley *vino rojo*, nace el oro o el azufre filosófico. Se dice además que Crisaor viene del griego χρυσός *aurum*. Este oro disuelto en su propia agua roja

137. Y de las cuatro partes se eleva el bronce, la herrumbre, el hierro, azafrán, oro, sangre y adormidera. *Y la Turba:* sabed que nuestra obra tiene muchos nombres: hierro, bronce, plata rojo sangre y rojo muy altanero, etc. *La Turba.*

como la sangre, produce el elixir o Gerión, con tres cuerpos o tres cabezas, porque está compuesto con la combinación exacta de los tres principios azufre, sal y mercurio. Ya explicaré más extensamente esta fábula en el capítulo de Perseo. Podría haber puesto algunas otras en este segundo libro, pero por éstas se pueden juzgar las otras. No me he propuesto hacer una mitología entera, es suficiente para probar mi sistema explicar las principales y más antiguas. Además, tendré ocasión de pasar revista a un gran número de ellas en el siguiente libro, que tratará de la genealogía de los dioses.

Fin de la primera Parte y del segundo Libro.

ÍNDICE

DE LIBROS Y CAPÍTULOS

DE LA PRIMERA PARTE

LAS FÁBULAS EGIPCIAS

LIBRO I

SECCIÓN SEGUNDA

SECCIÓN TERCERA

SECCIÓN CUARTA

LIBRO II

LAS FÁBULAS EGIPCIAS Y GRIEGAS

LAS FÁBULAS EGIPCIAS Y GRIEGAS

Desveladas y reducidas a un mismo principio

CON UNA EXPLICACIÓN DE LOS JEROGLÍFICOS Y DE
LA GUERRA DE TROYA

Por **Dom Antoine Joseph Pernety**

Religioso Benedictino de la Congregación de Saint Maur.

Los sacerdotes de Egipto recreaban al pueblo con estas fábulas y, con los nombres de los dioses del país, servían de velo a su filosofía.
Orígenes, libro 1, *contra Celsum.*

TOMO SEGUNDO

París, Chez Delalain l'ainé, Libraire, rue Saint Jacques, N° 240.

MDCCLXXXVI

Con aprobación y privilegio del Rey.[1]

Traducción de José Romero

1. Esta traducción del francés ha sido realizada a partir de la versión facsímil aparecida en EDITIONS LA TABLE D'EMERAUDE, 21, rue de la Huchette 75005, París 1982.

LIBRO III

LA GENEALOGÍA DE LOS DIOSES

CAPÍTULO I

Ya lo hemos dicho, la mayor parte de las ficciones de los griegos vienen de Egipto y de Fenicia. No se debería dudar de ello, después del testimonio formal que nos han dejado los autores más antiguos. Las fábulas eran el fundamento de la religión. Ellas introdujeron este gran número de dioses que finalmente se pusieron en lugar del verdadero. Así, aprendiendo la religión de los egipcios, los griegos aprendieron también sus fábulas. El abad Banier, por ejemplo, dice,[1] que es cierto que el culto de Baco estaba formado según el de Osiris, Diodoro de Sicilia también lo dice en más de un lugar.[2] Las representaciones obscenas de su Hermes y de su Príapo eran las mismas que las del *Phallus* de los egipcios. Ceres y Cibeles, las mismas que Isis. El Mercurio de los latinos, el Hermes de los griegos y el Teutat de los galos no se diferencian del Thot o Thaut de Egipto. Finalmente, ni los pelasgos, que Herodoto[3] dice que introdujeron en Grecia el culto y las infamias del *Phallus*, ni los mismos griegos, son tan antiguos como los egipcios. Si hay algunas diferencias en los nombres y en las circunstancias de las fábulas es porque los griegos, que tenían una fuerte inclinación por las ficciones y que, por otro lado, querían pasar por antiguos, cambiaban los nombres y las aventuras, para que no se reconociera que descendían de otros pueblos, de los que habían tomado sus ceremonias religiosas. Sin duda de ahí viene que en los griegos se encuentren las fábulas egipcias tan desfiguradas y que haya tanta diferencia entre lo que Herodoto, Diodoro de Sicilia y Plutarco dicen de Isis y de Osiris, según los sacerdotes de Egipto, y lo que los poetas cuentan de Ceres y de Cibeles, de Diana, de Baco y de Adonis, que se esté tentado de creer que no son las mismas divinidades.

A pesar de todas estas diferencias, los mitólogos, que no sospechan el verdadero objeto de estas ficciones, pero han reconocido allí el mismo fondo, aunque

1. Banier, *Mitología,* t. 1, p. 84.
2. Diodoro de Sicilia, lib. 1.
3. Herodoto, lib. 2.

vestido de diferente manera, no hubieran debido variar tanto las explicaciones y considerarlas todas bajo el mismo punto de vista; pero los historiadores y los mitólogos están tan poco de acuerdo entre ellos que uno no sabe a qué atenerse. Pues, finalmente, si todas estas fábulas han sido inventadas con el mismo objeto y si las de los griegos sólo difieren de las de los egipcios en la vestidura y los nombres, cuando se han explicado estas últimas, no se deberían dar explicaciones diferentes a las otras. Si los viajes de Baco son los mismos que los de Osiris, cuando se dice lo que significan los de este pretendido rey de Egipto, también se está diciendo lo que concierne a los de Baco.

Homero y Hesíodo son de alguna manera los padres de las fábulas, porque les han dado cuerpo y las han divulgado de manera muy constante, pero no son sus inventores, la idolatría era más antigua que estos dos poetas. Orfeo, Melampo, etc, habían llenado sus obras de ellas y no se ignora que estos poetas, y muchos otros, así como Homero, habían sacado estas ficciones de Egipto y de Fenicia. Intentar refutar a los poetas y a los historiadores sobre la existencia real de los dioses y las diosas, como tales, sería obra de un cristiano, que sólo considerase estos dioses en referencia a la religión. Éste no es el objetivo que me he propuesto. Muchos mitólogos que los consideran como personas reales y que adoptan su existencia como la de personas que los pueblos han divinizado, pero que tienen una relación necesaria y directa con la historia, y los que creen que las fábulas son alegorías para la moral, no piensan que puedan haber tenido otro objeto. Los unos y los otros me obligan a considerar esta teogonía y a probar que están engañados igualmente, pues, si estos dioses y diosas y estos héroes no han existido jamás personalmente, el cristiano de hoy se tomaría una molestia bastante inútil en combatir, en medio del cristianismo, a una cuestión puramente inventada por la razón. El historiador cronológico establecerá su historia sobre épocas quiméricas, tal como sucede en *la historia del mundo* de Samuel Shuckford, en cuanto a lo profano de estos siglos llamados fabulosos. Y el moralista ¿cómo encontrará reglas para las buenas costumbres mediante ejemplos que sólo son propios para corromper?

El abad Banier ha recogido en un inmenso trabajo todo lo que los poetas y los historiadores nos han transmitido de los dioses y ha hecho tres volúmenes de mitología, en los cuales se propone demostrar que todas las fábulas son tratados de historia, desfigurados por una prodigiosa cantidad de ficciones que en ellos se han mezclado. Es sorprendente que este erudito, tras haberse visto forzado a declarar que todas las antiguas fábulas griegas son imitaciones de las fábulas de Egipto, a pesar de ello, haya tomado la resolución de considerar a los personajes figurados como hombres que realmente han existido. *En este libro,* –dice–[4] *tras haber referido los sentimientos de los antiguos filósofos sobre la Divinidad, y por todo lo que la antigüedad tiene de más*

4. Banier, *Mitología,* libro 5 del tomo 1.

respetable, probaré que, a pesar de sus refinamientos, han creído siempre que la mayor parte de los dioses habían sido hombres, sujetos a la muerte así como aquellos que les adoraban, y espero que este artículo de teología pagana será probado de tal manera que no sufrirá ninguna réplica.

Sin embargo, esto sólo es un pequeño obstáculo que desenredar en el sentido de la genealogía de los dioses y ¿no se le podría decir con Horacio: *Verum quid tanto feret promissor hiatu*?[5] Este autor, para mantener esta promesa ha empleado todos los textos de los antiguos que favorecen a su sistema, siguiendo las circunstancias que le han servido para ello. Tal es así que lo que dice en un capítulo a menudo destruye lo que había dicho en otro, quedando así su obra llena de contradicciones. Aquí doy prueba de ello cuando trato del mismo asunto, e incluso se podría hacer todo un volumen con los ejemplos que no mencionaré. Asimismo algunas veces considera como historia verdadera lo que en otros lugares trata de pura fábula. Ha confesado que Paléfate, y muchos otros autores, son muy sospechosos y sin embargo no deja de apoyarse en su autoridad cada vez que encuentra sus textos apropiados para su proyecto. Después de esto ¿qué realidad se puede aceptar de las explicaciones que da a las fábulas? Y ¿se pensará como él que no sufrirán ninguna réplica? Dejo al lector sensato y atento el juzgar si esta gran confianza estaba bien fundada.

Las fábulas nos han sido transmitidas en los escritos que nos quedan de muchos de los antiguos autores. Hesíodo en su *teogonía*, Ovidio en sus *metamorfosis*, Higino y muchos otros las han tratado extensamente. Homero[6] habla de esta genealogía de los dioses bajo la alegoría de una cadena de oro, en la cual todos los dioses están suspendidos para alcanzar al Júpiter del Cielo, y dice que sus esfuerzos fueron inútiles. La mayor parte de los paganos vieron a Júpiter como el más grande de los dioses, pero como decían que no tenía ningún otro origen que él mismo, examinaremos quiénes eran su padre, su madre y sus abuelos.

CAPÍTULO II

El Cielo y la Tierra

Los autores de la genealogía de los dioses han tenido unos conocimientos muy confusos respecto al verdadero origen del mundo; incluso se podría decir que lo han ignorado absolutamente. Iluminados solamente por las luces de la razón se han extraviado en sus vanas especulaciones, como así se lo reprocha el apóstol san Pablo, la consecuencia de ello es que tienen diversas ideas de Dios y del Universo. Cicerón, que había recogido todas estas ideas en su libro *la naturaleza de los dioses*, él mismo nos hace ver su poca solidez.

5. Horacio, *Arte poética*.
6. Homero, *Ilíada*, lib. 8.

Algunos han intuido un ser independiente de la materia, una inteligencia infinita y eterna que da movimiento al mundo, que le ha dado forma y que lo conserva en su manera de ser, pero también han supuesto a la materia coeterna a esta inteligencia. Parece ser que Aristóteles y los peripatéticos han pensado así. Platón y sus seguidores reconocen a un Dios eterno, como causa eficiente de todo lo que existe, y al Universo como efecto de esta causa, producida por este Dios. Otros, con Epicuro, han pensado que el mundo ha sido formado por el concurso fortuito de un grupo de átomos que, tras haber dado vueltas durante largo tiempo en el vacío, fueron reunidos o coagulados como la manteca o el queso que se forma de la leche, sin decirnos cuál ha sido o puede ser el origen de estos átomos. Tales, Heráclito y Hesíodo han considerado el agua como primera materia de las cosas y en esto estarían de acuerdo con el *Génesis*, si hubieran añadido que el caos, o este abismo, no existió por él mismo ya que una suprema y eterna inteligencia le había dado el ser, la forma y el orden que vemos.

La creación del Universo está hecha en las tinieblas muy espesas, para que podamos ver cómo son introducidas las cosas allí. Se pierde el tiempo razonando sobre ello e imaginando sistemas. Todos los que han sutilizado respecto a lo poco que Moisés nos ha dicho, no nos han dado ninguna satisfacción, e incluso a veces caen en el ridículo. Dejo a los físicos la discusión de todos estos pensamientos; solamente haré observar que al no ser suficientemente conocido el Creador de todo lo que existe, por los antiguos filósofos, sólo han estudiado la naturaleza de los dioses en referencia a las cosas sensibles, de las que buscaban conocer el origen y la formación, y que, en lugar de someter la física a la teología, como bien dice el abad Banier, fundaron su teología sobre la física. Estas ideas se formaron de consecuencias mal entendidas, pero tomadas de los principios filosóficos que los griegos fueron a estudiar de los egipcios. Thaut, según el testimonio de Filón de Biblos, traductor del *Sanchoniatón*, había escrito la historia de los antiguos dioses, pero ésta es la de los dioses de los que hemos hablado en el primer libro, y el mismo Filón declara que los autores de los siguientes siglos los habían considerado como alegorías. Hemos probado suficientemente que Tahut o Mercurio Trismegisto reconoció un sólo Dios, y si ha hablado y escrito de otros dioses, no creyó, ni quiso que se creyera que habían sido verdaderos hombres mortales, que en consecuencia habían sido deificados, puesto que estaba prohibido bajo pena de muerte, decir que habían existido con forma humana, no porque, en efecto, hubiesen sido hombres, sino por las razones que hemos deducido suficientemente cuando hemos explicado las ideas de los sacerdotes egipcios respecto a Isis y Osiris. Así, todos los testimonios que han aportado los autores para probar que los dioses habían sido verdaderos hombres, solamente prueban que no estaban en posesión del secreto de los sacerdotes de Egipto, y que habían tomado literalmente lo que había sido dado como alegorías.

Los filósofos y los poetas se burlan frecuentemente de estos dioses. Nada más indigno y más chocante que la manera en que hablan. De ellos hacen monstruos, dice el célebre Bosuet;[7] los representan redondos, cuadrados, triangulares, cojos, ciegos y hablan de una manera burlesca de los amores de Anubis con la Luna, dicen que Diana utilizó el látigo, hacen que los dioses sean golpeados y heridos por los hombres, los hacen huir a Egipto, donde, para ocultarse, se ven obligados a metamorfosearse en animales. Apolo llora a Esculapio, Cibeles a Athis; uno es echado del Cielo y obligado a guardar rebaños, el otro reducido a trabajar en obras de albañilería y no tiene crédito como para hacerse pagar; uno es músico el otro herrero, la otra partera. En una palabra, se les da empleos indignos de ellos, lo que hace que más bien sean bufonería de teatro que majestuosos dioses. En efecto, ¿se puede encontrar algo más indecente que el papel que Homero les hace jugar en sus obras? Y si estos dioses habían sido reyes o héroes ¿habría hablado de ellos con tan poco respeto? Luciano, en sus *diálogos* también se burla de los dioses. Juvenal dice[8] que sólo los niños lo creen: *Nec pueri credunt, nisi qui nondum are lavantur.*

Sin embargo cierto número de antiguos filósofos y poetas reconocieron a un Dios único, una inteligencia suprema que lo gobernaba todo y de la cual todo dependía,[9] pero como era poca gente la que reflexionaba para conocer al verdadero Dios y para tener una idea justa, al no encontrar nada más perfecto que el Cielo y la Tierra, es natural que los consideraran como los primeros dioses. De allí imaginaron que el aire y el cielo, el mar y la tierra, los ríos, las fuentes, las montañas, los vientos, etc, debían de ser parientes o aliados, o por lo menos contemporáneos, o lo que era más creíble, todos hermanos y hermanas gemelos.[10] Pero como el Sol y la Luna son los dos objetos más bellos y sorprendentes que se presentan a nuestros ojos, estos dos astros se convirtieron en dioses de casi todos los pueblos. Si creemos a los antiguos, el Sol era el Osiris de los egipcios, el Amón de los libios, el Saturno de los cartagineses,[11] el Adonis de los fenicios, el Bal o Balus de los asirios, el Moloch de los ammonitas, el Dionisos o el *Urotal* de los árabes, el Mitra de los persas, el Beleno de los galos. Apolo, Baco, Liber o Dioniso, eran la misma cosa que el Sol entre los griegos;

7. Bosuet, *Discurso sobre la Historia Universal.*
8. Juvenal, *Sat.* 6.
9. Había en la entrada del templo de Delfos una antigua inscripción comprendida dentro de estas dos letras griegas: E I, sobre lo que Plutarco hace decir a Ammonio, principal interlocutor en el diálogo que tiene por objeto esta inscripción, que esta palabra E I era el título más augusto que se le podía dar a la Divinidad; que significa TÚ ERES y expresa la necesaria existencia del Ser Supremo; que como este título no puede convenir a ninguna criatura, puesto que no hay ninguna de la que se pueda decir en un sentido absoluto E I, TÚ ERES, porque su existencia es prestada, incierta, dependiente, sujeta al cambio y momentánea; este nombre puede ser dado, en su sentido más propio, a la Divinidad porque Dios es independiente, increado, inmutable, eterno, siempre el mismo, en consecuencia sólo de Él se puede decir que ES. Plutarco concluye mediante esta sola palabra E I la unidad de Dios, su simplicidad y el derecho que tiene a nuestros homenajes.
10. Véase al respecto la *Teogonía* de Hesíodo, v. 125 y ss.
11. Servio, en 2 Enéida.

Macrobio[12] lo prueba de tal manera que no deja punto de réplica, dice el abad Banier.[13] Asimismo, en Egipto, la Luna era Isis, Astarté en Fenicia, Alilat para los árabes, Milita en los persas, Artemis, Diana, Dictina, etc, en Grecia, en la isla de Creta en la de Delos y en otras partes. Macrobio llega incluso a decir que todos los dioses del paganismo debían de tener, y tenían en efecto, su origen en el Sol y la Luna. Tras tal declaración hecha por el abad Banier ¿no es sorprendente que los quisiera hacer hombres? Pero finalmente se convino en que el Sol y la Luna debían su origen a alguien más antiguo que ellos y, en consecuencia, se estableció una sucesión genealógica, de la que el Cielo y la Tierra eran la primera raíz. Urano, cuyo nombre en lengua griega significa Cielo, desposó a Títeo o la Tierra, su hermana, y tuvieron muchos hijos. He aquí al Cielo y la Tierra reconocidos como fuente de los dioses. Es, pues, a ellos y a su raza que vamos a pasar revista, a imitación de Hesíodo.

Estos dioses tuvieron por hijos a Titán, Océano, Hiperión, Jápeto, Saturno, Rea, Temis y los otros que este poeta aporta. De Saturno y Rea nacieron Júpiter, Juno, Neptuno, Glauca y Plutón; de Saturno y Fílira, Quirón el centauro. De una violenta operación que Júpiter hizo a Saturno, nació Venus. De Juno sola vino Hebe. De Júpiter y Metis, a la que este dios había engullido, salió Palas. De Júpiter y Juno, su hermana, nacieron Vulcano y Marte; de Latona, fueron Apolo y Diana; de Maya, vino Mercurio; de Semele fue Dioniso o Baco; de Coronis, Esculapio; de Danae, Perseo; de Alcmena, Hércules; de Leda, Cástor, Pólux, Helena y Clitemnestra; de Europa, Minos y Rodamante; de Antíope, Anfión y Zeto; los Pálicos y Proserpina de Ceres. Sólo haremos mención de Saturno, Júpiter y sus hijos, los cuales hemos nombrado, y solamente añadiremos algunos de sus hijos pequeños, pues no terminaríamos y tampoco quisiéramos hablar de todos. Por otra parte, lo que aquí diremos de éstos será más que suficiente para aprender a interpretar lo que atañe a aquellos que omitiremos. Como la genealogía del Cielo y de la Tierra no se extiende más allá de ellos, a menos que como algunos autores se diga que son hijos del Caos, es inútil hablar más extensamente. Veamos lo que era Saturno, a fin de tener algún conocimiento del padre mediante el hijo.

CAPÍTULO III

Historia de Saturno

Saturno fue el último y el más malo de los hijos del Cielo y de la Tierra. Los antiguos, para atenerse a los procedimientos que la naturaleza emplea en todas sus generaciones, se han visto en la necesidad de personificar estas dos partes que componen el Universo; y como toda generación supone un aco-

12. Macrobio, *Sat*, lib. 1, c. 10.
13. Banier, *Mitología*, t. 1, p. 451.

plamiento del macho y de la hembra en los seres animados, o del agente y el paciente en los que no lo están, se ha dado a Saturno, supuestamente animado e inteligente, un padre y una madre de la misma especie.

No hay nada más parecido que suponer al Cielo que está sobre nuestras cabezas y la Tierra sobre la cual caminamos como padre y madre de Saturno; Hesíodo y los otros han pretendido hacernos creer que el Cielo y la Tierra se acoplaron a la manera de los seres animados, o sea, como agente y paciente, como forma y materia, haciendo el Cielo la función de macho y la Tierra la de hembra, el primero como agente dando la forma y la segunda como paciente y suministrando la materia.

No imaginemos, pues, que los antiguos habían delirado al suponer, en realidad, al Cielo y la Tierra teniendo las partes animales propias para la generación de los individuos animados. Los mitólogos que han querido extraer de las fábulas la historia, se han visto obligados a fabricar una, sin inquietarse mucho por si era conforme a lo que los más antiguos poetas nos han dicho de Saturno, aunque fuera sólo de ellos que se podía aprender la historia de este dios, puesto que son más antiguos que los historiadores. Se ha figurado, pues, que Urano o el Cielo era un príncipe que sobrepasaba de tal manera todo lo que su padre y sus predecesores habían hecho de memorable, que borra en el recuerdo de la posteridad hasta los nombres de los que descendía.[14] Se añade que pasó el Bósforo, llevó sus ejércitos a Tracia, conquistó muchas islas, se lanzó rápidamente sobre las otras provincias de Europa, penetró hasta España y pasando el estrecho que la separa de África, recorrió la costa de esta parte del mundo, desde donde volvió sobre sus mismos pasos;[15] fue por la costa del norte de Europa, donde, con su poder, sometió a todo el país. Asimismo se dice que fue nombrado Urano por el cuidado que tenía en aplicarse a la ciencia del Cielo, en conocer la naturaleza, las revoluciones y los movimientos de los astros.

Si Urano ha tomado su nombre de ello, se habrá de decir, pues, que Títeo ha tomado el suyo de la aplicación que ha tenido en conocer la naturaleza de la Tierra y sus propiedades. Pero ¿no es evidente que tales explicaciones son poco satisfactorias? No se ha reflexionado sobre ésta cuyo nombre es Títeo y sin embargo fue necesaria para formar una explicación verosímil. Pero ¿cómo es que la mujer de Urano fue nombrada precisamente Títeo? Y si los dos tenían estos nombres, por razones tan poco sólidas, como hemos deducido ¿cómo es que sus hijos, los Titanes, habrían publicado que eran hijos del Cielo y de la Tierra, creyéndose tan respetables, debido a este origen, que eran temibles por su fuerza y su valor?[16] Estos Titanes no fueron los únicos hijos de la Tierra. Irritada por la victoria que los dioses habían conseguido sobre ellos, hizo un último esfuerzo e hizo salir de

14. Banier, *idem*, t. 2, p. 22.

15. Diodoro de Sicilia, 1.

16. Abad Banier, *op. cit.* t. 2, p. 12.

su seno al temible Tifón, el cual ocasionó más penas a los dioses él solo que todos sus otros hermanos juntos, pero ya hemos hablado de ello en el primer libro, volvamos a Saturno.

Urano, padre de Saturno –dice Hesíodo[17]– *echó a sus hijos los Titanes, juntos y amarrados al Tártaro, que es el lugar más tenebroso de los infiernos, fue en esta ocasión cuando Títeo, indignada por la desdichada suerte de sus hijos, obligó a los otros Titanes a tender emboscadas a su marido y dio a Saturno, el más joven de todos sus hijos, aquella hoz de diamante con la cual lo mutiló.* Figurando a Urano y a Títeo hijos del Caos, como hacen los antiguos, no es natural considerarlos como personas reales, y en consecuencia esta mutilación de Urano no puede tener lugar y ser tomada en el sentido natural. Si se les tiene por el Cielo y la Tierra ¿qué habrían engendrado? Sin duda otro cielo y otra Tierra, puesto que cada individuo engendra su semejante en su especie. Saturno, Rea y sus hijos, deberían ser, pues, lo mismo en nuevos cielos y en nuevas tierras. Los mitólogos no han hecho esta reflexión. De Saturno han hecho el tiempo, de Tetis una diosa marina, de Temis la diosa de la justicia, de Ceres la diosa de los granos, de Titán, de Jápeto y etc, no se muy bien el qué. Según los atlántidos estos hijos del Cielo y de la Tierra eran dieciocho y según los cretenses esta familia estaba compuesta de seis varones y de cinco hijas.

Entre los varones Saturno fue el más célebre. Se le representaba antiguamente bajo la figura de un anciano pálido, encorvado por el peso de los años, llevaba una guadaña en la mano, con un dragón que se muerde la cola, y en la otra un hijo al que se llevaba hacia su abierta boca, como para devorarlo. Su cabeza estaba cubierta con una especie de casco y sus hábitos sucios y desgarrados, la cabeza desnuda y casi calva. Se colocaba a su lado a sus cuatro hijos, Júpiter mutilando a su padre y Venus naciendo de lo que había cortado. Saturno, que era el más joven de los hijos de Urano, se apoderó del reino, que pertenecía por derecho de primogenitura a Titán. Los hijos de éste vieron conveniente oponerse al poder naciente de su tío y a que todo estuviera sometido a él; y sólo se puso fin a esta guerra por una paz cuyas condiciones eran que Saturno hiciera morir a todos los hijos que tuviera de Rea, su esposa y hermana. Escrupuloso observador de este tratado, Saturno los devoraba a medida que nacían. Júpiter habría sufrido la misma suerte si Rea no hubiera usado una estratagema para sustraerle de la voracidad filial de su padre. Presentó a su marido un guijarro envuelto en pañales y cubierto con mantillas. Saturno sin examinarlo lo engulló, pensando que era Júpiter.

Habiendo engañado así a su esposo, Rea puso a Júpiter al cuidado de los Coribantes para que lo criaran y les confió su educación hasta que llegara a una edad propia para reinar. Neptuno y Plutón también fueron salvados con alguna otra astucia. Después Saturno quedó sensibilizado a los atractivos de

17. Hesíodo, *Teogonía.*

Fílira, hija de Océano, y viéndose sorprendido por Ops durante este suceso, se metamorfoseó en caballo, por lo que Fílira puso en el mundo a Quirón, el más justo y más prudente de los centauros, a quien fue confiada la educación de Hércules, así como la de Jasón, Aquiles, etc. Después Júpiter hizo despiadadamente con Saturno lo que él había hecho con el Cielo, su padre. Asimismo se dice que en una de las imprecaciones que la cólera dicta a los padres y a las madres contra un hijo ingrato, Urano y Títeo habían anunciado a Saturno que sus hijos le traicionarían tal como él los había tratado a ellos, y como intimidado por esta amenaza aceptó hacer morir a todos sus hijos. Saturno mutilado, destronado y errante por el cielo, se retiró a Italia donde se ocultó, y se añade que es de ello que Italia tomó su nombre, de *Latium, de latere,* ocultarse.[18] En verdad es sorprendente que una pequeña porción de tierra haya podido contener y ocultar al hijo de un padre tan vasto y tan extenso. Sin duda los autores han alardeado así por el deseo de dar a sus ciudades y a su país un relieve que los pusiera por encima de los otros pueblos.

Saturno era uno de los principales dioses de Egipto, así como su esposa Rea. Igualmente, algunos autores han aventurado que fue padre de Isis y de Osiris. Herodoto y tras él muchos historiadores, y casi todos los mitólogos, convienen en que los griegos tomaron de los egipcios el culto a los dioses. En muchos lugares es constante ver que el culto de Saturno fue establecido en Egipto, antes de que los fenicios tomaran la decisión de conducir sus colonias a Grecia. Por lo tanto, es cierto, como así lo asegura el mismo Herodoto, que los egipcios no han tomado a Saturno ni a Júpiter de los griegos. Aunque la antigüedad nos haya dejado poca luz respecto al tiempo en que Saturno y Júpiter reinaron, el abad Banier[19] piensa que eso se puede deducir de la genealogía del *Deucalión*, del cual los mármoles de Paros sitúan esos reinados en el noveno año del de Cecrops. A este erudito mitólogo todo este cálculo le hace creer que se pue de fijar la muerte de Júpiter en el año 1780 antes de la era vulgar y el reinado de Saturno hacia el año 1914 antes de Jesús Cristo. Se trataría, pues, de saber si el Saturno del que habla es el mismo que el egipcio; Herodoto[20] habla de los ocho grandes dioses de los egipcios, y después de los doce y dice que Saturno y Júpiter estaban entre el número de los primeros. Asimismo se decía que tanto el uno como el otro eran padres de Osiris, como lo hemos explicado en el primer libro. El abad Banier[21] piensa también que Osiris es el mismo que Mizraim, hijo de Cam, del que dice que era Amón. Pero de cualquier manera que se considere la cosa, quedará constancia de que Saturno era uno de los grandes dioses de Egipto y que, si fue rey

18. Saturno vino el primero del etéreo Olimpo a estas regiones, huyendo de las armas de Júpiter, destronado y proscrito; empezó a civilizar a aquella raza indómita que vivía errante por los altos montes y les dio leyes y puso el nombre de *Lacio* a estas playas en memoria de haber hallado en ellas un asilo seguro donde ocultarse. *Virgilio, Enéida,* lib. 8, 63.
19. Banier, *op. cit.* t. 2, p. 130.
20. Herodoto, lib. 2.
21. Banier, t. 1, p. 484.

de este país, no es lógico suponer su reino en Grecia o en Italia, puesto que los mejores y más antiguos autores sostienen que los griegos tomaron de los egipcios el culto de los dioses, al que este pertenecía.

Por lo demás, todo lo que los griegos decían de su Saturno convendrá muy bien al Saturno de Egipto y es muy probable que sólo el amor propio y la vanidad hayan inducido a los griegos a figurar que Saturno y Júpiter habían nacido entre ellos, porque, como hemos dicho, no querían que se creyera que su origen procedía de otros que no fueran los dioses. Si el abad Banier y la mayor parte de los antiguos hubieran hecho esta reflexión, no se habrían torturado tanto el espíritu buscando la época del reino de Saturno y de los otros titanes y hubieran visto sin esfuerzo que todas estas fábulas eran puramente alegóricas y no verdaderas historias relatadas fabulosamente. Para convencerse de ello es suficiente leer con un poco de atención la historia de estos dioses en la *mitología* del erudito abad que tan a menudo citamos. ¡Qué ingeniosas son las explicaciones que da! En ellas se nota cuán difícil es seguir, o más bien hacer pasear a Saturno por las diferentes comarcas de Grecia, España y luego de Italia ¡cuánto le cuesta al buen juicio persuadirse de que hubo otro Saturno que el de Egipto, hijo como él del Cielo y de la Tierra, hermano y esposo de Rea y padre de Júpiter! Igualmente, Ceres, hija de Saturno según los griegos, no es diferente de Isis. Vesta, otra hija de Saturno, también era una diosa de Egipto. Tifón, el cual causó tantas penas y dificultades a los dioses Saturno, Júpiter y etc, era un titán y era egipcio, lo mismo que Prometeo, hijo de Jápeto y sobrino de Saturno, puesto que Osiris lo constituyó gobernador de una parte de los estados durante el viaje que hizo a las Indias. Basta, pues, con comparar todas estas historias para ver, en una simple ojeada sobre las explicaciones que hemos dado en el primer libro y sobre lo que acabamos de decir al respecto, que estos supuestos príncipes titanes sólo son seres fabulosos y alegóricos.

Por Saturno muchos han interpretado el tiempo, a causa de su nombre *Cronos*. Se dice que es único y parece ser engendrado, o si se quiere, combinado y medido por el movimiento de los cielos; esta filiación única ha hecho imaginar que había mutilado a su padre. Respecto a esto todavía se fundamenta que el tiempo lo devora todo; lo que se hace en el tiempo es como su hijo y si guarda alguna cosa son los guijarros y las piedras más duras; es por lo que se dice que vomitó el guijarro que había tragado creyendo haber devorado a Júpiter. *El tiempo que todo lo acaba*, dice Horacio. Tal es la explicación de algunos otros mitólogos apoyándose en el testimonio de Cicerón que, en su libro *La naturaleza de los dioses*, hace hablar a dos filósofos de los cuales uno de los dialogantes dice que este dios gobernaba el curso del tiempo y de las estaciones. Es preciso declarar que esta explicación no está mal encontrada, pero desgraciadamente cojea por algún sitio y deja de lado muchas de las circunstancias de esta fábula. Que el Cielo sea padre de Saturno pasa, pero que la Tierra sea la madre, no cuadra en absoluto. ¿La Tierra habría concebido al tiempo? Y ¿qué hace la Tierra en su producción? Y asimismo ¿qué hace el Cielo? A menos que se le considere como el curso y el movimiento de los planetas y de los astros. Para mí, más bien habría imaginado al Sol como padre del tiempo que a Saturno, sin embargo, se le considera como el hijo pequeño de este primero de los dioses. Es en referencia al curso del Sol que se ajustan el día y la noche, el año, el verano, el invierno y las otras estaciones. Incluso yo lo habría tomado por el tiempo mismo, antes que al hijo del Cielo.

En efecto ¿por qué representar al tiempo bajo la figura de un viejo pálido, lánguido, curvado bajo el peso de los años y, en consecuencia, muy pesado y muy lento, cuando de hecho vuela más ligero que el viento y nada le iguala en celeridad, no envejece jamás y se renueva a cada instante? Se dice que el dragón o serpiente que se pone en la mano de Saturno significa el año y sus revoluciones, puesto que muerde su propia cola; pero me parece que representaría mejor el símbolo de la juventud, puesto que la serpiente parece rejuvenecer cada vez que cambia de piel, en cambio un año que pasó ya no vuelve más. Asimismo yo no veo ninguna diferencia entre esta serpiente y las que dan a Mercurio y a Esculapio, las mismas que eran constituidas como guardianes del toisón de oro y del jardín de las Hespérides. ¿por qué sería, pues, allí, el símbolo de la revolución anual y aquí el de la concordia y reunión de los contrarios, por un lado, el de la medicina y por el otro el de la prudencia y la vigilancia?

Para encontrar el verdadero significado de esta serpiente, se ha de aprender de los egipcios, puesto que son los padres de los símbolos y los jeroglíficos. Horapolo[22] nos dice que estos pueblos, cuando querían representar jeroglíficamente el nacimiento de las cosas, su resolución en su misma materia y mismos principios, de los cuales están hechas, ponían ante los ojos la figura de una serpiente que devoraba su cola. El mismo autor dice que para representar la eternidad los egipcios pintaban al Sol y la Luna o a un basilisco, llamado por los egipcios *Urée*, puesto que consideraban a estos astros como eternos y a este animal inmortal.[23] Añade que la figura de Isis era el símbolo del año, como la palmera, pero no dice en ningún lugar que la serpiente mordiendo su cola fuera la figura de ello. El padre Kircher[24] parece haber querido generalizar la idea de Horapolo cuando dice que los egipcios, al querer designar el mundo representaban una serpiente mordiéndose la cola, como si hubieran querido indicar que todo lo que se forma en el mundo tiende poco a poco a su disolución en su primera materia, siguiendo este axioma: *in id resolvimur es quo sumus*. Asimismo aporta como testimonio el sentimiento de Eusebio, que hablando de la naturaleza de la serpiente y siguiendo la idea que de ello tenían los fenicios,

---

22. Quod vero velut cibo, suo utatur (serpens) corpore, significat id, quaecumque Dei providentiâ in mundo gignuntur, ea rutsum in eandem materiam resolvi, & tanquam imminutionem sumere. (lib. 1, cap. 1) Porro annum demonstrare volentes, Isin, hoc est mulierem pingunt: quoetiam signo Deam significant [...] Aliter quoque annum indicantes palmam pingunt, quod arbor haec sola ex omnibus ad singulos Lunae ortus, singulos etiam ramos procreet, ita ut duodecim ramorum productione annus expleatur. Horapolo, lib. 1, c. 3.
23. Horapolo, *ibíd.* cap. 1.
24. Kircher, *Ideae Hieroglíficae,* lib. 4.

dice: καί εἰς ἱαυτόι αιαλύεται ώ πεζιωρόκειται. Asimismo, Kircher expone la idea que los filósofos herméticos ligan a la figura y al nombre de la serpiente, cuando dice[25] que los egipcios figuraban a los cuatro elementos mediante este reptil; puesto que los filósofos toman a la serpiente, una veces como símbolo de la materia del magisterio, que dicen ser el compendio de los cuatro elementos, otras veces por esta materia terrestre reducida en agua y finalmente por su azufre o tierra ígnea, a la que llaman minera del fuego celeste y receptáculo en el que abunda esta virtud ígnea que lo produce todo en el mundo. Esta materia –dicen– compuesta de los cuatro elementos, debe resolverse en sus primeros principios, es decir, en agua, y es por su acción que los cuerpos son reducidos a su primera materia. Si queréis saber cual es nuestra materia –añaden– buscad aquella en la que todo se resuelve, puesto que las cosas vuelven siempre a sus principios y son compuestas de aquello en lo que se resuelven. Bernardo el Trevisano[26] explica esta resolución y advierte que no se ha de imaginar que los filósofos admiten hablar de los cuatro elementos bajo los nombres de primera materia y primeros principios, sino como principios secundarios o principios de los cuerpos, es decir, agua mercurial.

Frecuentemente, los filósofos, han tomado la serpiente o el dragón como símbolo de su materia. Nicolás Flamel es preciso en ello. Maier[27] ha hecho el decimocuarto de sus emblemas con estos versos debajo: *El hambre áspera enseñó a los pulpos a comerse sus propias partes, y a los hombres a nutrirse de carne humana. Mientras el dragón se muerde la cola con el diente y la mete en el vientre, se convierte a sí mismo en gran parte de su propio alimento. Debería ser domado mediante hambre, hierro, cárcel, mientras se devore y se vomite, se mate y se vuelva a parir.*

Los discípulos de Hermes, pues, han seguido las ideas de su maestro respecto al jeroglífico de la serpiente. Se lo han dado a Cadmo, Saturno, Mercurio, Esculapio, etc. Han dicho que Apolo había matado a la serpiente Pitón, para decir que el oro filosófico había fijado su materia volátil. Han hecho de *Typhon* el anagrama de *Python*, y le han dado como hijos todos estos dragones y monstruos de los que se habla en las fábulas. Los filósofos más modernos se conforman a los antiguos y por la serpiente que devora su cola, entienden, propiamente, su azufre, como lo aprendemos en una infinidad de ellos, particularmente Raimon Llull, en estos términos:[28] *Mi hijo es el azufre o la culebra que devora su cola, el león rugiente, la tajante espada que corta, mortifica y disuelve todo.* Y el autor del Rosario: *Se dice que el dragón devora su cola cuando la parte volátil, venenosa y húmeda, parece consumirse, pues la volatilidad de la serpiente depende mucho de su cola.* Espagnet también hace mención de esta serpiente

25. Kircher, *op. cit.*
26. Bernardo el Trevisano, *Filosofía de los Metales.*
27. Michael Maier, *Atalanta fugiens.*
28. Raimon Llull, *Codicilio*, cap. 31.

en estos términos: *En estas dos últimas operaciones, el dragón se violenta a sí mismo y, devorándose la cola, se consume y se agota totalmente, transformándose finalmente en la Piedra.* En cuanto a la serpiente, simplemente considerada en ella misma, los filósofos han dado su nombre a su agua mercurial, puesto que se dice comúnmente que las aguas serpentean al derramarse y que las olas imitan las inflexiones que la serpiente hace al arrastrarse. Por otra parte, en la segunda operación del magisterio, la serpiente filosófica empieza a disolverse por su cola, mediante su cabeza, es decir, su primer principio.

Estas explicaciones no son mías. Sólo se ha de haber leído un poco las obras de los filósofos para convencerse de ello. *Considerad bien a estos dos dragones* -dice Flamel-[29] *ya que estos son los verdaderos principios de la filosofía, que los sabios no han osado mostrar ni nombrar claramente a sus propios hijos. El que está debajo sin alas es el fijo o el macho, el que está encima, con alas, es el volátil o la hembra negra y obscura que tomará el dominio durante muchos meses. El primero es llamado azufre, o bien, calidez y sequedad, y el segundo plata viva o frialdad y humedad. Estos son el Sol y la Luna de fuente mercurial y origen sulfuroso, que por el fuego continuo se adornan con vestiduras reales para vencer toda cosa metálica, sólida, dura y fuerte, cuando son unidos juntamente y después transformados en quintaesencia. Estos son las serpientes y dragones que los antiguos egipcios han pintado en círculo, con la cabeza mordiéndose la cola, para decir que habían salido de una misma cosa, y que ella sola era suficiente a sí misma, y que en su contorneo y circulación se perfecciona. Estos son los dragones que los antiguos poetas han puesto como guardianes, sin dormir, de las manzanas doradas de los jardines de las vírgenes Hespérides. Son aquellos sobre los cuales Jasón, en la aventura del Toisón de oro, vertió el jugo preparado por la bella Medea; de tales discursos, los libros de los filósofos, están tan llenos que no hay ninguno que no haya escrito sobre ello, después del verídico Hermes Trismegisto, Orfeo, Pitágoras, Artefio, Morieno y los siguientes hasta mí.*

El retrato que Basilio Valentín hace de Saturno[30] concuerda muy bien con el de la fábula. *Yo Saturno* -dice este filósofo- *el más elevado de los planetas del firmamento, confieso y protesto ante todos vosotros, mis señores, que soy el más vil y más pequeño de entre vosotros; tengo un cuerpo enfermo y corruptible, de color negro, sujeto a muchas aflicciones y a todas las vicisitudes de este valle de miseria. Sin embargo, es a mí a quien todos vosotros sufrís; no tengo una morada fija y elevándome elevo todo lo que encuentro parecido a mí. Sólo le echo la culpa de mi miseria a la inconstancia de Mercurio que, por su negligencia y su poca atención, me ha causado todas estas desgracias.* Un autor anónimo, hablando de la generación de Saturno,[31] dice: *Está sujeto a muchos de los vicios por la falta de su*

29. Flamel, *Explicación de las figuras*, cap. 4.
30. Basilio Valentín, *Prefacio a las Doce Llaves.*
31. Anónimo, *Philos.* Occ, cap. 12.

nodriza, cojo, pero no obstante es de un genio dulce, cómodo, prudente, y asimismo es tan astuto que resulta vencedor de todos excepto de dos. Su mala digestión, –añade– *lo vuelve pálido, enfermo y curvado; lleva una guadaña porque prueba a los otros. Se le da una serpiente porque los renueva y los rejuvenece, por así decirlo, renovándose a sí mismo.*

No pretendo negar que la mayor parte de los antiguos han tomado a Saturno como símbolo del tiempo. Cicerón, bastante bien instruido en la teología pagana, dice en su segundo libro de *la naturaleza de los dioses*: *los griegos pretendían que Saturno es aquel que contiene el curso y la conversión de los espacios y del tiempo. Este dios es llamado en griego Chronos, palabra que significa tiempo. Es llamado Saturno porque está repleto de años y se figura que devoraba a sus propios hijos porque la edad devora los espacios del tiempo y se llena infatigablemente de los años que transcurren. Él ha sido ligado por Júpiter, por miedo a que su curso fuese inmoderado; he aquí el porque Júpiter se sirve de las estrellas, como de lazos, para sujetarlo.* Si este pasaje de Cicerón confirma a los que, como él, pretenden que Saturno significa el tiempo, al menos prueba igualmente que Saturno no fue jamás un príncipe real de Grecia, sino solamente un personaje figurado, y su historia una alegoría. Y si era éste el mismo sentimiento de los griegos, en vano el abad Banier y algunos otros mitólogos se han puesto a razonar recientemente sobre pruebas tomadas de Diodoro de Sicilia y de muchos antiguos, para fabricar una historia que pretenden presentarnos como la realidad. Varrón mismo, así como otros filósofos que habían razonado sobre la naturaleza de los dioses, encontraron tantas absurdidades, en el fondo mismo de sus historias, que se vieron en la indispensable necesidad de recurrir a la alegoría para encontrar algunas explicaciones, que por lo menos fueran verosímiles; pero la gran diversidad de sus interpretaciones prueba que no estaban al corriente de los objetivos que los autores de estas alegorías tenían en vista. San Agustín las encuentra tan poco satisfactorias que dice, que por sus explicaciones quieren hacer honor a estas fábulas ridículas y extravagantes, aplicándolas a las operaciones de la Naturaleza y del Universo y a las diferentes partes de la una y del otro. En efecto, es suficiente leer todo el pasaje que acabamos de citar de Cicerón, para ver claramente que estas explicaciones son absolutamente forzadas. Pues ¿quién tomaría a las estrellas como ligaduras de lana?, ¿quién podría pensar, con él, que Saturno ha sido nombrado así porque está repleto de años, *quod saturetur annis,* puesto que, al contrario, el tiempo es infatigable? ¿Se creerá su palabra cuando añade que se figura que Saturno devoraba a sus propios hijos porque la edad devora los espacios de tiempo? Si esto fuera así ¿cómo se habría podido decir que vomitó el guijarro y al resto de los que había devorado mediante una bebida que se le hizo tomar, puesto que el tiempo, una vez pasado, ya no vuelve más y jamás devuelve lo que se ha engullido?

Asimismo, la historia de Saturno encierra una infinidad de circunstancias que no pueden convenir al tiempo. Sus guerras con los titanes, por ejemplo, su mutilación, su destronamiento, su fuga y su retirada a Italia para ocultarse, su reinado con Jano, su parentesco mismo, puesto que lo fue de Titán, de Jápeto, de Atlas, de Rea y los otros. ¿Qué partes del tiempo se les atribuiría a estos? Y si el tiempo más antiguo es el primogénito de las cosas ¿cómo se podría decir que Saturno era el más joven de los hijos del Cielo y de la Tierra? En cuanto a su nombre griego *Cronos*, que se dice ser el mismo que χρονος, *tempus*, creo que este parecido en los nombres ha sido la causa del error de los que han tomado a Saturno por el tiempo. De hecho si se pone atención a los otros nombres que los griegos dan a este dios se reconocerá que χρονος no podía figurar el tiempo puesto que el de I"λος, que Filón de Biblos interpreta del Sanchuniathon, dado a Saturno, según el testimonio de Eusebio, (lib. 1), προωάρασκει, no tiene ninguna relación con el tiempo. I"λον τόν καμ Κρόνον καμ Βέτυλον, etc ... dice este autor. Se dice que I"λυς quiere decir *del limo, del barro* y que ha sido hecho de I"λος, *palus* (pantano, charca), de lo cual, igualmente se puede haber hecho I"λος, que es el nombre de Saturno, y entonces Κρονος podría venir de Κράνα, ας, que los dorios decían por Κρήνη, *fons* (fuente, principio, fundamento), pues no se ignora que los griegos cambiaban bastante a menudo la α en ο; incluso puede ser que viniera de Κρουνος, *fons scaturiens,* (fuente que mana o brota), que también ha sido hecho de Κρήνη, y en este caso se habría dicho Κρονος por síncopa, Κρουνος. Esta etimología parece tanto más natural ya que la mayor parte de los antiguos admitieron, como los filósofos herméticos, el agua como primer principio, o el caos, que consideraban como un barro y un limo, del cual todo fue sacado. Asimismo, algunos han dicho que el Océano o el agua era el más antiguo y padre de los dioses. Otros han dicho que Océano solamente era hermano de Saturno, sin duda porque el agua y el barro están siempre unidos. Entonces el agua sería Océano y el limo Saturno, lo que sería designado con el nombre de I"λος.

Los filósofos herméticos siempre han tenido esta idea de su Saturno, puesto que han dado este nombre a su caos o materia disuelta y reducida a barro negro, al que han llamado plomo de los sabios. Pero como estos nombres, de plomo y de Saturno, podrían inducir a error a los químicos, Ripley les ha advertido diciendo:[32] *Nuestra reina está encerrada en una cosa vil, despreciada, y aparentemente no vale nada. En efecto, ¿qué hay más despreciable que el barro? Pero tened cuidado de engañaros respecto a nuestro Saturno, creedme, el plomo siempre será plomo.* Tal es la verdadera idea que debemos tener de Saturno, este dios cubierto de harapos o de sucios y desgarrados hábitos, puesto que la materia del magisterio, en este estado de disolución y de negrura, es un objeto vil, despreciado como el barro, que aparece a la vista bajo un exterior sucio y más capaz de hacer que se la rechace y se la pisotee con los pies, que de atraer las miradas. Los filósofos, siempre atentos a expresarse por medio de enigmas o mediante alegorías, han hablado de esta materia unas veces en general y otras veces en particular y

32. Ripley, *Philorii,* cap. 20.

la han llamado *Saturnia vegetal, raza de Saturno*; han hablado en este estado de confusión y de caos, como de la materia de la cual se forma este caos y este barro. En consecuencia dice Raimon Llull:[33] *Ella aparece a nuestros ojos bajo un hábito sucio, hedionda, infectada y venenosa.* Y el autor del *Seculum aureum redivivum: la leche y la miel se derraman de sus pechos. El olor de sus vestimentas es para el sabio como el de los perfumes del Líbano y los locos le tienen horror y abominación.*

Es propiamente esta disolución, llamada por los filósofos *reducción de los cuerpos a su primera materia*, que ha hecho dar a Saturno la serpiente y la guadaña como símbolo, como hemos dicho antes, conforme a la idea que tenían los egipcios, de los cuales los griegos habían tomado la mayor parte de las suyas. Y si se figura que Saturno había devorado a sus propios hijos, es porque siendo el primer principio de los metales, y su primera materia, sólo él tiene la propiedad y la virtud de disolverlos radicalmente y volverlos de su propia naturaleza. También Avicena dice, con los otros filósofos: *No tendréis éxito jamás si no reducís los metales (filosóficos) a su primera materia.*[34]

De todos los hijos que Saturno devora ninguno es nombrado hasta Júpiter; y los filósofos no nombran a ninguno hasta la negrura, o su Saturno. Antes de que este color aparezca llaman a su materia *caos. Ella es* –dice Sinesio-[35] *el nudo y el vínculo de todos los elementos que contiene en sí, puesto que ella es el espíritu que nutre y vivifica todas las cosas y por medio del cual la naturaleza produce en el Universo.* Esta materia, dice un anónimo, es la simiente del Cielo y de la Tierra, primer principio radical de todos los seres corporales. Saturno es el último de los hijos del Cielo y de la Tierra y reina a pesar del prejuicio de Titán, su hermano mayor, pero no obtiene la corona sin guerras y sin combates, pues la disolución no puede realizarse sin una fermentación. Los titanes, hijos de la Tierra, son las partes de la tierra filosófica que se combaten antes de la putrefacción; de esta putrefacción nace la negrura llamada Saturno, y como esta negrura también es llamada Tártaro, a causa del movimiento y de la agitación de las partes de la materia mientras está en este estado, se figura que Saturno había precipitado a los titanes en el Tártaro, que viene de αζασσο, *turbo* (turbar, alborotar, agitar), *commoveo* (levantar, mover, poner en movimiento, conmover).

El reino de Saturno, pues, dura lo mismo que la negrura. Entonces parece devorarlo todo, hasta el guijarro mismo que se le presenta en lugar de Júpiter, puesto que todo está disuelto, pero el guijarro es de muy dura digestión y tan pronto como se habrá hecho beber a Saturno cierto licor, que la fábula no nombra, es decir, después de que las partes acuosas y volátiles hayan empezado a subir a lo alto del vaso en forma de vapor y tras ser condensadas en agua,

---

33. Raimon Llull, *Teoría*, cap. 18.
34. Avicena, *Epístola de re recta.*
35. Sinesio, *Sobre la obra de los filósofos.*

recaerán sobre la materia terrestre y negra, llamada Saturno, como para darle de beber en el sentido que dice Virgilio: *Claudite jam rivos, puerí, sat prata biberunt.* O como se dice, que el rocío y la lluvia abrevan la tierra, entonces Saturno devuelve el guijarro que había engullido; la materia de los filósofos, que era tierra antes de ser reducida en agua por su disolución, volverá a empezar a aparecer, tan pronto como el color gris empiece a manifestarse, o sea Júpiter, que no es otro que este color gris, y en consecuencia hijo de Saturno y de Rea, puesto que está formado de la negrura lavada por la lluvia de la que acabamos de hablar. Esta lluvia está perfectamente designada por Rea, que viene de ῥέω, *fluo* (gotear), *fundo* (derramar, rociar). Entonces Júpiter destronará a su padre, es decir, que el color gris sucederá al negro. En ese momento están ya formados los cuatro hijos de Saturno y de Rea. Júpiter es este color gris, Juno es este vapor o humedad del aire encerrado en el vaso, Neptuno es el agua mercurial o el mar filosófico, venido de la putrefacción, Plutón o el dios de las riquezas es la tierra misma que se encuentra en el fondo del vaso, lo que ha hecho decir a los antiguos poetas que el infierno o reino de Plutón estaba en el fondo de la tierra. En consecuencia, Júpiter y Juno se encuentran más elevados y ocupan el Cielo, ya que este color gris se manifiesta sobre la superficie de la materia que sobrenada; es el Cielo de los filósofos, donde veremos que están todos los dioses; Neptuno o el agua se encuentra debajo y finalmente Plutón es la tierra que está en el fondo del agua. Esta tierra encierra el principio aurífico, es fija y constituye la base de la piedra filosofal, manantial de riquezas. Se tiene razón, pues, al llamarle Plutón, dios de las riquezas, y si se le da a Mercurio el epíteto de *dator bonorum* (dador de bienes), es porque el mercurio filosófico es el agente de la obra y el que perfecciona la piedra. En cuanto a Quirón, otro hijo de Saturno y de Fílira, ya explicaré en su lugar lo que se debe pensar de él.

Los que han tomado a Saturno por el tiempo lo han representado algunas veces con una *clepsidra* (reloj de agua o de arena) sobre la cabeza, en lugar de un casco como algunos antiguos le habían puesto para designar su fuerza. Las alas con las que algunos representan a Saturno contradicen visiblemente a los que han aventurado que tenía los pies ligados con cuerdas de lana, a menos que se quiera decir que se le había dado alas para suplir el defecto de los pies. Yo creo más bien que antiguamente los que eran avisados para explicar alegóricamente las fábulas y representarlas mediante figuras simbólicas, sin estar al caso de la intención de los autores de estas fábulas, han confundido la figura o jeroglífico del tiempo con la de Saturno. Pienso pues, que se han de distinguir las unas de las otras y considerar como figura de Saturno aquellas que tienen una evidente relación con su historia y dejar al tiempo las que le convienen. Sin embargo, yo no niego que los griegos y los romanos hayan tomado a Saturno por el tiempo y que se le hayan dado esos atributos, pero no se encuentra ningún monumento egipcio y ningún autor puede aportar razones sólidas de que los egipcios y los fenicios hayan considerado jamás a Saturno como símbolo del tiempo. Se puede decir que en los siglos posteriores en los que han transportado las ficciones egipcias a Grecia, los artistas mal instruidos de sus intenciones han representado a Saturno como el tiempo. Así, las malas interpretaciones de las fábulas y las representaciones de Saturno hechas en consecuencia, habrían contribuido en hacer aparecer el error y en mantenerlo.

Ninguno de los filósofos discípulos de Hermes deja de estar avisado para no caer en este error. Estos han entendido a Saturno siguiendo la idea de los egipcios, y si dicen como ellos que combatió a su hermano Titán para apoderarse de su trono, es que saben que el fijo y el volátil son hermanos y que éste, en la disolución se lleva la victoria y permanece como amo, de manera que Júpiter, su hijo, es el único que puede destronarle, por las razones que hemos dicho antes. Saben también que Hesíodo[36] tenía razón al decir que la piedra engullida y vomitada por Saturno, fue depositada sobre el monte Helicón, residencia de las Musas, puesto que no ignoran que este monte Helicón no es otra cosa que esta tierra flotante, en forma de monte, que puede ser llamada monte Helicón o monte negro, de ελικος, *niger* (negro). Se puede decir propiamente que es habitación de las musas puesto que es sobre él que revolotean las partes volátiles, como hemos dicho en el primer libro que estas eran designadas por las musas y como lo demostraremos todavía a continuación. Y además esta célebre piedra, depositada sobre el monte Helicón, ha sugerido materia a los poemas de Orfeo, Homero y de tantos otros. Este monte ha tomado diferentes nombres, según los diferentes estados en que se encuentra y las variaciones de colores que sufre durante el curso de la obra. Cuando transpira o trasuda, es decir, cuando tiene forma de sombrero que se eleva sobre el mosto o jugo de uva en la cuba, forma una especie de montículo y el agua mercurial que está debajo trasuda a través de él para elevarse en vapores y recaer como rocío o lluvia, se le ha dado el nombre de monte Ida, de ιδος, sudor, después de esto se vuelve blanco bello y brillante, es el monte cubierto de nieve de Homero,[37] el monte Olimpo, sobre el cual habitan los dioses. Luego es la isla flotante, donde Latona puso en el mundo a Febo y Diana, luego Nisa, rodeada de agua, donde Baco fue educado, aquí es la isla de Rodas donde cayó una lluvia de oro cuando nació Minerva, allí es la isla de Creta, etc.

Los filósofos herméticos, en sus figuras simbólicas, representan a Saturno de la misma manera que los antiguos, es decir, bajo la figura de un viejo con una guadaña y con alas. Nicolas Flamel en *las figuras jeroglíficas* nos ha conservado las de Abraham el judío y nos presenta en la primera a Mercurio o un hombre joven que tiene alas en los talones y lleva un caduceo, y a un viejo que viene con las alas desplegadas y con una guadaña en la mano, como para cortarle los pies.

Noel el conde, empecinado en la moral que cree ver en todas las fábulas, no soporta que se les de explicaciones que tiendan a otro objeto. Declara que los químicos interpretan la fábula de Saturno según las operaciones de la química, pero

36. Hesíodo, *Teogonía.*

37. Homero, *Ilíada,* lib. 1, vers. 420 y ss.

parece que no sabe distinguir entre un químico vulgar y un químico hermético: *Como se ha atribuido* -dice-[38] *un metal a cada planeta, a causa de algunos parecidos que se ha creído ver entre ellos, los tiranos de los metales o químicos han explicado casi toda esta fábula relacionándola con su arte, queriendo darlo así para los discípulos e imitadores de Hermes, de Geber y de Raimon Llull, que eran platónicos [...] pues estos verdugos de los metales se esfuerzan en inventar tales parecidos artificiosos, para transmutarlos y darles otras formas, por el horrible miedo que tienen a la pobreza.* Este autor, tratando a los discípulos de Hermes de *verdugos de los metales*, demuestra su perfecta ignorancia sobre el arte hermético; primeramente porque Geber, Raimon Llull y los otros filósofos hablan de los metales filosóficos y no de los vulgares y tienen el cuidado de advertir que los vulgares están muertos, en cambio los suyos están vivos.[39] En segundo lugar, ellos no siguen los procedimientos de la química vulgar en sus operaciones y no torturan a los metales, puesto que se puede ser muy buen filósofo hermético e ignorar perfectamente la química vulgar.[40] Ésta sólo se ocupa de la destrucción de los mixtos, la otra trabaja en perfeccionarlos. Los químicos vulgares, o por lo menos los sopladores, buscan hacer oro y destruyen lo que tienen. El arte hermético se propone hacer un remedio que cure las enfermedades del cuerpo humano; no se jacta de hacer oro inmediatamente, sino de hacer una materia que perfecciona a los metales bajos en oro. Por otra parte, Noel el conde en mala ocasión dice que Geber y Hermes son platónicos, puesto que Platón fue posterior a Hermes.

38. Noel el Conde (Natali Conti), *Mitología*, lib. 2.

39. Es preciso que estos dos cuerpos sean vírgenes, animados y no muertos, como aquellos de los que se sirve el vulgo pues, ¿cómo se podría esperar la vida de cosas muertas? *Espagnet, Obra secreta de la Filosofía de Hermes,* can. 21 & en el can. 23: bajo el nombre de Luna los filósofos no entienden la luna vulgar. *Y en el can. 44:* El que explica la Luna de los filósofos, o el Mercurio de los filósofos como si fuera mercurio vulgar, o bien engaña a otro o bien se engaña a sí mismo.

40. Un principiante en este estudio, si se siente dotado de un espíritu clarividente, de un juicio sólido y resuelto, de una inclinación al estudio de la filosofía, particularmente de la física, si tiene el corazón puro, buenas las costumbres, y si además está estrechamente unido a Dios, por más que no esté versado en química, que entre, sin embargo, en la vía de la Naturaleza. *Espagnet, can. 7.*

Pues los Filósofos de ahora han encontrado tantas sutilidades que es imposible encontrar de más grandes y difieren tanto del Arte de los antiguos Filósofos como la relojería difiere de la cerrajería. [...]Estoy seguro que tanto Hermes, como Geber y Raimon Llull, por más sutiles y profundos Filósofos que hayan podido ser, si volvieran ahora al mundo, lamentablemente no serían considerados como Filósofos por los químicos de hoy día, sino que más bien querrían hacérselos discípulos suyos, tan grande es nuestra pretensión. Sin duda que estos buenos y doctos personajes ignorarían tantas inútiles destilaciones como las que se usan hoy, tantas circulaciones, calcinaciones, y tantas vanas operaciones, que nuestros modernos han inventado, los cuales no habiendo entendido el sentido de los escritos de estos antiguos, permanecieron aún durante mucho tiempo buscando una sola cosa, a saber, la Piedra Filosofal. El Cosmopolita, *Nueva Luz Química,* trat. 1.

Esta obra es muy secreta y puramente natural y no se hace ni con el fuego ni con las manos, sino solamente por el calor interior; el calor de fuera no hace otra cosa que expulsar el frío y superar y corregir sus síntomas o accidentes. I. Filaleteo, *Entrada abierta al palacio cerrado del rey,* cap. 19

Quizás este mitólogo lo dijera como san Jerónimo lo decía de Filón el judío: *aut Plato philonisat, aut philoplatonisat.*

Ya hemos hablado del reino de Saturno en Italia, en el libro precedente, en el capítulo del siglo de oro. Nos quedaría hablar del culto a este dios y de las fiestas instituidas en su honor, pero remitimos este artículo al libro siguiente, que tratará de las fiestas, de los juegos y de los combates instituidos en honor de los dioses y de los héroes.

CAPÍTULO IV

Historia de Júpiter

Si me hubiera propuesto explicar toda la mitología, aquí sería el lugar para hablar de Titán, Jápeto, Tetis, Ceres, Temis y los otros hijos del Cielo y de la Tierra, pero como hablaré de ellos en las circunstancias en que se presentarán, los dejo para no romper el seguimiento de la cadena dorada y vengo a Júpiter.

Proponerse discutir aquí todos los diferentes sentimientos sobre Júpiter, su genealogía, sus diferentes nombres y querer entrar también en detalle sobre todo lo que los historiadores, los poetas y los mitólogos han dicho, ya sea para volver su historia menos absurda, ya sea para constatar su existencia real, como dios, o como rey, o igualmente como hombre, sería proponerse una obra que no tendría una relación suficientemente directa con el objetivo que me he propuesto. Todo esto se puede ver en el primer libro del segundo tomo de la *Mitología* del abad Banier.

Así, que los reyes de Grecia, como ya se ha visto, hayan llevado el nombre de Júpiter poco importa y la contradicción que me sugiere la ficción que hace de las épocas, de las vidas y de los reinos de estos pretendidos reyes, este entendido mitólogo que acabo de citar, no la tendré en cuenta, si como dice,[41] Apis, rey de Argos y nieto de Inaco, tomó el nombre de Júpiter y vivió 1 800 años antes de Jesucristo. Y si es verdad que un Arterio, rey de Creta, hacia 1 400 años antes de la era cristiana, habría podido raptar a Europa, hija de Agenot, rey de Fenicia, y hermana de Cadmo que, habiéndose establecido en Grecia, según el mismo autor, 1 350 o 1 360 años antes de Jesucristo, el cuarto año de reinado de Hellen, hijo de Deucalión, que reinó 1 611 años antes de la misma era. Si el primer hecho es verdad, se ha de confesar que los cretenses conservaron el resentimiento y el deseo de venganza, mediante represalias, durante largo tiempo, ya que durante más de 400 años no pudieron alcanzarle. Herodoto al principio de su *Historia* está de acuerdo con Echeménides, en su *Historia de Creta,* que los cretenses raptaron a Europa como represalia pues los fenicios habían raptado anteriormente a Ino, hija de Inaco. No es menos sorprendente el hecho de que Apis, rey de Argos

41. Banier, *op. cit.* cap. 1.

y nieto de Inaco, haya reinado pasados los 1 800 años antes de J.C., mientras que el mismo Inaco se estableció en el país, que luego fue llamado Peloponeso, anteriormente a los 1 880 años antes del mismo Jesucristo. Se percibe cuántas de estas ficticias épocas me pondrían obstáculos al tenerlas que discutir; abandono, pues, todo esto para aquellos que quieran tomarse la molestia de hacer una crítica siguiendo esta erudita y penosa obra, según la opinión más común.

Que veamos aquí a Júpiter como egipcio o como griego es un poco la misma cosa puesto que el uno y el otro, según casi toda la antigüedad, eran hijos de Saturno y Rea y nietos del Cielo y de la Tierra. Titán hizo un trato con Saturno por el cual le cedía el imperio a condición de que hiciera perecer a todos los hijos varones que tuviera de Rea; Saturno los devoraba a medida que nacían. Rea, indignada por haber perdido ya algunos, pensó en salvar a Júpiter al que estimaba mucho y cuando dio a luz engañó a su marido presentándole un guijarro envuelto en pañales, en lugar de Júpiter. Hizo llevar a Júpiter a la isla de Creta y lo confió a los dáctilos para que lo alimentaran y lo educaran. Las ninfas que lo tomaron a su cuidado se llamaban Ida y Adrestea, también se las llamó Melisas. Algunos dicen que fue amamantado por una cabra y que las abejas también fueron sus nodrizas, pero, aunque los autores varían bastante sobre el hecho, casi todo se reduce a decir que fue educado por los coribantes de Creta, que figurando los sacrificios que solían hacer al son de varios instrumentos, o, como algunos pretenden, danzando y golpeando sus escudos con sus lanzas, hacían un gran ruido para que no se oyeran los llantos del pequeño Júpiter.

Cuando se hizo mayor, Titán fue advertido de ello, y creyendo que Saturno había querido engañarle violando así las condiciones de paz, que eran eliminar a los hijos varones, Titán reunió a su gente y declaró la guerra a Saturno, se apoderó de él y de Ops y los puso en prisión. Júpiter se hizo cargo de la defensa de su padre y atacó a los titanes, los venció y puso a Saturno en libertad. Éste, poco agradecido, tendió trampas a Júpiter que, por consejo de Metis, hizo tomar un brebaje a su padre que le hizo vomitar primeramente la piedra que había engullido y seguidamente a todos los hijos que había devorado. Plutón y Neptuno se unieron a Júpiter, que declaró la guerra a Saturno al que, siendo apresado, trató precisamente de la misma manera que él mismo había tratado a su padre Urano y con la misma guadaña. Seguidamente lo precipitó, junto con los titanes, al fondo del Tártaro; arrojó la guadaña a la isla de Depranum y las partes mutiladas al mar, de las que nació Venus.

Los otros dioses acompañaron a Júpiter durante la guerra que sostuvo contra los titanes y contra Saturno. Plutón, Neptuno, Hércules, Vulcano, Diana, Apolo, Minerva y el mismo Baco le ayudaron a obtener una completa victoria. Baco fue tan maltratado allí que fue hecho pedazos. Dichosamente Palas lo encontró en este estado y, viendo que aún tenía el corazón palpitante, lo llevó ante Júpiter que lo curó. Apolo, vestido con una tela de color púrpura, cantó a esta victoria acompañándose con su lira. Júpiter en reconocimiento hacia Vesta, que le había procurado el imperio, le propuso que le pidiera todo lo que quisiera.

Vesta eligió la virginidad y las primicias de los sacrificios. Seguidamente los gigantes hicieron la guerra a Júpiter con la intención de destronarle, pero, ayudado aun por los dioses, los venció, los fulminó y sepultó a los más temibles bajo el monte Etna. Es preciso señalar que Mercurio no se encontraba en la guerra contra los titanes y sin embargo fue uno de los que combatieron con más ardor contra los gigantes.

Los antiguos representaron a Júpiter de diferentes maneras. La más común en que se le pinta es bajo la figura de un hombre majestuoso con barba, sentado sobre un trono, con el rayo en la mano derecha y en la otra un cetro, a sus pies un águila con las alas desplegadas, raptando a Ganímedes o sola; este dios tiene la parte superior del cuerpo desnuda y la parte inferior cubierta. Pausanias[42] describe la estatua de Júpiter olímpico en estos términos: *Este dios es representado sobre un trono de oro y marfil, tiene sobre la cabeza una corona que imita a la hoja del olivo. En la mano derecha tiene un cetro que también es de marfil y de oro, adornado de cintas y coronado; en la izquierda Júpiter tiene un cetro en el que brillan todas las especies de metales, un águila reposa sobre el extremo de este cetro. El calzado y la capa también son de oro, sobre la capa están representadas toda clase de animales, toda clase de flores, particularmente la del lis. El trono reluce de oro y piedras preciosas; el marfil y el ébano producen, por su mezcla, una agradable variedad.* Jámblico[43] dice que los egipcios pintaban a Júpiter sobre el loto. Los libios lo representaban o bajo la forma de carnero o con los cuernos de este animal y lo llamaban Ammón, porque en Libia, donde fue construido el templo de este dios, había mucha arena de color negro. La razón de que creyeran en una figura así es porque se le encontró, dicen algunos, entre los carneros y los corderos, tras haber abandonado el Cielo por temor a los gigantes, o que él mismo se metamorfoseó en cordero por temor a ser reconocido. No relato aquí las otras razones que da Herodoto respecto al deseo que Hércules tenía de ver a Júpiter ni tampoco a Higinio hablando de las disposiciones que Baco hizo para su viaje a las Indias.

En los antiguos se encuentran, así como en los monumentos que el tiempo ha respetado, muchas otras representaciones de Júpiter. *La antigüedad explicada*, de Bernard de Montfauçon, ha suministrado muchas variedades de ellas, pero no se puede negar que la mayor parte de los símbolos, de los atributos y de las actitudes mismas de este dios han sido puestos por el capricho de los obreros o por la fantasía de los que hacían hacer estas estatuas o pinturas. Cicerón nos da una gran prueba de ello cuando dice:[44] *Conocemos de Júpiter, Juno, Minerva, Neptuno, Vulcano, Apolo y los otros dioses, los rasgos que les ha dado el capricho de los pinto-*

42. Pausanias, en *Elíaco*.
43. Jámblico, *Los misterios egipcios*.
44. Cicerón, *Naturaleza de los Dioses*, lib. 1.

res y los escultores, y no solamente los rasgos sino la edad, la vestimenta y los otros signos. Ya he explicado en el primer libro lo que se entiende por Júpiter Serapis.

Júpiter, de entre todos los dioses del paganismo, ha sido uno de los que cuyo culto era más solemne y más extendido. Las víctimas que más comúnmente se le inmolaban eran la cebra, la oveja y el toro blanco, al que se le habían de dorar los cuernos. Los antiguos varían tanto entre ellos respecto a la idea que se tiene de Júpiter que sería muy difícil formarse una idea fija y clara. Solamente puede concluirse que no lo veían como a un dios que tenía existencia bajo forma humana, a pesar de que los cretenses, según el testimonio de Luciano, quisiesen hacer creer que murió en su país y que estaban en posesión de su tumba.[45] Callimaco dice que los cretenses eran unos mentirosos, puesto que Júpiter vive siempre y se encuentra por todo: *Cretes mendaces semper, Rex alme, sepulcrum erexére tuum: tu vivis semper & usque es.*[46] Unos con Horacio[47] tomaban a Júpiter por el aire: *Yace bajo el frío Jove*; y Teócrito en su cuarta égloga: *Júpiter & quandoque pluit, quandoque serenus.* Virgilio habla de él con el nombre de Éter: *Entonces el omnipotente padre Éter con sus fecundas lluvias desciende al seno de su alegre esposa y poderoso nutre, mezclado con el gran cuerpo, todas las simientes.* (Geórgicas, lib. 2, 325). Cicerón,[48] según Eurípides, también dice que el Éter debe de ser considerado como el más grande de los dioses; Anaxágoras declamaba que esta parte del Universo es toda ella ígnea, llena de fuego y que desde allí se expande para animar toda la naturaleza. Platón[49] parece haber tomado a Júpiter por el Sol. Pero cuando ha querido presentarlo como Dios, entonces Júpiter se convierte en el padre de los dioses y de los hombres, principio y fin de todo, conservador y gobernador de toda la naturaleza según le place.[50] Es sin duda lo que hace que luego se le nombre como Júpiter olímpico, celeste y algunas veces Júpiter infernal, como se ha visto a menudo en Homero y en Virgilio. Asimismo un antiguo poeta dice que Júpiter, Plutón, el Sol y Baco, son una misma cosa.

Sin embargo, toda la antigüedad concuerda en decir que Júpiter era hijo de Saturno y de Rea, y lo que es bastante extraordinario es que la mayor parte de los mitólogos hacen a Saturno hijo del Cielo y de Vesta, que es la Tierra según

---

45. Cretenses non solum natum apud & sepultum Jovem testantur, sed etiam sepulcrum ejus ostendunt. Luciano en *Sacrificios*.
46. Callimaco, *Himnos*.
47. Horacio, *Oda* 1.ª
48. Cicerón, *Naturaleza de los Dioses*, lib. 2.
49. Magnus sane dux in coelo Júpiter volucrem impellens currum, primus incedit omnia coordinans, atque curans. Hunc sequitur Deorum ac Daemoniorum exercitus in duodecim partes distributus: Vesta sola in atrio Deorum manet. Platón, *Fedro*
50. Júpiter todopoderoso, primero y último. Júpiter principio y medio; Jove todas las cosas están a su cargo. Júpiter fundamento de la tierra y del estrellado Cielo. Júpiter macho ignorado por la femenina muerte. Espíritu prudente e impetuoso en extremo. Júpiter es fuego, raíz profunda del Sol y la Luna. Júpiter Rey de todas las cosas pues al mismo tiempo está tendido y por otra parte levantado. Todo se alegra animosamente y a la vez al consagrar el eco del luminoso consejero. Orfeo *en Himnos*.

ellos, asimismo como Cibeles, Ops, Rea y Ceres; en consecuencia, Rea sería su propia madre y su propia hija, también sería madre, mujer y hermana de Saturno. Ceres, que tuvo a Proserpina de Júpiter, se habría convertido en su mujer al mismo tiempo que su madre y su hermana. Sería muy difícil poner de acuerdo todo esto si no se explicara alegóricamente, y ¿qué alegoría se encontrará que le pueda convenir, a menos que se haga según la explicación de la química hermética, donde el padre, la madre, el hijo, la hija, el esposo y la esposa, el hermano y la hermana, son en efecto, la misma cosa, tomada bajo diferentes puntos de vista? Pero se dirá ¿por qué inventar tan gran número de fábulas sobre Júpiter y los otros? Esto era solamente para presentar la misma cosa de diferentes maneras. Los filósofos herméticos han hecho una prodigiosa cantidad de libros en este sentido. Todas sus alegorías tienen como objeto las mismas operaciones de la gran obra, y sin embargo difieren entre ellos según las ideas y la fantasía de los que las han inventado. Cada hombre se ha expresado según la manera preferida. Un médico ha sacado su alegoría de la medicina, un químico ha formado la suya sobre la química, un astrónomo sobre la astronomía, un físico sobre la física y así los otros. Y como la piedra filosofal tiene, según la expresión de Hermes,[51] todas las propiedades de las cosas superiores e inferiores y no encuentra ninguna fuerza que le resista, los discípulos han inventado fábulas en las que pudiesen expresar e indicar todo esto.

Así nos es presentado Júpiter llamado padre de los dioses y de los hombres, el Todopoderoso. Hesíodo, casi todas las veces que lo nombra, añade el sobrenombre de *largitor bonorum* (generoso y bueno) como siendo la fuente y el distribuidor de los bienes y de las riquezas.

Tampoco se ha de imaginar, como algunos filósofos, que la pretendida crueldad de Saturno hacia sus hijos le ha hecho perder la cualidad de padre de los dioses, mientras que su mujer Rea o Cibeles ha sido llamada madre de los dioses o gran madre y era honrada como tal en todo el paganismo. La verdadera razón que ha hecho conservar este título a Cibeles es que la tierra filosófica, de donde Saturno y los otros dioses han salido, es propiamente la base y la substancia de estos dioses. Asimismo es bueno señalar que, aunque se haya confundido a menudo y sean una misma cosa, Rea y Cibeles, no se ha dado jamás el nombre de madre de los dioses a Rea, como Rea, sino solamente como Cibeles, pues parece ser que se le ha dado el nombre de Cibeles de Κυβη, *caput* (cabeza, origen, causa) y de λάας, *lapis* (piedra, roca, piedra preciosa, perla), como si se dijera la primera, principal o la más antigua, la madre piedra. Los otros nombres que se han dado a esta madre de los dioses son tomados también de los diferentes estados en los que se encuentra esta piedra o tierra o materia de la obra, durante el comienzo de las operaciones. Así, en tanto que primera tierra o

51. Hermes, *Tabla de Esmeralda.*

materia de la obra, puesta en el vaso, al comenzar la obra, fue nombrada Tierra, Cibeles, madre de los dioses y esposa del Cielo, puesto que entonces sólo aparece en el vaso esta tierra con el aire que hay allí encerrado.

Cuando esta tierra se disuelve toma el nombre de Rea y mujer de Saturno, de ρέω, *fluo* (gotear, fluir, manar), y de esta negrura llamada Saturno, que se manifiesta durante la disolución. Luego se la nombra Ceres y se dice que es hija de Saturno y hermana de Júpiter, puesto que esta tierra disuelta en agua vuelve a ser tierra en el momento en que el color gris o Júpiter aparece, y como esta misma tierra o Ceres se vuelve blanca, se ha figurado que Júpiter y Ceres habían engendrado a Proserpina. Asimismo es muy verosímil que se haya hecho el nombre de Ceres del griego Γκ̃ y Ε″ξκ, que significan la una y la otra tierra. Vosio mismo parece admitir esta simbología[52] pretendiendo que los antiguos cambiaban bastante a menudo la G en C. En consecuencia Varrón y Cicerón han pensado que Ceres venía de *gerere* (celebrar, gobernar) y Arnobio dice,[53] según ellos: *Eamdem hanc (terram) alii quod salutarium seminum frugem gerat, Cererem esse pronunciant.* Pero Hesichio confirma mi sentimiento, cuando dice: Α΄κερώ κ᾽, ʽΩ΄τείς κ̃ Ε΄λλκ΄ κ` Γκ`ρυς, κ`Γκ̃, Ληµκτηρ ή κ΄υτή. Todo esto supone que Ceres viene del griego, pero de cualquier manera que se le tome, todo el mundo dice que por Ceres se entendía la Tierra y esta idea está muy conforme con la que tienen los filósofos herméticos, puesto que su agua, al haberse convertido en tierra, es la que llaman *tierra foliada*, en la cual, dicen ellos, se ha de encerrar el grano filosófico, es decir su oro. Hemos hablado de esta tierra que se ha de sembrar en el primer libro y aún haremos mención de ello en el cuarto, cuando hablemos de los misterios de Eleusis.

Un cuarto nombre dado a la Tierra era Ops, que propiamente se llamó así a la diosa de las riquezas, y con razón, puesto que esta tierra filosófica es la base de la piedra filosofal, que es la verdadera fuente de las riquezas. Asimismo los antiguos y los modernos, no sospechando las razones que habían hecho variar así los nombres de la madre de los dioses, a menudo los han empleado indiferentemente.

Pero Orfeo y los que estaban al corriente del misterio sabían distinguirlas; tenemos tres himnos con el nombre de este poeta en honor a la Tierra, uno bajo el nombre de madre de los dioses, otro bajo el de Rea y el tercero bajo su propio nombre Tierra. Homero también nos ha dejado tres bajo los mismos nombres que Orfeo.[54] Asimismo los distingue muy bien, puesto que en el de la Tierra la llama madre de los dioses y esposa del Cielo. En el de madre de los dioses designa a Rea, que se complace, dice, al son de los crótalos y otros instrumentos,

52. Vosio, *Etimologías.*

53. Arnobe, lib. 3.

54. Orfeo, *Himnos,* 12, 13 y 29.

sin duda a causa de los coribantes, a los que había confiado la custodia de Júpiter y que hacían resonar para impedir que Saturno oyera los gritos de su hijo.

Homero distingue particularmente a Ceres uniéndola con la bella Proserpina y no le da la cualidad de madre de los dioses, con lo que había honrado a las otras dos. Finalmente basta con seguir las épocas de su nacimiento para ver que se las debe distinguir y que los inventores de estas fábulas no tenían la intención de confundirlas, y de hablar de la Tierra propiamente dicha bajo estos diferentes nombres.

La Tierra esposa del Cielo, es la madre, Rea su hija y Ceres su nieta. También es ésta la genealogía de la tierra de los filósofos. Semejante alegoría no se puede explicar históricamente, ni moralmente, ni físicamente, puesto que casi todos los mitólogos están de acuerdo en considerar a Cibeles, Rea y Ceres, como diferentes nombres de una misma cosa, es decir, la Tierra. Distinguiendo estas tres diosas, como lo hacen los antiguos poetas, Júpiter se encuentra como hijo de Rea y hermano de Ceres. El ruidoso sonido de los instrumentos de bronce que hacían resonar, aquellos a los que había confiado su infancia, para impedir que Saturno oyera sus gritos, es una alusión al nombre de *bronce* y de *latón* o *letón* que los discípulos de Hermes dan a su materia mientras aún tiene el color negro y el gris. Es el bronce del que se ha hablado a menudo en las obras herméticas, este latón se ha de blanquear y después romper los libros como inútiles.[55] De ello se hace mención en casi cada página del libro que lleva por título *la Turba*; ya he referido un buen número de textos respecto a esto; es propiamente el significado de las palabras: *cymbalum, tympanum* (címbalo, tímpano, tambor o rueda de molino) en cuanto a lo que se refiere a estos instrumentos. Sobre esto se puede ver el tratado de Federico Adolfo Lampe *de Cymbalis veterum*, particularmente el capítulo 14 del primer libro. El conde Noel los llama: *tinmientia instrumenta.*[56] Es por el ruido de estos instrumentos que las abejas se reunieron en torno a Júpiter. Aún hoy se utiliza este método para conducir a la colmena a un enjambre que se quiere escapar, golpeando sobre los calderos y las sartenes, etc. Hércules empleó instrumentos parecidos para cazar a los pájaros que causaban destrozos en el lago *Stymphale*, cuyo número y grosor eran tan prodigiosos que con la vasta extensión de sus alas interceptaban la luz del Sol.

Las ninfas Adrastea e Ida nutrieron a Júpiter y se dice que las abejas se unieron a ellas. Estas dos ninfas que eran hijas de las melisas, o abejas, hicieron que Amaltea lo amamantara. Hemos dicho que cuando el color gris o el Júpiter filosófico aparece, las partes volátiles de la materia disuelta se subliman, suben abundantemente a lo alto del vaso en forma de vapor, donde se condensan como en la química vulgar, y tras haber circulado recaen sobre esta tierra

55. Morien, *Conversación con el rey Calid.*

56. Noel el Conde, *Mitología*, lib. 2.

gris que sobrenada en el agua mercurial. La fábula no podría presentarnos esta operación mediante una alegoría más palpable y mejor caracterizada que por esta figurada educación de Júpiter. Por sus mismos nombres, las dos ninfas, expresan esta materia acuosa y volátil, puesto que Ida viene de Ι"δος *sudor* y Adrastea del ἀ completivo y de δραίω *fugio* (huir). Si se les llama hijas de las melisas o abejas es porque estas partes volátiles revolotean por encima del Júpiter de los filósofos, como un enjambre de abejas entorno a un panal. Estas partes volátiles, pues, nutren a esta tierra gris, recayendo encima como un rocío o una lluvia que humecta la tierra y la nutre imbibiéndola. Parece ser que lo equívoco de la palabra griega αί, que quiere decir igualmente *cabra* y *tempestad*, ha dado lugar a la ficción o más bien al error de los que han dicho que la cabra Amaltea había amamantado a Júpiter, pues la volatilización haciéndose con impetuosidad, lo mismo que la caída en lluvia de estas partes volátiles, representa propiamente una tempestad y se dice que αἶξ viene de ἀΐσσω (lanzarse, precipitarse) *quo, cum impetu feror*. Esta misma idea de tempestad junto al hecho de que esta tierra o Júpiter de los filósofos empieza a volverse ígnea, sin duda ha hecho dar a Júpiter el rayo como atributo, puesto que las tempestades están comúnmente acompañadas de relámpagos, de rayos y de truenos. Es la idea que Homero parece haber querido dar en diversos lugares de su *Ilíada*, donde habla del monte Ida, que dice ser la residencia de Júpiter. Este monte está, según este poeta, regado por fuentes,[57] y cubierto de nubes que Júpiter hizo elevar con los truenos. Asimismo dice de qué naturaleza eran estas nubes,[58] es decir, nubes de oro, aparentemente parecidas a las que producían las lluvias de oro, de las que hemos hablado en el libro precedente. Tales son las nubes que Júpiter excita sobre el monte Ida o monte del sudor; tales son la lluvia y el rocío que caen allí, tales son también estas partes volátiles que circulan, subiendo y descendiendo y, a imitación de las abejas, parecen ir a buscar de qué alimentar al pequeño Júpiter en la cuna. Tal es, también, la leche de Amaltea, aquella de la que Juno nutrió a Mercurio, del que Platón hace mención en la *Turba*, y que los otros filósofos llaman leche de virgen, finalmente aquello de lo que habla Espagnet en estos términos:[59] *La ablución nos enseña*

57. Llegaron ambos al Ida, rico en manantiales. *Ilíada*, 14, 283. – [...] Al pie del Ida, rico en manantiales, están parados los caballos que me llevarán por la condensada y húmeda superficie. *Ibidem*. 307. – [...] Zeus ha mandado que los dos vayáis cuanto antes al Ida [...] Llegaron al Ida, rico en manantiales, madre de fieras, y hallaron al Crónida, de ancha voz, en la cresta del Gárgaro sentado; una fragante nube lo coronaba alrededor. Los dos, al llegar ante Zeus, que las nubes acumula, se detuvieron. *Ibidem*. 15, 156 y ss. [...] Desde el Ida tronó con intensidad, y un ardiente halo lanzó entre la hueste de los aqueos. Homero, *ibidem*. 8, 75.

58. [...] y el hijo de Crono estrechó a su esposa en los brazos, bajo ellos la divina tierra hacía crecer la blanda yerba, loto lleno de rocío, azafrán y jacinto espeso y mullido, que ascendía y los protegía del suelo. En este tapiz se tendieron, tapados con una nube bella, áurea, que destilaba nítidas gotas de rocío. Homero, *ibidem*. 14, 341 ss.

59. Espagnet, *La Obra secreta de la Filosofía de Hermes*, can. 63.

a blanquear al cuervo y a hacer nacer a Júpiter de Saturno, lo que se hace por la volatilización del cuerpo o la metamorfosis del cuerpo en espíritu. La reducción o la caída en lluvia del cuerpo volatilizado devuelve a la piedra su alma y la nutre de una leche de rocío espiritual, hasta que haya adquirido una fuerza perfecta, –dice seguidamente–.[60] *Después de que el agua ha hecho siete revoluciones o circulado por siete círculos, el aire le sucede y hace otras tantas circulaciones y revoluciones, hasta que sea fijado en el vaso y, que después de haber echado a Saturno del trono, Júpiter tome las riendas del imperio. Es en su advenimiento que el hijo filosófico se forma y se nutre; finalmente aparece a la luz con un rostro blanco y bello como el de la Luna.*

Estas palabras de Espagnet son tan apropiadas al asunto del que trato que parecen haber sido dichas por este filósofo para explicar esta educación de Júpiter. Ellas deben de bastar a todo hombre que sin prejuicios quiera realizar su aplicación. Es por lo que pasaré en silencio cantidad de otros textos que también tienen relación inmediata y enviaré de nuevo al lector a Homero[61] de donde parece que Espagnet ha sacado lo que dice. Júpiter, antes de destronar a su padre, lo defendió contra los titanes y les venció, pero finalmente viendo que Saturno había devorado a sus hermanos y que le tendía trampas a él mismo, le hizo tragar un brebaje que provocó que los vomitara. Entonces Plutón y Neptuno se unieron a Júpiter contra su padre, que después de destronarlo lo mutiló y lo precipitó al Tártaro con los titanes que le habían seguido. Espagnet ha incluido todo esto en el canon que acabamos de citar, pues dice en él: *hasta que se fije y deposite, y Saturno, siendo expulsado, permita que Júpiter se provea de las insignias y gobierno del Reino.* Anteriormente había dicho,[62] hablando de las partes a mutilar bajo el nombre de accidentes heterogéneos: *Las cosas superfluas son los accidentes externos que velan al deslumbrante Júpiter con la sombría esfera de Saturno. Quita, pues, esta corteza lívida de Saturno hasta que el astro púrpura de Júpiter brille ante tus ojos.*

Es pues por la separación de estas partes, que han servido a la generación de Júpiter, que este hijo de Saturno sube al trono; estas partes son las mismas que aquellas de Osiris, que Isis no recogió. Es preciso entender por los titanes la misma cosa que por Tifón y sus compañeros, al que Horus, hijo de Osiris, venció. En consecuencia, es inútil repetir aquí la explicación. Basta con ponerlos en paralelo para convencerse de que significan la misma cosa. Osiris, padre de Horus, fue perseguido por Tifón, su hermano, que quería destronarlo para reinar en su lugar. Saturno fue atacado por su hermano Titán, por la misma razón. Tifón y sus conjurados se apoderaron de Osiris y lo encerraron en un cofre.

60. Espagnet, *ibíd.* can. 78.

61. Voy a los confines de la feraz tierra a ver a Océano, progenie de los dioses, y a la madre Tetis, que en sus moradas me criaron bien y me mimaron. Homero, *Ilíada,* lib. 14, vers. 301.

62. Espagnet, *La Obra Secreta de la Filosofía de Hermes,* can. 51.

Saturno tras ser tomado por los titanes fue puesto en prisión. Horus combatió a Tifón y lo hizo perecer junto con sus cómplices. Júpiter también defendió a Saturno y después de vencer a los titanes los precipitó en el Tártaro. Tifón, el más temible de los gigantes, también quiso destronar a Horus, fue fulminado y sepultado bajo el monte Vesubio o Etna. Encelada que los mismos mitólogos a menudo confunden con Tifón, que también fue fulminado y sepultado bajo la misma montaña. Si entre las dos ficciones hay algunas pequeñas diferencias es que una es imitación de la otra, pero encubierta a la manera griega.

Después de esta victoria Júpiter reina en paz. Todos los dioses y diosas toman parte allí, pero si se quiere hacer de ello una aplicación según la historia, yo rogaría al mitólogo que quiera seguir ese sistema que me explicara cómo y por qué Baco, Apolo y Mercurio se encontraban en esta guerra, ya que eran hijos de Júpiter y que, verosímilmente, o no podían haber nacido aún o por lo menos no tenían la edad apropiada para soportar tales fatigas. Sin embargo, allí se encontraban, si creemos la fábula, incluso Hércules, hijo de Alcmena, ya que abatió a flechazos muchas veces al irreductible Alcíone. Apolo reventó el ojo izquierdo al gigante Alfialtes y Hércules el ojo derecho. Mercurio, tras haber tomado el casco de Plutón, mató a Hipólito y Baco después de haber sido hecho pedazos en el combate, tuvo la dicha de ser encontrado por Palas. Según el sistema del abad Banier y admitiendo con él las épocas que determina, en la pretendida historia real de Júpiter, este dios no empezó a reinar hasta después de la muerte de Saturno.[63] Vivió ciento veinte años y reinó sesenta y dos:[64] *Se convirtió en señor de un vasto imperio* –dice nuestro mitólogo–[65] *desposó a su hermana, a la que los latinos llaman Juno y los griegos Hera, o la Ama, y en esto no hace más que seguir el ejemplo de su abuelo y de su padre. Júpiter que era un príncipe muy dado a las mujeres,*[66] *como el mismo nombre, Zan, que llevó, lo significa; según la costumbre de aquel tiempo tuvo muchas Amas y Juno a menudo reñía con él por este motivo. He aquí el origen de esta mala relación, de la que los poetas hablan a menudo.* Ella envió dos dragones para que devoraran a Hércules cuando estaba en la cuna. Se sabe de las persecuciones que hizo sufrir a Io, a Calisto, a Letona y a sus otras rivales. Finalmente, sólo se habla de los amores de Júpiter después de su matrimonio con Juno. Si Júpiter tenía cincuenta y ocho años cuando desposó a su hermana, y empezó a tener novias, la primera debió de ser Maya, hija de Atlas, ya que cuando vino Mercurio, enseguida se hizo mediador y mensajero para todas las intrigas amorosas de Júpiter. Sin embargo Juno no debería ser tan sensible a la infidelidad de Júpiter, como se dice, puesto que alimentó de su misma leche a Mercurio; otros dicen que fue a Hércules por solicitud de Palas y

63. Banier, t. 2, p. 24.

64. Banier, *ibíd.* p. 24.

65. Banier, *ibíd.* p. 26.

66. Banier, *ibíd.* p. 79.

que de ello fue formada la vía Láctea.[67] Fue ella quien para vengarse de Semele se metamorfoseó en vieja y la persuadió de que pidiera a Júpiter, como prueba de amor, que la visitara con todo su esplendor y majestad. Pero si es verdad que Juno fue gemela de Júpiter, tendría sesenta y algunos años en el tiempo en que Júpiter veía a Semele. En consecuencia, a Juno no le costaría mucho hacer esta metamorfosis. Pero en fin, Hércules era biznieto de Perseo,[68] asimismo hijo de Júpiter y Dánae. No hubiera sido posible, pues, que Hércules se encontrara en el combate en el que Júpiter venció a los gigantes, puesto que, en sesenta y dos años de reinado, no podían transcurrir cuatro o cinco generaciones. Dejo a la reflexión del lector la discusión de los otros puntos, cuya imposibilidad no es menos palpable.

Sea como fuere, la fábula nos enseña que Apolo canta esta victoria con su lira y vestido de color púrpura. Si este rasgo no es alegórico, no concibo la razón que se ha podido tener en señalar precisamente el color de esta vestimenta. No se puede ver en ello la intención de indicar al Sol celeste, puesto que no es de color púrpura. El autor de esta ficción, pues, hizo alusión a otro Apolo y yo no conozco a ningún otro vestido de este color sino el Apolo, o el Sol, o el oro de los filósofos herméticos. Es totalmente natural que se figurara que él cantó esta victoria, puesto que, siendo el fin de la obra, y resultado de los trabajos herméticos, anuncia que todas las dificultades que se oponían a la perfección de la obra están superadas. Sólo él cantó esta victoria, aunque todos los otros dioses estuvieran presentes. Los principales fueron: Hércules o *el artista*, Mercurio o *el mercurio de los filósofos*, Vulcano y Vesta o *el fuego*, Palas *la prudencia y la ciencia para conducir las operaciones;* Diana, hermana de Apolo, o *el color blanco,* que debe de aparecer antes que el rojo y que ha hecho decir que había servido de partera a Letona, su madre, para poner a Apolo en el mundo; finalmente el dios Marte o *el color de la herrumbre de hierro*, que se encuentra intermedio y que sirve como pasaje del color blanco al púrpura. Al ser Vesta el fuego y puesto que el logro de la obra depende del régimen del fuego filosófico, se ha figurado, con razón, que esta diosa procura la corona a Júpiter; y si ella escoge la virginidad como recompensa es porque el fuego no tiene mancha y es la cosa más pura que haya en el mundo. Se ha de ver que lo que se considera de Vesta es un puro jeroglífico de los egipcios y de los griegos, pero los romanos hicieron de ello uno de los puntos de su religión. Instituyeron las vírgenes llamadas vestales, que debían de guardar la virginidad y mantener el fuego encendido perpetuamente. Éstas eran castigadas con la muerte cuando se dejaban corromper o el fuego se extinguía por negligencia.

La estratagema que Júpiter empleó para gozar de Juno, y el matrimonio que fue consecuencia de ello, sería un cuento para entretener a niños si fuera tomado al pie de la letra, pero no es el caso, no es lo mismo si se considera desde el ver-

67. Banier, t. 3, p. 266.

68. Banier, *ibidem*.

dadero punto de vista la cosa a la cual hace alusión. El cuco deposita los huevos en el nido de otros pájaros, éstos los incuban y alimentan a los pequeños cucos que nacen. Estos, cuando se han hecho mayores, devoran a aquellos que los han incubado y alimentado. Sería ridículo suponer tal ingratitud en los dioses y diosas, pero en una alegoría se puede figurar todo lo que se quiera cuando lo que se infiere conviene perfectamente al objeto del que se trata. Ésta es semejante y está muy conforme con los filósofos. Raimon Llull la ha empleado en estos términos:[69] *Nuestra plata viva es causa de su propia muerte, porque se mata a sí misma, al mismo tiempo mata a su padre y a su madre, se une al alma y bebe toda su humedad.* Basilio Valentín da como alegoría a un caballero que toma la sangre de su padre y de su madre.[70] Michael Maier representa en sus emblemas a un sapo que chupa la teta de una mujer, su madre, y le da muerte con su veneno. Por otra parte, Júpiter era hermano de Juno y el matrimonio filosófico sólo puede hacerse entre el hermano y la hermana, lo testimonia Aristeo cuando dice:[71] *Señor rey, aunque seáis rey y vuestro país sea bien fértil, no obstante usáis del mal régimen en este país, pues casáis a los machos con los machos y sabéis que los machos no engendran nada solos, pues toda generación está hecha de hombre y mujer, y cuando los machos se unen en matrimonio con las hembras la naturaleza se une a su naturaleza. ¿Cómo, pues, cuando casáis indebidamente las naturalezas con extraños y no lo hacéis como les pertenece, esperáis engendrar algún fruto? Y el rey dice: ¿qué cosa es conveniente casar? Y le respondí: traedme a vuestro hijo Gabertín y a su hermana Beya. Y el rey le dijo: ¿cómo sabes tú que el nombre de su hermana es Beya? Creo que eres mago. Y yo le dije: la ciencia y el arte de engendrar nos han enseñado que el nombre de su hermana es Beya. Y en cuanto a que sea mujer ella lo enmienda, pues está en él. Y el rey le dijo: ¿por qué quieres tenerla? Y yo le dije: porque no se puede hacer verdadera generación sin ella, ni se puede multiplicar ningún árbol. Entonces nos envió dicha hermana y era bella y blanca, tierna y delicada. Y yo dije: casaré a Gabertin con Beya.*

Aquí sería el lugar adecuado para explicar cómo Júpiter y sus dos hermanos, Neptuno y Plutón, repartieron entre ellos el imperio del mundo. El abad Banier, que según su sistema, considera esta partición como un hecho real, se ve obligado a establecer los límites del mundo en los confines de más allá de Siria, hacia el oriente[72] al mediodía por las costas de Libia y de Mauritania, y al occidente por las costas de España que están bañadas por el océano. *Júpiter* –dice– *guarda para él los países orientales, así como Tesalia y el Olimpo. Plutón tiene las provincias de occidente hasta el fondo de España, que es un país muy bajo cercano*

69. Raimon Llull, *Teoría testamentaria*, cap. 87.
70. Basilio Valentín, *Las Doce Llaves*.
71. Aristeo, epístola a continuación de *La Turba*.
72. Banier, t. 2, p. 59.

a Grecia, y Neptuno fue establecido almirante de los buques de Júpiter y comandó sobre todo el Mediterráneo.

No es preciso forzar el espíritu para ver que tal reparto está muy mal concertado como para sostenerse. Cuando los poetas hablan de estos tres dioses no los llaman príncipes o reyes o soberanos de una parte del mundo, tal como Frigia, Grecia, el mar Mediterráneo o España, sino que llaman Júpiter al padre de los dioses y de los hombres, soberano del Cielo y de toda la Tierra es decir, de la superficie del globo solamente; Neptuno lo es de todas las aguas que lo cubren y que allí son derramadas, y Plutón tiene los infiernos o el fondo de la Tierra, al que consecuentemente se ha nombrado *imperio tenebroso.*[73] Homero que sabía bien que el mundo no estaba encerrado en límites tan estrechos, como los que da el abad Banier, emplea el término κάη (arde) para hacer ver que no excluye nada, y cuando habla de Júpiter dice que reinó sobre el Cielo, el aire, las nubes y la Tierra común a todos los seres vivientes. Tampoco dice que Plutón comandó sobre los lugares bajos y occidentales, sino sobre las negras tinieblas. Nadie ignora que España no es un lugar tenebroso. Esta denominación convendría mejor a los lapones y a los otros países que están cerca del Polo, pero en ese caso habría sido embrollador encontrar una razón que hubiera podido dar a Plutón el nombre de dios de las riquezas. Las minas de oro de los Pirineos vienen bien al propósito del erudito mitólogo, que no ha negligido en nada de lo que pudiera apoyar su sistema.

El retrato mismo que los poetas nos hacen de la mansión de Plutón, de ninguna manera puede convenir a España. Cuando Homero relata[74] el combate que se da entre los dioses que favorecían a los griegos y los que tomaban parte con los troyanos, dice que Plutón, rey de los Infiernos, tembló bajo la Tierra y saltó espantado de su trono de abajo, cuando Neptuno sacudió la Tierra entera con tanta violencia que las montañas fueron conmovidas hasta en sus fundamentos. Las ideas que Homero parece tener de Neptuno no concuerdan en nada con las que el abad Banier nos quiere dar a entender. En esto Hesíodo armoniza con Homero y tanto el uno como el otro dan a este dios el epíteto de *quassator terrae* (sacudidor de la tierra).[75] No veo la razón que hubieran podido tener los poetas para cualificar así a un almirante, pues por temible que pudiera ser no hubiera podido excitar jamás tales temblores de tierra en todo, o igualmente en parte. Pero todo esto conviene muy bien, a estos tres dioses, tomados herméticamente y este reparto es totalmente natural de la

73. Tres somos los hermanos nacidos de Crono a quienes Rea alumbró: Zeus, yo y el tercero, Hades, soberano de los de bajo tierra. En tres lotes está todo repartido, y cada uno obtuvo un honor: a mí me correspondió habitar para siempre el canoso mar, agitadas las suertes; el tenebroso poniente tocó a Hades, y a Zeus le tocó el ancho cielo en el éter y en las nubes. La tierra es aún común a los tres, así como el vasto Olimpo. Homero. *Ilíada,* lib. 15, vers. 187.

74. Homero, *Ilíada,* lib. 20, vers. 56.

75. Hesíodo, *Opera & dies,* vers. 667. Homero, *ibidem* vers. 63.

manera que lo he referido al final del capítulo precedente. En efecto, allí Júpiter es el dominante, el más elevado, y ocupa el Cielo filosófico. Neptuno viene después y domina sobre el mar o el agua mercurial; la tierra es la que sobrenada, donde Júpiter sigue hasta las menores impresiones de los movimientos de esta agua, lo que hace nombrar justamente a Neptuno sacudidor de la tierra. Asimismo estas impresiones se comunican fuerte y fácilmente a la tierra que está en el fondo del vaso, a la que hemos dado, junto a los filósofos, el nombre de Plutón. No es sorprendente, pues, que Homero figure que este dios de los Infiernos sintiera con espanto las sacudidas de la tierra, excitada por Neptuno. Si explicaciones tan simples como estas no satisfacen a un espíritu libre de prejuicios, yo no soy suficiente y es preciso que el lector busque en otros autores.

Pero, para acabar de convencerle, hagamos algunas reflexiones sobre la manera que los antiguos tenían de representar a Júpiter. Parece que el que hizo a este Júpiter olímpico sobre su trono, y que Pausanias menciona,[76] ha querido poner ante los ojos todo lo que pasa en la obra. ¿Por qué todo este trono está reluciente de oro y pedrerías, y particularmente hecho de ébano y de marfil? ¿Por qué el mismo Júpiter y la victoria son también de marfil y de oro? ¿Por qué su cetro está compuesto de todos los metales reunidos? Y finalmente ¿por qué Júpiter está representado con la parte superior del cuerpo desnuda y la inferior cubierta con un manto sobre el cual hay pintados toda clase de animales y toda especie de flores?

Que el lector se tome la molestia de comparar esta descripción con todo lo que hemos dicho de la obra hasta aquí, no tendrá ninguna dificultad en ver en el ébano, el marfil y el oro, los tres colores principales que sobrevienen a la materia durante las operaciones del magisterio, es decir, el negro, que es la llave de la obra, éste es el que domina en el trono de Júpiter; el blanco representado por el marfil, y el rojo o el oro filosófico, designado por el oro. Los otros colores menos permanentes, que se manifiestan separadamente e intermediariamente, están simbolizados por los diferentes animales y los variados colores de las diferentes flores que tiene pintados sobre el manto. Al mismo tiempo y a primera vista el conjunto de todos estos objetos forman una especie de arco iris que designa el conjunto de colores que los filósofos llaman *la cola del pavo real*. Y como este Iris hermético aparece en el tiempo que el Júpiter de los sabios ha empezado a mostrarse, se tiene el cuidado de señalar esta variedad de colores mediante los animales y las flores pintadas sobre su manto que, en consecuencia, sólo le cubre la parte inferior. Se ha representado la parte superior de su cuerpo desnuda porque el color gris o Júpiter primero se manifiesta en la superficie mientras que el bajo o debajo aún es negro, o cubierto por el manto coloreado como la cola del pavo real. La victoria de marfil y oro indica la victoria que el cuerpo fijo ha conseguido sobre el volátil, que le había hecho la guerra disol-

76. Pausanias, *Eliaco.*

viéndolo, pudriéndolo durante la negrura y volatilizándolo. La corona de olivo es la corona de paz que designa la reunión del fijo y el volátil en un solo cuerpo fijo, de manera que son inseparables; también Júpiter, tras su victoria sobre los gigantes, no tuvo ningún enemigo más que combatir y reinó perpetuamente en paz. Pero nada prueba mejor mi sistema que el cetro de Júpiter, hecho de todos los metales reunidos y coronado por un águila. La volatilización que se hace de la parte fija o aurífica ¿podría ser señalada más precisamente que por el águila que rapta a Ganímedes para que sirva como copero a Júpiter? Pues debe recordarse que esta volatilización llega durante el tiempo que reina el color gris. Estas partes volatilizadas y auríficas, que recaen en rocío o lluvia dorada sobre la tierra, o crema gris que sobrenada, están bien expresadas mediante el néctar y la ambrosía que Ganímedes vertió a Júpiter. Puesto que el agua mercurial volátil es de la misma naturaleza que el oro filosófico volatilizado, y en consecuencia son inmortales, así como el oro es incorruptible. La una representa, pues, el néctar o la bebida y la otra la ambrosía o las viandas inmortales de los dioses. Se ha escogido al águila entre los otros pájaros, tanto por su superioridad sobre los otros volátiles como por su fuerza y su voracidad, que destruye, come, disuelve y transforma en su propia substancia todo lo que devora. Se dice también que es la única entre todos los animales que puede mirar al Sol fijando los ojos sin pestañear, puede ser porque el mercurio de los filósofos es el único volátil que puede corroer al oro, hacer presa sobre él y disolverlo radicalmente.

El cetro de Júpiter es el símbolo de los metales filosóficos, simbolizados por los metales vulgares de los que fue compuesto. Todos están reunidos allí, pero distinguidos, como los colores de la materia que se manifiestan sucesivamente para producir una sola cosa, el cetro de Júpiter, marca distintiva de su realeza y de su imperio. Es una pena que Pausanias no haya añadido a su descripción el arreglo y el orden que estos metales tenían entre ellos, estoy persuadido de que se les colocó en el orden sucesivo de los colores de la obra, es decir, el plomo o Saturno, o el color negro en lo más bajo del cetro; después el estaño o Júpiter, o el color gris; seguidamente la plata o la Luna, o el color blanco; después está el cobre o Venus, o el color amarillo rojizo y azafranado; el hierro o Marte, o el color de la herrumbre vendría después sin duda; y finalmente el oro o el Sol, o el color púrpura. El resto de la descripción concuerda perfectamente con mi sistema, para que no sea hundida mi conjetura. Por otra parte el cetro del Júpiter olímpico no era la única cosa que los antiguos hicieron de un electro compuesto de todos los metales. Los egipcios representaban a Serapis de la misma manera y también añadían madera negra, tal como se puso en el trono del Júpiter olímpico. Todos los eruditos saben que por Serapis se entendía a Júpiter y con razón, puesto que el buey Apis tomaba el nombre de Serapis tras su muerte, así como el color gris o Júpiter aparece tras el negro, al cual los discípulos de Hermes han dado comúnmente los nombres de *muerte, sepultura, destrucción* y han inventado alegorías respecto a ello, como se puede ver en las obras de Flamel, Basilio Valentín, Tomas Norton y de tantos otros.

Finalmente para concluir este capítulo voy a poner ante los ojos del lector lo que Artefio[77] dice de los colores, a fin de que pueda ver si la aplicación que he hecho es correcta: *Por lo que respecta a los colores, aquel que no ennegrezca no sabrá blanquear, ya que la negrura es el comienzo de la blancura y es la señal de la putrefacción y de la alteración, y cuando aparece es testimonio de que el cuerpo ya está penetrado y mortificado. He aquí cómo se hace la cosa. En la putrefacción que se produce en nuestra agua, primeramente aparece una negrura parecida al caldo graso sobre el que se ha echado mucha pimienta, y seguidamente, al ser espesado, este licor se vuelve como una tierra negra, al continuar la cocción se blanquea insensiblemente, lo que proviene de lo que del alma del cuerpo sobrenada por encima del agua como una crema, que al volverse blanca, los espíritus se unen tan fuertemente que ya no se pueden escapar pues han perdido su volatilidad. Es por lo que para toda la obra sólo se ha de blanquear el latón o letón y entonces dejar todos los libros, a fin de no embrollarse en lecturas, en imaginaciones y en inútiles y ruinosos trabajos, pues es la blancura y la piedra perfecta al blanco y un cuerpo muy noble por la necesidad de su fin, que es el de convertir los metales imperfectos en plata muy pura, siendo una tintura de una blancura muy exuberante, que los rehace, los perfecciona y que tiene un resplandor brillante, que al ser unida a los cuerpos de los metales imperfectos, permanece allí siempre sin poder ser separada. Debes notar aquí que los espíritus sólo se vuelven fijos en el color blanco al ser éste más noble que los que le han precedido, por lo que siempre debe de desearse porque, de alguna manera, es en parte el cumplimiento de toda la obra, ya que nuestra tierra primero se pudre en la negrura, después se limpia elevándose y sublimándose y después de ser desechada la negrura desaparece y se blanquea y la dominación húmeda y tenebrosa de la mujer, o del agua, acaba. Entonces es cuando el nuevo cuerpo resucita transparente, blanco e inmortal, victorioso sobre todos sus enemigos. Y así como el calor activo sobre lo húmedo produce la negrura, o el primer y principal color que se manifiesta, el mismo calor continuando su acción sobre lo seco, también produce la blancura, que es el segundo color principal de la obra. Y finalmente este calor diligente, mantenido aún sobre el cuerpo seco, produce el color naranja y seguidamente el rojo, que es el tercero y último color del magisterio perfecto.*

Este texto de Artefio también muestra claramente el porqué se inmolaban a Júpiter las cabras, las ovejas y los toros blancos. Al mismo tiempo estos diferentes colores explican las diversas metamorfosis de Júpiter, que un antiguo poeta ha encerrado en los dos versos siguientes: *Fit taurus, cygnus, satyrusque, aurumque ob amorem, Europa, Ledes, Antiopae, Danaes* (Se hizo toro, cisne, sátiro y oro, por los amores de Europa, Leda, Antíope y Dánae).

---

77. Artefio, *Del Arte secreto.*

CAPÍTULO V
Juno

Ya he dicho alguna cosa de Juno en los dos capítulos precedentes, pero una diosa tan grande bien merece que se entre en mayor detalle sobre su historia, puesto que su matrimonio con Júpiter, su hermano, la convierte en una de las divinidades más grandes del paganismo. Era hija de Saturno y de Rea y hermana gemela de Júpiter. Los griegos la llamaban *Hera* o *Megalé, la Dama, la Grande.* Homero nos enseña[78] que fue alimentada y educada por Océano y por Tetis, su mujer, otros dicen que por Eubea, Porsimnia y Aerea, hijas del río Asterión; finalmente otros dicen que las Horas presidieron su educación. El poeta que acabamos de citar dice que nació de Argos:[79] *La argiva Hera y la alalcomeneide Atenea.* Los samianos disputaron este honor a los de Argos; es por lo que es llamada indiferentemente samiana y argólica (argiva); pero como era hermana gemela de Júpiter, debió de venir al mundo en el mismo lugar que él. Este hermano la había amado desde su más tierna juventud, con la edad sintió aumentar su amor y buscando los medios para gozar de ella, se transformó en cuclillo, como ya hemos dicho, satisfizo su pasión y seguidamente la desposó solemnemente. Tuvo un hijo llamado Marte, y según Apolodoro, Hebe, Ilitio y Argeo. Hesíodo le atribuye cuatro hijos, Hebe, Venus, Lucina y Vulcano; otros añaden a Tifón; Luciano[80] la hace madre de Vulcano sin haber conocido hombre alguno. Asimismo estos mitólogos han tratado alegóricamente estas generaciones, puesto que figuraban que Juno vino a ser madre de Hebe por haber comido lechugas; de Marte al tocar una flor y de Tifón haciendo salir de la tierra los vapores que recogía en su seno.

Júpiter y Juno no dieron ejemplo de una dulce unión y de un matrimonio apacible; casi siempre tenían querellas y guerras entre ellos. Júpiter, que era muy dado a las mujeres, no sufría pacientemente los celosos reproches de Juno. La maltrató de todas las maneras, hasta la suspendió en el aire por los brazos mediante una cadena de oro poniéndole en cada pie un yunque. Los dioses se indignaron por ello e hicieron lo posible por liberarla, pero no pudieron conseguirlo.[81] Lisímaco de Alejandría relata[82] que había cerca de Argos una fuente llamada Canatho, donde Juno se bañaba una vez al año y recobraba su virginidad

78. Homero, *Ilíada,* lib. 14, vers. 202.
79. Homero, *ibíd.* lib. 4.
80. Luciano, *Diálogos.*
81. ¿No recuerdas cuando estabas suspendida en lo alto y de los pies te colgué sendos yunques y te rodeé las manos con una cadena áurea e irrompible? En el éter y en las nubes estabas suspensa; y los dioses exigían venganza en el vasto Olimpo, pero no podían acercarse a desatarte. Al que cogía lo agarraba y a empellones lo precipitaba fuera del umbral, hasta hacerlo llegar a tierra bien maltrecho. Homero, *Ilíada,* lib. 15 vers. 18 y ss.
82. Lisímaco de Alejandría *In, reb. Theb,* lib. 13, y Pausanias en Corinth.

cada vez. Tenía catorce ninfas a su servicio, pero era Iris la que más empleaba: *Catorce ninfas doncellas dotadas de milagrosa hermosura.* (Enéida, lib. 1) Juno también fue considerada como la diosa de las riquezas. Las promesas que hizo a Paris para comprometerlo a pronunciar su juicio en su favor cuando se presentó ante él con Palas y Venus, son prueba de ello. Ovidio las describe así:[83] *Tantaque vincendi cura est; ingentibus ardent judicium donis sollicitare meum. Regna Jovis conjux, virtutem filia jactat; Ipse potens dubito, sortis an esse velim.*

Entre las aves, el pavo real era particularmente consagrado a Juno, dicen algunos mitólogos que sin duda, a causa de que esta diosa lo escogió preferentemente para poner sobre las plumas de su cola los ojos de Argos, después de que Mercurio lo hubiera matado. El ganso también era una de las aves consagradas a Juno y la vaca blanca, entre los animales de cuatro pies, según estas palabras de Virgilio: *La misma hermosísima Dido, alzando una copa en la diestra, la derrama entre los cuernos de una vaca blanca.* (*Enéida*, lib. 4, 13). Sin duda porque para los egipcios la vaca era el símbolo jeroglífico de Juno. Normalmente se representaba a Juno sentada, vestida algunas veces con un velo sobre la cabeza y un cetro en la mano, pero esto era bastante poco frecuente, a menudo era más bien una especie de pica; se la ve también con una pátera. Pero en general las imágenes de Juno no son fáciles de distinguir entre las de las otras muchas diosas. Solamente el pavo real y la pátera son sus atributos distintivos, como el águila lo es de Júpiter; pues los otros dependen ordinariamente del capricho del artista, o de la fantasía del que encargaba la estatua o el monumento, o según el nombre o el título bajo los cuales se invocaba a esta diosa. Dejo el detalle de los nombres de Juno a aquellos que formalmente son mitólogos. Las explicaciones que he dado de las diferentes circunstancias de la historia de Júpiter, desvelan en parte la de Juno. Cuando se dice lo que era este dios, se adivina fácilmente lo que podía ser su hermana gemela. Aquellos de entre los mitólogos que han pensado que el nombre *Hera*, de esta diosa, era una simple transposición de letras y que poniéndolas en su lugar se encontraba *aer* (aire) y que en consecuencia Juno y el aire eran una misma cosa, digo yo que éstos han acertado más que los otros. El autor que ha tomado el nombre de Orfeo favorece esta opinión, cuando se toman sus términos literalmente.[84] Parece que Virgilio pensaba de la misma manera, cuando dice que Juno excitaba al granizo y al trueno: *Yo desataré sobre ellos un negro temporal de agua y granizo y haré temblar con truenos el firmamento.* (*Enéida*, lib. 4, 26).

Los que, según Homero, tomaron el cuidado de la educación de Juno, indican que por esta diosa se debe de entender el aire, es decir, Océano y Tetis,

83. Ovidio, *Epístola a Paris.*

84. Aposentándose en azuladas oquedades, aeromorfa, augusta Hera, feliz esposa de Zeus, ofreces a los humanos auras propicias que nutren sus almas. Madre de la lluvia, alentadora de vientos, engendradora de todo. Porfirio, *Himnos órficos*, 16.

o el agua. Las tres ninfas que otros sustituyen en su lugar, significan la misma cosa, puesto que se las llama hijas del río Asterión, pero designarían más particularmente lo que era este agua por el nombre de su padre, si además se sabe que Océano y Tetis eran considerados como dioses. Juno, pues, siendo hermana gemela de Júpiter, ha debido de nacer al mismo tiempo que él. Y como el aire que se encuentra en el vaso, por encima de la materia disuelta, se llena de vapores que se elevan en el tiempo en que el Júpiter filosófico se forma, es natural que también se personificara a esta humedad vaporosa y aérea; es pues, a esta humedad volátil y siempre en movimiento, suspendida en lo alto del vaso y como apoyada sobre la tierra que sobrenada en el agua mercurial, que se ha juzgado a propósito darle el nombre de Hera, o hermana de Júpiter.

Muchos mitólogos que han querido alegorizar la historia de Juno y aplicarla a la física, no han tomado a esta diosa por el aire en sí mismo, sino como la humedad que allí es infundida. Océano o el mar de los filósofos, junto con Tetis, son pues, verdaderamente los que han educado a Juno, puesto que han aportado con qué mantenerla, por las partes volátiles que están sublimadas. El nombre de la ninfa Aerea, que viene de ἄκρος, *summus, excelsus,* (altura, lo más elevado, supremo) indica que Juno estaba en un lugar elevado. Júpiter y Juno habían nacido juntos y estaban siempre el uno cerca del otro, no es sorprendente, pues, que este hermano haya amado a su hermana desde su tierna juventud. Por su situación en el vaso, eran como inseparables; esta inclinación se fortifica de manera que finalmente toman la decisión de casarse.

Los filósofos hablan tan a menudo de esta clase de matrimonio entre el hermano y la hermana, el rey y la reina, el Sol y la Luna, etc, que es inútil explicarlo aquí mediante sus textos. Ya he aportado algunos y puede ser que todavía los cite alguna vez, una repetición tan reiterada se volvería enojosa. Las desavenencias que se suscitaron en este matrimonio vinieron de los celos de Juno. Y en efecto ¿cómo no habría sido susceptible de esta loca pasión? Júpiter se encontraba siempre entre su esposa y algunas ninfas, es decir, entre los vapores húmedos del aire encerrado en lo alto del vaso y el agua mercurial sobre la cual nadaba y asimismo las partes más puras que se elevaban desde el fondo del vaso para unirse a él. Explicaremos lo que concierne a estas damas de Júpiter, hablando de sus hijos. Las idas y venidas de esta esposa celosa ¿no representan bien a los diferentes movimientos de este vapor? Júpiter, enojado por sus reproches, la suspendió en el aire de la manera que ya hemos explicado. El oro filosófico volatilizado formaba la cadena que tenía suspendida a esta diosa. En vano, los otros dioses, quisieron ponerla en libertad, no pudieron conseguirlo, porque esta cadena de las partes del oro volatilizado, se sucede sin interrupción hasta que viene a reunirse con Júpiter y con esta humedad. Entonces se hace la paz entre el fijo y el volátil, entre Júpiter y Juno. Los yunques que tenía en los pies, son un verdadero símbolo del fijo, por su enorme peso que los vuelve sólidos y fijos en la situaciónen que se les pone. Se supone naturalmente que esta pesadez tiraba de Juno hacia la tierra, a fin de designar la virtud imantadora de la parte fija que atrae a la parte volátil hacia ella y con la que finalmente se reúne.

Lisímaco de Alejandría[85] y Pausanias,[86] nos enseñan que el recobramiento de la virginidad de Juno en la fuente de Canato, era un secreto que sólo debía desvelarse a aquellos que estaban iniciados en los misterios. Este secreto no era otro que esta virgen filosófica, esta virgen alada o volátil, que, según la expresión de muchos filósofos, conserva su virginidad a pesar de su embarazo,[87] cuando está bien lavada. Juno, pues, aunque virgen, tuvo muchos hijos, entre los cuales algunos no tuvieron a Júpiter como padre.

El nacimiento de Tifón se explica de ella misma, puesto que no era casi posible que los vapores que se elevaban de la tierra filosófica, no fueran recibidos en el seno de aquellos que ya revoloteaban en lo alto del vaso. Hablaremos de los otros en su lugar. Ya se ve el porqué Juno era considerada como diosa de las riquezas. La cadena de oro, en la cual estaba suspendida, y el fuego filosófico o el azufre que engendra de Júpiter, son la una y el otro la fuente de estas riquezas, y las catorce ninfas que acompañaban a esta diosa, son los medios que empleó para conseguir este objetivo, es decir, las partes volátiles acuosas, sublimadas siete veces en cada una de estas dos operaciones. Si Iris es la ninfa favorita es por la misma razón que hizo dar preferencia al pavo real, para poner sobre su cola los ojos de Argos y porque estos colores del arco iris están más bien manifestados y más distinguidos en la obra que las otras partes volátiles.

Finalmente se puede ver a Júpiter y a Juno en Osiris e Isis. Son la misma cosa y poco ha faltado para que los mitólogos los confundieran, puesto que los egipcios decían que eran igualmente hijos de Saturno. Júpiter bajo este color gris, también es un fuego oculto, como una chispa bajo la ceniza; es él que, como Osiris, lo anima todo en la obra y da vida a este humor mediante el cual lo produce todo. Es de allí que nace este Vulcano, o esta minera del fuego celeste, lo que ha hecho decir que este dios cojo forjó las armas y los muebles de Júpiter y de los otros dioses. La naturaleza acuosa de Juno está indicada por la pátera que se le da como atributo, lo mismo que el pavo real, porque los variados colores de su cola prueban al manifestarse sobre la materia que está dispuesta para la volatilización y que ya está disuelta, lo que anuncia la llegada o la presencia de Juno.

Noel el Conde (Natali Conti)[88] decía que los quimistas de su tiempo explicaban las fábulas de Júpiter y de Juno a la manera de la de Saturno, he aquí sus términos: *Juno, dicen, es hija de Saturno y de Opis, hermana y mujer de Júpiter, reina de los dioses, diosa de las riquezas. Preside los matrimonios y los partos. Todo*

85. Lisímaco de Alejandría, *Rerum Theban,* lib. 13.

86. Pausanias, *Corinto.*

87. Tomad la Virgen alada después de haberla lavado bien, purificado y preñado con la simiente espiritual de un primer macho, pero que, sin embargo, permanezca todavía virgen e impoluta, por más que esté en cinta. Espagnet, *La Obra secreta de la Filosofía de Hermes,* can. 58.

88. Noel el Conde, *Mitología,* lib. 2.

esto no es otra cosa que el agua del mercurio llamada Juno. Se la llama hija de Saturno porque está formada de él y porque se destila de la tierra. Esta tierra da riquezas o el oro químico, porque destila al mismo tiempo a Juno y a Júpiter, o el agua del mercurio que deja la sal en el fondo del vaso de vidrio y en el gran vaso. Pero como el agua de mercurio se destila primero en el vaso, dicen que Juno nació antes que Júpiter. Parece por este galimatías de Noel el Conde, que los quimistas de su tiempo hicieran una aplicación de la fábula a la química y pensaban, como nosotros, que esta ciencia era el verdadero objeto de todas estas ficciones, pero como este mitólogo no estaba al caso de la química hermética, o ha interpretado mal las ideas de los filósofos respecto a esto, o ha sacado sus interpretaciones de las de algunos quimistas que no estaban en el caso como él.

CAPÍTULO VI

Plutón y el Infierno de los poetas

De cualquier manera que se considere el Infierno de los poetas, no es posible aplicarlo a los países de Italia y de España, según el pensamiento del abad Banier, ni asimismo en la Thesprotia. Tomando la opinión más aceptada por los mitólogos, la idea del Infierno ha venido de Egipto, y si se cree a Diodoro de Sicilia:[89] *Orfeo trajo desde este país a Grecia toda la fábula del Infierno. Los suplicios de los malvados en el Tártaro, la permanencia de los buenos en los Campos Elíseos y algunas otras ideas parecidas son, según este autor, evidentemente tomadas de los funerales de los egipcios. Mercurio, conductor de las almas para los griegos, ha sido imaginado como un hombre al que se le ponía, antiguamente en Egipto, el cuerpo de un Apis muerto, para llevarlo a otro que le recibía con una máscara de tres cabezas, como la del Cerbero. Después de hablar Orfeo en Grecia de esta práctica, Homero hizo uso de ella en estos versos de la Odisea: con su caduceo, por las orillas de los sombríos ríos, Mercurio había conducido las sombras de los héroes.*[90] El término *antiguamente* que emplea Diodoro, podría hacer suponer con razón que esta fábula no se usaba en su tiempo y que muy bien podía haber aprendido y luego contado, todo lo que dice de ella, como basándose en la fe de una tradición popular, sobre la que no siempre se debe hacer mucho caso. El deseo de hacer que todo venga bien a su manera de pensar, también puede haber influido mucho en las explicaciones que da y las aplicaciones que de ello hace.

Pero finalmente, es de los padres de las fábulas de quien debemos tomar la idea del fabuloso Infierno. Las descripciones que ellos nos hacen no convienen para nada a España ni a la Thesprotia, ni en consecuencia, a los países pretendidamente sometidos al dominio de Plutón. Se puede decir bien que Orfeo ha tomado la cuestión de los funerales egipcios para formar su alegoría del

89. Diodoro de Sicilia, libro 1, cap. 36.
90. Traducción de M. Terasson.

Infierno y fabricar así su fábula a la manera de los filósofos que, como él, han formado las suyas basándose en los sepulcros y las tumbas, pues testimonios como los de Nicolás Flamel, Basilio Valentín y tantos otros, ponen ante la vista verdaderos funerales, pero solamente figurados y alegóricos, tales como los de la gran obra. Como él había tomado en Egipto el pensamiento de la inmortalidad del alma, puede ser que haya dado rienda suelta a su imaginación respecto al estado en que se halla después de la muerte. Pero nada impide que la idea que Homero, y la mayor parte de los poetas, nos dan de la estancia de Plutón, convenga muy bien a lo que pasa en las operaciones de la gran obra. Los diferentes estados se encuentran allí perfectamente expresados, como podrá comprobarse cuando expliquemos el descenso de Eneas a los Infiernos.

No se ha de separar la idea del reino de Plutón de la del Infierno, del Tártaro y de la de los Campos Elíseos. Las sombrías y negras tinieblas correspondieron a Plutón en el reparto que los tres hermanos hicieron del Universo.[91] Y ¿cuáles eran estas tinieblas? El mismo autor nos lo enseña[92] en diversos lugares de su *Ilíada* y de su *Odisea*. Es un lugar tenebroso, un abismo profundo, oculto bajo la tierra, rodeado del cenagoso pantano Cocito y del río Flegetón.[93] Los retratos que los poetas nos hacen de ellos son espectáculos tristes, horribles y espantosos. Es preciso atravesar todo esto para llegar al reino de Plutón y no se puede llegar allí sin ser conducido por una sibila.

Se conviene en que todas estas descripciones son puras ficciones; es preciso, pues, convenir en que el reino de Plutón también es fabuloso. Pues ¿qué materia podría suministrar a los poetas, España u otro imperio, para hacer una descripción tan horrorosa? ¿Las gorgonas, las furias, Éaco, Minos y Rodamante, eran de estos países? ¿Las Danáides, Tántalo, Ixión y tantos otros, han existido jamás allí? Asimismo ¿estos lugares, son tan bajos respecto al resto de Grecia que se puede decir, con el abad Banier,[94] que los poetas han decidido llamarlos Infierno? ¿Una razón tan débil como ésta habría podido hacer decir a Homero que el Tártaro está tan hundido bajo tierra como la tierra está alejada del Cielo?[95] Pero dejemos estas dificultades y tantas otras en las que los mitólogos quedarían tan embrollados en resolver y veamos qué relación puede tener Plutón con la filosofía hermética.

Un antiguo poeta decía que por Júpiter también se entendía a Plutón, el Sol y Dioniso: *Júpiter est idem, Pluto, Sol & Dionysus.* Si Plutón es una misma cosa con Júpiter y si la historia de éste es una alegoría química, la historia del otro no puede ser otra cosa, pero se habrá hecho alusión a alguna otra parte de la obra y en consecuencia se ha figurado que Plutón era hijo de Saturno y de Rea.

---

91. Homero, *Ilíada,* lib. 15, vers. 191.
92. Homero, *ibidem,* lib. 8, vers. 13 y ss.
93. Virgilio, *Enéida,* lib. 6.
94. Banier, *Mitología,* t. 2, p. 449.
95. Homero, *op. cit.*

Estrabón[96] dice que Plutón era el dios de las riquezas. Juno, su hermana, también era diosa de éstas. El mismo Júpiter era tenido como el distribuidor de ellas. Todo esto indica la gran relación que hay entre ellos. De todos los dioses sólo Plutón es el que ha guardado celibato, puesto que su gran deformidad le hacía huir de todas las diosas. Sin embargo raptó a Proserpina y la transportó en su carro, enganchado a *negros* caballos, hasta el río *hémare* y de allí a su reino, como se puede ver en la obra que Claudio ha hecho sobre este rapto. El toro era su víctima. En general todas aquellas que se inmolaban a las divinidades infernales eran negras,[97] y los mismos sacerdotes que hacían el sacrificio se vestían de negro en la ceremonia, como lo podemos confirmar en Apolonio de Rodas.[98] Estrabón[99] relata que sobre las riberas del río Coralo, donde se celebraban las fiestas llamadas Pambeocias, se elevó un altar común a Plutón y a Palas y esto por una razón misteriosa y secreta que no se quiso divulgar entre el pueblo. Este dios a menudo llevaba llaves en lugar de cetro.

Esta marca distintiva que se encuentra en los monumentos que representan a Plutón, con la idea que se nos da de su tenebroso imperio, casi no podrían designar mejor a la tierra filosófica oculta bajo el color negro, llamado *llave de la obra*, porque es el que se manifiesta al principio. Esta tierra que se encuentra en el fondo del vaso es la que tocó en reparto a Plutón, que en consecuencia fue llamado dios de las riquezas, porque ella es la minera del oro de los filósofos, del fuego de la naturaleza y del fuego celeste, según la expresión de Espagnet.[100] Es lo que ha hecho decir que Plutón puso su morada sobre los montes Pirineos. Los antiguos hablan de estas montañas como fértiles en minas de oro y plata, asimismo se dice, por una especie de hipérbole, que estas montañas y sus colinas eran casi todas montañas de oro.[101] Aristóteles nos enseña que los primeros fenicios que abordaron allí encontraron tal cantidad de oro y de plata que hicieron sus anclas de la preciosa materia de estos metales. ¿Sería necesario algo más para figurar que lugares tan ricos eran la morada del dios de las rique-

96. Estrabón, libro 3.
97. Hecho esto se apresura a ejecutar los preceptos de la Sibila. Había cerca de allí una profunda caverna, que abría en las peñas su espantosa boca, defendida por un negro lago y por las tinieblas de los bosques, sobre la cual no podía ave alguna tender impunemente su vuelo: tan fétidos eran los vapores que de su horrible centro se exhalaban, infestando los aires, de donde los griegos dieron a aqul sitio el nombre de *Aorno*. Allí llevó Eneas, lo primero, cuatro novillos negros, sobre cuya testuz derramó la sacerdotisa el vino de las libaciones y cortándoles las cerdas entre las astas, las arrojó al fuego sagrado, como primeras ofrendas, invocando a voces a Hécate, poderosa en el cielo y en el Erebo. Otros degüellan las víctimas y recogen en copas la tibia sangre; el mismo Eneas con su espada inmola en honor de la madre de las Euménides y en el de su grande hermana una cordera de negro vellón, y a ti, ¡oh, Proserpina!, una vaca estéril. Virgilio, *Enéida,* lib. 6, 48–50.
98. Apolunio de Rodas, *Argonáuticas,* lib. 3.
99. Estrabón, lib. 9.
100. Espagnet, canon, 122 y 123.
101. Posidonio.

zas? A esto añadid que el mismo nombre de Pirineos expresa perfectamente la idea de fuego precioso de la tierra filosófica, puesto que parece venir de πίρ, *ignis* (fuego), y de ἰνέω, *laudo* (alabar, convocar). Esta cualidad ígnea de Plutón hizo que se le levantara un altar común a Palas, por la misma razón que hizo que esta diosa también tuviera uno en común con Vulcano y Prometeo.

Establecido en el Infierno o la parte inferior del vaso, Plutón era como despreciado por los dioses que tenían su morada con Júpiter en la parte superior. Se encontró, pues, en la necesidad de raptar a Proserpina de la manera que explicaré en el siguiente libro. La situación del reino de este dios hizo figurar que se precipitó con ella al fondo de un lago, porque esta tierra después de ser sublimada en la superficie del agua mercurial, se precipita, en efecto, al fondo de donde se había elevado, cuando ha llegado al color blanco designado con el nombre de Perséfone o Proserpina. El toro era consagrado a Plutón por la misma razón que el toro Apis lo era a Osiris, puesto que el nombre de éste significa fuego oculto, del cual Plutón es su minera. Ya se verá lo que se ha de entender por el Cerbero y los otros monstruos del Infierno en el capítulo del descenso de Hércules a esta tenebrosa morada y en las explicaciones que daremos al de Eneas, al final del sexto libro.

CAPÍTULO VII

Neptuno

Tanto los antiguos como los modernos están igualmente divididos respecto a la idea que se debe de tener de Neptuno. La mayor parte de ellos lo consideraba como un ser físico o una divinidad natural que designa al agua, sobre la que presidía. Los filósofos estoicos convinieron en que este dios era una inteligencia extendida en el mar, como Ceres lo era en la tierra, pero Cicerón confiesa[102] que no concebía ni suponía lo que podía ser esta inteligencia. Si creemos a Herodoto,[103] los griegos no recibieron a este dios de los egipcios, pues no lo conocían y no le rendían ningún culto, cuando lo pusieron entre el número de los suyos. Pero según el mismo autor, los libios le tuvieron siempre gran veneración. Según el testimonio de Lactancio, después Efemero, Dom Pezron y le Clerc, lo tomaron por un dios animado, por un personaje real. Este pensamiento era demasiado favorable al sistema del abad Banier como para que no lo adoptara, él está convencido, dice,[104] que Neptuno era un príncipe de la raza de los titanes. Homero y Hesíodo lo llaman hijo de Saturno y de Rea y hermano de Júpiter y de Plutón; Rea, habiéndolo ocultado para sustraerlo de la voracidad de Saturno, dijo que había sido ayudada en el parto por un potro, el dios lo devoró como a los otros hijos de su mujer. He aquí el origen de la ficción que cuenta que este dios del mar fue el

---

102. Cicerón, *De la Naturaleza de los Dioses,* lib. 3.

103. Herodoto, lib. 2, cap. 51, 92.

104. Banier, *Mitología,* t. 2, p. 298.

primero en enseñar a educar a los caballos, lo que hizo decir a Virgilio:[105] *Y vos, Neptuno, a quien la Tierra golpeada por vuestro tridente, ofreció un fogoso caballo.*

Como sería muy difícil, por no decir imposible, atribuir a un solo Neptuno, tomado por un personaje real y por un príncipe titán, todas las historias contadas de este dios, se ha recurrido a la manera ordinaria y se han supuesto muchos con el mismo nombre. Se ha hecho del de Libia un príncipe egipcio, que tuvo por hijos a Belus y Agenor;[106] y se dice que vivió hacia el año 148 antes de Jesús Cristo. Pero si este príncipe era egipcio ¿cómo es que era ignorado en Egipto? Y si este dios no era conocido ¿cómo se avendrá el pretendido sacrificio que se supone que Amímone, madre de Nauplio e hija de Danao el egipcio, quiso hacer a Neptuno cuando fue perseguida por un sátiro que quería violarla?[107] Queda Neptuno, hijo de Saturno y de Rea y que da lugar a este capítulo, que tuvo a Amfitrite por mujer, hija de Océano y de Doris, de la cual y de sus concubinas tuvo un gran número de hijos. Libia le da a Fénix, Pireno e Io, que algunos dicen que era hija del río Inaco. Es esta Io de la que Júpiter gozó ocultado en una nube, Juno casi los descubrió en este hecho. Júpiter para apartar a su dama del furor de la celosa Juno, transformó a Io en una vaca blanca. Juno puso a Argos a su lado para vigilar su conducta, y después de que Mercurio matara a Argos, Juno mandó un tábano para que atormentara fuertemente a Io, que se puso a recorrer los mares y las tierras hasta que finalmente llegó a orillas del Nilo y recobró su primera forma y, según los griegos, fue adorada por los egipcios bajo el nombre de Isis.[108] De ahí los cuernos que se pusieron sobre la cabeza de Isis y que se le llamara tanto Luna como Tierra. La vaca también era el jeroglífico de Isis, así como el toro lo era de Osiris.

Neptuno con Apolo y Vulcano construyeron las murallas de Troya. Laomedón, que los había empleado para ello, rehusó pagar a Neptuno el salario que habían convenido y este dios devastó los campos y la ciudad y envió un monstruo para devorar a Hesíone, hija de este rey. Como debo de explicar esta ficción en la historia de los trabajos de Hércules, no diré nada más aquí.

El cetro de Neptuno era un tridente. Este dios era llevado por una concha marina tirada por cuatro caballos o por cuatro becerros marinos (focas). Sus ojos eran azules, su vestimenta era del mismo color y también sus cabellos. Se le inmolaban toros, según Homero: *Azules crines de los toros y mojadas riendas.* (Odisea, lib. 15); Y Virgilio: *Toros a Neptuno; toros del hermoso Apolo.* (Enéida, lib. 5). El oráculo le había otorgado esta víctima porque se dice que los persas habían dejado muchos bueyes en Corcira y un toro al volver de los pastos fue hacia el mar y soltó unos mugidos espantosos. El vaquero se trasladó allí y apareció

105. Virgilio, *Geórgicas,* lib. 4, vers. 13.

106. Vosio, *de Idolo.*

107. *Filosofía,* fábula de Neptuno.

108. Ovidio, *Metamorfosis.*

una prodigiosa cantidad de atunes. Fue a advertir a los corciros que los pescaran sin demora, pero fue inútil. Consultaron al oráculo sobre eso y les ordenó inmolar un toro a Neptuno. Así lo hicieron y consiguieron pescar estos peces.[109]

Otros mitólogos pretenden que se inmolaba esta víctima a Neptuno y que se le nombró μυκητιας a causa del ruido del mar que se parece a los mugidos de los toros. Aún se le llamaría ταύροζό o ταύρεος y a las fiestas que se celebraban en su honor ταυρεία. Se atribuyen a Neptuno los temblores y los otros extraordinarios movimientos que sacuden la tierra y el mar, ya he dicho las razones de ello en el capítulo de Júpiter, según el testimonio de Homero y Hesíodo que he citado respecto a esto. Herodoto[110] también le da el título de *terrae quassator,* (sacudidor de tierra). Se atribuyen algunas galanterías a Neptuno y para tener éxito en sus amores se metamorfoseó más de una vez, a ejemplo de su hermano Júpiter. Aracne, en la bella obra que hizo en presencia de Minerva, reflejó la historia de todas estas transformaciones. Su mujer Anfitrite le dio a Tritón; de la ninfa Fénice tuvo a Proteo. Bajo la forma del río Enipe cortejó a Ifimedia, mujer del gigante Aloeus y tuvo a Efialte y Otus; bajo la de un carnero sedujo a Bisaltis; bajo la de toro tuvo un asunto con una de las hijas de Eolo; bajo la de pájaro tuvo una aventura con Medusa; tomó la forma de delfín en la de Melanto, y finalmente la de caballo para engañar a Ceres. Tritón se convirtió en el trompetista y flautista de Neptuno. Tuvo una hija llamada Tritia, sacerdotisa de Minerva. Esta Tritia después de tener relación con Marte fue madre de Melanipo. Tritón fue en parte causa de la victoria que Júpiter obtuvo sobre los gigantes. Éstos, sorprendidos al oír de golpe el sonido de la concha marina que Tritón hizo resonar, se dieron a la fuga. Los poetas han figurado que este último tenía figura humana en toda la parte superior del cuerpo y forma de delfín desde la cintura para abajo y que sus dos piernas formaban una cola ahorquillada, remangada como un croissant. Sus espaldas eran de color púrpura. Los romanos ponían un Tritón sobre lo alto del templo de Saturno.

Ya he hablado de Neptuno más de una vez, se le ha visto porque era hijo de Saturno y de Rea. Es propiamente el agua o el mar filosófico que resulta de la disolución de la materia. Es razonable pues, considerarlo como padre de los ríos, príncipe del mar y señor de las olas. Por su naturaleza líquida y fluida y por su facilidad para ponerse en movimiento excita los temblores, tanto de la tierra que está en el fondo del vaso, como la que le sobrenada. El vigor y la ligereza con los que corren los caballos han llevado a los poetas a figurar que su carro era tirado por cuatro de estos animales, y a fin de designar la volatilidad de esta agua, han supuesto que corrían sobre las olas del mar y que este dios

---

109. Pausanias, *in Phoc.*

110. Ipsi quidem Thessali memorant Neptunum fecisse convallem per quam meat Pontus, haud absurdé fentientes. Qui enim arbitrantur Neptunum terram quatere & quae terrae motu diducta sunt, hujus Dei esseopera, ei cernenti hunc locum vedetur Neptunus id fecisse. Namquae diductio illa montium (ut mihi videtur) terrae motus est opus. Herodoto, lib. 7, cap. 129.

estaba siempre acompañado de tritones y nereidas, que no son otra cosa que las partes acuosas, de νερίς, *humidus* (húmedo). Habiendo señalado que esta agua filosófica tenía un color azul, que ha hecho darle el nombre de agua celeste, los poetas filósofos han figurado que Neptuno tenía los cabellos, los ojos y las vestimentas azules. Su ligereza, a pesar de su peso, es decir, su volatilidad a pesar de su pesadez, hizo decir a Rea que fue asistida en el parto por un potro y esto dio ocasión para metamorfosearse en caballo cuando quiso engañar a Ceres o la tierra filosófica, porque se ha hecho alusión a la ligereza del caballo en la carrera, a pesar de la pesada masa de su cuerpo. Por la misma razón se ha figurado su transformación en pájaro. Ya se ha dicho lo que significa el toro, repetirlo sería hasta enojoso.

En cuanto a Tritón, su forma y su nacimiento indican suficientemente que es el resultado del agua filosófica; su cola ahorquillada como un croissant designa la tierra blanca o luna de los filósofos y el color púrpura de sus espaldas señala el color que sobreviene a la materia después del blanco. Si fue la causa de que Júpiter obtuviera la victoria sobre los gigantes, es porque este dios sólo es tranquilo y apacible poseedor de su trono después de que la materia ha llegado al blanco y empieza a dejar de ser volátil. En cierto momento de las operaciones, a medida que la obra se perfecciona, el agua de los filósofos se vuelve roja, es Neptuno que se junta con la ninfa Fénice, así dicha de φοῖνιξ, *púrpura, puniceus color* (púrpura, color rojo). Proteo nació de esta relación; es este Proteo cuyas perpetuas metamorfosis son verdadero símbolo de los cambios que los filósofos dicen que sobreviene a la materia del magisterio. Sin duda es de ahí que el autor de los *himnos* atribuidos a Orfeo, dice que Proteo es el principio de todos los mixtos: *Invoco a Proteo dueño de los controles de mar, Primigenio, que desveló los principios de toda la naturaleza, transformando la sagrada materia en apariencias multiformes, venerando, prudentísimo conocedor del presente, del pasado y del futuro, porque él mismo lo posee todo y lo transforma..*[111] Homero se explica en el mismo sentido en el cuarto libro de la Odisea: *Y tendré que instruirte en las mañas del viejo (Proteo). Primero contará las focas una a una; contadas y vistas, se tenderá, como suele hacer el pastor ovejero. Una vez que le veréis dormido, llegada es la hora; poned en alerta vuestra fuerza y vigor, sujetadle por más que se resista y procure escaparse tomando mil figuras diversas. De pronto lo veréis cambiar en reptil que se arrastra por el suelo, después convertido ya en hoguera violenta o en agua; seguidle sin cesar y estrechando, apretad cada vez con más brío; pero después de que os hable con palabras propias y vuelva a tomar la figura en que estaba al dormirse, absteneos de mayores violencias, soltad al anciano y al*

111. Porfirio, *Himnos Órficos*, ed. Gredos, Madrid 1987, p. 188. *(N. del T.)*

punto, noble próces, pregúntale tú ¿qué deidad te persigue y en qué modo podrás regresar sobre el mar rico en peces?[112]

Todas estas metamorfosis de las que habla Homero, se aplican muy bien a esta materia, puesto que los discípulos de Hermes le han dado los mismos nombres que el poeta ha dado a Proteo, ya que han hecho alusión tanto a los diferentes colores que ella toma, como a los diversos cambios que experimenta en el curso de las operaciones. Ella es llamada *león*, cuando ha llegado al rojo en la primera obra; *dragón*, en la putrefacción de la segunda; *escoria* o cuerpo inmundo, a causa de su hediondez en la disolución; *leopardo, tigre, cola del pavo real,* cuando se reviste de los colores del Iris; *árbol solar o lunar,* cuando pasa al blanco o al rojo; *agua*, porque ella es una agua; y finalmente *fuego*, cuando es azufre o está fijada. En cuanto a las propiedades que Orfeo le atribuye como ser el principio de todo, tener las llaves del mar y manifestarse en todos los mixtos de la naturaleza, los filósofos dicen otro tanto de su materia. Escuchemos al Cosmopolita:[113] *Esta agua* –dice– *¿es conocida por muchas personas y tiene un nombre propio? Él (Saturno) me decía en voz alta: pocos la conocen, pero todos la ven y la gustan. Ella tiene muchos nombres, pero el que mejor le conviene es el de* agua de nuestro mar, *agua de vida que no moja las manos. Yo le pregunté todavía: ¿se sirve para otros usos? Él me respondió: todas las criaturas se sirven de ella, pero invisiblemente. ¿Produce alguna cosa? Le dije yo, Y me replicó: todas las cosas se hacen de ella, viven de ella y en ella. Es el principio de todo, se mezcla con todo. Vosotros que pedís a Dios el don de la piedra filosofal, dice el autor de las rimas germánicas,*[114] *guardaos bien de buscarla en las hierbas, los animales, el azufre, el mercurio y los minerales, el vitriolo, el alumbre, no valen nada para esto, el plomo, el estaño, el cobre, el hierro, no son para nada buenos, el oro mismo y la plata no pueden nada para el magisterio; sino tomad Hylé, o el caos, o la primera materia, principio de todo y que se especifica en todo.*

Esta materia no tiene forma determinada, dice un autor anónimo,[115] pero es susceptible de todas las formas, es el Proteo de los antiguos, que como dice Virgilio: *Se transforma en toda suerte de cosas prodigiosas.* (Geórgicas, 4). Ella es el espíritu universal del mundo, una substancia húmeda, sutil, un vapor viscoso, que sin embargo no moja las manos; de ella vienen la rosa, el tulipán, el oro y los otros metales con los minerales y en general todos los mixtos. Produce el vino en la viña, el aceite en el olivo, el purgante en el ruibarbo, lo astringente en la granada, el veneno en uno y el antídoto en otro, y en fin, como dice Basilio Valentín:[116] *es toda cosa en toda cosa.*

---

112. Homero, *Odisea, ed. Gredos, Madrid 2000, p. 58.* Véase al respecto *El Hilo de Penélope,* Emmanuel d´Hooghvorst, Arola Editors, Tarragona 2000, pág. 33. *(N. del T.)*

113. El Cosmopolita, *Enigma para los hijos de la verdad.*

114. *Teatrum Chymiqum,* t. 6.

115. *Ibíd.*

116. Basilio Valentín, *Las Doce Llaves.*

Me queda hablar de otro hijo de Saturno, pero que no lo era de Rea. Éste es Quirón el centauro, que Apolonio de Rodas dice que era hijo de Fílira: *Ad mare descendit montis de parte supremá Chiron Philiridas.* (Argonáuticas, lib. 1) Y Ovidio: *Y Saturno hecho caballo tuvo a Quirón.* (Metamorfosis, lib. 6). Suidas creía que era hijo de Ixión, como los otros centauros. Sería difícil de excusar a Paléfates en la explicación que da de los centauros, está un poco ajustada para el teatro, sirviéndome de los términos del abad Banier, y las razones que Isaac Tzetzés emplea para contradecir y censurar a Paléfates no son mejores. Los historiadores cuentan que había habido verdaderos centauros, al menos Plinio[117] dice haber visto uno en Roma, traído de Egipto bajo el imperio de Claudio. San Jerónimo hace la descripción del Hipocentauro que San Antonio encontró en el desierto, cuando fue a ver al San Pablo Hermitaño.[118] Pero los poetas hablan de los centauros como de un pueblo y no como de algunas producciones monstruosas y raras de la naturaleza. Lucrecio, junto con muchos antiguos autores, han observado todas las historias de estos monstruos medio hombres y medio caballos, como puras ficciones: *Sed neque Centauri fuerunt, neque tempore in ullo esse queat duplici naturá & corpore bino ex alienigenis membris compacta potestas.* Galieno mismo también niega la existencia de estos monstruos. *Es preciso, pues,* –según el abad Banier–[119] *arreglar todo lo que dicen al respecto Filostrato y Luciano, uno en el cuadro de los centaurales y el otro en la bella descripción del cuadro de Xeuxis, entre seres que sólo existieron en el país de las tapicerías.* Es también el caso que hace de ello Rabelais. Yo pasaré por alto aquí las explicaciones que Newton y algunos otros han dado de Quirón. Debo de atenerme a lo que relata la fábula y digo con ella que este hijo de Saturno se casó con Cariclo, hija de Apolo, o de Océano, según otros. Ella le dio una hija llamada Ocírroe.

Quirón tenía, como los otros centauros, figura humana en la parte superior del cuerpo y forma de caballo en toda la parte inferior. Nació así porque Saturno, al ser sorprendido por Rea cuando estaba con Fílira, se metamorfoseó en caballo para impedir ser reconocido. Quirón se volvió muy hábil en la medicina, Diana le enseñó el arte de la caza y entendía perfectamente la música. Todas estas ciencias le procuraron la educación de Jasón, de Esculapio, de Hércules y de Aquiles. Un día manejando, sin mucha atención, una flecha de Alcides, envenenada con veneno de la hidra de Lerna, le cayó sobre un pie y el dolor que sintió por la herida fue tan vivo que pidió inmediatamente a Júpiter que le permitiera morir. Le fue concedido y este dios lo puso entre el número de los astros. Se puede juzgar lo que significa Quirón, tanto por su padre, su nacimiento, su figura y su apoteosis, como por los discípulos que tuvo. Nacido de un dios fabuloso y hermé-

117. Claudius caesar scribit Hippocentaurum in Theessalia natum, eodem die intercisse & nos pinscipatu ejus allatum illi ex Aegypto in melle vidimus. Plinio, lib. 7, cap. 3.

118. Comperit hominem equo mixtum, cui opinio Poëtarum Hippocentauro vocabulum indidit. San Jerónimo, *In vita Sancti Antonii.*

119. Banier, t. 3, lib. 2, cap. 2.

tico ¿podría no pertenecer a este arte? Asimismo desposó a una hija del Sol y de este matrimonio vino otra hija cuyo nombre significa agua que mana con rapidez, para designar la solución de la materia aurífica en agua. Dejo las otras explicaciones porque tendré ocasión de hablar de este centauro en más de un lugar en esta obra.

CAPÍTULO VIII

Venus

No se trata en este caso de un espantoso monstruo, como lo es un hombre medio caballo. Se trata de una diosa que ha dado a la imaginación de los más bellos espíritus de todos los países el vuelo más vivo y más gracioso. Esta diosa, madre del Amor, nació, según Hesíodo, de la espuma del mar y de las partes mutiladas del Cielo,[120] lo que la hace ser nombrada por los griegos Α΄φροδίτα, Homero dice que es hija de Júpiter y de Dione. El pensamiento más común es que nació de la espuma del mar. El Céfiro la transportó sobre una concha marina a la isla de Chipre, de donde fue llamada *Cypris* y de allí a Citera. Los ríos nacían a su paso, su hijo era Cupido, los juegos y las risas le acompañaban siempre, en fin, ella era la alegría y la dicha de los dioses y de los hombres. Una idea tan risueña sólo podía volver agradables las descripciones que los poetas hicieron en torno a esta diosa. Nada igualaba su belleza. Los pintores y los escultores tuvieron esta idea de ella y emplearon todo su arte para representarla como si se tratara de lo más amable que hubiera en el mundo. *Ved a esta Venus, la obra del erudito Apeles* –dice Antipates de Sidón– *ved cómo este excelente maestro ha expresado perfectamente esta agua espumosa que mana de sus manos y de sus cabellos, sin ocultar nada de sus gracias; también las que apercibió Palas, que tuvo este discurso con Juno: ¡Cedamos, cedamos oh Juno! A esta diosa naciente todo el premio de la belleza.* Paris confirma este juicio adjudicando la manzana de oro a Venus y como recompensa recibió a Helena, la más bella de las mujeres.

La mayor parte de los griegos y de los romanos consideran a Venus como la diosa del amor y la voluptuosidad. En consecuencia tuvo una infinidad de templos y de mujeres lascivas y libertinas para mal servirlos. Su culto estaba lleno de ceremonias conforme a estas ideas. Platón en su *Banquete*, admite dos Venus, una hija del Cielo y la otra hija de Júpiter. La primera, dice este filósofo, es esta antigua Venus, hija del Cielo de la que no se conoce la madre y que llamamos Venus la celeste; y esta otra Venus reciente, hija de Júpiter y de Dione, a la que llamamos Venus la vulgar. Es a estas dos a las que se debe de atribuir todo lo que los autores griegos y latinos dicen de las diversas Venus, de las que hablan bajo diferentes nombres. Tampoco su culto era el mismo. Polemo[121] dice que

120. Hesíodo, *Teogonía.*

121. Polemo, *Ad Timaeum.*

el de los atenienses era muy puro: *Athenienses harum rerum observandarum studiosi & in sacrificis Deorum faciendis diligentes ac pii Nephalia sacra faciunt Mnemosynae, Musis, Aurorae, Soli, Lunae, Nymphis, Veneri coelesti.* En general es muy difícil concluir algo razonable de lo que dicen tantos autores respecto a esta diosa, puesto que hablan tanto de una mujer libertina como de una diosa. La consideran algunas veces como un planeta y algunas veces hablan de ella como de una pasión. Las expresiones de los poetas siempre son figuradas. Pero siendo una diosa tan benéfica y tan favorable a la corrupción del corazón humano en el espíritu del común ¿habría podido encontrar a alguien que le declarara la guerra? Incluso él mismo, este dios de sangre y de carne, vio desvanecerse toda su ferocidad ante el aspecto de Venus. Era vergonzoso reverenciar a Marte como a un dios, al que parece que sólo le complacía la destrucción de la humanidad, pero era natural conceder honores a la divinidad de Venus, que estaba totalmente ocupada en perpetuar a los hombres. En consecuencia Marte fue tenido como el dios de la guerra y Venus como la diosa de la paz.

Los egipcios y la mayor parte de los griegos no consideraron a Venus como la diosa de la voluptuosidad y el libertinaje, sino como la nieta de Saturno, que tenía como hermana a la Verdad ocultada en el fondo de un antro. Es verdad que algunos hablaban de ella como de una mujer bella por excelencia. Los libertinos, que no tenían la verdadera idea que tuvieron los autores de estas ficciones, sólo la consideraron como lo propio para excitar el fuego impuro del libertinaje, e ignorantes de la Verdad, hermana de Venus, tomaron ocasión de otorgar a ésta un culto licencioso. Diodoro de Sicilia, que había recogido tanto como había podido de las tradiciones egipcias, dice hablando de los dioses de Egipto que, según algunos, Cronos era padre de Júpiter y de Juno, Júpiter tuvo como hijos a Osiris, Isis, Tifón, Apolo y Afrodita o Venus. El abad Banier, después de haber relatado los diferentes sentimientos respecto a esta diosa, concluye en estos términos:[122] *Para decir lo que pienso de esta fábula creo que es preciso buscar su origen en Fenicia. En efecto, allí nunca hubo otra Venus que la Venus celeste, es decir, el planeta de este nombre, honrado entre los orientales, como lo hemos dicho en el primer volumen, y Astarté, mujer de Adonis, cuyo culto fue mezclado con el de este planeta, o lo que viene a ser lo mismo, esta Venus siria, la cuarta en Cicerón, tan celebrada en la antigüedad. Los fenicios al conducir sus colonias a las islas del mar Mediterráneo y a Grecia, llevaron allí el culto de esta diosa.* Pero si Venus y Astarté son una misma divinidad, será preciso, confundir el planeta Venus con la Luna, puesto que según este mitólogo,[123] no difieren en

122. Banier, tomo, 2, p. 161.

123. Cicerón que habla de las diferentes Venus que la teología pagana reconocía, dice (*de la naturaleza de los dioses)* que la cuarta, que se llama Astarté, había nacido en Tiro en Siria y casada con Adonis. Habría hablado más justamente si la hubiera confundido con la primera, que él dice ser hija del Cielo y de la luz; pues Astarté era entre los sirios lo mismo que la Luna, así como lo diremos, este origen le conviene perfectamente. Banier, t. 1, p. 546.

nada entre ellas. Entonces ¿qué es lo que confunde siempre a una con la otra? No es, pues, esta razón la que haga venir de Fenicia o de Egipto el origen de Venus. Sin embargo no sería menos verdadero que Venus y Astarté pudieran ser una misma cosa.

Los discípulos de Hermes, sin duda mejor instruidos en la idea que su maestro atribuía a los figurados dioses de Egipto, están mejor conformados respecto a ello que los mitólogos y no han considerado a Venus como la voluptuosidad o el apetito de los animales para perpetuar sus especies. Tampoco han tenido en vista al planeta llamado Venus, o *Lucifer*, que aparece por la mañana antes de levantarse el Sol, o a la tarde antes de ocultarse esta antorcha del mundo, puesto que no es posible hacerla nacer de las partes mutiladas del Cielo y de la espuma del mar, ni llamarla con alguna razón hija de Júpiter. Los químicos vulgares tampoco sabrían atribuir esta filiación al cobre, con respecto al bronce. De cualquier manera que se le entienda, pues, no será posible hacer coincidir el nacimiento de Venus con los razonamientos susodichos.

Michael Maier dice que los antiguos entendían por Venus una materia sin la cual no se podía hacer la gran obra, y la mayor parte de los filósofos parece que alguna vez también la han tomado en este sentido. Flamel cita estas palabras de Demócrito: *Adornad los hombros y el pecho de la diosa de Pafos, se volverá muy bella y dejará su color verde para tomar uno dorado. Cuando Paris hubo visto a esta diosa en este estado la prefirió a Juno y a Palas. ¿qué es lo que dice de Venus el mismo autor? Venus como un hombre, tiene un cuerpo y un alma; es preciso despojarla de su cuerpo material y grosero, para tener el espíritu tangible y volverla apropiada para lo que queremos hacer.* Filaleteo consideraba a Venus como uno de los dos principales ingredientes que entran en la composición del magisterio.[124] Espagnet cita en esta ocasión estos versículos del sexto libro de la Eneida: ... *Bajo la opaca copa de un árbol se oculta un ramo, cuyas hojas y flexible tallo son de oro, el cual está consagrado a la Juno infernal; todo el bosque le oculta y las sombra le encierran entre tenebrosos valles [...] No bien hubo acabado de hablar, cuando bajaron por los aires dos palomas volando delante de sus mismos ojos y se posaron sobre la hierba: reconoció en ellas el héroe las aves de su madre.* Este filósofo, a quien Olaus Borrichius dice:[125] que los amantes de la química hermética tienen la obligación de tomar siempre a Venus en el sentido filosófico. *Es preciso* –dice–[126] *un trabajo de Hércules para la preparación o sublimación filosófica del mercurio, pues Jasón no habría emprendido jamás su expedición sin la ayuda de Alcides. La entrada está guardada por cornudas bestias, que alejan a los que se acercan temerariamente. Las insignias de Diana y las* palomas de Venus *son las únicas capaces de mitigar su ferocidad.* –y añade en el canon 46– *Esta agua es una agua de vida, una agua permanente, muy límpida, llamada agua de oro y*

124. I. Filaleteo, *Vede mecum.*

125. Olaus Borrichio, *Conspect. Chymic. Celeb.*

126. Espagnet. canon, 42.

de plata [...] Esta substancia finalmente muy preciosa es la Venus Hermafrodita *de los antiguos, teniendo el uno y otro sexo, es decir el azufre y el mercurio.*

—Y en el canon 52– *El jardín de las Hespérides está guardado por un horrible dragón; desde la entrada se presenta una fuente de agua muy clara, que sale de siete manantiales y que se extiende por todo. Haz beber allí al dragón por el número mágico de tres veces siete, hasta que estando ebrio, se desnude de su sucia y desaseada vestimenta. Pero para este efecto es preciso volver propicias a* Venus *porta-luz y a* Diana *la cornuda.*

Cuando los filósofos han hecho alusión a los colores que se manifiestan en la obra, a los cuales han dado los nombres de los planetas, han empleado el de Venus para designar el color amarillo azafranado. Es en este sentido que Canaco de Sicione hizo, con relación a Erastótenes,[127] una Venus de oro y de marfil, llevando una adormidera en una mano y una granada en la otra. La Venus filosófica después de la blancura se vuelve amarilla como la corteza de una granada y finalmente roja como el interior de este fruto o como la flor de la adormidera. También es preciso relacionar con esto las palabras de Isimindrio:[128] *Nuestro azufre rojo se manifiesta cuando el calor del fuego pasa las nubes y se une a los rayos del Sol y de la Luna. Entonces Venus ya ha vencido a Saturno y a Júpiter.* Brimelo[129] dice también: *Vendrán diversos colores (a nuestra Venus), el primer día el azafrán, el segundo como la herrumbre, el tercero como adormidera del desierto, el cuarto como sangre fuertemente quemada.*

El término *bronce*, que los adeptos han empleado a menudo para designar su materia antes de la blancura, no ha contribuido para que lo entendieran los sopladores ni tampoco los químicos vulgares, que en consecuencia han observado al cobre como la Venus de los filósofos. Pero lo que nos manifiesta bien claramente la idea que los antiguos tenían de su Venus es, no solamente sus adulterios con Mercurio y Marte, sino su matrimonio con Vulcano. Este último es el fuego filosófico, como ya lo hemos probado y lo probaremos todavía, entonces ¿es sorprendente que se haya casado con la materia de los filósofos? Si sorprende a esta diosa con el dios de la guerra es porque el color de la herrumbre de hierro parece estar totalmente unido con el color citrino y azafranado, llamado Venus, pues no se les distingue hasta que el rojo está en todo su esplendor. Entonces Marte y Venus se encuentran presos en la malla de Vulcano y el Sol, que los ha visto, los descubre, pues el color rojo es precisamente el Sol filosófico. Tal es la explicación de esta figurada historia de Venus. Que los mitólogos se atormenten el espíritu tanto como quieran ¿encontrarán una explicación más simple? El abad Banier cuenta más de una y dice:[130] *que dé la de Paléfates para lo que quiera, porque este autor a menudo ha inventado nuevas fábulas para explicar las antiguas. Asimismo*

127. Erastótenes, lib. 3.

128. Isimindrio, *Code Verité.*

129. Brimelo, *op. cit.*

130. Banier, t. 2, p. 163.

yo digo lo mismo –añade– *que la del padre Hardouin, tan espiritual como singular.* Este erudito mitólogo, tan atrevido y tan fecundo en encontrar explicaciones parecidas, sin embargo no ha osado arriesgar una en esta circunstancia, aquí se le encuentra en falta y se excusa diciendo *que no es posible ni necesario explicar todo lo que los poetas griegos han dicho, tanto en esta fábula como en las otras.*[131]

Además de las dos Venus, la celeste y la popular, de las que hemos hablado, los antiguos han introducido muchas otras, según los lugares, los tiempos y las circunstancias donde imaginaron sus ficciones. Pero si se examina seriamente todo lo que estos aficionados dicen de las diferentes Venus, se convendrá fácilmente en que, al menos los más antiguos, sólo pretenden hablar de una misma cosa. Que Venus sea, pues, hija de Saturno o de Júpiter, aunque lo sea del Cielo y de la espuma del mar, ella es siempre Venus, o una misma cosa que se toma como motivo de diferentes alegorías. En esto los filósofos han imitado a los antiguos, pues cada uno ha inventado, sobre la gran obra y sus procesos, alegorías, fábulas y ficciones, según lo que haya querido manifestar. Casi no hay dos que se parezcan, aunque todas tengan la misma cosa como objetivo. Acabaremos la historia de Venus a medida que los asuntos nos proporcionen la ocasión.

CAPÍTULO IX

Palas

Júpiter había desposado primero a Metis,[132] pero después de que esta diosa hiciera tomar a Saturno un brebaje que le hizo vomitar la piedra y a los hijos que había devorado, Júpiter tragó a su vez a esta hija de Océano, después de que quedara en cinta. Apenas hubo hecho esta bella acción, se sintió mujer sin dejar de ser dios. Fue preciso asistirla en el parto y sólo lo pudo hacer la ayuda de Vulcano, que le sirvió de comadrona. Este dios de fuego le asestó un rudo golpe de hacha en la cabeza y en seguida se vio salir a través de la herida una joven y bella hija armada de pies a cabeza. He aquí, pues, a Palas nacida sin madre, de la cabeza de Júpiter. Homero[133] llama a Palas Alalcomenia, porque los alalcomenios pretendían que había nacido en su ciudad. Estrabón es del mismo pensamiento en el noveno libro de su *Geografía* y después, en el catorce, dice que cayó una lluvia de oro en Rodas, cuando Minerva nació allí de la cabeza de Júpiter.

Muchos han creído que Palas y Minerva eran dos personajes diferentes, pero Callimaco asegura lo contrario y añade que Júpiter, su padre, consiente en todo lo que ella quiere. *Annuit his dictis Pallas, quodque annuit illa persicitur. Natae Júpiter hoc tribuit ipse Minerva uni, quae sunt patris omnia ferre.* (Himno sobre los baños de Palas). Herodoto dice[134] que es hija de Neptuno y del lago Tritón,

131. Banier, *ibíd.* p. 162.

132. Apolodoro, *Bibliot,* lib. 1.

133. Homero, *Ilíada,* lib. 4.

134. Herodoto, lib. 4, cap. 180.

según el pensamiento de los libios, que añadían que esta hija fue dada después a Júpiter. Sin embargo se conviene más comúnmente en que Palas y Minerva son la misma, hija de Júpiter; y lo que prueba su antigüedad es que para los egipcios ella era mujer de Vulcano, el primero y más antiguo de todos sus dioses. Los autores de la mitología griega conservaron esta idea, la cual habían recogido en Egipto, y sin duda es de allí que adoptaron el hecho de consagrar un altar común a Vulcano y a Palas. El nombre mismo que Minerva llevaba en Egipto, *Ogga*, como relata Eufocio en Etienne de Bisance, y también Hesiquio, que la llama *Onka*, parece indicar la razón, si creemos a Gerard Vosio, que explicando la historia de Tifón dice[135] que Og, del cual puede venir Ogga, significa *ussit, ustulavit* (que quema, que chamusca). Sea como fuere hay una Minerva honrada en Sais, en Egipto, desde mucho tiempo antes que Cecrops, que trajo su culto a Grecia. Seguidamente los griegos cambiaron su historia, lo que hizo decir a los de Alifera en la Arcadia que Minerva había nacido entre ellos y que había sido alimentada allí.[136]

Palas, Minerva y Atenea, entre los griegos eran una misma divinidad, pero consideraban a Minerva propiamente como la diosa de las artes y las ciencias y a Palas como diosa de la guerra. Ella permanece siempre virgen. Volvió ciego a Tiresias porque la había visto desnuda en la fuente de Hipocrene y Vulcano no pudo conseguir que satisficiera la pasión que sentía por ella. Palas mató al monstruo Egido, hijo de la Tierra, que vomitaba mucho fuego y había abrasado los bosques desde el monte Taurus hasta Libia destrozando a su paso Fenicia y Egipto.

Esta diosa tenía en Sais un magnífico templo, del que Herodoto hace su descripción.[137] Las fiestas que en Grecia se celebraban en honor a Palas se llamaban *Panaténeas*. Los juegos y los ejercicios que acompañaban a estas fiestas eran la carrera a pie, con antorchas y hachas encendidas como en las fiestas de Vulcano y de Prometeo. Después se introdujeron otros.

Todos los antiguos tienen a Palas por la sabiduría y la prudencia, nacida de la cabeza de Júpiter, porque la cabeza es considerada como la sede del juicio, sin el cual no se puede tener éxito en ningún espinoso asunto, como sucede en la gran obra, llamada por esta razón *magisterio de los Sabios*. Siendo, pues, el secreto de los secretos, que Dios sólo revela a aquellos a los que quiere favorecer; el hecho de divulgarlo sería profanarlo. Es preciso tener la sabiduría de Palas para aprenderlo y guardarlo. En consecuencia dijo Salomón:[138] *El sabio estudiará la sabiduría de los antiguos y se ejercitará en las profecías. Conservará escrupulosamente los discursos de los hombres de nombre y penetrará en la fineza de las parábolas. Descubrirá su sentido oculto y se ejercitará en desvelar lo que encierran los proverbios. El hombre prudente y sabio no divulga para nada el secreto de la Ciencia.*[139]

---

135. Gerard Vosio, *La Idolatría*, lib.1, cap. 25.
136. Pausanias.
137. Herodoto, lib. 2.
138. *Eclesiastés*, cap. 19.
139. *Proverbios*, caps. 10 y 12.

Los filósofos herméticos han tenido siempre este consejo en su corazón y han velado el secreto bajo alegorías, enigmas, fábulas y jeroglíficos. Han tomado a Palas como guía y se han propuesto como deber seguir sus instrucciones. Es por lo que la fábula figura que esta diosa favorece siempre a Hércules y a Ulises en todas sus empresas, como podremos ver en los libros siguientes.

Se figura que esta diosa cegó a Tiresias porque la vio desnuda en el baño, así como Diana metamorfoseó a Acteón en ciervo por la misma razón, a fin de advertir a los artistas que sean más discretos, más prudentes y más circunspectos que estos dos temerarios, si quieren evitar desgracias semejantes. Juno, dice la fábula, al haberse enterado del nacimiento de Palas en el extraordinario parto de Júpiter, se puso furiosa y mientras profería execraciones golpeó rudamente la tierra, que enseguida produjo a Tifón, este padre de tantos monstruos. Después Apolo invitó a esta diosa a un convite que daba Júpiter. Fue allí y habiendo comido lechugas salvajes, de estéril que era se convirtió en fecunda y puso en el mundo a Hebe, que algunas veces servía de beber a Júpiter. Por ello Hebe se convirtió en hermana de Marte y de Vulcano y después mujer de Hércules, tras la muerte de este héroe. Hemos explicado la historia de Tifón en el primer libro, pasemos a los otros hijos de Juno.

CAPÍTULO X

Marte y Harmonía

Después de Palas, diosa de la guerra, viene naturalmente Marte, el dios de los combates. Homero,[140] junto con los otros poetas, dijo que era hijo de Júpiter y de Juno; Hesíodo lo considera también como tal.[141] Sólamente es entre los poetas latinos que se encuentra la fábula que dice que Juno, picada porque Júpiter había puesto a Minerva en el mundo sin su participación, había concebido a Marte en un prado, tocando una flor que Flora le había mostrado. En toda la historia de Marte se ven combates y adulterios. El que cometió con Venus es célebre entre todos los poetas. Venus, la más bella de las diosas, habiendo sido casada con Vulcano, el más feo de los dioses, además contrahecho y obrero, pronto se hastió y prodigó sus favores a Marte. Habiéndolos sorprendido Vulcano los lió en una malla imperceptible, después de que el Sol los hubiera traicionado. Los mitólogos emplazan a Marte entre los doce grandes dioses de Egipto. Los poetas nos lo pintan siempre lleno de una bilis *caliente* y de un mortífero furor, pero los antiguos lo han tomado por una cierta virtud ígnea y una cualidad inalterable de los mixtos, en consecuencia, capaz de resistir los ataques del fuego más violento. Si se pone, pues, la Venus de los filósofos con este Marte

140. Homero, *Ilíada,* lib. 1.
141. En último lugar tomó por esposa a la floreciente Hera; ésta parió a Hebe, Ares e Ilitía en contacto amoroso con el rey de dioses y hombres. Hesíodo *Teogonía,* vers. 922.

en un lecho o vaso apropiado a este efecto y se les liga con una cadena invisible, es decir, aérea, tal como lo hemos descrito en el capítulo de Venus, nacerá de ello una muy bella hija llamada Harmonía, dice Michael Maier,[142] porque habrá sido compuesta harmónicamente, es decir, perfecta en peso y medida filosóficos. Hesíodo[143] dice que ha nacido de este adulterio, pero Diodoro de Sicilia[144] la supone hija de Júpiter y de Electra, una de las hijas de Atlas.

Los poetas han cantado mucho a la belleza de Harmonía y los antiguos la consideraban como una divinidad tutelar. Se casó con Cadmo, hijo de Agenor, rey de Fenicia. Júpiter, que es el que había hecho esta unión, asistió a las bodas e invitó a todos los dioses y diosas, quienes ofrecieron presentes al nuevo matrimonio. Ceres les dio trigo, Mercurio una lira, Palas un collar, un vestido y una flauta, el collar era una obra maestra de Vulcano. Apolo tocó la lira durante las bodas. El fin de este matrimonio no tuvo el mismo esplendor que el principio. Tras muchos contratiempos, Cadmo y Harmonía fueron transformados en dragones. Algunos autores han aventurado que la serpiente que devoró a los compañeros de Cadmo también era hija de Venus y Marte. Por todo ello se ve que el fin de todos estos dioses, diosas y héroes, responde muy bien a su origen, lo que los autores de estas ficciones han imaginado y declamado, a fin de que se les considerara como fábulas y no como historias verdaderas.

Harmonía es esta materia que resulta de las primeras operaciones de la obra y que después se ha de casar con Cadmo (del cual ha tomado nombre el cadmio), entonces todos los dioses herméticos se encuentran en sus bodas, con sus presentes, y Apolo toca su lira, así como lo hizo para cantar la victoria que Júpiter obtuvo sobre los gigantes. Finalmente Cadmo y Harmonía fueron metamorfoseados en una serpiente y en un basilisco, pues el resultado de la obra, incorporado con su semejante, adquiere la virtud atribuida al basilisco, como dicen los filósofos. El autor del Rosario se expresa así: *Cuando me hayáis extraído en parte de mi naturaleza y a mi mujer en parte de la suya y que habiéndonos reunido nos hagáis morir, resucitaremos en un sólo cuerpo, para no morir más y haremos cosas admirables.* Ripley[145] hablando del elixir filosófico, que como acabamos de ver, está compuesto de Cadmo y Harmonía, o del marido y la mujer, dice: *De ello resulta un todo que mediante el arte se vuelve piedra celeste, cuya virtud ígnea es tan fuerte que la llamamos nuestro dragón, nuestro basilisco, nuestro elixir de gran precio, porque igual que el basilisco mata sólo con la vista, asimismo nuestro elixir mata al mercurio crudo en un abrir y cerrar de ojos, tan pronto como se le echa encima. Asimismo tiñe todos los cuerpos de una*

---

142. Michel Maier, *Arcana Arcanísima,* lib. 3.

143. A su vez, con Ares, perforador de escudos, Citerea concibió a los temibles Miedo y Terror, que ponen en confusión las compactas falanges de varones en la guerra sangrienta junto con Ares destructor de ciudades; y también a Harmonía, a quien el muy esforzado Cadmo hizo su esposa. Hesíodo, *Teogonía,* vers 932.

144. Diodoro de Sicilia, lib. 5.

145. Ripley, *Las Doce Puertas.*

tintura perfecta de Sol y de Luna. Nuestro aceite –dice el mismo autor un poco antes– *se hace mediante el matrimonio del segundo y tercer menstruo y nosotros lo reducimos a la naturaleza del basilisco.* Maier dice:[146] *De la misma manera que el basilisco sale de un huevo lanzando sus rayos visuales envenenados y mata a los seres vivos, asimismo también nuestra tintura se produce del huevo filosófico y por su virtud coagula al más ligero tacto todo el mercurio que los metales contienen. Ella vuelve estúpido a este mercurio, lo mata fijándolo y lo desnuda de su azufre combustible.* ¿Se puede ver una cosa más precisa? Sólo faltan los nombres de Cadmo y Harmonía, que son el esposo y la esposa del texto citado.

Es bueno también, observar que Marte tenía un célebre templo en Lemnos, morada de Vulcano. El lobo, el perro y el buitre eran consagrados al dios de la guerra; el lobo y el buitre a causa de su voracidad, dicen los mitólogos, y el perro con el gallo por su vigilancia. Pero lo habrían supuesto mejor si hubieran dicho que era por las razones que hemos mencionado en el primer libro, hablando de Anubis y de Macedo, es decir, porque los animales han sido siempre tomados como símbolos de los ingredientes del magisterio de los filósofos. Soy un lobo arrebatador y hambriento, dice Basilio Valentín.[147] Soy el perro de Jorasán y la perra de Armenia, dice Avicena[148] con la Turba. Soy el gallo y tú la gallina, dice el Sol a la Luna;[149] no puedes hacer nada sin mí y yo nada sin ti. Soy el buitre que cría sin cesar en lo alto de la montaña, dice Hermes.[150]

146. Michel Maier, *Symbola Aureae mensae,* 10.

147. Basilio Valentín, 1.ª Llave.

148. Avicena, *De re rectâ.*

149. *Consilium conjugii massae Solis & Lunae.*

150. Hermes, *Los Siete Capítulos.*

CAPÍTULO XI

Vulcano

Este dios se encuentra tan a menudo a nuestro paso que no me extenderé mucho respecto a él. Ya lo he mencionado en el primer libro, hablando de los dioses de Egipto. Veamos en pocas palabras lo que pensaban los griegos de él. Vulcano era hijo de Juno, según Hesíodo: *Hera dio a luz sin trato amoroso –estaba furiosa y enfadada con su esposo–, a Hefesto.* (Teogonía, vers. 928). Algunos autores han dicho que ella lo había concebido sin conocimiento (contacto) de hombre, pero Homero[151] dice positivamente que es hijo de Júpiter y de Juno y que su gran deformidad hizo que lo expulsaran del Cielo desde donde cayó en la isla de Lemnos. El mismo poeta hace hablar a Juno en otro lugar como habiendo sido ella misma la que expulsó a Vulcano del Olimpo.[152] Tampoco Vulcano olvidó esta injuria y para vengarse hizo una silla de oro con resortes secretos que sujetaban a los que allí se sentaban sin que pudieran levantarse. La dio como presente a su madre, que se encontró presa en el momento que se sentó. Platón habla de ello en su *República*, en el segundo libro.

Algunos autores nos presentan a Vulcano como inventor del fuego y otros dicen, también con poca razón, que fue Prometeo. Entre los egipcios, según Herodoto, era el más antiguo de los dioses y entre los griegos era el menos respetado. Se le tiene por el padre de los herreros y a él mismo como forjador del hierro. Fabricaba los rayos de Júpiter y las armas de los dioses. Formó un perro de bronce que presentó a Júpiter después de haberlo animado. Júpiter lo dio a Europa y Europa a Procris y ésta a Céfalo, su esposo. Finalmente, Júpiter lo transformó en piedra. Éste hizo hacer a Vulcano la caja de Pandora, para ser presentada a los hombres en lugar del fuego que Prometeo había robado del Cielo. Este dios cojo pidió a Júpiter que le diera a Minerva como mujer, como recompensa de las armas que le había fabricado y de los servicios prestados, pero Minerva siempre fue sorda a sus peticiones y rebelde a sus persecuciones. El león le estaba consagrado a causa de su naturaleza ígnea. Brontes, Estérofes y Piracmon fueron compañeros de Vulcano en el trabajo de la forja. Hesíodo dice que los tres son hijos del Cielo y de la Tierra;[153] otros dicen que son hijos de Neptuno y de Amfitrite. Virgilio hace mención de ello en el octavo libro de la *Enéida*.

151. Entonces no podré, aun afligido, socorrerte, pues doloroso es rivalizar con el Olímpico: ya en otra ocasión a mí, ansioso de defenderte, me arrojó del divino umbral, agarrándome del pie. Y todo el día estuve descendiendo y a la puesta del sol caí en Lemnos, cuando ya poco aliento me quedaba dentro. Homero, *Ilíada*, lib. 1 vers. 588.

152. Mientras que mi hijo Vulcano, al que he engendrado yo misma, está débil y tiene los pies torcidos, pues habiéndolo cogido por sus manos lo ha echado al ancho mar; pero la hija de Nereo, Tetis, de los pies de plata lo ha recogido y lo ha llevado con sus hermanas. Homero, *Himno a Apolo*.

153. Hesíodo, *Teogonía*.

Ardalo y Broteo fueron hijos de Vulcano. El primero hizo la sala o el templo de las musas entre los trecenios, y Broteo, convertido en el juguete de los hombres a causa de su deformidad, se tiró al fuego porque no soportaba la vergüenza. Además de Venus, Vulcano tuvo como segunda mujer a Aglaia, una de las gracias, cuyo nombre significa esplendor, belleza. Era hija de Júpiter y de Eurínome, según Hesíodo. Noel el Conde se soslaya, a menudo, a costa de los químicos en el capítulo seis del libro dos de su *Mitología*. *Ellos pretenden* –dice– *que Vulcano no es otro que el azufre o la plata viva, porque éstos no se alían a nada que no sea de su naturaleza*. Pero muestra su ignorancia, o su mala fe, cuando no reconoce otros usos del fuego que los de cocer los alimentos o trabajar la forja. Hubiera atinado mejor si se hubiera chanceado del uso que hacen de él los sopladores. No habría atacado a las admirables operaciones de la química vulgar misma. Sin Vulcano ¿qué sería de la medicina y de los remedios químicos, tan de moda hoy día?, ¿qué sería de las vidrieras, las manufacturas de porcelana y tantas otras obras que admiramos?

Vulcano ha sido considerado y honrado por todas partes como dios del fuego. Algunos antiguos mitólogos lo tomaban por el fuego de la naturaleza, pero como el fuego de forja y de nuestras cocinas es más sensible y más manifiesto, el pueblo lo consideró como tal; al no conocer o no haber tocado más que éste, se acostumbró a tomarlo por Vulcano y fue confirmado en su error por las historias alegóricas que los poetas vendieron a cuenta de este dios, y por las ceremonias simbólicas que se empleaban en su culto.

Entre los egipcios, Vulcano era el más antiguo y más grande de los dioses, porque el fuego es el principio activo de todas las generaciones. Todas las ceremonias de su culto habían sido instituidas para hacer alusión al arte secreto de los sacerdotes, y siendo el fuego el principal y único agente operativo de este arte, tuvo el más soberbio de los templos en Menfis bajo el nombre de *Opas* y lo consideraban como su protector. Pero los griegos, que pusieron más atención en la belleza de la obra que en el obrero, no hicieron a Vulcano todo el caso que le habían hecho los egipcios. Tocados por la abundancia de azufres que la isla de Lemnos producía, consideraron al azufre como el principio o la materia del fuego, figuraron que Vulcano tenía su morada en esta isla y los romanos, por la misma razón, establecieron y fijaron las forjas de este dios bajo el monte Etna. Su educación, dada por las nereidas, designaba bien cuál era la naturaleza de este fuego y el origen de Vulcano, pero el pueblo, acostumbrado a tomar las ficciones como verdades, sin examinar mucho las circunstancias y sin observarlo de cerca, tomaba todo según la letra. Sin embargo era fácil ver, a primera vista, que el fuego común no podía haber sido educado por el agua que lo sofoca y lo apaga, aunque al decir verdad el agua es de alguna manera alimento del fuego.

Los egipcios, pues, tenían a la vista al fuego filosófico y este fuego es de diferentes especies, según los discípulos de Hermes. Artefio[154] es el que habla más extensamente de ello y el que mejor lo designa. *Nuestro fuego* –dice este autor– *es mineral, es igual, continuo y no se evapora, si no es excitado muy fuertemente; participa del azufre, es tomado de otra cosa que de la materia, destruye todo, disuelve, congela y calcina, hay un artificio para encontrarlo y para hacerlo y no cuesta nada, o al menos muy poco. Además, es húmedo, vaporoso, digerente, alterante, penetrante, sutil, aéreo, no violento, incombustible, o que no abrasa, envolvente, continente, único. También es la fuente de agua viva que rodea y contiene el lugar donde se bañan el rey y la reina. Este fuego húmedo es suficiente para toda la obra, al comienzo, en medio y al final, porque todo el arte consiste en este fuego. Hay aún un fuego natural, un fuego contra natura y un fuego innatural que no quema y finalmente como complemento hay un fuego cálido, seco, húmedo y frío.* El mismo autor distingue los tres primeros en fuego de lámpara, fuego de cenizas y fuego natural del agua filosófica. Este último es el fuego contra natura que es necesario en el transcurso de toda la obra; en lugar, dice él, que los otros dos que sólo son necesarios en ciertos tiempos. Ripley,[155] tras haber hecho la enumeración de estos mismos cuatro fuegos, concluye así: *Haced, pues, un fuego en vuestro vaso de vidrio, que queme más eficazmente que el fuego elemental.*

Raimon Llull, Flamel, Gui de Montanor, Espagnet y todos los filósofos se expresan más o menos de la misma manera, aunque menos claramente. Espagnet recomienda huir del fuego elemental o de nuestras cocinas, como el tirano de la naturaleza y lo llama *fraticida.* Los otros dicen que el artista no se quema jamás los dedos y no se ensucia las manos con el carbón y el humo. Es preciso, pues, concluir que los que cambian su plata en carbón no deben pretender obtener más que ceniza y humo y no deben esperar otras transmutaciones. Estos sopladores, pues, no conocen a Vulcano o el fuego filosófico. A pesar de todo el mal humor de Noel el Conde hacia los químicos, reconoce que los antiguos habían fijado la morada de Vulcano en Lemnos porque el terreno de esta isla es cálido y medicinal. Es de allí que se nos trae la tierra sigilada, que entre otras propiedades, dice este autor, tiene la de matar las verrugas y la de ser un contraveneno.

Que Vulcano es el fuego hermético necesario en el transcurso de la obra, al menos en cierto tiempo, se debe ver porque la fábula supone que fue echado del Cielo y alimentado por las nereidas. Asimismo no le será difícil adivinarlo al que haya leído con atención lo que hemos dicho hasta ahora del cielo, de la tierra y del mar de los filósofos. Se verá cuáles son las armas de los dioses y los rayos de Júpiter que fabricó Vulcano. La separación de lo puro de lo impuro, que se hace por este medio, anuncia claramente la victoria que los dioses consiguen sobre los titanes. Sólo este pretendido forjador puede ser el encargado

---

154. Artefio, *Del Arte secreto.*

155. Ripley, *Las Doce Puertas.*

de hacer el cetro de Júpiter, el tridente de Neptuno y el escudo de Marte, el collar de Harmonía y el perro de bronce de Procris que debe ser transformado en piedra, porque es el agente principal de la segunda obra y porque sólo él es capaz de conducir al bronce filosófico a la perfección de la piedra de los sabios.

La fijeza de la materia de la obra en este estado ha dado lugar a la ficción de la silla de oro que Vulcano presenta a Juno, pues una silla está hecha para el reposo y se puede figurar naturalmente que Juno, que hemos dicho que era un vapor volátil, viene a reposar allí, cuando este vapor es fijado en el oro o la materia fija de los filósofos. Vulcano en esa ocasión trata así a su madre para vengarse de ella por haberlo echado del Cielo, desde donde cayó en la isla de Lemnos. La tierra ígnea de los sabios, tras haber ocupado la parte superior del vaso, volatilizándose con el vapor del que acabamos de hablar, cae el fondo donde forma como una especie de isla en medio del mar. Desde allí actúa y hace sentir su fuerza a todo el resto de la materia, tanto acuosa como terrestre. Es en este mismo lugar donde se precipita Broteo, hijo de Vulcano. Sólo los nombres de los compañeros de este dios ya indican la cualidad sulfurosa e ígnea de la materia, puesto que significan el rayo, el trueno y el fuego. Pero Vulcano tuvo un segundo hijo llamado Ardalo, que hizo el templo de las musas, pues el fuego filosófico actuando sobre la materia, la volatiliza en vapores que recaen como una lluvia. Es Ardalo quien construye entonces el templo de las musas, ya que viene de ἄρδω, *irrigo* (rociar, regar), y porque las mismas musas son las partes acuosas y volátiles. Finalmente si se dice que Vulcano era cojo, es porque el fuego, del cual es el símbolo, no es suficiente solo.

CAPÍTULO XII

Apolo

Es el momento de que el feo y cojo Vulcano de paso al brillante Apolo y a la bella Diana. Herodoto dice[156] que los egipcios pretendían que estas dos divinidades eran hijos de Osiris y de Isis y que Latona sólo fue su nodriza. Ésta era contada entre los ocho grandes dioses de Egipto. Se dice que Ceres le confió a su hijo Apolo para que lo cuidara y lo protegiera de las persecuciones de Tifón, que lo buscaba para matarlo. Latona lo ocultó en una isla flotante, a la que fijó con este motivo. Pero los griegos dicen que Apolo y Diana eran hijos de Júpiter y Latona.

En vano Cicerón y otros mitólogos cuentan cuatro Apolos;[157] el más antiguo, nacido de Vulcano; el segundo hijo de Coribante y nativo de Creta; el tercero nacido de Júpiter y de Latona, que pasó del país de los hiperbóreos a Delfos; el cuarto era de Arcadia y fue llamado Nomion. Si estos mitólogos hubieran

156. Herodoto, lib. 2, cap. 56.

157. Cicerón, *De la naturaleza de los dioses*, lib. 3.

examinado seriamente todo lo que los antiguos dicen de Apolo, hubieran visto como Vosio,[158] que este dios sólo es un personaje metafórico, sin embargo no hubieran dicho como él que no hubo jamás otro Apolo que el Sol que nos alumbra. Habrían reconocido que el verdadero Apolo venía de Egipto y que los griegos han imaginado a los suyos basándose en aquel. En efecto ¿no es evidente que lo que ellos dicen de su isla de Delos, donde nació Apolo, esté sacado de lo que los egipcios, según el relato de Herodoto,[159] publicaron de la de Quemmis donde Latona ocultó a Horus? Los griegos decían que la isla de Delos era flotante antes del nacimiento de Apolo y de Diana. Los egipcios decían lo mismo de la de Quemmis. Herodoto considera que se hizo de ello este cuento que considera como una fábula, porque por más atención que puso en observar esta isla, no la vio jamás flotar. Los griegos añaden que Neptuno dando un golpe de tridente hizo surgir la isla de Delos del fondo del mar y la fijó para asegurar a Latona, perseguida por Juno, un lugar donde pudiera llevar a cabo sus partos. ¿No es una fiel imitación de lo que los egipcios publicaron de las persecuciones de Tifón contra Isis, quien para apartar a su hijo de la crueldad de su cuñado, confió su educación a Latona que lo ocultó en la isla de Quemmis?

Es, pues, inútil admitir muchos Apolos puesto que no hay otro que el de Egipto que, de cualquier manera que se explique su historia, no es necesario que fuera un personaje real y aun menos el Sol que nos alumbra. No habiendo, pues, existido jamás, es más o menos la misma cosa que fuera hijo de Júpiter o de Denis, de Isis o de Latona. Asimismo es muy poco importante que se haga de Latona la diferencia de madre o de nodriza. Pero como hemos explicado en el primer libro el Horus o Apolo de Egipto, es preciso explicar aquí el de los griegos y para ello seguiremos a Hesíodo que dice: *Letona parió a Apolo y a la flechadora Artemis, prole más deseable que todos los descendientes de Urano, en contacto amoroso con Zeus portador de la égida.* (Teogonía, vers. 919).

Sin embargo se ha de confesar que los antiguos no nos han dejado nada de cierto ni determinante sobre Apolo o el Sol ni sobre Diana o la Luna. ¿Los han considerado una misma cosa?, o ¿entendían la misma cosa del Sol y Apolo?, ¿los han tomado por las dos grandes luminarias o por héroes de la Tierra? Ellos hablan indiferentemente y no hemos decidido nada respecto a ello.

Cicerón habla de cinco Soles; uno nacido de Júpiter, nieto del Éter; el otro hijo de Hiperión; el tercero, nieto del Nilo e hijo de Vulcano, en honor del cual fue construida la ciudad de Heliópolis; el cuarto, que nació en Rodas y fue hijo de Achante en el tiempo de los héroes; finalmente el quinto que en la Cólquide fue padre de Aetes y de Circe. ¿Se puede estar ciego hasta el punto de no ver que son puras ficciones de los poetas, que han dado el mismo nombre a la misma cosa, pero que han variado según las circunstancias los lugares, las personas y las

158. Vosio, *Origen y progreso de la Idolatría.*

159. Herodoto, *op. cit.*

acciones que introducían en escena? ¿No es visible que el Sol, hijo de Vulcano, es lo mismo que Horus, aunque sus nombres sean diferentes? Si estos Soles eran dioses ¿por qué atribuirles acciones que sólo convienen a los hombres? Y si no fueran más que hombres ¿se podría decir de ellos razonablemente lo que sólo se puede decir del Sol? Pues a menudo se ha hablado del Sol, de Febo y de Apolo, como de una misma persona. Un poco de reflexión sobre eso, fácilmente habría hecho entrever al menos que los cuatro Apolos y los cinco Soles de Cicerón no son más que un mismo personaje metafórico y fabuloso, nacidos de otros personajes figurados bajo los nombres de Vulcano, Osiris e Isis, Júpiter y Latona, etc.

Cuando se ha hablado del Sol como Sol, los antiguos lo han llamado ojo del mundo, corazón del Cielo, rey de los planetas, lámpara de la Tierra, antorcha del día, fuente de la vida, padre de la luz; pero cuando se trata de Apolo, era un dios que se distinguía en las bellas artes, como la poesía, la música, la elocuencia y sobre todo la medicina, incluso se publicó que él las había inventado. Hubiera sido un crimen condenable entre los paganos no considerar al Sol y la Luna como a dioses. Anaxágoras, aún con riesgo de su vida, fue el primero que intentó desengañar de este error por otro, diciendo que el Sol sólo era una piedra inflamada. Demostró que los eclipses llegaban naturalmente y que no eran maldiciones caídas sobre estos dioses, como lo pensaba el común del pueblo que se imaginaba remediarlo mediante el ruido que hacían golpeando sobre vasos de cobre, como nos lo enseña Ovidio: *Hacen gran ruido para auxiliar a la Luna* (Metamorfosis, lib. 4).

Algunos, para excusar el error de Anaxágoras, pretenden que hablaba así para mofarse de las supersticiones del pueblo y que seguro que veía que el Sol no podía ser una piedra inflamada, también dicen que este filósofo hablaba al mismo tiempo alegóricamente, para ser entendido solamente por los filósofos herméticos. Él quería -dicen- designar mediante esta piedra inflamada a la piedra roja ardiente o el sol filosófico del que Espagnet habla en estos términos:[160] *A fin de que no omitamos nada, que los aficionados estudiosos de la filosofía sepan que de este primer azufre se engendra un segundo que puede multiplicarse al infinito. Que el sabio que ha tenido la dicha de encontrar la mina eterna de este fuego celeste, la guarde y la conserve con todo el cuidado posible.* El mismo autor había dicho en el canon 80: *El fuego innato de nuestra piedra es el Arqueo de la naturaleza, el hijo y el vicario del Sol; madura, digiere y lo perfecciona todo, con tal de que sea puesto en libertad.* Casi todos los discípulos de Hermes han dado a su piedra ígnea el nombre de Sol y cuando en la disolución de la segunda obra la materia se vuelve negra, la llaman *sol tenebroso* o *eclipse de sol.* Raimon Llull a menudo habla de ello en sus obras.[161] Nada más aportaré un texto como ejemplo: *Haced pudrir el cuerpo del sol durante trece días, al cabo de los cuales la disolución aparecerá negra como la tinta, pero su*

160. Espagnet, canon, 123.

161. Raimon Llull, *Experimentum 13.*

interior será rojo como un rubí o como una piedra de carbunclo. Tomad, pues, este sol tenebroso y obscurecido por los abrazos de su hermana o de su madre y metedlo en una cucúrbita con su montera, con las junturas bien zulacadas, etc.

A menudo se ha confundido a Apolo con el Sol y a Diana con la Luna; sin embargo en la antigua mitología eran distinguidos, y es que entonces se sabía diferenciar el Sol celeste del Sol filosófico. Los que no estaban en conocimiento del objeto de esta antigua mitología, han sido la causa de todas las variaciones que se encuentran respecto a esto en los autores. Sin embargo es bueno observar que el Apolo y el Sol filosófico, al ser una misma cosa, se pueden conciliar en las diferentes opiniones de los autores, siempre que se haga distinción entre el Sol celeste y el Apolo de la mitología. Es lo que hace que Homero los distinga claramente en más de un lugar de sus dos poemas.

Pero sea cual sea este Apolo, la fábula nos lo representa como padre de muchos hijos que tuvo con diferentes mujeres. Calíope le dio a Orfeo, Himeneo y Jalemo.[162] Tuvo a Delfo de Acacálide, Corono de Chriforre, Lino de Terpsícore, Esculapio de Coronis y otros tantos cuya enumeración sería muy larga. Se dice que Apolo vino desde los hiperbóreos a Delfos, a la que los poetas llamaron el ombligo de la Tierra, porque figuraron que Júpiter, queriendo un día encontrar el centro, hizo partir al mismo tiempo una águila hacia el Oriente y otra hacia Occidente, que volando con la misma velocidad se reencontraron en Delfos; por esta razón y en memoria de este hecho, se le consagra un águila de oro. Es fácil ver que esta historia no solamente es fabulosa sino que no tiene ninguna utilidad si no se la considera alegóricamente. Es en este sentido en el que los filósofos herméticos se han expresado, cuando han dicho con el autor del consejo sacado de las *Epístolas de Aristóteles: hay dos principales piedras en el arte, la blanca y la roja, de una naturaleza admirable. La blanca empieza a aparecer sobre la superficie de las aguas al ponerse el Sol y se oculta hasta la mitad de la noche, después desciende hasta el fondo. La roja hace lo contrario, empieza a subir hacia la superficie cuando el Sol se levanta hasta el mediodía y se precipita seguidamente al fondo.* Platón dice en la Turba: *éste vivifica a aquel y uno mata al otro y estos dos al ser reunidos persisten en su unión. Entonces aparece una rojez oriental, una rojez de sangre. Nuestro hombre es viejo y nuestro dragón joven y come su cola con su cabeza y la cabeza y la cola son alma y espíritu. El alma y el espíritu son creados de él; uno viene de Oriente, a saber el niño, y el viejo viene de Occidente. Un pájaro meridional y ligero arranca el corazón de un gran animal de Oriente, dice Basilio Valentín.*[163] *Habiéndolo arrancado lo devora. También da alas al animal de Oriente, a fin de que sean parecidos, pues es preciso que se quite a la bestia oriental su piel de león y que de nuevo desapa-*

162. *Asclepiad. In 6.ª Tragic.*

163. Basilio Valentín, prólogo a las *Doce Llaves.*

rezcan sus alas, y que entren en el gran mar salado y salgan una segunda vez, teniendo igual belleza.

Michael Maier ha hecho el emblema 46, de sus *Emblemas Químicos*, de estas dos águilas enviadas por Júpiter y debajo ha puesto estos versículos: *se dice que Júpiter envió desde Delfos dos águilas gemelas hacia las regiones de Oriente y Occidente. Mientras él desea averiguar el lugar central del orbe, según dice la fama, éstas volvieron a Delfos simultáneamente. Más aún, hay dos piedras gemelas, una procedente del Orto y otra del Ocaso, que están bien concertadas.* Estas dos águilas deben de interpretarse como las piedras blanca y roja de los filósofos herméticos, es decir, de la materia venida al color blanco, que los discípulos de Hermes llaman oro blanco volátil, y de la materia al rojo, llamada oro vivo. Júpiter envió estas águilas, puesto que el color gris aparece antes que el blanco y el rojo. Y si se dice que una fue hacia el lado de Oriente y que la otra tomó su vuelo hacia el Occidente, es que en efecto, el color blanco es el oriente o el nacimiento del sol hermético y el rojo su occidente. Esta similitud ha sido tomada también por el hecho de que el Sol cuando se levanta expande una luz blanquecina sobre la Tierra y una rojiza cuando se oculta. Las dos águilas al cabo de su carrera, se reencuentran en Delfos, que según Macrobio, ha tomado su nombre de la palabra griega *Delphos solus* (Delfos sola), porque habiendo acabado el magisterio, el color blanco y el rojo son un mismo color púrpura, que hace el Sol filosófico. Se ha de señalar también que la isla de Delfos estaba consagrada al Sol, sin duda alegóricamente, para hacer alusión al de los discípulos de Hermes.

Los sabios de Grecia consagraron un trípode de oro a Apolo. El enebro y el laurel eran sus árboles favoritos y todos sus adornos, hasta las mismas hojas, eran de oro. El grifo y el cuervo le pertenecían. Se le inmolaban bueyes y corderos. Se le consideraba como el inventor de la música, la medicina y el tiro con arco. Siempre era representado como un joven de largos cabellos. Los antiguos le ponían las gracias en la mano derecha y un arco con flechas en la izquierda. Le dieron como sobrenombre el de Pitio por haber matado a flechazos a la serpiente Pitón, que tomó su nombre de πύθω, *putrefacio* (pudrir, corromper, disolver), puesto que se figuraba que esta serpiente había nacido del barro y del limo y que tras haber sido muerta por Apolo, el calor del Sol hizo que se corrompiera cayendo así en putrefacción. La razón de esto es que Apolo es un dios de oro, cálido, ígneo, cuyo fuego tiene la propiedad de hacer caer a los cuerpos en putrefacción. ¿Se podría elegir mejor como dios de la medicina que a la medicina misma, que cura todas las enfermedades del cuerpo humano? Hemos visto lo mismo respecto a Horus, en el primer libro, y se considera que Apolo y Horus eran la misma cosa, según el testimonio de los antiguos. Las gracias que llevaba en la mano eran un signo jeroglífico de los bienes graciosos, la salud y las riquezas que él procura. El arco y las flechas indican la curación de las enfermedades representadas antiguamente bajo el emblema de monstruos y dragones.

El buey que se inmolaba a Apolo también convenía a Horus, como símbolo de la materia de la que los filósofos componen su medicina solar. El trípode de oro indica los tres principios azufre, sal y mercurio, que para las operaciones se reducen a una sola cosa, apoyada sobre estos tres principios como sobre tres pies. Por la misma razón Apolo tenía su morada en el monte Parnaso, compuesto de tres montañas, o de una montaña con tres cumbres, a la que los poetas acostumbraban llamar *doble Monte*, porque sólo hacían alusión al monte Helicón y al monte Parnaso.

§ 1

Orfeo

El poeta Orfeo, hijo de Apolo y padre de la poesía, ha hecho cosas increíbles. Puso las rocas en movimiento, hizo venir a él los animales más feroces y los amansó. Detuvo el curso de los ríos y a los pájaros en pleno vuelo, condujo los barcos y todo esto al son de su lira. Si se considera a Orfeo como poeta solamente, ha hecho todas estas cosas en el sentido de que condujo la nave Argo, es decir, que habiendo sido el inventor y el narrador de estas ficciones, las ha contado y figurado de la manera que le ha complacido. Todos los poetas son así en este sentido.

Pero si se considera a Orfeo como hijo de Apolo, no es el mismo Orfeo. Éste significa a los efectos mismos del Sol, quien de la misma causa, su fuego y su calor, produce efectos contrarios endureciendo una cosa y reblandeciendo otra, como dice Virgilio: *Endurece el Limo y licua la cera* (Egloga, 8). Es lo que sucede en las operaciones del magisterio hermético, la materia seca se vuelve agua y el agua se convierte en tierra. El sonido de la lira de Orfeo no es otra cosa que la armonía de su poesía. Nuestros poetas dicen aún hoy día que toman la lira de Apolo y, en consecuencia, sus obras son el sonido o el efecto de esta lira.

También se considera a Orfeo como el primero en llevar la religión de los egipcios a los griegos; y Pausanias dice[164] que inventó muchas de las cosas útiles para el comercio de la vida. Asimismo este poeta confiesa que es el primero en hablar de los dioses, de la expiación de los crímenes y de varios remedios para las enfermedades.[165] La medicina de la que habla es ciertamente la medicina solar, pues todos los libros de física que nos quedan, bajo su nombre, tienden a este objetivo. Hace una especie de enumeración al principio del que acabo de citar; tales son sus tratados de la generación de los elementos, de la fuerza del amor y de la simpatía entre las cosas naturales, de las pequeñas piedras y muchos otros sobre diferentes asuntos velados bajo metáforas y alegorías. Asimismo se encuentra una especie de sumario de todas sus ideas respecto a esto en el de las pequeñas piedras, cuando describe el antro de Mercurio como la fuente y el centro de todos los bienes. También da a entender que estaba ins-

164. Pausanias, *In Boeticis*.

165. Mi ánimo me incita a decir lo que jamás antes referí, cuando, espoleado por el aguijón de Baco y del soberano Apolo, mencioné los dardos que hacen estremecerse, remedios para los mortales, y luego los pactos juramentados para los iniciados. Orfeo, *Argonauticas*, 9.

truido en muchos de los secretos de la naturaleza.[166] En consecuencia, algunos antiguos han pensado que Orfeo no solamente era muy versado en la ciencia de los augurios y de la magia, sino que él mismo era un mago de Egipto. Pero ¿no se ha dicho otro tanto del filósofo Demócrito, el cual había sacado su ciencia de los egipcios? Se dice que este último entendía la lengua de los pájaros, como Apolonio de Tiana, y nos ha dejado en sus escritos que la sangre de algunos pájaros que nombra, mezclada y trabajada, producía una serpiente, y que aquél que hubiera comido esta serpiente entendería también el lenguaje de los otros volátiles.

La mayor parte de los antiguos eran muy crédulos, tomaban todo al pie de la letra y no pensaban en dudar de las cosas más absurdas; parece ser que Cicerón ha caído en este defecto, sin embargo él no tenía de Demócrito tan alta idea como otros, cuando dice[167] de este filósofo que nadie había mentido con tanto atrevimiento: *Nullum virum majori authoritate, majora mendacia protulit.* Hipócrates pensaba de otra manera, admitía su sabiduría y dice que sus palabras eran *doradas.* Platón también se complacía mucho en la lectura de las obras de Demócrito. Estos grandes hombres sin duda entendían las alegorías de este filósofo mientras que Cicerón ni las sospechaba.

Estos pretendidos pájaros, de los que Demócrito entendía el lenguaje, no eran otros que las partes volátiles de la obra filosófica, que los discípulos de Hermes designan casi siempre con el nombre de águila, buitre o de otros pájaros. Y por la serpiente que nace de la sangre mezclada de estos volátiles es preciso entender el dragón o serpiente filosófica, de la que hemos hablado tan a menudo. Si alguien come de esta serpiente indudablemente entenderá el lenguaje de los otros pájaros, pues aquel que ha tenido la dicha de completar el magisterio de los sabios, y de hacer uso de él, no ignora lo que sucede durante la volatilización y en consecuencia los diferentes combates que se dan en el vaso, cuando las partes de la materia circulan allí. Sabe todos sus movimientos paso a paso y conoce el progreso de la obra por los cambios que suceden. Es lo que ha hecho decir a Raimon Llull que el buen olor del magisterio atrae a lo alto de la casa donde se hace la obra, a todos los pájaros de los alrededores. Indicaba mediante esta alegoría la sublimación filosófica, porque entonces las partes volátiles, designadas por los pájaros, suben a lo alto del vaso y parece que vienen allí desde los alrededores. Los tratados herméticos están llenos de alegorías semejantes.

Orfeo nos cuenta también su pretendido descenso a los Infiernos, donde visitó la sombría morada de Plutón, para ir a buscar a su esposa Eurídice a la que amaba locamente. Mientras Eurídice huía de las persecuciones amorosas

166. At quemcumque virum ducit prudentia cordis, (coetera ut omittam quae plurima maxima dicam) scire cupit si forte, sciet quaecumque volutant pectoribus tacitis mortales quaeque volucres inter se stridunt Coeli per summa volantes, infandum ut crocitant cantum mortalibus ullis, significantque Jovis mentem, gens nuncia fati. Is serpentis humi noscat firmare draconis Sibila sepertumque sciet superare venena. Orfeo, *Tratado de las pequeñas piedras.*

167. Demócrito, *Libro de Filosofía.*

de Aristeo, hijo de Apolo, una serpiente le mordió en el talón. La herida fue mortal y esta amable esposa perdió la vida enseguida. Orfeo, desesperado por su pérdida, tomó la lira y descendió al imperio de los muertos para hacer volver a Eurídice. Plutón se dejó doblegar y Orfeo la habría visto una segunda vez en la morada de los vivos si su amorosa curiosidad no hubiera precipitado sus miradas y no la hubiera mirado a la cara antes del tiempo señalado: *pero te referí lo que contemplé y comprendí cuando me encaminé, por la tenebrosa vía al Ténaro, al interior del Hades, confiado en mi cítara, por amor a mi esposa.* (Orfeo, *Argonáuticas,* 40) Virgilio hace mención de este viaje de Orfeo en su cuarta Geórgica y Ovidio en el décimo de sus Metamorfosis. Cicerón dice que había leído en un libro[168] de Aristóteles (que no tenemos) que tanto Orfeo como su musa han existido.

Que el lector recuerde lo que he dicho de la lira de Orfeo y que se acuerde que este poeta era hijo de Apolo, igual que Aristeo. Como poeta, Orfeo es el artista que cuenta alegóricamente lo que sucede en las operaciones del magisterio. En esta circunstancia de la muerte de Eurídice, ha sido preciso suponer a un Aristeo hijo de Apolo, y enamorado de la mujer de Orfeo, porque el hijo de cualquier otro no le convendría para nada. Aristeo o el excelente, el muy fuerte, está enamorado de los encantos de Eurídice, ella huye y él corre tras ella hasta que una serpiente la muerde en el talón y muere por la herida. Este amante es el símbolo del oro filosófico, hijo de Apolo; *su padre es el Sol y la Luna su madre,* dice Hermes.[169] Eurídice representa el agua mercurial volátil. Los filósofos llaman al uno macho y a la otra hembra. Sinesio nos asegura que aquel que conoce a *ésta que huye y al que la persigue*, conoce los agentes de la obra. Eurídice es, pues, la misma cosa que la fuente del Trevisano. *Señor* –dice este filósofo[170]– *es verdad que esta fuente es de terrible virtud, más que ninguna otra que haya en el mundo, y es solamente por el muy magnánimo rey del país, que ella es conocida bien y él de ella, pues jamás pasa este rey por aquí sin que ella lo atraiga hacia sí.* Y algunas líneas después añade: *entonces le pregunté si era amigo de ella y ella de él, y me respondió: la fuente lo atrae hacia ella y no él a ella.* ¿No son estas las atracciones y los encantos de Eurídice y las persecuciones de Aristeo? La parte volátil volatiliza al fijo hasta que el dragón filosófico la detiene en su carrera, entonces Eurídice muere, es decir, que sobreviene la putrefacción, o el color negro, que es la triste morada de Plutón. El agua volátil, pues, atrae al fijo y lo volatiliza. El rey del país del Trevisano es el oro, el hijo del Sol, lo que hace que el hijo de cualquier otro no pueda convenir para ello. Orfeo la llama también su mujer *porque* él mismo era hijo de Apolo

168. Aristóteles, *Gnomología Homeri, per Duportum,* imprimido en Cambridge.
169. Hermes, *La Tabla de Esmeralda.*
170. El Trevisano, *Filosofía de los metales.*

y porque, como dice el Cosmopolita,[171] *esta agua hace las veces de mujer de este fruto del árbol solar.* Ella misma es hija del Sol, puesto que es sacada de sus rayos, según el mismo autor, que añade que de ahí vienen su gran amor, su concordia y su deseo de unírsele.

Orfeo viaja a la morada de Plutón y relata lo que ha visto. Hubiera rescatado a Eurídice si no la hubiera mirado demasiado pronto. Esto es aquí el verdadero retrato de los artistas impacientes que se cansan de la larga duración de la obra. Aman la piedra perdidamente, suspiran sin cesar tras el dichoso momento en el que la verán en la morada de los vivos, es decir, al salir de la putrefacción y vestida con el hábito blanco, indicio de la alegría y de la resurrección. Pero este amor arrebatado de cólera no les permite aguardar el término prescrito por la naturaleza. Quieren forzarla a precipitar sus operaciones y lo echan a perder todo. Morien dice que toda precipitación viene del demonio y los otros filósofos recomiendan la paciencia. Pero en vano se da consejos a gente que no decide seguirlos; el amor no escucha apenas a la razón. *Es preciso actuar con moderación* –dice Basilio Valentín[172]– *y tener cuidado de la misma cosa en nuestro elixir, al cual no se debe privar de ninguno de los días de dedicación fijados para su generación, por miedo que nuestro fruto al ser recogido demasiado pronto, las manzanas de las Hespérides, no puedan llegar a una maduración perfecta [...] Es por lo que el diligente operador de los maravillosos efectos del arte y de la naturaleza, debe tener cuidado de no dejarse llevar por una curiosidad perjudicial, por miedo de que no recoja nada o que la manzana se le caiga de las manos.* La muerte de Orfeo hecho pedazos por las mujeres y sus miembros esparcidos, recogidos y unidos luego por las musas, deben de recordar al lector la alegoría de la muerte de Osiris, con todas sus circunstancias y las explicaciones que ya he dado de ello.

§ 2

Esculapio

Los griegos han tomado a este dios de Egipto y de Fenicia, pues es en este país donde se ha de buscar al verdadero Esculapio. Allí era honrado como un dios, antes de que su culto fuera conocido en Grecia. Marsham ha creído ver en los antiguos autores a un Esculapio rey de Menfis, hijo de Menes, hermano del primer Mercurio, más de mil años antes que el Esculapio griego. Eusebio habla también de un Asclepios o Esculapio,[173] al que da como sobrenombre *Tosorthrus*, egipcio y médico célebre a quien otros egipcios le otorgaron el honor de haber

171. El Cosmopolita, *Parábolas.*

172. Basilio Valentín, llave 10.

173. Eusebio, *Chron. Dyn.* 3, *de los reyes de Menfis.*

inventado la arquitectura y haber contribuido mucho en la expansión en Egipto del uso de las letras que Mercurio había inventado.

Pero sea cual sea de estos Esculapios, me atengo a la opinión más generalmente aceptada en Grecia, que dice ser hijo de Apolo y de la ninfa Coronis,[174] hija de Flegias. La otra tradición que le da a Arsinoé por madre no es verosímil, según el pensamiento de Pausanias, que dice[175] que Trigona fue su nodriza. Luciano asegura, como muchos otros,[176] que Esculapio no nació de Coronis sino del huevo de una corneja, lo que no obstante viene a ser lo mismo. Esta ninfa en cinta de este dios de la medicina fue muerta por una flecha disparada por Diana. Después fue puesta sobre una hoguera y Mercurio estuvo encargado de sacar a Esculapio del seno de esta infortunada. Algunos dicen que fue el mismo Febo el que hizo esta operación.[177]

Después Esculapio fue puesto en manos de Quirón, aprovechó las lecciones de medicina que este célebre maestro le dio y adquirió tan grandes conocimientos en esta escuela que resucitó a Hipólito que había sido devorado por sus propios caballos. Plutón irritado por lo que hacía Esculapio, pues no contentándose con curar las enfermedades resucitaba a los muertos, llevó sus quejas a Júpiter,[178] diciendo que su imperio estaba considerablemente disminuido y que corría el riesgo de verlo desierto. Júpiter fulminó a Esculapio.[179] Apolo indignado por la muerte de su hijo lloró y para vengarse mató a los cíclopes que habían forjado el rayo que Júpiter había utilizado. Júpiter, para castigarlo, lo echó del Cielo. Apolo se convirtió en un errante sobre la tierra y se prendó de amor por Jacinto al que mató accidentalmente, jugando al palet con él.[180] Después Apolo fue a encontrar a Laomedón y se alquiló para trabajar mercenariamente en los muros de la ciudad de Troya.

Esculapio desposó a Epíone de la que tuvo a Machaon, Podaliro y tres hijas, Panacea, Yaso e Higiea. Sin embargo, Orfeo dice que Higiea no era su hija sino mujer de Esculapio. El culto a Esculapio fue más célebre en Epidaura que en ningún otro lugar de Grecia. Las serpientes y los dragones eran consagrados a

174. Curador de enfermedades Asclepios, hijo de Apolo, que la divina Coronis, hija del rey Flegios, engendró en la llanura de Dotios, para ser gran alegría para los hombres y apaciguamiento de los dolores. Homero, *Himnos,* 15.

175. Pausanias, *Arcadias.*

176. Luciano, *Diálogo del falso Vate.*

177. Apolo, arrepentido de su acción tardíamente, abrazado al cuerpo amado, no siente sino odio por el pájaro que le hizo saber la infidelidad de su dueña. Le muerde el dolor de saber que el fuego ha de consumir aquellos despojos. Decidido saca del vientre femenino al hijo y se lo entrega al centauro Quirón. Ovidio, *Metamorfosis,* lib. 2. También Diodoro, lib. 4, y otros mitólogos.

178. Ovidio, *Metamorfosis,* lib. 15.

179. Entonces el padre omnipotente, indignado de que un mortal hubiese vuelto de las sombras infernales a la luz de la vida, precipitó con un rayo en las ondas estigias al hijo de Febo, inventor *de* la poderosa arte médica. Virgilio, *Eneida,* lib. 7.

180. Ovidio, *Metamorfosis,* lib. 5.

este dios que, asimismo, fue adorado bajo la figura de estos reptiles. Sobre un medallón acuñado en Pérgamo, se ve a Esculapio con la fortuna. Sócrates, antes de morir le hizo inmolar un gallo, y se le sacrificaban cuervos, cabras, etc, y según Pausanias, se alimentaba de culebras privadas en su templo de Epidaura, donde su madre Coronis también tenía una estatua.

¿No tenían razón los antiguos al considerar como dios de la medicina a la medicina universal misma? Y ¿no era suficiente para indicarlo decir que Esculapio era hijo de Apolo y de Coronis?, puesto que se sabe que esta medicina tiene el principio del oro como materia y que no puede prepararse sin pasar por la putrefacción, o el color negro que los filósofos herméticos de todos los tiempos han llamado *cuervo* o *cabeza de cuervo,* a causa de la negrura que le acompaña. Salir de la putrefacción o del color negro era, pues, nacer de Coronis, que significa corneja, una especie de cuervo.

Pero un dios no debe nacer a la manera de los hombres. Diana mató a Coronis y Mercurio o Febo sacó a su hijo de las entrañas de esta infortunada madre. El mercurio filosófico actúa sin cesar y en esta ocasión rinde a Esculapio el mismo servicio que había rendido a Baco. La madre de uno muere bajo los fulgores del rayo de Júpiter; la madre del otro perece bajo los golpes de Diana; los dos vienen al mundo por el cuidado de Mercurio y tras la muerte de su madre. Morien esclarece en dos palabras toda esta alegoría, cuando dice[181] que la blancura o el magisterio al blanco, que es medicina, está oculta en el vientre de la negrura, y que no se han de despreciar las cenizas (de Coronis) porque allí está oculta la diadema del rey. La misma razón ha hecho decir que Flegias era padre de Coronis, puesto que φλέγω significa *inflamo, quemo,* y nadie ignora que todas las cosas quemadas se reducen a cenizas.

Aquellos que han pretendido que el mismo Apolo sirvió de comadrona a Coronis, han hecho alusión al elixir perfecto en color rojo, verdadero hijo de Apolo y el Apolo mismo de los filósofos, y si se ha figurado que Diana había matado a Coronis, es que la ceniza hermética sólo puede llegar al color rojo después de haber sido *fijada* pasando por el color blanco, o la Diana filosófica. *Esta ceniza muy roja, impalpable en ella misma,* –dice Arnaldo de Vilanova[182]– *se hincha como una pasta que fermenta y por la calcinación requerida, es decir, con la ayuda del mercurio que quema mejor que el fuego elemental, se separa de una tierra negra muy sutil que permanece en el fondo del vaso.* Es fácil hacer la aplicación de esto. Hermes lo había dicho hace mucho tiempo:[183] *Nuestro hijo reina ya vestido de rojo [...] nuestro rey viene del fuego.* Trígono alimentó a Esculapio, es nombrado así a causa de los tres principios, azufre, sal y mercurio de los que el elixir está compuesto y de los que el niño filosófico se nutre hasta su perfección.

181. Morien, *Conversación con el rey Calid.*

182. Arnaldo de Vilanova, *Nueva Luz,* cap. 7.

183. Hermes, *Los Siete Capítulos,* cap. 3.

Las resurrecciones de Esculapio no son menos alegóricas que su nacimiento, y si resucita a Hipólito es preciso entenderlo en el sentido de los filósofos, que lo personifican todo. Escuchemos a Bonnelo respecto a esto:[184] *Ésta naturaleza de la cual se ha quitado la humedad, se vuelve parecida a un muerto, tiene necesidad del fuego hasta que su cuerpo y su espíritu sean convertidos en tierra, entonces se hace un polvo parecido al de las tumbas. Dios le devuelve después su espíritu y su alma y le cura toda imperfección. Es preciso, pues, quemar esta cosa hasta que madure, que se vuelva ceniza y apropiada para recibir de nuevo su alma, su espíritu y su tintura.* Se puede ver lo que he dicho de tales resurrecciones, cuando expliqué la de Esón, en el libro dos. En cuanto a la educación de Esculapio, fue la misma que la de Jasón. Las hijas de Esculapio participaron de los mismos honores que su padre y tuvieron estatuas entre los griegos y los romanos. Pero la ficción de la historia de estas divinidades ya se ve tan sólo observando el significado de sus nombres. Panacea quiere decir medicina que cura todos los males; Jaso curación, e Higiea salud. El elixir filosófico produce la medicina universal, su uso da la curación, en la cual va unida la salud. También se dice que sus dos hermanos eran perfectos médicos. En cuanto al huevo de la corneja, de donde se figura que salió Esculapio, Raimon Llull nos lo explica en estos términos:[185] *después de que haya sido enfriado, el artista encontrará a nuestro niño doblado en forma de huevo, al que retirará y purificará.* Y en su *árbol filosófico* dice: *cuando este color (blanco) aparece empieza a reunirse en forma redonda, como la Luna en su plenitud.* El gallo era consagrado a Esculapio por la misma razón que lo era a Mercurio; el cuervo a causa de su madre Coronis y la serpiente porque los filósofos herméticos la tomaban como símbolo de su materia, como se puede ver en Flamel y en tantos otros.

Apolo tuvo otros muchos hijos, y confundiéndolo con el Sol el número aumenta considerablemente. Ya he hablado de Aetes en el segundo libro; haré mención de Augias en el quinto y pasaré de las alegorías de los otros porque estas ficciones se pueden explicar fácilmente con las que yo proporciono. Sin embargo Faetón es muy célebre como para no decir de él dos palabras. Todos los autores están de acuerdo en que fuera hijo del Sol. Muchos piensan con Hesíodo,[186] que Faetón tuvo por padre a Céfalo y por madre a la Aurora. Según la opinión más común, Faetón era hijo del Sol y de Climene.[187]

184. Bonuelo, *La Turba.*

185. Raimon Llull, *De la quinta esencia*, dist. 3, p. 2.

186. Hesíodo, *Teogonía.*

187. El Sol, en el centro de esta Corte, abría sus ojos omnipresentes, y viendo al atónito Faetón le habló así: ¿Cuál es el objeto de tu viaje? ¿Te ha hecho venir hasta mi alcázar la pretensión de que yo te reconozca como hijo mío? ¡Oh dios de la luz! –le respondió Faetón– ¡Oh padre mío! ¡Si realmente lo eres, permíteme un signo que me valga para demostrar a todos que soy tu hijo! ¡Alíviame de la duda que me aflige! Oídas estas preguntas, el Sol, despojándose de su gloria, le mandó acercarse y le abrazó paternal-

Habiendo tenido una disputa con Épafo, hijo de Júpiter, éste le dijo que no era hijo del Sol. Afectado por ello Faetón fue a compadecerse ante su madre Climene, que le aconsejó ir a encontrar al Sol y pedirle como prueba que le dejara conducir su carro. El Sol había jurado por el Estigio que le concedería lo que le pidiera, sin pensar que su hijo sería tan temerario como para hacerle semejante petición, y se la concedió después de haber hecho todos los esfuerzos posibles para que cambiara su decisión. Faetón se desenvolvió tan mal en ello que el Cielo y la Tierra estuvieron amenazados de ser totalmente abrasados. La Tierra alarmada se dirigió a Júpiter que, de un golpe de rayo, precipitó al joven Faetón en el río Eridán, al que, según algunos, secó sus aguas, y según otros las convirtió en oro.

Muchos autores creen, como Vosio,[188] que esta ficción es egipcia, lo que demuestra mejor mi sistema, pero si con ello se confunde al Sol con Osiris, no será sobre el mismo fundamento. Faetón, como Horus, es la parte fija aurífica de los filósofos egipcios o herméticos. Cuando se volatiliza, esta materia totalmente ígnea parece insultar a Épafo o el aire, hijo de Júpiter. Cuando el Júpiter filosófico se muestra, esta parte fija y solar, tras haber revoloteado durante largo tiempo, se precipita hasta el fondo del vaso donde se encuentra el agua mercurial, en la cual se fija coagulándola y volviéndola aurífica como ella. He aquí en pocas palabras la explicación de la carrera de Faetón, su caída en el río Eridán y el desecamiento de sus aguas.

CAPÍTULO XIII

Diana

Si tomara aquí a Diana como a Isis sería suficiente con enviar al lector al primer libro de esta obra, donde he explicado lo que la fábula nos ha conservado de los dioses de Egipto, pero la consideraré según la mitología de los griegos, es decir, como hermana gemela de Apolo y nacida antes que él de Latona y de Júpiter, según Homero.[189] Herodoto y Esquilo no piensan lo mismo que Homero, tal como lo hemos referido en el precedente capítulo. Asimismo los autores han dicho que los arcadios llamados *proselenes*, como si se dijera *antelunares*, existían antes que la Luna, y porque Proselene, hijo de un tal Orcomeno, reinaba en Arcadia cuando Hércules hizo la guerra a los gigantes, tiempo, dicen estos autores, en que la Luna se mostró por primera vez.[190]

---

mente. Sí, tú eres mi hijo, –respondiole– desecha tus inquietudes. Climene fue poseída por mí. Ovidio, *Metamorfosis*, lib. 1.

188. Vosio, *De Orig. & prog. Idol.*

189. Homero, *Himno a Apolo.*

190. Apolonio, *Argonáutica*, lib. 1.

No discutiré aquí la opinión de los que hacen una misma cosa de Diana y de la Luna, o el astro que preside la noche. Latona ¿fue su madre o solamente su nodriza?[191] Según yo creo, ella fue lo uno y lo otro, y Diana, efectivamente, le sirvió de comadrona cuando trajo al mundo a Apolo. Pero impresionada, dice la fábula, por los dolores que Latona sufría durante este alumbramiento, pidió a Júpiter que le concediera el quedar siempre virgen, y le fue concedido. Tuvo de sobrenombre Lucina, pues preside a los partos, así como Juno, también hermana primogénita y gemela de Júpiter. Se ha figurado que se complacía mucho en la caza y que siempre, a su regreso, confiaba su arco y las flechas a Apolo.[192] Picada porque Orión se jactaba de ser el más hábil cazador del mundo, lo atravesó con una flecha. Orfeo entre otros ha dicho[193] que Diana era hermafrodita. Se le reconoce en los monumentos antiguos por el croissant (cuarto creciente) que ordinariamente lleva sobre la cabeza, o por el arco y las flechas que se le ponen en las manos y los perros que le acompañan. Siempre está vestida de blanco y algunas veces se la ve en un carro tirado por dos ciervas. La Diana de Éfeso era representada con los atributos de la Tierra o Cibeles, o más bien de la naturaleza misma. Latona es verdaderamente madre de Diana y de Apolo pues, según los filósofos, el *latón* o *letón* es el principio del cual se forman la Luna y el Sol herméticos. Nuestro latón, dice Morien, no sirve de nada si no es blanqueado.

Maier ha formado el undécimo de sus *emblemas químicos* de una mujer acompañada de dos niños, uno representando al Sol y el otro a la Luna y un hombre que lava los negros cabellos y las ropas de esta mujer; las siguientes palabras están escritas encima: *blanquead el latón y romped los libros.*

Sinesio indica expresamente[194] lo que es este *latón*, cuando dice: *hijo mío tú tienes ya, por la gracia de Dios, un elemento de nuestra piedra, que es la cabeza negra, la cabeza de cuervo o la sombra oscura, tierra sobre la cual, así como sobre su base, tiene su fundamento el resto del magisterio. Este elemento terrestre y seco se llama latón, letón, toro, heces negras y nuestro metal.* Hermes había dicho en el mismo sentido: *El azoth y el fuego blanquean el latón y le quitan la negrura.* En fin, todos concuerdan en darle el nombre de *latón* a su materia vuelta negra, y además latón y Latona sólo pueden significar una misma cosa, puesto que según Homero,[195] Latona es hija de Saturno así como el latón es hijo del Saturno filosó-

191. Herodoto, lib. 1.

192. Mientras que la diosa de firme corazón, yendo por todos lados, destruye la raza de las bestias feroces. Pero cuando la cazadora que se alegra de sus flechas es así fascinada, afloja su arco y alegre va a la gran morada de su querido hermano Febo Apolo. [...] Allí, suspende su flexible arco y las flechas, y vestida con ricos adornos, manda y dirige a los coros. (la musas y las gracias) Homero, *Himno a Diana.*

193. Orfeo, *Himno a Diana.*

194. Sinesio, *Del huevo de los Filósofos.*

195. Homero, *Himno a Apolo.*

fico. Apolodoro, Callimaco,[196] Apolonio de Rodas,[197] y Ovidio, dicen que es hija de Ceo el titán, lo que no cambia en nada el fondo de mi sistema, como se ve en los capítulos de Saturno y de Júpiter.

Diana sólo podía nacer en Delos, donde Latona se refugió de los ataques de la serpiente Pitón. Sólo la etimología de los nombres ya explica la cosa. Latona significa olvido, obscuridad. ¿Hay algo más negro que el mismo negro, por usar así la expresión de los filósofos? Este negro es el latón o la Latona de la fábula. Diana es el color blanco, claro y brillante, y Delos viene de Δήλος, claro, aparente, manifiesto. Se puede decir, pues, que el color blanco nace entonces del negro puesto que allí estaba oculto y de allí parece salir. La fábula misma se cuida de hacer observar que la isla de Delos era errante y sumergida, antes de los partos de Latona, y que entonces fue descubierta y vuelta fija por el mandato de Neptuno. En efecto, antes de este parto, la Delos hermética es sumergida puesto que, según Ripley:[198] *cuando la tierra se enturbiará y se obscurecerá, las montañas serán transportadas y sumergidas en el fondo del mar.* La fijación que se hace de la materia volátil en el tiempo de la blancura es indicada por la fijación de la isla de Delos.

Diana atravesó con una flecha a Orión, hijo de Júpiter, de Neptuno y de Mercurio, que al volverse ciego fue a encontrar a Vulcano en Lemnos para ser curado. Vulcano tuvo compasión de él e hizo que lo condujeran ante el Sol naciente, donde Orión recobró la vista. ¿Qué otra ayuda de su arte podía darle Vulcano a Orión? Y ¿cuál era el arte de Vulcano?, ¿no es éste el fuego filosófico? Este fuego da al color blanco un color aurora o azafranado, que anuncia el levantar del Sol de los filósofos y que nos enseña al mismo tiempo por qué arte fue curado Orión. Era necesario que Diana lo atravesara con una flecha y lo detuviera en su carrera, puesto que la parte volátil debe ser fijada para llegar a este Sol naciente. Orfeo habla como discípulo de Hermes cuando dice que Diana era hermafrodita. Él sabía que la rojez llamada macho, está oculta bajo la blancura de la materia, llamada hembra,[199] y que la una y la otra reunidas en un mismo sujeto, como los dos sexos en el mismo individuo, hacen un compuesto hermafrodita que empieza a aparecer cuando el color azafranado se manifiesta.

A pesar de lo que se pueda decir de la pasión de Diana por Endimión, la opinión más común es que ella conservó su virginidad. Sin embargo se figura que concibió del aire y dio a luz al rocío. Pero ¿puede una virgen parir en el orden de la naturaleza permaneciendo sin embargo virgen? La ficción sería ridícula si no fuera alegórica. Asimismo ello sólo puede convenir a las operaciones de la gran obra. Los filósofos han empleado la misma alegoría con el mismo motivo.

196. Callimaco, *Himn. Del.* vers. 150.

197. Apolonio de Rodas, *Argonauticas*, lib. 2, ver. 712.

198. Ripley, *Las Doce Puertas.*

199. I. Filaleteo, *Enarrat. 3, Medic. Gebri.*

Esta piedra –dice Alfidio– *habita en el aire, es exaltada en las nubes, vive en los ríos, reposa en la cima de las montañas. Su madre es virgen y su padre no ha conocido nunca a ninguna mujer. Tomad,* dice Espagnet, *una virgen alada muy pura y muy limpia, impregnada de la simiente espiritual del primer macho, sin embargo permaneciendo intacta su virginidad, a pesar de su embarazo.*[200] Según Basilio Valentín,[201] es una virgen muy casta que no ha conocido a hombre y que sin embargo concibe y da a luz. ¿No se aprecia en Diana a esta virgen alada de Espagnet? Y el hijo filosófico que ella concibe en el aire, según la expresión de los discípulos de Hermes, es este vapor que se eleva de la luna de los filósofos y que recae en forma de rocío, del que el Cosmopolita habla[202] en estos términos: *nosotros la llamamos agua del día y rocío de la noche.* Finalmente si Diana es hermana gemela de Apolo y nace antes que él, es que la luna y el sol filosóficos nacen sucesivamente del mismo sujeto y porque la blancura debe de aparecer absolutamente antes que la rojez.

CAPÍTULO XIV

Algunos otros hijos de Júpiter

Este dios está considerado, con razón, como el padre de los dioses y de los hombres. Ha poblado de tal manera el Cielo y la Tierra de la fábula, que el número de sus hijos es casi infinito. Dejo a los mitólogos el cuidado de pasarles revista a todos; yo solamente me remitiré a algunos de los principales.

§ 1

Mercurio

Casi todos los antiguos están de acuerdo respecto a los padres de Mercurio. Nació de Júpiter y Maya, hija de Atlas, sobre el monte Cilene.[203] Pausanias dice,[204] en contra del pensamiento de Homero y de Virgilio, que esto sucedió sobre el monte Coriceo, cerca de Tanagris, y que después fue lavado en un agua recogida de tres fuentes. Otros dicen que fue criado sobre una planta de verdolaga porque es grasa y está llena de humedad. Sin duda es por estopor lo que Raimon Llull[205] habla de esta planta como siendo de naturaleza mercurial, así

200. Espagnet, canon, 58.
201. Basilio Valentín, *Azoth de los Filósofos.*
202. El Cosmopolita, *Nueva Luz Química.*
203. Musa, canto a Hermes, hijo de Maya y de Zeus, que reina sobre Cilene y la Arcadia, abundante en rebaños, muy útil mensajero de los inmortales, que lo dio a luz Maya, la venerable ninfa de bellos cabellos, tras haber sido unida en amor a Zeus. Homero, *Himno a Mercurio.*
204. Pausanias, *In Baeot.*
205. Raimon Llull, *Theoria. Testamentum,* cap. 4.

como la gran lunaria, la malva, la celidonia y la mercurial. Asimismo algunos autores pretenden que los chinos saben sacar de la verdolaga salvaje un verdadero mercurio corriente.

Desde que Mercurio nació, Juno le dio el pecho, al salirle la leche con mucha abundancia, Mercurio dejó caer alguna leche y ésta se extendió formando la vía láctea. Según otros fue Opis quien tuvo orden de alimentar a este pequeño dios y le sucedió lo mismo que a Juno. Mercurio siempre ha sido considerado como el más vigilante de los dioses. No duerme ni de día ni de noche, y si creemos a Homero,[206] el mismo día de su nacimiento tocó la lira y en la tarde de ese mismo día robó los bueyes de Apolo.

¿Pueden reafirmar tales ficciones alguna verdad histórica o moral? Y si se toman al pie de la letra ¿no queda todo ello relegado al absurdo y al ridículo? Si como el abad Banier y algunos antiguos mitólogos yo considerara a Mercurio como un hombre real, como un príncipe titán, tendría que acusar a Homero y los otros de locura, por haber figurado tales absurdidades imposibles de explicar en el sentido histórico y moral, pero si este padre de la poesía no deliraba, sin duda tenía como objetivo de estas ficciones alguna verdad que ocultó bajo el velo de la alegoría y de la fábula. Se trata, pues, de buscar qué verdad puede ser ésta. Yo la encuentro explicada en los libros de los filósofos herméticos. En ellos veo que la materia de su arte es llamada Mercurio y lo que dicen de sus operaciones es como la historia de la vida de Mercurio. El mismo abad Banier confiesa[207] que la frecuentación de los discípulos de Hermes sirvió de mucho a este pretendido príncipe y se hizo iniciar en todos los misterios de los egipcios, y que finalmente murió en aquel país. Veamos pues, si sería posible adaptar lo que se dice del Mercurio de la fábula al Mercurio hermético.

Maya, hija de Atlas y una de las pléyades, fue madre de Mercurio y lo puso en el mundo sobre una montaña porque el mercurio filosófico nace siempre en las alturas. Pero es preciso observar que Maya también era uno de los nombres de Cibeles o la Tierra y que este nombre significa madre, nodriza, o abuela. No es sorprendente, pues, que fuera madre de Mercurio, o asimismo su nodriza, como dice Hermes:[208] *la tierra es su nodriza.* Cibeles también era considerada abuela de los dioses, puesto que Maya es madre del mercurio filosófico y porque de este mercurio nacen todos los dioses herméticos. Después de su nacimiento Mercurio fue lavado en una agua sacada de tres fuentes, y el mercurio filosófico

206. Y su madre no dió teta a Apolo, sino que Temis le ofreció de sus manos inmortales el nectar y la ambrosía deseable, y Leto se alegró porque había dado a luz un hijo, poderoso arquero. Pero Oh, Febo, tras haber gustado el inmortal alimento, el cinturón de oro no te pudo contener palpitando y ningún lugar te pudo retener y todos se rompieron. Inmediatamente Febo Apolo dijo a los inmortales: Que se me de la amiga cítara y el curvado arco y revelaré a los hombres los verdaderos deseos de Zeus. Homero, *Himno a Apolo.*

207. Banier, *Mitología,* t. 2, p. 195.

208. Hermes, *La Tabla Esmeralda.*

debe ser purgado y lavado tres veces en su propia agua, compuesta también de tres, lo que ha hecho decir a Maier según un antiguo:[209] *id a encontrar a la mujer que lava la ropa y haced como ella. Esta colada* –añade el mismo autor– *no debe hacerse con agua común, sino con aquella que se transforma en hielo y en nieve bajo el signo de Acuario.* Es por esto por lo que Virgilio ha dicho,[210] que la montaña Cilene estaba helada, *gelido culmine* (cumbre helada).

En esta alegoría se ven las tres abluciones: la primera introduciendo la colada, la segunda lavando la ropa en el agua, para quitar la mugre que la colada ha desprendido, y la tercera en agua limpia y bien clara, para obtener la ropa blanca y sin manchas. *El mercurio de los filósofos* –dice Espagnet[211]– *nace con dos manchas originales; la primera es una tierra inmunda y sucia que ha adquirido en su generación y que se ha mezclado con él en el momento de su congelación; la otra tiene mucho de hidropesía. Es una agua cruda e impura que está metida entre piel y carne, el menor calor la hace evaporar. Pero es preciso liberarla de esta lepra terrestre mediante un baño húmedo y una ablución natural.* Después Juno da su leche a Mercurio, pues al ser purgado el mercurio de sus manchas, se forma encima una agua lechosa, que recae sobre el mercurio como para alimentarlo. Incluso los mitólogos consideran a Juno como la humedad del aire.

Se representa a Mercurio como un hombre joven y bello, de rostro alegre y ojos vivos, llevando alas en la cabeza y en los pies, algunas veces lleva una cadena de oro, con el extremo atado a las orejas de los hombres, a los que conduce por donde quiere. Comúnmente lleva un caduceo entorno al cual se enrollan dos serpientes, una macho y la otra hembra. Apolo se lo dio a cambio de su lira. Los egipcios daban a Mercurio una cara en parte negra y en parte dorada.

El mercurio hermético tiene alas en la cabeza y en los pies ya que es volátil, así como la plata viva vulgar, que según el Cosmopolita,[212] no es más que su hermano bastardo. Esta volatilidad ha llevado a los filósofos a comparar a este mercurio tanto con un dragón alado como con los pájaros, pero más comúnmente a los que viven de rapiña, tales como el águila, el buitre, etc, para indicar al mismo tiempo su propiedad resolutiva; y si la han llamado plata viva o mercurio es por alusión al mercurio vulgar.

El gallo era atributo de Mercurio a causa de su coraje y su vigilancia, y cuando canta antes de que salga el Sol es para advertir a los hombres que es tiempo de ponerse al trabajo, su figura de hombre joven indica su actividad. La cadena de oro por la cual conduce a los hombres a donde quiere, no es como pretenden los mitólogos una alegoría de la fuerza que la elocuencia

---

209. ¿No ves acaso a la mujer limpiar los paños de manchas, como suele, añadiéndoles agua caliente? Imítala y así no trabajarás en vano en tu arte, pues la onda se lleva la suciedad del cuerpo negro. Michel Maier, *Atalanta fugiens, emblema 3.*

210. Virgilio, *op. cit.*

211. Espagnet, canon, 50.

212. El Cosmopolita, *Diálogo de la naturaleza y el alquimista.*

ejerce sobre los espíritus, sino porque siendo el mercurio hermético el principio del oro, y el oro la fuerza de las artes, del comercio y el objeto de la ambición humana, los conduce en todos los pasos que pueden llevar a su posesión, por más espinosos y difíciles que sean.

Hemos dicho que, según los antiguos, los egipcios no hacían nada sin misterio. Los eruditos lo saben y sin embargo no ponen atención en ello cuando tienen que explicar los monumentos de Egipto que el tiempo ha perdonado. Los discípulos del padre de las ciencias y de las artes, así como de estos misteriosos jeroglíficos ¿se habrían aproximado precisamente a la cuestión de lo natural en las representaciones de Mercurio para ir a caer en el mal gusto? Si lo habían pintado con la cara mitad negra y mitad dorada, y a menudo con los ojos de plata, sin duda era para designar los tres colores principales de la obra hermética, el negro, el blanco y el rojo, que sobrevienen al mercurio en las operaciones de este arte, donde el mercurio lo es todo, según la expresión de los filósofos: *est in mercurio quidquid quaerunt sapientes: in eo enim, cum eo & per eum perficitur magisterium.* Estos ojos de plata han sorprendido a un erudito académico que ha considerado estos ojos como una vana muestra de la riqueza guiada por el mal gusto.[213] Si hubiera dado sus explicaciones según mi sistema no le hubiera sido tan embarazoso encontrar la razón que había hecho poner estos ojos de plata a la figura de Mercurio. Muchas otras cosas que trata de puros adornos, o que confiesa no poder explicar, hubieran tenido muy poca dificultad, al menos aquellas que no dependen exclusivamente de la fantasía de los artistas, normalmente poco instruidos en las razones que se tenían para representar las cosas de tal o cual manera. Mariette se encuentra en el mismo caso en su *tratado de las piedras gravadas.* Solamente un ejemplo sacado de *las antigüedades* de M. de Caylus ya probará la cosa. Este infatigable erudito, al cual el público le debe tantos curiosos descubrimientos que ha hecho sobre la práctica de las artes de los antiguos, nos presenta un monumento egipcio que confiesa ser Mercurio bajo la figura de Anubis, con cabeza de perro; enfrente de este Anubis está Horus de pie. Se miran el uno al otro, emplazados cada uno de ellos sobre los extremos de una góndola de los cuales el extremo donde está Horus termina en cabeza de toro y el extremo donde está Anubis en cabeza de carnero. Estas dos cabezas de animales le parecen a Caylus simplemente adornos. Pero no ignora que el toro Apis era el símbolo de Osiris, que Horus era hijo de Osiris y que este padre, su hijo y el Sol[214] eran una misma cosa. Él mismo lo dice en más de un lugar. Asimismo sabe que el carnero era uno de los símbolos jeroglíficos de Mercurio que, como dicen

213. *Recopilación de Anticuarios,* t. 1.

214. Entiendo el Sol hermético y no en el sentido de los mitólogos.

el Cosmopolita,[215] Filaleteo y muchos otros, se extrae por medio del acero que se encuentra en el vientre del carnero.

El Mercurio de los filósofos, pues, está representado en este monumento bajo la figura de Anubis y del carnero, como principio de la obra y de la manera en que se extrae. El carnero indica también su naturaleza marcial y vigorosa. El oro o sol hermético está allí bajo la figura de Horus y del toro, símbolo de la materia fija de la que se hace. Entonces, pues, no están puestos allí para servir de puro adorno, sino para completar el jeroglífico de toda la gran obra. Ya he explicado suficientemente lo que era Anubis en el primer libro.

Dos serpientes, la una macho y la otra hembra, parecen enrollarse en torno al caduceo de Mercurio, para representar las dos substancias mercuriales de la obra, la una fija y la otra volátil; la primera caliente y seca y la segunda fría y húmeda, llamadas por los discípulos de Hermes serpientes, dragones, hermano y hermana, esposo y esposa, agente y paciente y de otras mil maneras que significan la misma cosa, pero indicando siempre una substancia volátil y otra fija. En apariencia tienen cualidades contrarias, pero la vara de oro dada a Mercurio por Apolo, pone acuerdo entre estas serpientes y paz entre los enemigos, por utilizar términos de los filósofos. Raimon Llull nos describe muy bien la naturaleza de estas dos serpientes, cuando dice:[216] *Hay ciertos elementos que endurecen, congelan y fijan, y otros que son endurecidos, congelados y fijados. Es preciso pues, observar dos cosas en nuestro arte. Se deben componer dos licores contrarios, extraídos de la naturaleza del mismo metal: una que tenga la propiedad de fijar, endurecer y congelar y la otra que sea volátil, blanda y no fija. Esta segunda debe ser endurecida, congelada y fijada por la primera, y de estas dos resulta una piedra congelada y fija que también tiene la virtud de congelar lo que no lo está, de endurecer lo que es blando, de ablandar lo que es duro y de fijar lo que es volátil.*

Éstas son las dos serpientes enroscadas y entrelazadas una con la otra; los dos dragones de Flamel, uno alado y el otro sin alas; los dos pájaros de Senior, que uno tiene alas y el otro no y que se muerden la cola recíprocamente.

La naturaleza y el temperamento de Mercurio están claramente indicados por la cualidad de aquel que lo nutre, se dice que fue criado por Vulcano, pero casi no reconoció los cuidados que este mentor tuvo de su educación, y robó los útiles que Vulcano usaba para sus obras. Con un carácter tan cercano a la bribonería ¿podía Mercurio permanecer allí? Tomó el cinturón de Venus, el cetro de Júpiter, los bueyes de Admeto, que paseaban bajo la vigilancia de Apolo. Éste quiso vengarse y para impedirlo, Mercurio le robó su arco y sus flechas. Apenas había nacido y ya venció a Cupido en la lucha. Cuando se hizo grande estuvo encargado de muchos oficios. Barría la sala donde los dioses se reunían;

215. El Cosmopolita, *Parábolas.*

216. Raimon Llull, *De la Quinta esencia,* dist. 3, de incerat.

preparaba todo lo que era necesario; llevaba las órdenes de Júpiter y los demás dioses. Corría de día y de noche para conducir las almas de los muertos a los Infiernos y las retiraba de allí. Presidía las asambleas, y en una palabra, jamás estaba en reposo. Fue el inventor de la lira, ajustó nueve cuerdas en una concha de tortuga que encontró en la orilla del Nilo y fue el primero en determinar los tres tonos de la música, el grave, el medio y el agudo. Convirtió a Bato en piedra de toque, mató de una pedrada a Argos, guardián de Io transformada en vaca. Estrabón dice[217] que dio leyes a los egipcios, enseñó la filosofía y la astronomía a los sacerdotes de Tebas. Marco Manilio, que es del mismo pensamiento,[218] asegura también que Mercurio fue el primero en poner los fundamentos de la religión en los egipcios, en instituir las ceremonias y en descubrirles las causa de muchos de los efectos naturales.

¿Qué concluir de todo lo que acabamos de relatar?, ¿es aún preciso repetir todo lo que ya he dicho de Mercurio, a lo largo del primer libro? ¡Sí! Todo depende de Mercurio; él es el maestro de todo; asimismo es el patrón de los bribones, es decir, de los charlatanes y de los sopladores que tras haberse arruinado trabajando sobre la materia que ellos llaman mercurio, buscan resarcirse de sus pérdidas en la bolsa de los tontos ignorantes y muy crédulos, pero la bribonería de Mercurio no se gusta de esto. Él roba los instrumentos de Vulcano más o menos como un alumno roba a su maestro, cuando bajo su disciplina se vuelve tan sabio como él y después ejerce el arte que ha aprendido. Extrajo de la escuela de Vulcano su actividad y sus propiedades y se las hizo propias. Si tomó el cinturón galoneado de Venus y el cetro de Júpiter es porque se convierte tanto en el uno como en la otra en el transcurso de las operaciones de la gran obra. Trabajando sin cesar en el vaso, purificando la materia de este arte, barre la sala de la asamblea y la dispone para recibir a los dioses, es decir, los diferentes colores llamados: el negro, Saturno; el gris, Júpiter; el citrino, Venus; el blanco, la Luna o Diana; el azafranado o color de la herrumbre, Marte; el púrpura, el Sol o Apolo, y así los otros, como se puede ver en cada página de los escritos de los adeptos. Los mensajes de los dioses que él llevaba día y noche, es su circulación en el vaso durante el transcurso de la obra. Los tonos de la música y la armonía de los instrumentos que Mercurio inventó, indican las proporciones, los pesos y las medidas, tanto de las materias que entran en la composición del magisterio como de la manera de proceder para los grados del fuego, que es preciso administrar clibánicamente, según Flamel[219] y en proporción geométrica, según Espagnet. *Poned en nuestro vaso una parte de nuestro oro vivo y diez partes de aire* –dice el Cosmopolita– *la operación consiste en disolver vuestro aire conge-*

---

217. Estrabón, *Geografía*, lib. 7.
218. Tu Princeps authorque Sacri Cyllenie tanti, per te jam coelum interius jam sidera nota. Marco Manilio, *Astronomía*, lib. 1.
219. Flamel, *Explicación de las Figuras Jeroglíficas*, cap. 2, p. 39.

lado con una décima parte de vuestro oro. Tomad once granos de nuestra tierra, un grano de nuestro oro y dos de nuestra luna, y no de la luna vulgar; ponedlo todo en nuestro vaso y en nuestro fuego –añade el mismo autor–. De estas proporciones resulta un todo armónico, que ya he explicado hablando de Harmonía, hija de Marte y Venus.

El cargo que tenía Mercurio de conducir a los muertos a la morada de Plutón y de retirarlos de allí, significa la disolución y la coagulación, la fijación y la volatilización de la materia de la obra. Mercurio transformó a Bato en piedra de toque, porque la piedra filosofal es la verdadera piedra de toque para conocer y distinguir a los que se jactan de saber hacer la obra, que aturden con su charla y que no sabrían probarla por experiencia. Además, la piedra de toque sirve para probar el oro, lo que viene perfectamente en la figurada historia de Bato. Mercurio, dice la fábula, robó los bueyes que Apolo guardaba, y también le robó su arco y sus flechas y después se disfrazó y fue a pedir a Bato noticias sobre los bueyes robados. Este disfraz es el mercurio filosófico, anteriormente volátil y fluido y en el presente fijado y disfrazado en polvo de proyección; este polvo es oro y no parece tener la propiedad de hacer más, sin embargo, lo hace de los otros metales, que encierran las partes que son principios del oro. Cuando se las ha transmutado, se dirige a Bato o la piedra de toque, para saber en lo que se han convertido los metales imperfectos que conocía antes de su transmutación; Bato responde, según Ovidio: *estaban sobre esas montañas y ahora están sobre éstas* (Metamorfosis, lib. 2); eran plomo, estaño, mercurio, y ahora son oro y plata. Pues los filósofos dan el nombre de *montaña* a los metales, según las palabras de Artefio: *por lo demás, nuestra agua, a la que anteriormente he llamado nuestro vinagre, es el vinagre de las montañas, es decir, del Sol y de la Luna.* Tras la disolución de la materia y la putrefacción, esta materia de los filósofos adopta toda clase de colores que sólo desaparecen cuando empieza a coagularse y a fijarse. Es Mercurio quien mató a Argos de un golpe de piedra.

Los samotracios tenían su religión y sus ceremonias tomadas de los egipcios, que habían recibido de Mercurio Trismegisto. Los unos y los otros tenían dioses que les estaba prohibido nombrar, y para disfrazarlos les daban los nombres de *Axioreus, Axiocersa, Axiocersus.* El primero significa Ceres, el segundo Proserpina y el tercero Plutón. Tenían aún un cuarto llamado *Casmilus*, que no era otro que Mercurio, según Dionisiodoro, citado por Noel el Conde (Natali Conti).[220] Puede ser que estos nombres, o su aplicación natural, comprendieran una parte del secreto confiado a los sacerdotes, de los que hemos hablado en el primer libro.

Algunos antiguos han llamado Mercurio al dios de tres cabezas, pues lo consideraban como dios marino, dios terrestre y dios celeste, quizás porque conoció a Hécate, de la que tuvo tres hijas, si creemos a Noel el Conde. Los atenienses

220. Noel el Conde, *Mitología*, lib. 5.

celebraban, el día 13 de la Luna de Noviembre, una fiesta llamada *Choes*, en honor del Mercurio terrestre. Hacían una mezcla de toda clase de granos y los cocían ese día en un mismo vaso, pero no se permitía a nadie comer de ello. Esto solamente era para indicar que el Mercurio del que se trataba era el principio de la vegetación. Lactancio pone a Mercurio, con el Cielo y Saturno, como los tres que han distinguido por su sabiduría. Sin duda tenía en vistas a Mercurio Trismegisto y no a aquel al que Hércules consagró su porra, después de la derrota de los gigantes. Es a este último que le era dedicado el cuarto día de la Luna de cada mes, y se le inmolaban terneros.[221] También se llevaba su estatua junto con los otros símbolos sagrados en las ceremonias de las fiestas celebradas en Eleusis.

Mercurio era uno de los principales dioses significados por los jeroglíficos de los egipcios y de los griegos y todos los que eran iniciados en sus misterios estaban obligados a mantener el secreto, y no es sorprendente que los que no tenían conocimiento de ello se equivocaran respecto al nombre y a la naturaleza de este dios alado. Cicerón reconocía a muchos,[222] uno nacido del Cielo y del Día, otro hijo de Valens y de Foronis, el tercero de Júpiter y de Maya, el cuarto tuvo al Nilo por padre. En verdad puede encontrarse más de uno de estos nombres en Egipto, así como Hermes Trismegisto puede ser lo mismo en Grecia, pero jamás hubo ningún Mercurio al que se le pueda atribuir razonablemente todo lo que relatan las fábulas, y este Mercurio sólo puede ser el de los filósofos herméticos, al que conviene perfectamente todo lo que hemos dicho hasta aquí. Sin duda también era para fijar esta idea que se le representaba con tres cabezas, a fin de indicar con ello los tres principios de los que está compuesto, según el autor del *Rosario de los filósofos*: *la materia de la piedra de los filósofos* –dice– *es un agua, es preciso entender un agua tomada de tres cosas, pues no debe haber allí ni más ni menos. El Sol es el macho y la Luna la hembra y Mercurio el esperma, sin embargo, sólo es un Mercurio.*

Habiendo reconocido los filósofos que esta agua era un disolvente para todos los metales, dieron a Mercurio el nombre de *Nonacrito*, de una montaña de la Arcadia llamada Nonacris, de donde sus rocas destilan un agua que corroe todos los vasos metálicos. Se le considera como un dios celeste, terrestre y marino porque, en efecto, el mercurio ocupa el cielo filosófico, cuando el mar de los sabios se sublima en vapores, que es la misma agua mercurial, y finalmente la tierra hermética que se forma de esta agua y que ocupa el fondo del vaso. Además, está compuesto de tres cosas, según el decir de los filósofos: de agua, de tierra y de una quintaesencia celeste, activa e ígnea, que

221. Perseo elevó inmediatamente tres altares para dar gracias a los dioses. En el del centro sacrifica un toro al padre de los dioses; en el de la derecha, a Palas, una vaca; en el de la izquierda, a Mercurio, un becerro. Ovidio, *Metamorfosis*, lib. 4, vers. 753 y ss.

222. Cicerón, *De la Naturaleza de los Dioses.*

activa a los otros dos principios y hace en el mercurio el oficio que hacen los instrumentos y los útiles de Vulcano.

Viendo los mitólogos que se consagraban las lenguas de las víctimas a Mercurio, no se imaginaron que ello podía hacerse por otras razones que por la elocuencia de este dios. ¿No habrían afinado mejor si hubieran puesto atención en el hecho de que estas lenguas se quemaban en las ceremonias de su culto y que estas ceremonias debían de ser secretas? ¿no habrían concluido de esto que se las consagraba así, no a causa de su pretendida elocuencia, sino para indicar el secreto que los sacerdotes estaban obligados a guardar?

Tal es, pues, este Mercurio, tan célebre en todos los tiempos y en todas las naciones, que primero nace en los jeroglíficos egipcios y luego como sujeto de las alegorías y las ficciones de los poetas. No puedo finalizar mejor su capítulo que mediante lo que dice Orfeo, describiendo el antro de este dios.[223] Era la fuente y el almacén de todos los bienes y de todas las riquezas y todo hombre sabio y prudente podía sacar de allí todo a su voluntad. Asimismo allí se encuentra el remedio a todos los males.

Era preciso que Orfeo hablara tan claramente para abrir los ojos a los mitólogos y hacerles ver lo que era el dios Mercurio, que ocultaba en su antro el principio de la salud y de las riquezas. Pero al mismo tiempo tuvo el cuidado de advertir que para encontrarlos y poseerlos es preciso tener prudencia y sabiduría. ¿Es tan difícil adivinar de qué naturaleza podían ser estos bienes, cuyo uso podía volver al hombre exento de todas las incomodidades? ¿Se conoce otra cosa que la piedra filosofal a la que se le atribuyan tales propiedades? Lo otro es el vaso donde se hace y Mercurio es su materia, cuyos símbolos han sido variados bajo nombres y figuras de toros, carneros, perros, serpientes, dragones, águilas y una infinidad de animales, con los nombres de Tifón, Pitón, Equidna, Cerbero, Quimera, Esfinge, Hidra, Hécate, Gerión, y de casi todos los individuos, puesto que ella es su principio.

§ 2

Baco o Dioniso

Dioniso también fue hijo de Júpiter y suficientemente célebre como para encontrar lugar en esta obra. Tuvo a Semele por madre y fue lo mismo que Osiris para los egipcios y Baco para los romanos. Es por lo que nombraré indiferentemente tanto a Baco, a Dioniso y a Osiris.

223. Tú que habitas la ruta del Averno inexorable y que conduces las almas de los mortales a las profundidades de la tierra, Mercurio [...] tú que frecuentas los sagrados santuarios de Proserpina, viajero eterno, compañero de las almas bajo la tierra [...] pues Proserpina te ha confiado el cuidado de acompañar siempre a las almas que toman la ruta del Averno... Orfeo, *Himno a Mercurio Infernal.*

Semele, hija de Cadmo y de Harmonía, gustó a Júpiter y la puso entre el número de sus concubinas. La celosa Juno se irritó y para lograr hacer sentir a Semele los efectos de su cólera tomó la figura de Beroe, nodriza de su rival, y la visitó estando ya en cinta; la persuadió para que obligara a Júpiter a jurarle por el Estigio que le concediera todo lo que Semele le pidiera. Ésta, siguiendo la instigación de Juno, pidió que Júpiter la visitara en toda su majestad, para probarle que efectivamente él era el jefe de los dioses. Este dios se lo prometió y se acercó a Semele con sus rayos y su trueno, que redujeron a cenizas el palacio donde ella habitaba, según lo que dicen Eurípides[224] y Ovidio.[225] Pero Júpiter no quiso dejar morir con Semele al hijo que llevaba y lo retiró de las entrañas de su madre y lo encerró en su muslo hasta que se cumplió el tiempo determinado para su nacimiento. Es Ovidio el que nos enseña este rasgo de bondad paternal, que sin embargo considera como fabuloso.[226] Orfeo dice[227] que Dioniso era hijo de Júpiter y de Proserpina y lo repite en su himno con el nombre de Μίδης, nacido de Isis.

Tomó el nombre de Dioniso porque al nacer horadó el muslo de Júpiter, con los cuernos que trajo al mundo, o como pretenden otros, porque Júpiter estuvo cojo durante todo el tiempo que lo llevó, o finalmente a causa de la lluvia que cayó cuando nació.

Después de su nacimiento, Mercurio lo llevó primero a la ciudad de Nisa, hacia los confines de Arabia y de Egipto, para ser alimentado y criado por las ninfas. Otros dicen que cuando Semele trajo al mundo a Baco, Cadmo la encerró con su hijo en un cofre de madera en forma de barquichuelo y lo expuso a merced de las olas del mar y que llegando a Laconia el cofre fue abierto por gente pobre, que encontraron a Semele muerta y al hijo totalmente criado. Un autor[228] dice que Júpiter no lo encerró en su muslo y que las ninfas lo sacaron de las cenizas de su madre y se hicieron cargo de su educación. Las híades fueron sus nodrizas, si se cree a Apolodoro[229] y a Ovidio.[230] Orfeo fue el primero

224. Accedo Thebas Bacchus è Saturnio natus Jove, & Semele puella filia Cadmi edidit me olim ferenti fulmina. Eurípides, *In Bacchis.*

225. Y ella, sin decir cuál, le pidió un obsequio a Júpiter; la respuesta del dios fue: ¡escoge sin miedo a que te lo niegue, y para que estés segura el Estigio dará testimonio de ello, río inspirador, ques dios entre los dioses e impone respeto! Semele, muy feliz, ignorando que su ruego la iba a matar, responde al amante: así como Saturnia suele contemplarte allí arriba cuando gozáis de los pactos de Venus, así hazte presente a mí. El dios hubiera querido presionarle los labios antes de que lo pronunciase pero las palabras ya vuelan por los aires, lanzó un suspiro pues ya no se lo puede pensar la mujer ni el numen retirar su juramento. Ovidio, *Metamorfosis,* lib. 3, 288.

226. Difícilmente pudo sacarse de su vientre el feto aún con vida; y para que ésta no terminase, tuvo que ser injertado en un muslo de su divino padre, hasta que el tiempo se cumpliera. Ovidio, *ibíd.* 310.

227. Orfeo, *Himno a Baco.*

228. Meleagro.

229. Apolodoro, *De Diis,* lib. 2.

230. Ora micant Tauri septem radiantia flammis, navita quae Hyadas Graius ad imbre vocat. Pars Bacchum nutrisse putat, pars credidit ipse Tethyos has neptes, Occanique Senis. Ovidio

en decir que Dioniso había nacido en Tebas, sin duda en reconocimiento a los tebanos, que lo recibieron muy bien cuando fue a Egipto y que no le hicieron menor acogida cuando volvió. Los egipcios también se mofaban de los griegos porque éstos pretendían que Dioniso había nacido entre ellos. Orfeo da dos sexos a Dioniso, pues así se expresa en su himno a Mise: *Mise, varón y hembra a la vez, de dual naturaleza.*

Los efectos de los celos que Juno tenía contra Semele se extendieron incluso sobre su hijo y no vio con buenos ojos que Júpiter lo transportara al Cielo; Eurípides nos asegura[231] que ella quiso cazarlo. Dioniso, temiendo la cólera de la diosa, se retiró para huir de sus persecuciones y mientras estaba reposando bajo un árbol, una serpiente anfisbena, es decir, que tenía una cabeza en cada extremidad, le mordió en la pierna. Dioniso enseguida despertó y mató a la serpiente con una rama de sarmiento de viña que encontró cerca de él. Durante su huida recorrió una gran parte del mundo e hizo cosas sorprendentes, si creemos lo que relata Noel el Conde[232] después de Eurípides. Hizo brotar de la tierra leche, miel y otros licores agradables divirtiéndose. Cortó una planta de férula y salió vino; despedazó una oveja en trozos, dispersó los miembros que luego se reunieron, la oveja resucitó y se puso a pacer como anteriormente.

Los autores griegos que hacen a este dios originario de Grecia, están tan poco de acuerdo entre ellos en las ficciones que han inventado respecto a esto que prefiero referirme a Herodoto,[233] Plutarco[234] y a Diodoro,[235] que dicen que Baco había nacido en Egipto y que fue educado en Nisa, ciudad de la Arabia dichosa, y que es el mismo que el famoso Osiris que conquistó las Indias. En efecto, los egipcios reconocían un Dioniso como los griegos, pero, aunque se propusieran el mismo objetivo en su alegoría sobre Baco, reconocían la historia de este dios muy diferente.

Hammon, rey de una parte de Libia, dicen ellos, había desposado a la hija del Cielo, hermana de Saturno, fue a visitar en el país vecino las montañas ceraunianas y se encontró con una hija del lugar muy bella, llamada Amaltea y le gustó, se amaron y nació un hijo bello y vigoroso, que fue llamado Dioniso. Amaltea fue declarada reina del país, que por la forma de sus límites se parecía al cuerno de un buey, por ello fue llamada cuerno de las hespérides, y a causa de su fertilidad en toda clase de bienes, cuerno de Amaltea, del griego ἅμα y ἄλθα, *yo curo a todo junto, yo curo todo al mismo tiempo.*

Para sustraer a Baco de los celos de su esposa, Hammon lo hizo llevar a Nisa, a una isla formada por las aguas del río Tritón y situada cerca de la desembocadura

231. Eximit illum ex igne postquam fulminis Coeloque parvum Júpiter infantem tulit: Coelo volebat Juno eum depellere. Eurípides
232. Noel el Conde, *Venation,* lib. 4.
233. Herodoto, lib. 2.
234. Plutarco, *Tratado sobre Isis y Osiris.*
235. Diodoro de Sicilia, lib. 3.

llamada las puertas Níseas. Este país era el más agradable del mundo, de aguas limpias que regaban encantadores prados; abundante en toda clase de frutos y allí crecía la viña por sí misma. La temperatura del aire era tan saludable que todos los habitantes gozaban de una perfecta salud hasta una vejez muy avanzada. Las orillas de esta isla estaban plantadas de bosques con altos montes y en sus valles se respiraba siempre un aire fresco, porque los rayos del Sol a penas penetraban allí. El agradable verdor de los árboles y el perpetuo esmalte de las flores regocijaban la vista, mientras que el oído era acariciado sin cesar por el gorjeo de los pájaros. En una palabra, era un país de hadas, un país encantado donde no faltaba nada de lo que podía contribuir a la perfecta satisfacción de la humanidad.

Dioniso fue criado allí por los cuidados de Nisa, hija de Aristeo, hombre sabio, prudente e instruido, quien se encargó de ser su mentor. Palas, Tritoniana de sobrenombre porque había nacido cerca del río Tritón, recibió la orden de preservar a Dioniso de las emboscadas que le tendería su madrastra. En efecto, Rea se volvió celosa de la gloria y la reputación que Dioniso adquirió bajo la tutela de tan buenos maestros y empleó todo su saber para hacer caer sobre él al menos una parte de los efectos de la rabia que la tenía poseída contra Hammon. Lo dejó para retirarse con los titanes y hacer su porvenir y su morada con Saturno, su hermano. Apenas hubo llegado, a fuerza de solicitudes y de amenazas, obligó a Saturno a declararle la guerra. Hammon viendo que no podría resistirlo se retiró a Idea, donde desposó a Creta, hija de uno de los curetes que reinaba allí. Enseguida la isla tomó el nombre de Creta. Saturno se apoderó del país de Hammon y reunió un gran ejército para apoderarse de Nisa y de Dioniso, pero su tiranía le aportó el odio de todos sus nuevos súbditos.

Dioniso informado de la huida de su padre, del desastre de su país y de los propósitos de Saturno contra él, reunió a sus tropas en la medida que le fue posible y se le unieron un gran número de amazonas, más otros tantos voluntarios a los que Palas debía de mandar. Los dos ejércitos se enfrentaron y Saturno fue herido. El coraje y el valor de Dioniso hicieron decantar la victoria a su favor y los titanes se dieron a la fuga. Dioniso los persiguió, los hizo prisioneros sobre el territorio de Hammon y después les devolvió la libertad, dándoles la opción de tomar partido bajo su estandarte o de retirarse, ellos escogieron la primera y consideraron a Dioniso como su dios tutelar. Vencido Saturno y perseguido por Dioniso pegó fuego a su ciudad y huyó con Rea al abrigo de la noche, pero cayeron en manos de aquellos que les perseguían. Él les propuso vivir en el futuro como buenos parientes y buenos amigos. Aceptaron el ofrecimiento y dieron su palabra; sólo los titanes sintieron los efectos de su cólera porque se rebelaron contra él.

Victorioso sobre todos sus enemigos, Dioniso buscó volverse recomendable por sus beneficios; recorrió una gran parte del mundo para derramarlos sobre todos los humanos; pero como buen príncipe dejó a Mercurio Trismegisto con su esposa para que la ayudara con sus consejos; dio el gobierno de Egipto a Hércules, y Prometeo fue el intendente de todos sus estados. Llegó sobre las montañas de la India y elevó dos columnas cerca del río Ganges;[236] lo que también hizo Hércules en la parte más occidental de África sobre las orillas del mar Atlántida: *arma eadem ambobus sunt termini utrique columnae.*

Esta expedición duró tres años, tras los cuales volvió por Libia y España y fundó la ciudad de Nisa en las Indias. Los poetas griegos, llevados por el fuego de su imaginación, han encarecido sobre la ficción egipcia y han dado un testimonio no equívoco de la verdad de estos versos de Horacio: *Pictoribus atque Poëtis quidlibet audendi semper fuit aequa potestas* (Arte poético). Baco es tan famoso y tan recomendable en sus escritos por haber hecho el vino o plantado la viña. ¿No habría sido una locura de los antiguos dejarnos por escrito tantas cosas tan poco dignas de atención, llenas de hechos sorprendentes tan poco verosímiles que tenían más de sueño que de prodigio? Si les creemos, Juno lo hirió con una seria afección, lo que hizo que corriera por todo el mundo; los cobales, una especie de demonios malignos, los sátiros, los bacantes y silenos lo acompañaron por todas partes con sus tambores y otros ruidosos instrumentos. Su carro era tirado por linces, tigres y panteras; es Ovidio quien lo dice después de ellos.[237] El mismo poeta dice que Baco conservó una juventud permanente y que era el más bello de los dioses.[238] Isacio dice que los autores antiguos pensaban que Baco era joven y viejo al mismo tiempo; Eurípides lo llamaba εκλυμορφον, como si tuviera un aire afeminado. Es por lo que comúnmente es representado como un hombre joven, sin barba, aunque también haya el Baco barbudo; asimismo se le encuentra a veces bajo la figura de un viejo.

Baco se cubría siempre con la piel de un leopardo. Llevaba un tirso como cetro. El conejo, la encina, la hiedra, la enredadera y la higuera le eran consagrados; la urraca entre los pájaros, el tigre, el león, la pantera entre los cuadrúpedos y la serpiente o el dragón entre los reptiles. Las mujeres que celebraban sus fiestas se llamaban *bacantes, tíades, mimalónidas.* Durante sus viajes, los piratas tirios, cuando lo encontraron en la orilla del mar, quisieron raptarlo por la fuerza, a pesar de las representaciones del piloto, según lo que dice Homero en un himno en honor a este dios. Baco se metamorfoseó en león después de haber transformado el palo y los remos en serpientes. Los marineros asustados quisieron escaparse, los transformó en delfines y todos se precipitaron al mar. Los griegos añadieron otras muchas fábulas a la del Baco egipcio. Si creemos a Orfeo,[239]

236. Sidon. Antip.

237. Por más esfuerzos que hacían los remeros, quieta, como amarrada, permanecía la nave. Entonces empezó el maravilloso suceso. Baco resplandeció cubierto de pámpanos y agitando el tirso. Le rodeaban linces, tigres y panteras. Ovidio, *Metamorfosis,* lib. 3, 669.

238. Porque a ti que eres joven para siempre, que eres un eterno niño, en la altura celeste te admiran como al más bello de todos. Ovidio, *Metamorfosis,* lib. 4, 17.

239. Invoco a Baco aniversario, infernal Dioniso, que se despierta al mismo tiempo que las ninfas de hermosas trenzas; que, durmiendo en la sagrada mansión de Perséfone, suspende por espacio de tres años

Baco durmió tres años en casa de Proserpina y siendo despertado al cabo de este tiempo, se puso a danzar con las ninfas.

A través de todas estas ficciones se reconoce fácilmente al Dioniso de Egipto, que según Herodoto es el mismo que Osiris;[240] ya lo hemos señalado hablando de este dios, y los mitólogos modernos están de acuerdo en ello.[241] Claramente se ve a este dios de Egipto muerto por Tifón y sus cómplices, en Baco hecho trozos durante el combate que sostuvo con los titanes. Isis recoge los miembros esparcidos de su esposo; Palas encuentra a Baco con el corazón todavía palpitante y lo lleva ante Júpiter que le devuelve la salud. En cuanto a las fiestas instituidas en honor de Baco, hablaremos de ello en el siguiente libro. Tal es, abreviadamente, la historia de Baco según los egipcios y los griegos. Recordemos ahora los principales rasgos de estas ficciones, para ver la relación que tienen con las operaciones de la filosofía hermética, según los propios términos de los autores que la han tratado, a fin de probar claramente que la gran obra es el verdadero objeto al que los antiguos han querido hacer alusión.

Precisamente el nacimiento de Dioniso es parecido al de Esculapio, el primero hijo de Semele, el segundo de Coronis, las dos significan la misma cosa más o menos; uno fue educado por Quirón, el otro por Mercurio y alimentados los dos por las ninfas, la híadas, es decir, por las partes acuosas o el agua mercurial de los filósofos. Remito al lector al capítulo de Esculapio, para no caer en una enojosa repetición.

Baco tiene dos madres, Semele y Júpiter, y según Raimon Llull,[242] el hijo filosófico tiene dos padres y dos madres: *ha sido sacado del fuego* –dice– *con muchos cuidados,* y no podría morir, en efecto. Júpiter lleva este fuego cuando visita a Semele, este fuego de los filósofos, del que habla Ripley,[243] que se enciende en el vaso y quema con más fuerza y actividad que el fuego común. Este fuego saca el embrión de los sabios del vientre de su madre y lo transporta en el muslo de Júpiter hasta que ha madurado; entonces este niño filosófico, formado en el vientre de su madre por la presencia de Júpiter y educado por sus cuidados, se muestra al día con el rostro blanco como la Luna y de una sorprendente belleza.[244]

---

la sacra festividad báquica. Y cuando él mismo despierta, el cortejo de nuevo, al cabo de tres los años, se encamina con sus nodrizas de hermosa cintura a entonar el cántico. Porfirio, *Himnos Órficos, a Baco aniversario.*

240. Deos autem ipsos non aeque omnes colunt Aegyptios, praeter iisdem & Osirim, quem Dionysium esse inquiunt. Herodoto. *En Euterpe*
241. Banier, *Mitología,* t. 2, lib. 1, cap. 17.
242. Raimon Llull, *Theoria Testamentum,* cap. 46.
243. Ripley, *Las Doce Puertas.*
244. Saturno, siendo expulsado, permite que Júpiter se provea de las insignias y gobierno del reino. Con su advenimiento, el niño filosófico es formado y alimentado en la matriz, naciendo al día con una faz blanca y una expresión serena, parecida al resplandor de la Luna. Espagnet, *Arcana Hermética,* canon 78.

La descripción de la isla donde es educado el Baco de los filósofos, parece haber sido tomada de aquella donde Hammon hizo llevar a Dioniso. *Tras haber recorrido durante largo tiempo desde el polo Ártico al polo Antártico* –dice el Cosmopolita[245]– *fui transportado por la voluntad de Dios a la orilla de un vasto mar. Mientras me recreaba en ver revolotear y nadar a las melusinas y las ninfas y me dejaba llevar perezosamente por mis ideas, fui sorprendido por un dulce sueño, durante el cual tuve esta admirable visión. De pronto vi a Neptuno, este venerable anciano de blancos cabellos, que salía de nuestro mar y, habiéndome saludado de la manera más graciosa, me condujo a una isla encantadora. Está situada al Sur y allí se encuentra en abundancia todo lo necesario para las comodidades y placeres de la vida. Los Campos Elíseos de Virgilio apenas le son comparables. Las costas de esta isla están plantadas de grandes cipreses, de bellos mirtos y de romero; los prados están esmaltados de flores, las colinas cubiertas de viñas, olivares y cedros; los bosques llenos de naranjos y limoneros; los caminos están bordeados de laureles y granados donde, bajo su sombra, los viajeros reposan; en una palabra, todo lo que de agradable hay en el mundo se encuentra recogido allí.*

Hemos hablado suficientemente de los parientes y del nacimiento de Dioniso; veamos ahora sus acciones. Alimentado y criado por las ninfas y las híadas, es decir, por el agua mercurial volátil, que los filósofos han llamado *leche*, el niño crece, vegeta, se alimenta y coge fuerza, como dice Artefio.[246] Acercad el sapo (la parte fija) a la teta de su madre y dejadlo allí hasta que se haya vuelto mayor y fuerte al succionar la *leche*. Éstas son las palabras de un adepto que Maier ha empleado en su quinto *emblema hermético*. Es inútil aportar una infinidad de textos que hay donde el agua mercurial es llamada *leche, leche virginal*, y *alimento del niño*. Hemos mostrado más de una vez que las ninfas y las híadas no son otra cosa que esta agua mercurial volátil y se ve fácilmente en el hecho de que la fábula constituye a Mercurio tutor y preceptor de Baco, después de haber sido sacado de las cenizas de Semele.

Baco mató a la serpiente Anfisbena, así como Apolo mató a la Pitón; uno y otro, estos dioses, son una misma cosa, como lo hemos probado por Herodoto y como lo dice un antiguo autor ya citado: *Júpiter es lo mismo que Plutón, el Sol y Dioniso.* Asimismo se ha de creer que la Anfisbena y Pitón son la misma cosa y si se dice que Baco la mató con una rama de sarmiento de viña, y Apolo a flechazos, las flechas de éste significan la parte volátil de la materia que Raimon Llull,[247] en casi todas sus obras, llama vino blanco y vino rojo, según el grado de perfección adquirido y según el color blanco o rojo que sobrevienen al mercurio mediante la cocción. Esta serpiente Anfisbena también es lo mismo que las dos serpientes del caduceo de Mercurio, las dos de Esculapio y los dos dragones de

245. El Cosmopolita, *Parábolas.*
246. Artefio, *De la piedra de los Filósofos.*
247. Raimon Llull, *La Quinta Esencia.*

Flamel, una macho y la otra hembra, una alada y la otra no, que sin embargo son un mismo dragón babilonio, o dragón de las hespérides, o aquel que guarda el toisón de oro, o la hidra de Lerna, etc, y que todos tenían varias cabezas.

Dioniso hacía salir vino, agua y muchos otros licores de la tierra. La explicación de este prodigio es muy simple. La materia del magisterio está compuesta de tierra y de agua; cuando se disuelve, de seca, se reduce a agua, esta agua es llamada por los filósofos, leche, vino, vinagre, aceite, etc, según el progreso que hace en el transcurso de las operaciones. Adquiere acidez y se vuelve vinagre. Toma el color blanco y es leche, una leche virginal, un vino blanco. Si llega al rojo es vino tinto, y todos estos licores salen de la tierra, o de la tierra filosófica. Dioniso los hace salir, pues él mismo es la parte fija de esta materia llamada oro, Febo, o Apolo de los sabios.

Baco barbudo y sin barba, joven y viejo, macho y hembra al mismo tiempo, es el de los filósofos herméticos, según estos términos de Agmon:[248] *está sin barba y es al mismo tiempo barbudo; tiene alas y vuela, no tiene alas y no vuela; si lo llamáis agua decís verdad; si decís que no es agua, lo decís con razón;* porque es un compuesto hermafrodita, volátil y fijo, este representa el macho y el otro la hembra, lo que ha hecho que se le de el nombre de *Rebis*.

En cuanto a la manera en que los egipcios cuentan la historia de Dioniso, a saber, que Hammon desposó a Rea, hermana de Saturno, y que tuvo a Dioniso de la ninfa Amaltea, es de creer que han puesto más atención en la cosa misma que en los nombres, puesto que están de acuerdo en ello perfectamente. Los mitólogos consideran que estos pueblos confundían a Dioniso con Osiris y si han figurado que han nacido de diferentes parientes por los nombres, mediante esta ficción prueban claramente que no tenían la intención de dar estas ficciones como historias verdaderas.

Pero ¿cuál podría ser el objeto de esta fábula?, ¿a qué hace alusión? Ello es fácil de ver por las explicaciones dadas anteriormente. Para convencer de ello más perfectamente al lector, recapitulemos en la historia de Dioniso. Por la ciudad de Nisa se entiende el vaso, tiene puertas estrechas y cerradas, es el cuello y el betún con el cual es sellado; la belleza del país, las flores que allí nacen, son los diferentes colores que se suceden en la materia; los exquisitos frutos que crecen, la sana temperatura del aire que hace vivir una larga longevidad con abundancia de todo, indican la medicina universal y el polvo de proyección, éste da las riquezas y la otra la salud; Aristeo ayudado por los consejos de Palas y propuesto para la educación de Dioniso, es el prudente artista que conduce las operaciones de la obra con sabiduría. Saturno solicitado por Rea, su hermana, hizo la guerra a Dioniso y éste resultó victorioso, es la negrura seguida de la disolución de la materia ocasionada por el agua mercurial, significada por Rea, de ῥέω, *fluo* (fluir, manar); las partes volátiles que revolotean sin cesar en el vaso,

248. Agmon, *Codigo Veritatis seu Turba.*

son las amazonas que le procuran la victoria; también se dice que las ménades, las bacantes que acompañaban a Baco, y las musas con las amazonas que seguían a Dioniso, siempre estaban en movimiento cantando y danzando, es lo que mejor convendría a las partes volátiles, que lavando la materia sin cesar hacen desaparecer la negrura llamada Saturno y manifiestan la blancura, signo de la victoria. *Notad* -dice Sinesio[249]- *que esta tierra será lavada así de su negrura por la cocción, puesto que se purifica fácilmente, con las partes volátiles de su agua, lo que es el fin del magisterio.*

Saturno huyó durante la noche tras haber pegado fuego a la ciudad; es el negro que al desaparecer deja la materia gris como la ceniza, resultado de los incendios. Asimismo los filósofos le han dado otros nombres además del de ceniza, tomemos a Morien,[250] que dice: *no despreciéis las cenizas, pues allí está oculta la diadema de nuestro rey.* No me detendré en explicar la expedición de Dioniso a las Indias, para ello se puede recurrir a lo que he dicho en el capítulo de Osiris, en el libro uno. Es suficiente señalar que los autores de esta ficción, hablando de los animales que seguían a Baco o que tiraban de su carro, han atribuido para ello a aquellos cuya piel era variada, por ser los jeroglíficos y los símbolos de los diferentes colores que aparecen sobre la materia, al mismo tiempo o sucesivamente: tales son los tigres, los linces, las panteras, los leopardos.

Se dice que Baco tuvo un hijo de Estafilé. Este hijo ¿puede ser otra cosa que la misma materia venida al rojo, que los filósofos han llamado vino blanco cuando es blanca y lechosa,[251] y vino tinto cuando adquiere, mediante la cocción, un color púrpura? Esta Estafilé, del griego σταφυλή, viña (o racimo de uvas), tuvo una hija llamada Rhéo, a la que Apolo no encontró cruel. El padre habiéndose apercibido del embarazo de su hija la encerró en un cofre y la echó al mar; las olas la llevaron a Eubea; allí Rhéo se retiró a un antro y dio a luz a un hijo al que llamó Anye, del griego Ἀνύειν (ἀνύω) acabar, cumplir. Anye tuvo tres hijos de la ninfa Doripe: Oeno, Spermo y Elaïs, que fueron transformados en palomas y metamorfoseaban, cuando querían, todo lo que tocaban en vino, en trigo y en aceite, según las etimologías de sus nombres.

Esta posteridad de Baco es un puro símbolo del elixir filosófico, compuesto de Apolo, Estafilé y de Rhéo, pues según Espagnet,[252] hay tres cosas: el agua metálica o mercurio de los filósofos, el fermento blanco o rojo, según la intención del artista y el segundo azufre, todo con el peso y medida requeridos. El agua metálica es Rhéo, de ῥέω, *yo cuelo*; esta agua se impregna del oro de los filósofos, designado por Apolo, y Estafilé es el segundo azufre, así como Baco es el primero, según el mismo Espagnet: *que los estudiosos amantes de la filosofía*

249. Silesio, *Obras de filosofía y Artefio en su recapitulación.*
250. Morien, *Conversación con el rey Calid.*
251. Raimon Llull, *La Quinta esencia.*
252. Espagnet, *La Obra secreta de la Filosofía de Hermes,* can. 124.

hagan que de este primer azufre se engendre un segundo, que puede ser multiplicado al infinito.

Anye es el elixir mismo que resulta de la conjunción de Apolo y de Rhéo, ésta da a luz en un antro, es decir, en el vaso. El matrimonio de Anye con Dóripe y los hijos que vinieron significan la multiplicación, que se hace con dos materias, a saber, el elixir y el agua mercurial, como así lo dice el autor que acabo de citar:[253] *el elixir se multiplica de tres maneras; una se ha de tomar un peso de este elixir, al que se le mezclan nueve partes de su agua; se mete todo en el vaso bien sellado y se cuece a fuego lento, etc.* Los tres hijos de Anye son el vino, el trigo y el aceite, porque los asiáticos creían no carecer de nada cuando tenían estas tres cosas, según estas palabras de la Escritura santa: *tú diste alegría a mi corazón, mayor que la de ellos cuando abundaba su grano y su mosto.* (Salmos, 4, 7–8). Y esta de Jeremías: *y vendrán con gritos de gozo en lo alto de Sion y correrán al bien del Señor, al pan, al vino, al aceite y al ganado de las ovejas y de las vacas; y su alma será como huerto de riego, y nunca más tendrán dolor.* (Jeremías, 31, 12). Lo que caracteriza a los efectos del polvo de proyección que da la salud y las riquezas.

Más de un autor ha tomado a Dioniso por el Sol y a Ceres por la Luna; Virgilio en el primer libro de sus *Geórgicas* (1, 5): *¡Vosotros, oh, resplandecientes luminarias del mundo! etc.* Y Orfeo en sus *Himnos: Sol claro, Dioniso, de sobrenombre dicho.* Pero es preciso observar que los poetas se conforman normalmente a las nociones recibidas y a la manera de pensar del vulgo, pues si Dioniso y Osiris son el mismo, como hemos probado suficientemente, y que Apolo y Diana son el Sol y la Luna, ¿cómo se podría decir que Apolo es hijo de Osiris? Pues ¿sería el Sol hijo de sí mismo? Los poetas argüían absurdidades parecidas que prueban claramente que los que las inventaron no pretendían darlas como historias verdaderas; también añadieron que Baco durmió tres años con Proserpina, que nació con cuernos, que se transformó en león, que murió y resucitó, que Medea hizo a sus nodrizas el mismo favor que al padre de Jasón y tantas otras fábulas que no se pueden explicar si no es mediante la filosofía hermética.

§ 3

Perseo

Hay pocas historias de aquel tiempo –dice el abad Banier–[254] *más obscuras y más llenas de fábulas que la de Perseo. En muchas de sus partes es un enigma impenetrable.* Después de tal confesión ¿cómo osa este erudito arriesgarse en tantas

253. Espagnet, *ibíd.* can. 134 y 135.

254. Banier, *Mitología*, t. 3, p. 96.

conjeturas para dar buenas razones y decidir que no hay nada de extraordinario en el nacimiento de este héroe y que su historia es verdadera?[255]

Acrisio, que sólo tenía una hija llamada Dánae, había oído del oráculo que un día su nieto le robaría la corona y la vida; hizo construir una torre de bronce en su palacio y encerró allí a Dánae con su nodriza, bajo vigilancia. Era muy bella y Júpiter, sensible a sus atractivos, pensó en una nueva oportunidad, se coló en la torre en forma de lluvia de oro, se hizo conocer y convirtió a Dánae en madre de Perseo.[256] Dánae, siempre encerrada, parió y alimentó a su hijo durante tres años sin que Acrisio tuviera conocimiento de ello; pero habiéndolo descubierto finalmente, hizo conducir a su hija al altar de Júpiter, donde ella declaró que había concebido por el comercio que tuvo con este dios. Acrisio, poco crédulo, hizo matar a la nodriza y expuso a Dánae con el pequeño Perseo sobre el mar, encerrados en un cofre de madera en forma de pequeña barca, que tras haber sido el juguete de los vientos y de las olas, fue arrastrada a la orilla de una pequeña isla llamada Sérifos, una de las Cíclades; Dictis, hermano del rey de aquel país, estaba pescando y sacó el cofre con su hilo de pescar. Dánae le suplicó que abriera su prisión y le explicó quien era y Dictis llevó consigo a la madre y al hijo. Polidectes, rey de la isla y nieto de Neptuno, quiso violentar a Dánae, pero la presencia de Perseo era un obstáculo y lo obligó a ir a buscar la cabeza de Medusa, con el pretexto de que quería darla como dote a Hipodamia, hija de Enómao. Perseo se comprometió a cumplir las órdenes de Polidectes; Palas le dio como presente un espejo, Mercurio le dio una cimitarra, Plutón un casco y un saco y las ninfas un calzado alado; con todos estos arreos Perseo voló tan veloz y tan ligero como el pensamiento.[257]

Medusa era hija de Forcis y la más joven de las gorgonas, que mataban y petrificaban a los hombres con sólo mirarlos; sus cabellos estaban erizados de serpientes; tenían los dientes cruzados como las defensas del jabalí, las garras de hierro y las alas de oro. Estos monstruos tenían su morada en los confines de Iberia, a poca distancia del jardín de las hespérides. Forcis tuvo otras hijas, hermanas mayores de las gorgonas; sólo tenían un ojo y un diente que usaban por

255. Banier, *ibíd.* p. 9.

256. Persea quem pluvio Danaë conceperat auro. Ovidio, *Metamorfosis*, lib. 6. Y también: Inclusam Danaën turris ahenea robustaeque fores, & vigilum canum tristes excubiae munierant satis nocturnis ab adulteris. Si non Acrisium virginis abditae custodem pavidum Jupiter 6 Venus risissent; fore enim tutum iter & patena converso in pretium Deo. Horacio, *Carm*, lib. 3.

257. Allí estaba el hijo de Dánae de hermosos cabellos, el jinete Perseo, sin tocar el escudo con los pies ni fuera de él, gran maravilla entenderlo; pues no estaba apoyado en ningún sitio. Así le labró con sus manos el ilustre Vulcano, de oro. En sus pies tenía aladas sandalias y de sus hombros pendía una espada guarnecida en negro, de un tahalí de bronce. Aquél volaba igual que el pensamiento; y por toda la espalda tenía la cabeza de un terrible monstruo, la gorgona. A sus costados corrían alforjas, maravilla verlas, de plata; brillantes flecos flotaban, de oro. Cubría las sienes del héroe el terrible casco de Hades con la tenebrosa oscuridad de la noche. Aquél, el danaida Perseo, estaba en tensión como quien corre y es presa del miedo. Hesíodo. *Escudo de Hércules*, vers. 216.

turnos, se las llamó *grayas*. Perseo empezó su expedición por ellas; les arrebató el diente y el ojo y los guardó hasta que le hubieron indicado las ninfas de los zapatos alados. De allí llegó hasta Medusa; cuando se acercó a ella se cubrió con el escudo de espejo que había recibido de Palas, también se puso el casco de Plutón y, habiendo visto en su espejo la situación de Medea, le cortó la cabeza de un sólo golpe y la presentó a Palas que le había guiado el brazo. De la sangre que salía de la herida nació Pegaso sobre el que montó Perseo y volando a través de la vasta extensión de los aires, tuvo ocasión de probar la virtud de la cabeza de Medusa, antes de su retorno a Polidectes. Andrómeda, hija de Cefeo y Casiopea, había sido atada a una roca y expuesta a orillas del mar de Etiopía, para ser devorada por un monstruo marino en castigo porque su madre tuvo la temeridad de decir que su hija podía disputar en belleza con las nereidas. Perseo, conmovido de compasión y preso de amor, liberó a Andrómeda y después la desposó. Este héroe fue después a Mauritania donde transformó a Atlas, que lo había recibido mal,[258] en la montaña que después ha llevado su nombre. Atlas tuvo una hija llamada Mera, de la que habla Homero en el primer libro de su Odisea.[259] La fábula dice que Atlas comandaba a las hespérides y que interrogando a Temis le respondió que uno de los hijos de Júpiter le robaría las manzanas de oro.[260]

Tras su expedición Perseo llevó a su esposa a Sérifos, donde mató a Polidectes y se puso en camino hacia Argos. Habiendo llegado a Acrises la fama de los dichosos sucesos de Perseo huyó de los alrededores y se retiró a Larisa, donde Perseo volvió y obligó a su abuelo a retornar a Argos. Nuestro héroe habiendo querido demostrar su destreza antes de su partida, propuso un combate de atletas en diferentes juegos; Perseo tiró su palet con fuerza y la desdicha quiso que tocara a Acrises, que murió al instante a causa de este golpe, como lo había predicho el oráculo, sin que la crueldad que había ejercido contra su hija y su nieto lo pudiera evitar.

Pegaso no fue el único que nació de la sangre que salía de la herida de Medusa; también nació de allí Crisaor y fue padre del célebre Gerión, al que Hércules mató de la manera que se relatará en el quinto libro. Apenas hubo nacido Pegaso, cerca de los manantiales del Océano,[261] dejó la Tierra y se elevó hacia la morada de los inmortales. Allí es donde habita en el mismo palacio de Júpiter, del que lleva los rayos y los truenos. Palas le confió a Belerofonte, hijo de Glauco, del que Sísipo fue padre, Eolo abuelo y Júpiter bisabuelo. Belerofonte subió sobre Pegaso y fue a combatir a la Quimera, monstruo de raza

258. Porque tu soberbia es mucha –replica Perseo– y presumes de tu poder físico, te daré el premio a que eres acreedor. Diciendo esto le presentó la cabeza de Medusa. En el momento de mirarla espantado, quedó Atlas convertido en una enorme montaña. Ovidio, *Metamorfosis*, lib. 4.

259. En sus frondas habita la diosa nacida de Atalante, el astuto malvado que intuye los senos marinos. Homero, *Odisea*, lib. 1, 52.

260. Atlas tenía en la memoria un antiguo horóscopo que le aseguró que un hijo de Jove sería encargado de robarle los frutos áureos de sus árboles. Ovidio, *Metamorfosis*, lib. 4.

261. Hesíodo, *Teogonía*.

divina, según Homero,[262] tenía la cabeza de león, cola de dragón y cuerpo de cabra. De su garganta abierta vomitaba torbellinos de llamas de fuego. Hesíodo lo hace hijo de Tifón y de Equidna.[263]

Esta fábula de la Quimera lleva un carácter totalmente fabuloso, que el abad Banier, siempre ingenioso para tomar las menores circunstancias que puedan favorecer a su sistema, no ha osado adoptar nada de lo que dicen las explicaciones de los mitólogos, y dice[264] que no se debe de esperar que intente explicar un monstruo cuyo nombre mismo se ha vuelto sinónimo de los inventos de la razón, que sólo son especiosas quimeras. En consecuencia, él condena la seriedad con la cual Lucrecio ha querido probar mediante buenas razones que la Quimera no existió jamás. Las explicaciones físicas de Plutarco, de Nicandro de Colofón, no merecen más credulidad que las conjeturas que llevan a esta fábula a la moral. Pero este erudito abad ¿tiene razones más sólidas, para adoptar explicaciones, que las que Estrabón, Plinio y Servio han dado de esta fábula? Él mismo confiesa que no se encuentra en ningún lugar de Cresias, citado por estos autores,[265] el nombre de Quimera y que sin duda ellos lo han copiado mal. Que se hagan algunas reflexiones sobre lo que pueden ser Belerofonte, el caballo Pegaso, Minerva que lo doma y lo lleva a este héroe para su expedición. ¿Se pensará con nuestro erudito académico, que es muy razonable creer que haya sido necesario tal aparato de guerra para ir a combatir a cabras salvajes[266] y a serpientes que ocasionaban muchos estragos en los valles y las praderas e impedían que se pudieran llevar allí los rebaños? Asimismo parece por el texto de Hesíodo que acabo de citar, que el abad Banier no había leído lo suficientemente atento a este antiguo poeta, cuando dice, hablando del caballo Pegaso, que no dice que Belerofonte se sirviera de él.

A las otras circunstancias de esta ficción, Teopompo añade[267] que Belerofonte mató a la Quimera con una lanza y no con flechas; que la punta de esta lanza estaba armada de plomo y que el fuego que vomitaba el monstruo fundía este plomo, cuando el héroe lo hundió allí, este plomo fundido se coló en los intestinos de la Quimera y la hizo morir. Confesemos que una tal estratagema no podía ocurrírsele a un autor que ignorara el objeto de tal ficción y que no habría

262. Homero, *Ilíada*, lib. 6.
263. Con ella (Equidna) cuentan que el terrible, violento y malvado Tifón tuvo contacto amoroso, con la joven de vivos ojos. Y preñada, dio a luz feroces hijos: primero parió al perro Orto para Gerión. [...] La Hidra parió a la terrible, enorme, ágil y violenta Quimera, que exhala indómito fuego. Tres eran sus cabezas: una de león de encendidos ojos, otra de cabra y la tercera de serpiente, de violento dragón. [León por delante, dragón por detrás y cabra en medio, resoplaba una terrible y ardiente llama de fuego]. Pegaso la mató y el valiente Belerofonte. Hesíodo, *Teogonía*, 307.
264. Banier, Tomo 3, lib. 2, cap. 6.
265. Cresias, Cod. 72.
266. Banier, *Mitología*, lugar citado.
267. Teopompo, *Philip*, lib. 7.

osado emplazarla en el curso de la historia si sólo hubiera tenido en cuenta la historia misma.

Pegaso golpeó con el pie el doble monte del Parnaso e hizo surgir una fuente que fue llamada Hipocrene, donde Apolo, las musas, los poetas y las gentes de letras van a beber. Esta agua despierta y enardece su imaginación; sin duda es ésta la que hace estar tan alerta a las musas, según la descripción que de ello hace Hesíodo.[268]

Todas las ficciones de los poetas son extraídas de la fuente del Parnaso; ésta viene de Pegaso, Pegaso de la sangre de Medusa, Medusa de un monstruo marino; ésta fue muerta por Perseo; Perseo era hijo de Júpiter, Júpiter hijo de Saturno y Saturno tuvo por padre al Cielo y por madre a la Tierra. Es lo mismo para Crisaor, padre de Gerión, cuyos bueyes de color púrpura fueron robados por Hércules. Así todas las fábulas acaban en Saturno, como su principio, porque este primero entre los dioses, principio de los otros, es también el principio de las operaciones y de la materia de los filósofos herméticos.

Podría haber puesto en el capítulo de Osiris el retrato que Hesíodo hace de las musas y ello serviría como prueba de la explicación que he dado de estos dioses y habría convencido de que está perfectamente conforme a la idea que de ello tenían los antiguos; pero como las musas, bajo este nombre, han sido más célebres en Grecia que en Egipto, parecía más oportuno reservarlas para el artículo del Parnaso, y lo que se le relaciona. ¿Podría un filósofo hermético haber imaginado una ficción más circunstanciada y más propia para expresar alegóricamente lo que sucede en el transcurso de las operaciones de la gran obra? ¿No es el monte Helicón la materia filosófica de la que habla María en su epístola a Aros, cuando dice: *coged la hierba que crece sobre las pequeñas montañas?* Y Flamel en su sumario: *no es que yo diga sin embargo, que a los tres*[269] *los filósofos los unen bien juntos para hacer su mercurio, y para perfeccionarlo, como hacen un montón de alquimistas, que en este saber no están muy puestos [...] pero jamás lo lograrán ni encontrarán allí ningún bien, si no van arriba de la montaña de los siete, donde no hay ninguna querella, [...] Y por encima de la más alta montaña, conozcan sin falta la hierba triunfante, real, la que se llama mineral.*

Nuestro mercurio nace entre dos montañas, dice Arnaldo de Vilanova, estas son las dos cimas del Parnaso, o doble monte. Nuestro *Rebis* se forma entre dos montañas, como el hermafrodita de la fábula, dice Michael Maier, que ha compuesto de ello su emblema 38; y tantos otros que sería demasiado largo relacionar y que insinúan claramente, aunque alegóricamente, que su polvo aurífico o

268. Las Musas Heliconíadas, que habitan la montaña grande y divina del Helicón. Con sus pies delicados danzan en torno a una fuente de violáceos reflejos y al altar del muy poderoso Cronión. Después de lavar su piel suave en las aguas del Permiso, en la Fuente del Caballo o en el divino Olmeo, forman bellos y deliciosos coros en la cumbre del Helicón y se cimbrean vivamente sobre sus pies. Hesíodo, *Teogonía*, 2-9.

269. Flamel, el oro, la plata y el mercurio vulgares.

solar se toma y se forma sobre esta montaña. Asimismo es de creer que el monte Helicón ha tomado su nombre de allí, es decir, Η῞λιος, *Sol,* y Κόνις, *polvo,* que también estaba consagrado a Apolo. Aquellos que dicen que viene de Ε῾λικός, *negro,* afirman igualmente mi sistema y más particularmente la circunstancia de la obra donde se trata de las musas o las partes volátiles que se manifiestan en el tiempo en que la materia se reduce a polvo negro, lo que Hesíodo no ha olvidado, como veremos después.

El altar de Júpiter que allí está emplazado ¿no es el hijo de Saturno, el Júpiter filosófico, del que hemos hablado tan a menudo? La fuente azulada en torno a la cual danzan las musas, no es otra cosa que el agua mercurial, de la que Raimon Llull dice[270] que él le da el nombre de agua celeste a causa del color del cielo; es el mismo mercurio al que Filaleteo llama cielo y que debe de ser sublimado -añade este autor[271]- hasta que haya adquirido un color celeste, lo que los idiotas -dice- entienden del mercurio vulgar. El color azulado -dice Flamel-[272] indica que la disolución aún no es perfecta, o que el color negro da paso al gris. Es en esta fuente del Trevisano donde las musas bañan sus tiernos y delicados cuerpos y donde danzan en torno a ella, pues las partes volátiles que entonces suben y descienden sin cesar en el vaso, recaen en la fuente para lavarse allí y salen de nuevo revoloteando y danzando, por así decirlo, lo que Hesíodo expresa en estos términos: *forman bellos y deliciosos coros (en la cumbre del Helicón) y se cimbrean vivamente sobre sus pies.* Y para indicar que esto sucede en el espacio vacío del vaso añade: *envueltas en densa niebla;* asimismo designa el momento de la operación donde la materia llega al negro, *marchan al abrigo de la noche.* También Ovidio figura que uno llamado Pirineo invita a las musas a entrar en él, porque llueve, y que habiéndose prendado de su belleza, concibe el deseo de violentarlas y las encierra para ello, pero los dioses escuchando sus ruegos les otorgan alas, por medio de las cuales se escapan de sus manos. *Felizmente con las alas de su fuerza (de los dioses) nos libramos de su crueldad, (de Pirineo). Viendo cómo nos elevábamos sobre los aires subióse a lo alto de una torre gritando que nos seguiría por la misma ruta. Creyó poder volar como nosotras y se cayó contra el suelo rompiéndose los huesos de la cara.* (Metamorfosis, lib. 5).

Museo y muchos antiguos decían que las musas eran hermanas de Saturno e hijas del Cielo, sin duda porque la materia de la obra se vuelve negra, es el Saturno de los filósofos; y si Hesíodo dice que son hijas de Júpiter y de Mnemósine, es porque las partes volátiles revolotean en el vaso cuando el Júpiter de los filósofos o el color gris sucede al negro, expresado por Mnemósine, de μνῆμα *sepulcro, tumba.* Filaleteo y Nicolás Flamel, entre otros, han empleado la

270. Raimon Llull, *Libro secreto.*
271. I. Filaleteo, *Enarrat. Method.*
272. Flamel, *Explicación de las figuras jeroglíficas.*

alegoría de las tumbas para indicar este color: *pues esta negrura enseña claramente que en este comienzo la materia empieza a pudrirse y a disolverse en polvo más menudo que los átomos del Sol, los cuales se transforman en agua permanente; y esta disolución es llamada por los filósofos muerte, destrucción, perdición, porque las naturalezas cambian de forma. De ello sacan tantas alegorías sobre muertos, tumbas y sepulcros.*[273] Basilio Valentín las emplea en su cuarta y octava llaves y en la primera operación de su Azoth.

¿Podrían los antiguos, pues, dispensarse de hacer presidir a Apolo en el coro de las Musas? Ya que el sol filosófico, es la parte fija, ígnea, principio de fermentación, de generación y la principal de la obra, hacia la cual tienden las partes volátiles, reuniéndose allí finalmente como en su centro.

Es el momento de volver a Perseo, pues el episodio es ya muy largo. Esta alegoría no presenta más dificultad que las otras; la torre donde Dánae es encerrada es el vaso; Dánae es la materia; Júpiter como lluvia de oro es el rocío aurífico de los filósofos, o la parte fija solar que se volatiliza mientras que la materia pasa del color negro al gris y recae en forma de lluvia sobre la materia que queda en el fondo. Perseo nace de esta conjunción, pues como dice el autor del *Rosario*: *el matrimonio y la concepción se producen en la podredumbre en el fondo del vaso y el parto se hace en el aire, es decir en la cima.* Es por lo que Acrises es llamado abuelo de Perseo, de α''γρεις, *cima, colmo.* En consecuencia Senior dice: *como vemos, dos rayos de sol llueven sobre la ceniza muerta, que revive de la misma manera que una tierra árida parece renacer cuando es regada. Eso es el hermano y la hermana que se hacen esposos por la destreza de la preparación, y después de que la hermana ha concebido se elevan y suben hacia lo alto de las casas de las montañas; he aquí el rey del que hemos hablado, que ha sido engendrado en el aire y concebido en la tierra.*

Arnaldo de Vilanova nos enseña cuál debe de ser la educación de Perseo: *hay un tiempo determinado para que Dánae conciba, de a luz y nutra a su hijo. Así, cuando la tierra áurea conciba atended con paciencia al parto. Cuando el hijo (Perseo) haya nacido nutridle de manera que se haga vigoroso y suficientemente fuerte para combatir a los monstruos y que pueda exponerse al fuego sin temer sus ataques.* Es en este estado que se encuentra armado con la cimitarra de Mercurio, el escudo de Palas y el casco de Plutón. Podrá exponerse al ataque de Medusa y hará nacer a Crisaor de la sangre que saldrá de la herida, es decir, que habiéndose vuelto polvo de proyección vencerá a los azufres impuros y arsenicales que infectan a los metales imperfectos y los transmutará en oro, pues Crisaor viene de χρυσός, oro. Los símbolos de estos azufres malignos, venenosos y mortales, son las gorgonas, que también se las representa bajo figuras monstruosas, los cabellos entrelazados de serpientes, con alas doradas y teniendo su morada al lado del jardín de las hespérides.

273. Flamel, *ibíd.*

§ 4

Leda, Cástor, Pólux, Helena y Clitemnestra.

Leda, mujer de Tíndaro, rey de Esparta, fue amada por Júpiter.[274] Este dios transformado en cisne y perseguido por un águila, fue a echarse entre los brazos de Leda y al cabo de nueve meses ella dio a luz dos huevos, de uno de los cuales salieron Pólux y Helena y del otro Cástor y Clitemnestra.[275] El primero de estos huevos fue la fuente de todos los males que sufrieron los troyanos. Pero si Helena sólo existió en la ficción, ¿cuál será la realidad de su rapto?, ¿qué quedará de la guerra de Troya? Si Helena sólo es una persona imaginaria, Cástor y Pólux no tendrán una existencia más real; ellos habrían asistido en ficción a la expedición de los argonautas, que, según los cronologistas, se llevó a cabo alrededor de cien años antes de la guerra de Troya; Clitemnestra no habría sido muerta por Orestes, hijo de Agamenón. Que se suprima igualmente la manzana de oro echada por la Discordia y no habrá más disputas entre las diosas y el rapto de Helena no habrá tenido lugar. Así una manzana y un huevo han sido la fuente de mil males, pero tengámoslo en buena fe, males tan quiméricos como la fuente que los ha producido, pues se encontraría suficiente razón como el abad Banier,[276] para creer que no se debe despreciar la *conjetura* de aquellos que pretenden que Leda había introducido a su amante en el lugar más elevado de su palacio, que normalmente era de forma ovalada, y por esta razón eran llamados lacedemonios ωόν; lo que según él da lugar a la ficción del huevo. Es preciso tener gran cuidado con semejantes conjeturas, así como para formarlas también. Para ver lo ridícula que es sólo es preciso poner atención en el hecho de que la fábula no dice que Leda parió en un huevo, sino un huevo. ¿Esta princesa, pues, dio a luz en un edificio ovalado? Pero dejemos por un momento este huevo y digamos dos palabras de Clitemnestra.

Agamenón la desposó y tuvo a Orestes, después partió hacia la guerra de Troya y dejó junto a ella a Egisto, su primo, con un cantor para vigilarlos. Egisto habiendo conseguido hacerse amar por Clitemnestra, se deshizo del vigilante guardián. Clitemnestra también encontró la forma de desembarazarse de su marido a su regreso de la guerra de Troya, y Orestes también habría sido víctima de esta intriga si no hubiera huido. Más tarde vengó la muerte de su padre y de su abuelo, matando con sus propias manos a Egisto y a Clitemnestra en el templo de Apolo. Orestes recibió del areópago la absolución de su cri-

274. Eurípides y Ovidio, *Epístola de Helena a Paris.*

275. Quod Jupiter fama est volavit ad matrem meam Ledam, oloris alatis formâ obsitus fugâque fictâ quod volueris nuntia Jovis fit insecuta, mox compressit hanc. (*Eurípides*)... Castora, Polucemque mihi nunc pandite Musae Tyndarridas Jovis è coelesti semine natos. Taygeti peperit quondam hos sub vertice Leda clam conjuncta Jovi coelestia regna tenenti. Homero *en Himnos y Odisea.*

276. Banier. *Mitología,* t. 2, lib. 3, cap. 9.

men; habiendo sido favorecido por los sufragios para absorberle o condenarle, levantó un altar a Minerva, quien por su voz produjo el equilibrio; fue a purificarse bebiendo el agua de Hipocrene. Pero el recuerdo de su crimen lo perseguía por todas partes, el furor lo poseía y habiendo consultado el oráculo para encontrar el medio de su liberación, tuvo por respuesta que debía de ir a Táuride, país de los escitas, robar la estatua de Diana, llevarse a su hermana Ifigenia con él y bañarse en un río que contenía agua de siete manantiales.

Durante este viaje había conservado su cabellera en señal de duelo, se la cortó en Táuride y el lugar donde la depositó fue llamado *Acem*. Algunos también dicen que lo hizo cerca de una piedra la cual fue la base del largo río Giteo en Laconia,[277] cuando el furor se le pasó. Estando de regreso dio a su hermana Electra en matrimonio a su amigo Pílades y después de matar a Neoptólemo, hijo de Aquiles, él mismo desposó a Hermíone de la que tuvo a Tisámeno. También encontró el medio de reconciliarse con Erígone, hija de Egisto, y tuvo de ella a Pentilo; finalmente murió por la mordedura de una serpiente.

Después los lacedemonios recurrieron al oráculo para terminar una guerra muy desventajosa que tenían con los tégeos. El oráculo respondió que era preciso buscar los huesos de Orestes en un lugar donde soplaban los vientos, donde se golpeaba, donde el instrumento sorprendente era rechazado y en fin, donde se encontraba la ruina y la destrucción de los hombres. Licas interpretó esta respuesta de la forja de un herrero, donde soplan los vientos, donde el martillo golpea y es rechazado por el yunque y finalmente donde se trabajan las armas para la destrucción de la humanidad. En efecto, allí encontró los huesos de Orestes y los amortajó según la orden del oráculo, en la tumba de Agamenón cerca del templo de las parcas.

El abad Banier, según su costumbre, suprimió todas las circunstancias de esta fábula que no podía someter al plan de su sistema. En efecto, al tomar las cosas al pie de la letra ¿cuántas absurdidades no se encontrarían allí? Pero llevadas a la alegoría de donde sacan su origen, todos estos pretendidos crímenes de la familia de Orestes y todas estas absurdidades se desvanecen. Explicaremos lo que se ha de entender por Agamenón cuando hablemos de la guerra de Troya. Clitemnestra, su esposa, era hija de Júpiter y Leda y no de Tíndaro y Leda, pero nació en el palacio de este último, si creemos a Homero y a Apolonio, lo que hace dar el nombre de tindáridos a Cástor y Pólux, hermanos de Clitemnestra. Ellos nacieron de dos huevos, lo que el abad Banier explica de la forma que tenía la parte alta del palacio de Tíndaro, porque este lugar era llamado ὤον, ya que ωόν quiere decir huevo; dichoso equívoco del que este erudito mitólogo ha hecho uso siguiendo las conjeturas de otro; pero semejantes recursos sólo imponen a aquellos que no saben la distinción esencial que hay entre el significado de dos palabras marcadas con acentos tan dife-

277. Pausanias, *Laconia*.

rentes. Además la ficción de la metamorfosis de Júpiter en cisne ¿no sería suficiente para determinar la idea que presenta el término ῴον?, ¿se multiplica un cisne de otra manera que mediante los huevos, propiamente dichos? Es mejor, pues, considerar esta ficción bajo el punto de vista de una pura fábula y decir que estos huevos y Leda sólo tenían una existencia imaginaria.

Si el abad Banier hubiera adoptado esta conjetura de buena fe ¿por qué no la ha usado también para explicar el nacimiento de Esculapio, que salió de un huevo? Él confiesa que el nombre de Coronis, madre de este dios de la medicina, ha podido dar lugar a esta ficción, porque Coronis significa corneja. ¿Qué razón habría podido llevar a pensar que la metamorfosis de Júpiter en cisne habría hecho decir que Leda parió dos huevos? La conjetura hubiera sido más natural que aquella por la cual se recurrió a los aposentos con forma ovalada donde Leda habría introducido a su amante. Pero nuestro erudito ignoraba que los autores de la ficción de Esculapio y de la de Leda, tenían el mismo objetivo a la vista, es decir, la materia de la obra hermética, que muchos autores han llamado huevo, lo que hace decir a Flamel:[278] *el horno es la casa y el habitáculo del pollo.* Hermes en su libro de los siete capítulos, llamados por Flamel los siete sellos egipcios, dice que de la materia de la obra debe de nacer un huevo y de este huevo un pájaro. Basilio Valentín ha empleado la alegoría del cisne en su sexta y su novena llaves. Raimon Llull[279] nos enseña que el hijo filosófico se dobla en forma de huevo en el vaso, como dice Ripley: *llamamos huevo a nuestra materia porque lo mismo que un huevo está compuesto de tres substancias, a saber, lo amarillo, lo blanco y la pequeña piel que los envuelve, sin comprender allí la cáscara, asimismo nuestra materia está compuesta de tres, a saber, azufre, sal y mercurio. De estos tres debe de nacer el pájaro de Hermes, o el hijo filosófico, administrándole un fuego parecido al de la gallina que incuba.* Moscus[280] se expresa de manera que no deja ninguna duda sobre la explicación de la fábula de Leda y la de Coronis: *yo os declaro* –dice– *que no se puede hacer ningún instrumento si no es con nuestro polvo blanco, estrellado, brillante y con nuestra piedra blanca, pues es de este polvo que se hacen los materiales propios para formar el huevo. Sin embargo los filósofos sólo nos han querido decir mediante alegorías y ficciones, lo que era este huevo o el pájaro que lo ha engendrado; pero éste es primero huevo de cuervo (Coronis) y después huevo de cisne (Leda).*

Pero ¿por qué Leda da a luz dos huevos? Y ¿por qué de cada huevo salen dos hijos, uno macho y otro hembra? Y es que el autor de esta fábula ha tenido a la vista las dos operaciones de la gran obra y que tanto en la una como en la otra el color pasa por el blanco y por el rojo; el blanco llamado con nombres de mujeres, Luna, Eva, Diana, etc, y el rojo, Apolo, Sol, Adam, macho, etc. Asi-

278. Flamel. *Explicación de las Figuras Jeroglíficas.* Cap. 3.

279. Raimon Llull. *De la quinta esencia.*

280. Moscus. *La Turba.*

mismo Filaleteo[281] llama color rojo a lo amarillo del huevo y color blanco a lo blanco. Además nada es tan común en los tratados de filosofía hermética como las alegorías del hermano y la hermana gemelos y, en consecuencia, nacidos de un mismo huevo, del que habla Servilio en la Turba en estos términos: *sabed que nuestra materia es un huevo. La cáscara es el vaso y dentro está el blanco y el rojo, macho y hembra. Dejad que lo incube su madre durante siete semanas, o nueve días, o tres días [...] allí se hará un pollito con la cresta roja, el plumaje blanco y los pies negros.* Tal es, pues, la materia de estos huevos y de los hijos que de allí salen.

Clitemnestra es esposa de Agamenón, y su hijo Orestes se vuelve matricida en el templo de Apolo, estando todas las puertas cerradas. Un crimen tan odioso más bien hubiera merecido ser enterrado en las tinieblas del olvido que ser conservado para la posteridad, si hubiera sido real; pero dichosamente es puramente fabuloso y una necesaria continuación de la alegoría que le ha precedido. Este pretendido crimen se encuentra en casi todos los tratados de filosofía hermética; en ellos nada es más común que las alegorías de un hijo que mata a su madre.[282] Es tanto la madre que destruye a su hijo, como un hijo que mata a su padre; un hermano que devora a su hermana y la resucita,[283] en fin, otras tantas ficciones y metáforas de muertos, homicidas, patricidas, etc, todas estas se ven en los diferentes tratados sobre la gran obra y todas están en las fábulas. Se encuentran allí incestos del padre con la hija, del hijo con la madre, del hermano con la hermana, etc, tales son los de Cinira, Edipo, Jocasto, etc.

Para convencerse mejor de la inmediata relación que la fábula de Orestes tiene con la confección de la piedra de los Sabios, es suficiente señalar y sospesar todas sus circunstancias. ¿Por qué mató Orestes a su madre en el templo de Apolo, y notadlo, con las puertas cerradas? ¿No es precisamente este templo el vaso donde se forma, donde reside, donde es honrado y como adorado el Sol, el Apolo filosófico? Si la puerta de este templo o este vaso no estuviera cerrada, clausurada, sellada y bien zulacada, los espíritus volátiles, que buscan escaparse, no actuarían; Clitemnestra huiría; Orestes, o la parte fija, no podría matar, es decir, fijar al volátil; la putrefacción llamada mercurio, muerte, destrucción, sepulcro, tumba, indicada por la muerte de Clitemnestra, no sucedería y la obra quedaría imperfecta.

Orestes sólo fue absuelto de su crimen con la condición de que fuera a lavarse y a purificarse en las aguas de un río compuesto de siete manantiales, lo que indica perfectamente el mercurio de los sabios, puesto que, como dice Espagnet:[284] *tan pronto como se consigue entrar en el jardín de las Hespérides, se encuen-*

281. I. Filaleteo, *La Verdadera Confección de la Piedra.*
282. Flamel, en su *Explicación de las figuras,* La Turba, etc, Raimon Llull, *Codicilio.*
283. *Carta de Aristeo.*
284. Espagnet. Canon, 52.

tra en la puerta una fuente que se extiende por todo el jardín y que está compuesta de siete manantiales.

Se dice que el volátil está significado por las mujeres, así, cuando la fábula dice que Orestes se llevó a su hermana Ifigenia de Táuride, es como si se dijera que la parte volátil es llevada desde la parte superior del vaso donde circulaba, hasta el fondo donde es fijada con la parte fija representada por Orestes, cuyo furor, o desconcierto, significan la volatilización, pues el fijo debe de ser volatilizado antes de adquirir una fijeza permanente, según este precepto de los filósofos: *volatilizad al fijo y fijad al volátil.* Es por lo que el oráculo le ordenó ir al templo de Diana, porque el color blanco llamado Diana por los filósofos, indica el principio de la fijeza de la materia del magisterio.

El abad Banier y casi todos los otros mitólogos dejan una infinidad de pequeñas circunstancias de las fábulas sin explicación, ya sea porque no las pueden explicar o porque las consideran como inútiles y como no teniendo ninguna relación con la historia o la moral. En efecto, ¿cómo explicarían este interés de los autores en señalar que Orestes conservó sus cabellos, lo mismo que Osiris, durante un cierto tiempo, y porqué Hesíodo llama a Dánae ninfa de los bellos cabellos? Si ello no significa nada en cuanto a la historia y a la moral, sí que es verdad que se convierte en un precepto para la conducción de las operaciones de la gran obra. Los cabellos son considerados más o menos como una cosa superflua, la materia del magisterio parece tener alguna cosa de inútil y de superflua, pero Geber dice:[285] *nuestro arte no consiste en una pluralidad de cosas; nuestro magisterio consiste en una sola materia a la cual no añadimos nada extranjero y no disminuimos nada; quitamos solamente lo superfluo en la preparación.* Lo que Filaleteo expresa así: *Considerad que este término de Geber, superfluo, es equívoco porque en verdad significa una cosa superflua, pero es un superfluo muy útil para la obra, que sin embargo es preciso quitar en cierto momento. Acordaos bien de esto, pues es un gran secreto.* Asimismo muchos filósofos han dado el nombre de *cabellos* a esta materia, lo que ha inducido a error a un gran número de químicos, que han tomado a los cabellos por la materia de la obra hermética. Estos cabellos de Orestes deben ser conservados durante su viaje, es decir, hasta la fijación del Orestes volatilizado, que sólo se los cortará cuando haya llegado a la piedra *acem,* es decir, a la materia vuelta fija como una piedra, pues entonces es un remedio para las enfermedades del cuerpo humano, como así lo indica la etimología de la palabra *acem*, que viene de ἄκος, remedio. Para terminar el artículo de Orestes es suficiente decir que era uno de los descendientes de Pélope, a quien los dioses habían hecho un presente que consistía en un carnero con la piel de oro, lo que los mitólogos han explicado como de un cetro cubierto con una piel dorada.[286]

285. Geber, *La Suma.*

286. Banier, *Mitología,* t. 3, lib. 6, cap. 1.

§ 5

Europa

Júpiter se enamoró de Europa, hija de Agenor, rey de Fenicia, y ordenó a Mercurio que la invitara a pasear por la orilla del mar, donde este dios se metamorfoseó en toro blanco, la puso sobre su dorso, atravesó el mar a nado y transportó a Europa a la isla de Creta. Del comercio que tuvo con Júpiter nacieron Minos, Rodamante y Sarpedón. Ya he tocado el tema de la fundación de la ciudad de Tebas en Beocia, pasando la alegoría de Cadmo, hermano de Europa, cuando éste la buscaba.

Minos desposó a Pasifae, hija del Sol y hermana de Aetes, tuvo a Ariadna y al Minotauro, que fue encerrado en el laberinto de Dédalo donde fue muerto por Teseo, con la ayuda que le proporcionó Ariadna. Las mujeres que las fábulas muestran como amadas por Júpiter, casi todas tienen nombres que en su etimología significan el duelo, la tristeza, alguna cosa de negro, obscuro, sombrío, como tumba, sepulcro, olvido, putrefacción, podredumbre, etc, de donde podría venir esta afectación, y al mismo tiempo los autores de estas ficciones nos las representan como mujeres de gran belleza, sin duda el color negro no era ningún obstáculo, puesto que la santa Escritura hace hablar así a la esposa del Cantar de los Cantares: soy negra pero bella. *Nigra sum, sed formosa.* El nombre de Europa tiene un significado más o menos parecido, si se le hace venir de εὑρώς, jugo, humor, como si se dijera jugo echado a perder, enmohecido, podrido.

No es sin razón que los autores de estas ficciones escogieran a estas bellezas puesto que el Júpiter de los filósofos actúa siempre sobre la materia que se ha vuelto negra, o en estado de putrefacción, indicado por estas mujeres. Lo que resulta de ello es el hijo filosófico del que se habla en casi todos los libros herméticos.

Júpiter se transformó en toro blanco para raptar a Europa mientras se paseaba y se divertía con las ninfas por la orilla del mar. Pero ¿podía ser otro el color del toro?, puesto que el blanco sucediendo al negro parece raptarlo y cambiarlo. Este toro es, como en la fábula de Osiris, símbolo de la materia fija volatilizada; raptó a Europa mientras ella jugaba con sus compañeras; estos juegos son los mismos que las danzas de las musas, es decir, la circulación de las partes volátiles y acuosas; el mar es el mercurio, llamado *mar* por la mayor parte de los filósofos. *Soy diosa de una gran belleza y de una gran raza,* –dice Basilio Valentín en su símbolo nuevo– *Soy nacida de nuestro propio mar.* El mismo autor representa un mar en la lejanía en casi todas las figuras jeroglíficas de sus *doce llaves.* Flamel llama a este mercurio *espuma del mar rojo.* El Cosmopolita lo llama *agua de nuestro mar*. Espagnet dice:[287] *Los filósofos también tienen su mar, donde nacen peces, cuyas escamas brillan como la plata.*

Minos desposó a Pasifae, hija del Sol, es decir, toda luz o claridad, pues Πας significa *todo* y φαις, *luz*; Minos fue el hijo que nació de Júpiter y de Europa, o del color gris y del negro, desposó a la hija del Sol o la claridad, representada por el color blanco. Minotauro salió de este matrimonio y fue encerrado en el laberinto de Dédalo, símbolo de lo embarazoso y de las dificultades que el artista encuentra en el transcurso de las operaciones; también está hecho por Dédalo, de Δαιδαλός, que quiere decir *artista*. Teseo, el más joven de los siete atenienses enviados para combatir al Minotauro, consiguió deshacerse de él con la ayuda de Ariadna, a la que después desposó. Estos siete atenienses son las siete imbibiciones de la obra, en la última de las cuales es en la que el más joven mató al monstruo, fijando la materia y fijándose con ella la desposó. Si Teseo la abandona y Baco la toma por mujer es porque el color rojo sucede al blanco y Baco, como ya lo hemos explicado en su artículo, no es otra cosa que esta materia llegada al rojo. Era muy preciso que el hilo que Ariadna suministró a Teseo fuera fabricado por Dédalo, puesto que es el artista el que conduce las operaciones; también Dédalo había estado en la escuela de Minerva.

Los dos hijos de Europa, Minos y Rodamante, fueron constituidos jueces de aquellos a los que Mercurio conducía al reino de Plutón; condenaban a unos a los suplicios y enviaban a otros a los Campos Elíseos. La putrefacción de la materia en el vaso de los filósofos es llamada muerte, como así lo hemos visto en cientos de lugares en esta obra. Esta putrefacción sólo puede hacerse con la ayuda del mercurio de los sabios, lo que ha hecho decir a algunos antiguos que los hombres sólo se morían por Mercurio: *luego empuña el caduceo, con el que evoca del Orco las pálidas sombras y envía a otras al triste Tártaro, da y quita el sueño y abre los ojos, que cerrará la muerte.* (Enéida, lib. 4)

En esta putrefacción que constituye el reino de Plutón, Minos y Rodamante son establecidos jueces de los muertos, es decir, que haciéndose entonces una perfecta disolución de la materia y una separación de lo puro con lo impuro, el juicio de Minos y Rodamante se cumple siempre por Mercurio que es el ejecutor. Los impuros son relegados al Tártaro, lo que ha hecho que le dieran el nombre de *tierra condenada*; las partes puras son enviadas a los Campos Elíseos y son glorificadas, según la expresión de Basilio Valentín en su Azoth, de Raimon Llull en la Teoría de su Testamento antiguo, de Morien en su conversación con el rey Calid y de muchos otros filósofos.

287. Espagnet, *La Obra secreta de la Filosofía de Hermes*, can. 54.

§ 6
Antíope

La fábula de Antíope ha sido fabricada por diferentes autores, sin embargo, es de la primera antigüedad. Es sorprendente que el abad Banier la considere tan reciente y como habiendo circulado sólo después de Homero. *Este poeta* –dice nuestro mitólogo–[288] *tan erudito en mitología pagana no habría faltado al hablar en el lugar de la Odisea* (lib. 2) *donde hace mención de dos príncipes (Anfión y Zeto) que cerraron la ciudad de Tebas con siete grandes puertas y elevaron torres de espacio en espacio, sin que, por todo lo temibles que eran, no hubieran podido habitar con seguridad esta gran ciudad.* En primer lugar hay una falta en la cita, pues no es en el segundo libro sino en el undécimo, donde Homero habla de estos dos príncipes en los términos citados; en segundo lugar, el abad Banier, o no ha leído este lugar de Homero, o imaginándose en mala ocasión que se acusaría a su buena fe, ha aventurado con mucha temeridad que no ha hecho ninguna mención de Antíope; sin duda la manera en que habla este príncipe de los poetas, no era favorable al sistema de este mitólogo. Homero hace hablar a Ulises en estos términos:[289] *tras aquella vi a Antíope, hija de Asope, la cual se glorificaba también de haber dormido en los brazos de Júpiter y de haber tenido de este dios dos hijos, Anfión y Zeto, que fueron los primeros en poner los fundamentos de la ciudad de Tebas, etc.*

Anfión fue puesto bajo la disciplina de Mercurio y allí aprendió a tocar tan perfectamente la lira que, por la dulzura de sus acordes, dulcificaba no sólo la ferocidad de las bestias salvajes y se hacía seguir por ellas, sino que incluso daba movimiento a las piedras y las hacía arreglarse a su gusto.[290] Se ha dicho otro tanto de Apolo, cuando construyó los muros de la ciudad de Troya. Orfeo también gobernó la nave Argo al son de su lira y hacía mover las rocas con ella.

¿Se puede buscar de buena fe alguna cosa histórica y real en fábulas tan puramente fábulas como aquéllas? Y ¿no es abusar de la credulidad el hecho de presentarlas de otra manera que no sea como alegorías? Veamos cuáles pueden ser el objeto de las de Antíope y de su hijo Anfión. Algunos dicen que es hija del río Asopo y muchos filósofos llaman a su materia con este mismo nombre, Asopo, otros Adrop, otros Atrop y dicen que se forma en un arroyo, una fuente, un agua, un jugo, al cual dan el nombre de *jugo de la saturnia vege-*

288. Banier, t. 3, lib. 1, cap. 8, p. 78 de la ed. in-4.º, 1740.

289. Homero, *Odisea*, lib. 11, vers. 159 y ss.

290. Dictus & Anfión Thebanae conditor urbis saxa movere sono testudinis & prece blanda ducere quo velles. Horacio, *Arte Poético.*

table.[291] Este jugo se espesa, se coagula, se vuelve sólido; ¿no es esto entonces Antíope? de αντι y de πύς es decir, que no hay más jugo, que está coagulado, que no está fluido. Aquellos que dicen que es Nicteo el padre de Antíope, han tenido el mismo objetivo a la vista, es decir, la coagulación de la materia al salir de la putrefacción, durante la cual la materia se vuelve negra y es llamada *noche, tinieblas*; pues de νύξ, noche, ha sido hecho Nicteo, por lo que se ve que Antíope tiene el mismo carácter que las otras amadas de Júpiter. La metamorfosis de este dios en sátiro está explicada en el artículo de Baco.

Cuando se dice que Anfión fue puesto bajo la tutela de Mercurio, es porque el mercurio filosófico lo dirige todo en la obra, y la ferocidad de las bestias que él sabe dulcificar se explica de la misma manera que la de los tigres, leones y panteras que acompañaban a Baco en sus viajes. Las piedras que venían a arreglarse en su lugar al son de la lira, son las partes fijas de la piedra volatilizadas, que coagulándose se acercan unas a otras y forman una masa hecha de todas las partes extendidas por aquí y por allá.

Estos fueron los hijos más célebres que Júpiter tuvo de las diferentes ninfas o amadas. Tuvo infinidad de otros hijos, cuyas fábulas se relacionan con estas que hemos explicado. Tales fueron los Pálicos que Júpiter tuvo de Talía; Arcos de Calisto; Pelasgo de Níobe; Sarpedón y Argos de Laodamia; Hércules de Alcmena, mujer de Anfitrión; Deucalión de Iodama; Britomarto de Carné, hija de Eubulo; Mégaro de la ninfa Esquitinida; Etilio, padre de Endimión, de Protogenia y Menfis que desposó Lidio; de Totedia a Arquefilas; Colax de Ora; Cirneo de Cirno; Dárdano de Electra; Hiarbas, Fileo y Pilummo de Garmantis; Proserpina de Ceres; Taigeto de Teigete; Saon de Savone y un gran número de otros que sería muy largo de aportar aquí. Un poeta ha encerrado las principales metamorfosis de este dios en los dos versos siguientes: *se hizo toro, cisne, sátiro y oro por los amores de Europa, Leda, Antíope y Dánae.*

También podría hablar de numerosas familias de Neptuno, del Océano, de los ríos y de las riberas, y sólo sobre el aspecto de su simple genealogía, se verían las raíces de este árbol, donde los primeros anillos de esta cadena son el Cielo y la Tierra y su tronco es Saturno. Se concluiría fácilmente que las personas figuradas en estas fábulas, son todas alegóricas y hacen alusión a la materia, a los colores, a las operaciones, o finalmente al artista mismo de la gran obra. Sería suficiente poner atención al hecho de que en general todo lo que en las fábulas lleva nombre de mujer, hija o ninfa, puede ser explicado del agua mercurial volátil, antes o después de su fijación, y todo lo que allí tiene carácter de hombre debe de entenderse de la parte fija, que se une, trabaja (fermenta), se volatiliza con las partes volátiles y se fija finalmente con ellas; que los robos, los raptos, etc, son la volatilización; los matrimonios y las conjunciones de machos y de hembras son la reunión de las partes fijas con las volátiles; el resultado de estas reuniones son

291. Flamel. *Deseo deseable.*

los hijos; la muerte de las mujeres normalmente significa la fijación; la de los hombres la disolución del fijo. El mercurio de los filósofos es muy a menudo el héroe de la alegoría, pero entonces el autor de la fábula ha tenido en consideración sus propiedades, en su virtud resolutiva, en cuanto a sus partes volátiles y finalmente a su principio coagulante, cuando se trata de fijar mediante las operaciones. Entonces es un Teseo, un Perseo, un Hércules, un Jasón, etc.

LIBRO IV

Fiestas, Ceremonias, Combates y Juegos instituidos en honor de los dioses

El hombre casi no puede contar con la fidelidad de su memoria; a la larga los hechos se confunden, sus circunstancias se obscurecen y la imaginación hace suposiciones mediante su facultad inventiva. En consecuencia, la tradición oral, fundada sobre una base tan poco sólida, está sujeta a los mismos inconvenientes. Las acciones pasadas, después de un largo tiempo, y las cosas que no se ven, al ser más o menos lo mismo para nosotros, en cuanto a hacer memoria de ellas o fijar la idea, es preciso presentarlas a nuestros ojos bajo la forma de algún objeto sensible, porque las cosas que tocan nuestra vista se imprimen más profundamente en nuestro espíritu que lo que aprendemos por el discurso: *Minus feriunt demissa per aures, quam quae sunt oculus subjecta fidelibus.* (Horacio, Arte Poético)

Basándose en este principio, los antiguos, tanto judíos como paganos, instituyeron fiestas y ceremonias para incidir en la memoria de los pueblos los hechos cuyo recuerdo merecería ser conservado en la posteridad. Algunos de ellos, para recordar a los hombres al Autor de su ser y de todo bien, los invitan a rendirle gracias por los bienes que han recibido y a pedirle otros nuevos. Sobre estas ideas, Moisés, por orden de Dios mismo, instituyó diferentes fiestas que debían de ser observadas en ciertos tiempos y en los días señalados. De esta clase son cada séptimo de los días sucesivos, en el que los judíos estaban obligados a cesar todo trabajo manual y servil, en memoria del séptimo día de la creación, en el cual dice la Escritura que Dios reposó. La pascua recuerda la muerte de los primogénitos de Egipto, exterminados en una sola noche por el ángel del Señor; y la liberación de sus ancestros israelitas de la servidumbre a la que estaban sometidos. Pentecostés les hace recordar que Dios mismo había dado a Moisés, sobre el monte Sinaí,[1] la Ley que ellos observaban; y la fiesta de los tabernáculos les pone de nuevo ante los ojos los cuarenta años que habían pasado en el desierto.

---

1. Literalmente *del Sinaí.* Véase respecto a esto *El Hilo de Penélope,* de Emmanuel d'Hooghvorst, Arola editors, Tarragona, 2000, p. 257, *(N. del T.)*

La escultura y la pintura se convirtieron en una gran ayuda en este sentido. Se hicieron estatuas y cuadros para que sirvieran de memoria artificial. Se representaron las acciones y las personas que allí habían tomado parte y se expusieron entre los griegos y los romanos como monumentos a memorables hechos. Los egipcios y Hermes Trismegisto entre otros, sorprendidos por los bienes terrestres que habían recibido del Soberano Ser, instituyeron ceremonias y un culto mediante el cual pudieran dar gracias y rememorar su recuerdo sin cesar entre el pueblo ignorante. Como estos bienes eran de diferentes especies, las ceremonias fueron diferentes, según el objeto que tenían a la vista. Entre esta clase se encuentra la del buey Apis, la elección que se hacía de un buey negro marcado con una mancha blanca, su consagración, su alojamiento y su alimentación en el templo de Vulcano, el culto que se le rendía, su muerte por ahogamiento en el agua, su inhumación y la nueva elección que se hacía de su sucesor. También se ven allí las fiestas de Osiris, de Ceres, de Adonis y otros parecidos, de los que ya hemos dicho alguna cosa y de los que hablaremos aún, tales como las bacanales, las saturnales, etc. No cabe duda de que los institutores de estas fiestas se proponían un buen objetivo y sólo la ignorancia de los pueblos los arrastró después al abuso que de ello hicieron. Los sacerdotes obligados, mediante juramento y bajo pena de muerte, a los secretos velados bajo este culto y estas ceremonias, no tuvieron suficiente atención para instruir al pueblo según la idea que debía de tener de todo ello.

Tenían dos maneras de transmitirse estos secretos, una mediante los jeroglíficos que hablaban a los ojos del cuerpo, y la otra por la explicación de las alegorías de los dioses, de las diosas y de los héroes, cuyos jeroglíficos representaban la historia figurada. Se explicaba la letra al pueblo, y el sentido a aquellos que querían ser iniciados. Estos jeroglíficos eran tomados de los animales y de otras cosas corporales pintadas o esculpidas. La celebración de los misterios, el verdadero sentido de las alegorías y la explicación natural de los jeroglíficos, parecían estar hechos sólo para los sacerdotes y para aquellos que debían de ser instruidos en el fondo de las cosas. El pueblo se contentaba con el exterior. Se le decía que todo esto era instituido para dar a Dios las gracias que se le debían y que estos diferentes objetos les eran presentados para recordarles los diferentes favores del Cielo. Por medio de esta explicación estaban en una tranquila posesión de su secreto. Hemos dicho cuál era este secreto y el por qué estaba prohibido revelarlo. Los sacerdotes, pues, hicieron siempre de ello un misterio, y como querían probar al pueblo que las instrucciones que les daban respecto a esto eran las verdaderas explicaciones de estos misterios, tenían un exterior capaz de probar que en efecto, consideraban a estos animales como símbolos de Dios y de alguna cosa sagrada. Insensiblemente el pueblo fue más lejos; lo que primero era símbolo se convirtió para él en la cosa significada. Adoró la figura por la realidad. Y ¿no vemos aún hoy día en nuestras provincias a la mayor parte de los paisanos ser también celosos de la devoción al patrón de su parroquia, como de aquellas que deben de tener hacia Dios? ¿Cuántos de entre ellos, a pesar de las repetidas instrucciones de sus pastores, tienen más veneración y más respeto por la figura de madera o de piedra de san Roque y de su perro, que para con Dios mismo? ¿Tienen una enfermedad? El cirio será llevado más bien para ser quemado ante la figura de un santo que ante el muy santo sacramento. ¿La idea de la mayor parte de ellos, tiene otro objeto que la figura misma del santo? Hablo al juicio de las personas sensatas que tienen ocasión de frecuentar esta especie de simulacro viviente de la humanidad.

Tal es la verdadera fuente de los errores, de los abusos y de las supersticiones introducidas entre los egipcios; un error entraña otro error, un primer abuso lleva a un segundo; es así como los dioses se multiplicaron al infinito entre ellos. Cuando se hubo empezado a adorar a un buey ¿se encontraría ridículo rendir el mismo culto a otro animal? El comercio de los egipcios con las otras naciones y las colonias que formaron, llevaron allí los mismos errores. Así se comunicaron de un país a otro y finalmente por casi toda la Tierra.

No es preciso, pues, recurrir a la maldición de Cam para encontrar la fuente de ceguera de sus descendientes, puesto que los de Sem y los de Jafet también cayeron, aunque más tarde. Sin duda si hubieran tenido la misma ocasión en el mismo tiempo habrían dado en ello como los otros y según lo que parece, aún más pronto, pues las artes y las ciencias habían empezado a fluir en Egipto antes que se tuviera conocimiento de ello en los otros países, en consecuencia sus habitantes estaban mucho más instruidos y debían de ser más sensatos y tener el espíritu más fino y más esclarecido.

Egipto, pues, fue la cuna de la idolatría. Herodoto[2] dice que los egipcios fueron los primeros en conocer los nombres de los doce grandes dioses y que es de ellos que los griegos los aprendieron. Luciano[3] dice formalmente que los egipcios fueron los primeros en honrar a los dioses y en rendirles un culto solemne. El mismo autor[4] asegura que Orfeo, hijo de Eagro y de Calíope, fue el primero en introducir el culto a Baco en Grecia y las fiestas que llevan su nombre, órficas, en Tebas de Beocia. Muchos otros hablan de la misma manera y todos los sabios convienen en que el culto a los dioses empezó en Egipto, que se extendió en Fenicia, después en la parte oriental de Asia, después en la occidental y finalmente en los otros países. Sin embargo respecto a esto se debe decir de los egipcios lo que un erudito inglés ha dicho de Zoroastro,[5] es decir, que adoraban un sólo Dios, Creador del Cielo y de la Tierra, y que tenían una especie de culto subordinado y algunas ceremonias puramente civiles y alegóricas en referencia a sus pretendidos dioses. Por lo menos parece que esa fue la intención de los institutores de estas ceremonias y de los primeros sacerdotes que las observaron, y que a continuación el pueblo se habituó a adorar como a dioses lo que al

2. Herodoto, *Euterpe*.
3. Luciano, *De Deâ Syriâ*.
4. Luciano, *Dial. De Astrol.*
5. Thomas Hyde, *Religión de los antiguos persas*.

principio se les había presentado como seres creados y subordinados al Creador de todas las cosas.

CAPÍTULO I

Dionisíacas

Las fiestas que Orfeo introdujo en Grecia en honor a Baco, generalmente, son conocidas con el nombre de Dionisíacas, a causa del nombre de Dioniso o Denis. La principal entre estas fiestas se celebraba cada tres años y en consecuencia se llamaba trieteria. Los egipcios también celebraban una en honor a Osiris cada tres años y por la misma razón, es decir, por el retorno de las Indias tanto del uno como del otro. Esta fiesta era celebrada por las mujeres y las doncellas, como los otros misterios de Baco. Las vírgenes llevaban tirsos y corrían alocadas en grupos como poseídas de entusiasmo, las mujeres iban despeinadas y al danzar se contorsionaban horriblemente. Se las llamaba bacantes y Ovidio[6] las describe más o menos de la misma manera que vamos a hablar de ellas.

Orfeo había instituido esta fiesta basándose en el modelo que presentaba la de Osiris. Pero ¿por qué los institutores de ésta eligieron a las mujeres y las doncellas para celebrarla? Es por el hecho de que las musas habían acompañado a Osiris en su viaje. Ya hemos explicado este viaje en el primer libro y se ha visto en el tercero lo que se ha de entender por las musas y sus danzas. He aquí la verdadera razón de las danzas de las sacerdotisas de Baco. Si a continuación se mezclaron tantas indecencias e infamias, por lo que Licurgio, Diagondas y muchos otros hicieron leyes para abolir las asambleas nocturnas, no se ha de echar la culpa a los institutores sino a la inclinación que el hombre parece tener naturalmente hacia la licencia y el libertinaje.

Se dice también que Baco durmió tres años con Proserpina y los egipcios alimentaron a Apis en el templo de Vulcano durante el mismo tiempo, después es cuando se le hacía ahogar. Estas fiestas en honor de Baco se llamaron comúnmente orgías. Antes de que, por su uso, se multiplicaran estas fiestas, se contentaban con llevar en procesión un cántaro de vino, una rama de sarmiento, una canasta rodeada de serpientes, llamada canasta misteriosa y los que llevaban el *Phallus* (falo) venían a continuación. La procesión era cerrada por las bacantes cuyos cabellos llevaban entrelazados con serpientes. Se dice que las canastas vacías, puestas en el templo de Baco mientras duraban estas fiestas, al final se encontraban llenas de buen vino. Me atendré a esta simplicidad sin querer entrar en detalle de otras costumbres que fueron añadidas después. Éstas se pueden ver en la *Mitología* explicada por el abad Banier, (tomo 2, p. 272 y ss.)

6. Ovidio, *Metamorfosis*, lib. 4.

Para entender cuál fue la intención del institutor de estas fiestas es preciso acordarse de que Osiris y Baco eran la misma persona, todo el mundo está de acuerdo en ello. Las orgías, pues, tienen su origen en Egipto y no deben su institución a Isis, que sólo es un personaje simbólico, lo mismo que Osiris, sino a Hermes Trismegisto o a cualquier otro filósofo egipcio que atribuyó la institución a la pretendida Isis, para dar más peso y autoridad a su ficción. No concibo cómo el abad Banier[7] y los otros mitólogos han podido atribuirlas a Isis, puesto que dicen que los egipcios consideraban a la Luna como Isis, y el monumento de Arrio Balbino aportado por los eruditos llevaba esta inscripción: *Diosa Isis que es una y todas las cosas.* Plutarco dice[8] que en Sais en el templo de Minerva, que él cree que es la misma que Isis, se puede leer: *soy todo lo que ha sido, lo que es y lo que será, nadie entre los mortales ha levantado aún mi velo.*[9] Lo que conviene perfectamente con lo que dice Apuleyo,[10] que hace hablar así a esta diosa: *soy la naturaleza, madre de todas las cosas, dueña de los elementos, principio de los siglos, soberana de los dioses, reina de los manes [...] Mi divinidad uniforme en ella misma, es honrada bajo diferentes nombres y por diferentes ceremonias; los frigios me llaman Pesinunciana, madre de los dioses; los atenienses, Minerva Cecropina; los de Chipre, Venus; los de Creta, Diana Dictina; los sicilianos, Proserpina; los Eleusinos, antigua Ceres, otros Juno, Bellona, Hécate, Ramnusia; finalmente los egipcios y sus vecinos, Isis, que es mi verdadero nombre.* Además, los mitólogos aseguran que Isis y Osiris encierran bajo diferentes nombres a casi todos los dioses del paganismo, puesto que, según ellos, la Tierra, Ceres, Venus, Diana, Juno, la Luna, Cibeles, Minerva y en una palabra toda la naturaleza, son una misma cosa que Isis, por lo que ha sido llamada *Miriónima,* es decir, que tiene mil nombres. Osiris, Baco o Dioniso, Apolo, el Sol, Serapis, Plutón, Júpiter, Ammon, Pan, Apis, Adonis, también son lo mismo.

¿Cómo se puede conciliar todo esto y fabricar osadamente una historia dándola como real y querer que se la crea como tal? ¿Cómo se puede decir[11] que Osiris e Isis han sido realmente rey y reina de Egipto y que Osiris era el mismo que Menés o Mizraim? Pues si Isis es la naturaleza, no es una persona real, es la naturaleza personificada y ésta no es una reina de Egipto. Y si Isis no ha existido bajo forma humana, es evidente que Osiris, su hermano y esposo, tampoco ha existido igual que ella. Tifón, hermano de Osiris, tampoco será Sebon de Manetón. Si no que en consecuencia Osiris, Isis y Tifón sólo serán personajes tomados para explicar mediante ficción las operaciones de la naturaleza o de un arte que emplea los mismos principios y que imita sus operaciones para llegar al mismo objetivo. Ya hemos explicado lo que se debe de pensar de ello en el primer libro. Volvamos pues, a nuestras orgías.

7. Banier, *Mitología,* t. 2, p. 272.
8. Plutarco, *De Isis y Osiris.*
9. Citado en *el Mensaje Reencontrado* de Louis Cattiaux, epígrafes del libro XII. *(N. del T.)*
10. Apuleyo, *Metamorfosis o El Asno de oro.*
11. Banier, *Mitología,* t. 1, p. 468 y ss.

Las mujeres eran las principales actrices, puesto que habían acompañado a Osiris en sus viajes; ellas danzaban, saltaban y hacían contorsiones para señalar la agitación de la parte acuosa volátil en el vaso, indicada por las mujeres; porque el sexo femenino ha sido considerado en todos los tiempos de temperamento húmedo, ligero, voluble e inconstante. Al contrario del hombre al que se le supone un temperamento más seco, más caliente, más fijo, lo que ha dado ocasión a los filósofos para designar mediante el hombre a la materia fija de la gran obra, y mediante la mujer a la materia volátil. Las mujeres llevaban también el *Phallus* (falo), es decir, la representación de la parte del cuerpo de Osiris que Isis no pudo reunir con los otros miembros tras la dispersión que Tifón había hecho de ellos. Este *Phallus* (falo) era el símbolo de las partes heterogéneas, terrestres, sulfurosas y combustibles, que no podían reunirse perfectamente con las partes puras, homogéneas e incombustibles, que deben coagularse en un todo, por medio del agua mercurial, significada por Isis. El cántaro lleno de vino indicaba el vino filosófico, o el mercurio llegado al color rojo, principal agente de la obra. La rama de sarmiento significaba la materia de la que este mercurio es sacado. La misteriosa canasta era el vaso en el que se hacen las operaciones de la gran obra; se le llamó misteriosa porque los filósofos siempre han hecho y siempre harán un misterio de la materia de la gran obra y de la manera de proceder en sus operaciones. La canasta estaba cubierta para indicar que el vaso debe de ser sellado herméticamente; y lo que ella contiene estaba indicado solamente por las serpientes que la rodeaban; ya se ha visto que las serpientes siempre han sido tomadas como jeroglífico de la materia llevada a la putrefacción.

Asimismo aceptaré del abad Banier la explicación que da de estas serpientes; es decir, que estas serpientes parecen rejuvenecer todos los años por el cambio de piel que hacen, y por ello indicaban el rejuvenecimiento de Baco, no en el sentido que él lo entiende sino en el sentido hermético. Es decir, que el Baco filosófico al haber llegado, en la obra, a la putrefacción que parece ser un estado de vejez y de muerte, rejuvenece y resucita, por así decirlo, cuando sale de este estado. Lo que hace decir alegóricamente a un filósofo hermético: *es preciso desnudar al viejo hombre y revestir al hombre nuevo.* Y Espagnet[12] dice hablando de la preparación de la materia: *la parte impura y terrestre se purga por el baño húmedo de la naturaleza y la parte acuosa heterogénea es puesta en fuga por el fuego dulce y benigno de la generación. Así por medio de tres abluciones y purgaciones, el dragón se desnuda de sus antiguas escamas, se quita su vieja piel y rejuvenece en su renovamiento.*

Una canasta parecida a aquella de la que acabamos de hablar cayó en el reparto a Eurípilo tras la toma de Troya. Allí encontró un pequeño Baco de oro, lo que evidentemente prueba que el misterio de esta canasta es símbolo del

12. Espagnet, *La Obra secreta de la Filosofía de Hermes,* can. 50.

misterioso secreto de hacer oro, del cual la historia de la toma de Troya es una pura alegoría.

¿Con cuán mal humor y con qué sinrazón, pues, se acusa a los institutores de estas fiestas de haber querido extender la licencia y el libertinaje? Antiguamente y durante largo tiempo se hacían devotas procesiones nocturnas, aún se hacen estas reuniones en las ciudades y en las villas, el día de la fiesta del patrón de estas ciudades y de estas villas. Allí sucedían y aún suceden mil indecencias y reina la embriaguez, la licencia está allí como de moda ¿se debe por esto, pues, reprobar a los institutores? Las asambleas de devoción y las procesiones son cosas buenas por ellas mismas. Allí se introduce furtivamente el abuso y ¿dónde no se introduce? El corrompido corazón del hombre es una fuente inagotable para ello.

Las vírgenes que llevaban estas canastas de oro iban con los niños desde el templo de Baco hasta el de Palas, prueba evidente de que el objeto de la celebración de estas fiestas era totalmente otro que el del libertinaje, puesto que Palas era la diosa de la sabiduría y la prudencia. Al mismo tiempo se indicaba por esta estación que era necesario ser prudente, erudito y sabio, para llegar a la perfección de la obra filosófica. Es Palas quien debe hacer de guía a Baco en sus viajes, es decir, que el artista siempre debe actuar prudentemente al conducir las operaciones. El viaje empieza por Etiopía y termina en el mar rojo. ¿No es el color negro el comienzo y la llave de la obra?, ¿y el color rojo del mercurio llamado mar, el mismo que tiene la piedra, que es el fin de la obra?

La fiesta de las trieterias, y los abusos que allí se deslizaban, dieron ocasión a instituir muchas otras fiestas del mismo estilo pero con diferentes nombres y en diferentes lugares. Las dionisíacas, que tomaron el nombre de Dioniso o Denis, se celebraban en toda Grecia. Se dividían en grandes, pequeñas, antiguas y nuevas, y cada una tenía ceremonias que le eran particulares. En las oschoforias los niños, divididos en grupos, llevaban una rama de sarmiento en la mano e iban, como en las trieterias, desde el templo de Baco al de Palas, recitando una especie de plegarias, éstas se celebraban todos los años. Los atenienses celebraban una que llamaban lenea al comienzo de la primavera. Entonces trasegaban el vino, recibían a las tribus de extranjeros y se retaba al que mejor bebiera a cantar en honor de Baco, como autor de la alegría y la libertad. Aún se celebraban en la misma ciudad las faloforias, que tomaban su nombre del falo que se llevaba en el extremo de un tirso. Las caneforias o fiesta de las canastas llegaban a finales de Abril. Las jóvenes atenienses cercanas a la pubertad llevaban canastas de oro, según Demarato,[13] llenas de las primicias de los frutos que iban a ofrecer a Baco. Las ambrosianas eran fijadas en Enero, tiempo en el que se hacía transportar el vino desde el campo a la ciudad. Los romanos la adoptaron y le dieron el nombre de *brumalia o bromialia,* de

13. Demarato, *Dionisíacas.*

brumus o bromius, sobrenombre de Baco. Las ascolias también se celebraban en Atenas. Se inflaban los odres soplando y después de haberlos extendido por tierra se danzaba por allí, a veces sobre un pie y a veces sobre el otro. Se daba un premio al que danzaba con más destreza. Esta costumbre pasó después a los romanos. Virgilio hace mención de ello en el segundo libro de las *Geórgicas*. Se inmolaba un macho cabrío a Baco porque este animal echaba a perder las viñas y se le quitaba la piel de las patas para hacer los odres. Los egipcios inmolaban un cochino en las fiestas llamadas *dorpia*, instituidas en honor a Dioniso, según lo que Herodoto[14] relata en estos términos: *los egipcios mataban un cochino, cada uno delante de su puerta y después lo devolvían al porquero que se lo había suministrado.*

También tenían otras fiestas en honor a Baco donde no se inmolaban cerdos, sino que se observaban más o menos las mismas ceremonias que celebraban los griegos, así es como lo dice el mismo autor que continua así: *Aliam solemnitatem fine suibus in honorem Dionysii agunt Aegyptii, eodem prope ritu, quo Graeci, at pro Phallis res alias illi excogitarunt, imagines scilicet cubiti magnitudinis, quas circumserunt multeres per agros cum virile membrum reliquo corpore non multo minus nutet. Praecedit autent tibia, atque illae Dionysium sequuntur cantantes.*

La mayor parte de las orgías se celebraban de noche y se llevaban antorchas encendidas. Los que las llevaban eran llamados *daduches*[15] y su función era de las más honorables. La de llevar la misteriosa canasta no lo era menos. Los antiguos, a los que el abad Banier imita en el silencio respecto a lo que ella encerraba, se retraían por el respeto religioso que les impedía explicarlo. ¿Por qué este misterio? En estas fiestas, en las que las canastas de oro eran el principal componente, ¿no habían sido instituidas para indicar algún secreto que no se quería divulgar? Y ¿cuál podía ser este secreto, sino aquel que había sido confiado a los sacerdotes de Egipto, de donde estas fiestas habían tomado su origen? Estas fiestas primeramente habían sido instituidas en Egipto en honor a Osiris, el mismo que Dioniso, que se encuentra como principal en la genealogía dorada, y esta institución servía únicamente para conservar, para la posteridad, la memoria del secreto de la medicina dorada, que Dios les había otorgado. El vino que se llevaba allí como símbolo del vino filosófico, hizo que el pueblo considerara a Dioniso como el inventor de la manera de hacer el vino común. Esta falsa interpretación fue recibida por todas partes y de ahí vienen tantas fiestas instituidas en honor a Baco, donde sin embargo se ven algunos usos tomados de las trieterias, a imitación de las de los egipcios. Asimismo nosotros tenemos aún en el mundo cristiano un ejemplo de estos abusos. Las fiestas de San Martín de la Epifanía y las del carnaval. Algunos autores las han considerado como restos del paganismo, pero ¿es

14. Herodoto, *Euterpe*.

15. Del griego δαδοῦχος, *portador de la antorcha,* [sacerdote de Deméter en Eleusis]. *(N. del T.)*

verdad que hayan sido instituidas con el mismo objetivo que las saturnales o las dionisíacas? Es preciso decir otro tanto de las fiestas de los egipcios, instituidas posteriormente a aquellas de las que acabamos de hablar. La mayoría de ellos ignoran la intención que habían tenido los primeros institutores; toman el signo por la cosa significada y este error los lleva incluso a meter entre la clase de los dioses a las cosas más inútiles, lo que ha hecho decir de ellos a un antiguo poeta: *O sanctas gentes, quibus heac nascuntur in hortis numina.* (Juvenal)

Se podría decir, más o menos, otro tanto de los griegos y de los romanos, pues los unos y los otros añadieron aún otros dioses a aquellos que habían recibido de Egipto, según los términos de Lucano: *Nos in templa tuam Romana accepimus Isim, semideosque Canes & sustra jubentia luctus, et quem tu plagens hominem testaris Osirim,* (de Egipto). Los romanos añadieron incluso enfermedades, como les reprocha Lactancio:[16] *Romani pro Diis habuerunt sua mala, scilicet rubiginem, pallorem & febrem.* La fiesta de la herrumbre se celebraba, según Ovidio,[17] el seis de Mayo. Invocaban a la herrumbre a fin de que no se metiera en los instrumentos rurales echando así a perder las cosechas. Adoraban a la fiebre para que no les atormentara. Así unas eran adoradas por el bien que hacían y otras por el mal que podían hacer. Rómulo, al que llamaron Quirino, la fiebre, la herrumbre y la palidez fueron dioses propios de la invención de los romanos, pero recibieron de los egipcios y de los griegos a Júpiter, Saturno, Apolo, Mercurio y a los otros grandes dioses.

La ocasión en que se estableció el culto a Esculapio en Roma, merece ser contada. Los romanos, afligidos por la peste, consultaron los libros de las sibilas, para ser liberados de esta plaga. Allí aprendieron que era preciso ir a Epidauro a buscar a Esculapio y traerlo a Roma, así es como lo cuentan Tito Libio,[18]Orosio,[19] y Valerio Máximo.[20] Fueron enviados, pues, unos diputados a Epidauro; cuando llegaron se les condujo al templo de Esculapio, que distaba unas cinco millas de Epidauro. Entonces apareció una serpiente en las calles de la ciudad, sin embargo, yendo y viniendo muy tranquilamente durante tres días consecutivos, al cabo de los cuales se metió en el barco de los romanos y se alojó en la cámara de uno de los embajadores. Los sacerdotes del templo aseguraron a los romanos que Esculapio se mostraría a los epidaureos bajo esta forma, aunque muy raramente, porque siempre que se manifestara sería un dichoso presagio para ellos y estaría a su cuidado. Los romanos muy satisfechos emprendieron el regreso a Roma y cuando el barco atracó en Ancio, la serpiente que hasta allí había permanecido en el barco muy tranquila, descendió a tierra y fue a refugiarse en el templo de Esculapio que no estaba muy lejos de allí. Permaneció allí tres días y volvió al barco que

16. Lactancio. *Instit,* lib. 1.
17. Ovidio, *In Fastis.*(*Metamorfosis,* lib.15)
18. Tito Libio, lib. 10 y 11.
19. Orosio, lib. 3.
20. Valerio Máximo, lib.1.

levantó velas y atracó en la isla de Tibre; la serpiente descendió y se ocultó entre unas cañas. Desde ese momento la peste cesó. Los romanos pensaron que Esculapio había elegido este lugar como morada y construyeron un templo en su honor. Ovidio[21] también cuenta lo mismo. San Agustín[22] bromea con esta llegada de Esculapio a Roma: *Esculapio* –dice– *fue de Epidauro a Roma para ejercer en sabia medicina su arte en una ciudad tan noble y tan famosa como aquella. La madre de los dioses, nacida yo no se de quien, se detuvo entonces sobre el monte Pretexto, considerando como indigno el hecho de que fuera alojada en un cuarto innoble, mientras que su hijo lo era sobre la cima del capitolio. Pero si ella es la madre de los dioses ¿por qué algunos de sus hijos la aventajaron en Roma? Estaría muy sorprendido de que fuera madre del Cinocéfalo, que ha venido a Egipto mucho tiempo después que ella. ¿Sería también hija suya la diosa fiebre? Se lo pregunto a Esculapio, su nieto.*

Ya hemos explicado suficientemente lo que se ha de entender por Esculapio y el por qué la serpiente le era consagrada. La séptima de las figuras jeroglíficas de Abraham el judío, aportadas por Flamel, representa un desierto en el cual hay muchas serpientes que se arrastran y tres fuentes de agua que brotan allí, porque la serpiente es el símbolo de la materia de la que está compuesto Esculapio o la medicina dorada; es por lo que se ha figurado que Panacea, Jaso e Higiea fueron sus hijas, pues si se llamó curación y salud a las hijas de un médico, con más razón a las hijas de la medicina, puesto que la medicina no da la salud sino que ordena los remedios que la procuran.

Todos estos dioses que han sido imaginados entre los griegos y los romanos, no eran de primer origen como los de los egipcios; no es sorprendente, pues, que su genealogía y su culto no tengan una relación exacta con los más antiguos. En consecuencia, los abusos que se deslizaron en las fiestas de aquéllos, no forman parte de mi objetivo. Que se grite, pues, tanto como se quiera contra estas infamias, que finalmente el senado de Roma fue obligado a castigar; que se les represente con colores capaces de causar horror, como es el caso de un honrado mitólogo. Lo apruebo, pero sin embargo creo que valdría más la pena sumirlos en un eterno olvido que recordarlos con el deseo de alejar al lector.

Parece ser que la celebración de las fiestas de las orgías, al principio y durante largo tiempo, no tuvieron nada de indecente ni condenable, puesto que han subsistido siglos enteros antes de la supresión que se les hizo en Roma bajo el consulado de Espurio Póstumo Albino y Quinto Marco Filito, según Valerio Máximo,[23] de lo que se debe concluir que el pueblo ignoraba el verdadero objetivo que se habían propuesto sus institutores.

Orfeo, que fue el primero en llevarlas desde los egipcios a los griegos, fue muerto, dicen algunos, por un golpe de rayo, porque, por así decirlo, había

21. Ovidio, *Metamorfosis*, lib. 15.
22. S. Agustín, *Ciudad de Dios*, lib. 3, cap. 12.
23. Valerio Máximo, lib. 6, cap. 3.

divulgado el secreto que los iniciados de Egipto le habían confiado. Si el hecho fuera cierto, sería mejor creer que Dios lo habría castigado por haber introducido la idolatría.

CAPÍTULO II

Ceres

Las fiestas celebradas entre los atenienses en honor a Ceres y a Proserpina, han tenido un mismo origen, pues a pesar de todo lo que han podido decir hasta aquí diversos mitólogos, la Ceres de los griegos no difiere en nada de la Isis de los egipcios, el culto de una es el culto de la otra. Sin embargo no se ha de considerar, como el abad Banier,[24] la transmigración de Ceres o Isis como cierta. Ella no es menos fabulosa y sólo es su culto el que ha sido transportado a Grecia y sus alrededores, lo que ha hecho decir a Herodoto que las hijas de Danao llevaron allí las *tesmoforias*, una de las principales fiestas de Ceres. No es pues sin razón que el autor de la crónica de los mármoles de Arondel considere como una fábula el rapto de Proserpina y la búsqueda que Ceres hizo de ella, pues todo es una pura alegoría.

Se dice que Triptolemo fue el institutor de las tesmoforias en reconocimiento de que Ceres le había enseñado la manera de sembrar y cosechar el trigo y los frutos. La primera celebración se hizo en Eleusis y fueron llamadas *misterios eleusinos*. Pues Ceres, dice la fábula, buscando a su hija Proserpina, raptada por Plutón, llegó a la ciudad de Eleusis y fue a visitar al príncipe del lugar que llevaba el mismo nombre. La esposa de este príncipe llamada Yone, acababa de traer al mundo un hijo al que había dado el nombre de Triptolemo. Buscaba una nodriza, Ceres se ofreció y fue aceptada. Ella se cobró una buena comisión. Durante el día lo alimentaba con una leche divina y durante la noche lo tenía oculto bajo el fuego. El padre se dio cuenta del progreso que hacía Triptolemo durante la noche e indagó de dónde podía venir esto y cuando averiguó cómo era el cuidado de Ceres se sorprendió de tal manera que no pudo impedir soltar un grito. Este grito dio a conocer a Ceres que su maniobra ya no era secreta. Se irritó y en su cólera hizo morir a Eleusis y dio a Triptolemo un carro tirado por dos dragones para ir a enseñar por toda la tierra el arte de sembrar los granos.[25]

El abad Banier pasa muy ligeramente sobre las circunstancias de esta historia de Ceres.[26] Se contenta con decir que ella instruyó a Triptolemo en todo lo que concierne a la agricultura y que habiéndole prestado su carro le ordenó ir por toda la tierra a enseñar a sus habitantes un arte tan necesario. Sin duda que, al no poderla explicar conforme a su sistema de historia, decidió suprimir de

24. Banier, *Mitología*, t. 2, p. 458.
25. Callimaco, *Himno a Ceres*.
26. Banier, *Mitología*, t. 2, p. 454.

esta fábula, como en casi todas las otras, lo que contradecía a su sistema o todo aquello que no podía ajustar al mismo. Muy conveniente para quitarse todo lo embarazoso, pero dejo a las gentes de buena fe el hecho de juzgar qué solidez se puede esperar de un edificio levantado sobre un fundamento tan ruinoso.

En efecto, esta fábula no parece susceptible de tener ninguna explicación histórica o moral; pues ¿qué significaría esta leche y este fuego con los que Ceres alimentó al hijo de Yone? ¿Con qué se puede relacionar este carro tirado por dos dragones? Al contrario, se ve a primera vista que esta fábula tiene todo el aire de una alegoría química. En efecto, Triptolemo es el hijo filosófico que es puesto en el mundo por Yone, es decir, por el agua mercurial, de ὕω, *llover*, de donde ha salido también el nombre de las *híades*. Ceres se convirtió en su nodriza porque como dice Hermes,[27] la tierra es la nodriza del hijo filosófico.

Michael Maier ha hecho de ello el segundo de sus emblemas donde un globo terrestre forma el cuerpo de una mujer desde las espaldas hasta las rodillas; dos pechos salen de este globo y la mano derecha de la mujer sostiene un niño que mama de la teta de ese mismo lado, con esta inscripción encima: *su nodriza es la Tierra*, y ésta debajo: *¿qué tiene de extraño que digamos que la Tierra nutrió con su leche a la tierna prole de los Sabios*? Si una bestezuela alimentó a tan grandes héroes ¿cuán grande no será aquel al que sirvió de nodriza el globo terrestre?

La leche con la que Ceres nutrió a Triptolemo es la misma que la que Juno dio a Mercurio, ya lo he explicado en más de un lugar, es por eso que envío allí al lector, para no caer en enojosas repeticiones. Solamente diré de Ceres, con Basilio Valentín:[28] *soy una diosa de gran belleza; la leche y la sangre fluyen de mis senos*. No tiene nada de extraordinario alimentar a un niño con leche, pero ocultarlo bajo las cenizas y meterlo en el fuego durante la noche, para darle fuerza y vigor, esto sólo puede ser practicado por un pueblo salamándrico; Triptolemo también es el símbolo de la salamandra de los filósofos y el verdadero Fénix que renace de sus cenizas. Es a este Triptolemo al que se ha de acostumbrar al fuego, para que, al hacerse grande, pueda resistir sus más vivos ataques.

Sólo tres cosas resisten al fuego en la naturaleza, el oro, el vidrio y el magisterio perfecto de los filósofos; el segundo y este último deben de formarse en el fuego, uno en el fuego elemental y el otro en el fuego filosófico. Estos llegan a su perfección por la clase de alimento que de allí sacan. Hay pocos autores que hablen en este tono. Arnaldo de Vilanova dice:[29] *cuando el niño haya nacido, alimentadle hasta que pueda sufrir la violencia del fuego.* Raimon Llull:[30] *haced de manera que vuestro cuerpo se impregne de fuego; multiplicad su combustión*

27. Hermes, *Tabla de Esmeralda.*
28. Basilio Valentín, *Símbolo nuevo.*
29. Arnaldo de Vilanova, *Rosario,* lib. 2, cap. 25.
30. Raimon Llull, *Theoría Testamentum,* cap. 29.

y os dará una fuerte tintura. Espagnet dice en el canon 78: *cuando Saturno cede la conducción de su reino a Júpiter, nuestro niño se encuentra formado del todo y se manifiesta con un vestido blanco, sereno y resplandeciente como la Luna.* El mismo autor añade:[31] *el fuego de la naturaleza, que acaba el trabajo de los elementos, estaba oculto y se vuelve manifiesto, cuando es excitado por el fuego exterior. Entonces el azafrán tiñe el Lis y el color se extiende por las mejillas de nuestro niño blanco, volviéndose robusto y vigoroso.* El fuego, pues, es el verdadero alimento de la piedra de los Sabios. No es, como algunos podrían imaginarse, que el fuego aumente la piedra en longitud, altura y profundidad y que se vuelva una substancia que se identifique con ella, como sucede con el alimento que toman los niños, sino que el fuego nutre y aumenta su virtud, él le da, o más bien manifiesta su color rojo oculto en el centro del blanco, de la misma manera que el nitro, que era blanco, se vuelve rojo en el fuego. No hay duda, pues, de que Triptolemo sea la salamandra de los filósofos, cuando es cocido y madurado bajo el fuego. Entonces se convierte en el fuego mismo, la tierra, la cal y la simiente de los Sabios, que es preciso sembrar en su propia y natural tierra.

Avicena[32] lo da a entender mediante estos términos: *no se ha de recoger las simientes sino en el tiempo de la cosecha. Los filósofos han llamado a nuestra piedra, salamandra, porque nuestra piedra, lo mismo que la salamandra, se nutre del fuego, vive y se perfecciona sólo en el fuego.*

Lejos de pasar por alto algunas de las circunstancias de esta fábula para poder ajustarla a mi sistema, voy a señalar hasta sus más pequeñas partes, por lo que se verá de ello que es lo único verdadero. Durante la noche es cuando Ceres ocultaba a Triptolemo bajo el fuego. ¿Sería esto, como sería natural creer, para hacerlo en secreto con más seguridad? ¡Nada de eso! Sucede así porque no le daba nada de leche durante ese tiempo y era preciso suplirla con otro alimento, es por lo que el sueño, imagen de la muerte, se apoderaba de él durante este intervalo. Bonello[33] nos lo enseña así: *la voluntad de Dios es tal* –dice este autor– *que todo lo que vive debe morir. Es por lo que el mixto, al que han quitado su humedad, se vuelve parecido a un muerto, cuando se le abandona durante la noche. Entonces esta naturaleza está al cuidado del fuego [...] Dios, mediante esto, le devuelve su espíritu y su alma, lo libera de su enfermedad y esta misma naturaleza se fortifica y se perfecciona. Es preciso, pues, quemarla sin temor.* En efecto ¿qué se arriesga en ello, ya que es una salamandra que se repara, se renueva y resucita en el fuego? El color negro es símbolo de la noche, signo del duelo y de la muerte y no se vuelve a la luz si no es con la ayuda del fuego. El Triptolemo filosófico tampoco puede llegar al blanco sin la ayuda del fuego. Cuando se ha hecho grande, Ceres hace morir a su padre y da a su

31. Espagnet, canon 79.
32. Avicena, *La Piedra*, cap. 5.
33. Bonello, *En la Turba*.

niño ya criado un carro tirado por dos dragones, para que vaya por toda la Tierra enseñando el arte de la agricultura a sus habitantes.

La agricultura es un símbolo perfecto de las operaciones de la gran obra. Es por lo que los filósofos han sacado de ello gran parte de sus alegorías, a imitación de los antiguos que nos han dejado las suyas bajo la apariencia de la historia. Una de las más grandes pruebas de que estas pretendidas historias son puras alegorías, es que los autores de las fábulas han dicho la misma cosa de Osiris, de Dioniso, de Ceres y de Triptolemo. Osiris recorrió toda la Tierra para enseñar a sus habitantes el arte de cultivar. Dioniso hizo el mismo viaje y con el mismo objetivo; Ceres hizo otro tanto; Triptolemo viaja con el mismo propósito, los unos y los otros van por toda la Tierra. Y ¿por qué recorrer tanto mundo para enseñar en diferentes tiempos un arte que jamás ha desaparecido entre los hombres y que es de tan gran interés para ellos como para no dejarlo perecer? Sin duda se dirá que Dioniso y Osiris eran un mismo hombre con dos nombres diferentes, lo que es una nueva prueba de la verdad de mi sistema. Según mi idea, Triptolemo y Ceres sólo se diferencian en cuanto a los diferentes estados de la materia en las operaciones, pero estas cuatro personas ¿son la misma en cuanto a los sistemas históricos y morales? Yo apelo a sus autores. Quienquiera que sea, Dioniso hizo su viaje sobre un carro tirado por bestias feroces y Triptolemo sobre un carro tirado por dos dragones. El uno y el otro enseñaron a los hombres a sembrar y a recoger los granos. Asimismo Dioniso les enseñó a plantar las viñas y a hacer el vino. Ya hemos explicado, en no sé cuantos lugares, qué son estos dragones y estas bestias feroces; también los hemos seguido en sus viajes y al mismo tiempo hemos deducido lo que se podía entender de este arte de sembrar; sin embargo aún diremos de ello dos palabras según algunos filósofos herméticos, porque nunca sería demasiado repetir una cosa tan esencial.

El labrador tiene una tierra que cultiva para sembrar su grano; el filósofo tiene la suya. *Sembrad vuestro oro en una tierra blanca foliada,* dicen los filósofos. Basilio Valentín hace de ello el emblema de su octava llave y Michael Maier el sexto de los suyos. El grano no podría germinar si antes no se pudriera en la tierra. Hemos hablado a menudo de la putrefacción de las materias filosóficas como llave de la obra. Cuando el grano ha germinado necesita del calor para crecer, pues el calor es la vida de los seres y nada puede venir al mundo sin calor natural. Se necesitan dos cosas para el crecimiento de las plantas, el calor y la humedad; también le es preciso la leche y el fuego al Triptolemo filosófico, según lo que dice Raimon Llull:[34] *sabed que nada nace sin macho y hembra y que nada germina ni crece sin la humedad y el calor. Es a lo que debéis conformaros en nuestra obra.* Cuando el tallo sale de la tierra, primero parece de un rojo violeta, después un verde azulado; cuando se forma allí el grano es blanco como la leche y cuando llega a su madurez se ve todo el campo dorado. Precisamente sucede lo mismo al grano de

34. Raimon Llull, *Theoría Testamentum.* cap. 46.

los filósofos. El Trevisano dice[35] que: *se equivocan aquellos que quieren extraer su mercurio de otra cosa que de nuestro servidor rojo.* Y Espagnet:[36] *se deben de encontrar tres clases de bellas flores en el jardín de los sabios: las violetas purpúreas, los lises blancos y amarillos y finalmente el amaranto purpúreo e inmortal. Las violetas, como primaverales, se presentarán a vosotros casi en la entrada, y como serán regadas sin cesar y abundantemente por un agua de oro, tomarán finalmente un color muy brillante como de zafiro. Guardaos bien de adelantar la madurez. Después con un poco de cuidado el lis les sucederá, después la caléndula, y finalmente el amaranto.* Jodoco Grevero ha compuesto un particular tratado donde hace una continua comparación con la manera de cultivar el grano filosófico. El lector curioso podrá encontrar allí algunos recursos. No añadiré, pues, nada más respecto a la educación de Triptolemo que lo que dice Flamel:[37] *su padre es el Sol y su madre la Luna, es decir, una substancia cálida y una substancia acuosa. La tierra es su nodriza. Es alimentado por su propia leche, es decir, por el esperma del que ha sido hecho desde el comienzo. El parto llega cuando el fermento del alma se ajusta con el cuerpo o tierra blanqueada. No puede llegar a su perfección si no es alimentado de leche y si no toma vigor por el fuego. Es de él que ha sido dicho en la Turba: honrad a vuestro rey que viene del fuego.* Museo creía que Triptolemo era hijo del Océano y de la Tierra, lo que le viene perfectamente a la generación del hijo filosófico que se forma de la Tierra y del agua mercurial de los filósofos, llamada Mar y Océano por muchos de entre ellos.

Al ser Triptolemo un personaje figurado no podría haber sido el institutor de las tesmoforias. Mejor prefiero atenerme al testimonio de Herodoto,[38] que dice que las hijas de Dánao las llevaron desde Egipto a Grecia y las enseñaron a las mujeres pelasgas: *Danai filiae ritum hunc* (tesmoforia) *ex Aegypto attulerunt, eoque Pelásgicas mulieres imbuerunt.* Los autores que han aventurado que Triptolemo era el institutor, sin duda lo han dicho en el sentido de aquellos que han considerado a Isis como la que instituyó las fiestas que los egipcios celebraban en honor de la misma Isis y de Osiris, es decir, que Triptolemo era en parte el objeto que habían tenido a la vista los creadores de las tesmoforias en Grecia como Isis lo había sido en Egipto.

Las tesmoforias eran llamadas mistéricas, a causa del secreto que se exigía a aquellos que eran iniciados. Herodoto[39] nos enseña el recato y el respeto que se requería de ello, en estos términos: *De Cereris quoque initiatione, quam Greci Thesmophoria vocant, à ferendis legibus, absit ut eloquar, nisi quatenus sanctum est de illa dicere.* Se consideraba también que Isis había dado leyes a los egipcios. Ya se ha visto en el primer libro que Dánao llevó una colonia desde Egipto a

35. El Trevisano, *Filosofía de los metales.*
36. Espagnet, *La Obra secreta de la Filosofía de Hermes*, can. 53.
37. Flamel, *Deseo deseado.*
38. Herodoto, *En Euterpe.*
39. Herodoto, *ibíd. Op. cit.*

Grecia y que estaba al corriente del arte hermético. Los misterios eleusinos eran los más sagrados entre los paganos. Se cuentan diversas razones que obligaron a tenerlos en secreto. Los misterios, dice Varrón, se tienen encerrados en el silencio y cercados mediante muros por donde ellos pasan. O sea, por el silencio, de manera que no esté permitido a quienquiera que sea el divulgarlos, por eso deben de suceder dentro del cerco de los muros, a fin de que sólo sean vistos y conocidos por ciertas personas. Tomas de Valois, en su comentario sobre la Ciudad de Dios de San Agustín,[40] dice: *tres razones obligaron a los demonios y a los sacerdotes a hacer un secreto de sus ceremonias. La primera porque hubiera sido fácil que se las hubiera tomado por una bribonada, si estas ceremonias hubieran sido públicas y todo el mundo hubiera podido opinar de ellas. La segunda es que estos misterios encerraban el origen de sus dioses y lo que habían sido en efecto. Qué había sido Júpiter, por ejemplo, cuando y cómo se había empezado a adorarle, y así los otros. Si se hubiera divulgado todo esto entre el pueblo, hubiera despreciado a estos pretendidos dioses y el temor que les inspiraban se hubiera desvanecido, lo que produciría el desorden del estado. Numa Pompilio consideraba este temor tan necesario, dice Tito Libio,*[41] *que recomendaba hacerlo nacer entre el pueblo y mantenerlo. La tercera razón es lo que pasaba en secreto, pues eran cosas que horrorizarían al pueblo si llegaran a su conocimiento. Allí se sacrificaba a niños y a mujeres en cinta, para apaciguar a los demonios, o para consultar, como le pasó a Julio Cesar, según el relato de Sócrates.*[42] *Este príncipe fue a la ciudad de Carra y consultó a un idólatra que sacrificaba en secreto en el templo, para saber el resultado de la guerra que quería emprender. Encontró allí a una mujer desnuda suspendida por los cabellos, los brazos extendidos, el vientre y el pecho abiertos. Se examinó el hígado y allí vio la victoria que habría de tener.*

He aquí, dice Valois, la verdadera razón que hacía mantener estos misterios en secreto, es ésta la razón que se imaginaba del por qué la estatua de Harpócrates, dios del silencio, se ponía en la entrada de casi todos los templos donde Isis y Serapis eran adorados. San Agustín aporta otra razón,[43] según Varrón. Esto era, dice él, a fin de que no se dijera que estos dioses habían sido hombres. Asimismo, este santo doctor había dicho en el capítulo 3, que era un crimen capital entre los egipcios el hecho de decir que Isis era hija de Ínaco y en consecuencia una mujer mortal. Estas razones de Valois parecen bastante probables, por lo menos en los tiempos en que los abusos se habían introducido en la celebración de estos misterios y donde la idolatría había llegado a su cumbre. Pero ¿podían haber tenido lugar en el tiempo en el que se instituyeron estas ceremonias? Y asimismo ¿se ha de creer que en los tiempos posteriores, en

40. S. Agustín, lib. 4, cap. 31.
41. Tito Libio, *De Urbis Orig, lib. 1.*
42. Sócrates, *Historia Tripart.*
43. S. Agustín, *La Ciudad de Dios,* lib. 18, cap. 5.

el siglo de Herodoto, estas ceremonias estuvieran acompañadas de estos execrables homicidios? Si esto hubiera sido así ¿se hubiera expresado este autor en los términos que hemos recordado anteriormente? Además, de lo que se trata es del fondo de los misterios de Eleusis y no de los accidentales abusos que la ceguera y la ignorancia de las intenciones del institutor hayan introducido allí. Si se pone atención a todas las circunstancias de estos misterios, se convencerá uno de que la segunda razón de Tomas Valois es la única que haya obligado a no descubrirlos más que a los iniciados y a crear de ello un misterio para el resto del pueblo. Las otras dos razones han nacido con los abusos mismos. La alegoría de Saturno que había devorado a sus hijos ha hecho que los supersticiosos, tomando la fábula al pie de la letra, se imaginaran que los hombres inmolados en su honor le serían más agradables que ninguna otra víctima. Les parecía que Marte, el dios de la guerra, solamente se complacía con la sangre humana. Pero ¿se podría tener la misma idea de la diosa de la agricultura, del dios del vino y de la madre del amor y la voluptuosidad? ¿Podía ser la intención del institutor el inducir a los iniciados a la licencia y el libertinaje, puesto que se exigía mucha moderación y asimismo una severa castidad tanto a los mistos como a las mujeres que presidían las solemnidades de la diosa Ceres? ¿Eran tan disolutas las purificaciones y las abluciones que se practicaban como algunos autores pretenden? ¿No se ha visto a algunos autores acusar a los cristianos de la primitiva Iglesia de adorar a una cabeza de asno y asimismo de muchas execrables infamias, porque hacían sus asambleas en secreto, las cuales eran un misterio para los paganos?[44] Las bárbaras palabras *Conx & om pax,* que el señor le Clerc ha interpretado como *velar y no hacer el mal,* y que el sacerdote pronunciaba en voz alta despidiendo a la asamblea, son una especie de garantía de que lo que allí pasaba era muy honesto y trascendente.

Los misterios eleusinos eran de dos clases, los grandes y los pequeños, y para ser iniciado tanto en los unos como en los otros era necesario ser capaz de guardar un gran secreto. Los pequeños servían de noviciado preliminar antes de ser admitido en los grandes. Los primeros se celebraban en Agra, cerca de Atenas; los grandes en Eleusis. El tiempo de prueba duraba cinco años, y era preciso guardar castidad durante este tiempo. Tras las pruebas se llegaba a ser *Mystes* (misto, iniciado en los misterios), o al estado de ser *Epopte* (maestro de ceremonias), es decir testigo de las ceremonias más secretas, y aunque se fuera iniciado o recibido como epopte, no se estaba al corriente de todo, pues los sacerdotes se reservaban el conocimiento de muchas cosas.

La fiesta de iniciación duraba nueve días. Cada día tenía sus ceremonias particulares; las del primero, segundo y tercero sólo eran preparatorias; se pueden ver aquellas que se hacían para la recepción de los mistos y de los epoptes, en el tomo 2, p. 467 y ss. de la *Mitología* del abad Banier. El cuarto día se hacía

44. Biblioteca Universal, t. 6.

arrastrar un carro por dos bueyes, cuyas ruedas no tenían radios pues estaban hechas más o menos como un tambor. A continuación, y tras el carro, marchaban dos mujeres gritando *buen día, madre Dio,* y llevaban unos cofrecitos o canastas donde habían pasteles, lana blanca, granadas y adormideras. Sólo estaba permitido mirar este carro a los iniciados, los otros estaban obligados a retirarse de las ventanas, mientras pasaba. El quinto se marchaba durante toda la noche, según dice el abad Banier, para imitar a la búsqueda que Ceres hizo de su hija Proserpina, después de que Plutón la raptara. El sexto se conducía desde Eleusis a Atenas la estatua de un gran joven coronado de mirto y llevando una antorcha en la mano. Se acompañaba a esta estatua, llamada *Iacchos,* con grandes gritos de alegría y con danzas. El séptimo, el octavo y el noveno eran empleados en iniciar a aquellos que no lo habían sido, en acciones de gracias o en súplicas que se hacían a Ceres. Me sorprende que el señor le Clerc haya ido a buscar en la lengua fenicia el significado de *Iacchos,* puesto que se presentó naturalmente en la griega donde I'αχω quiere decir *hacer grandes gritos.* Sin embargo no es esto lo que se quería decir mediante este término, como si se hubiera querido excitar a unos y a otros a gritar; más bien es como si se dijera: he aquí a Baco, pues I'άκχος significa Baco, o himno a Baco. Sin duda alguien se imaginará que siendo considerado Baco como el dios del vino, una de las más bellas producciones de la tierra, se le haya querido hacer participar, o al menos hacerlo presente por alguna razón, en las fiestas que se celebraban en honor a Ceres, diosa de la agricultura. La razón parece lógica, y lo era en efecto, pero en otro sentido como veremos después.

Tales eran estos grandes misterios de Grecia, en los cuales dice la fábula que Hércules y el mismo Esculapio quisieron ser iniciados. Se recomendaba extremadamente mantenerlo en secreto, no como han pretendido le Clerc, Tomas Valois, Meursio y algunos antiguos, para ocultar las infamias y los crímenes que allí se cometían, sino por que ello encerraba el desenlace de la alegoría histórica de Ceres, de su hija, etc, y no porque allí se descubriera que Ceres y su hija habían sido dos mujeres mortales, aunque así lo piensen el abad Banier y algunos mitólogos, fundándose en que Cicerón[45] insinúa que era su humanidad, el lugar de sus sepulcros y otras muchas cosas de esta naturaleza, lo que no se quería descubrir al pueblo.

Las fiestas en honor a Ceres eran una imitación de aquellas que se habían instituido en Egipto en honor a Isis, en consecuencia, es allí donde se ha de buscar la intención de los institutores. Además se conviene en que Ceres e Isis son la misma persona, según el testimonio de Herodoto,[46] que dice también[47] que en una fiesta de Isis se llevaba su estatua sobre un carro de cuatro ruedas.

45. Cicerón, *Tuseul. Quaest,* lib. 1.

46. Herodoto, *En Euterpe.*

47. Herodoto, *En Melphone.*

El secreto del que se hacía un misterio en las fiestas de Ceres, debía de ser el mismo que aquel que se recomendaba, bajo pena de muerte, a los sacerdotes egipcios. Ya hemos dicho en el primer libro en qué consistía este secreto, es inútil repetirlo aquí. Los filósofos herméticos hacen de ello tan gran misterio que es casi imposible descubrirlo, *si Dios o un amigo de corazón no lo revela*, como dicen ellos mismos. Harpócrates apoyando su dedo sobre la boca anunciaba, desde la entrada del templo, el secreto que allí se guardaba. Sólo los iniciados tenían permiso de entrar en el santuario de estos templos. Un pregonero, propuesto para ello, estaba al cuidado de anunciar a los profanos que se alejaran y se fuesen. Sin duda es por esto por lo que Virgilio ha dicho en una ocasión algo más o menos parecido: *procul ô procul este profani.* También se advertía públicamente que aquellos que se sintieran culpables de algunos crímenes, se guardaran bien de asistir a las solemnidades. Nerón, que era emperador, no osó presentarse a ellas, Antonio al contrario quiso hacerse iniciar, para probar su probidad.

Como estaba prohibido recibir a ningún extranjero y muchas gentes de nombre y probidad de otros países solicitaban ser iniciados, se instituyeron las pequeñas Tesmoforias para satisfacerles y se dice que fue en éstas en las que Antonio fue recibido. Las grandes eran propiamente las de Ceres o del secreto, las pequeñas eran las de Proserpina; no se descubría nada del verdadero misterio a los que sólo eran recibidos en las pequeñas; asimismo se dice que Hércules estuvo entre el número de estos últimos, como si Hércules jamás hubiera estado en Atenas. Se dice que la razón que impedía iniciar a los extranjeros en las grandes era que no se quería que estos secretos de la naturaleza fuesen conocidos en los otros países. También se les ocultaba casi todo, no por el hecho de que estas solemnidades y sus ceremonias fuesen conocidas, al menos en parte, y asimismo practicadas en otros lugares, sino porque los extranjeros, excepto los egipcios, sólo tenían de ello la corteza. Los mismos cristianos tenían conocimiento de ello, como se puede ver en estas palabras de San Gregorio de Naciancio:[48] *no se nos rapta ninguna virgen; Ceres no corre vagabunda para buscarla, ella no nos trae a Celeo, Triptolemo y los dragones; sufre en parte y actúa en parte; tengo vergüenza de poner al día estos sacrificios nocturnos y de hacer un misterio de una infamia. Eleusis hizo muy bien todo esto igual que aquellos que asisten a estas ceremonias, sobre las que se guarda tan gran secreto, y en efecto, bien merecen que se las sepulte en el silencio.*

Al no estar al caso, conociéndolo sólo por ellos mismos y no estando instruidos más que por los rumores vulgares ¿podían juzgar de otra manera? Después de todo, ya sea porque cada nación haya tomado a los egipcios como modelo, o bien sea por su propio movimiento, cada una ha tenido sus misterios, los cuales se prohibía divulgar entre el pueblo. Valerio Máximo[49] nos enseña que Tarqui-

---

48. S. Gregorio Nacianceno, *Sermón de la Epifanía.*
49. Valerio Máximo, lib. 1, cap. 1.

nio, rey de los romanos, hizo coser a Marcos Dumvio a un saco de cuero y lo echó al mar, como culpable de parricidio, por haber dado a Petronio Sabino el libro de los secretos civiles en curso que tenía a su custodia. Asimismo Valerio añade que había merecido este castigo porque se debía de hacer sufrir la misma pena a aquellos que eran culpables tanto hacia los dioses como hacia su padre. Estos libros habían sido compuestos por una mujer anciana y desconocida, o sibila y presentados a Tarquin el soberbio, según lo cuenta Aulu-Gelle.[50]

Una cierta anciana desconocida, dice este autor, fue al encuentro de Tarquinio el soberbio y le llevó nuevos libros, que ella decía que contenían los oráculos sagrados y se los ofreció en venta. El rey encontró el precio desorbitante y se mofó de ella. Entonces ella hizo hacer un fuego en presencia del rey y quemó tres de sus volúmenes preguntando al rey si quería dar la misma suma por los seis restantes. Él le respondió que sin duda chocheaba. Ella echó otros tres al fuego y le preguntó de nuevo si le gustarían los tres últimos por el mismo precio de los nueve. El rey viendo la obstinada firmeza de esta anciana le dio por estos tres la suma que había pedido por los nueve. La anciana se fue y no apareció más. Se llama a estos libros los oráculos de la sibila, se los encerró en el lugar más sagrado del templo y quince personas fueron encargadas para consultarlos cada vez que se había de interrogar a los dioses inmortales sobre cualquier acontecimiento de importancia.

El espíritu del hombre está hecho de manera que muchas de las cosas están ocultas para él, pero muchas de ellas despiertan su curiosidad. Un filósofo llamado Numenio, había encontrado el medio de descubrir lo que eran los misterios eleusinos y fue el primero en publicar una parte de ellos por escrito. Macrobio[51] cuenta que: *este filósofo fue fuertemente reprendido en sueños por Ceres y Proserpina, que se presentaron a él disfrazadas de mujeres de mala vida, estando de pié en la puerta de un malvado lugar. Numenio sorprendido de ver a estas diosas con estos vestidos les manifestó su asombro. Ellas le respondieron encolerizadas que él les había quitado sus ropas de mujeres honestas y las había prostituido yendo y viniendo con todos.*

Numenio no fue el único curioso, hubieron una infinidad de otras personas, muchos filósofos, gente muy honesta con el deseo de saber el fondo de estos misterios, pero pocos de entre ellos, a excepción de los sacerdotes y los iniciados, han satisfecho su curiosidad. Y nosotros que vivimos en un tiempo muy alejado de aquel, sólo podemos juzgar según el proverbio, *Ex unque aestimatur leo*, es decir, que el conocimiento que nos ha sido transmitido de una parte de estos misterios nos hace descubrir el todo. Por los signos adivinamos la cosa significada y la causa por sus efectos.

---

50. Aulu Gelle, lib. 1.

51. Macrobio, *El Sueño de Escipión.*

Se dice que Eumolpo, hijo de Deiopes y de Triptolemo, fue el primero que trajo estos misterios a Atenas. Se ha visto en el primer libro que los eumólpides venían de los sacerdotes egipcios y en consecuencia estaban iniciados en el secreto que les había sido confiado. Ellos fueron, pues, los autores de estos misterios de Ceres. Un argumento convincente respecto a esto es que todos los sacerdotes llamados hierofantes eran eumólpides, descendientes de Eumolpo. Acesidoro dice que el terreno de Eleusis primero fue habitado por extranjeros, después por los tracios que abastecieron de tropas a Eumolpo, entonces hierofante, para hacer la guerra a Ericteo. Androtio[52] nos enseña que Eumolpo tuvo un hijo del mismo nombre, de éste nació Antifemo, de Antifemo Museo y Museo tuvo por hijo a Eumolpo, que instituyó en las ceremonias que se debían de emplear en los misterios sagrados y que él mismo fue hierofante. Sófocles nos dice la razón que dio preferencia a los eumólpides sobre todos los otros, para presidir el culto a Ceres y las ceremonias de los misterios eleusinos. *Es* –dice él– *porque la lengua de los eumólpides era una llave de oro*: Ωͺχαί χρυσέα Κλεϊς έπί γλοσσα βέζακεν Προσπόλον Εὑμολπιδών.

CAPÍTULO III

El rapto de Proserpina

Los habitantes de Eleusis aún mostraban el lugar donde Proserpina había sido raptada por Plutón y el lugar donde las mujeres habían empezado a cantar los himnos en honor de Ceres. Era cerca de una piedra llamada *agelaste*, sobre la cual dicen que Ceres estaba sentada, absorbida por la pena que le causaba la pérdida de su hija. Cerca de esta piedra había un lugar llamado *Callichore*. Para que este pretendido rapto de Proserpina no fuera considerado como una fábula, los eleusinos aseguraban que había sucedido entre ellos. Los sicilianos decían otro tanto de su país y por la misma razón, según lo que dice Ovidio en el cuarto libro de los Fastos, y muchos otros poetas. Cicerón[53] hace una muy bella descripción del lugar de Sicilia donde Proserpina fue raptada mientras recogía flores. Pero los eleusinos y los sicilianos consideraban como una historia verdadera lo que sólo era una alegoría fabulosa, puesto que la Isis de Egipto, que es la misma que Ceres, no fue jamás a Eleusis ni a Sicilia, no tuvo ninguna hija con el nombre de Proserpina, y en fin, se diga lo que se diga su rapto sólo es una alegoría, no del cultivo de las tierras ordinarias, sino del cultivo del campo filosófico. Si esta historia sólo fuera una alegoría de la manera de sembrar y de recoger los granos, ¿por qué hacer un misterio de lo que hasta el último de los labradores sabía perfectamente? Además ¿es creíble que en el tiempo fijado para el pretendido reinado de Ceres en Sicilia y su llegada a Ática, no se hiciera cul-

52. Androtio, *De los Sacrificios*, lib. 2.
53. Cicerón, *In Verrem*.

tivar la tierra para recoger sus frutos? La Escritura santa nos prueba lo contrario. En una palabra, sin entrar en una disertación muy larga al respecto, veamos solamente lo que era Plutón, el raptor de Proserpina, esta misma y Ceres, su madre. Esta última tenía su morada normalmente en un delicioso lugar de Sicilia llamado *Enna*, o fuente agradable, según Cicerón y según Brochart,[54] donde había bellas praderas regadas por fuentes de agua viva; según Diodoro de Sicilia, las violetas y otras flores crecían allí en gran cantidad. Comparemos la idea que los autores nos dan de la morada de Ceres con la que los filósofos nos dan del lugar donde habita la suya. Ya hemos aportado una parte de ello tratando de Nisa, donde Baco fue criado, pero es a propósito que volvemos a poner la descripción ante los ojos del lector. Homero[55] habla de Sicilia en estos términos: *sin el trabajo del arado, sin el cuidado de las semillas, la tierra hace salir de sus ricas entrañas todos sus dones, regados enseguida por los Cielos.* Se podría comparar este país con el de Nisa, donde sus praderas esmaltadas de bellas flores alegraban la vista y el olfato, donde los frutos crecían en abundancia, porque el terreno es regado por agradables fuentes de agua viva.

He aquí la descripción que hace el Cosmopolita de la isla de los filósofos: *esta isla está situada hacia el sur, es encantadora y proporciona al hombre todo lo necesario, útil y agradable. Los Campos Elíseos de Virgilio a penas se le pueden comparar. Todas las riberas de esta isla están cubiertas de mirtos, cipreses y romeros. Las praderas verdes y cubiertas de olorosas flores de todos los colores presentan una primera vista muy graciosa y hacen respirar un aire de lo más suave. Las colinas están decoradas con viñas, olivares y cedros. Los bosques se componen de naranjos y limoneros. Los caminos públicos, bordeados de laureles y granados, ofrecen a los viajeros la dulzura de su sombra para resguardarse de los ardientes rayos del Sol. En fin, allí se encuentra todo lo que se puede desear. En la entrada del jardín de los filósofos se presenta una fuente de agua viva, muy clara, que se esparce por todas partes y lo riega todo, dice Espagnet.*[56] *Muy cerca se encuentran las violetas, que regadas abundantemente por las aguas doradas de un río, toman el color del más bello de los zafiros. Después se ven allí los lises y los amarantos.*

He aquí *Enna* donde están las agradables fuentes de agua viva y donde se ven las praderas en las cuales nacen violetas y flores de toda especie. Es en estos admirables lugares donde Proserpina, paseándose con sus compañeras, cogía una flor de narciso cuando Plutón la raptó para hacerla su esposa y partir con ella hacia el imperio de los Infiernos. ¿Qué idea se nos presenta de Plutón? Todos los nombres que se le han dado inspiran el horror, la tristeza; todos significan algo negro y sombrío; en una palabra, se le representa como al rey del imperio tenebroso de la muerte y no obstante como el dios de las riquezas. Su nombre *Ades* signi-

54. Brochart, *Chan,* lib. 1, cap. 28.
55. Homero, *Odisea,* lib. 9, vers. 109.
56. Espagnet, *La Obra secreta de la Filosofía de Hermes,* can. 52 - 53.

fica *pérdida, muerte*. Los fenicios lo llamaban *Muth*, que quiere decir *muerte*; los latinos le llamaban *Sumanus*; los sabinos *Soranus*, término que tiene relación con *ataud, féretro*; otros son *Orco, Argo, Februo*. Se le pone en las manos unas llaves en vez de un cetro y se le ofrecen en sacrificio ovejas negras. Finalmente los griegos lo llamaban *Plutón* o *Plouton* de πλοῦτος, dios de las riquezas.

¿Cómo se expresan los filósofos respecto a su Plutón, después de esta bella descripción del país filosófico? Ellos dicen que es preciso raptar a una virgen bella y pura de coloradas mejillas,[57] y desposarla. Juntad a la bella Beya con Gabertin; después de su unión descenderán al imperio de la muerte. Allí sólo se verán horror y tinieblas; el vestido tenebroso se manifestará y el hombre y la mujer serán sepultados en las sombras de la noche. Esta negrura es la señal de la disolución, y esta disolución[58] es llamada por los filósofos, *muerte, pérdida, destrucción y perdición*. También se ha querido hacer venir de ello *Ades*, uno de los nombres de Plutón, de la palabra fenicia *Ed* o *Aiid*, que significa *pérdida, destrucción*. De allí -continúa Flamel- han salido tantas alegorías sobre muertos, tumbas y sepulcros. Algunos lo han llamado *putrefacción, corrupción, sombras, abismo, infierno*.

¿Se puede ver algo más preciso que esto? Todas las circunstancias de este rapto indican las mismas de la disolución de los filósofos. Proserpina coge flores con las chicas de su séquito. Plutón la ve, la rapta y parte al momento sobre su carro tirado por caballos *negros*. Encuentra un *lago* cerca del cual estaba la ninfa *Ciánea*, que quiere detener su carro, pero Plutón de un golpe de cetro se abre un camino que les conduce a los *Infiernos*. La ninfa desolada y deshecha en lágrimas es transformada en agua. Ceres es la tierra de los filósofos, o su materia; Proserpina, su hija, es la misma materia aún volátil, pero llegada al blanco, lo que nos enseña su nombre Feréfata, del griego φέρω *yo llevo*, y de φάω *yo brillo*, o φαός, *luz*; como si se dijera: *yo llevo la luz*; porque el color blanco indica la luz y este sucede al color negro, símbolo de la noche. Asimismo este negro es llamado con este nombre por los filósofos, como se puede ver en sus obras, particularmente en la de Filaleteo que lleva por título, *Enarratio Methodica trium Gebri Medicinarum*, pág. 48, editado en Londres en 1648, donde llama a la materia filosófica venida al negro, *negrura de la noche, la noche misma y tinieblas*, y a la materia salida de la negrura, *día y luz*. Esta Feréfata filosófica puesta en el vaso con su madre, para hacer el elixir, se volatiliza y produce diferentes colores. Estas partes que se volatilizan con ellas, son las hijas del séquito; la fábula dice que cogía narcisos, porque el narciso es una flor blanca y como esta blancura desaparece, el narciso es recogido. Plutón la rapta en este momento y toma el camino del Infierno. Antes de que el color negro aparezca en esta segunda operación, se suceden otros varios colores, el celeste o azulado

57. Espagnet, canon 58; Sinesio, Artefio, la Turba, etc.

58. Flamel, *Explicación de las Figuras Jeroglíficas*.

se manifiesta, después se hacen más obscuros y parecen un camino que conduce al negro; es por lo que la fábula dice que Plutón llegó a las cercanías de un lago y allí encontró a la ninfa Ciánea, del griego Κιανος, *azulado*. ¿No es el agua mercurial, encerrada en el vaso, un verdadero lago? El raptor de Proserpina no ha tenido consideración a los ruegos de la ninfa Ciánea y de un golpe de cetro abrió un camino a los Infiernos, ¿no es lo que le pasa a la materia vuelta azulada, que continúa tomando un color más obscuro hasta que le sucede el negro? Entonces la ninfa se deshace en lágrimas y se encuentra transformada en agua, es decir, que la disolución de la materia en agua es perfecta y la ninfa Ciánea desaparece con el color azul.

He aquí pues, a Proserpina llegada al imperio tenebroso de Plutón. Allí reina con él y no volverá a ver a su madre hasta que hayan pasado seis meses. Hasta que su retorno nos de lugar a explicarlo, sigamos a la madre en sus búsquedas.

Ceres, informada del rapto de su hija, la busca por mar y por tierra. Finalmente llega cerca del lago de la ninfa Ciánea, pero la ninfa deshecha en lloros y transformada en agua, no puede decirle nada. Encuentra el velo de su hija flotando sobre el agua y se da cuenta de que por allí ha pasado el raptor. Aretusa, ninfa de una fuente con el mismo nombre, cuyas aguas se derraman en los vecinos lugares del Estigio, confirma a Ceres su pensamiento e intenta consolar a esta afligida madre diciéndole que su hija se había convertido en esposa del dios de los Infiernos. Al recibir esta noticia Ceres sube a su carro, atraviesa el aire y va al encuentro de Júpiter y le reclama a su hija, que también era la suya. Júpiter consiente en que le sea devuelta, a condición de que no haya comido de los frutos que nacen en el Infierno. Pero Ascálafo, el único que la había visto coger una granada de la que comió tres granos, sin ninguna discreción la delató. Entonces Júpiter ordenó que Proserpina permaneciera seis meses con su marido y seis meses con su madre. Ceres, satisfecha por el juicio de Júpiter, partió hacia Eleusis. Cuando llegó cerca de la ciudad se sentó sobre una piedra para reposar de sus fatigas y después fue a encontrar a Eleusis, padre de Triptolemo al que amamantó y le enseñó el arte de sembrar y recoger los granos. Aquí la cuestión ya no es Proserpina y la fábula no dice que Ceres la haya vuelto a ver después de su viaje a Eleusis.

Hemos visto a Ceres encerrada en el vaso con su hija Feréfata; la madre la busca por mar y tierra, porque en el vaso está el agua y la tierra. Esta agua forma el lago Ciánea, sobre el que Ceres vio flotar el velo de su hija, es decir, una pequeña blancura que empieza a aparecer a medida que el color negro se esclarece. *He hecho pintar un campo azulado y azul* –dice Flamel[59]– *para mostrar que no hace más que empezar a salir de la negrura muy negra; pues el azulado y azul es uno de los primeros colores que nos deja ver a la obscura mujer, es decir, la humedad cediendo un poco al calor y a la sequedad [...] la mujer tiene un círculo blanco, en forma de rollo de papel, entorno a su cuerpo, para mostrarte que nuestro rebis*

59. Flamel, *op. cit.*

empieza a blanquearse de esta manera, blanqueando primeramente las extremidades, todo el entorno de este círculo blanco. He aquí el lago Ciánea con el velo de Proserpina que flota sobre sus aguas. Ceres juzga que el raptor se ha escapado por este lago y la ninfa Aretusa le anuncia que su hija es la esposa del dios de los Infiernos. Según lo que acabamos de aprender de Flamel, Ceres no podía equivocarse. Además el color del agua un poco rojiza anaranjada, muy cerca de la orilla de este círculo, indicado por la ninfa Aretusa, le confirma su idea. Pues, según Guido de Monte,[60] *el signo de que el color negro empieza a desaparecer, que el día va a suceder a la noche y que la primera blancura se manifiesta, es cuando cierto pequeño círculo capilar, es decir, pasando sobre la cabeza, aparece entorno de la materia a los lados del vaso, con un color en sus bordes que tira al anaranjado.* El nombre de la ninfa anuncia suficientemente este color puesto que viene del griego Α"ρκς, *hierro,* θύω, *soy agitado.* La volatilización sólo se hace por la agitación de las partes y la disolución del hierro en el agua produce un color anaranjado. Se dice también que las aguas de la fuente del mismo nombre se derraman cerca de las del Estigio, porque se supone que el Estigio es uno de los ríos del Infierno, significado por el color negro.

Ceres, tras estas noticias, sube a su carro, atraviesa los aires y va a encontrar a Júpiter; es esta volatilización de la materia que entonces empieza a subir al espacio del vaso ocupado por el aire. Reclama su hija a Júpiter, o este color gris que sucede al negro. Al gris sucede el blanco, que hemos dicho que era Proserpina o Feréfata, lo que ha hecho decir que era hija de Ceres y de Júpiter. Este dios consiente a su retorno, a condición de que haya guardado una exacta abstinencia mientras estaba en los Infiernos, pero Ascálafo dice que ella ha comido tres granos de granada. Júpiter tenía razón y Ascálafo era el único que podía acusar a Proserpina, pues desde que el color rojo, indicado por los tres granos de granada, empieza a manifestarse sobre el blanco, éste sólo puede retrogradarse, y el rojo se fortificará más y más. ¿Por qué Ascálafo es el acusador? Es porque el principio del rojo es anaranjado y Ascálafo es hijo de Marte, según lo que dice Homero, y el Marte de los filósofos es el principio del color rojo: *al frente de quienes iban Ascálafo y Yálmeno, hijos de Ares, a quienes había dado a luz Astíoque en casa de Áctor Azida.* (Ilíada, lib. 2, vers. 512) Estos dos versos prueban perfectamente lo que acabamos de decir, pues Astíoque era hija de Falanto, de φαλός, *claro, blanco*, roca que aparecía en el mar. También Astíoque puso en el mundo a Ascálafo en la casa de Áctor Azide, es decir sobre la preciosa ribera, de Ακτή, *ribera, orilla,* y de Α"ζιος, *precioso, estimable*; también significa *de vil precio,* lo que conviene en todo al magisterio de los filósofos, infinitamente precioso por sus propiedades y de vil precio en cuanto a la materia de la que está compuesto. Ascálafo indica por él mismo el estado de la materia, puesto que significa duro al tocar, Ασκαλος άφη.

60. Guido de Monte, *Escalera Filosófica.*

Ceres está contenta y parte hacia Eleusis y reposa de sus fatigas sobre una piedra llamada *agelaste*. Es la tierra filosófica, que tras ser elevada a lo alto del vaso, volatilizándose, recae al fondo donde se fija y se recoge en un todo, significado por *agelaste*, de Α῎γελαζω, *reunir*. Después Ceres va a encontrar a Eleusis, del que alimentó a su hijo Triptolemo. Ya hemos explicado esta visita de Ceres y el resto de su historia. En cuanto a la piedra que se le muestra cerca de Calícore, en testimonio de la venida de Ceres a Ática, se sabrá de una vez por todas, que tales piedras son siempre los signos jeroglíficos de la fijeza de la materia. Tal es aquella que Saturno devora y vomita y que fue depositada sobre el monte Helicón; aquella con la que Mercurio mató a Argos; aquella que Cadmo echó en medio de los hombres armados nacidos de los dientes del dragón que él había sembrado; aquella donde Pirítoo se apoyó en su descenso a los Infiernos; aquella que Sísifo empujaba sin cesar, y etc.

Volvamos a nuestras tesmoforias. Luis Vives[61] añade las imágenes de los dioses a las cosas que eran llevadas en las solemnidades por las vírgenes y las mujeres. El gran hierofante llevaba la representación del *Creador*; el portador de las antorchas tenía la del *Sol*; el ministro del altar la de la *Luna*; y el que estaba encargado de anunciar la solemnidad al pueblo, llevaba la de *Mercurio*. Examinemos el todo por partes. El cuarto día de la fiesta los bueyes arrastraban por las calles un carro, cuyas ruedas estaban hechas como de tambores. ¿Por qué por bueyes? Esto es porque el buey o el toro era el jeroglífico de la materia del Arte entre los egipcios, y porque esta materia reducida a mercurio, conduce toda la obra. Las ruedas estaban hechas como de tambor, porque representaban la forma del matraz filosófico, que Flamel compara a una escribanía. *Este vaso de tierra* –dice[62]– *tiene forma de hornillo y es llamado por los filósofos triple vaso, pues en su centro hay un estante sobre el cual hay una escudilla llena de cenizas tibias en las cuales se pone el huevo filosófico, que es un matraz de vidrio, que tu ves pintado en forma de escribanía y que está lleno de confecciones del Arte*. Asimismo estas ruedas representan el horno que debe tener forma de torre. O bien un tambor de pie sobre su plato parecido a una torre. No se dice qué había sobre este carro cubierto, pero lo que llevaban a continuación las mujeres lo indica suficientemente. Eran pasteles de lana blanca, de granadas y de adormidera. El carro estaba cubierto pero no para ocultar lo que llevaba dentro, sino para indicar que el vaso debe de ser sellado herméticamente y para significar la obscuridad o el color negro que le llega a la materia, por eso la luz del día no entra por ninguna abertura. Detrás iban estas mujeres, y no dentro, porque llevaban los pasteles de harina y de lana blanca, para indicar que el color negro había precedido al blanco, que ellas mostraban en sus canastas de oro. Las granadas venían después, para significar la granada filosófica que había comido

61. Luis Vives, en el libro 7, cap. 20. Sobre San Agustín, en la Ciudad de Dios.
62. Flamel, *Explicación de las figuras jeroglíficas*.

Proserpina. Finalmente aparecía la adormidera, último color que sobreviene a la materia, como así lo dice Pitágoras:[63] *se toman tres partes de Kuhul negro,*[64] *después leche blanca, sal florida, mármol blanco, estaño, luna, y cuatro partes se toman de bronce, herrumbre de hierro, azafrán, granada, sangre y adormidera.* -Y la Turba-. *Sabed que nuestra obra tiene muchos nombres, según sus diferentes estados, los cuales queremos describir: magnesia, kuhul, azufre, goma, leche, mármol, azafrán, herrumbre, sangre, adormidera y oro sublimado, vivificado y multiplicado, tintura viva, elixir y medicina, etc.* Brimellus (ibid.) dice: *tomad la materia que cada uno conoce y quitadle su negrura y después fortificadle su fuego en tiempos, aparecerán diversos colores; el primero es luz azafrán, el segundo como la herrumbre, el tercero como la adormidera del desierto, el cuarto como la sangre muy quemada; entonces tenéis todo el secreto.* Se prohibía a todo profano mirar a este carro y a su séquito, porque allí estaba toda la obra indicada jeroglíficamente y se temía que algún profano la adivinara.

El quinto día se marchaba durante toda la noche por las calles; esto es porque después de haber enseñado, por así decirlo, en la procesión de la vigilia, la teoría de la obra, se venía al día siguiente para instruir en la práctica. Esta procesión nocturna indicaba más claramente que el carro cubierto, lo que sucede mientras el color negro ocupa a la materia y, como ya hemos dicho, el tiempo durante el cual Ceres buscaba a Proserpina.

El sexto se llevaba desde Eleusis a Atenas la estatua de un gran hombre joven coronado de mirto que llevaba en la mano derecha una antorcha. Se le llamaba *Iacchos.* Se le acompañaba con grandes gritos de alegría y con danzas. Este hombre joven era el hijo filosófico, el hijo de Semele, el mismo Baco, que según Herodoto,[65] gobierna los Infiernos conjuntamente con Ceres, por que uno es la parte fija ígnea de la materia y la otra la parte húmeda y volátil: *Inferorum principatum tener Cererem & Bacchum AEgyptii aïunt.* En la vigilia, todo se hacía en la obscuridad de la noche; al día siguiente Baco parecía nacer; se le había considerado casi como perdido en las cenizas de su madre; todo el mundo estaba triste, pero desde que aparece con las señales de la victoria que acaba de conseguir sobre los horrores de la tumba y llevando la corona de mirto, extiende la alegría en todos los corazones; cada uno se empeña en demostrarlo gritando *Iacchos, Iacchos,* he aquí a Baco, he aquí a Baco. La antorcha que lleva en la mano significa que ha echado a las tinieblas. Las danzas que se le hacen a continuación son la circulación de las partes volátiles antes de su fijación.

Nicolás Flamel ha seguido la idea de estas procesiones para formar sus figuras jeroglíficas del Osario de los Santos Inocentes de París, donde para indicar

63. Pitágoras, *La Turba.*

64. Plomo de los filósofos. Latón que es necesario blanquear. Materia de la obra en putrefacción y llevada al negro muy negro. Pernety, *Diccionario Mito-Hermético,* ed. Indigo. Barcelona 1993, voz *Kuhul (N. del T.)*

65. Herodoro, *Euterpe,* cap. 123.

la continuación de las operaciones y la sucesión de los colores, ha hecho tomar parte a hombres y mujeres en una procesión, vestidos de diferentes colores, con esta inscripción: *mucho complace a Dios la procesión, si está hecha con devoción.*

En fin, las representaciones del Creador que llevaba el gran hierofante, indican que Dios era el autor de todo, que él mismo había puesto en la materia de la gran obra o medicina dorada las propiedades que tiene, que es su autor y puesto que se ha dignado dar el conocimiento de esta materia y de la manera de trabajarla, es sólo a él a quien se ha de dar gracias y no al Sol, a la Luna y a Mercurio, que sólo son nombres dados a los diferentes ingredientes que componen esta medicina. Ya hemos visto que Osiris o el Sol era entre los egipcios el jeroglífico de la parte fija; Isis o la Luna el de la parte volátil y que Mercurio había sido supuesto por ellos como consejero de Isis, puesto que el mercurio filosófico lo hace todo y sin él no se puede hacer nada. El Sol es su padre y la Luna su madre y el mercurio contiene al uno y a la otra, dicen los filósofos.

Los poetas han añadido a la fábula de Proserpina que había tenido un hijo que tenía la forma de un toro, y que Júpiter, para tener relación con ella, se había metamorfoseado en dragón; también dicen que el toro era padre de este dragón, de manera que eran padre el uno del otro, lo que desde luego parecía una paradoja de lo más exagerado. En efecto ¿cómo el hijo puede ser padre de su propio padre? Apelo a los mitólogos para que me expliquen un hecho tan inaudito y al mismo tiempo inacordable a su sistema de historia o de moral. Sin embargo es una cosa que sucede en la gran obra, y nada es tan común en los tratados de los verdaderos filósofos como estas aparentes paradojas. No hay nada en el mundo tan ininteligible como esto, prueba de que aquellos que han sido sus inventores han querido ocultar alguna cosa secreta bajo una alegoría tan difícil de explicar.

Como Ceres tuvo a Feréfata de Júpiter, su padre fue su abuelo, no hay en ello nada contra la naturaleza; como Júpiter tuvo un hijo de Proserpina, su nieta, aún nada de extraordinario; estos son dos de los incestos atribuidos a Júpiter, también se le han supuesto otros. Pero que para gozar de Proserpina tome la forma de un dragón y que de su relación nazca un toro, padre de este mismo dragón, yo no veo otros medios de acordar todo esto que decir con Hermes:[66] *Vosotros que queréis completar el arte, juntad al hijo del agua, que es Júpiter, a Buba y tendréis el secreto oculto.* El autor del Rosario dice: *no se puede hacer nada mejor en el mundo que casarme con mi hijo. Juntadme, pues, con mi madre, atadme a su seno, guardaos de mezclar con nosotros alguna cosa extranjera y continuad la obra; pues nada se une mejor que las cosas de una misma naturaleza. Mi madre me ha engendrado y yo a mi vez la he engendrado a ella. Ella empieza por tomar el imperio sobre mí, pero yo dominaré sobre ella, pues me vuelvo el precursor de mi propia madre, antes de que yo haya recibido alas. A pesar de esto la naturaleza habla siempre en ella, ella me nutre y tiene todos los cuidados del mundo para conmigo; me*

66. Hermes, *Los Siete Capítulos*, cap. 4.

lleva en su seno hasta que alcanzo una edad perfecta. Flamel dice: *volved a poner al niño en el vientre de su madre que lo ha engendrado, entonces se convertirá en su propio padre.* Raimon Llull dice:[67] *es preciso inhumar a la madre en el vientre del hijo que ha engendrado a fin de que a su vez él la engendre.*

Ya se ha visto lo que se ha de entender por los dragones y los toros. Toda la explicación de este parentesco consiste, consecuentemente, en saber que hay una única materia del magisterio, sin embargo compuesta del volátil y del fijo. El dragón alado y la mujer indican el volátil y el dragón sin alas con el toro son los símbolos del fijo. El mercurio filosófico o disolvente de los filósofos se compone de esta materia, que los filósofos dicen que es el principio del oro. El oro de los sabios nace de esta materia, en consecuencia ella es su madre; en las operaciones de la obra se ha de mezclar al hijo con la madre, entonces el hijo, que era fijo y designado por el dragón sin alas, fija también a su madre y de esta unión nace un tercer fijo, o el toro. He aquí al dragón padre del toro. Que se rehaga la mezcla de este nuevo nacido con la mujer, o la parte volátil de la que ha sido sacado y entonces resultará de ello el dragón sin alas, que se convertirá en hijo de aquel que él mismo ha engendrado, puesto que la materia cruda es llamada dragón antes de su preparación y en el tiempo de cada disposición u operación de la obra. Lo que ha hecho decir a Artefio:[68] *la piedra es una madre que concibe a su hijo y lo mata y lo mete en su vientre [...] después él mata a su madre y la mete en su vientre y la alimenta [...] Esto es uno de los más grandes milagros de los que se haya oído hablar, pues la madre engendra al hijo y el hijo engendra a su madre y la mata.* Es decir, que el oro se disuelve en el disolvente volátil de los filósofos, del que es sacado; entonces es la madre que mata a su hijo. Este oro, fijándose, fija a su madre con él; he aquí al hijo que engendra a su madre y al mismo tiempo la mata, porque de volátil que era la ha engendrado en fijeza y fijar al volátil es matarlo. He aquí todo el misterio de esta paradoja al descubierto.

Pero ¿por qué se llevaban las representaciones del Sol, de la Luna y de Mercurio? Ya lo hemos dicho antes, sin embargo es preciso explicarlo un poco más extensamente. Aquellos que primero han querido hablar alegóricamente de la medicina dorada y de la materia de la que se hace, han dicho que esta materia era común y conocida por todo el mundo, y como no hay nada en todo el Universo tan conocido como el Sol y la Luna, a los que los egipcios daban los nombres de Osiris y de Isis, han tomado a estos dos planetas como signos jeroglíficos de la materia de la gran obra, ya que, por otra parte, el color blanco de la Luna y el amarillo rojo del Sol convenían a los colores que sobrevienen sucesivamente a esta materia en las operaciones. No se ha de imaginar que los hayan tomado como jeroglíficos del oro y de la plata vulgares, si no es relativamente y como se

67. Raimon Llull, *Codicilio,* cap. 14.

68. Artefio, *En la Turba.*

dice *secundario*. Era preciso emplear cosas conocidas como signos de cosas desconocidas, sin lo que se hubiera ignorado lo uno y lo otro. A continuación añadieron a Mercurio como ministro, porque es el *factotum* (ejecutor) de la obra y el medio mediante el cual se unen las tinturas del Sol y de la Luna, como dicen los filósofos. Además el Mercurio es como el hijo de la materia indicada por el Sol y la Luna, lo que hace decir a Hermes:[69] *el Sol es su padre y la Luna su madre*. La imagen del Sol, pues, señala la fuerza activa del sujeto filosófico y la Luna la fuerza pasiva, es decir, el agente y el paciente, el macho y la hembra sacados de la misma raíz; dos en número, sólo diferentes por su forma y sus cualidades, pero de una misma naturaleza y de una misma esencia, como el hombre y la mujer, que en la generación uno es agente y la otra paciente, uno caliente y seco y la otra fría y húmeda. El Mercurio era como el esperma de los dos reunidos. Es en este sentido que todos los filósofos han hablado, como se puede juzgar por los siguientes textos: *el Sol* –dice el autor del Rosario– *es el macho, la Luna es la hembra y Mercurio el esperma, pues para que se produzca una generación es preciso unir al macho y a la hembra, y además que den su simiente*. Raimon Llull:[70] *igualmente coced vuestra obra con residencia y constancia y haced vuestro compuesto de las cosas que allí deben entrar, a saber, del Sol, de la Luna y del Mercurio*. El Rosario: *os declaro que nuestro dragón, el Mercurio, sólo puede morir con su hermano y su hermana, y no con uno sólo, sino con los dos; el hermano es el Sol y la hermana es la Luna*.

Estas maneras de hablar de los filósofos nos anuncian bien lo que debemos de pensar de estas representaciones del Sol, de la Luna y de Mercurio. Asimismo este último texto del autor del Rosario explica a aquellos que están al caso de la obra, cómo es preciso entender la filiación y la paternidad recíprocas del dragón y del toro.

CAPÍTULO IV

Adonis y su Culto

Adonis fue el fruto del incesto de Ciniras con su hija Mirra. Esta hija fue a encontrar a su padre durante la noche, conducida por su nodriza. Habiendo gozado Ciniras de Mirra quiso ver esta belleza que la nodriza tanto le había ensalzado; reconoció a su hija y poseído de furor quiso matarla, pero Mirra aprovechó la oscuridad de la noche para salvarse y se retiró a Arabia, donde puso en el mundo a Adonis. Las ninfas del lugar lo recibieron al nacer, lo alimentaron en un antro y se cuidaron de su educación. Venus se enamoró tan perdidamente de él que Marte se puso celoso y obligó a Diana a suscitar un jabalí furioso para vengarse. Durante la caza Adonis quiso perseguir a este animal, que sintiéndose herido, volvió su furor contra el autor de su mal y le dio en la ingle un golpe de col-

69. Hermes, *La Tabla de Esmeralda*.

70. Raimon Llull, *Teoría, Testamento*, cap. 47.

millo tan violento que tiró a Adonis por los suelos y murió. Cuando Venus lo vio bañado en su sangre corrió en su socorro. Pasando después por un rosal se pinchó con una de las espinas y la sangre que salió de su herida tiñó de rojo las rosas que anteriormente eran blancas. Venus continuó su camino e hizo todo lo posible por devolver la vida a su amante, pero al no conseguirlo lo transformó en una flor, que algunos han llamado *anémona*, de la que Ovidio simplemente señala su color rojo comparándola con la granada: *y al cabo de una hora bien justa surgió de la sangre una flor teñida como ella, como las que, con granos ocultos tras una flexible corteza, suelen hacer los granados.* (Metamorfosis, lib. 10)

Apenas apareció Adonis en el reino de Proserpina, esta diosa se enamoró de él con el mismo fuego que Venus aún conservaba. Ésta, desolada por la pérdida que había sufrido, suplicó a Júpiter su retorno sobre la tierra; Proserpina no quiso devolverlo. Júpiter dejó que decidiera la musa Calíope, que para acordar a estas dos diosas juzgó que gozarían de él alternativamente la una y la otra durante seis meses.

Aún la fábula nos pone ante los ojos un incesto más; Ovidio[71] se ha ejercitado en describirlo con todo lo que la poesía tiene de más agradable y con todo aquello de lo que un tal sujeto era susceptible; pero aquellos que han querido adaptar este hecho a la historia y han tomado como fundamento el recitado de este poeta, sin duda no han puesto atención a que él mismo lo consideraba como una pura ficción, puesto que empieza así: *cantaré atrocidades: alejaos padres e hijas; fuera de aquí o, si mis versos os resultan placenteros al corazón, no creáis el presente episodio ni los hechos que en él se narran.*

También el abad Banier confiesa[72] que es una fábula muy misteriosa y un enigma que sería muy embarazoso de explicar en todos sus puntos, de lo que concluye que es fácil juzgar que se trata de una mezcla de historia y de física. Hay pocas fábulas que tengan ciertas circunstancias que pongan a este autor en la misma situación, y es en vano que se esfuerce en probar que Adonis no es lo mismo que Osiris. Yo digo más, él es el mismo que Apolo y que Baco. Orfeo nos enseña que él se complace en la diversidad de los nombres, que es macho y hembra, lo que también se dice de Baco, y en fin, Adonis es el que da la vida a todos los mixtos: *multiforme manifiesto nutridor de todas las cosas. Muchacha y muchacho, a la vez, siempre eres un retoño para todos, Adonis, extinguido y reluciente, por otra parte, en las hermosas estaciones que se renuevan; fomentador de la vegetación.* (Himno a Adonis)

Este último rasgo debe ser, para el abad Banier, le Clerc, Selden y tantos otros, un misterio bien difícil de desvelar. ¿Cómo ajustarlo a la historia? Veamos si la filosofía hermética es más dichosa en poner esta fábula en su verdadera luz. En cuanto al incesto del padre y la hija, tomado en sí mismo, ya lo

71. Ovidio, *op. cit,* lib. X, vers. 300.

72. Banier, *Mitología Explicada,* t. 1, p. 549.

hemos explicado en más de un capítulo y nos hemos referido a cantidad de textos de los filósofos, donde se han visto incestos parecidos. Ahora pasemos revista a todas las circunstancias de esta fábula.

¿Qué es esta Mirra? ¿Qué es este Ciniras? Mirra viene de μύρω *derramo, destilo*; y Ciniras de κνύρομαι, *llorar, lamentarse,* de donde se ha hecho κινύρα, *instrumento triste y melancólico.* Mirra, pues, debe ser considerada como significando agua o goma, o alguna substancia líquida. Es lo que ha determinado al autor de esta fábula a hacer alusión a la mirra, que se dice μίρρα en griego μύρον *perfume*, venido asimismo de μύρω, *destilo*. Pues los filósofos llaman goma, agua, a una parte de su compuesto y es precisamente la que debe engendrar al Adonis u oro filosófico. Nuestra materia, dice el filósofo,[73] es un huevo, una *goma*, un árbol, un agua. Tomad la *goma* blanca y la *goma* roja, dice María a Aros en su *Diálogo*, y juntadlos en verdadero matrimonio. Isindrio dice: mezclad el agua con el agua, la goma con la goma. Creo que es inútil citar más cantidad de textos al respecto, pues se encuentran a cada página en los libros de los filósofos. Mirra, pues, significa la goma o el agua de los sabios, que ellos llaman hembra y reina de una gran belleza.[74] Su nodriza o el agua mercurial filosófica la conduce a Ciniras durante la noche y se comete el incesto. He aquí la noche de los filósofos, durante la cual dicen que se produce la conjunción de su macho y de su hembra. La tristeza y la melancolía, indicada por Ciniras, también es uno de los nombres que los adeptos dan a su materia venida al negro. Observad, dice Filaleteo,[75] que los nombres del agua sulfurosa, agua ponzoñosa, agua aromática, cabeza de cuervo, peso, *melancolía,* noche, *instrumento de tristeza,* infierno, abrigo tenebroso, etc, son diferentes nombres para designar una misma cosa.

En efecto, ¿hay algo más propio que la obscuridad, la noche, el negro, para engendrar la melancolía y hacer nacer la tristeza? ¿Por qué Mirra es dicha hija de Ciniras o instrumento de tristeza y de melancolía? Es porque, en efecto, ella había sido concebida como Proserpina. Era bella, blanca, brillante y joven, porque la piedra al blanco tiene todas estas cualidades. Si se trata de hacer el elixir, su nodriza la ha de conducir a su padre Ciniras porque el agua mercurial es el agente de la putrefacción, durante la cual Mirra tiene comercio con su padre en la oscuridad de la noche; y para concebir a Adonis o el elixir, es necesario que la piedra al blanco, nacida de la putrefacción, pase de nuevo allí una segunda vez.

Se supone que Ciniras, al haber reconocido a Mirra, montó en cólera y quiso matarla, pero ella aprovechó la oscuridad de la noche para escaparse a la pétrea Arabia, a fin de hacer ver que la piedra pasa del negro al blanco y entonces se fija en piedra. Al ser la noche uno de los nombres que los filósofos han dado al negro de su materia, era natural que se dijera que Mirra se escapó

73. El Filósofo, *En la Turba.*

74. Basilio Valentín, *Nuevo Símbolo*, en *Azoth.*

75. I. Filaleteo, *Enarratio method. Trium Gebri medicin.*

al abrigo de la noche. Fue transformada en árbol y a continuación puso en el mundo a Adonis, porque la piedra al blanco es el árbol filosófico, llamado por el Cosmopolita *árbol lunar*. El fruto de este árbol es Adonis o el oro filosófico, que las náyades y las ninfas recibieron al nacer; en efecto, él nace en medio del agua mercurial, que lo nutre y tiene cuidado de él hasta su perfección.

A medida que Adonis crece, se vuelve más y más bello ¿no es esto el color del oro filosófico, que se fortifica y se vuelve más brillante? Venus se enamora perdidamente de él y lo acompaña en las diversiones que le da la caza. Nada más simple que esto, y asimismo no podría ser que Venus no lo amara perdidamente y que no lo acompañara hasta el desdichado momento en que Adonis fue muerto. He aquí la razón: la piedra pasa del color blanco al azafranado, llamado Venus por los filósofos. Mientras que este color dura, aún se hace una circulación de la materia en el vaso, es la caza en la que Venus siguió a Adonis. El color de la herrumbre que sucede al azafranado es llamado *Marte*. He aquí al jabalí que el celoso Marte envió contra Adonis. Éste murió de la herida que le hizo, porque no queda en él nada de volátil. Asimismo Venus conserva, tras la muerte de su amante, el amor que sentía por él, porque el color rojo, que el Adonis filosófico toma en su fijación, conserva siempre una parte de este color azafranado que tenía mientras cazaba con Venus. Las rosas que la sangre de esta diosa tiñó de rojo mientras corría en socorro de su amante, significan el color rojo que sucede al blanco mediante el azafranado, llamado Venus como acabamos de ver. Abraham el judío, referido por Flamel, ha tomado al rosal como jeroglífico de esta variación de colores.[76] Aún el mismo Flamel nos hace ver lo que se ha de entender por el descenso de Adonis a los Infiernos y del amor que Proserpina siente hacia él. Hemos demostrado suficientemente que los filósofos dan el nombre de *muerte, sepultura, infierno* al color negro, sin embargo he aquí todavía un texto del autor citado anteriormente, que servirá de prueba para la explicación que vamos a dar de la muerte de Adonis y de su retorno a Venus: *te he hecho aquí, pues, tomar un cuerpo, un alma y un espíritu blancos, como si resucitaran, para mostrarte que el Sol, la Luna y Mercurio son resucitados en esta operación, es decir, son hechos elementos del aire y blanqueados; pues ya hemos llamado muerte a la negrura; continuando la metáfora, podemos pues, llamar blancura a una vida que vuelve a venir por la resurrección.* Adonis después de haber sido atacado por los mortales colmillos del jabalí de Marte, muere por su herida; esto es la imbibición que se hace a la materia para hacerla pasar del color anaranjado al rojo de la adormidera, mezclando allí un poco de humedad que ocasiona un color negro pasajero.

En esta operación de rubificación –dice Flamel–[77] *aunque imbibas casi no tendrás negro, sino más bien violeta, azul y el color de la cola del pavo real, pues nues-*

76. Flamel, *Las Figuras Jeroglíficas*, de Abraham.

77. Flamel, *ibíd.* cap. 7

tra piedra es tan triunfante en sequedad como incontinente que cuando tu mercurio la toca, la Naturaleza regocijándose de su naturaleza, se une a ella y la bebe ávidamente y por consiguiente el negro que viene de la humedad sólo puede mostrarse un poco y bajo estos colores violetas y azules.

He aquí, pues, a Adonis habiendo descendido al tenebroso imperio de Proserpina; ella se enamora de él porque el negro se une con él. Venus lo reclama a Júpiter que toma a Calíope como árbitro de la diferencia que hay entre las dos diosas. Esta musa decidió que gozaran de él durante seis meses alternativamente. El color gris, llamado Júpiter, siempre sucede al negro inmediatamente, es por lo que Ceres para volver a ver a Proserpina y Venus para volver a ver a Adonis, y etc, se dirigen a este dios. Pero ¿por qué elige a la musa Calíope como árbitro? Es porque Adonis sólo puede ser devuelto a Venus, es decir, retomar el color rojo anaranjado, mediante la imbibición del agua mercurial, llamada en este estado *vino tinto* por Raimon Llull, Ripley y muchos otros y como Calíope es este agua mercurial, puesto que su nombre le viene de Καλός, *hermoso, bello* y de όπος, *jugo, humor,* como si se dijera que el jugo rojo o bello jugo ha armonizado la diferencia de estas dos diosas, lo que ha hecho que Flamel la llame *leche virginal solar.*[78] Este gozar alternativamente de las dos diosas indica las diferentes reiteraciones de la obra para la multiplicación, puesto que en cada operación la materia debe de volver a pasar por el negro, el gris, el blanco, el anaranjado, el color de la herrumbre y el rojo oscuro o el color de la adormidera.

El abad Banier dice en una nota[79] que una tradición considera que Apolo había suscitado el jabalí que mató a Adonis, para vengarse de Venus que había cegado a Erimanto, hijo de este dios, porque se estaba mofando de las galanterías de la diosa. Pero que sea Apolo o Marte es indiferente puesto que el Marte filosófico o el color de la herrumbre es propiamente el Apolo de los filósofos una vez empezado.

Estas expresiones tomadas en la naturaleza misma de las cosas, prueban que Adonis sólo difiere de Osiris, Baco y etc, en el nombre. No es sorprendente, pues, que su culto, establecido en Fenicia y en otras partes, sea muy parecido al de Osiris entre los egipcios. Uno servirá para explicar al otro, como acabamos de ver. Osiris y Adonis eran representados bajo la figura de un buey. En Fenicia se celebraba la fiesta de Adonis en el mismo tiempo y de la misma manera que se celebraba la de Osiris en Egipto. Se lloraba al uno y al otro como muertos y luego se alegraban como si hubieran resucitado. Adonis era entre los fenicios el símbolo del Sol, como Osiris lo era en Egipto, y en la celebración de sus solemnidades se llevaban a cabo las mismas representaciones. Las adonáidas o solemnidades de Adonis se celebraban en los alrededores de Fenicia imitando a las de Osiris. Duraban ocho días. Todo el mundo empezaba por hacer

78. Flamel, *ibíd.*

79. Banier, t. 1, p. 549.

duelo y dar señales públicas de dolor y de aflicción; por todas partes se oían lloros y gemidos. El último día de la fiesta la solemnidad cambiaba de cara, la figurada tristeza daba paso a la alegría que se manifestaba con extraordinarios arrebatos. Luciano relata[80] que los egipcios exponían sobre el mar un cesto de mimbre que el viento llevaba hasta las costas de Fenicia, donde las mujeres de Biblos, tras haberla cogido con impaciencia, la llevaban con pomposidad a la ciudad, entonces la fiesta terminaba con alegría.

Siria comunicó el culto de Adonis a sus vecinos. No se puede ver nada más soberbio que el aparato de esta ceremonia en Alejandría. La misma Arsinoé, hermana y mujer de Ptolomeo Filadelfo, llevaba la estatua de Adonis. Las mujeres más considerables de la ciudad la acompañaban llevando en la mano canastas llenas de pasteles, arrogantes perfumes, flores y toda clase de frutas; las otras cerraban la pompa llevando tapices sobre los cuales habían dos lechos bordados en oro y plata, uno para Venus y el otro para Adonis; así se iba hasta el mar, o a alguna fuente, donde se echaban las flores, los frutos y las plantas que se había llevado.

Un río cerca de Biblos, según el relato del mismo Luciano, llevaba el nombre de Adonis y se dice que sus aguas se volvían rojas mientras se celebraban las fiestas en su honor. Se dice también que era su sangre la que enrojecía el agua de este río, cuando se lavaba allí la herida de este amante de Venus. La primera parte de esta solemnidad se llamaba Α῾φανισμος, durante la cual se llevaba luto, y la segunda Εὕροσις, donde la tristeza se transformaba en alegría.

Se ve claramente que estos lloros y este duelo de los fenicios y de los griegos, con motivo de la muerte de Adonis, tienen manifiesta relación con los gritos y los gemidos que todo el mundo daba en las solemnidades de las fiestas de Ceres, en las que se suponía que esta desolada madre había buscado a su hija Proserpina. Los egipcios expresaban una tristeza parecida por la muerte de Apis. En las solemnidades de Ceres el duelo duraba hasta que se llevaba triunfalmente la estatua de Iacchos y en la de Apis hasta que se le había encontrado un sucesor. Tanto en las unas como en las otras se llevaban más o menos las mismas representaciones, canastas de pasteles, de flores, de frutos, etc. Se regocijaban igualmente cuando Iacchos o Apis reaparecían, o cuando se creía a Adonis resucitado. Se suponía que Proserpina permanecía seis meses con Plutón y seis meses con Ceres. También se decía que Adonis residía seis meses junto a Proserpina y seis meses junto a Venus.

¿Se dudará de que la institución de estas diversas solemnidades tenía el mismo objeto y que casi no diferían en nada más que en los nombres y en algunas ceremonias? Pero si Ceres, Proserpina y Osiris sólo fueron personas figuradas y su historia una alegoría, ¿por qué no se dirá otro tanto de Adonis? En efecto ¿qué fundamento hay que sea más real en una historia que en la otra? ¡Eh!, ¿cómo hombres tan sensatos como los egipcios habrían figurado una tris-

80. Luciano, *In Deâ Syriâ.*

teza real por la muerte de un buey que ellos mismos ahogaban y se habrían deshecho en arrebatos de alegría al encontrar un buey capaz de suceder al otro, a causa de que era negro y de que tenía una marca blanca en forma de Luna creciente? Cualquier otro buey no hubiera sido bueno para ello, era necesario que tuviera estas marcas, porque sin duda significaban alguna cosa. Pienso que ya he probado bien claramente que la historia de Ceres también era una alegoría; estoy persuadido de que todo hombre sensato pensará lo mismo de la de Adonis y que las solemnidades instituidas en su honor también lo han sido para conservar su memoria para la posteridad. La primera parte era llamada Α΄φανισμος, ¿por qué? Los lloros y los gemidos se hacían a causa de la pérdida de Adonis y de su estancia en el tenebroso reino de Proserpina, como se hacía en las solemnidades de Ceres a causa del rapto de su hija y de su estancia en el imperio negro y obscuro de Plutón. Α΄φανισμος, viene de α΄ privativa y de φαινω, *lucir, brillar*, de donde se ha hecho ἀφανής, *obscuro, escondido*, y finalmente Α΄φανισμος, como si se dijera *la fiesta o la ceremonia* del tiempo de obscuridad.

Si estas solemnidades tenían el mismo objetivo, ello manifiesta que esta negrura, esta obscuridad sólo puede ser la del reino de Plutón y Proserpina. Se ha visto por las precedentes explicaciones que este reino de Plutón y Plutón mismo eran una alegoría de la negrura que sobreviene a la materia filosófica; asimismo hemos probado que la muerte de Adonis también significaba lo mismo. Es patente, pues, que las ceremonias instituidas en memoria de esta pretendida muerte también eran una alegoría del tiempo que dura esta negrura de la materia de los filósofos.

La segunda parte de esta fiesta era llamada Εὕρισις, de Εὑρισμω, *reencuentro,* entonces todo el mundo era arrebatado por la alegría. Lo mismo sucedía en las ceremonias de Ceres. La presencia de Iacchos hacía gritar en demostración de alegría, ¡*he aquí a Baco, he aquí a Baco*! como si se le hubiera reencontrado después de haberlo perdido. Remito al lector a las explicaciones que he dado respecto a esto, puesto que es inútil repetirlo por un sujeto absolutamente parecido. Sin embargo es bueno hacer observar que no era sin razón el hecho de que la procesión se dirigiera hacia el mar, o hacia una fuente, para buscar a Adonis, porque los institutores de estas ceremonias sabían muy bien que sólo se le puede encontrar allí, es decir, en el mar de los filósofos o su agua mercurial, también llamada fuente por el Trevisano y por muchos de entre ellos. También se ha dicho que el río de nombre Adonis se volvía rojo durante la solemnidad de las fiestas instituidas en su nombre, puesto que, según dicen los adeptos, su agua mercurial es roja en el tiempo en que su Adonis reaparece.

Así pues, Adonis es el sol filosófico que se eclipsa en la negrura y que reaparece a medida que el eclipse se desvanece. Es macho y hembra, porque es el rebis de los filósofos, y siempre joven como Baco, por las razones que hemos referido hablando de este hijo de Júpiter. En fin, él es el mismo que Dioniso, Apolo y Osiris, que sólo son diferentes nombres del sol filosófico y no del astro que nos alumbra. Pues ¿hay alguna apariencia en este astro que pueda hacer que se le considere como macho y hembra, incluso alegóricamente? Aceptaré, si se quiere, que los griegos lo han adorado como una divinidad, puesto que hicieron morir a Anaxágoras envenenándolo, por haber dicho que el Sol no era un dios sino una piedra ardiente e inflamada. Pero ¿se debe de pensar por esto que Orfeo o aquellos que les habían aportado la teogonía de Egipto con sus ceremonias, hayan pretendido persuadirles de la divinidad del Sol? Hago bien en no pensar así, y nadie ignora los abusos que infectaron las primeras ceremonias traídas a los griegos. No se duda tampoco de los errores populares que se multiplicaron a continuación; pero aquí de lo que se trata es de la primera institución y no de lo que le siguió después. Sócrates bien hizo ver que respecto a los dioses tenía otras ideas diferentes a las del pueblo. ¿Pensarían Platón y los otros sabios como el vulgo?

CAPÍTULO V

Otras fiestas

Los griegos tenían infinidad de otras fiestas, tales como la solemnidad de las lámparas, llamadas por eso *lampadoforias,* instituidas en honor a Vulcano, Minerva y Prometeo. Hemos visto en los capítulos de estos dioses que eran dioses puramente químicos; de sus fiestas se debe juzgar en el mismo sentido. Los altares que eran comunes a los tres indican suficientemente que se debe pensar de ellos como siendo la misma cosa, o al menos como teniendo una gran analogía. Pues finalmente ¿qué se entiende por Vulcano, uno de los principales entre los doce grandes dioses de Egipto?, ¿no es este el fuego o el obrero que se sirve del fuego? ¿Qué era Prometeo? ¿No está representado como el inventor de muchas de las artes que se hacen con el fuego? Según lo que dice Esquilo en estos términos que presta a Prometeo: *¿Qué diré? ¿cuántas de las comodidades ignoradas no he de enseñar a los hombres? ¿Quién es el que ha encontrado antes que yo el hierro, la plata, el oro, el cobre y la manera de trabajarlos? Nadie se jactará de ello, si no quiere mentir. Prometeo es el inventor de las artes.* Es él quien robó una chispa del fuego celeste para comunicarlo a los hombres. Es él que mostró a Hércules el camino que había de tomar para llegar al jardín de las hespérides. Orfeo habla de él como si hubiera sido el esposo de Rea. Esquilo lo llama[81] inventor de la medicina que cura todos los males.

81. Lo principal es que si uno caia enfermo no tenía defensa, alguna cosa que pudiera comer, untarse o beber, sino que por falta de medicina, se iban extenuando, hasta que yo les mostré las mixturas de los remedios curativos con los que ahuyentan toda dolencia. Esquilo, *Tragedias, Prometeo encadenado,* v. 476.

¿A qué otra mezcla de drogas o a qué otra composición se ha atribuido jamás la propiedad de curar todos los males, sino a la medicina dorada o piedra filosofal? Sin duda había una misteriosa razón para levantar un altar común a estas tres divinidades y parece ser que era la misma que hacía observar las mismas ceremonias de las lámparas en sus solemnidades. ¿Por qué estas lámparas encendidas sino para representar el fuego del que Vulcano y Prometeo eran sus símbolos?, ¿podía ser este fuego nuestro fuego de forja y de las cocinas, ciertamente conocido antes que, a Vulcano y a Prometeo, aunque se diga que fueron sus inventores?

Tal es el origen sin duda de este fuego que los griegos y los romanos mantenían encendido perpetuamente en honor de Vesta, pues Vesta ha sido considerada tanto como la tierra como el fuego y asimismo como diosa del fuego. Diodoro de Sicilia y Orfeo dicen que era hija de Saturno, lo mismo que Ovidio en el sexto libro de sus Fastos: *Semine Saturni tertia Vesta suit.* Él creía que había habido dos Vestas, una madre de Saturno y otra hija del mismo; la primera era tomada por la tierra y la otra por el fuego: *Vesta eadem est, & terra: subest vigil ignis utrique significant sedem terra focusque suam. Nec tu aliud Vestam, quam vivam intellige flammam.*

No se representaba a Vesta bajo ninguna figura porque el fuego no tiene propiamente ninguna determinada. Es él que da la forma a todos los seres, el que los anima, que los vivifica y sólo puede ser representado simbólicamente. Para ello se contentaban en mantener un fuego siempre encendido en el templo de Vesta y este cuidado se confiaba a las jóvenes vírgenes a las que llamaban vestales. Si por negligencia de éstas el fuego se extinguía eran castigadas con la muerte. Valerio Máximo[82] dice que el gran pontífice Licino condenó a una de ellas a ser quemada viva por haberlo dejado extinguir una vez durante la noche. Tito Libio[83] considera como una cosa sorprendente y una especie de prodigio el hecho de que se hubiera sido tan negligente como para dejar extinguir este fuego una vez.

Por todo ello se ve el respeto que se tenía por el fuego. Ciertamente este culto religioso había venido de Egipto, donde Vesta y Vulcano eran considerados con gran veneración, como se puede juzgar por el famoso templo de este dios donde se alimentaba a Apis. Asimismo estaba establecido que de entre los sacerdotes que estaban al servicio de este templo se escogiera a los reyes. Las otras naciones consideraban a Vulcano como el último de los dioses porque era cojo y había caído del Cielo, dice la fábula, mientras que en Egipto se le consideraba como uno de los principales; esto es porque los egipcios entendían por Vulcano al fuego de la naturaleza que lo anima todo y que representaban simbólicamente con el fuego común de nuestras cocinas; los griegos y las otras nacio-

82. Valerio Máximo, lib, cap. 1.

83. Tito Libio, *De Bello Punico,* lib. 8.

nes tomaron el símbolo por la cosa misma. Los fuegos o lámparas encendidas y alimentadas en Egipto, dieron lugar a las solemnidades de las lampodoforias y a los fuegos que las vestales mantenían entre los romanos. Las intenciones de los institutores mal interpretadas son la fuente de los abusos.

También es fácil interpretar y explicar las otras fiestas instituidas en honor a los dioses, por lo menos las más antiguas, las de la primera institución; pero aquellas que sólo son ramificaciones y que son muy posteriores, así como las fábulas que son pura ficción de los poetas que querían divertirse, no entran para nada en el plan que me he propuesto. Me atengo al origen de las cosas y no a las malas interpretaciones que han dado la gente poco instruida. No se debe juzgar a la fuente de un arroyo por el lodo y el fango cuyas aguas llevan a una considerable distancia. La fuente puede ser muy pura y los arroyos pueden venir muy poco limpios y mal sanos a causa de las basuras y de las malas cualidades de las tierras de las que las aguas se impregnan durante su curso. Tal es la diferencia entre las fábulas primitivas y aquellas que se inventaron después, y entre las fiestas de la primera institución y aquellas solemnidades donde se infiltraron innumerables abusos.

CAPÍTULO VI

Los Juegos y los Combates

La religión había consagrado esta clase de espectáculos y cuando los romanos los adoptaron, el senado dio una sentencia en la que se dictaba que todos serían dedicados a alguna divinidad. Asimismo era costumbre ofrecer sacrificios antes de empezarlos. Los griegos tenían cuatro juegos principales y célebres en los tiempos señalados, a saber, los olímpicos, los píticos, los nemeos y los ístmicos. El primero era dedicado a Júpiter, el segundo a Apolo, el tercero a Arquemor, hijo de Licurgo, y el cuarto a Neptuno. Los más famosos eran los de Olimpia que se celebraban cada cuatro años. Asimismo fundaron su cronología basándose en el intervalo de tiempo que había de una olimpiada a otra. La recompensa que se daba a los vencedores sólo era una corona de laurel, de olivo, de álamo o de alguna planta; algunas veces se elevaban estatuas en su honor y se cantaba su triunfo por toda Grecia.

El motivo de la religión no fue el único que dio lugar a la institución de estos juegos, una doble política tuvo parte en ello. Los jóvenes se formaban para la guerra y en ellos se volvían más adecuados para las expediciones militares, estaban más alerta, más dispuestos, más robustos y adquirían una vigorosa salud. Finalmente se conservaba por estos ejercicios, así como por las solemnidades de las fiestas, la memoria alegórica de un secreto conocido por los sabios filósofos pero ignorado por el común. Asimismo se animaba a los pueblos a estos ejercicios a ejemplo de los pretendidos dioses que se decía que allí habían sido vencedores.

Estos juegos eran de tres clases: los ecuestres o curules, que consistían en carreras de caballos o de carros, estaban dedicados al Sol y a Neptuno; los agonales y los gímnicos, compuestos de combates de hombres, de mujeres y de bestias, estaban consagrados a Marte y a Diana; finalmente los escénicos, los poéticos y los de música, que consistían en tragedias, comedias, sátiras y danzas, estaban dedicados a Venus, Apolo, Minerva y a Baco.

Los quince institutores que Higinio nombra en su fábula 273, son casi todos héroes de fábulas, tales son Perseo, Teseo, Hércules, los Argonautas, etc. Pero como hemos probado bastante claramente que estos supuestos institutores sólo eran personajes figurados, para formar las fábulas alegóricas de la filosofía hermética, es de presumir que los verdaderos institutores nos son desconocidos. Dánao, hijo de Belo (o Belus), que vino de Egipto a Grecia, puede ser que sea el único conocido realmente, puesto que, como probaremos en el sexto libro, Príamo, Aquiles, Eneas, no han existido como personas reales, así como Perseo y los Argonautas.

Pero, en fin, se dirá ¿qué relación tienen estos juegos con vuestra pretendida piedra filosofal? Confieso que la disposición que se tomó en estos juegos, para volverse apropiada a los ejercicios militares, es bien diferente de la que es requerida para la Medicina. Una busca destruir a los hombres y la otra conservarlos. Pero finalmente ¿se ignora que Minerva, diosa de la sabiduría y de las ciencias, lo era al mismo tiempo de la guerra y de los combates? El arte militar, pues ¿es un camino que conduce a las ciencias o las ciencias conducen al arte militar? ¡Qué incompatibilidad entre el reposo y la tranquilidad del gabinete, con el tumulto de las armas y el perpetuo estruendo de los combates! Apolo es el presidente de la asamblea de las musas, inventor de la Poesía y la Medicina, sin embargo, está representado como el vencedor de Tifón. ¿No se le ve con el arco y las flechas en la mano? No, no era sin razón que se dijera que fue el principal vencedor de aquellos juegos, que Zeto, hijo del Aquilón, y Calais su hermano lo fueran en Diaula donde la carrera fue redoblada; Cástor en la del estadio; Pólux en el combate de cesto; Telamón y Perseo en el juego de palet; Peleo en la lucha; Meleagro en combate de azagaya; Cigno, hijo de Marte, sobre Diodoto en combate a muerte; Belerofonte en carrera de caballos; finalmente Hércules en toda clase de juegos y combates.

Es patente que si los institutores de estos juegos hubieran sido reyes o príncipes, sus nombres habrían sido conservados para la posteridad. Que se examine sin prejuicios lo que da lugar a la institución de estos juegos, según lo que relata Higinio y muchos otros. Perseo lo hizo en ocasión de la muerte de Polidectes, que se había hecho cargo de su educación; Hércules hizo celebrar la olimpiada en honor de Pélope, del cual Ceres había comido el hombro, cuando Tántalo, padre de este infortunado, lo sirvió a los dioses en el banquete que les dio; finalmente también otros por motivos fabulosos.

Es en el juego de palet donde Apolo mató al joven Jacinto, y Perseo a su abuelo Acrises. Hércules venció a Anteo en la lucha. Apolo y Esculapio fueron, según Galiano, los inventores del combate de azagaya o jabalina, que consistía en lanzar una piedra, o una jabalina, o alguna otra cosa con la máxima destreza y lo más lejos posible. Tanto los dioses como los hombres son los que instituyeron estos juegos. Si los dioses combaten, los dioses son vencidos y los hombres lo mismo. Pero ¿qué dioses y qué hombres? Seres inventados y en consecuencia ni dioses ni hombres, como se ha podido juzgar por lo que hemos dicho hasta aquí.

Es pues verosímil que estos juegos fueran instituidos por particulares que miraran menos su gloria que el bien de su patria. ¿No es sorprendente que en toda la antigüedad pagana no se encuentre ninguna época o era ordenada cronológicamente antes de las olimpiadas? Y ¿cómo puede ser que sobre un fundamento tan débil y tan dudoso, los mitólogos y los historiadores osen intentar fijar el tiempo preciso y la duración del reinado de los reyes que precedieron a las olimpiadas? ¿No se puede dudar, y con razón, no solamente de las acciones que se les atribuyen, sino de su existencia misma?

Algunos autores han dividido estos tiempos en tres; el primero comprende el reinado de los dioses; el segundo el reinado de los héroes y el tercero el reinado de los príncipes conocidos, que fueron sus sucesores. El primero nos es absolutamente desconocido, el segundo lo es un poco menos y el tercero nos proporciona épocas ciertas. Varrón había hecho esta división en tiempos desconocidos, tiempos fabulosos y tiempos históricos. El abad Banier tiene razón en encontrar esta división buena solamente para los griegos, puesto que, como dice muy bien, los egipcios y una buena parte de los asiáticos tenían poderes monárquicos y un sistema de religión establecido en siglos más lejanos. Los dioses no tenían su origen entre los griegos y Grecia los conoció mediante las colonias egipcias y fenicias que fueron a establecerse allí. Mercurio Trismegisto, o algunos egipcios bajo su nombre, habían compuesto, por escrito, la historia de su religión bastante tiempo antes de que estas colonias se establecieran; es sabido el caso que la antigüedad hizo de esos libros.

Asimismo se debe considerar como cierto el hecho de que los jefes de estas colonias se llevaran con ellos algunos sacerdotes de Egipto, con motivo de la lengua llamada sagrada, en la que estos libros estaban escritos; y estoy persuadido de que estos sacerdotes o algunos de sus sucesores instruidos por ellos, son los verdaderos institutores de las solemnidades, de las fiestas y los juegos de los que hablamos. Que recuerde el lector lo que hemos dicho de las eumólpidas y se convencerá de ello. Yo pensaría de buen grado que el tiempo que ha precedido inmediatamente a las olimpiadas, no está mal nombrado como tiempo de los héroes, no porque los dioses, las diosas, los héroes y heroínas de la fábula hayan vivido y existido durante aquel tiempo, sino porque se trata del tiempo en el que otros héroes más reales vivieron y en la imaginación de algunos tomaron nacimiento los dioses y los héroes. Tales fueron Hermes y muchos otros filósofos egipcios, sacerdotes y reyes; entre los griegos, Orfeo, Lino, Melampo, Museo, Amfión, Eumolpo, etc, fueron los autores de la teogonía de los egipcios, de los griegos y etc, y que pudieron ser, o bien ellos mismos o sus sucesores, los institutores de las fiestas y los juegos.

Sería muy difícil determinar el tiempo preciso en el que empezaron las olimpiadas. Mercator lo situa en el año del mundo 2154, otros en el 3189. Aquellos que quieren conciliar las épocas con la cronología de la Escritura santa, determinan la primera olimpiada en el año 23 de la judicatura de Débora. Diodoro de Sicilia, que había recogido las antiguas tradiciones, dice que fue Hércules de Creta el que las instituyó, sin decirnos en que tiempo. Algunos piensan que fue Pélope y que Atreo, su hijo, las renovó 1418 años antes de la venida de Jesus-Cristo. Dicen que Hércules, en el retorno de la conquista del toisón de oro, reunió a los argonautas en las orillas del río Alfeo cerca de la ciudad de Pisa en la Élide, no lejos del monte Olimpo, para celebrar estos mismos juegos en acción de gracias por los dichosos sucesos de su viaje, y prometieron reunirse cada cuatro años con el mismo objetivo. También se piensa que fueron discontinuos en ello y que Ifito,[84] rey de la Élide, las restableció 442 años después, es decir, 775 años, o como lo quieren otros, 777 años antes de la era cristiana, lo que más o menos viene a ser el tiempo de reinado de Sabaco el etíope, rey de Egipto.

Cada olimpiada comprendía cuatro años completos y se celebraba en el quincuagésimo mes llamado *Parthénius* o *Apollonios*, según el comentador de Píndaro. Empezaba el día de Luna llena y se disponía todo para los sacrificios y las ceremonias. Los juegos duraban cinco días; cada día estaba destinado a un juego o a un combate que le era propio. Hércules, según algunos autores,[85] empezó estos juegos en honor de Júpiter, después de que hubo castigado a Augias, rey de la Élide, hijo del Sol y de Ifiboé, porque no le había dado a Hércules la recompensa que le había prometido, por haber limpiado el establo de los bueyes de este rey. Para los gastos de estos juegos, este héroe consagró todo el botín que había conseguido en la Élide, y él mismo determinó la longitud de la carrera y dio al estadio olímpico 600 pies, sin duda medidos con su propio pié, pues el estadio ordinario tenía este mismo número de pies y en cambio el estadio olímpico tenía mucha más longitud que el estadio ordinario. Plutarco[86] señala respecto a esto que debido a esta diferencia Pitágoras había calculado lo grande que era el cuerpo de Hércules, basándose en la proporción del pie con el resto del cuerpo humano.

Es inútil disertar aquí sobre los diferentes pensamientos de los autores respecto al tiempo y a los institutores de los juegos olímpicos; es suficiente decir que casi todos tienen un fundamento fabuloso. ¿Es probable que el Hércules Ideo, Dactilo, (que debía de ser uno de los curetes o coribantes, del cual se dice que alimentó y educó a Júpiter en medio de un estrepitoso ruido de tambo-

84. Pausanias, lib. 5.
85. Isacio y Píndaro.
86. Aulu-Gelle *in initio Noct. Art.*

res y otros instrumentos, para impedir que Saturno oyera sus gritos), fuera el institutor de estos juegos? No, puesto que los curetes o los coribantes habrían sido contemporáneos de Saturno, y según el cálculo de los egipcios, sería preciso recular la institución de estos juegos a casi veinte mil años más allá del tiempo que se ha determinado. Será más o menos lo mismo si se le atribuye a Hércules, hijo de Júpiter y Alcmena, pues Júpiter era hijo de Saturno. Todo el mundo conviene en que este cálculo de los egipcios es fabuloso. Pero ¿por qué lo es? Lo es porque la base sobre la cual está fundado no es menos fabulosa. Saturno, Júpiter, Hércules, son personajes figurados y en consecuencia su reinado también lo es. Pélope, Atreo, son hijos no reales, como hemos visto precedentemente. Los mitólogos, pues, deberían de haberse atenido a la institución de Ifito. Hay una buena razón para ello, puesto que todos aquellos que los autores nombran como vencedores en los juegos que han precedido a aquel en el que Corebo se llevó el premio, son todos dioses o héroes fabulosos.

Pero ¿quién era este Ifito? ¿Era rey o príncipe? Ningún autor le da estas cualidades. Se dice que Ifito fue a consultar el oráculo de Delfos respecto a los medios para hacer cesar las guerras intestinas y la peste, que desolaban Grecia. La pitia respondió que la renovación de los juegos olímpicos sería la salvación de su patria. Ifito ordenó enseguida hacer un sacrificio a Hércules para apaciguar a este dios y después celebró los juegos olímpicos. Sin duda este Ifito era un simple particular, recomendable por su ciencia y quizás por las armas al mismo tiempo.

Había tal cantidad de alegorías y de fábulas sobre la institución de los juegos, que es de creer que los poetas dieran ideas a los filósofos y éstos sólo nos han transmitido sus alegorías Se dice[87] que Hércules las instituyó en honor a Pélope, lo que es más verosímil que decir que las instituyó Pélope. Éste sólo existió como alegoría del primer color que sobreviene a la materia de la gran obra, es decir el negro, indicado por su mismo nombre, ya que Pélope viene de πελός, *negro,* y de όπος, *jugo, humor,* como si se dijera *jugo negro*. No es sorprendente, pues, que algún filósofo, artista de la gran obra, haya instituido estos juegos en memoria de Pélope, es decir, en memoria de la gran obra, cuyo color negro, o el agua mercurial llegada a la negrura, es el comienzo y la llave, según el decir de todos los filósofos. En el siguiente libro se verá que Hércules es tomado casi siempre por el artista, y algunas veces por el mercurio de los sabios, que lo hace todo en la obra.

Apolo venció a Mercurio en una carrera, en el transcurso de uno de estos juegos. El hecho es muy difícil de creer. La fábula nos representa a Mercurio como el más ligero de los dioses, pues lleva alas en la cabeza y en los pies y es tan ágil que no puede permanecer en reposo. En verdad Apolo es pintado como un hombre joven, pero lleva un calzado de oro y en consecuen-

87. Higinio. *Op. cit.*

cia extremadamente pesado y capaz de impedirle correr con la misma velocidad que lo haría Mercurio. Se ha de entender, pues, que en ello haya algo sobren-tendido. Yo preguntaría a los mitólogos ¿cómo explicarían esto? ¿Se dirá que el Mercurio vencido no es el mismo que el Mercurio alado y que Apolo también difiere del dios que tiene este mismo nombre? Esto sería una razón muy mala, puesto que los que relatan el hecho no los distinguen, al contrario, dicen que el dios Apolo venció al dios Mercurio. Es inútil recurrir a tal subterfugio o a otros igualmente poco satisfactorios. Todo hombre que haya leído con atención lo que he dicho en los capítulos de Apolo y de Mercurio, pronto sabrá cómo ha podido suceder este fenómeno. Mercurio es muy ágil y Apolo muy pesado, es este contraste lo que sorprende, y es precisamente por esta pesadez que fue vencido Mercurio. Cada uno tiene sus armas y su manera de combatir. Asimismo las circunstancias deciden a menudo las armas a emplear. Mercurio mató a Argos con una piedra y Apolo mató a la serpiente Pitón a flechazos. Ya hemos explicado estos dos hechos; veamos cómo ha podido hacerse que Apolo con calzado de oro haya vencido a Mercurio, que tenía un calzado y un casco alados.

Los autores dicen que Apolo fue vencedor en la carrera la primera vez que se celebraron los juegos olímpicos, es decir, que esta pretendida primera vez sólo fue celebrada en las ideas del primero que relató el hecho y que hablaba alegóricamente de los juegos olímpicos que suceden en las operaciones de la obra, donde Apolo, el más pesado de los dioses, es aquel que permanece vencedor del mismo Mercurio, porque el Apolo de los filósofos, o su oro, llega al punto de arrastrar al Mercurio filosófico, que es totalmente volátil, y darle una fijeza permanente. El fenómeno queda esclarecido. He aquí en qué consiste la victoria de Apolo sobre Mercurio. Cuando se dice, pues, que el primero venció al segundo en la carrera, la proposición es equívoca, primero se pensaría que Apolo corrió más rápido que Mercurio y que habiendo llegado primero a la meta resultó vencedor. Nada de eso; Apolo corrió, es verdad, tras Mercurio y con él, porque el mercurio filosófico primero volatiliza al oro de los filósofos, pero finalmente la fijeza de este último toma ventaja y fija la volatilidad del otro, de manera que todo se vuelve fijo, en el campo de batalla permanece Apolo, que en consecuencia es vencedor. ¿Se podría explicar de otra manera?

Hércules instituyó estos juegos en memoria de Pélope, es decir, que un filósofo hermético, bajo el nombre de Hércules, los instituyó para hacer una alegoría en memoria de la gran obra, que casi todos los filósofos que la han tratado sólo empiezan a hablar de ella cuando la materia de la que se hace la medicina dorada, ha llegado al color negro y se parece a la pez negra fundida, que es como un jugo ennegrecido, significado por Pélope. Tras el color negro, las carreras de los juegos olímpicos empiezan en el vaso de los filósofos. Entonces Hércules provoca a todo el mundo para el combate; ningún humano osa medirse con él y Júpiter disfrazado se presenta en el campo; Hércules osa intentar resistírsele y la lucha empieza, el combate dura bastante tiempo, pero Júpiter al ver que la victoria es dudosa, determina darse a conocer. Enseguida viene Marte y también se manifiesta; finalmente se presenta Apolo con Mercurio, y Apolo es vencedor. Así pasó en los pretendidos primeros juegos olímpicos.

Ya lo hemos dicho más de una vez, la volatilización de la materia de la medicina dorada se hace cuando esta materia está en perfecta disolución, y esta disolución se hace cuando la materia ha llegado al negro; entonces las partes vuelan acá y allá circulando en el vaso; he aquí las carreras y los combates que duran hasta que la materia ha llegado a un grado de fijeza capaz de resistir los más vivos ataques del fuego. También se dice que el color gris-blanco, llamado Júpiter por los filósofos, es el primero que se presenta después del negro. Este color negro es el disfraz de Júpiter. Cuando esta negrura desaparece, es Júpiter que se manifiesta a Hércules, es decir, al artista. Antes del color rojo obscuro, llamado Sol o Apolo, se ve el color de la herrumbre de hierro, llamado Marte. Entonces es este dios de la guerra el que se hace vencedor; pero finalmente Apolo lo es también de Mercurio, porque el magisterio termina con la fijación del rojo.

Se ha tenido razón, pues, al considerar a estos pretendidos combates de los dioses en los juegos olímpicos como una fábula, o más bien como una alegoría, pero cuya explicación es absolutamente imposible en cualquier otro sistema que en aquel sobre el cual apoyo el mío, lo que lo prueba claramente es que, según los autores, Hércules fue vencedor en toda clase de combates, es como si se dijera que el artista o el filósofo hermético es el vencedor desde que ha terminado la medicina dorada.

Algunos autores dicen que estos juegos fueron instituidos por Hércules en honor a Júpiter y que para los gastos necesarios consagró todo el botín que había conseguido en las tierras de Augias. En el siguiente libro explicaremos lo que se ha de entender por Augias, sus bueyes y su cuadra, que fue limpiada por Hércules. Es natural que se les instituyera en honor de Júpiter ya que, como probaremos, todo esto es el color negro al que sucede el Júpiter filosófico; también le consagró los despojos del hijo del Sol, lo que es preciso explicar de la operación del elixir de los filósofos. Aquellos que dicen que estos juegos fueron instituidos en honor al Sol o Apolo y a Neptuno, también dicen verdad, puesto que el oro filosófico y el mar, o el agua mercurial de los filósofos, son todo el compuesto de la obra. Los diversos orígenes y los diferentes institutores de estos juegos, que los autores relatan, terminan en un punto que viene a ser el mismo que el de las fábulas primitivas y el de las principales fiestas de los dioses.

CAPÍTULO VII

Los Juegos Píticos

Se pretende que los juegos píticos no son una institución tan antigua como los juegos olímpicos, sin embargo algunos autores dicen que el mismo Apolo los instituyó tras la victoria que obtuvo sobre la serpiente Pitón. Pues Apolo era contemporáneo de Hércules, que fue fundador de los juegos olímpicos, puesto que Apolo se llevó el premio en la carrera que ganó a Mercurio, la primera vez que se celebraron estos juegos. Sin embargo yo creería más bien que los juegos píticos son un poco menos antiguos que los juegos olímpicos, puesto que aquellos fueron instituidos en memoria de Pélope, que es el principio de la obra filosófico-química, y los píticos han sido instituidos en honor a Apolo que es el fin y el objetivo de la obra. Sea como sea, estos juegos han sido instituidos en honor de Apolo, en memoria del hecho de que había matado a la serpiente Pitón, nacida del barro que quedó tras el diluvio de Decaulión, a lo largo del río Céfiso, al pie del monte Parnaso. Pausanias[88] atribuye su institución a Diómedes, que hizo construir un templo en honor a Apolo, a su vuelta de Troya, en el mismo lugar donde se celebraban estos juegos. Sin embargo algunos autores han pretendido que se celebraban en Delfos mucho tiempo antes y que fue en esta misma ciudad donde Apolo mató a flechazos a la serpiente Pitón.

Unos[89] han considerado a esta Pitón como un ladrón y un bandido que destrozaba los alrededores de Delfos, donde estaba su morada y que un príncipe o un sacerdote de este dios, que llevaba el nombre de Apolo, liberó al país de ella; otros, también sobre un razonamiento poco sólido, dicen que Pitón era un verdadero dragón o serpiente, que fue muerto por uno llamado Apolo. ¡Pero qué! Ovidio dice que Pitón nació del barro bajo la forma de una serpiente desconocida y capaz de producir terror: *del limo y del calor del Sol salieron los animales conocidos y los desconocidos; los nada amenazadores y los monstruos, entre éstos la serpiente Pitón, terror de los hombres por su enorme tamaño.* (Metamorfosis, lib. 1, 434)

¿Un ladrón, un bandido nació del barro?, ¿cómo es que para explicar este nacimiento, el señor abad Banier, tan fecundo en recursos, no ha dicho que era preciso entenderlo de la hez del pueblo? La explicación hubiera parecido bien simple. Pero un ladrón, nacido de la hez del pueblo ¿tiene forma desconocida y asimismo capaz de causar terror? ¿No tiene un bandido figura humana como un hombre honesto? Se dice que nada se parece mejor a un hombre honesto que un bribón.

Aunque Pitón haya sido una verdadera serpiente ¿es un hecho tan extraordinario matar a un hombre o a una serpiente a flechazos? ¿Se debe pensar que en memoria de una acción tan poco importante haya surgido la idea de

88. Pausanias, *In Corinth.*

89. Banier, *Mitología,* t. 2, p. 231.

instituir estos juegos tan célebres? Entonces ¿en honor de quién? No de un príncipe o de un sacerdote autor del hecho, sino del dios Apolo, que no habría tenido parte en ello más que su nombre. No busquemos dar explicaciones tan forzadas y tan poco verosímiles de las fábulas. Los paganos consideraban a Apolo como un dios que había habitado el Cielo y la Tierra, como dios de la medicina y de la poesía y como un dios armado con flechas. No hubieran osado pensar de otra manera. Aunque fuera tan difícil de comprender y no les pareciera muy razonable otorgar tantos honores a un dios, por haber matado una serpiente, ignorando lo que podía ser esta serpiente, así como el que la había matado, algunos de entre ellos para entender la cosa más verosímilmente, se cuidaron de decir que esta serpiente era un bandido o un dragón real. Pero una tal respuesta ¿puede tener algo de peso ante un hombre sensato, que sabe perfectamente lo que debe de pensar de la divinidad de Apolo? Y ¿se puede imaginar que el motivo de la institución de estos juegos píticos haya sido la muerte de un bandido? ¿No sería motivo de burla hoy en día un hombre, o igualmente un príncipe, que los quisiera instituir en ocasión de la muerte de un cartuchero o de un salteador? Dejo a la reflexión del lector los razonamientos que se puedan hacer sobre ello y volvamos a los juegos píticos.

Typhón, dicho *Pythón* por una simple transposición de letras, fue una serpiente que nació de la tierra, cerca del río Céfiso, al pie del monte Parnaso, por un sólo puñetazo que dio Juno en aquel lugar. Hemos visto que Tifón fue padre de una numerosa saga de serpientes y dragones, tales como el del toisón de oro, el que mató Cadmo y el del jardín de las hespérides. Se dice que Tifón era hermano de Osiris y fue muerto por Horus, o el Apolo de Egipto. Parece ser pues, que la *Pythón* de Grecia, muerta a flechazos por Apolo, es lo mismo que el *Typhón* de Egipto, muerto por Horus. Ruego al lector que se acuerde de lo que hemos dicho respecto a esto, y así no lo repetiré. Solamente se observará que esta pretendida serpiente sólo tomó el nombre de Pitón después de ser matada y caer en la podredumbre, porque comúnmente los filósofos dan el nombre de serpiente y dragón a su materia cuando está en putrefacción. Ya he citado una infinidad de textos por esta cuestión, también se puede ver lo que he dicho del monte Parnaso, donde se verá por qué Pitón fue muerta a lo largo del río que corre hacia abajo de esta montaña. El mismo Ovidio nos da a entender lo que se debe de pensar de la muerte de Pitón, por la discreción en que lo hace: *este dios que lleva el arco y que sólo usó esta arma contra los alertas gamos y los corzos ligeros en la carrera, hasta aquel momento en que cortó la vida de este monstruo, haciendo salir su veneno por su negra herida*: (lib.1, 441)

¿Cuál podía ser, pues, esta herida *negra* por la que se derramó el veneno de Pitón? ¿le habría sido puesto este epíteto sin razón? Una herida no es negra; comúnmente la sangre que emana la enrojece. No se puede decir que este epíteto haya convenido para hacer el verso, puesto que el término *rubra,* (roja) que expresaba el color natural de una herida, es el que primero se presenta al espíritu y también habría sido propio para la cadencia y la medida del verso. Ovidio, pues, tenía una razón que le empujaba a preferir el epíteto de *nigra*, y he aquí cual es esta razón. Hemos dicho cientos de veces que la materia del magisterio en putrefacción es negra y que entonces los filósofos dicen que su dragón está muerto, como hemos visto en el capítulo del toisón de oro y en el del jardín de las hespérides; es pues, en memoria de esta muerte que Apolo instituyó los juegos píticos, así como Hércules había instituido los juegos olímpicos en memoria de Pélope, que significa la misma cosa, por lo cual es fácil ver cuanto concuerdan las fábulas entre sí y que todas tienen el mismo objetivo así como han tenido el mismo origen.

Las islas Cíclades, llamadas así porque estaban dispuestas en forma de círculo alrededor de la isla de Delos, donde se dice que nació Apolo, celebraban los juegos píticos al principio de la Primavera, y el antiguo uso era cantar solamente el más bello himno de entre todos los que se aportaban en honor a Apolo. Después se introducían diversos instrumentos de música. La recompensa que se daba al que había obtenido el premio era una corona de laurel, ya que este árbol estaba consagrado a Apolo. Algunos autores dicen[90] que se le daba ciertas manzanas que no se nombran, pero que también estaban consagradas a este dios de la música. Finalmente estos juegos se volvieron más o menos parecidos a los olímpicos; se celebraban al principio de cada nueve años, es decir, después de que se cumplieran ocho; pero después fueron cada cinco años, o tras expirar el cuarto, y sirvieron para señalar las épocas a los habitantes de Delfos y alrededores. Se decía que los nueve años se habían determinado debido a las nueve ninfas que llevaban los presentes a Apolo, después de que hubiera librado al país de la serpiente Pitón, lo que viene a ser como las nueve águilas representadas tirando flechas a un objetivo rodeado de un círculo, carácter químico del oro, que Senior[91] ha puesto como emblema de la gran obra.

La primera vez que se celebraron estos juegos Cástor se llevó el premio del estadio, Pólux el del pugilato, Calais el de la carrera, Peleo el del palet, Télamon el de la lucha, Hércules el del pancracio y todos fueron coronados con laurel. Pausanias[92] dice que en la primera representación, Crisóstemo de la isla de Creta se llevó la victoria y después Tamiris, hijo de Filamón. Se ve claramente que todos los nombres de estos pretendidos atletas son figurados, como ya lo hemos probado, pues el Crisóstemo de Pausanias no es diferente en nada del Hércules, símbolo del artista, puesto que Crisóstemo significa *el que gobierna el oro,* o *el que lo cuida,* de θημιςεύω, *mandar, gobernar,* viniendo de Θέμις y de χρυσος, *oro.* No es sorprendente, pues, que Crisóstemo se haya llevado la victoria la primera vez que se celebraron los juegos píticos, puesto que esta primera celebración no es otra cosa que las operaciones de la medicina dorada, en memoria de la cual fueron instituidos estos juegos; también se distingue el primer vencedor

90. Ister, *de Coronis.*

91. Senior, *Azoth de los Filósofos.*

92. Pausanias, *In Corinth.*

de la segunda, es decir del que se dice que consiguió la victoria en la segunda celebración y que se llamó Tamiris, hijo de Filamon; como si se dijera que la multitud de diversos países o naciones reunida, había obtenido el premio propuesto en la celebración real de estos juegos. Tamiris es lo mismo que θάμυρις, que significa *reunión solemne*; y Filamon viene de φυλή, *raza, tribu, nación,* y de ἀμάω, *reunir, recoger*; porque en las operaciones de la gran obra, sólo el artista corre tras la victoria del pancracio o lucha, que se lleva Hércules en todos los juegos y que en efecto, el artista consigue, en lugar de la corona de laurel que es el premio propuesto a la multitud, como recompensa a aquel que venciera en los juegos, que son una alegoría. Pues ¿por qué se dice que Hércules o el artista fue vencedor en el pancracio lo mismo que en todos los combates? Esto es así porque la medicina dorada da a aquel que la posee las riquezas y la salud que consiste en todo lo útil y agradable de la vida ya que es la fuerza de todas las fuerzas, según la expresión de Hermes, y porque pancracio viene de πάν, *todo*, y de κράτος, *fuerza*.

El abad Banier[93] encuentra singular, visto el respeto que generalmente se tenía a estos juegos y que la misma religión había consagrado ya que estaban especialmente dedicados a alguna divinidad, que ni Orfeo, con una alta sabiduría y un profundo conocimiento de misterios tan recomendables, ni Museo, quisieron nunca rebajarse a disputar el premio de los juegos píticos; y yo encuentro singular que el abad Banier se sorprendiera de esto, puesto que el elogio que él mismo hace de Orfeo es la excusa de su rechazo. Si Orfeo y Museo tenían un profundo conocimiento de estos misterios veían perfectamente que esta divinidad a la que se dedicaban estos juegos, era una divinidad imaginaria y su alta sabiduría debía impedirles contribuir a confirmar el error del pueblo en este asunto. Además ellos veían que estos juegos sólo eran una alegoría de la gran obra, de la que Orfeo y Museo estaban al corriente desde su viaje a Egìpto, de donde sacaron el conocimiento de estos misterios que después comunicaron mediante alegorías a toda Grecia.

Sabiendo perfectamente, pues, la naturaleza de estos fabulosos dioses, que debían su origen y su existencia a la imaginación de estos poetas, no es sorprendente que tuvieran cierto desprecio hacia aquello a lo que el pueblo tenía tanto respeto.

Se dice, añade el abad Banier, que Hesíodo no fue aceptado en la disputa del premio porque cantaba y no sabía acompañarse con la lira; que Homero había ido a Delfos pero que habiéndose vuelto ciego hacía poco uso del talento que tenía cantando y tocando la lira al mismo tiempo. El autor que ha relatado estos hechos tenía razones para hablar de la suerte. Dice que Hesíodo no fue aceptado para disputar el premio y que la razón es que sabía cantar, es decir, sabía cantar la genealogía de estos dioses y sus pretendidas acciones, que había

93. Banier, *Mitología,* t. 3, p. 600.

aprendido sin saber, como sabían Orfeo y Homero, lo que significaban las alegorías y sin saber acompañarse de la lira, es decir, gobernar las operaciones del arte hermético y hacer la obra; pues esto se ha de explicar en el mismo sentido que se dice que Orfeo gobernó la nave Argo al son de su lira. Homero sabía lo uno y lo otro, pero habiéndose vuelto ciego no podía hacerlo.

No se debería de dudar de que Orfeo estuviera perfectamente al caso de toda la gran obra. Diodoro de Sicilia[94] cuenta que fue el primero de entre los griegos que fueron a Egipto para instruirse. Y junto a él Museo, Melampodo, Dédalo, Homero, Licurgo de Esparta, Demócrito, Solon, Platón, Pitágoras. *Aún se muestran monumentos* –dice este autor– *estatuas, lugares y ciudades, que han tomado sus nombres de lo que contenía su doctrina. Es cierto que aprendieron en Egipto todas las ciencias que los volvieron tan recomendables en su país, pues Orfeo aportó muchos himnos a los dioses, orgías y la ficción de los Infiernos; las solemnidades de Osiris, que son las mismas que las de Dioniso; las de Isis, que son parecidas a las de Ceres y las unas y las otras sólo difieren en los nombres.*

Luciano[95] nos confirma esta idea cuando dice que Orfeo fue el primero en traer las fiestas de Baco a Grecia y que instituyó en Tebas de Beocia las solemnidades llamadas órficas. El mismo Orfeo nos asegura que sabía hacer la obra o el remedio que cura todas las enfermedades. Ya he aportado las pruebas de ello en el capítulo donde trato de él, el lector lo podrá confirmar allí. En cuanto a Museo es suficiente saber que había acompañado a los argonautas en su expedición de la conquista del toisón de oro, es decir, que los acompañó de la misma manera que Orfeo, porque había escrito sobre esta pretendida expedición al gusto de este poeta, como aún se dice de un historiador que ha seguido a un tal hasta allí, para decir que ha contado sus acciones hasta algún período determinado de su vida. Hesíodo no está contado entre los que fueron a Egipto, y sólo sus obras nos prueban que conocía bien la genealogía de los dioses, que podía haber aprendido mediante las tradiciones orales o escritas de su tiempo. Podía, pues, escribir perfectamente de las unas y de las otras siendo solamente alegorías y sin estar al caso de la gran obra. Los himnos que se cantaban en honor a Apolo, estaban hechos en memoria de aquel que el mismo Apolo cantó, cuando Júpiter hubo vencido a los titanes y destronado a su padre Saturno. Entonces Apolo estaba perfectamente vestido, como lo dice Tibulio: *sed nitidus pulcherque, veni, nunc indue vestem purpuream, longas nunc bene necte comas: qualem te memorant Saturno rege fugato, Victoris laudes tunc cecinisse Jovis.* (Lib. 2, Elegiar.)

Se ha visto en el tercer libro lo que se debe de pensar de este pretendido dios y se debe de estar convencido de que Orfeo y los otros poetas no han entendido de ello que se hablara del Sol que nos alumbra, ni de ningún hombre que haya existido realmente, sino de un Apolo jeroglífico o Sol filosófico, del que

94. Diodoro de Sicilia, lib. 2, cap. 3.

95. Luciano, *Diálogos de Astrología.*

tan a menudo hemos explicado su genealogía y sus acciones. Digamos aún dos palabras de la muerte de la serpiente Pitón. La putrefacción de esta serpiente es lo que ha dado lugar a su nombre y al de la pitia (pitonisa). Raimon Llull[96] se expresa así respecto a esto: *y por esta razón se debe decir alegóricamente que el gran dragón ha nacido de los cuatro elementos confundidos; no se ha de entender, pues, según la letra, que es tierra, agua, aire o fuego, sino que es de una sola naturaleza que tiene las propiedades de los cuatro elementos.* Éste sólo puede morir por la disolución, cuando su veneno sale por la herida negra, pues dice Morien:[97] *si no cae en la putrefacción y no ennegrece, no se disolverá; si no está disuelto no será penetrado por su agua y si no está penetrado por su agua no se hará ninguna conjunción ni unión.* Este dragón fue muerto al pie del monte Parnaso, porque el Apolo filosófico reside en lo alto con las musas, es decir, que la materia en putrefacción está en el fondo del vaso y las partes volátiles suben a lo alto, significadas por las musas, con las cuales el Apolo de los filósofos se volatiliza, recaen sobre la materia que está en el fondo, para penetrarla y disolverla. Estas partes volatilizadas son llamadas *flechas*, porque las flechas parecen volar cuando son lanzadas con un arco y porque casi no se usan nada más que para cazar a los pájaros en su vuelo y a los animales en su carrera.

CAPÍTULO VIII

Los Juegos Nemeos

El origen de estos juegos no es menos fabuloso que el de aquel del que acabamos de hablar. Se dice que los argonautas yendo a la conquista del toisón de oro fueron obligados a hacer escala en Lemnos, donde Jasón, al tener que volver a la mar, dejó a Hipsípila embarazada de un hijo al que dio a luz un tiempo después. Apenas fue liberada esta princesa, y habiéndose vuelto odiosa para las damas del país, por algunos dichos que se extendían contra ella, decidió huir por la orilla del mar para evitar su furor. Fue raptada por unos piratas y vendida a Licurgo que la hizo nodriza de su hijo Arquémoro. Los griegos que fueron a la expedición de Tebas, pasando por el país de esta princesa, encontraron a esta ilustre nodriza sola con Arquémoro en un bosque, donde la sed les había conducido en busca de refresco. Le rogaron que les indicara alguna fuente de agua, lo hizo y ella misma los condujo dejando a su hijo sobre la hierba, que durante su ausencia fue mordido por una serpiente y murió casi inmediatamente. Los griegos, afligidos por esta funesta aventura, mataron a la serpiente, hicieron soberbios funerales a este niño e instituyeron unos juegos en su honor que fueron llamados nemeos, por el nombre del reino de Licurgo, o más bien por la fuente cerca de la cual les aconteció esta aventura.

96. Raimon Llull, *Teoría, Testamento,* cap. 10.

97. Morien, *Conversación con el rey Calid.*

Otra tradición los atribuye a Hércules que los estableció tras haber liberado la selva de Nemea y los alrededores del león que destrozaba el país y del que Hércules llevó la piel el resto de sus días. En éstos juegos se practicaban los mismos ejercicios que en los otros, pero la recompensa era diferente, una corona de apio verde, porque esta planta era una de las que se llamaban fúnebres y porque estos juegos habían sido fundados en memoria de la muerte de Arquémoro. Su celebración servía de época a los argianos y a los habitantes de la parte de la Arcadia, vecina de la selva de Nemea.

Se dice que la expedición de los argonautas es una pura alegoría, por lo tanto el conocimiento que Jasón tuvo de Hipsípila en Lemnos, su embarazo, su continuación y toda su historia, también lo son. Se ve claramente que Jasón es el artista, Hipsípila la materia, así llamada de Υ"ψος, *altura,* y de φιλέω, *amar,* ya sea porque dicha materia se coge en las alturas, como dicen los filósofos, ya sea porque la concepción del hijo filosófico se hace en lo alto del vaso. Ya hemos citado muchos textos de los filósofos respecto a esto, (véase el libro 2, capítulo 1). Su dar a luz es el del parto filosófico, la fuga de esta princesa es la volatilización de la materia, lo mismo que el rapto de los piratas; su llegada al reino de Licurgo es la perfección del magisterio; Licurgo le da a su hijo para que lo alimente, es el principio de la segunda operación o del elixir; ella muestra una fuente a los griegos, es la fuente o el agua mercurial de los filósofos; Arquémoro durante este tiempo es mordido por una serpiente y muere, es la putrefacción que ataca al hijo del Sol filosófico; sigue la muerte, es la disolución y la negrura. En consecuencia he aquí el mismo objetivo para la institución de los juegos nemeos, como para los olímpicos y los píticos. En cuanto a la muerte del león de la selva de Nemea, la explicaremos en el siguiente libro, donde hablaremos de los trabajos de Hércules.

CAPÍTULO IX

Los Juegos Ístmicos

Los juegos ístmicos no tienen una fundación más cierta que los otros, se ignora igualmente a su institutor y el motivo que les dio a lugar. Si consideramos lo que relatan los autores, sólo encontramos fábulas. Plutarco[98] dice que Teseo los instituyó en honor a Neptuno, imitando a aquellos que Hércules fundó en honor a Júpiter olímpico, es decir, a imitación de los juegos olímpicos. Otros los atribuyen a Sísifo, hijo de Eolo y hermano de Atamas, con motivo de la muerte de Melicertes, cuya historia se cuenta de la siguiente manera.

Atamas, rey de los orcomenios, pueblos de Beocia o de Tebas,[99] repudió a su mujer Nefelé, de la que había tenido dos hijos, Frixo y Hele, para desposar a Ino,

98. Plutarco, *Vida de Teseo.*

99. Ovidio, *Metamorfosis,* lib.4.

hija de Cadmo, de la que tuvo dos hijos, Learco y Melicertes. Atamas había determinado repudiar a Nefelé porque Baco la había vuelto insensata. Ino convenció con sus discursos a Atamas, y éste persiguió a los dos hijos de Nefelé hasta el punto de obligarlos a huir sobre un carnero que tenía la piel de oro. Juno vengó esta persecución que Ino había suscitado, esta diosa agitó de furia a Atamas que se imaginó ver a Ino transformada en leona y sus dos hijos en leoncillos. Cogió a Learco y lo mató golpeándolo contra una roca. Ino huyó con su hijo Melicertes que tenía entre sus brazos. Se refugió sobre la roca *Moluria*, desde donde se precipitó al mar con su hijo. Un delfín llevó el cuerpo de Melicertes al istmo de Corinto, donde Sísifo, hermano de Atamas, le hizo unos soberbios funerales e instituyó los juegos ístmicos en su honor. El poeta Arquias dice que estos juegos no fueron instituidos en honor a Neptuno, sino en honor a Palemón. Pues la fábula añade que Neptuno compadeciéndose de Ino y de Melicertes, transformó a la madre en Neréida y al hijo en Palemón. Estos juegos se hacían casi con las mismas ceremonias y los mismos ejercicios que los otros. El poeta del que acabamos de hablar expresa estos cuatro juegos en un epígrama griego, que ha sido traducido así al latín: *Quatuor in Graecis certamina, quator illa sacra: duo superis, sunt duo sacra viris. Sunt Jovis haec, Phoebique, Palaemonis, Archemorique, praemia sunt oleae, Pinea, Mala, Apium.*

Estos juegos se celebraban cada cinco años y se coronaba a los vencedores con ramas de pino. Los corintios los consideraron como época, lo mismo que los habitantes del Istmo. Toda esta historia está grabada con el sello del arte hermético, como las que han dado lugar a los otros juegos. En ella se ve el origen del toisón de oro y sólo esto sería suficiente para probarlo, pero con los incrédulos no se ha de ser avaro en pruebas. Sigamos, pues, esta historia resumida. Nefelé viene de Νεφέλη, *nube*, mujer de Atamas, hijo de Eolo, dios del viento, porque es en el aire encerrado en el vaso donde se elevan en vapores las partes volátiles de la materia filosófica. Estas partes se reunifican en gran número en forma de nube; he aquí el matrimonio de Atamas con Nefelé, pues Atamas viene de α completivo y de Θαμά, hecho de αμα, *juntos*. De este matrimonio nacieron Frixo y Hele. Hele huyendo con su hermano sobre un carnero con la piel de oro, cayó al mar y se ahogó; Frixo fue llevado a la Cólquide.

La fermentación de las partes volátiles que se reúnen en una nube, produce un movimiento y una agitación en la materia que se encuentra en el fondo del vaso, donde está la parte fija aurífica de la materia, es decir, el toisón de oro, que también se volatiliza con la parte mercurial acuosa; he aquí el nacimiento y la huida de Frixo y Hele, puesto que Frixo viene de φριξ, *agitación, ruido de las olas*. Hele se ahogó en su huida, porque estas partes volátiles se precipitan en el agua mercurial que está en el fondo del vaso, llamado mar por los filósofos, lo que está expresado por Hele, que viene de έλος, *pantano, agua durmiente*. La locura de Nefelé excitada por Baco es la fermentación de la materia mercurial excitada por el oro filosófico, designado por Baco, como hemos visto en su capítulo. Atamas repudió a Nefelé y desposó a Ino, de la que tuvo dos hijos, Learco y Melicertes. Ino es el mercurio purificado por la sublimación filosófica, pues Ino viene de I'νέω, *purgar*. De este segundo matrimonio, es decir, de las partes purgadas, purificadas y reunidas, nació Learco, es decir, la reunión de los principios de la piedra de los filósofos, puesto que Learco viene de λάας, *piedra*, antiguamente λεώς, y de άρχή, *principio*; lo que indica al mismo tiempo la razón por la que el autor de la fábula ha figurado que Atamas lo había matado contra una piedra, porque a medida que las partes volátiles se fijan, pierden su movimiento y su volatilidad, que son indicio de la vida, y el reposo, símbolo de la muerte. Ino al ver esto se precipitó desde la roca Moluria al mar con su hijo Melicertes, que llevaba entre sus brazos; es como si se dijera que la parte terrestre purificada y blanca, que contiene el fruto filosófico, se precipita al fondo del vaso y se encuentra sumergida por el agua mercurial. Es lo que ha expresado muy bien Ripley, ya citado en una ocasión parecida, cuando dice: *cuando la tierra se turbe, las montañas se precipitarán al fondo del mar*, lo que expresa la turbación y la excitación de Ino y la sumersión en el mar. La tierra filosófica nadaba anteriormente como una isla flotante, lo que es significado por la roca Moluria, de Μολέω, *ir acá y allá*, y de ρώξ, *roca*.

Neptuno puso a Ino entre el número de las nereidas, le dio el nombre de Leucotea, como si se dijera blanca diosa, de Λευκός, *blanco*, y Θεός, *dios*; porque cuando la tierra se precipita es blanca, y como se parece a la papilla, según Filaleteo[100] y muchos filósofos, Neptuno da el nombre de Palemón a Melicertes, de Πάλη, de donde se hace Παλημιτιον, *potaje* y Palemón. La fábula del nacimiento de Diana y Apolo viene a ser esto, pues se dice que la isla de Delos era flotante y que Neptuno la fijó en favor de Letona; véase la explicación de esto en el tercer libro. Un delfín transportó a Melicertes al Istmo de Corintio, donde Sísifo le hizo unos soberbios funerales e instituyó los juegos ístmicos en su memoria. Los funerales son la operación del elixir o la perfección de la obra; pues Sísifo era hijo de Eolo, como Atamas, y el uno hace conocer al otro sin necesidad de explicación. Si se quiere atribuir la institución de estos juegos a Teseo, la relación con la medicina dorada no será menos evidente, como se puede ver por lo que hemos dicho de Teseo.

100. I. Filaleteo, *Enarrat. Methodica.*

LIBRO V

Los Trabajos de Hércules

CAPÍTULO I

La reputación de Hércules ha sido tan extendida universalmente, y sus inmensos trabajos han hecho tanto ruido en el mundo, que casi no hay un rincón de la Tierra donde no sea conocido, desde la antigüedad más lejana. Siempre fue considerado como el más grande de los héroes, vencedor de monstruos y de tiranos. Sería, pues, absurdo y de mal gusto querer combatir la realidad de su existencia, al menos en la imaginación de los filósofos y de los poetas que han seguido sus ideas. Se quiere que Hércules haya existido en persona; asimismo se pretende que hubo varios, y en esto estaré de acuerdo. Es más, yo digo que cada país tiene el suyo, y más de uno. Pero, en fin, que Hércules haya sido egipcio, fenicio, ideo, galo, germano, o de cualquier otra nación, no importa aquí, del que se trata aquí es de aquel a quien se le han atribuido todos los trabajos de los que voy a hablar en este libro. ¿Son estos los trabajos de varios héroes con el mismo nombre, que se han atribuido a aquel de Tebas? No creo nada, y a pesar de esto convendría en que Hércules no es más que un sobrenombre o un atributo de todos aquellos que han hecho tales acciones, que es de lo que se trata.

Así que el Hércules tirreno se llamó *Thasio*, el fenicio *Desanao* o *Agenor,* el griego *Alceo* o *Alcides*, el egipcio, contemporáneo de Osiris y general de sus tropas, *Osochor* o *Chon*, el indio *Dorsane*, el galo *Ogmion* y etc, poco importa. Cualquier nombre que hayan tenido todos los Hércules del mundo no les hacía menos Hércules, y todos, se diga lo que se diga, eran hijos de Alcmena, como se verá enseguida. Lo que me sorprende y que debe de sorprender a todo el mundo, es que los historiadores y los poetas hayan querido contar entre las hazañas de un tan gran héroe, y conservar con grandes elogios para la posteridad, una cantidad de hechos que un palafrenero o cualquier otro hombre de esta clase acostumbre hacer, o pueda ejecutar. ¡Qué! Cazar pájaros en una isla haciendo ruido con calderos, limpiar un establo de bueyes, robar caballos, aho gar a un hombre haciéndole perder tierra, matar un águila a flechazos, etc, ¿son estos hechos inauditos y acciones tan extraordinarias? o ¿cambian de naturaleza por el hecho de haber sido hechas por un héroe? Alejandro, Cesar, Pompeyo y tantos otros, eran héroes, pero los historiadores habrían creído envilecer sus historias, si hubieran tomado como motivo de sus elogios unos hechos que hubieran sido comunes a los del más vil populacho. Serían motivo de mofa tanto el héroe como el panegirista. Los otros hechos de Hércules son tan poco verosímiles que un hombre sensato enrojecería al tomarlos como reales, sin embargo, gentes de espíritu y muy sensatos nos han conservado su memoria. Todo esto nos debería hacer pensar que tenían una idea de Hércules bien diferente de la que se tiene comúnmente. Consideraban a Hércules como un héroe, pero como a un héroe fabuloso, nacido de los dioses de la fábula y no tenían ninguna dificultad en atribuirle acciones que sólo pueden convenir a los dioses de la fábula. El mismo Hércules también es supuesto héroe al mismo tiempo en Egipto, Fenicia, África, las Indias y Grecia. Orfeo, el más antiguo de los poetas, Hermes Trismegisto, Homero y tantos otros cuentan las acciones de Hércules y ni uno se jacta de haber sido contemporáneo suyo, ni de haber visto vestigios de sus acciones; unos y otros se contentan con contarlas; Orfeo y Homero, los poetas que han sido los padres de la ficción y de las fábulas, ¿son más creíbles respecto a las acciones de Hércules que a las de sus dioses? ¿no se debe pensar igual de unos como de otros? Quiero decir que todas son puras alegorías, puesto que Orfeo es el primero que ha tomado de los egipcios todas las fábulas de los dioses y los héroes y las ha llevado a Grecia. Él mismo dice al principio de su historia de los argonautas, que ha hecho un tratado sobre los trabajos de Hércules, otro del combate de Júpiter con los gigantes, un tercero del rapto de Proserpina, del duelo que llevó su madre y de las carreras de ésta; otro del duelo que hicieron los egipcios en ocasión de la muerte de Osiris, y algunos otros llenos de alegorías que recitó en Grecia, como hechos de los dioses y los héroes. Si Orfeo es el primero en hacer mención de todo esto, como así lo dicen todos los autores, parece ser que aquellos que han venido después de él han seguido sus ideas, o, como Homero, las han extraído de la misma fuente. ¿Sobre qué otro principio pueden razonar los mitólogos de nuestros días y los que les han precedido? ¿Sobre qué fundamento establecerán su sistema histórico? ¿Será quizás sobre el relato de algunos antiguos que, no entendiendo las alegorías de estos primeros poetas, se esforzaban con toda clase de medios en dar apariencia de verosimilitud a hechos que no lo eran y que sólo podían ser tomados alegóricamente? ¿Qué épocas tomarán para determinar los puntos cronológicos de la historia de las pretendidas personas que vivían antes del siglo de Orfeo? Se encuentra que ya lo han intentado entre los griegos y aún se ve hoy día; pero confesémoslo de buena fe, Bochart, le Clerc, Meursio, el abad Banier y tantos otros ¿nos han dado al respecto alguna cosa que se pueda asegurar que es verdad? Apelo al lector desinteresado que no se ha dejado cegar por engañosos razonamientos y que no haya tenido en la lectura de estos autores un espíritu predispuesto, ya sea en favor del autor o en favor de su sistema. No, no tenemos ningún autor del que se pueda creer el relato que hace de lo que ha pasado antes que Orfeo; exceptúo la Escritura santa; pero aquí la cuestión no es la genealogía de los judíos; se trata de la genealogía y las acciones de los dioses y los pretendidos héroes del paganismo. Los egipcios han tenido ventaja respecto a esto, así como en otras cosas, sobre los griegos y las otras naciones. Ellos han servido de ejemplo para los demás de una vana gloria fundada sobre la antigüedad. Se ha visto a autores muy posteriores a Orfeo, Homero y otros fieles tras ellos, creer a los egipcios por su palabra y decir como ellos, con gran sangre fría, que los dioses y los héroes han reinado en Egipto de dieciocho a veinte mil años. Es suficiente para convencerse de que es falso, seguir la genealogía de sus dioses, de los que Horus, según Herodoto[1] fue el último: *Priores tamen his viris fuisse Deos in Aegypto principes, una cum hominibus habitantes, & eorum semper unum extitisse dominatorem; & postremum illie regnasse Horum Osiris filium, quem Graeci Apolinem nominant. Tunc, postquam Typhonem extinxit regnasse in Aegypto postremum. Osiris autem, Graecâ Linguâ, est Dionysus.*

Si Horus, pues, es el último de los dioses que ha reinado en Egipto, y tenían razón los egipcios al decirlo, puesto que Horus o Apolo es la perfección de la obra hermética o el elixir perfecto al rojo, su genealogía no cuenta con muchas generaciones. Horus era hijo de Osiris y este lo era de Saturno, y Saturno tuvo a Coelus o el Cielo por padre. ¿De quién fue hijo Coelus? Así toda la cadena de los dioses, según los egipcios, consiste en Coelus, como la raíz del árbol de donde han salido sucesivamente Saturno, Osiris y Horus. He aquí, pues, los dioses que han reinado tantos miles de años. En efecto, ellos no podían contar más, respecto al objeto que se proponían con estos dioses alegóricos, puesto que sólo son cuatro en el arte hermético, como se ha podido remarcar constantemente aquí. Coelus es la materia, Saturno es el color negro, Isis el color blanco y Horus el color rojo, es decir, la materia puesta en el vaso es Coelus, que reina hasta que Saturno o el color negro aparece; entonces Saturno reina hasta el color blanco, que es Isis; finalmente el color rojo sobreviene a la materia y sucede al blanco; he aquí el reino de Horus, que justamente es dicho el último, puesto que el rojo es permanente y no varía más. Es pues, un mal propósito que se intente disputar, contradecir o querer justificar el cálculo de los egipcios respecto a la duración de los reinados de estos pretendidos dioses, ya que estos dioses y sus reinos sólo son puras alegorías. Pero volvamos a Hércules.

Hércules era uno de los doce dioses de Egipto, según Herodoto.[2] Si el hijo de Alcmena era originario de Egipto, pienso que no se arriesga mucho en asegurar que el Alceo griego y el Hércules egipcio pudieran perfectamente ser una misma cosa; pues los diferentes nombres que se da a un mismo sujeto, no cambian en nada su naturaleza. Pero, sea como sea, es hijo de Alcmena, según

1. Herodoto, *In Euterpe*, 144.
2. *Atqui vetustus quidam Deus est apud Aegyptios Hercules, & (ut ipsi aiunt) decem & septem anorum millia sunt ad Amasin regnem, ex quo Herculem, ex octo Diis, qui duodecint facti fuerunt, unum esse arbitrantur.* Es de allí –según el mismo autor– que los griegos han sacado la suya: *Cujus nomen non Aegyptii á Graecis, sed Graeci potius ab Aegyptiis acceperunt, & ii quidem Graeci qui hoc nomen filio Amphitryonis imposuére... quod hujus Herculis uterque Parens, Amphitruon & Alcmena fuerunt ab Aegypto oriundi.* Herodoto, *op. cit.* cap. 43.

todos los autores; y Orfeo nos enseña[3] que es preciso al menos tres noches y tres días para formar a un tan gran hombre. Homero es del mismo pensamiento.[4] Estos dos autores me parecen ser preferibles a aquellos que dicen que es hijo de Anfitrión. Alcmena estaba ya en cinta cuando lo de Anfitrión; pero se dice que ella quiso quedarse embarazada de ella misma y Júpiter, accediendo a sus deseos, reunió tres noches en una y pasó todo este tiempo con ella. Se ve claramente que los poetas han querido hacer algo extraordinario de la concepción de Hércules, a fin de dar a entender que este héroe participaba más de la divinidad que de la humanidad.

Siempre han mezclado maravillas en la historia de los grandes hombres a fin de hacer concebir un cierto respeto hacia ellos. Han supuesto que Palas nació de la cabeza de Júpiter para señalar la fuerza de la sabiduría y la perspicacia del genio. Los egipcios, que fueron los primeros en inventar ficciones, no se inquietaban mucho por volverlas conformes al curso ordinario de la naturaleza, ni a las reglas establecidas por las costumbres. De allí han venido todos estos pretendidos adulterios y otros monstruosos crímenes, de los que sus fábulas y aquellas que las han imitado están llenas. Las atribuyen no solamente a los hombres sino también a los dioses y las publican con elogio, como si hubieran querido indicar con ello que aquellos de los que se trataba no eran o no habían sido ni dioses ni hombres reales sino solamente simbólicos y que debían su ser de denominación especificada a la imaginación de los hombres.

Hermes Trismegisto, en su diálogo con Asclepios, lo insinúa suficientemente porque habla siempre de un solo Dios soberanamente bueno, soberanamente sabio y perfecto, del que procede todo, creador y gobernador de todas las cosas. Tras haber hablado de diferentes dioses él dice que son fabricados por los hombres: *Sic Deorum fictor est homo.* Y añade: *nuestros incrédulos antepasados estando caídos en el error respecto a los dioses y no poniendo su atención sobre la religión y el culto del verdadero Dios, han encontrado el arte de hacerse dioses.* Todo hombre que lea esta obra de Hermes verá claramente que los egipcios sólo reconocían a un verdadero Dios eterno, sin principio ni fin y que el nombre de dios que dan a los otros seres, no debe ser tomado en el mismo sentido sino solamente como ministros dependientes y obedientes de las órdenes del soberano Creador de estos mismos ministros y de todas las cosas. Pero no es aquí el lugar de disertar sobre la religión de los egipcios, los que tengan curiosidad por ver su justificación respecto a la acusación caída sobre ellos, de haber rendido honores divinos, durante el tiempo de su gloria, a las cosas más viles y de haber autorizado con su ejemplo el culto a dioses materiales, pueden recurrir al tratado hecho por Paul

3. En primer lugar vi al esforzado y divino Heracles, a quien engendró Alcmena en unión del Crónica Zeus, en el momento en que el ardiente Sol dejó su luz por tres días y una larga obscuridad se extendió por todas partes. Orfeo, *Argonáuticas,* 118.
4. Heracles, hijo de Zeus, el más bravo de los hombres terrestres, al que dio a luz Alcmena, en la Tebas de los bellos coros, habiéndose unido a Cronos, que aglomera las nubes. Homero, *Himno a Hércules.*

Ernest Jablouski, doctor en teología en la Universidad del Frankfurt antiguo. Este libro lleva por título: *Pantheon Aegyptiorum, sive de Diis eorum commentarius,* impreso en 8.º, en Frankfurt en 1751.

Los poetas han figurado que Hércules no había sido hecho tan simplemente como los otros hombres. Para hacerse una idea de la fuerza de este héroe es preciso suponerlo hijo del más grande de los dioses y formado con un trabajo y una atención conforme a lo que llegaría a ser. Asimismo era preciso fingir que el curso normal de la naturaleza fue cambiado a causa de él. Sin duda habían sacado estas ideas de los egipcios, que con tal de hacerse oír y expresar lo que pensaban de manera que se comprendiera, se preocupaban muy poco de si los medios que empleaban para ello eran conformes o no al curso normal de las cosas. Los griegos fueron algunas veces más escrupulosos sobre el asunto; a menudo indicaban las cosas por los nombres que les daban, como hemos visto hasta aquí, según la etimología de estos nombres. El de Alceo o Alcides era de estos, puesto que viene de Α'λκή, *fuerza, potencia.* Se le ha de suponer extremadamente fuerte y robusto para desafiar todos los peligros, vencer a tantos monstruos y llevar a cabo todos los trabajos que se le atribuyen; no era suficiente designarlo como a cualquier otro, se debía de suponer que al venir al mundo había aportado una fuerza corporal y un coraje extraordinarios. Era preciso decir que era hijo de unos padres capaces de producir tan gran hombre; también se dice que era hijo de un dios y si no se le da una diosa por madre sino una mujer, el nombre de Alcmena indica suficientemente que no es una mujer común. Significa la fuerza del genio, la solidez del juicio, la grandeza del alma, en fin, todo lo que es preciso para formar un perfecto filósofo; pues Αλκή, significa *fuerza* y Μένος, *alma, impetuosidad, ardor del espíritu, fuerza, coraje.* Tal debe ser también el artista de la medicina dorada y así lo supusieron los que le dieron el nombre alegórico de Alceo o Hércules.

Por la explicación de este héroe, veremos que los antiguos, ordinariamente, no entendían otra cosa de él, digo ordinariamente pues algunas veces han puesto en el cuento de Hércules o del artista los efectos u operaciones del mercurio filosófico. A menudo los filósofos herméticos se expresan en este sentido y dicen: poned esto, poned aquello, imbibid, sembrad, destilad, triturad, etc, como si en efecto el artista lo hiciera, aunque lo haga la naturaleza misma operando en el vaso por medio del mercurio, como nos lo asegura Sinesio[5] en estos términos: *notad que disolver, calcinar, teñir, blanquear, imbibir, refrescar, bañar, lavar, coagular, fijar, triturar, desecar, poner, quitar, son una misma cosa y que todas estas palabras quieren decir solamente cocer la naturaleza hasta que sea perfecta.* ¿Y qué es lo que hace todo esto? Es el Mercurio filosófico o el agua mercurial, según este consejo del mismo autor: *yo te digo, hijo mío, que no tengas en cuenta otras cosas, porque son vanas, excepto esta agua que quema,*

5. Sinesio, *El Arte secreto de los Filósofos.*

blanquea, disuelve y congela. Es ella la que pudre y hace germinar. Así el artista y el Mercurio trabajan juntos en la perfección de la medicina dorada, los que lo tratan ponen indiferentemente en el cuento del uno y del otro todo lo que dicen, por similitud, por alegoría o fabulosamente, de las operaciones por las cuales la materia de esta medicina se trabaja, se purifica y se perfecciona.

La historia de Hércules ha sido fabricada en este estilo. Es por esta razón por lo que se le da como hermano un cierto Ificlo, el cual no tenía igual por su ligereza en la carrera, ya que Hesíodo nos enseña que corría igual sobre las aguas como sobre la tierra y sobre las espigas de trigo sin doblarlas. Ificlo fue también uno de los principales héroes que acompañaron a Jasón en la conquista del toisón de oro. Todos estos rasgos de la vida de Ificlo convienen muy bien al Mercurio filosófico, o la parte volátil de la materia de la gran obra. Hércules nació en Tebas de Beocia. Esta ciudad fue construida por Cadmo y la razón por la cual la había construido, como hemos visto en el segundo libro, es la misma que ha hecho determinar el nacimiento de Hércules en esta ciudad. Para dar alguna verosimilitud a la historia de Hércules, los poetas han figurado que Juno había concebido hacia él un odio mortal, ya desde antes de su nacimiento, y para saciar esta pasión usó una estratagema que Homero cuenta de la siguiente manera.[6] *Un día Ate, hija de Júpiter, ella misma engañó a este dios, que se dice ser el más poderoso de los dioses y los hombres. Juno, aunque sea una mujer hizo otro tanto el día en que Alcmena debía de traer al mundo la fuerza herculínea en la ciudad de Tebas. Júpiter había dicho a todos los dioses, glorificándose: Escuchadme todos, dioses y diosas, os quiero hacer partícipes de un proyecto que tengo en mente. Hoy la diosa que preside los alumbramientos, Ilitia, pondrá en el mundo a un hombre que reinará sobre todos sus vecinos y este hombre será de mi sangre. Juno que estaba pensando en hacerle una broma, le dijo: no os impongáis, no tendréis lo que prometéis; juradnos, pues, que el hijo que nazca hoy, nacido de vuestra sangre, reinará sobre todos sus vecinos. Júpiter que no sospechaba nada de la superchería de Juno hizo un gran juramento, y le salió mal. Juno descendió rápidamente del Olimpo, se transportó a Argos, donde sabía que la mujer de Esténelo, hijo de Perseo, estaba embarazada de un varón y que estaba en su séptimo mes. Ella la hizo parir antes del término y retardó el parto de Alcmena, deteniendo a Ilitia. Después Juno fue a decir a Júpiter, acaba de nacer un hombre de condición, a saber, Euristeo hijo de Esténelo y nieto de Perseo que era de vuestra sangre y en consecuencia merece reinar en Argos. Esta novedad afligió mucho a Júpiter; la cólera le hizo jurar con el más gran juramento, tomando a Ate por su bella cabellera, que puesto que hacía el mal a todo el mundo no volvería jamás al Cielo estrellado. Enseguida la cogió, la hizo hacer piruetas con destreza, la precipitó desde el Cielo y fue a mezclarse en los asuntos de los humanos.* He aquí la pretendida fuerza de poder que Euristeo tuvo que mandar a Hér-

6. Homero, *Ilíada*, lib. 19, vers. 95.

cules todos los trabajos que este héroe hizo a continuación. Juno lo persiguió desde su nacimiento pues apenas hubo nacido envió dos grandes serpientes para devorarlo. Ificlo tuvo miedo y su ligereza le fue de gran ayuda para evitar el peligro; pero Hércules las agarró y las hizo pedazos. Eumolpo[7] dice que Juno en verdad tenía hacia Hércules un gran odio, pero que Palas la curó tan bien de esta pasión que la determinó a alimentar a Hércules de su propia leche, lo que lo volvió inmortal; como Hércules succionaba con mucha fuerza y avidez el pecho de Juno, la leche que sacó de más se derramó y formó la Vía láctea. Otros atribuyen este hecho a Mercurio, como hemos visto en su capítulo.

Alcides al hacerse mayor mostró las grandes disposiciones que tenía para todo, su fuerza y su coraje se manifestaban en todas las ocasiones. Para hacer fructificar estas admirables simientes se tomó todo el cuidado posible en su educación. Aprendió de Téutaro, pastor escita, el arte de tirar al arco, otros dicen que fue de Rodamante, de Testíado y de Eurito. Lino, hijo de Apolo, lo instruyó en las letras, Eumolpo le enseñó música, Harpálico la lucha y las otras artes que están relacionadas, Anfitrión el arte de montar a caballo, Cástor la manera de combatir con armas y finalmente Quirón, el más sabio y más erudito de los hombres, en la astronomía y la medicina, lo instruyó como había hecho con Esculapio y con otros. Hércules tuvo, pues, ocho maestros para las artes y las ciencias. ¿Era esto mucho para un hombre, para la formación del cual Júpiter había requerido de todas sus fuerzas durante el tiempo de tres noches y tres días? No es sorprendente que se convirtiera en un gran hombre; era hijo de un dios, y tenía todas las disposiciones imaginables y maestros perfectos, cada uno en su especialidad.

¡Que maravilla! ¿Es sorprendente, pues, que los paganos que han considerado como verdadera la existencia de Júpiter y su comercio con los hombres, hayan tenido la misma idea de la realidad de la existencia y de los hechos de Hércules que pasaba por uno de los hijos de este dios? Pero que en nuestros días se quiera admitir y explicar como real lo que la fábula nos relata de sus pretendidos trabajos, que se nos quiera persuadir de la veracidad de la concurrida historia[8] que se fabrica sobre su nacimiento, su educación y el resto de su vida, es medir la credulidad de los lectores con la suya propia. Pues si es verdad que haya habido muchos Hércules, intempestivamente se quiere atribuir a un solo Hércules griego las acciones de todos los otros; en vano se esfuerzan en fabricar una sola historia. Hubo un Hércules egipcio, figurado o real, Hermes lo menciona en sus obras. Este Hércules fue establecido gobernador de Egipto por Osiris, en el mismo tiempo en que dio a Mercurio como consejero a Isis y que hizo a Prometeo teniente, durante el viaje que este rey hizo a las Indias. En aquel tiempo Hércules tuvo una relación con Antea y pasaron muchas otras cosas atribuidas a Alcides. Admitiendo la

7. Eumolpo, *Libro de los Misterios.*

8. Banier, *Mitología,* t. 3, lib. 3, cap. 6.

realidad de los dos, no se puede uno dispensar de confesar que pasaron siglos entre el tiempo en que vivió el Hércules egipcio y el que vivió Alcides, ya que el Hércules egipcio pertenece a la antigüedad más lejana y el de Grecia es mucho más posterior. ¿Cómo se puede, pues, hacer una historia única? Dejo a los mitólogos estas diferencias que no tocan directamente a mi intención. Hércules, o Alcides si se quiere, es un personaje introducido alegóricamente, tanto en las ficciones egipcias comoen las fábulas griegas, para significar al artista o el filósofo hermético que conduce las operaciones de la gran obra; las pruebas que daré seguidamente convencerán de ello al más incrédulo.

Si ponemos atención a la raíz de donde sale Hércules nos encontramos que Júpiter, su padre, es uno de los principales en la genealogía dorada, de la que hemos tratado en el tercer libro. Los hijos reciben del padre y deben parecérsele en alguna cosa. Tal padre, tal hijo, pero de distintas maneras. Uno es el principal agente interno y el otro el agente externo o el artista, o más bien sus propias operaciones. Todos los filósofos requieren del artista un juicio sólido, espíritu vivo y penetrante, un gran coraje y una constante paciencia. Estas son las cualidades que se atribuyen a Alcides.

La sabiduría, el vigor y la ciencia son la esencia de Palas; éstas son requeridas en el filósofo y he aquí el por qué se dice que esta diosa hizo la paz entre Hércules y Juno; hemos hablado de ello en el capítulo de Jasón y aún hablaremos de ello en el siguiente libro respecto a Ulises, ya que estos tres héroes son propiamente el símbolo del artista. Aurelio Augurel[9] ha pensado lo mismo.

No dudo que haya mucha gente a la que no le quepa en la cabeza que haya una verdadera relación entre la historia de estos héroes y la química. Ellos se han vuelto célebres por hechos de armas y acciones de grandes hombres; eran príncipes y la fábula no hace ninguna mención respecto a la química. Asimismo este arte está menospreciado y casi no se ejerce más que por gente común; los que hacen de ella su profesión sólo son recomendables por haber hecho algunos descubrimientos útiles para la sociedad. La mayoría de los quimistas son mentirosos y bribones, me refiero a los sopladores o buscadores de la piedra filosofal, que, tras haber evaporado sus bienes como si fueran humo, buscan resarcirse en la credulidad de otros y piden oro para hacer oro. Estoy de acuerdo con todo esto, pero aquí la cuestión de la que se trata es de una química más noble y que los reyes no han desdeñado ejercer. Ésta no es la que enseña a destilar el agua de rosas, el espíritu de absenta, extraer sales de las plantas calcinadas, en una

9. Dites ubi pectine eburno aurea perpetuo despectunt vellera Nymphae, quae preima Heroum pubes raté sancta petivit, nec timuit tantos per fluctus quaerere summis tum ducibus ditem sub Jasone & Hercule Colchon, alter inauratam noto de vertice pellem, principium velut ostendit quod sumere possis: alter onus quantum subeas, quantumque laborem impendas crassant circa molem, & rude pondus edocuit. Neque enim quem debes sumere magnum invenisse adeo est, habilem sed reddere massam hoc opus, hic labor est, hic exercentur inanes artisicum curae: variis hic denique nugis sese ipsos, aliosque simul frustrantur ineertes. A. Augurel, *Chrysopeia*, lib. 2.

palabra a destruir los mixtos que la naturaleza ha formado, sino la que se propone seguir la naturaleza paso a paso, imitar sus operaciones y hacer un remedio que pueda curar todas las enfermedades de esta misma naturaleza en los tres reinos que la componen y a conducir a todos los individuos al último grado de perfección del que sean capaces. Asimismo son las perfecciones requeridas en el artista, que no tienen la mayor parte de los que se dan a esta ciencia, pues según Geber[10] no es posible tener éxito en ella si no se tiene un cuerpo sano y entero en todas sus partes, un cuerpo robusto y vigoroso, un espíritu cultivado, un genio penetrante y un conocimiento de los principios de la naturaleza. *Digo pues, que el artista jamás podrá hacer nuestra obra si no tiene los órganos enteros y sanos, por ejemplo si es ciego o tiene impedidas las manos, o los pies, porque, antes de ser ministro de la natura, no podrá emplearlas para realizar los trabajos necesarios sin los cuales la obra no puede ser perfecta. Lo mismo sucederá si tiene el cuerpo enfermo, como aquellos que tienen la fiebre o que tiene la lepra, cuyos miembros se les caen a trozos, o si están en la decrepitud de una extrema vejez. Pues es cierto que un hombre que tenga alguna de estas imperfecciones jamás podrá, por sí mismo y trabajando solo, hacer la obra ni conducirla a su última perfección ... un hombre que no tenga el espíritu naturalmente lo suficiente bueno como para buscar sutilmente los principios naturales y para descubrir cuáles son los fundamentos de la naturaleza y los artificios por los cuales se puede imitar a esta gran obrera en sus operaciones, éste no encontrará jamás la verdadera raíz ni el comienzo de este arte muy precioso.* Geber no es el único que habla en este sentido, Arnaldo de Vilanova[11] se expresa así: *tres cosas son requeridas en el artista, a saber, un genio sutil y erudito, un cuerpo al que no le falte nada para poder operar, riqueza y los libros.* Raimon Llull dice otro tanto:[12] *os digo hijo mío que tres cosas son requeridas en el artista, un juicio sano y un espíritu sutil, aunque natural, recto y sin defecto, liberado de todo obstáculo, operación de las manos, riquezas para hacer frente a los gastos y los libros para estudiar.*

No es pues, a despropósito que se haya supuesto que Jasón y Hércules hayan tenido una tan bella educación y que se figure a un cierto Quirón, el más sabio y erudito de su tiempo, como preceptor del uno y del otro. En cuanto a las dificultades que se encuentran y que impiden en su mayor parte llegar al conocimiento de esta ciencia, recomiendo al lector los tratados que sobre ello han hecho Teobaldo de Hogalanda, Pico de la Mirándola y Richard Anglois. El tratado del primero lleva por título *de dificultatibus Chemiae*; el del segundo *de Auro* y el del tercero *Correctio fatuorum.* Se encuentran en la *Bibliotheca Chemica curiosa Magenti.* Es bueno que un Hércules químico sea informado de todas

10. Geber, *Summa perfectísima*, cap. I, 1.
11. Arnaldo de Vilanova, *Rosario*, lib. 2, cap. 5.
12. Raimon Llull, *Testamento*, cap. 31.

estas cosas antes de emprender los trabajos de Hércules de la fábula, que vamos a explicar. Es a ello a lo que vamos.

Hemos visto en el tercer libro, y en éste, que Hércules pertenece a la genealogía dorada de los dioses, y en el primero, que era contemporáneo de Osiris, quien lo estableció gobernador de Egipto durante su expedición a las Indias; que durante su gobierno detuvo la inundación del Nilo y que tuvo como colegas a Busiris, Anteo, Prometeo y Mercurio. Se dice que mató a los dos primeros a causa de su tiranía. En consecuencia se supone que Hércules vivió más o menos en el tiempo de Saturno, de Júpiter, de Osiris y de los otros dioses. Asimismo se ve que los griegos no entendían por el Hércules griego, un Hércules diferente al de Egipto, puesto que decían que era discípulo del centauro Quirón y Quirón era hijo de Saturno y Fílira. Si este Hércules es el mismo que el que acompañó a Jasón en su expedición de la conquista del toisón de oro, debió de vivir mucho tiempo ya que, según el cálculo de los egipcios habrían transcurrido miles de años entre el reino de Osiris y el nacimiento de Jasón.

Se debe pues, juzgar la realidad de la cosa por su palpable absurdidad; además debemos juzgar a Hércules por sus colegas Mercurio y Prometeo y por los compañeros de Jasón, del que ya hemos hablado. Los maestros que tuvo Hércules también deben hacernos conocer a su discípulo. Se dice que aprendió el arte de tirar flechas, poesía, música, lucha, la conducción de carros y equitación, astronomía y el arte de combatir con armas. Sus maestros fueron Rodamante, Lino, Eumolpo, Harpálico, Autólico, Anfitrión, Cástor y Quirón y todas estas instrucciones lo prepararon para llevar a cabo todos los trabajos que se le atribuyen. Todos huyeron del odio deJuno, que mediante su estratagema había sometido a Hércules a las órdenes de Euristeo.

CAPÍTULO II

El León de Nemea

La primera obra que Alcides emprendió fue ir a matar a un gran león que moraba en la selva de Nemea sobre el monte Citerón. Matar un león era un hecho normal en cualquier hombre, pero matar al león de Nemea estaba reservado para Hércules, pues este león era muy superior a los otros por la nobleza de su raza. Algunos dicen que había descendido del disco lunar;[13] otros, entre los cuales está Crisermo,[14] dicen que Juno queriendo perjudicar, inquietar, suscitar obstáculos, penas y etc, a Hércules, mágicamente hizo interesarse a la Luna en su odio de manera que llenó una canasta de saliva y de espuma y entonces nació este león. Iris lo tomó en sus brazos y lo llevó al monte Ofelto, donde

13. Anaxágoras.

14. Crisermo, lib. 2, *Rerum Peloponu.*

ese mismo día devoró al pastor Apesampto, según el relato de Demódoco.[15] Este león era invulnerable; Hércules tenía apenas dieciocho años cuando fue a su encuentro, le disparó cantidad de flechas pero no pudieron hacerlo perecer. Entonces tomó una maza armada con mucho hierro, con la cual lo mató y después lo hizo pedazos sin otro medio que sus manos, tras haberlo despojado de su piel que este héroe llevó mientras vivió.

Un hecho como aquel bien es la acción de un joven héroe y habría merecido ser conservado para la posteridad si hubiera estado conforme a la historia en todas sus circunstancias, mas quien no vea en ello una alegoría o un signo jeroglífico de alguna cosa que el autor de la fábula ha querido ocultar, ciertamente será muy crédulo, o poco clarividente, o en fin, muy testarudo en su sistema histórico o moral. Todas las circunstancias de esta fábula eran embarazosas para el abad Banier, las dejó todas de lado y se limitó al simple hecho. Hércules dio caza a algunos leones de la selva de Nemea, entre los cuales había uno muy grande, que él mismo mató, dice este autor, y se llevó su piel. Para hacer este hecho más memorable se publicó después que este león había merecido ser puesto entre el rango de los astros. En efecto, allí no había nada de extraordinario y era preciso hacer de esta acción algo memorable de alguna manera, pero al menos se nos debía de haber dicho por qué este león merecía tal ventaja. Si las circunstancias del nacimiento y del origen de este león no eran suficientes para esto, Manilio Egino y los que han seguido sus ideas, tuvieron que proporcionar otras razones. Pero estos autores quisieron darnos este hecho como real, simple e histórico, y con estas circunstancias venía a ser absolutamente fabuloso o jeroglífico.

En efecto, un león invulnerable, descendido del orbe de la Luna, o nacido de su saliva no puede ser supuesto como real, es preciso pues, que sea alegórico, y lo es. Es un león puramente químico, casi invulnerable y nacido de la saliva de la Luna. Se convencerá uno de ello mediante los siguientes textos de los filósofos herméticos. En los libros precedentes hemos probado suficientemente que el nombre de león es uno de los que los adeptos dan a su materia, pero para no obligar al lector a recordar lo que quizás sólo recuerde en general, que escuche a Morien:[16] *tomad el humo blanco, el León verde, el almagre rojo y la inmundicia de la muerte,* –y un poco después– *el León verde es el vidrio y el almagre es el latón.* El autor del Rosario dice: *encontramos primero a nuestro León verde y nuestra verdadera materia y de qué color es. Se llama también adrop, azoth o duenech verde.* Ripley:[17] *ningún cuerpo impuro entra en nuestra obra, como aquel que los filósofos llaman comúnmente León verde.* El autor del Consejo sobre el matrimonio del Sol y la Luna, nos enseña que este león es de naturaleza lunar.

15. Demódoco, *In Rebus Heracleae.*

16. Morien, *Conversación con el rey Calid.*

17. Ripley, *Las Doce Puertas.*

Dice: lo mismo que el león que es el rey y el más robusto de los animales, se vuelve débil por la enfermedad de su carne, asimismo nuestro león se debilita y enferma por su naturaleza y su temperamento *lunar*. Se ve en estos textos que el león a menudo es tomado por los artistas como el sujeto o la materia del arte; y como el último autor dice que el león es un sol inferior de una naturaleza lunar, se ve también el por qué la fábula dice que ha descendido del disco de la Luna.

No es menos sorprendente que la fábula diga que este león haya nacido de la saliva de la Luna, pero tenía dos razones para ello, las mismas, según parece, que han empujado a los filósofos a emplear expresiones parecidas con el mismo motivo. Un autor anónimo dice en un tratado que lleva por título *Auroa consurgens:*[18] *Algunos filósofos han dicho que todo el secreto del arte consistía en el sujeto o la materia, y le han dado diversos nombres convenientes a la excelencia de su naturaleza, como se ve en la Turba, donde algunos refiriéndose al lugar, la han llamado goma, esputo de la Luna.* Este autor nos hace observar que este nombre de esputo de la Luna ha sido dado a la materia de los filósofos a causa del lugar donde se encuentra, en consecuencia, parece haberse referido al león engendrado de la espuma en el lugar de la Luna; pues esputo y espuma son una misma cosa. Esta denominación de la materia se encuentra en diversos lugares de la Turba de los filósofos, llamada Código de la verdad. Astrato dice allí: Aquel que desee llegar a la verdad de la perfección de la obra, debe tomar el humor del Sol y el *esputo de la Luna*. Pitágoras dice: Observad, todos los que componéis esta asamblea, que el azufre, la cal, el alumbre, el kuhul y el *esputo de la Luna* no es otra cosa que el agua de azufre y el agua ardiente. Anastrato dice: Os digo verdad, nada es más excelente que la arena roja del mar y *el esputo de la Luna*, que se conjunta con la luz del Sol y se congela con él. Belo dice: Algunos han llamado a esta agua *esputo de la Luna*, otros corazón del Sol.

Estos textos hacen ver suficientemente en qué sentido se dice León de Nemea nacido del esputo de la Luna, pues sólo se han de combinar conjuntamente lo que los filósofos entienden por león y por esputo de la Luna. También está dicho que las flechas de Hércules no pudieron herir a este león y que se vio obligado a recurrir a una maza, porque las partes volátiles, representadas por las flechas, no son suficiente para matar, o hacer caer en putrefacción a la materia fija, y para indicar lo que era esta maza la fábula dice que Hércules, tras haber hecho uso de ella, la consagró a Mercurio, porque el Mercurio filosófico es el que lo hace todo. Hércules tras haber matado a este león lo despellejó, también es preciso hacerlo en la obra, es decir, que se ha de purificar la materia hasta que lo que estaba oculto se vuelva manifiesto: *Haced manifiesto los oculto*, dicen los filósofos, y Basilio Valentín:[19] *Es preciso despojar al animal de Oriente*

18. Capítulo 12.

19. Basilio Valentín, *Las Doce Llaves,* en el prefacio. (véase *Biblioteque de los Filósofos Químicos,* de ediciones Beya-Dervy, París, 2003, p. 18. *(N. del T.)*

de su piel de león, cortarle después las alas que tomará y precipitarlo en el gran Océano salado, para que resurja más bello que antes. También se dice que apenas había nacido este león, Iris lo tomó entre sus brazos y lo llevó al monte Ofelto, porque entonces aparecen los colores del iris sobre la materia y las partes volatilizadas se reúnen en la parte que se fija acumulándose, pues Ofelto viene de Ο'φέλλειν, *amasar, reunir, acumular.*

CAPÍTULO III

Las Hijas de Tespio

Habiendo llegado a oídos del rey de Beocia la derrota de este león, creyó que lo mejor que podía hacer era atraerse a Hércules de alguna manera; con esta intención le entregó cincuenta hijas vírgenes que tenía, con la esperanza de que mediante esto tendría una descendencia de héroes que se parecerían a su padre. Hércules aceptó la ofrenda de Tespio y tuvo suficiente fuerza como para gozar de todas en el intervalo de una sola noche. Algunos han considerado esta acción como uno de sus más rudos trabajos, y lo han contado como el tercero en estos términos: *Tertius hinc labor est durissimus, uná quinquaginta simul stupravit nocte puellas.*

El hecho es muy extraordinario como para ser verdad, no creo que ningún autor quiera justificarlo. Teofrasto[20] puede ser el único que haga mención de un hecho parecido; cuenta a propósito de una planta, que un hindú siendo servido de esa misma manera, se volvió como un Hércules, pero sucumbió y murió. Parece ser, pues, que esta historia es una pura alegoría, y una alegoría que sólo puede tener relación con la gran obra, donde las partes acuosas volátiles son comparadas a hembras vírgenes y la parte fija al macho, como hemos visto cien veces aquí.

Es respecto a esto que Arnaldo de Vilanova dice:[21] cuando la tierra o la parte fija habrá bebido y reunido en ella cincuenta partes del agua, la sublimareis con un fuego muy fuerte. Raimon Llull habla en el mismo sentido en su Codicilio, capítulo 53, parágrafo *Partus vero terrae.* Muchos otros filósofos también hablan así y siempre de manera que hacen entender que la materia fija es lo que llaman macho y la parte acuosa volátil es la que llaman hembra. Lo que debe de confirmar esta idea es que la fábula añade que estas cincuenta hijas concibieron todas y que cada una puso en el mundo a un hijo macho, porque el resultado de la concepción filosófica es el nacimiento de la piedra fija llamada macho, como acabamos de decir. Además, se dice que eran hijas de Tespio, y es con razón, porque la materia empieza a volatilizarse después de la negrura indicada por la muerte del león de Nemea. Es el presagio más dichoso del éxito

20. Teofrasto, *Hist. Plant.*
21. *Arnaldo de Vilanova, Rosario,* lib. 2, cap. 6.

de la obra, según el decir de todos los filósofos, lo que está muy bien designado por Tespio, que ha sido hecho de Θίσπις, *oráculo, presagio, profecía.* Puede ser que también sea por esta razón que las musas fueran llamadas *tespíadas,* y éstas son sin duda las mismas que las hijas de Tespios, puesto que significan la misma cosa, como ya lo he dicho en el artículo que las contempla.

Hércules tuvo algunos hijos de Mégare, hija de Creon, rey de Tebas, también los tuvo de algunas concubinas. Pero toda esta propagación debe de relacionarse con la misma que la de las hijas de Tespios, es la misma cosa relatada de manera diferente, o presentada bajo diversos aspectos, pues está dicho que Hércules se puso furioso e hizo morir a todos los hijos que había tenido, algunos dicen que mediante el fuego. Hablando de las bacantes y de Orestes hemos dicho que este furor era la agitación de la materia ocasionada por la fermentación que volatiliza las partes y las hace morir por el fuego, esto no es otra cosa que fijarlas por medio del fuego de los filósofos.

CAPÍTULO IV

La Hidra de Lerna

Tras esta penosa expedición Alcides volvió junto a Euristeo y se sometió a sus órdenes. Éste lo envió a exterminar la hidra, este monstruo de siete cabezas (según la opinión más común) que habitaba en los pantanos de Lerna y que había sido alimentado y criado cerca de la fuente de Amimone. Cuando se le cortaba una cabeza le salían dos. Pero Jolao, hijo de Ificlo, que acompañó a Hércules, metió enseguida fuego en la herida después de que Hércules le cortara la cabeza, por miedo a que de la sangre que saliera se formaran otras nuevas. Apolodoro añade este hecho y Eurípides en su Tragedia intitulada *Jon*, dice que la guadaña que usó Hércules para cortar las cabezas de la hidra era de oro.

En vano se intentará realizar una fábula tan magníficamente alegórica. Los pantanos de Lerna cerca de Argos estaban infectados de muchas serpientes de las que una era la hidra, y estos pantanos purgados de estos reptiles, secados y vueltos fértiles por Hércules, según el abad Banier,[22] son una muy mala explicación, puesto que confiesa que Fourmond, que en su viaje a la Morea, visitó este lugar, dice que aún es totalmente pantanoso y está lleno de cañas, ningún historiador habla de esta multitud de serpientes. Es suficiente poner atención al simple significado de los nombres pues llevan consigo la explicación de esta fábula. Hidra viene de Ύδαρ, que significa propiamente *agua*, de donde se ha hecho ὕδρα y ὕδρος, hidra, serpiente acuática; esta serpiente es

22. Banier, *Mitología,* t. 2, p. 274.

la misma que la serpiente Pitón, y ya hemos probado más de una vez que los filósofos han dado el nombre de serpiente a su agua mercurial; la serpiente de los filósofos es, pues, una serpiente acuática, una hidra. Fue criada en la fuente Amimone, porque esta agua mercurial es de una extrema fuerza y porque Α΄μύμοιν quiere decir brava, valiente, fuerte, con coraje. Habitaba en los pantanos de Lerna, pues el agua mercurial es un verdadero pantano lleno de barro; la palabra Lerna indica claramente el vaso donde esta agua está encerrada, ya que λαρνα para los griegos significa vaso, urna de vidrio o de piedra fundida, propio para contener algún líquido. Haled[23] ha empleado la alegoría del pantano en estos términos: *la que nace de la tierra metálica negra es el principio universal del arte; cocedla al fuego, después en el estiércol de caballo durante 7, 14, o 21 días, se volverá un dragón que se comerá sus alas. Metedlo en un vaso bien sellado y en el fondo de un horno; cuando esté quemado tomad sus sesos y trituradlo con vinagre o con orina de niños. Que viva después en el pantano y que se pudra.*

Hércules no hubiera tenido éxito en matar a esta serpiente, es decir, en fijar esta agua mercurial, si Jolao, hijo de Ificlo, no le hubiera ayudado aplicando el fuego sobre las heridas, porque la muerte de este agua mercurial es la fijación, que se hace mediante el fuego filosófico y por su unión con la parte fijada, llamada piedra; pues Jolao viene de Ι″ος *sola* y de λάας, *piedra*, como si se dijera piedra única ¿por qué se dice hijo de Ificlo? Esto es porque Ificlo, por su sorprendente volatilidad, es el verdadero símbolo del Mercurio de los filósofos del que esta piedra o Jolao está formado. A cada cabeza que Hércules cortaba nacían otras dos; la volatilización de la materia se renueva siete veces, algunos dicen hasta nueve veces antes de la fijación perfecta, lo que es indicado por el número de cabezas de la hidra. Hércules las corta con una guadaña de oro ¿podría ser de otro metal?, puesto que la parte fija a la que se une la volátil para fijarse juntas, es el oro filosófico. ¿Se creerá como Lulio Giraldi ha imaginado, que este trabajo de Hércules no fue más que una prueba de fortaleza que sólo pudo llevar a cabo poniendo fuego?[24] O, ¿no serán quizás siete hermanos bandidos y ladrones muertos por Hércules y echados al pantano de Lerna, según dicen Corcelli y Tzetzés?[25] Y finalmente otras tantas conjeturas de diversos autores, nacidas en su imaginación.

CAPÍTULO V

La Cierva de los pies de Bronce

Euristeo no dejó a Hércules tranquilo, apenas hubo matado a la hidra le ordenó perseguir a una cierva cuyos pies eran de bronce y que, contrariamente a lo

23. Haled, *La Turba.*
24. L. Giraldo, *De Hercule.*
25. Tzetzés, *Memorias históricas de la Morée.*

normal en este animal, tenía cuernos y lo que es más sorprendente es que eran cuernos de oro. Lejos de concluir de ello como el abad Banier que se dio pies de bronce a esta cierva para indicar figurativamente su velocidad, yo aseguraría al contrario que debía de ser más pesada; estos cuernos de oro también deberían de haberlo persuadido de lo alegórico de esta historia, sobre la cual no me extenderé aquí pues ya he hablado extensamente de ello en el segundo libro.

CAPÍTULO VI

Los Centauros vencidos

Después de que Hércules hubo traído a Euristeo la cierva de los pies de bronce, fue a combatir a los centauros, pueblo nacido del comercio de Ixión con la nube que Júpiter le presentó, bajo cuya forma estaba Juno. Estos monstruos medio hombres y medio caballos hacían grandes destrozos, pero Hércules los destruyó a todos, después de que lo irritaran una vez que bebió en Folus. Ya he explicado lo que se ha de entender por los centauros cuando hablé de los sátiros, los silenos y los tigres que acompañaban a Baco. Sólo me queda explicar por qué la fábula dice que Hércules desafió a los centauros que lo habían irritado en Folus. Esto es porque las partes heterogéneas, representadas por los centauros, se separan de la materia homogénea en el momento en que se manifiestan los variados colores sobre la materia, lo que está expresado por Folus, de φόλις, *color abigarrado, piel de diferentes colores.* Basilio Valentín[26] nos lo expresa así: *De Saturno, es decir, de la materia en disolución y en putrefacción, salen muchos colores como el negro, el gris el amarillo, el rojo y otros medios entre estos; asimismo la materia de los filósofos debe tomar y dejar muchos colores antes de que sea purificada y que llegue a la perfección deseada.*

En cuanto al centauro Quirón, que enseñó astronomía a Hércules, no tuvo el mismo origen que los otros, ya hemos explicado el suyo más de una vez. Pero quizás se me podría preguntar ¿qué utilidad tenía la astronomía para Hércules? Respondo que le era indispensable conocer el Cielo que un día debía de sostener en lugar de Atlas; pero este Cielo era el Cielo filosófico del que hemos hecho mención hablando de Atlas y de su hijas. Era preciso que Alcides conociera los planetas terrestres, que debía usar, y estos planetas no son el plomo, el estaño, el hierro, el oro, el mercurio, el cobre y la plata a los que los químicos han dado los nombres de Saturno, Júpiter, Marte, Sol, Mercurio, Venus y Luna, sino los metales filosóficos o colores que sobrevienen a la materia durante las operaciones de la obra.

26. B. Valentín, *Las Doce Llaves,* llave 9.

CAPÍTULO VII

El Jabalí de Erimanto

Euristeo dio un nuevo trabajo a Hércules. Un furioso jabalí destrozaba la selva de Erimanto, Euristeo envió a Hércules no para matarlo sino para que se lo trajera, como había hecho con la cierva de los pies de bronce. Este jabalí había sido enviado por Diana para hacer estragos en el campo de Fócida. La nieve, que había caído en abundancia, obligó a este animal a retirarse a un pequeño jardín donde Hércules lo sorprendió, lo ató y lo condujo hasta Euristeo. El lugar de nacimiento de este jabalí indica de qué naturaleza era. Erimanto era una montaña de Arcadia, y era también de Cilene, montaña del mismo país, donde había venido Mercurio; había un gran parentesco entre ellos, pues el mercurio filosófico y el jabalí de Erimanto son una misma cosa. El jabalí había sido enviado por Diana y el mercurio es llamado *luna*, lo que ha hecho decir a Espagnet: *aquel que diga que la luna de los filósofos, o su mercurio, es el mercurio vulgar, quiere equivocar o se equivoca él mismo.*

El tiempo y la circunstancia que dieron ocasión a Hércules de atrapar al jabalí muestran precisamente el momento en el que el mercurio filosófico casi ya no actúa; es cuando la nieve ha caído en abundancia, es decir, cuando la materia ha llegado al blanco. No está dicho que Hércules mató al jabalí, sino que sólo lo ató, porque entonces el mercurio aún no está totalmente fijado y aún actúa, no disolviendo o destrozando como hacía antes, sino trabajando casi insensiblemente en la perfección de la materia. Es por lo que dice que este jabalí estaba fatigado y que se dejó sorprender y atar, para ser conducido a Euristeo, como si se dijera que cuando el artista ha conducido las operaciones de la obra hasta que la materia se ha vuelto blanca, entonces el mercurio empieza a volverse agua permanente y fija, lo que está significado por Euristeo, que en su etimología quiere decir *bien afirmado, estable, fijo.* Pues la razón que ha hecho dar a Euristeo el derecho de mandar a Hércules, es que todo el objetivo del artista es trabajar para llegar a la fijeza del mercurio. Euristeo mandaba a Hércules en el sentido que comúnmente se dice que los asuntos mandan a los hombres y una profesión a aquel que la ejerce. El zapato manda al zapatero, el reloj al relojero, los asuntos al procurador, las letras a un hombre aplicado en el estudio.

Se dice también que los dientes de este jabalí fueron conservados durante mucho tiempo en el templo de Apolo, porque las partes activas del magisterio filosófico, son los principios del Apolo o Sol de los filósofos. Euristeo, siendo la fijeza misma, era preciso que fuera hijo de Esténelo, que quiere decir fuerza del calor del Sol, de σθειος, *fuerza,* y de Ε΄΄λη, *calor del Sol*; porque el Sol u oro filosófico es una especie de fuego celeste, según estas palabras de Espagnet:[27] *el sabio artista que haya encontrado esta especie de fuego celeste,*

27. Espagnet, *La Obra secreta de la Fiolosofía de Hermes,* can. 122.

debe de conservarlo muy preciosamente. En cuanto a su fuerza, el mismo Hermes[28] nos enseña cuál es, en estos términos: *sube de la tierra al cielo y vuelve a descender del cielo a la tierra, recibe la potencia, la virtud y la eficacia de las cosas superiores e inferiores. Mediante él tendréis la gloria de todo; es la fuerza de las fuerzas, que sobrepasa todas las fuerzas.* Pero ¿por qué se supone a este jabalí sobre una montaña? La razón ya la hemos dicho más de una vez y aún la apoyaremos mediante algunos textos de los filósofos. Calid dice:[29] *id, hijo mío, sobre las montañas de las Indias, entrad en sus cavernas y tomad allí las piedras honradas por los filósofos.* Rosino dice: *nuestro rebis nace sobre dos montañas.* Rasis: *observad atentamente las altas montañas que están a la derecha y a la izquierda y subid allí y encontraréis nuestra piedra.* Morien dice lo mismo y María:[30] *tomad la hierba blanca, clara, honorable, que crece sobre las pequeñas montañas.* Tal es la razón por la cual la fábula figura que Hércules ha domado, matado o apresado las feroces bestias sobre las montañas. El león de Nemea y el jabalí de Erimanto son de éstas. La materia, según Arnaldo de Vilanova,[31] se hincha en el vaso y toma la forma de montaña; el vaso mismo a menudo es llamado por este nombre.

CAPÍTULO VIII
Hércules limpia el establo de Augias

¿No sería lógico ponerse un poco de mal humor cuando se nos presenta a Hércules metamorfoseado en palafrenero, ya que nos lo habían presentado como un gran hombre, un héroe, y aquí se le encuentra limpiando un establo? En verdad él intenta hacer en un sólo día lo que cien hombres juntos no podrían hacer; pero un hecho de esta naturaleza, si hubiera sido real ¿merecería ser consagrado como una de las acciones de un héroe y ser conservado para la posteridad? Limpiar un establo donde tres mil bueyes habían echado su estiércol durante largo tiempo, no era una acción muy conveniente para el yerno del rey Creón, el heredero natural del reino de Micenas; pero su dificultad pone allí de relieve algo a lo que se debe de poner atención.

Augias, rey de Élide e hijo del Sol, tenía un establo donde se recogían tres mil bueyes. Euristeo, que no podía dejar a Hércules en reposo, le ordenó quitar todo el estiércol de este establo en un día. Hércules obedeció las órdenes de Euristeo. Fue a encontrar a Augias y convino con él que tendría la décima parte de los rebaños de este rey, si ejecutaba en un día tal empresa; la llevó a cabo y Augias rehusó cumplir su promesa. Fue durante esta obra, como lo aprende-

28. Hermes, *La Tabla de Esmeralda.*
29. Morien, cap. 10.
30. María, *Carta a Aros.*
31. Arnaldo de Vilanova, *Testamento.*

mos de Pausanias,[32] que Hércules ayudado, por Minerva, fue obligado a batirse con Plutón, que quería castigarlo porque se había llevado de los Infiernos al perro Cerbero y porque hirió a este dios. Esta nueva dificultad que tuvo que superar, vuelve la acción de Hércules aún más memorable. Combatir con un dios y limpiar un establo al mismo tiempo, son dos hechos que merecen ser aliados simultáneamente. Plutón que, según el abad Banier,[33] era rey de España, dejó su reino y fue a batirse con un palafrenero, por un perro robado: es verdad que era tanto un dios rey como un rey hombre, y casi no difiere de otro hombre. Plutón sabía bien que hacer para salir de su reino y desnudar su majestad para ir a Élide a buscar un golpe de pala. Pero yo me equivoco; según el relato de Homero, Plutón fue herido por un flechazo. Tal herida conviene mejor a un dios. El hecho no será por esto más verosímil, pues no parece que Plutón, hijo de Saturno, haya vivido en el tiempo del Hércules de Creta, aunque se diga de éste que era su sobrino. Saturno, Júpiter, Plutón eran dioses de Egipto, se habría de relacionar este hecho con el Hércules egipcio que vivió en su tiempo; pero no se dice que el Hércules de Egipto haya estado jamás en Élide, igual que el Plutón egipcio; y aún suponiendo que este Plutón, llamado dios de los Infiernos por Homero, haya vivido con Hércules, debería de ser necesariamente aquel que, según el abad Banier, era rey de España, puesto que este autor le da el reino de España fundándose en que es llamado dios de los Infiernos. Además la razón que según Homero obligó a Plutón a ir a Élide para vengarse de Hércules, es el robo de un perro quimérico, el perro Cerbero. El abad Banier,[34] que quiere de una manera u otra hacer venir este hecho a la historia, dice que este Cerbero era una corpulenta serpiente que habitaba en el antro de Ténaro y que Hércules lo llevó encadenado a Euristeo; pero Hesíodo y Homero dicen positivamente que es un perro de tres cabezas y asimismo el primero dice que era hijo de Tifón y de Equidna.[35] Yo hubiera deseado mejor confesar de buena fe que todo era una alegoría, que suponer como verdadero un hecho que no tiene ninguna apariencia de realidad; puesto que Euristeo, Hércules, Tifón, Equidna y Cerbero, su hijo, no han existido más que Plutón, Augias y sus bueyes, como hemos visto.

Se dice que Augias era hijo del Sol porque Αίγή, de donde se ha hecho Augias, significa *brillo, resplandor* y porque el brillo y el resplandor de la luz son un efecto del Sol. Augias también era rey de Élide, de Ε῞λη, *calor del Sol...* Hemos explicado en el capítulo precedente lo que se había de entender de ello. Augias tenía tres mil bueyes en un establo y Hércules se encargó de limpiarlo en un día. Una obra como ésta era muy baja y muy vil como para haber sido emprendida por un tan gran hombre; pues ¿qué héroe es comparable a Hércules?

32. Pausanias, *In Eliac.*

33. Banier, *Mitología,* t. 1.

34. Banier, *ibíd.* t. 2, p. 438.

35. Hesíodo, *Teogonía.*

¿Es que hay algo más bajo que limpiar un establo? Sin embargo se dice que Euristeo impuso este trabajo a Hércules y con la dura obligación de hacer en un sólo día lo que otros cien no habrían podido ejecutar, puesto que allí había todo el estiércol que tres mil bueyes habían hecho durante un largo tiempo. Este trabajo, imposible incluso para un hombre de la fuerza de Hércules, indica que es una pura alegoría.

El recurso del abad Banier para explicar este hecho no es afortunado. El rey Augias, dice este autor,[36] tenía tan gran cantidad de rebaños que al no tener suficientes establos para alojarlos se veía obligado a dejarlos en medio del campo, y finalmente sus tierras se encontraron tan cargadas de estiércol y porquerías que se volvieron totalmente infructuosas. Hércules con la ayuda de sus tropas hizo pasar por allí el río Alfeo y les devolvió su antigua fertilidad. ¿Está permitido, pues, cambiar la fábula a su gusto, para explicarla y hacerla venir a sus ideas? ¿Está dicho en Homero, Hesíodo o algún otro antiguo de esta clase, que Hércules fue un general de ejército? ¿Es llamado un campo, establo?, ¿alguno de ellos ha hecho mención del paso por allí del río Alfeo? ¿Qué autor ha hablado de una marcha de tropas españolas llevando a su rey Plutón a la cabeza y que hayan ido a combatir a Hércules en esta operación? Sin embargo es lo que se habría de decir y lo que habría sido dicho si el sistema y las explicaciones que el abad Banier da a la fábula de Plutón, fueran verdaderas. Concluyamos pues aún una vez más, que estos bueyes, su estiércol y su establo no son ni un campo, ni un establo, ni un rebaño de animales reales; que el dios de los Infiernos no vino realmente a Élide; he aquí pues, lo que se habría de pensar. Se ha hablado de los bueyes de Apolo en más de un lugar de la fábula; este dios ha sido su pastor, y se ha visto en el capítulo de Mercurio, que este dios alado le robó algunos de ellos. Yo creería que Augias, hijo del Sol o de Apolo, tenía algunos parecidos por herencia de patrimonio. Hemos explicado extensamente lo que se había de entender por estos bueyes, tanto en los capítulos de Apolo y de Mercurio como en el de Apis; aquí se tratará, pues, solamente del estiércol de estos bueyes; en cuanto al establo, se ve claramente que se refiere al vaso hermético.

Todos los filósofos hablan de la materia de la gran obra o de la medicina dorada, como de una materia extremadamente vil, despreciada y a menudo mezclada con el estiércol; asimismo dicen que se encuentra sobre el estiércol porque tiene muchas porquerías y superfluidades de las que se habría de purgar. Entonces no es sorprendente que este trabajo haya sido impuesto por Euristeo a Hércules, que es el artista. Los testimonios de los filósofos lo prueban mejor que el razonamiento, Morien dice:[37] *los sabios predecesores nuestros dicen, que si encontráis en el estiércol la materia que buscáis debéis cogerla allí, y si no la encontráis allí, debéis*

36. Banier, *Mitología*, t. 3, p. 276.

37. Morien, *Conversación con el rey Calid.*

tener cuidado con sacar la plata de vuestro bolsillo para comprarla, porque toda materia que se compra a un gran precio es falsa e inútil en nuestra obra. Avicena dice:[38] *encontramos en los libros que Aristóteles ha escrito sobre las piedras, que se encuentran dos piedras en el estiércol, una de buen olor y la otra de mal olor, las dos despreciadas y de poco valor a los ojos de los hombres; si se supieran sus virtudes, y sus propiedades, se haría gran caso de ellas, pero como se ignoran se las desprecia y se las deja sobre el estiércol en lugares hediondos; pero aquel que supiera hacer la unión encontraría el magisterio.* Gratien, citado por Zachaire, dice como Morien: *si la encontráis en el estiércol y os place, tomadla.* El autor del Rosario cita a Merculino, que dice: *hay allí una piedra oculta y amortajada en una fuente. Es vil y despreciada, tirada sobre el estiércol y cubierta de porquerías.* Arnaldo de Vilanova dice:[39] *ella se vende a un precio vil, incluso no cuesta nada.* Bernardo el Trevisano:[40] *esta materia está ante los ojos de todo el mundo y el mundo no la conoce, porque es despreciada y pisoteada con los pies.* Morien:[41] *antes de su confección y su perfecta preparación, tiene un hediondo y fétido olor; pero después de que es preparada tiene un buen olor [...] su olor es malo y parecido al de los sepulcros.* Calid:[42] *esta piedra es vil, negra, hedionda y no se compra.* Pero para probar aún más claramente la razón que el autor de la fábula ha tenido en compararla al estiércol y en formar su alegoría, escuchemos lo que dice Haimon:[43] *esta piedra que deseáis es aquella que se emplea en el cultivo de las tierras y sirve para volverlas fértiles.*

He aquí suficiente para dar a entender lo que era este estiércol de los bueyes de Augias, que Hércules debía llevarse; pero para volver la cosa más palpable añadiremos que este estiércol debe tomarse por la materia en putrefacción, lo que conviene muy bien al estiércol. Además la cosa está indicada por Plutón, que viene a combatir con Hércules y que es herido por una flecha, pues, como hemos visto en el capítulo de Plutón, el imperio tenebroso de este dios no es otra cosa que el color negro que sobreviene a la materia en putrefacción. Se dice que se retira después de haber sido herido por una flecha porque el negro desaparece a medida que la materia se volatiliza. El trabajo del artista consiste, pues, en separar lo puro de lo impuro y en purificar la materia de sus partes heterogéneas, haciéndola pasar por la putrefacción, entonces las porquerías y el estiércol infectarán el vaso representado por el establo, y todo este trabajo se hará en un sólo día; no es que la materia permanezca sólo un día negra y podrida, pues los tres mil bueyes habían morado bastante más de un día en el establo de Augias; pero siendo la disolución perfecta y completa no precisa más de un día para que la materia empiece a manifestar el

38. Avicena, *De Animâ*, dict. 1, cap. 2.
39. Arnaldo de Vilanova, *Nueva Luz*, cap. 1.
40. Bernardo el Trevisano, *op. cit.*
41. Morien, *Filosofía de los Metales.*
42. Morien, capítulo 9.
43. Haimon, *Epístola sobre las Piedras de los Filósofos.*

pequeño círculo blanco del que hemos hablado en el artículo del rapto de Proserpina. Cuando el blanco aparece la putrefacción cesa y en consecuencia ya no hay más estiércol allí.

Hércules había convenido con Augias que en recompensa le daría la décima parte de sus rebaños, puesto que, según el Cosmopolita,[44] es preciso que la fortuna sea bien favorable al artista para que pueda tener más de diez partes. *Erant quidem multi qui partim tentabant illuc aquam fontis per canales deducere, partim etiam ex variis rebus eliciebant; sed frustraneus erat attentatus labor [...] & si habebatur, inutilis tamen fuit, & venenosa, nisi è radiis soiis vel lunae, quod pauci praestarepotuorunt, & qui in hoc perficiendo fortunam habuit propitiam, numquam ultra decem partes potuit attrahere.* Esta agua de la que habla el Cosmopolita debe de extraerse de los rayos del Sol y dichoso el artista que puede tener diez partes. Hércules también reclama a Augias la décima parte de sus rebaños, o de los bueyes que este hijo del Sol había heredado de su padre. ¿Por qué se dice que Augias rehusó dárselas a Hércules y las guardó para él? Es porque Augias, como hemos dicho, significa esplendor, luz, lo que conviene a la materia venida al color blanco tras el negro, puesto que la materia al blanco es llamada luz, esplendor del Sol; hemos citado muchos textos de los filósofos que lo prueban. Así, cuando el color blanco, símbolo de la limpieza, aparece sobre la materia, el establo de Augias está limpio; Augias guarda para él la décima parte de sus rebaños que había prometido a Hércules, porque la operación continúa y porque aún no es tiempo de que el artista goce de sus trabajos. Hércules irritado destroza todo el país de Augias, esto es porque haciendo el elixir se precisa una nueva disolución, una fermentación. El mismo Augias es atacado por Hércules, que lo hace morir; es la putrefacción que sucede a la fermentación. Hércules consagra los despojos de Augias en la celebración de los juegos olímpicos, porque estos juegos fueron instituidos en honor a esta última operación que hace la perfección de la obra, o medicina dorada. Los menos clarividentes sólo tienen que abrir un poco los ojos para ver claramente la inmediata relación que reúne todas las partes de la fábula. Se ha de juzgar la solidez y la verdad de un sistema por el encadenamiento de sus principios y de sus consecuencias. ¿Hay en cada fábula una sola circunstancia que no concuerde con las de otra? Hasta aquí todas han estado en acuerdo, y parece ser que las siguientes también lo estarán.

---

44. El Cosmopolita, *Parábola.*

CAPÍTULO IX

La caza de los Pájaros Estinfálidos

Hércules era útil para todo, había matado al león a golpes de maza, apresado una cierva en plena carrera, cortado las cabezas de la hidra de Lerna, atado al jabalí de Erimanto, limpiado los establos de los bueyes del rey Augias. Euristeo no está contento y tras haber probado su fuerza y su coraje, quiere también poner a prueba su destreza.

Unos monstruosos pájaros habitaban en el lago Estimfalo y desolaban la Arcadia, era preciso eliminarlos o cazarlos. Las flechas no podían nada contra ellos, eran tan inútiles que ni se intentaba hacer uso de ellas. ¿Qué armas se podían utilizar contra unos pájaros que tenían las ganchudas uñas de hierro? Algunos autores[45] han dicho que su pico y sus alas también eran de este metal. ¿Qué habrían podido hacer, pues, las flechas contra unos pájaros acorazados? Nada asombraba a Hércules, lo que no podía hacer de una manera lo intentaba de otra. Las flechas no pudieron herir al león de Nemea, pues él empleó la maza. Pero ¿que hubiera hecho la maza contra los pájaros? No se dejaban ni acercar; pero Hércules era fértil en recursos. Había recibido de Palas como presente una especie de timbal de bronce, inventado y hecho por Vulcano; era un instrumento de cobre al que algunos han llamado *crótalo* y era muy apropiado para hacer mucho ruido. Hércules se apresuró en hacer uso de él y a fuerza de un ruido estruendoso sorprendió de tal manera a los pájaros que huyeron y se retiraron a la isla de Aretia, según Pisandro de Camira y Seleuco en sus conjuntas obras. Apolonio nos lo confirma en estos términos: *Sed neque ut Arcadiam petiit vis Herculis areu ploidas inde lacu Volucres Stymphalidas ulli pellere vi potuit: namque hoc ego lumine vidi, ast idem ut manibus crotalum pulsavit in altá existens speculá prospectans, protinus illae cum clamore procul limquentes littus ierunt.* (Argonáuticas, lib. 2)

El abad Banier, que saca partido de todo para hacer venir las fábulas a su sistema, no ha dejado escapar la idea que le ha suministrado Mnaséas. Como él, nuestro mitólogo toma a estos pájaros por bandidos y ladrones que arrasaban en el campo y en los caminos de los alrededores del lago Estimfalo en Arcadia. Asimismo incide sobre esta idea, pues añade que Hércules fue a echarlos fuera del bosque donde se ocultaban, espantándolos mediante el ruido de sus timbales y luego los exterminó. Sin embargo yo no veo en qué han podido fundar esta idea. Que se signifique que los ladrones tenían los dedos ganchudos y asimismo que se suponga que iban acorazados no tiene nada de sorprendente, pero que se les imagine con alas y pico de hierro, invulnerables a las flechas, revoloteando siempre sobre el lago, capaces de sorprenderse y de huir sólo por el ruido de un instrumento que sin duda conocerían aunque lo hubiera visto un sólo hombre, es lo que no cabe en el pensamiento. Además el

45. Timagneto.

abad Banier ha situado allí una selva muy gratuitamente, puesto que la fábula no hace ninguna mención de ella. Por otro lado, si se toma esta historia al pie de la letra y si se quiere hacer una aplicación moral, no veo nada más pueril, ¿se aplicará quizás a la física? No sé cómo. Pues ¿qué relación tendría en todo esto un ruido estruendoso de crótalo y los pájaros que huyen espantados al sentirlo? Pero si se le interpreta según lo que pasa en las operaciones de la química hermética, no puede avenirse mejor, porque en efecto esta era la intención del autor. Palas y Vulcano, que se encuentran implicados en este asunto, nos lo prueban claramente. El abad Banier se apercibió de que este dios y esta diosa lo hubieran echado todo a perder, o al menos le eran como inútiles en esta acción explicada mediante su sistema, y según su recurrida costumbre los excluyó.

Hay pocas alegorías fabulosas que pongan ante los ojos del filósofo hermético tan claramente el fundamento de su arte y lo que pasa en ciertas circunstancias de sus operaciones; es lo que se verá por los testimonios de estos filósofos, que conocen muy bien de qué clase era el crótalo fabricado por Vulcano y cuáles eran estos pájaros del lago Estimfalo. Este crótalo de bronce no es otra cosa que el latón o bronce filosófico producido por el fuego de los filósofos y, en consecuencia, hecho por Vulcano. Este bronce fija las partes volátiles cazándolas de lo alto del vaso en medio del lago o del agua mercurial, donde se encuentra la isla llamada *Arétia*, o de firmeza, de Α᾽ρετή, *fuerza, coraje, firmeza,* o si se quiere de Α῎ρης, *hierro,* a causa de la dureza del hierro, porque las partes volátiles indicadas por lo pájaros van a reunirse con las partes fijas, recogidas en forma de isla en medio del lago filosófico.

La naturaleza de estos pájaros está significada por el nombre de *ploydes,* que les ha dado el ya citado Apolonio, pues *ploydes* quiere decir *que nada sobre el agua,* de πλώω, *navegar,* y de ὕδωρ, *agua.* Es lo que sucede a las partes volátiles mientras circulan por encima del agua mercurial, antes que el bronce o el crótalo de los filósofos las haya fijado. A propósito de esto, escuchemos al autor anónimo del Consejo sobre el matrimonio del Sol y la Luna, que se expresa igual que Constancio,[46] en estos términos: *aplicaos solamente en buscar dos platas vivas, una fija en el bronce y la otra volátil en el mercurio.* Invido (*Ibíd*) dice también: *Este azufre, es decir, la plata viva, tiene la costumbre de revolotear y de huir, se sublima como un vapor. Es preciso, pues, detenerla mediante una plata viva de su género, es decir, que haga detener su huida y que le asegure un retiro en nuestro bronce.* Eximidio (*Ibíd*) dice: *os digo la verdad, sólo hay verdadera tintura de fijeza en nuestro bronce.* Senior, en su tratado, habla así: *hay dos pájaros homogéneos, o de una misma naturaleza, uno macho que no puede volar, porque el fuego no hace presa sobre él; el otro es nuestra águila, que es la hembra que tiene alas; sólo ella puede exaltar al otro, corrompiéndolo para fijarse después con él.* Raimon Llull[47]

46. Constancio, *En la Turba.*
47. Raimon Llull, *Théoria. Testamentum,* cap. 57.

dice: *es con un agua de esta especie (o nuestro bronce) que fijamos a los pájaros que vuelan en el aire. La virtud de nuestra piedra hace todo esto.*

¿Por qué los filósofos dicen que su bronce tiene el poder de fijar? Es lo que Arquimio[48] nos enseña, que la Venus filosófica es la mensajera del Sol y le hace tener su señorío, que Marte le presenta, es decir, que empezándose a fijar la materia toma el color citrino azafranado que los filósofos llaman bronce; le sucede el color de la herrumbre del hierro, al que llaman Marte, y finalmente aquel color rojo púrpura o del pavo real, al que llaman su oro, su Apolo o su Sol. El autor de la fábula que explicamos ha tenido en vistas esta sucesión de colores y parece ser que su crótalo de bronce es este color azafranado y su isla Aritea el color de la herrumbre de hierro, puesto que, según lo que hemos dicho, Aritea viene de A"ρης, *hierro*. Es así como Hércules o el artista, ayudado por Vulcano y bajo la dirección de Palas, puede dar caza, con el crótalo, a los pájaros ploydes que vuelan sobre el lago o agua cenagosa del lago Estimfalo, es decir, sobre el agua mercurial y cenagosa encerrada en el vaso, que es de vidrio. Finalmente, el pico, las uñas y las alas de estos pretendidos pájaros, se dice que eran de hierro, así como se dice que las harpías los tenían de oro, lo que indica expresamente su naturaleza metálica. No es necesario, pues, torturarse el espíritu para encontrar un sentido natural a estas fábulas, es suficiente seguirlas paso a paso y combinar todas sus circunstancias, en lugar de suprimirlas.

CAPÍTULO X

El Toro furioso de la isla de Creta

Muchos autores han confundido a este toro con el Minotauro; Apolodoro dice que era el mismo que aquel que raptó a Europa. Neptuno irritado envió a este toro, que echaba fuego por las narices, para devastar la isla de Creta. Euristeo envió a Hércules para que la liberara de este toro y se lo trajera. Hércules siempre presto a obedecer, particularmente cuando se trataba de alguna acción cuyo peligro debía aumentar su gloria, partió al instante, pues era infatigable, según estas palabras que Ovidio[49] le hace decir: *Ego sum indefessus agendo.* Llegó a la isla, buscó al animal, combatió con él, lo cogió, lo ató y lo condujo a Euristeo

A propósito de esta conducta, o de estos monstruos llevados por Hércules ante Euristeo, me viene una reflexión que sin duda habría hecho perder a los mitólogos el deseo de explicar históricamente o moralmente, o según los principios de la física vulgar, todos los trabajos de Hércules, hela aquí. Euristeo no ordenó a Hércules matar, exterminar o anonadar a todos los monstruos contra los que le enviaba a combatir, sino que se los llevara a él. ¿Cuál es el

48. Arquimio, *Código de Verdad.*

49. Ovidio, *Metamorfosis*, lib. 9, fáb. 3.

príncipe en el mundo que no habría sido causa de burla, *risum teneatis amici*, si hubiera dado semejantes órdenes? ¿Podría aplaudirse a un rey que enviara purgar a otros países de furiosos monstruos que lo arrasaban todo, para llenar con ellos el suyo? Se le consideraría a él mismo como a un monstruo peor que aquellos a los que enviaba buscar. Sin embargo, tal es la idea que la fábula nos da de Euristeo y no obstante ni un sólo autor osa desacreditar por ello a este rey de Micenas. Sin duda que Euristeo tenía el don de amansarlos, o decoraba su casa con fieras; pero hubiera sido preciso otro Hércules para cuidarlos y *hacerlos entrar en razón*; sólo había este príncipe que defendiera sin cesar a los otros. Un toro que echaba fuego por las narices, un furioso león que había descendido del orbe de la Luna, un jabalí enviado por una diosa, no son animales muy fáciles de conducir. Yo no veo que Euristeo hubiera podido reemplazar a Hércules, a menos que hubiera encontrado, por entonces, en su reino algún otro tan hábil y tan intrépido, como aquellos[50] que no veían en este toro llameante más que a un toro de gran belleza; Euristeo tenía un gran cuidado, pues el *buen Euristeo*, según el mismo autor, *no era muy bravo, puesto que a la vista del jabalí de Erimanto huyó a su habitación y se encerró bajo llave.*

He aquí cómo este mitólogo explica al revés esta fábula, que dice que Euristeo se ocultó en un tonel de bronce. Parece ser que este autor conocía poco el coraje de Euristeo, le otorga un miedo que no tenía, pues sin duda que si lo hubiera tenido no hubiera vuelto a dar semejantes órdenes a Hércules. Un toro que vomita fuego no es de temer menos que un jabalí. Hércules se lo llevó, y la fábula no dice que huyera al verlo. No estaba en guardia, estaba muy firme y muy intrépido después de que estuviera en el tonel de bronce; el lector se convencerá de ello si quiere acordarse de todo lo que hemos dicho hasta aquí de la naturaleza de este bronce y de la de Euristeo. También lo envió, para abreviar, a lo que hemos dicho de un toro parecido en el capítulo del toisón de oro. Solamente señalar que este toro había sido enviado por Neptuno y que este pretendido dios, que comúnmente se explica como el mar, debe de entenderse como el mar de los filósofos, o de su agua mercurial, como así lo hemos probado más de una vez.

CAPÍTULO XI

Diomedes comido por sus caballos.

Hasta aquí Hércules sólo había mostrado fuerza, coraje y destreza, es preciso que se arme aquí de un poco de inhumanidad. Euristeo lo envió a Tracia para que se aprovechara de Diomedes, que era rey, y se le llevara los caballos. Este rey que era más inhumano que sus caballos que eran feroces, los alimentaba con la carne de los extranjeros que llegaban a su país. Hércules no tuvo nin-

50. Banier, *Mitología*, t. 3, p. 277-278.

gún respeto por el hijo de Marte. Cogió a Diomedes e hizo que se lo comieran sus propios caballos, después mató a algunos de ellos y llevó los otros a Euriteo. Según me parece, Hércules debería haberle tenido alguna consideración por el dios al que representaba. Su coraje, su fuerza, su intrepidez y sus otras cualidades guerreras lo convertían en un segundo Marte, pero Hércules no consideraba estas cualidades en él. Además, Diomedes era nieto de Juno y esta diosa había perseguido a Hércules. Este héroe sólo tenía obligación con Palas, que lo ayudaba con sus consejos, con Vulcano, que le suministraba las armas que usaba y con Mercurio, cuyo hijo le había dado lecciones; Marte no tenía ningún derecho sobre él; también levantó un altar a Palas, que lo tenía en común con Vulcano, y consagró su maza a Mercurio. Así por venganza, o más bien por obedecer las órdenes de Euristeo, Hércules mostró inhumanidad. Erasmo,[51] de quien el abad Banier ha seguido la idea, ha hecho de esta fábula una metamorfosis. Los caballos de Diomedes se han vuelto entre sus manos, primeramente, yeguas, pero como casi no tenía menos dificultad para explicar históricamente esta fábula, estas yeguas han tomado una naturaleza humana. Diomedes se ve de golpe convertido en padre, sus yeguas se vuelven sus hijas y no tiene ninguna dificultad en cubrir de infamia a este padre, hijo de un dios, acusándole de prostituir a sus hijas que quedaron embarazadas, dice nuestro autor, a costa de víctimas extranjeras cuya lubricidad los atraía a la corte de Diomedes. La figurada ferocidad de los caballos de Diomedes era sin duda la desmesurada lubricidad de sus hijas. ¿No era propia esta cualidad como para empujar a Euristeo a desear su posesión? Las hijas prostituidas deberían ser un ornamento para su corte.

Diomedes era hijo de Marte y en consecuencia pertenecía a la genealogía dorada de los dioses. Tenía unos furiosos caballos; Hércules se hizo de él e hizo que se lo comieran. Los filósofos han dado a su materia todos los nombres imaginables, porque ella es el principio de todo. Consecuentemente han podido darle el nombre de caballo en esta alegoría, puesto que Rasis[52] lo ha empleado también. La manta del *caballo*, dice este autor, es nuestro manto blanco, y nuestro *caballo* es un león fuerte y furioso, cubierto con este manto. Este caballo o león es nuestra materia; el manto es el color blanco que le sobreviene. Heaquí los feroces caballos de Diomedes, hijo de Marte, es decir, de la piedra llegada al rojo del pavo real, porque este color sigue inmediatamente al color de la herrumbre, llamado Marte por los filósofos. Hércules o el artista cogió a Diomedes e hizo que se lo comieran sus propios caballos, es la operación del elixir, donde es preciso que la materia vuelva a pasar por la putrefacción y la disolución; entonces Hércules mata una parte de estos caballos y lleva el resto a Euristeo, porque una parte de la materia volátil queda volátil y la otra es conducida a Euristeo, es

51. Erasmo, *Adagios.*
52. Rasis, *Epístola.*

decir, que es fijada. La ferocidad y el ardor de estos caballos indican la actividad y la penetración del mercurio; Diomedes comido por estos animales es la disolución del cuerpo fijo de los filósofos. La fábula dice que fue devorado por sus *propios* caballos, porque el disolvente y el cuerpo disoluble son de la misma naturaleza y nacen de la misma raíz, Pues como dice Filaleteo:[53] *ninguna agua puede disolver las especies metálicas, a no ser que sea de su misma naturaleza y que sea susceptible de la misma materia y de la misma forma. Es por lo que el agua que no es de la misma especie que el cuerpo que debe disolver, no las disuelve en una disolución real y natural. Es preciso pues, que el agua les sea parecida para poderlas abrir, disolverlas, exaltarlas y multiplicarlas.*

CAPÍTULO XII

Gerión muerto por Hércules, que se lleva sus bueyes.

Euristeo no se contentó con tener en su posesión el más bello toro de la isla de Creta, el toro que vomitaba fuego por las narices; lo deseaba todo, y envió a Hércules para satisfacer su deseo. Gerión (o Geriones), hombre monstruoso, puesto que tenía tres cabezas o tres cuerpos (hijo de Crisaor,[54] y éste nacido de la sangre de Medusa), tenía un rebaño de bueyes de color púrpura; este rebaño era guardado por un perro de dos cabezas, por un dragón que tenía siete y por un vaquero llamado Euritión. Euristeo quiso tener estos bueyes y mandó a Hércules que los fuera a buscar. A la vista de tantos monstruos la empresa hubiera parecido difícil a cualquier otro que no fuera Hércules, pero él ya había visto otros y además debía obedecer. Partió pues, mató a Gerión y a los guardianes del rebaño y condujo los bueyes hasta Euristeo.

Casi todos los autores que han intentado explicar esta fábula varían en sus pensamientos. Unos suponen a Hércules como general de ejército que desafió a un príncipe que reinaba sobre las tres islas Mallorca, Menorca e Ibiza según otros eran Tartesa, Cadix y Euritia; o bien sobre tres príncipes aliados, considerados como una misma persona, a causa de su íntima unión. Otro encontrando mucha dificultad en suponer real el viaje de Hércules a España, ha preferido decir que Gerión no había reinado jamás en este país sino en Epira y que es allí donde Hércules lo desafió y se llevó sus bueyes. ¿Qué pensar de estos diferentes sentimientos? Que no hay ni uno que sea verdadero. En vano se cita a antiguos autores para apoyarlos; su testimonio sólo prueba que han explicado esta fábula de la misma manera y que los antiguos no sabían más que nuestros modernos le Clerc, Bochart y etc, que han querido refinar las ideas de los antiguos. El abad Banier adopta todos los sentimientos, cuando favorecen a su sistema, y todas las explicaciones de estos

53. I. Filaleteo, *Enarratio Methodica*, cap. del *Espíritu disolvente*.

54. Hesíodo, *Teogonía*.

autores deben parecer, y son realmente falsas, puesto que no solamente no esclarecen esta fábula, sino que, suprimiendo la mayor parte de circunstancias, la disfrazan de manera qua ya no se la puede reconocer. Por ejemplo, está dicho en la fábula que Gerión era un hombre con tres cuerpos.

No se hace ninguna mención de tropas ni de combates y a estos autores les complace suponer de ello la derrota de tres cuerpos del ejército. Al no ser suficientemente verosímil este sentimiento, otro supone a tres príncipes aliados y sometidos a Gerión; sin duda no se ha dado cuenta de que ha puesto uno de más, pues tres príncipes y Gerión son cuatro, hubiera tenido que decir, pues, Gerión con cuatro cuerpos y no con tres. Siendo rey Gerión, sin duda que tenía tropas con él, que unidas a las de otros tres haría cuatro cuerpos distinguidos y entonces la cosa vendría a ser lo mismo. Pero en la fábula sólo se habla de un rebaño de bueyes perteneciente a Gerión, y aunque se hubieran mencionado varios, ¿por qué suponer que Hércules hubiera sido rival de un rebaño de bueyes, tomándolos como otro Don Quijote, por un ejército preparado para la batalla? Además, estos bueyes eran de color púrpura y guardados por un perro de dos cabezas. ¿En qué país se ven bueyes parecidos? Puesto que los pastos de Euritio no son propios para alimentar bueyes, Bochart concluye que Gerión no era rey de España sino de Epira. Pregunto al lector qué pensaría del siguiente razonamiento, fundado en esta proposición. Luis XV, rey de Francia tenía un león muy bello y una bella leona, y le hace un presente al rey de Inglaterra. El hecho es falso; o Luis XV era rey de África, pues Francia no alimenta leones.

Pero dejemos de lado estas absurdidades que prueban claramente que el autor de esta fábula tenía una idea de la cual estos mitólogos no veían nada. La verdad arranca aquí una confesión al abad Banier, de la que aparentemente no se da cuenta de su consecuencia, respecto a la explicación que da de los otros trabajos de Hércules: *todo lo que los griegos dicen de los viajes de su Hércules a España y a Cádiz es fabuloso*, dice este erudito mitólogo (tomo 3, p. 278). Ruego al lector que no olvide esta confesión. No, Gerión no era rey de España, y no lo era de Epira, pero sí lo era del encantador país donde reinaba Ceres, donde fue raptada Proserpina, era rey de Nisa, donde fue criado Baco; se puede ver su descripción en los capítulos que tratan de estos dioses. Es allí donde reinó Gerión, es en este bello país donde pacía su rebaño de bueyes de color púrpura, guardado por el perro Orto de dos cabezas y por un dragón que tenía siete.

Gerión es el elixir de los filósofos, venido al color rojo del pavo real que los filósofos llaman *Rey*, porque es su oro. Tenía tres cuerpos, como siendo compuesto de tres principios, sal, azufre y mercurio. Además de sus tres cuerpos que sólo hacen un hombre, el color de sus bueyes y los guardianes de su rebaño, muestran claramente que esta pretendida historia es una pura alegoría. El perro de dos cabezas es de la misma raza que el Cerbero que tenía tres; el dragón que tenía siete también era hijo de Tifón y de Equidna y ya se sabe lo que se ha de pensar de ello. Pero para que no se nos acuse de avanzar todo esto *gratis*, veamos si los filósofos nos suministran algunas pruebas para semejantes alegorías. Hermes dice: *veo tres cabezas, es decir, tres espíritus nacidos de un mismo padre, pues ellas sólo hacen uno, sólo componen una misma cosa, siendo del mismo género y de la misma raza; una está en el fuego, la otra en el aire, la tercera en el agua, esto es el azufre, la sal y el mercurio.* Hamuel sobre Senior dice tambien: *nuestra agua de vida es triple, aunque sólo sea una en la que están comprendidos el aire, el fuego y el agua. Esta agua tiene un alma a la que se llama oro y agua divina. Su padre ha reunido estas tres cabezas porque son homogéneas.*

Se ha emplazado el reino de Gerión en España por la misma razón que se ha puesto allí el jardín de las hespérides. Un filósofo anónimo[55] ha tomado perfectamente la idea del autor de esta fábula cuando dice: *por la gracia de Dios, el padre y el hijo residen en un mismo sujeto y reinan en un reino magnífico. Entre sus dos cabezas se muestra la de un venerable anciano, es muy remarcable que su manto es de color rojo sangre.* Pero, en fin, ¿se ha visto jamás en la naturaleza unos bueyes de color púrpura, y bueyes que, según la fábula, se comían a los que habitaban con ellos? Los bueyes de esta especie ¿no son precisamente esta materia disolvente de los filósofos, que disuelve lo que se pone en el vaso con ella? ¿No son éstos de la misma naturaleza que los caballos de Diomedes? ¿No dan a entender perfectamente lo que se ha de pensar de ello, los parientes de Gerión? Crisaor, su padre, viene de Χρυσός, *oro*, y su madre Calírroe significa *agua bella y corriente*, de Καλως, *bella*, y de ρ΄όω, *yo fluyo*; porque la circunstancia que el autor de esta fábula ha tenido a la vista es la del elixir al rojo, donde el disolvente o agua mercurial es un agua fluyente que es el principio y la madre, que, tras haber disuelto al oro filosófico, o Crisaor, se unen conjuntamente y de este matrimonio nace Gerión. El color del azufre u oro de los filósofos, es el de los bueyes y estos bueyes son la misma cosa que el disolvente que se come a sus huéspedes.

Para llevar a cabo el robo de estos bueyes, Hércules se ve obligado a matar a Gerión, al perro Orto, al dragón y a Eurition que estaban al cuidado de estos bueyes, es decir, que, para llegar a la fijación, significada como hemos visto, por Euristeo, es preciso matar o hacer pudrir conjuntamente las materias que componen el elixir. El perro que tiene dos cabezas es el compuesto del cuerpo disoluble y del disolvente; el dragón con siete cabezas son las siete circulaciones o sublimaciones que se hacen antes de que el compuesto se vuelva fijo. Eurition se dice que es el pastor, porque viene de έρύομαι, *guardar, defender.*

Pero no era suficiente haber robado estos bueyes, era preciso llevarlos a Euristeo. Hércules sabía bien el camino que debía hacer y debía salvar mil obstáculos que se oponían a su deseo. Si Bochart hubiera reflexionado un poco sobre el camino que tomó Hércules para volver no hubiera trasladado España a Epira. Hércules primero condujo a estos bueyes desde una isla del océano llamada Gardira, en Tartesa, como si se dijera desde una isla flotante

55. Citado por Mayer en su *Arcana arcanissima*, p. 233.

a tierra firme, puesto que Gardira viene de γαῖα, *tierra,* y de δεῖρω, *venir e ir.* Se ha visto la misma cosa de Delos. Se dice de esta isla que está en el océano o el mar, porque el mercurio filosófico donde flota la isla de los filósofos es llamado también mar por los filósofos.

Libis y Alebión

Estando en camino, un cierto Libis, hermano de Alebión, quiso impedir a Hércules conducir estos bueyes; Hércules lo mató, es decir que fijó la parte del compuesto filosófico que se volatilizaba. Esta volatilización que no puede hacerse sin agitación de la materia, es expresada por estos dos nombres Libis y Alebión, pues Libis viene de λεἰbω, *destilar,* o λἰbυς, *viento que hace llover;* era hermano de Alebión, porque ha sido hecho de ἀλαομαι, *errar, ser vagabundo,* de donde se hace ἀλη, *errar,* y de βιος, *vida,* como si se dijera que lleva una vida errante; también dice la fábula que son hijos de Neptuno, es decir, del mar de los filósofos.

Alcioneo el Gigante

Llegando al istmo de Corinto, Hércules fue a combatir al gigante Alcioneo. Éste estaba armado con una piedra de un extraordinario grosor, que había cogido en el mar Rojo; se la tiró a Hércules para aplastarlo, pero nuestro héroe paró el golpe con su maza y después mató al gigante. El nombre de Alcioneo y el lugar de donde cogió la piedra explican lo que el autor ha querido decir, pues la piedra filosofal se forma del agua roja mercurial, a la que Flamel llama[56] mar rojo; y Alcioneo viene de Α'λκή, *fuerza,* de υω, *llover,* y de νέος, *tierra trabajada de nuevo;* como si se dijera, tierra fuerte, venida del agua y sembrada de nuevo. Hércules lo mató, es decir, quitó a esta tierra su volatilidad, después echó esta piedra al mar, porque esta piedra al ser fijada, se precipita al fondo del agua mercurial.

Érix, hijo de Venus y de Butes

Un tal Érix, hijo de Venus y de Butes, también deseó quitarle a Hércules los bueyes que conducía, pero Hércules lo trató como a los otros, y se ha de explicar de la misma manera, puesto que Érix significa retraso y porque siendo hijo de Butes, que viene de βυθός, *abismo, fondo del agua,* y de Venus, sólo puede significar a una materia nacida del agua filosófica. Su pretendida muerte también es la fijación. Hércules, después de todas estas travesías, condujo finalmente a su rebaño hasta Euristeo, es decir, que llevó a cabo la perfección de la medicina dorada, en memoria de la cual levantó dos columnas sobre los confines de Iberia, para

56. Flamel, *Explicación de las Figuras Jeroglíficas.*

indicar el elixir al blanco y el elixir al rojo. Una de estas columnas es llamada Calpen y la otra Aliba, indican el fin de los trabajos y el reposo tras sus fatigas; también Calpé significa bello y glorioso reposo, de καλως, *bello, bueno, glorioso,* y de παύω, *terminar, cesar.* Aliba viene de α᾽λις, *es suficiente,* y de βαίνω, *afirmar, fijar, consolidar;* como si se dijera que tras haber terminado la obra es suficiente para tener una tranquilidad firme y estable.

Hércules tuvo que superar otros obstáculos, tanto al ir para robar los bueyes de Gerión como al conducirlos a Euristeo tras haberlos conseguido. Hemos pasado revista a algunos de ellos para poner en evidencia que las menores circunstancias de esta fábula contribuyen a afirmar nuestro sistema. Cuando nuestro héroe partió de Grecia en su expedición, se encontró un día tan fatigado por el calor y el ardor del Sol que se irritó contra este astro y tensó su arco para tirar una flecha contra este dios. Apolo se asombró de su temeridad, pero admirando al mismo tiempo el coraje y grandeza de alma de Hércules, le otorgó como presente una gran copa de oro. Ferécides[57] dice que Hércules se sirvió de ella a manera de góndola para atravesar el océano y que estando sobre el mar las olas hicieron balancear de tal manera esta góndola que Hércules, irritado, tiró una flecha contra el océano mismo, que se vio en el deber de apaciguarse y darle esa satisfacción. Es evidente que esta flecha tirada contra el Sol significa la volatilización del oro filosófico, puesto que las flechas de Hércules, las de Mercurio, las de Diana, siempre son un símbolo de la volatilidad del disolvente, o agua mercurial. El Sol le dio una copa de oro en recompensa a su grandeza de alma, es decir, que el coraje y la constancia del artista se encuentran recompensadas por el oro de los filósofos, que es el fin del magisterio, o medio por el cual el artista pasa el océano para llegar hasta el rebaño de Gerión; durante este trayecto tiró una flecha contra el agitado océano, y el océano se apaciguó. Esto es para indicar que el agua mercurial se agita desde el comienzo de la operación del elixir, se volatiliza y después su agitación cesa poco a poco, cuando la materia empieza a volverse negra. Entonces Hércules entra en las tierras de Gerión y empieza el combate para robar sus bueyes.

CAPÍTULO XIII

Hércules combate a las Amazonas y roba el cinturón de su reina Menálipe[58]

Tras haber combatido a los monstruos Hércules va a ejercer su coraje y su fuerza contra las mujeres. Primero se ha de imaginar que Euristeo, al no poder deshacerse de Hércules, exponiéndolo a los peligros que le había ordenado para

57. Ferécides, *Historia*, lib. 3.

58. Melánipe, según P. Grimal. *(N. del T.)*

que pereciera y de los que siempre salía glorioso, quiso tomar otra vía para ablandar su coraje. Sabía que Hércules no era enemigo del bello sexo y que no tendría dificultad en obedecer sus órdenes al saber que las mujeres contra las que lo enviaba tenían reputación de tener gran coraje y mucho valor. Además, el objeto de su expedición no era el de limpiar un establo, o correr un año entero tras una cierva, o hacer que un hombre fuera comido por sus propios caballos, o robar un rebaño de bueyes, sino el de apoderarse del cinturón de una reina, un cinturón superior a los otros por su valor y belleza. Alcides partió en un barco y se asoció a Teseo para que lo acompañara en esta expedición. Pasando por Bebricia, Migdón y su hermano Ámico quisieron oponerse al paso de nuestros héroes, que tras haberlos hecho morir arrasaron todo el país y lo dieron como presente a Lico, hijo de Deifilo, al que habían llevado con ellos. Finalmente, Hércules llegó a presencia de las amazonas, las combatió, mató unas cuantas e hizo que las otras huyeran, cogió prisionera a Hipólita, o Antíope y se la dio a Teseo, su reina Menálipe les dio el famoso cinturón como rescate, que Hércules llevó a Euristeo.

Muchos autores, entre ellos Estrabón, han pensado que las amazonas nunca han existido y que todo lo que se publica de ellas sólo son fábulas. Una de las pruebas que el abad Banier aporta de su existencia, según los autores que cita como garantía de ello, es que una de sus reinas llamada Pentesilea había ayudado a Príamo y fue muerta por Aquiles. Si no tuviéramos mejores pruebas podríamos ratificar el sentimiento de Estrabón, puesto que Príamo, Aquiles y Pentesilea son personajes puramente fabulosos, como veremos en el libro siguiente. Sea como sea, al ser también Hércules un héroe supuesto, las heroínas que él venció tambien deben serlo. Esta historia tiene, por ella misma, más aire de alegoría que de historia real. ¿Levantaría un rey todo su ejército para apoderarse de un cinturón?, ¿quizás sea porque era de oro y diamantes? Sólo los nombres de Procella, Protoé, Eribea, que se han dado a las amazonas que Hércules hizo huir, indican lo que se ha querido significar mediante ellas. De las otras que él tomó se dice que son compañeras de Febo y Diana. Sólo este último rasgo es suficiente para determinar la alegoría de la medicina dorada. Entonces se ha de juzgar a las amazonas como a las musas, las bacantes y las mujeres guerreras que acompañaban a Osiris y a Baco en sus expediciones; tanto las unas como las otras sólo son un jeroglífico de las partes volátiles de la materia de la gran obra.

Procella fue llamada así por su gran velocidad; Protoé por su extrema agilidad, de πρό, *delante,* y de θόός, *veloz, pronto;* Eribea de ἔ'ρις, *debate,* y de βεάω o βοή, *combate,* puesto que no hay nada más presto y más ágil que las partes volátiles y porque cuando se mezclan en lo alto del vaso parece que se combaten. Estas son aquellas que la fábula dice que Hércules puso en fuga. Las que se quedó eran Menálipe (Melánipe), su reina, Antíope o Hipólita, Celene, etc. Se dice que las cogió, es decir, que las fijó y es por esta razón que la fábula dice que eran compañeras de Febo y de Diana, porque la materia de los filósofos llevada al color blanco, llamado Diana, y al color rojo, llamado Febo, es fija y no huye más, lo que está expresado por los nombres de estas amazonas, ya que Antíope viene de ἀντί, que indica *cambio* y de ὀπός, *jugo, humor,* como si se dijera, que ya no es más líquido sino sólido y congelado, porque es preciso que la materia, después de haber sido disuelta, se congele y se coagule para llegar al blanco y a la fijación, según el precepto de todos los filósofos: *solve & coagula*, y lo que dice Calid:[59] *cuando vi al agua coagularse de sí misma, he reconocido la verdad de la ciencia y del arte hermético.*

Menálipe es llamada reina de las amazonas y para su rescate dio el cinturón adornado de piedras preciosas, puesto que Menálipe ella misma es llamada reina de los filósofos y su Diana, pues ha tomado su nombre de Μενά, *Luna,* y de λιπος, *engordar, gordura,* es decir, Luna en su plenitud, o la materia filosófica al blanco perfecto. El cinturón que ella dio a Hércules para su rescate, es un círculo mezclado de blanco, rojo y otros colores, que se manifiestan alrededor de la materia blanca en el momento en que empieza a pasar del blanco al rojo. Este círculo es al estilo de aquel que hemos explicado hablando del velo de Proserpina. Hércules lleva este cinturón a Euristeo, es decir, que continúa la obra y la conduce a la perfección. En cuanto al presente que Hércules hizo de Antíope o Hipólita a Teseo, ya haremos mención de ello cuando hablemos de este raptor de Ariadna.

CAPÍTULO XIV

Hesíone expuesta a un monstruo marino, y liberada por Hércules

No se está de acuerdo en el tiempo en que Hércules hizo esta expedición. Unos pretenden que fue cuando se dirigía a combatir a las amazonas; otros que tras su derrota; finalmente otros dicen que cuando Hércules fue dejado en la Tróada por los argonautas, cuando descendió para buscar al joven Hilas que se había extraviado yendo a buscar agua.

Esta diversidad de opiniones dificulta mucho a los mitólogos que, en consecuencia, no sabrían cuadrar sus épocas cuando se trata de explicar la fábula históricamente. El señor le Clerc considera una parte de esta historia como real y la otra como alegórica y dice que el pretendido joven príncipe Hilas significa *de madera* y que lo que ha dado lugar a la fábula es que Hércules descendió con Télamon y sus otros compañeros del barco de los argonautas y después de cortar madera sobre el monte Ida, hicieron un barco para la expedición de Troya. El ruido –añade– que la madera hacía al caer provocando que retumbara toda la selva, dio lugar a la fábula, que dice que al no poder encontrar Hércules al joven Hilas, al que amaba tiernamente, hizo resonar en toda la orilla el nombre de su favorito, lo que ha hecho decir a Virgilio: *cómo, a gritos, habían lla-*

59. Morien, *Conversación del rey Calid.*

mado los marineros a Hilas, abandonado en algún manantial, y cómo repetía como un eco toda la costa: ¡Hilas, Hilas! (Égloga 6)

¿Puede estar satisfecho el lector de una explicación tan mal concertada? Si es verdad que por el joven y encantador Hilas se debe de entender *de madera*, yo pregunto a le Clerc ¿qué encantos y que atractivo podía tener una tabla, una viga, en fin, un trozo de madera, para ganarse el afecto que Hércules tenía por Hilas? Además ¿es lógico que los argonautas se entretuvieran descendiendo a tierra para fabricar un barco en el que no tenían nada que hacer? Pues ¿de dónde les podía haber venido a Hércules y a Télamon la idea de construir un barco para ir a saquear la ciudad de Troya? O ¿qué motivo podía empujarles a esta expedición? La fábula no dice la menor palabra al respecto. Si se dijera que los argonautas dejaron a Hércules y a Télamon en tierra y que estos dos héroes, viendo a sus compañeros continuar su viaje sin ellos, decidieron fabricar esta nave, el hecho no sería más verosímil.

En efecto ¿por qué razón abandonar así a estos dos héroes? Y suponiendo que esto hubiera sucedido, dos personas, si se quiere ayudadas por algunos otros, ¿serían capaces de construir un barco? O ¿habrían encontrado las cosas necesarias para equiparlo? ¿Eran lo suficiente de mundo como para intentar una expedición? Finalmente, y concluyendo ¿es concebible que el ruido hecho por un árbol cortado al caer, haya podido hacer decir a Virgilio y a los autores de esta fábula que Hércules amaba tan tiernamente a Hilas que al no poder encontrarlo hizo resonar toda la ribera gritando el nombre de su favorito? La fábula no es conforme a esta explicación; lo que dice es que Hilas había ido a buscar agua y que, ya sea porque hubiera sido devorado por alguna bestia feroz, o ahogado en algún arroyo, Hércules no lo vio más y lo estuvo buscando inútilmente. Si este Hilas sólo significa madera, en mala ocasión dice la fábula que Hércules no lo pudo encontrar, puesto que le Clerc le hace encontrar suficiente como para hacer un barco. ¿A quién creeremos, al autor de la fábula o a su escoliasta? Yo pienso que es mejor referirse al primero, el lector juzgará si tengo razón. No era sin razón que el señor le Clerc considerara la historia de este Hilas como una alegoría, pero en lugar de explicar simplemente la palabra Hilas como *madera*, debería de haber puesto atención en que podía tener otro significado, puesto que ὑ'λη, de donde deriva Hilas y de donde en efecto viene, no solamente quiere decir *madera, bosque,* sino también *materia* de la que se hace alguna cosa, lo que ha determinado a un buen número de filósofos a emplear el término *ylé* o *hylé* para determinar en general la materia de la medicina dorada, de la que no han querido decir su verdadero nombre. Podría citar aquí muchos de los textos de estos filósofos, pero los omito para abreviar. Si alguien lo duda que se lea la teoría del Testamento de Raimon Llull, y la página 38 del tratado de Filaleteo que lleva por título *Vera confectio lapidis philosophici,* en ediciones 12 de Londres, 1678.

Es ésta la misma materia de los adeptos, que el autor de la fábula ha tenido a la vista con el nombre de Hilas; tenía razón al decir que Hércules lo amaba tiernamente, puesto que es en ella que los filósofos ponen todo su afecto. Hilas había descendido para sacar agua, puesto que se pone la materia en el vaso para disolverla en agua. Se dice que Hilas es joven porque la materia que se hace descender en el vaso debe de ser fresca y nueva, pues si fuera vieja de nacimiento o de cosecha, no valdría nada, según el consejo de Haimon[60] y de muchos autores: *no aceptar lo que no sea reciente.* Hilas se ahogó o fue devorado por alguna bestia feroz y Hércules no lo pudo encontrar, pues la materia que anteriormente era sólida, ya no lo es cuando es disuelta en el agua, su forma desaparece, su solidez se desvanece y el artista ya no la ve más en el estado que tenía antes de la disolución, se puede decir bien, alegóricamente, que se ha ahogado, o que alguna bestia feroz ha devorado a Hilas, ya que, según lo que hemos visto hasta aquí, los filósofos emplean comúnmente la alegoría de los dragones o de bestias feroces que devoran a los hombres, para designar la solución de la materia misma o de su oro por la acción de su mercurio. No es más sorprendente que el autor de esta fábula haya supuesto que Hércules hizo retumbar la rivera con el nombre de su querido Hilas al que no vio más. Se entenderían mal estos gritos si se consideraran como gritos de queja, estos gritos eran de alegría, de asombro, como aquellos que el Trevisano[61] dice haber hecho cuando vio que su libro de hojas de oro era disuelto y desapareció en la fuente; y tales como los del Cosmopolita[62] cuando vio el fruto del árbol solar fundido y desaparecido en el agua en la que Neptuno lo había puesto.

Entonces Alcides partió hacia Troya y se encontró con Hesíone, hija de Laomedón, expuesta ante un monstruo marino para que la devorara, a fin de apaciguar a Neptuno que estaba irritado contra su padre porque no le había recompensado por el servicio que había prestado al bautizar las murallas de Troya. Hércules se ofreció para liberarla, con un tiro de bellos caballos admirables por su velocidad y tan ligeros que, según los poetas, corrían por encima de las aguas. Alcides llevó a cabo su empresa, pero como Laomedón no mantuvo su promesa lo mató, hizo desposar a Hesíone con Télamon y dio la corona de Laomedón a su hijo Podarco, a petición de la princesa que rescató y que por ella fue llamado Príamo.

Para tener la explicación de esta fábula es suficiente compararla con la de Andrómeda, expuesta también a un monstruo marino y liberada por Perseo, las dos tienen el mismo objeto. Neptuno arrasaba la Tróada porque estaba irritado contra Laomedón; las nereidas, diosas del mar, arrasaban Etiopía porque estaban irritadas contra Casiopea, madre de Andrómeda. Se consultó al oráculo para que cesaran estas desolaciones y se obtuvo la misma respuesta tanto en un caso como en el otro; Casiopea debía de exponer a su hija a merced de un monstruo marino, enviado por las nereidas, y Laomedón debía de exponer a la suya a un monstruo parecido enviado por Neptuno. En efecto, la una y

60. Haimon, *Epístola.*

61. El Trevisano, *Filosofía de los Metales.*

62. El Cosmopolita, *Parábola.*

la otra son iguales. Llegó Perseo y liberó a Andrómeda, se presentó Hércules y liberó a Hesíone. Perseo mató después a Fineo y desposó a Andrómeda; Hércules mató a Laomedón y dio a Télamon la princesa Hesíone como esposa.

¿Por qué dos fábulas tan parecidas no han sido explicadas de la misma manera por los mitólogos? Según ellos en la historia de Andrómeda el monstruo era un corsario cuyo barco llevaba el nombre de ballena; en la fábula de Hesíone este monstruo es el mar mismo. La primera idea no era mala, un barco puede muy bien ser nombrado la ballena; pero la segunda no es tan afortunada, jamás se ha dado al mar un nombre parecido. A Paléfate[63] no se le encuentra defecto respecto a esto y se sostiene mejor, pero ¿ha salido airoso? Para él estos dos monstruos son corsarios. En la fábula de Andrómeda el monstruo corsario fue muerto por Perseo; en la de Hesíone el abad Banier suministra a Hércules los materiales necesarios para levantar un dique contra las impetuosas olas del mar. Para mí que no tengo el talento de Paléfate y del abad Banier, para construir barcos y levantar diques, pienso que se han de explicar los mismos hechos de la misma manera y más simplemente. Al ser la fábula de Hesíone una continuación de la de Hilas, retomémosla donde la habíamos dejado.

Hemos dicho que este joven príncipe, devorado o ahogado, es la materia filosófica en disolución, o disuelta en agua. El tiempo de esta disolución y de la putrefacción que le sigue, es el que ha dado a los filósofos la materia de todas las alegorías que han hecho sobre dragones y monstruos, sobre serpientes, bueyes y caballos que devoran a los hombres. Cada fábula nos ha dado hasta aquí ejemplos de ello, variados según la idea del autor. Pero se debe percibir que no varían nada respecto al fondo y que todas significan una misma cosa. Si uno se toma la molestia de reflexionar sobre ello y relacionar las diferentes circunstancias de cada una, casi se podría hacer una sola historia donde las circunstancias serían más o menos las mismas pero relatadas de diferente manera. Un autor diría que sucede en un lugar y atribuiría el hecho a una persona; otro la contaría como sucedida en otra parte y hecha por otra. Se encontraría que uno habría declarado circunstancias que el otro habría omitido; es lo que se puede señalar en la fábula que explicamos. Ya no se menciona más a Hilas, se le deja sumergido y el autor de pronto sitúa a Hércules en Troya, sin mostrarnos qué camino había tomado para llegar ni lo que había hecho durante su viaje. ¿Ha llegado allí por mar? Parece ser que sí, pues el lector apreciará que no hay casi ninguna fábula que no se hable del mar, de una ribera, un arroyo, una fuente o un lago. La cosa no puede ser de otra manera, pues el mar o el agua mercurial de los filósofos es el teatro de sus operaciones y su agente principal. Es esta misma agua que es el verdadero Neptuno, padre de una raza tan numerosa; es de él de donde salen todos estos monstruos y dragones, los del toisón de oro, del jardín de las hespérides, Medusa, las gorgonas, las harpías, etc. Estos son las

63. Paléfate, *Libro de las cosas increíbles.*

partes volátiles, disolventes, a las cuales se ha dado el nombre de mujeres que danzan, cantan, que tanto dan a luz de los héroes a caballos alados como a bueyes furiosos. Asimismo estos caballos también son tan ligeros que corren por encima de las aguas, prometidos a Hércules por Laomedón, como recompensa en caso de que llevara a cabo el hecho de liberar a Hesíone. Dichosamente tuvo éxito y Laomedón no quiso cumplir su promesa. Esta falta de palabra se explica en el mismo sentido y de la misma manera que la de Augias hacia el mismo Hércules, matando este último al uno y al otro por esta razón. Finalmente, Hércules abandona a Hilas ahogado, o como dice también la fábula, raptado por las ninfas, y va a encontrar al hijo de Ilo. Es preciso suponer a Laomedón hijo de Ilo, pues Hilas habiéndose ahogado o disuelto en el agua, esta agua mercurial se espesa, se enturbia y forma propiamente a Ilo o Ι'λύς, *un cenagal,* de donde nace poco a poco Laomedón, es decir, la piedra de los filósofos, o la piedra que manda, o que reina, de λάος, *piedra,* y de Μέδω, *mando, reino.*

Entre todas las hijas de sangre real, propuestas para ser entregadas al monstruo marino, la suerte escogió a Hesíone. En efecto, ella fue expuesta y Hércules la liberó, es decir, que, en la segunda operación, al estar la materia en vías de disolución, o expuesta a la acción del mercurio filosófico, significado por el monstruo marino, esta materia, digo que volatilizándose sube a lo alto del vaso y por ello parece ser llevada a los mortíferos dientes de este monstruo. A esta liberación, es decir, a la volatilización de la materia sucede el matrimonio de Hesíone y Télamon, lo que es propiamente el matrimonio del fijo y del volátil, que se reúnen en una sola materia, tras el cual Hércules, a petición de Hesíone, da la corona de Laomedón a Podarco, que a continuación fue llamado Príamo, porque había sido rescatado, es decir, volatilizado desde el fondo del vaso donde estaba retenido. Podarco viene de Ποδός, *pie,* y de ἄρκος, *socorrer,* como si se dijera, *socorrer a un hombre ligado por los pies.* Príamo viene de πρίαμα, *rescatar.* La corona de Laomedón es la corona del rey de los filósofos, dada a su hijo, es decir, al elixir saliendo de la putrefacción, donde estaba retenido como esclavo y en prisión; es por lo que se le ha llamado Príamo tras ser liberado.

CAPÍTULO XV

Anteo ahogado por Hércules

Alcides fue de Frigia a Libia donde encontró a un gigante llamado Anteo, hijo de Neptuno y de la Tierra; tenía un tamaño prodigioso y una fuerza extraordinaria, habitaba las montañas y las rocas, desafiaba a todos los viajeros a que lucharan con él y los ahogaba cuando tenían la desdicha de caer en sus manos. Hércules aceptó el desafío de Anteo y se agarraron, Hércules lo derribó más de una vez por los suelos y creía haberlo matado, pero todas las veces que Anteo tocaba a su madre la Tierra, este gigante encontraba nuevas fuerzas y reemprendía el combate con más vigor. Hércules se apercibió de ello y habiéndolo levantado en alto, en lugar de tirarlo como anteriormente, lo sostuvo en el aire y lo presionó tan fuerte que lo ahogó.

No hay ningún rol que el abad Banier no haga adoptar a Hércules. En la mayor parte de las explicaciones que da de los trabajos de este héroe lo pone de general de ejército, de almirante, o comerciante, como en el hecho que nos ocupa. *Como quería (Hércules) establecer una colonia en África, para facilitar el comercio* –dice el abad Banier[64]– *primero fue rechazado por otro comerciante que estaba establecido en Libia y que ya era tan poderoso que no era posible forzarlo.* En sus manos Hércules se volvía un Proteo. De pronto era comerciante como de pronto reaparecía bajo su forma de héroe. Las circunstancias decidían en qué se había de convertir. *Pues nuestro héroe* –añade nuestro autor– *lo atrajo hábilmente sobre el mar y habiéndole privado de sus pasos sobre la tierra, donde se refrescaba y recuperaba a sus tropas, lo hizo morir. De allí viene la fábula de Anteo, famoso gigante hijo de la Tierra del que se dice que fue preciso que lo ahogara en el aire porque retomaba fuerzas cada vez que caía a tierra.*

El autor de esta fábula no tuvo intención de encontrar un número de bellos y buenos caballos para el servicio de Hércules en esta expedición; el abad Banier habría hecho un drama de ello, como hizo con los que Laomedón había prometido a Hércules. Sin embargo habrían sido inútiles en un combate naval, pero sin duda que Hércules debía tener un buen número de barcos, por lo menos eran necesarios para el propósito y el sistema del abad Banier. Por lo tanto no se mencionan en esta fábula, ni a nada que los pueda significar. Parece ser que Alcides no tenía ninguna necesidad de ellos. En efecto, ¿de qué le habrían servido los barcos para medirse cuerpo a cuerpo con Anteo, para levantarlo en el aire y ahogarlo a fuerza de presionarlo? Si la explicación que da este erudito mitólogo está conforme a la idea del inventor de esta fábula, Hércules no sabía bien su oficio. No podía cometer mayor falta que la de obligar a Anteo a retirarse al puerto puesto que allí encontraba nuevas fuerzas para refrescar a sus tropas. ¿Es creíble que tan gran héroe cometiera tal equivocación y por tres veces? Esto no puede ser, y de hecho la fábula no dice nada de ello. Ésta supone un combate de lucha y no un combate naval, un combate de hombre a hombre y no un combate entre tropas; lo que dice es que Hércules derribó tres veces a Anteo y no que Anteo se retiró a tierra; dice que Hércules lo levantó en el aire y lo ahogó y no que lo atrajo hacia el mar, donde lo hizo morir. En una palabra, por bien encontrada que esté la explicación del abad Banier, no está en nada de acuerdo con la idea que nos presenta esta fábula. Su objetivo es infinitamente más simple.

Sólo el nombre de Anteo ya puede confundir a este penetrante mitólogo, puesto que propiamente significa *muerto en el aire*, de Α'ιω, *sursum* (hacia arriba, en lo alto), y de Θυει, *inmolar,* o de Θεω, *castigar, hacer morir.* Las fábulas a menudo suponen a Alcides vencedor en la lucha, ya hemos hablado de

64. Banier, *Mitología*, t. 3, p. 281.

ello más de una vez, pero es bueno decir aquí la razón de ello. La lucha es un combate entre dos hombres que se agarran cuerpo a cuerpo y cada uno hace lo posible para derribar a su adversario; para llevarlo a cabo es preciso comúnmente hacer perder tierra al adversario, porque no teniendo entonces ningún punto de apoyo es más fácilmente ser volteado. No se puede suponer que el autor de esta fábula nos haya querido dar la idea de una verdadera lucha entre Hércules y Anteo. Este último, por su tamaño y corpulencia enormes hubiera aplastado a Hércules sólo por su peso. Se supone a Hércules extremadamente fuerte y vigoroso, pero no de la talla de Anteo, pues según la escala cronológica de Henrion,[65] sólo tenía diez pies, mientras que Anteo al contrario, a más de la fuerza que la fábula le supone, tenía sesenta y cuatro codos de altura. Hércules sólo habría podido abrazar el pulgar de Anteo, todo lo más su pierna. ¿Cómo habría podido, pues, no solamente levantar del suelo una masa tan enorme, sino sostenerlo y ahogarlo en el aire, él que no debía de llegar más que a las rodillas de Anteo? Es preciso, pues, recurrir a la alegoría, y ésta nos explicará todos los otros combates de lucha en los que Hércules fue vencedor.

Ciertamente Anteo sólo es una persona figurada y que tan sólo ha existido en la imaginación del poeta; y aunque el abad Banier tomando como garantía a Plutarco,[66] nos diga que se han encontrado sus huesos en Tanger sobre el estrecho de Gibraltar, su existencia no es más real, puesto que se dice que es hijo de Neptuno y de la Tierra y todo el mundo sabe que tal padre y tal madre no han existido jamás bajo forma humana. Pero el Anteo del que aquí se trata es en efecto hijo de Neptuno y de la Tierra, es decir, del agua y de la tierra filosóficas, que son el padre y la madre del magisterio o de la piedra de los filósofos. Esta piedra o este Anteo desafía a luchar a todos los extranjeros y aplasta contra las rocas donde habita a todos aquellos que tienen la osadía de medirse con él, porque todo lo que no es de su naturaleza le es extranjero y no tiene ningún poder sobre él; esta piedra es tan fija que el fuego mismo no puede volatilizarla, todo lo heterogéneo que se puede mezclar con ella se pierde y se pulveriza sin efecto. Sólo Hércules o el artista, a quien comúnmente se le atribuyen los efectos del mercurio filosófico, hace presa sobre ella, y como este mercurio es al menos tan vigoroso como la piedra, cuando se trata de hacer el elixir, que Filaleteo[67] llama preparación perfecta de la piedra, es preciso que se de un combate de lucha entre ellos, es decir, que esta piedra tan fija sea volatilizada y elevada del fondo del vaso; cuanto más permaneciera allí más fija se volvería y adquiriría nuevas fuerzas en tanto que permaneciera con la Tierra, su madre. Hércules no llegaría jamás al punto de matar a Anteo si no le hiciera perder tierra, porque la materia del elixir no podrá caer en putrefacción si primeramente no es

65. Elogio de M. Henrion por M. de Boze, t. 5, p. 379, des Mem. Du l'Acad. Des Inscript.

66. Plutarco, *In Sertorio.*

67. I. Filaleteo, *Enarrat. Methodica.*

volatilizada en todas sus partes, y para esto se precisa una disolución perfecta; pero tan pronto como la parte fija y terrestre es volatilizada, Anteo no puede recibir más la fuerza de su madre, lo que hace que sucumba a los esfuerzos de Hércules. Es por esto que todos los filósofos dicen: *volatilizad el fijo y después fijad el volátil.*

Me sorprende que el abad Banier no haya prestado atención al hecho de que el Anteo del que aquí se trata no difiere en nada de aquel que se supone que Osiris estableció como gobernador de una de sus provincias durante el viaje que hizo a las Indias. Está dicho tanto del uno como del otro que Hércules los mató, lo que prueba muy bien que la fábula griega del pretendido Anteo de Tanger está sacada a imitación de la fábula del Anteo egipcio y que los dos Hércules también son la misma persona, lo que todavía será probado por la siguiente historia.

CAPÍTULO XVI

Busiris muerto por Hércules

Hemos visto en el primer libro que Osiris, habiendo de partir hacia las Indias, dio el gobierno de Fenicia y de las costas marítimas de sus estados a Busiris, y el de Etiopía y Libia a Anteo. La fábula nos enseña que este mismo Anteo fue ahogado por Hércules de la manera que acabamos de ver; también nos dice que después de esto Busiris expiró bajo los golpes de nuestro héroe y que, para esto, Alcides fue desde Libia a Egipto. No veo pues el porqué, sobre un *se dice*, aportado por Diodoro de Sicilia, el abad Banier introduce en la escena a otro Busiris, rey de España, muerto por Hércules, por haber querido hacer raptar por unos corsarios a las hijas de Héspero, hermano de Atlas, príncipe de Mauritania y de Hesperia. La fábula no hace ninguna mención de este rapto, y por otra parte el abad Banier se olvidó pronto de lo que había dicho cinco páginas antes, tomando como garantía a Bochart, que Hércules jamás había estado en España y que ésta no era conocida en su tiempo. ¿Cómo puede decirse, pues, que Alcides haya matado a un rey que jamás vio y cuyo país le era desconocido? ¿Cómo acordar, además de esto, el reino de Atlas y el de Saturno, su hermano? Según el mismo Diodoro, el Hércules egipcio vivió en verdad en el tiempo de Osiris, hijo de Saturno, pero el Hércules griego le era posterior en varios siglos. Si es a este último, pues, que se le ha de atribuir lo que se dice de Hércules en relación con Atlas, sería preciso que este príncipe de Mauritania fuera muy viejo y sus sobrinas de una belleza muy caducada como para empujar a Busiris a desear poseerlas.

Admitiendo, pues, por un momento la existencia real de este Busiris, me parecería más verosímil no distinguir a Anteo y Busiris muertos por Alcides, de los que se ha dicho que lo fueron por el Hércules egipcio, pero sería preciso al mismo tiempo hacer un sólo hombre de Alcides y del Hércules egipcio y esto no se acomodaría al sistema del abad Banier. No es sólo en esto que no está conforme con la fábula. Ésta dice que Hércules fue a Egipto y no a España, para castigar a Busiris por su inhumanidad. Se dice que este Busiris era hijo de Neptuno y de Lisianase. Su crueldad lo empujaba a sorprender a todos los extranjeros que llegaban a su país, y cuando se apoderaba de ellos los inmolaba a Júpiter. Hércules, queriendo vengar la inhumanidad de un enemigo tan temible se volvió a Egipto. Busiris le tendió emboscadas pero Hércules las evitó, sorprendió al mismo Busiris con su hijo Amfidamas, ministro de su misma crueldad, y los sacrificó en honor a Júpiter sobre el altar donde ellos acostumbraban a sacrificar a los otros.

He aquí la fábula en su simplicidad, no hay en ella ninguna cuestión de Atlas, ni de hespérides, ni de manzanas de oro dadas a Hércules como recompensa por haber cazado a unos corsarios y matado a Busiris. No obstante es de esta última manera que el abad Banier la disfraza. La historia del jardín de las hespérides es totalmente ajena a la de Busiris, al menos tomada como historia, aunque por otra parte en realidad son dos alegorías de la misma cosa, una con más circunstancias que la otra. La de Busiris sólo considera el comienzo de la obra, hasta que el color gris, llamado Júpiter, aparece; en cambio la del jardín de las hespérides encierra alegóricamente la obra hasta el fin, como se puede ver en el segundo libro donde he explicado en un artículo en particular todo lo que se considera en la historia del robo de las manzanas de oro del jardín que guardaban las hijas de Atlas o Héspero.

Busiris era hijo de Neptuno y en consecuencia hermano de Anteo, es decir, salido o nacido del agua. Por esta razón se ha dicho que Osiris lo había constituido como gobernador de las costas marítimas de sus estados. En cuanto a su crueldad se ha de explicar de la misma manera y en el mismo sentido que la de Diomedes, de Anteo y la ferocidad de las bestias de las que hemos hablado. La diferencia que la fábula introduce es que Diomedes hacía que sus caballos se comieran a los extranjeros que caían en sus manos y Busiris los sacrificaba a Júpiter. El fondo es el mismo, puesto que los efectos y las consecuencias de esta pretendida crueldad siempre son la muerte de los extranjeros, es decir, la putrefacción o la disolución de la materia; se dice que Busiris los inmolaba para Júpiter, porque el color gris, llamado Júpiter por los filósofos, sigue inmediatamente al color negro que se manifiesta durante la putrefacción. Hércules hizo sufrir la misma suerte a Busiris y a su hijo; esto es que el agua mercurial o disolvente filosófico, significado por este hijo y este nieto de Neptuno, se pudren también con la materia que ellos disuelven y pasan juntos del color negro al color gris. Una prueba bien convincente de que mi explicación es conforme a la intención del autor de esta fábula es que dice que Busiris es hijo de Lisianase, o de la disolución, de λύσις, y de ἀνά, pues es de estas dos mismas palabras que se ha compuesto la de *análisis*, que significa la misma cosa. Ya hemos hablado de Busiris en el primer libro, es por lo que no diré nada más. Isócrates lo ha alabado mucho y Virgilio dice que no merece serlo. *¿Quien no conoce al cruel Euristeo o los altares del execrable Busiris?* (Geórgicas, lib. 3, 4). Estrabón[68] dice que no fue ni un rey ni un tirano.

CAPÍTULO XVII

Prometeo liberado

Hércules era un gran corredor, de Grecia va a Libia, de Libia a Egipto, de Egipto a los montes Cáucasos o Hiperbóreos, y de allí a otros lugares más alejados, como veremos seguidamente. Si fuera un general de ejército, según la idea que nos quiere dar el abad Banier, debió de hacer morir muchas tropas en esas marchas tan largas y tan difíciles y ¿qué país tan poblado se las hubiera podido suministrar? Euristeo, a las órdenes del cual estaba, era rey de Micenas, pero todos los habitantes reunidos de este pequeño reino no habrían podido componer un cuerpo de ejército tan numeroso como para ocasionar terror a los tres príncipes españoles a las órdenes de Gerión.[69] Asimismo supongamos que siendo conducidos por un general tan experimentado como lo era Alcides fueran invencibles, más o menos como el pequeño ejército de Alejandro el Grande ¿no es posible que muchos perecieran ya sea por la fatiga de las marchas o bien en los diferentes combates que debían de sostener? Un ejército tan debilitado y sin reclutas, se quedaría en nada ¿pues dónde los habrían conseguido? Micenas estaba muy alejada de Mauritania como para recurrir a Euristeo. Esperando que el abad Banier, o aquellos que adoptan sus ideas, encuentren la manera de decirnos cómo escapaba Hércules a esta dificultad y a tantas otras que salían a su paso, lo que sería muy largo de examinar aquí y que además no son nada para mi sistema, encuentro a Hércules en el monte Cáucaso y voy a ver lo que hace, sin complicarme en saber cómo ha llegado allí.

Hércules era amigo de Prometeo desde hacía siglos, puesto que vivieron juntos en el tiempo de Osiris. Hércules tenía la superintendencia general de todo Egipto y Prometeo gobernaba sólo una parte. El Nilo se desbordó y desoló esta parte. Prometeo sintió tanto dolor que hubiera muerto de desespero si Hércules no le hubiera echado una mano y hubiera encontrado el medio de detener este desbordamiento mediante los diques que levantó. Pero si Prometeo sobrevivió a este dolor sólo fue para prolongar la vida más dolorosa y más horrible que jamás hubo. Prometeo robó el fuego del Cielo y lo trajo a la tierra para hacer partícipes de él a los hombres. Júpiter decidió vengarse y envió a Mercurio a apresar a Prometeo con la orden de atarlo sobre el monte Cáucaso, donde un águila, hija de Tifón y de Equidna, debía devorarle eternamente el hígado, pues durante la noche

68. Estrabón, *Geórgicas,* lib. 17.

69. Hablo aquí conforme a la nota que el abad Banier ha puesto en su tomo 3, p. 396, donde advierte al lector que los estados de estos reyes de Grecia se hospedaban a menudo en toda una ciudad y algunas aldeas de los alrededores.

le renacía, según Hesíodo, lo que el águila le había devorado durante el día. Este mismo autor no fija la duración del suplicio de Prometeo, pero otros antiguos lo limitan a treinta mil años. ¿Por qué el abad Banier no adopta este último sentimiento? Le podría haber servido para determinar algunas épocas históricas, y quizás el tiempo de la liberación de Prometeo hubiera recaído precisamente en el que se supone que vivió Alcides. Pero no, él hace observar[70] *que esta aventura no debe ser puesta en la cuenta del Hércules de Tebas, sino en la del fenicio, puesto que* –dice el mismo autor– *Prometeo vivió muchos siglos antes que Anfitrión.*

El mismo Hesíodo no dice nada de que Júpiter tomara el ministerio de Mercurio, sino que él mismo ató a este infortunado. Hércules, aunque hijo de Júpiter, no podía ver sin piedad a su amigo en un tormento tan horrible; y aún a riesgo de incurrir en desgracia ante este temible dios, se propuso como deber liberar a Prometeo. Fue al monte Cáucaso, mató al águila y lo desencadenó. Sin duda la amistad no fue el único motivo que determinó a Hércules; Prometeo le había hecho un señalado servicio, cuando Hércules fue a consultarle antes de emprender la expedición del jardín de las hespérides. Hércules siguió sus consejos y se encontró bien. Parece ser, pues, que no había olvidado este beneficio y que el reconocimiento tuvo mucho que ver en el paso que dio para liberarlo; pero, en fin, sea cual sea el motivo que podía tener lo logró.

El parentesco de Prometeo indica suficientemente lo que era. Tenía por padre a Jápeto, hijo del Cielo y hermano de Saturno, su madre se llamaba Clímene hija de Océano. Yo no intentaría discutir las diferentes opiniones de los mitólogos respecto a su genealogía, estas discusiones no entran en el plan que me he propuesto. Me atengo siempre a lo que dicen Hesíodo, Homero y los más antiguos. Ya he explicado más de una vez lo que estos antiguos autores de las fábulas han entendido por Saturno; en consecuencia, se sabe lo que se ha de entender por Jápeto, su hermano, que según parece, viene de Ι΄ανο, *disolver, reblandecer, verter,* y de πετάω, *abrir, desarrollar,* porque en la putrefacción, donde la materia es llevada al negro, llamado Saturno por los filósofos, la materia se abre, se desarrolla y se disuelve; es por esto que Clímene, hija del Océano, es llamada su mujer, porque las partes volátiles se elevan del Océano o mar filosófico y son una de las principales causas eficientes de la disolución. Estas partes volátiles o el agua mercurial son la madre de Prometeo, que es el azufre filosófico o la piedra de los filósofos.

Se dice que Osiris le dio el gobierno de Egipto, bajo la dependencia de Hércules, porque el artista, significado por Hércules, gobierna y conduce las operaciones de la obra. Un desbordamiento asoló toda la parte de Egipto que mandaba Prometeo, es la piedra de los filósofos perfecta que se encuentra sumergida en el fondo del vaso. Hércules fue a consultarle cuando iba a ir a robar las manzanas de oro del jardín de las hespérides, porque antes de llegar al fin de

70. Banier, *Mitología,* t. 2, p. 121.

la obra, o al elixir perfecto, que son estas manzanas de oro, necesariamente es preciso hacer y usar de la piedra del magisterio, significada por Prometeo. El fuego del Cielo que robó es esta piedra toda ígnea, una verdadera minera del fuego celeste, según estas palabras de Espagnet:[71] *este azufre filosófico es una tierra muy sutil extremadamente caliente y seca, en el vientre de la cual el fuego de la naturaleza, multiplicado abundantemente, se encuentra oculto [...] A causa de esto se le llama padre y simiente masculina [...] Que el sabio artista que ha sido suficientemente dichoso para tener en su posesión esta minera del fuego celeste, tenga cuidado de conservarla con muchos cuidados.* Antes, en el canon 121 había dicho: *hay dos operaciones en la obra, ésta por la cual se hace el azufre o la piedra y la que hace el elixir o la perfección de la obra.* Lo que debe entenderse de cuando no se quiere multiplicarla. Por la primera se obtiene a Prometeo y el fuego celeste que él ha robado con la ayuda de Minerva, y por la segunda, el artista roba las manzanas de oro del jardín de las hespérides, de la manera que hemos explicado en el capítulo que hemos hecho expresamente para ello.

Júpiter, para castigar a Prometeo por su robo, lo condena a ser atado sobe el monte Cáucaso y lo hace encadenar por Mercurio, o lo ata él mismo, pues sea el uno o sea el otro es muy indiferente, puesto que es el mercurio filosófico el que forma a Prometeo y lo ata a esta montaña de gloria, o si se quiere, Júpiter, porque la piedra empieza a fijarse y a volverse piedra inmediatamente después de que el color gris, llamado Júpiter, se muestra. El tiempo del suplicio de Prometeo no era determinado, en efecto, el artista puede atenerse al azufre filosófico si no quiere hacer el elixir, o robar el toisón de oro y las manzanas del jardín de las hespérides, pero si lo quiere es preciso que intente liberar a Prometeo, entonces debe matar al águila que le devora el hígado. Esta águila es el agua mercurial volátil ¿cómo matarla? a flechazos. En el libro siguiente veremos de qué naturaleza eran estas flechas de Hércules. Se dice que esta águila le devoraba el hígado sin cesar y que se le renovaba a medida que se lo iba devorando, porque si no se hace el elixir, la piedra una vez fijada permanecería eternamente en el fondo del vaso en medio del mercurio, sin ser disuelta, aunque este mercurio sea de una actividad y, se puede decir, de una voracidad tan extrema, que los filósofos la han tomado para su jeroglífico y le han dado el nombre de dragón, lobo, perro y otras bestias voraces. Esta idea tambien ha venido del equívoco de las dos palabras griegas Α"ετος, que quiere decir *águila* y de Α"ατος, *infatigable.* Se ha supuesto que Prometeo había sido atado sobre una roca del monte Cáucaso, porque la roca indica la piedra filosófica y el nombre de Cáucaso su cualidad y la estima que se le debe tener, puesto que Cáucaso viene de Καυχάομαι, *gloriarse, regocijarse,* como si se dijera que fue atado sobre el monte de gloria y de placer. Es por la misma razón que los filósofos le han dado el nombre de *piedra honrada, piedra glorificada,* etc. A este respecto véase a Rai-

71. Espagnet, *La Obra secreta de la Filosofía de Hermes,* can. 122.

mon Llull *Testamentum Antiquissimum* con su *Codicilium*. Sin duda se encontrará extraordinario que a causa de Prometeo llame al monte Cáucaso monte de placer, pero no se sorprenderá uno si pone atención a que el cáucaso filosófico es una verdadera fuente de alegría y de placer para el artista que ha llegado allí.

Toda esta historia de Prometeo es triste, horrorosa e irritante, pero los filósofos a menudo son de esta manera.

Todos los trabajos de Hércules sólo nos representan monstruos y furores, él mismo parece haber adquirido su reputación del más grande de los héroes por sus rasgos de bárbaro e inhumano. La historia de Diomedes y de Busiris son pruebas inequívocas de ello. Pero si se las toma por alegorías toda esta ferocidad se desvanece, entonces se presentan las cosas muy simples que han sido envueltas en nubes tan obscuras para ocultarlas al común del pueblo y, como dicen los filósofos, para alejar a los que son indignos, porque utilizarían el conocimiento que tendrían y la cosa misma, si la poseyeran, para saciar todas sus desarregladas pasiones.

Esta historia de Prometeo no tiene nada que parezca conducir a ello; pero si se pone atención a que el águila era hija de Tifón y de Equidna se verá claramente lo que significa. Basilio Valentín dice de ella:[72] *un pájaro ligero meridional ata el corazón del pecho de la bestia feroz e ígnea del Oriente.*

CAPÍTULO XVIII

Combate de Hércules con Aqueloo

La fábula nos presenta a Aqueloo bajo muchos puntos de vista diferentes; primero como un rey de Etolia, según Alceo, hijo del Océano y de la Tierra, y como un río que lleva sus aguas hasta el mar, cerca de las islas Equínadas. Unos dicen que es hijo del Sol y de la Tierra, otros de Tetis y de la Tierra. Sea como sea Aqueloo había pedido en matrimonio a Deyanira y Hércules también la quería tener. La disputa se acaloró entre ellos y Aqueloo creyó que lo mejor que podía hacer para defenderse contra el vigor y la fuerza de Hércules era adoptar la forma de toro y abatirse sobre él con impetuosidad. Así lo hizo; Hércules, lejos de intimidarse, lo cogió por los cuernos y se los arrancó. Aquelaoo cedió, pero como quería recuperar sus cuernos se los pidió a Hércules a cambio del cuerno de Amaltea.

Los antiguos comparan bastante comúnmente los ríos, las riberas, el mar y toda clase de masas de agua, con los toros, ya sea a causa de su impetuosidad o a causa del ruido que hacen las aguas cuando se derraman con rapidez, porque este ruido tiene alguna semejanza con los mugidos del toro. Sin duda es por ello que el abad Banier ha explicado la fábula de Aqueloo mediante un dique

72. Basilio Valentín, *Las Doce Llaves*, en el prefacio. (véase la nota 411, *(N. del T.)*

que supone haber sido puesto por Hércules para detener la impetuosidad de un río que lleva este nombre. También explica el apresamiento de los cuernos de Aqueloo transformado en toro, como si se le hubiera desviado un brazo del río. Estas explicaciones no serían malas para explicar otra fábula, pero no pueden convenir a esta, pues quedan muchas otras circunstancias sin ser explicadas al no poderlo hacer mediante su sistema. La fábula no dice que Aqueloo sólo se transformara en toro, anteriormente lo había hecho en dragón, retomando después la forma de hombre, según Sófocles;[73]

Ovidio hablando de Proteo, dice de Aqueloo[74] que tan pronto es un león, como un jabalí, después una serpiente, un toro, una piedra, un árbol y finalmente un río y fuego. Es preciso pues considerar a Aqueloo como a Proteo, tanto el uno como el otro tenían el poder de cambiar de forma cuando querían. En verdad hubo un río llamado Aqueloo, pero yo no se de dónde ha sacado el abad Banier que algunos pastores naufragaron allí, en una de las inundaciones de este río y que esto hizo decir que éstos habían sido transformados en las islas llamadas Equínadas. Es muy fácil apartarse las dificultades cuando se inventan los hechos para utilizarlos como fundamento de sus explicaciones. Se ha de tener buena fe y relacionar las cosas tal como son. Él hubiera tenido más gloria confesando su dificultad que quitándose el asunto de encima mediante hechos inventados.

Esta fábula es de las más simples de explicar para quien recuerde la manera tan natural con la que he explicado el procedimiento. Aqueloo era un río, en consecuencia, de agua. Algunos lo han llamado rey de Etolia, pero este título no le cambia en nada la naturaleza, que, a causa de su propiedad volátil y disolvente, hace que sea llamada águila por los filósofos. Él quiere tener a Deyanira, hija de Eneo, rey del mismo país, ella le estaba prometida y ya era su novia. He aquí a dos reyes de Etolia al mismo tiempo y parece ser que en buen acuerdo, puesto que uno promete a su hija en matrimonio al otro. ¿Cómo cuadrar esto históricamente? Con mi sistema no se encuentra ninguna dificultad. Aqueloo es el agua mercurial simple del comienzo de la obra, Eneo es el agua mercurial de la segunda operación, es lo que hace darle el nombre de Eneo, de οἶνος, *vino.* Es el mismo que Raimon Llull llama vino en casi todas sus obras y Ripley ha seguido su ejemplo en más de un lugar. Aqueloo quiere tener a su hija en matrimonio y la hace su novia, porque en la operación del elixir se une la hija de Eneo con el agua mercurial. Hércules se presenta y se la quiere arrebatar, es el artista que quiere obtener el resultado de la obra.

---

73. Flumen fuit Procus mihi, Acheloum fero. Formis tribus qui me petivit à patre: taurus, deinde pluribus ventrem notis pictus draco, vir inde, cui caput bovis: mento fluebat rivuli potabilis undae nitentis, fontibus simillimi. Sófocles *in Trachiniis.*

74. El famoso Proteo, morador del océano, y a quien se le ha visto varias veces bajo la forma de un hombre, otras de león, de jabalí, de serpiente, de toro, de piedra o de mármol. Cuando quería se convertía en fuego, y si se le antojaba se transformaba en agua. Ovidio, *Metamorfosis,* lib. 8.

En consecuencia, se supone un combate entre el mercurio y el artista; Aqueloo, viendo que no podía resistir a Hércules se transforma en serpiente, pero Hércules que había vencido a la hidra de Lerna, que en el fondo no difiere en nada de Aqueloo transformado en serpiente, pronto la vence, y con las mismas armas. Entonces Aqueloo se transforma en toro, un furioso toro como aquel de Creta, Hércules lucha con él y le arranca los cuernos, es decir, aquello que le sirve de defensa. ¿cuál es la defensa del mercurio filosófico? Es su volatilidad y se la arranca fijándolo. También es lo que Ovidio ha querido designar cuando ha dicho que Hércules, habiendo arrancado los cuernos de Aqueloo, lo derriba. Aqueloo no puede soportar la vergüenza de haber sido vencido. Se precipita en el agua para ocultarse y las náyades llenan su cuerno de toda clase de flores y de frutos, de manera que se convierte en el cuerno de la abundancia. Ya he dicho más de una vez que al ser fijada la materia se precipita hasta el fondo del vaso. Ya se sabe lo que significan las náyades y nadie ignora que el elixir perfecto o la piedra filosofal es el verdadero cuerno de Amaltea, o la fuente de todos los bienes.

CAPÍTULO XIX

El Centauro Neso traspasado por una flecha de Hércules

Habiendo vencido a Aqueloo, Hércules no tiene más competidores. Se llevó a Deyanira con él y cuando estaban en camino fueron detenidos por las aguas desbordadas de un impetuoso río. No sabiendo cómo atravesarlas, Hércules recurrió al centauro Neso, que sabía vadear el río, y le rogó que pasara a Deyanira al otro lado. Neso aceptó, montó a Deyanira sobre su lomo y la llevó a la otra orilla, pero atravesando la ribera la belleza de Deyanira hizo impresión en Neso, hasta el punto de empujarle a intentar violarla en cuanto llegó a la orilla. Deyanira se puso a gritar, Hércules la oyó y sospechando la intención de Neso le disparó una flecha impregnada con el veneno de la hidra de Lerna y lo mató. Mientras se moría Neso dio su túnica manchada con su sangre a Deyanira, que la usó de la manera que veremos a continuación.

Ya hemos hablado de este centauro con motivo de que Juno se transformara en nube; él nació de Ixión y de esta nube. Su nombre indica lo que era, es decir, el mercurio al rojo púrpura, puesto que Νήσος, quiere decir *una ropa bordada de púrpura*, lo que indica el momento en que el color rojo empieza a manifestarse sobre la materia, momento en el cual Hércules le dispara una flecha, después de que ha pasado el río, es decir, después de que el agua mercurial no puede volatilizarla más y llevársela con la impetuosidad de estas olas. Se dice que Hércules lo mató, porque entonces la materia está fija. Él da su ropa manchada de su sangre a Deyanira; es la materia al blanco, indicada por Deyanira que recibe el color rojo, por la acción del mercurio filosófico. Ella se la hace llevar a Hércules por Licas para recobrar su amor, pues pensaba que la había abandonado para amar a Yole, hija de Éurito. Hércules se la puso, pero en lugar de amor le imprimió un fuerte furor, mató a Licas e hizo lo que diremos cuando hablemos de su muerte. El criado Licas, portador de la túnica de Neso, es el mercurio filosófico. Los filósofos, el Trevisano entre otros,[75] le dan el nombre de servidor rojo y Basilio Valentín, con muchos otros, lo llama lobo, a causa de su voracidad y de su propiedad resolutiva, lo que conviene muy bien a Licas que viene de λύω, *disolver*, y de χέω, *fundir, derramar.* Se dice que Deyanira se volvió celosa de Yole, porque esta Yole significa el color de la herrumbre que toma el lugar del blanco, de Ι΄ός, *herrumbre de los metales*, y de λάως, *gozar*; es por esto que se ha supuesto que suplantó a Deyanira. Se dice Yole, hija de Éurito, porque este viene de Εὐρώς, *alimento, corrupción*, y la herrumbre viene de la corrupción. Deyanira se mató con la maza de su amante, es decir, que la materia volátil, representada por Deyanira, entonces fue fijada por la parte fija; Licas fue transformado en roca por la misma razón.

CAPÍTULO XX

Muerte de Caco

No hay muchas cosas que decir de la muerte de Caco, después de las explicaciones que hemos dado hasta aquí de la muerte de aquellos que perecían en manos de Hércules. Se dice que Caco es hijo de Vulcano y un bandido, un ladrón, un malvado, lo que asimismo está significado por su nombre, a menos que se le haga venir de Καιω, *quemar*, y de Κυων, *chispa*, que salta cuando se golpea el hierro al rojo; entonces será propiamente hijo de Vulcano, y como el fuego lo arrasa y destruye todo se le ha personificado en Caco, ladrón y bandido. Según la fábula Hércules lo hace entrar en razón, es decir, que el artista da al fuego un régimen conveniente y le impide echar a perder el trabajo. Es de él que habla Espagnet,[76] cuando dice: *el fuego es un tirano y un destructor, guardaos bien de él, huid de este fratricida que os amenaza con un eminente peligro durante todo el progreso de la obra.* Ovidio dice que Caco tenía tres cabezas y que echaba fuego por la boca y las narices. Se puede ver la explicación de esto en el capítulo de Gerión, en el de Vulcano y en lo que hemos dicho del dragón del toisón de oro y de aquel del jardín de las hespérides, etc.

75. El Trevisano, *Filosofía de los Metales.*

76. Espagnet, *La Obra secreta de la Filosofía de Hermes,* can. 21.

CAPÍTULO XXI

Liberación de Alcestis

Habiendo persuadido Medea a las hijas de Pelias para que lo cortaran en trozos y lo hirvieran en un caldero para rejuvenecerlo, Pelias no volvió. Alcestis, una de las hijas de este desdichado, se retiró a la corte de Admeto para evitar los efectos del furor de Acasto, su hermano, que la buscaba para vengar la muerte de su padre. Acasto se la reclamó a Admeto, después de haber arrasado su país, Alcestis se ofreció al vencedor para proteger a su amante Admeto; fue aceptada e inmolada. Admeto rogó a Hércules que la devolviera a la vida; este héroe encontró a la muerte que la tenía agarrada y combatió contra ella, la venció, la ató con unas cadenas de diamantes y le hizo prometer que devolvería a la bella Alcestis a la luz del día.

Yo no concibo cómo se ha podido tener la idea de explicar históricamente una fábula tan visiblemente alegórica como ésta. Si no fuera así, las circunstancias de la muerte de Pelias y el combate de Hércules contra la muerte serían cosas tan ridículamente inventadas que esta historia sólo sería buena para distraer a los niños; y si el abad Banier hubiera podido penetrar en la verdad hubiera visto que el ministerio de Apolo no era inútil para su desenlace.

Para dar explicación a esta fábula es suficiente traducir los nombres de los personajes que participan en ella; entonces sería así: el mar único tuvo por hija a la agitación y al movimiento. Neptuno se enamoró y ella consintió a sus deseos, quedó embarazada y puso en el mundo, sobre la orilla del agua agitada y amenazante, a dos hijos gemelos, a saber, el negro lívido (morado) y el cruel. Éste, echado por su hermano, se retiró al medio, nadó y desposó a la amarilla con la que tuvo doce hijos, todos muertos por Hércules excepto uno, cuando vinieron en ayuda del brillante y luminoso que estaba en guerra con Hércules, porque había rehusado dar la recompensa que le había prometido a este héroe, por limpiarle los establos. La amarilla se desposó después con el fuerte, su tío, del que tuvo tres hijos. Habiendo muerto el fuerte le sucedió el negro lívido. Éste fue el que envió a Jasón a la conquista del toisón de oro. Jasón se llevó a Medea que persuadió a las hijas del negro para que lo cortaran en trozos y lo hirvieran en un caldero, así lo hicieron, pero el negro, su padre, lejos de rejuvenecer permaneció muerto. La fuerza, una de sus hijas, se fue con aquel que todavía no había sido vencido, este se enamoró y no quiso devolverla al pequeño barco ligero, su hermano, que la había reclamado. Éste, irritado por el rechazo, arrasó el país del amante de la fuerza, que habiendo sido apresado la devolvió, el hermano inmoló a la hermana y Hércules la liberó.

He aquí la misma fábula con los nombres griegos: Salmoneo tuvo una hija llamada Tiro, Neptuno se enamoró de ella y sus persecuciones no fueron vanas, Tiro quedó embarazada y trajo al mundo, sobre la orilla del río Enipeo, a dos hermanos gemelos, Pelias y Neleo. Éste, echado por su hermano, se retiró a Mesena y desposó a Cloris, con la que tuvo doce hijos, todos muertos por Hércules excepto uno, cuando vinieron a ayudar a Augias contra Hércules. Después Cloris se casó con Creteo, su tío y tuvo tres hijos. Habiendo muerto Creteo le sucedió Pelias y envió a Jasón a la conquista del toisón de oro. Jasón se llevó con él a Medea y ésta persuadió a las hijas de Pelias para que lo cortaran en trozos y lo hirvieran en un caldero con la intención de rejuvenecerlo. Así lo hicieron, pero éste permaneció muerto. Alcestis, una de sus hijas se salvó yéndose con Admeto que se enamoró de ella. Acasto, su hermano, la persiguió para vengar la muerte de su padre. Se la reclamó a Admeto que rehusó devolvérsela, etc.

En esta genealogía de Alcestis, que trae a la memoria las explicaciones que hemos dado a las diferentes fábulas de las que hemos tratado, para que después se haga la comparación, se verá un alumbramiento sobre la orilla de un río, ¿de qué hijo se trata? Del color negro. Allí se encuentra la muerte de aquellos que han ayudado a Augias, y ya se sabe lo que se ha de entender de la historia de este último. Jasón, sobrino de Pelias, ya es suficiente él sólo para aprender a explicar las dos historias de su padre Esón y de su tío Pelias. ¿Se podría expresar mejor la disolución de la materia que suponiéndola cortada a trozos? ¿En qué momento y por qué? Precisamente en el tiempo del negro significado por Pelias y por sus hijas, es decir, por las partes volátiles que se elevan. Pelias permanece muerto en el caldero, porque no habría sido más Pelias al dejar de ser negro; pero él tiene un hijo que quiere vengar su muerte; este hijo persiguió a Alcestis y arrasó el país de Admeto. Entonces el hermano de las partes volátiles es volatilizado con ellas, pero tiene un principio fijo y este principio, mientras que es volátil, arrasa el país que aún no había sido subyugado, es decir, que aún no había sido volatilizado y entonces se volatiliza. Tan pronto como el fijo toma el dominio queda en posesión de Alcestis y se la lleva con él y la inmola, es decir, que la devuelve al fondo del vaso, de donde se había escapado volatilizándose. Allí la inmola confundiéndola con la materia en putrefacción, llamada *muerte*. Permanece allí hasta que Hércules, socorrido por la ayuda de Apolo, combate con la muerte, porque la parte fija aurífica, que es el Apolo de los filósofos, trabaja en concierto con el artista para hacer salir la materia de la putrefacción y sacarla de los brazos de la muerte, es decir, hacerla pasar del color negro al color gris. Entonces es cuando Hércules la ata con cadenas de diamantes y le hace prometer que devolvería a Alcestis a la luz del día; porque entonces la superficie de la materia está sembrada de pequeñas partes brillantes, que algunos filósofos han llamado *ojos de pez* y otros *diamantes*. La luz del día, o la vida a la que Alcestis es devuelta, es el color blanco que sucede al gris, pues el blanco es llamado *luz, día, vida,* como hemos visto más de una vez en los diferentes textos de los filósofos que hemos aportado a este respecto, en las precedentes fábulas. La muerte no se suelta más que en aquel momento, puesto que, según Filaleteo[77] y muchos otros, la putrefacción dura hasta la blancura.

77. I. Filaleteo, *Enarrat. Methodica*, p. 109.

He aquí lo simple y verdadero de esta fábula. En vano se esfuerza el abad Banier en presentárnosla como una historia real. Todas las circunstancias que él rechaza como fabulosas eran muy necesarias para el fondo de la alegoría, pero todo es fábula para él cuando no puede explicarla según su sistema. Sería preciso que este autor tuviera muy malas ideas respecto a los reyes, reinas y princesas que supone que han vivido en aquel tiempo. Los reyes eran todos unos tiranos, asesinos, libertinos; las reinas, mujeres prostitutas y las princesas, hijas del gozo. Los autores que cita como garantía ¿son más creíbles que él respecto a esto? Ellos no fueron testimonios oculares y han vivido muchos siglos después de que estas fábulas empezaran a divulgarse. Él mismo confiesa que Pausanias era tan crédulo que llenó toda su historia con hechos que había tomado en sus viajes, sin hacer ninguna crítica y sin complicarse en comprobar si eran verdaderos o falsos. Paléfate, que es casi siempre el caballo de batalla de nuestro mitólogo, según él, es un autor muy sospechoso, acostumbrado a dar sus propias ideas como fondo de las fábulas y a torcerlas a su manera para poder explicarlas. ¿Puede sostenerse un sistema apoyado sobre un fundamento tan ruinoso? Para desacreditarlo sólo haría falta que señalara algunos puntos de sus genealogías, pues en ellas se encuentran infinidad de anacronismos insostenibles; pero como en mi plan no me he propuesto declarar todos los falsos sistemas inventados para explicar las fábulas, dejo ese trabajo para otros y continúo con el mío.

CAPÍTULO XXII
Teseo liberado de los Infiernos

Euristeo no había dado ni un momento de descanso a Hércules, y cada vez estaba más y más celoso de la gloria que este héroe adquiría en sus inmensos trabajos, por eso buscaba por dónde hacerlo fracasar. En consecuencia, le ordenó que fuera a los Infiernos para traerle al perro Cerbero. Hércules no se lo hizo repetir dos veces y la dificultad de la empresa sólo hizo que reanimar su coraje, además sabía que su amigo Teseo estaba allí detenido y se puso muy contento de poder ir a rescatarlo. Pero antes de emprender esta expedición creyó que sería un buen propósito el volverse propicios a los dioses y para este efecto levantó un altar para cada uno de ellos, a saber, para Júpiter, Neptuno, Juno, Palas, Mercurio, Apolo, las gracias, Baco, Diana, Alfeo, Saturno y Rea; después fue a Etolia, donde bebió del agua de una fuente, a la que llamó Lete,[78] porque tenía la virtud de hacer olvidar todo lo que se había visto y hecho anteriormente. Habiendo hecho los sacrificios a los dioses, Hércules se puso como deber realizar esa empresa y entró en el antro de Ténaro; pasó el Aqueronte y los otros ríos de los Infiernos y finalmente llegó a la puerta de la morada de

78. Demófato, *de rebus Etolia.*

Plutón, donde se encontraba el Cerbero, este dragón tenía tres cabezas de perro y el resto del cuerpo parecía más el de un dragón; era hijo de Tifón y de Equidna.[79] Como era el guardián de la entrada de este tenebroso reino, quiso impedir que Hércules penetrara allí. Su monstruosa figura no sorprendió a Alcides, que luchó con el dragón, lo ató con cadenas y continuó su camino. Finalmente encontró a Teseo y a su compañero Pirítoo, que estaban detenidos allí por haber intentado raptar a Proserpina. Alcides reclamó el retorno de los dos amigos en la morada de los vivientes, pero Aidoneo no quiso conceder el de Pirítoo porque había descendido a los Infiernos por gusto. Dejó, pues, a Pirítoo sentado sobre la piedra donde lo había encontrado y se llevó a Teseo con él y al mismo tiempo condujo al Cerbero hasta Euristeo. Cuando atravesaba el Aqueronte encontró un álamo blanco del que cortó una rama y se hizo una corona.

Es aquí donde el abad Banier despliega su saber y llama en su ayuda a Pausanias, Paléfate y algunos otros autores a los que no desacredita cuando sus ideas concuerdan con las suyas, pero no presta atención al hecho de que sus explicaciones son insostenibles. En el capítulo de Plutón dice que es rey de España y al mismo tiempo conviene en que Aidoneo es el mismo que Plutón, y sin embargo dice que Aidoneo es rey de Epira.[80] Había dicho[81] antes que era rey de Tesporia y que fue herido por un flechazo de Hércules cuando lo interrumpió mientras limpiaba los establos de Augias. Así, he aquí a Plutón rey de España y rey de Epira, de donde formaba parte Tesporia. Sin duda estos son los dos reinos que componían el imperio de los Infiernos. Pero ¿cómo cuadrar esto con lo que el erudito mitólogo había dicho de los Infiernos?[82] Allí los emplaza en Egipto y prueba que la idea que nos han dado los griegos está tomada de lo que declamaban los egipcios, en quienes se encuentra l Aqueronte o el lago Aqueruso, el Estigio, Caronte, los jueces Minos, Éaco y Rodamante, etc. ¿Cómo, después de esto, establece el tenebroso imperio de Plutón o Aidoneo en Grecia y en España? ¿Por qué de entre tantos viajes que Hércules y Teseo hicieron a España no ha nombrado ninguno de ellos como viaje a los Infiernos? aunque según nuestro mitólogo,[83] Épira era tomada por los griegos como el Infierno, porque estaba en un país bajo en relación al resto de Grecia. Le Clerc lo había supuesto así para quitarse dificultades. Parece ser que el abad Banier ha estudiado en su escuela, pues sus suposiciones son frecuentes en su texto, y lo malo es que no se da cuenta de que son suposiciones y las da como hechos ciertos y reconocidos.

Pero pasemos adelante y vengamos a explicaciones que son más simples que las suyas. Para demostrar que esta historia del retorno de Teseo es una pura fábula alegórica, es suficiente con probar que Hércules y Teseo, pretendido

79. Hesíodo, *Teogonía.*
80. Banier, *Mitología,* t. 3, p. 287.
81. Banier, *ibíd.* p. 277.
82. Banier, *ibíd.* t. 2, lib. 4, cap. 5 y ss.
83. Banier, *ibíd.* p. 457.

rey de Atenas, no han podido ser contemporáneos. Sin duda se dirá que hay muchos Hércules, pero es lo que queda por probar. Aún suponiendo que haya habido tres, a saber, el egipcio el ideo y el griego, ¿a cuál de ellos se atribuiría este hecho? Al egipcio no puede ser, pues habría muchos siglos entre la existencia de Teseo y la suya. Tampoco podría ser el Hércules ideo, puesto que era uno de los dáctilos a quienes fue confiada la educación de Júpiter. Es preciso, pues, que sea el griego, hijo de Alcmena. Pero el Cerbero, hijo de Tifón ¿habría vivido después de Osiris hasta el Hércules de Tebas? Por otra parte ¿cómo habría podido acompañar Teseo a Pirítoo para raptar a Proserpina de Plutón? Ceres, su madre, no se distingue de Isis, según Herodoto; el abad Banier está de acuerdo en lo mismo, como hemos visto en el capítulo del rapto de Proserpina. Si Ceres es la misma que Isis, Teseo y Alcides no eran contemporáneos de Proserpina, hay un intervalo entre ellos de varios siglos; por otra parte, una era egipcia y las otras griegas. Las genealogías de Teseo y de Hércules que nos da el abad Banier no prueban nada, son todavía más inciertas que las de los antiguos, sobre las cuales ha establecido las suyas, y que no están del todo de acuerdo entre ellos. Plutarco[84] y el escoliasta de Píndaro sobre la oda 17, dicen que Alcmena era hija de Lisídice; Apolodoro[85] dice que es hija de Anaxo, otros la hacen descender de otros y todo lo que se puede asegurar es que la fábula dice que Alcides nació algunos meses después de Euristeo, hijo de Esténelo, como Anfitrión era hermano de Anaxo y sobrino de Esténelo, Anfitrión era tío de Alcmena, Esténelo tío de Anfitrión y en consecuencia sería contrario al orden natural y casi imposible que Esténelo, tío abuelo de la madre de Alcides, hubiera podido engendrar a Euristeo al mismo tiempo que Alcmena quedara en cinta de Hércules. Esto no es todo, hemos probado claramente en el capítulo de Perseo, que sólo era un personaje alegórico. La historia de Medusa es manifiestamente falsa, lo mismo que la liberación de Andrómeda. Si Perseo no ha existido ¿qué sería de Alceo, pretendido abuelo de Alcmena, bisabuelo de Hércules, y Esténelo, hermano de Alceo, igualmente hijo de Perseo y de Andrómeda y en consecuencia padre del tío abuelo de Alcides? Además ¿qué época cierta se nos dará que pueda probar que Pélope, hijo de Tántalo, viviera en el tiempo de Perseo, puesto que se dice que sirvió a los dioses en un festín a su hijo Pélope y que Ceres se comió su hombro? ¿Cómo puede ser en este caso que Méstor, hijo de Perseo, haya desposado a Lisídice, hija de Pélope? Si el abad Banier y los otros autores que lo han tomado como garantía de su genealogía de Hércules hubieran reflexionado sobre ello, no la habrían dado con tanta confianza, se hubieran dado cuenta del laberinto que implica y del cual no se puede salir, no hubieran dado el viaje de Teseo a los Infiernos, y su liberación gracias a Hércules, como una fábula cuyo fondo era una historia verdadera. Querer presentarnos las puras fábulas como historias reales es querer

84. Plutarco *Vida de Teseo.*

85. Apolodoro, *Bibl,* lib. 2.

engañarse y engañar a los demás. Sólo el viaje de Teseo a Egipto para combatir al Minotauro ya debería de hacer dudar de la existencia de este héroe que, como se dice, había tomado a Hércules como modelo al oír los comentarios que ocasionaban sus hazañas. Sin duda el Minotauro no existió en el tiempo de Hércules, pues Euristeo lo hubiera enviado para traérselo. Sin embargo, se habría de decir que existió en el tiempo de Alcides, puesto que los atenienses estaban obligados a enviar a Minos en Creta siete jóvenes muchachos y siete doncellas, cada nueve años, para ser devorados por el Minotauro y Teseo no fue de los primeros ni de los segundos que fueron allí.

Pero ¿qué se debe de pensar de Teseo? Sólo su nombre ya lo indica perfectamente, según mi sistema, pues viene de Θής, *servidor, criado,* y es el nombre que a menudo los filósofos han dado a su mercurio. El Trevisano[86] lo llama nuestro servidor rojo; Filaleteo y muchos otros lo llaman nuestro servidor fugitivo, a causa de su volatilidad. La fábula lo indica suficientemente al decir que es hijo de Neptuno, puesto que es un agua mercurial; la fábula dice que se propuso tomar a Hércules como modelo porque el mercurio actúa en concierto con el artista. Es por lo que la misma fábula dice que Teseo acompañó a Hércules cuando fue a combatir a las amazonas y que Alcides le dio a Hipólita como recompensa.

Que se siga a Teseo paso a paso en sus expediciones y que se las compare con las de Hércules, se las encontrará totalmente parecidas. Precipitó a Escirón en el agua, en el mismo sitio donde él precipitaba a los viajeros, es decir, que la materia vuelta fija como la piedra es precipitada al fondo del mar de los filósofos por la acción del mercurio, pues σκίρος significa *de la piedra.* También Hércules precipitó la piedra de Alcioneo, e hizo que a Diomedes se lo comieran sus propios caballos porque él había hecho sufrir la misma muerte a los extranjeros que venían a él. Teseo estranguló a Cerción, Hércules estranguló a Anteo. Teseo mató a Polipemón, de sobrenombre Sinis, que quiere decir *mal, pérdida, daño;* Hércules mató a Busiris. Teseo hizo morir a un ladrón llamado Perífetes, hijo de Vulcano; también Hércules cortó la vida a un bandido llamado Caco, hijo de Vulcano. Teseo combatió contra los centauros, Hércules también lo hizo. Teseo raptó a Ariadna, Hércules a Deyanira. Tanto el uno como el otro acabaron con muchos bandidos; también el uno y el otro purgaron diversos países de los monstruos que los infectaban. Igualmente tuvieron diversas mujeres, que abandonaron por otras. Algunos autores dicen que Teseo raptó a la bella Helena, hermana de Cástor y Pólux e hija de Tíndaro. Ya hemos hablado de esta Helena en el capítulo de Cástor y Pólux y hablaremos de ella en el siguiente libro.

La historia de Teseo pone muchos obstáculos a todos los mitólogos y el abad Banier tiene razón al confesar que es una de las más dificultosas para adaptar cronológicamente las épocas de su vida según el relato de los autores. ¿Han sido inventados los supuestos y alegóricos hechos para formar una his-

86. El Trevisano, *Filosofía de los Metales.*

toria verdadera? Se dice que Teseo estaba entre el número de argonautas, sin embargo, en el tiempo de esta expedición debería de ser muy viejo, si es verdad que raptó a Ariadna, que fue madre de Toas y abuela de Hipsípila, de la que Jasón se enamoró yendo a la conquista del toisón de oro. Hércules era más viejo que Teseo, por lo tanto, Hércules debía de serlo extremadamente en aquel tiempo. Por otro lado, se dice que Egeo, padre de Teseo, desposó a Medea, lo que sólo pudo hacerse cuando Jasón se la hubo llevado con él de la Cólquide. ¿Qué edad debía tener, pues, Egeo? Y esto no es todo. Se dice que Teseo era muy joven cuando Egeo desposó a Medea y que se disfrazó de chica para no ser descubierto por Medea, que tenía el deseo de perseguirlo ¿cómo habría podido, pues, raptar a Ariadna? El abad Banier, para librarse del problema prefiere mejor decir que Teseo no fue a Colcos con Jasón y añade con mucha seguridad que Teseo vivió hasta la guerra de Troya, asimismo habría podido decir que asistió a ella, y yo no lo habría contradicho. Yo digo más, Teseo también estuvo en la conquista del toisón de oro, en algún tiempo que se suponga haya transcurrido entre una y otra expedición. Todo esto encaja perfectamente en mi sistema, puesto que la conquista del toisón de oro y la toma de Troya son dos alegorías de la medicina dorada, donde Teseo es uno de los principales actores, como se verá en el libro siguiente. Así pues, no es sorprendente que los mitólogos se torturen inútilmente para explicar estas fábulas alegóricas como historia y les sea imposible ajustar las épocas de manera que configuren una historia correlativa; los anacronistas se encontrarán a cada paso, si ponen algún cuidado y habilidad, que se ha dejado de lado, como fabuloso, todo aquello que no se sabría adaptar. El abad Banier lo entendió perfectamente. Pero tampoco nos da la fábula en su pureza, lo que cuenta es una historia a su manera. Sin embargo, se deben alabar las eruditas búsquedas que ha hecho, desearía que éstas hubieran sido hechas menos inútilmente. Pero volvamos al viaje de Hércules.

Cuando se sabe lo que es el dragón de las hespérides, el del toisón de oro, el águila que devoraba el hígado de Prometeo, el león de Nemea y etc, todos hermanos o hermanas, hijos de Tifón y Equidna, se sabe lo que era el Cerbero, o perro de tres cabezas, guardián del tenebroso palacio de Plutón, o si se quiere, de Aidoneo, que significa la misma cosa puesto que viene de A΄ιδης, que es un sobrenombre de Plutón y que significa infierno, a menos que se quiera hacer venir de A΄ίδων, *quemando, cáustico;* entonces significará la disolución que se hace de la materia filosófica mientras dura el color negro, llamado Infierno por los adeptos. De buen grado estaré de acuerdo con el abad Banier en que el Cerbero era un dragón encerrado en un antro, puesto que comúnmente los filósofos lo llaman dragón; está encerrado en un antro donde no hay ninguna abertura porque está encerrado en el vaso filosófico. Está constituido guardián de la puerta de los Infiernos, pues para llegar al color negro, que es la entrada de la obra, o la llave, es necesario que la materia se disuelva. Cerbero guarda la entrada de los Infiernos, así como el dragón de las hespérides era guardián de la puerta del jardín donde crecían las manzanas de oro, igualmente otro dragón guardaba la puerta del lugar donde el toisón de oro estaba suspendido.

En todas las fábulas se ve que estos monstruos están siempre en la puerta. Flamel[87] ha puesto dos en lugar de uno, porque ha querido significar el combate que se da entre el fijo y el volátil. En otras fábulas se ha supuesto que Hércules mató a estos dragones, aquí se contenta con decir que lo ata para llevarlo hasta Euristeo, pero lo uno y lo otro significan la misma cosa, puesto que *atar* o *matar* son términos metafóricos sinónimos, que los filósofos utilizan para indicar la fijación. Norton, en su obra que lleva por título *Crede mihi*, emplea muy a menudo el término *atar* en este sentido. El autor anónimo del *Catochémicus*, Arnaldo de vilanova[88] y muchos otros lo utilizan también. En efecto, no habría podido llevar al Cerbero hasta Euristeo si no lo hubiera atado o matado, en el sentido filosófico. Ya he dicho la razón de ello cuando he explicado lo que era Euristeo y el jabalí de Erimanto.

Tras haber atado al Cerbero, Hércules continuó su camino y encontró a Teseo y a Pirítoo, se llevó al primero con él y dejó al otro sentado sobre la piedra donde lo había encontrado. Se dice con razón que Pirítoo es hijo de Ixión, puesto que Pirítoo significa tentativa inútil, y como Ixión intentó inútilmente tener relación con Juno, le sucedió lo mismo a Pirítoo cuando quiso raptar a Proserpina. Cuando acompañó a Teseo, para raptar a Helena, la suerte decidió, respecto a su posesión, en favor de Teseo y Pirítoo no tuvo ninguna. Teseo le prometió que le ayudaría solamente cuando quisiera raptar a otra mujer que le gustara. Y así lo hizo en el caso de Proserpina, pero Pirítoo fracasó, aunque estuviera acompañado de Teseo, que hubiera permanecido con él en el Infierno si Hércules no hubiera venido a liberarlo.

He aquí el contraste y la verdadera diferencia que hay entre un buscador de la piedra filosofal y un verdadero filósofo hermético. Pirítoo es el retrato del primero y Hércules lo es del segundo. Ixión, que la fábula dice, muy a propósito, que es hijo de Flegias, de Φλήγω, *quemar*, sólo abraza una nube; porque los sopladores sólo tienen el humo, que se parece a una nube, como resultado de sus operaciones. El soplador, hijo de Ixión, también hace tentativas inútiles, aunque algunas veces trabaje sobre la materia requerida, porque no es suficiente tener a Teseo como compañero, también es preciso que Hércules esté con él. Pontano[89] confiesa que durante largo tiempo ha sido un verdadero Pirítoo y que ha fracasado doscientas veces, aunque trabajara sobre la materia adecuada, pero ignoraba el fuego filosófico, del que finalmente fue instruido mediante la lectura del tratado de Artefio. Si se quema la materia se convertirá en un Ixión, hijo de Flegias, y sólo abrazará humo, o será un Pirítoo y se tendrá como resultado una

87. Flamel, *Explicación de las Figuras Jeroglíficas.*

88. Arnaldo de Vilanova, *Rosario.*

89. Pontano, *Epístola sobre el fuego.*

masa informe y sólida como una piedra y se quedará allí, como él permaneció sobre aquella donde Hércules lo encontró sentado.

No es lo mismo para el verdadero artista. Cuando trabaja sobre la verdadera materia hace que Teseo vaya con él a la morada de los vivientes, es decir, que la hace salir del negro y la hace pasar al blanco, tras haber atado al Cerbero. Es lo que la fábula ha querido designar al decir que Hércules se hizo una corona de hojas de álamo blanco, porque las hojas de este árbol son blancas por encima y como negras por debajo, lo que constituye un verdadero símbolo de la materia filosófica cuya superficie empieza a blanquear mientras que por debajo todavía es negra. Después Hércules condujo al Cerbero hasta Euristeo, como así lo había hecho con el león de Nemea, hermano del Cerbero, con los rebaños de Gerión y los otros monstruos de los que hemos hablado. Es por este motivo que se puede aplicar a los artistas ignorantes estos versos de Virgilio: *fácil es la bajada al Averno; día y noche está abierta la puerta del negro Dite; pero retroceder y restituirse a las auras de la tierra, esto es lo arduo, esto es lo difícil; pocos, y del linaje de los dioses, a quienes fue Júpiter propicio o a quienes una ardiente virtud remontó a los astros, pudieron lograrlo.* (Enéida 6, 27)

Se puede encontrar la verdadera materia de los filósofos, pero la han ocultado bajo nombres tan diferentes que casi no se la puede descubrir sino es por las propiedades que ellos le han dado. El estudioso artista que aspira a la ciencia hermética, pues, debe poner atención al diferente significado de estos equívocos nombres que los filósofos emplean en sus escritos. Espagnet dice:[90] *a menudo se expresan de manera que dan a entender lo contrario de lo que piensan, no con el deseo de falsificar o de traicionar la verdad, sino solamente para embrollarla y ocultarla. Y si hay una cosa que ellos ocultan muy aplicadamente es precisamente este ramo de oro que Eneas necesitó para entrar en los Infiernos, este ramo que [...] cuyas hojas y flexible tallo son de oro, el cual está consagrado a la Juno infernal; todo el bosque lo oculta y las sombras lo encierran entre tenebrosos valles y no es dado penetrar en las entrañas de la tierra sino al que haya desgajado del árbol la áurea rama; la hermosa Proserpina tiene dispuesto que éste sea el tributo que se le lleve. Arrancando un primer ramo, brota otro, que se cubre también de hojas de oro; búscalo, pues, con la vista, y una vez encontrado, tiéndele la mano, porque si los hados te llaman, él se desprenderá por sí mismo; de lo contrario, no hay fuerzas, ni aun el duro hierro, que basten para arrancarlo.* (Virgilio, Enéida, lib. 6, 29–31)

El mismo Virgilio habla de estos ambages y equívocos en estos términos, un poco más allá de los que hemos citado en primer lugar: *con tales palabras anuncia entre rugidos la Sibila de Cumas, desde el fondo de su cueva, horrendos misterios, envolviendo en términos oscuros cosas verdaderas.* Que se siga con atención el relato que hace este poeta del descenso de su héroe a los Infiernos

90. Espagnet, *La Obra secreta de la Filosofía de Hermes*, can. 15.

y que se le compare después con lo que hemos dicho hasta aquí y se encontrará en ello una relación perfecta. Allí pone ante los ojos a todos los figurados personajes de las fábulas que hemos explicado, y hace que se les encuentre sobre el camino de Eneas, según el lugar que ocupan en las fabulosas alegorías del orden de las operaciones, como se verá al final del sexto libro de esta obra.

No es suficiente conocer la materia, es preciso también saberla trabajar; se necesita un Alcides para esto y no un Pirítoo, pues Jasón no se hubiera atrevido a emprender la conquista del toisón de oro si no lo hubiera tenido con él, como muy bien ha dicho Augurel: *Alter inauratam noto de vertice pellem principium velut ostendit, quod sumere possis, alter onus quantum subeas.* (Crisopeya, lib. 2.) Virgilio parece haber querido indicar la cualidad natural de la tierra de los filósofos, y la manera de cultivarla, cuando dice: *con los céfiros se resquebraja la tierra en terrones, con el arado hundido en el suelo empiece a gemir el toro y a resplandecer la reja gastada por los surcos.* (Geórgicas, 1, 44) Yo sólo hago la aplicación de estos versos según Espagnet, que era un filósofo preparado para poderlos aplicar a este propósito.

Termino aquí lo que concierne a Hércules y paso en silencio una infinidad de otros trabajos que se le atribuyen porque sería fácil explicarlos mediante aquellos que ya he relacionado. En ellos se ha visto el retrato del artista al natural, la constancia, la firmeza de espíritu que debe de tener, la paciencia en las operaciones y el trabajo que tiene que hacer. Esto no es un secreto que se haya de buscar poco; merece que se den penas y fatigas para adquirirlo. El Trevisano lo buscó desde la edad de diecinueve años hasta los setenta. Raimon Llull no hubiera creído que es verdad si Arnaldo de Vilanova no se lo hubiera probado por la experiencia, cuando se vio incapaz de responder a los sutiles argumentos y a las sabias objeciones de Raimon LLull. Avicena dice[91] que ha usado más aceite en estudiar por la noche, para aprender este arte, que vino han bebido los otros. Éste aporta tres argumentos para probar la verdad y su existencia, de estos tres el último lo hace en estos términos: *si yo no viera y no tocara el oro y la plata filosóficos diría que el magisterio de los filósofos es falso, pero como lo veo lo creo y sé que es verdad y real. Comprended, dice Calid, la virtud, el valor del magisterio, la gracia que Dios os hace al daros el conocimiento y trabajad. Dios no os la otorga por vuestra vanidad, vuestro espíritu, vuestra sutilidad, él favorece a los que le place. Trabajad, pues, para su gloria, adorad a vuestro Creador, que os otorga una gracia tan grande.*

91. Avicena, *De anima*, dict. 1, cap. 2.

LIBRO VI

Historia de la guerra de Troya y la toma de esta ciudad

Después de muchos siglos se ha considerado esta ficción como el acontecimiento más célebre de la antigüedad. Los dos poetas más famosos, Homero y Virgilio, la han cantado con todo el arte del que eran capaces, que no es decir poco; el primero hace de ello el motivo de su Ilíada y de su Odisea, el segundo ha imaginado su continuación para proveer a su admirable obra la Enéida.

El gran número de ciudades que se dice que han sido construidas por los troyanos, que escaparon y sobrevivieron a la ruina de la suya; la existencia real de estas ciudades y una infinidad de hechos aportados por estos poetas, parecen probar tan sólidamente la realidad de este acontecimiento que casi no se osaría ponerla en duda, y con más razón, no se intentaría rechazarla. Como dice muy bien el abad Banier, Virgilio ha descrito, en el segundo libro de su Enéida, la toma de esta ciudad, de manera que leyéndolo uno se encuentra en Troya, puesto que conoce hasta las calles y sus principales palacios, de tal manera que no se perdería allí. Otros autores, Quinto Calaber, Coluto, Trifiodoro, Dares el Frigio, Tito Livio, Denis de Alicarnaso, han tratado de ello; Incluso Dictis de Creta llega a asegurar que él estaba presente. ¿Cómo no creer tales testimonios? A pesar de todas estas pruebas, esta historia tiene un aire tan fabuloso y parece tanto una historia inventada a placer, que no se puede impedir dudar de ella, cuando se han examinado de cerca todas sus circunstancias. Homero es el primero que ha hablado de ella, todos los que han tratado el tema, historiadores o poetas, parecen haberle copiado, por lo menos en el fondo, y en lo accesorio cada uno la ha adornado según su fantasía. Dictis de Creta y Dares el Frigio, les parece bien decir que asistieron al suceso, pero nadie quiere creer en su palabra. El abad Banier, tan incrédulo como los otros respecto a esto y que, en consecuencia, debería de haberlos tenido como sospechosos en el resto, sin embargo no tiene dificultad en emplear su autoridad cuando le viene bien para su sistema. Pero finalmente cada uno creerá lo que querrá. Se puede creer sin problema en este hecho o se puede no creer; dejo al lector la libertad respecto a eso y hará lo que le parezca después de ver las pruebas que daré para probar que es una pura alegoría.

CAPÍTULO I

Primera prueba contra la realidad de esta historia
El origen de Troya

Dárdano está considerado como el fundador del reino de Troya y no hay ninguna prueba de su existencia. A continuación, se da su genealogía y se dice que desposó a la hija del rey Escamandro, de la que tuvo a Erictonio que luego sucedió a Dárdano. Tros vino después y sucedió a Erictonio; Tros tuvo por hijos a Ilo y a Laomedón. Es bajo este reinado cuando Apolo y Neptuno fueron exiliados del Cielo por Júpiter, por haber querido atar a este dios, en acuerdo con los otros dioses y diosas. Se retiraron hacia Laomedón y se obligaron a él, bajo promesa de una recompensa, a construir las murallas de Troya. Unos dicen que las piedras se reunían y se arreglaban solas al son de la lira de Apolo. Otros aventuran, con Homero, que las levantó Neptuno mientras Apolo guardaba los rebaños de Laomedón. Ovidio es del primer sentimiento.[1]

Virgilio dice[2] que fueron edificadas por Vulcano. La fábula añade que Laomedón no quiso dar a Neptuno la recompensa que habían convenido y que, habiendo respetado a Apolo como un dios, sin embargo, despreció a Neptuno, éste irritado se vengó enviando un monstruo marino que arrasó todo el país. Ya hemos hecho mención de ello cuando hemos hablado de la liberación de Hesíone por Alcides.

He aquí a tres fundadores de Troya, y tres fundadores fabulosos, es decir, tres dioses, Apolo, Neptuno y Vulcano, que no han existido jamás ni como dioses ni como hombres. Sin embargo, se puede atribuir el establecimiento de la ciudad de Troya a cada uno de ellos en particular y decir al mismo tiempo que estos tres dioses han trabajado allí, puesto que se requieren los tres para la perfección de la obra hermética, según lo que hemos visto hasta el presente; Vulcano es el fuego filosófico, Neptuno es el agua mercurial volátil y Apolo es la parte fija, o el oro de los sabios. No es sorprendente que se haya dicho que las piedras se arreglaban solas al son de la lira de Apolo. Se había dicho que Orfeo hacía mover las piedras y los árboles al son del mismo instrumento y que había conducido la nave Argo de la misma manera. Se ha debido ver antes, que las partes que componen el magisterio de los sabios se reúnen solas para arreglarse y reunirse en una masa fija llamada Apolo o Sol filosófico, porque la parte fija es como un amante que atrae las partes volátiles para fijarlas con él y hacer un todo fijo llamado piedra; es lo que forma la pretendida ciudad de Troya, que es el símbolo de ello. Por la misma razón se dice que fue edificada bajo el reinado de Laomedón y que estos dioses trabajaban para él porque el objeto de las operaciones filosóficas es el mismo Laomedón, que significa pie-

1. Ilion aspicies, firmataque turribus altis maenia Phoebo strusca canore lyrae. Ovidio, *Epístola a Paridis.*
2. An non viderunt maenia quondam Vulcani fabricata manu concidere in ignes? Virgilio, *Enéida,* lib. 9.

dra que manda y que tiene un gran poder, de λάος, *piedra*, y de μέδω, *yo mando.* Este pretendido mando y este poder han hecho dar a Laomedón el título de rey.

Si se quiere tener la genealogía de los pretendidos reyes de Troya que han precedido a Laomedón, se encontrará precisamente en sus nombres una nueva prueba de que es una pura alegoría del magisterio filosófico, puesto que Dárdano, del que se dice haber sido el primer rey y el fundador de Dardania, que después tomó el nombre de Troya, significa estar en reposo, dormir, de δαρδάνω, *dormir, reposar,* porque la materia, tras haber sido puesta en el vaso al comienzo de la obra, permanece largo tiempo como adormecida y sin movimiento, lo que ha llevado a los filósofos a dar el nombre de *invierno* al tiempo que permanece en este estado, porque la naturaleza parece entorpecida y adormecida durante esta estación. En esta *primera* operación, dice Filaleteo,[3] a la que llamamos invierno, la materia está como muerta, el mercurio se mortifica y se manifiesta la negrura. Pero en cuanto empieza a fermentar y a disolverse, Erictonio nace de Dárdano, pues Erictonio quiere decir disuelto, roto en pedazos, de ἐρείκω, *deshago, rompo.* La materia rota y en vías de disolución está significada por Tros, hijo y sucesor de Erictonio, pues según Eustatio, τίρώσκω viene de τειρω, *abatir, triturar,* y τρωσις, de τιτρώσκω, *herir, trastornar, seducir.* Siendo disuelta esta materia, se vuelve como el barro y el fango, entonces Ilo sucede a su padre Tros, puesto que I'λύς, quiere decir *cenagal, de porquería,* lo que ha dado ocasión a los filósofos de llamar barro y estiércol a su materia en este estado de putrefacción. Ilo fue padre de Laomedón y es bajo su reinado que Apolo edificó las murallas de Troya, porque la materia empieza a fijarse y a convertirse en piedra de los filósofos, cuando sale de la putrefacción.

He aquí el verdadero origen de Troya, he aquí quienes han sido sus reyes y sus fundadores, y yo no veo en qué se basa el abad Banier para fijar la duración del reinado de Dárdano en sesenta y dos años, la de Erictonio en cuarenta y seis, la de Ilo en cuarenta y la de Laomedón en veintinueve. Lo que puede decir de verdadero, incluso adoptando su sistema, es que una tal ciudad como se nos presenta la de Troya en el tiempo de su ruina, no podía dejar de haber sido muy célebre anteriormente, sin embargo, no se hace ninguna mención de ello antes del viaje que hizo allí Hércules, para liberar a Hesíone, hija de Laomedón. ¿Cómo habría podido hacerse, que una ciudad se hubiera hecho tan popular y tan célebre en tan poco tiempo y que su destrucción hubiera sucedido inmediatamente a su nacimiento?, ¿se habría podido recoger suficiente gente del mundo como para resistir a todas las fuerzas reunidas de Grecia? Aún cuando se hubieran reunido allí todos los habitantes de Frigia, no habrían podido mantenerse seis meses, y con más razón diez años, contra un ejército tan formidable y tan numeroso. Para probar lo falso que es lo que aventura el abad Banier, (sin duda por la fe en antiguos historiadores, que no

3. I. Filaleteo, *Enarrat. Metho,* p. 17.

habían puesto la atención necesaria a lo que relataban) es suficiente comparar los hechos que cita. Este autor dice[4] que Tros tuvo tres hijos, a uno de ellos lo llamó Ganímedes y fue raptado por Tántalo,[5] que este Tántalo hizo la guerra a Tros y que tras su muerte Ilo la continuó contra Pélope, hijo de Tántalo; que solamente treinta y cinco años antes de la guerra de Troya bajo Príamo, Hércules había saqueado esta ciudad, matado a Laomedón y raptado a Hesíone;[6] que Tántalo vivió ciento treinta años antes de la toma de Troya,[7] que Pélope tuvo por hijo a Atreo, que se retiró con Euristeo, del que desposó a su hija Aérope y le sucedió poco antes de la guerra de Troya. El mismo autor había dicho[8] que Méstor, hijo de Perseo, desposó a Lisídice, hija de Pélope; que Esténelo, hermano de Méstor desposó a Micipe (Nicipe), también hija de Pélope, y tuvo a Euristeo. Yo pregunto al lector si comprende alguna cosa en tal galimatías. ¿Es concebible que Atreo, hijo de Pélope, haya podido retirarse con Euristeo, desposar a su hija y sucederle, después de que lo matara Hilo, hijo de Hércules? ¿Es posible que Pélope haya podido hacer la guerra a Ilo, si, según Plutarco[9] Pélope era bisabuelo de Hércules, quien mató a Laomedón, hijo de Ilo? Aún cuando se diera a Anaxo, hijo de Alceo, hermano de Esténelo, como abuelo de Hércules, se encontraría la misma dificultad. Esto no es lo único. Nuestro mitólogo dice que Hércules arrasó la ciudad de Troya y mató a Laomedón treinta y cinco años antes de la destrucción de esta ciudad por los griegos. Los hijos de Hércules eran aún jóvenes cuando su padre murió. Se hicieron mayores y con la ayuda de Teseo, pariente y amigo de Hércules, hicieron la guerra a Euristeo, e Hilo lo mató con su propia mano. Atreo que había desposado a su hija Aérope le sucedió, tuvo a Menelao y Agamenón que se casaron uno con Helena y el otro con Clitemnestra, antes de la guerra de Troya y comandaron las tropas que la sitiaron.

Se ha de confesar que el abad Banier es un hombre que ha hecho mucho trabajo en poco tiempo. Sólo le han hecho falta treinta y cinco años para formar dos generaciones de héroes y, según su cálculo, la conquista del toisón de oro sólo habría precedido a la guerra de Troya en treinta y cinco años, puesto que Hércules dejó a los argonautas para ir a liberar a Hesíone. Después de esta expedición contra Troya, aún hizo otras, antes de morir. Liberó a Teseo de los Infiernos:[10] *tras haber tomado un gran número de ciudades y ejecutar los trabajos que Euristeo le había ordenado, se enamoró de Yole, hija de Euristeo, este príncipe lo rechazó y él subyugó la Ecalia, raptó a la princesa y mató al rey.* Es después

4. Banier, *Mitología,* t. 3, p. 429.
5. Banier, *ibíd.* p. 394 - 395.
6. Banier, t. 2, p. 515.
7. Banier, t. 3, p. 435.
8. Banier, t. 3, p. 266.
9. Plutarco, *Vida de Teseo.*
10. Banier, *Mitología,* t. 3, p. 295.

de esta expedición cuando Deyanira le envió la túnica de Neso y que murió al ponérsela. Su hijo Hilo era joven entonces y le dio tiempo de hacerse mayor hasta el punto de poder hacer la guerra a Euristeo. Éste murió en un combate. Atreo le sucedió, tuvo dos hijos, Menelao y Agamenón, estos dos hijos se hicieron mayores a su vez. Agamenón sucedió a Atreo, se casó y tuvo un hijo llamado Orestes y se puso a la cabeza de todas las tropas de Grecia, reunidas contra la ciudad de Troya, y todo esto sucedió en treinta y cinco años. ¡Cuán verdad es que toda la destreza y todas las combinaciones de los mitólogos fracasan, cuando quieren hacer coincidir la fábula con un sistema histórico que nunca estuvo en la idea de los autores de estas fábulas! Sólo habría que remontarse al tronco de donde han salido todas estas ramas de héroes, para reconocer claramente lo fabuloso. Pero vamos a examinar quienés fueron los que emprendieron la guerra de Troya y quiénes defendieron esta ciudad.

CAPÍTULO II

Todos los que participaron en la ocupación de Troya y quienes la defendieron, son fabulosos

Aquí habría que pasar revista a todos los héroes cuyos nombres y sorprendentes acciones son referidos por Homero, Virgilio y los otros autores; se habría de poner ante los ojos sus genealogías, pero para mostrar lo fabuloso del asunto es suficiente dirigirse a la raíz de su árbol genealógico. No hay ninguno que no tenga su origen en Júpiter, Neptuno o cualquier otro dios. Aquiles, el más famoso de entre ellos era hijo de Peleo y de la diosa Tetis. Peleo tuvo por padre a Éaco y por madre a la ninfa Endeis. Éaco era hijo de Júpiter y de Egina. Tetis, según Hesíodo,[11] era hija del Cielo y de la Tierra, Homero[12] dice que es hija de Nereo, que a su vez era hijo del Océano. Júpiter se enamoró de ella, pero habiendo aprendido de Prometeo que, según un oráculo de Temis, el hijo que naciera de Tetis sería más poderoso que su padre, Júpiter la dio en matrimonio a Peleo. Tetis, la de los pies de plata e hija del viejo marino,[13] encontró muy mal, según el mismo autor,[14] que Júpiter la hubiera despreciado hasta el punto de hacerla esposa de un mortal. Ella dio sus quejas a Vulcano, que estaba muy prendado de ella, haciéndole reconocer que lo acogió muy bien

11. Hesíodo, *Teogonía.*
12. Homero, *Himno a Apolo.*
13. Homero, *Ilíada,* lib. 1, vers. 538.
14. Le respondió entonces Tetis, derramando lágrimas: «¡Hefesto! ¿Hay alguna de cuantas diosas hay en el Olimpo que haya soportado en sus mientes tantas luctuosas penas como los dolores que Zeus Crónica me ha dado a mí sobre todas? De entre las diosas marinas fui yo la subyugada para un hombre, el Eácida Peleo, y tuve que aguantar el lecho de un mortal, a menudo en contra de mi voluntad. Homero, *Ilíada,* lib. 18, vers. 428.

cuando vino a ella después de que fuera echado del Olimpo. En una palabra, Homero habla siempre de ella como de una diosa y todo lo que dice, particularmente en el libro 24 de la Ilíada, conviene perfectamente a lo que sucede en las operaciones del magisterio. Allí introduce a Apolo,[15] que lleva sus quejas a Júpiter respecto a que Aquiles se había apoderado del cuerpo de Héctor y no quiso devolverlo. Juno le respondió: Héctor ha bebido la leche de una mujer mortal y Aquiles es hijo de una diosa, yo misma alimenté y crié a su madre y la di en matrimonio a Peleo, hombre mortal, pero al que los dioses amaban mucho. Para hacerle los honores, todos asistieron a su boda, y vos mismo, pérfido, asististeis como los otros. Apolo dijo: realmente Aquiles es tan soberbio y glorioso que no es sensible ni a la piedad ni a la vergüenza. Todos os inclináis hacia este orgulloso y soberbio Aquiles que se ha despojado de toda compasión y de todo pudor. Después de haber quitado la vida al noble y generoso Héctor, lo ha atado a su carro y lo ha arrastrado alrededor de la tumba de su amigo Patroclo, en lugar de dárselo a su querida esposa, a su padre Príamo, a su madre, a su hijo y a su pueblo, que lo lloran y que al menos querrían tener la consolación de verlo aunque fuera muerto. Júpiter tomó la palabra y dijo: *Juno no os encolericéis, de todos los habitantes de Ilión, Héctor fue el más querido para los dioses. No convenía a Aquiles robar secretamente el cuerpo de Héctor. Tetis, madre de Aquiles, no abandona a su hijo un instante, no lo deja ni de día ni de noche, pero si alguno quiere llamarla y la hace venir yo le hablaré y le diré que Aquiles devuelva el cuerpo de Héctor a Príamo, que lo rescatará. Inmediatamente Iris partió, descendió sobre el negro mar, todo el pantano se estremeció. Encontró a Tetis en una cueva, sentada en medio de otras muchas diosas marinas, donde lloraba la desdichada suerte de su hijo, que debió morir lejos de su patria, en Troya la pedregosa. Levantaos Tetis, le dijo ella, Júpiter os reclama y quiere hablaros ¿por qué me quiere este gran dios? respondió ella. No me atrevo a frecuentar más a los inmortales, mi corazón está afligido de dolor y mi espíritu lleno de tristeza. Sin embargo, iré puesto que así lo ordena. Habiendo hablado así, esta diosa, la más augusta de todas, tomó un velo negro, y no había vestidura en el mundo más negra que la suya. Partió, Iris la precedía y el mar las rodeaba. A penas llegaron a la orilla, se elevaron rápidamente hacia el cielo, allí encontraron a Saturno y los otros dioses sentados alrededor suyo. Tetis fue a sentarse cerca de Júpiter y Juno le presentó una bebida dorada en un bello vaso diciéndole algunas palabras de consolación. Tetis bebió y se lo devolvió. A continuación, Júpiter, padre de los dioses y de los hombres habló y dijo: Diosa Tetis, habéis venido al Olimpo, aunque triste, y sé que tenéis una pena. Soy sensible a vuestra tristeza, pero escuchad porque os voy a mandar. Después de nueve días los dioses inmortales están en disputa a causa del cuerpo de Héctor y de Aquiles, el destructor de las ciudades. Se decía que era preciso robarlo secretamente, pero*

15. Homero, *ibíd.* lib. 24, vers. 40 y ss.

a causa del respeto que siento por vos y de la amistad que siempre os tendré, voy a dejar a Aquiles la gloria de devolverlo. Id pues, descended pronto hacia vuestro hijo y decidle a Aquiles que los dioses inmortales y yo más que los otros, estamos indignados contra él, por retener el cuerpo de Héctor en su negro barco sin quererlo devolver, aunque se le haya propuesto rescatarlo. Si tiene algún respeto hacia mí que lo devuelva. Enviaré a Iris hacia Príamo para decirle que vaya él mismo a los barcos de los griegos a reclamarlo y que lleve con él presentes que sean del gusto de Aquiles. Tetis la de los pies de plata obedeció, descendió del Olimpo con precipitación y llegó a la tienda de su hijo, lo encontró allí encerrado y derramando muchas lágrimas en medio de sus compañeros que se preparaban para almorzar. Para ello habían matado una gran oveja cuya piel era bella y muy tupida. Se sentó junto a él, lo halagó y lo acarició y le dijo: ¿Hasta cuando hijo mío abandonareis vuestro corazón a la pena que lo roe hasta el punto de no querer comer ni dormir? Soy vuestra madre y no dudéis de que tengo mucho deseo de veros casado, pero el destino os amenaza de forma violenta y precipitada. Escuchadme pues, vengo de hablar con Júpiter, me ha dicho que os declare que los dioses inmortales están muy irritados contra vos porque no queréis consentir al rescate del cuerpo de Héctor, al que retenéis en vuestros negros barcos. Creedme, devolved este cuerpo y recibiréis rescate.

Aquiles se dejó ganar por los ruegos de su madre y dijo que si recibía el rescate devolvería a Héctor. Por su parte Iris hizo su cometido, obligó a Príamo a ir junto Aquiles con presentes, acompañado por un sólo heraldo del ejército. Hécubo hizo todo lo que pudo para impedir que Príamo fuera, pero lejos de escucharlo le hizo reproches. Tomó los presentes, que consistían en doce vestidos muy bellos, doce magníficos tapices, doce túnicas y diez talentos de oro bien pesados. Así partió y viéndolo Júpiter en camino le dijo a Mercurio, su hijo, Mercurio no hay nada que os plazca más que rendir servicio a los mortales, id pues y conducid al viejo Príamo hasta los barcos de los griegos, pero hacedlo de manera que nadie lo vea y se de cuenta, hasta que haya llegado a la tienda del hijo de Peleo. Entonces Mercurio ajustó sus talones de ambrosía y oro que lo llevan sobre el mar y la tierra con el viento y no olvidó su caduceo. Habiendo tomado la figura de un joven bello, bien hecho y de una fisonomía real se fue a Troya a encontrar a Príamo y a aquel que lo acompañaba. A su encuentro ellos se sorprendieron y el miedo los atrapó, pero Mercurio los tranquilizó y les dijo: ¿Dónde vais así en el silencio de la noche? ¿No teméis caer en manos de los griegos vuestros enemigos? Si alguno de ellos os ve con los presentes que lleváis ¿cómo vos que no sois joven y sólo os acompaña un viejo podríais impedir que os atacaran? En cuanto a mí estad tranquilos vengo para defenderos y no para insultaros pues os considero como mi padre. Veo por vuestro aire y vuestro discurso, respondió Príamo, que algún dios cuida de mí, puesto que os ha enviado para acompañarme. Pero hacedme el favor, bello joven, de decirme quién sois y quiénes son vuestros parientes. Soy criado de Aquiles, le respondió Mercurio, llegué con él en el mismo barco, soy uno de los mirmidones y mi padre se llama Políctor, es muy rico y entrado en edad como vos, tiene seis hijos y yo soy el séptimo;[16] entre los siete hemos echado a suerte para ver quién iría con Aquiles y la suerte ha caído sobre mí. Príamo le preguntó sobre el estado actual del cuerpo de Héctor y Mercurio le dio tan buenas nuevas que Príamo le ofreció como presente una bella copa y le rogó que lo condujera. Mercurio rehusó el presente pero le dijo que lo acompañaría siempre por mar y por tierra hasta el mismo *Argo* y enseguida saltó sobre el carro de Príamo, se hizo con las riendas y se hizo cargo de conducirlo. Finalmente llegaron entorno a los barcos. Los centinelas estaban ocupados en cenar y Mercurio que duerme a los que velan y despierta a los que duermen, los sumió en un profundo sueño; después abrió las puertas e introdujo a Príamo con sus presentes. Llegaron a la levantada tienda de Aquiles, que los mirmidones le habían hecho de madera de abeto, la habían cubierto de juncos de la pradera y la habían envuelto con pieles, la puerta estaba cerrada con un gran cerrojo de abeto y tres griegos la guardaban; también había tres antorchas. Entonces Aquiles estaba solo. Mercurio, *autor de las comodidades de la vida*, abrió la puerta al viejo y lo introdujo con sus presentes. Después le dijo: yo soy Mercurio, dios inmortal, enviado por Júpiter para serviros de guía y acompañaros, yo no entraré con vos, yo me vuelvo, pues no conviene que aparezca ante Aquiles y que se de cuenta de que un dios inmortal favorece así a un hombre. Pero vos entrad, abrazad las rodillas de Aquiles y rogadle que os devuelva a vuestro hijo. Tras estas palabras Mercurio se elevó hacia el Olimpo. Príamo descendió de su carro y dejó allí a Ideo, su acompañante. Entró en la tienda de Aquiles, se echó a sus rodillas y le pidió a Héctor. Tras mucho discurso por una parte y otra, Aquiles aceptó los presentes de Príamo y le devolvió a su hijo. Después convinieron una tregua de doce días. Finalmente Príamo se llevó el cuerpo de Héctor en su carro, con la ayuda de Mercurio, y habiéndolo llevado a Troya lo puso en manos de los troyanos que le hicieron unos funerales, de la manera siguiente:[17] *juntaron los materiales durante nueve días, el décimo levantaron el cuerpo de Héctor llorando, lo colocaron encima de la hoguera y prendieron fuego. Al día siguiente el pueblo se reunió entorno de la hoguera y apagaron el fuego con vino negro; los hermanos y los compañeros de Héctor recogieron sus blancos huesos, vertiendo abundantes lágrimas y los encerraron en un ataud de oro, que envolvieron con un tapiz de color púrpura.*

Es fácil ver, por lo que acabamos de contar, que Homero, autor de la historia de esta guerra, pretendía hablar de Tetis como de una diosa y no como una mujer ordinaria, en consecuencia ella era para él, así como debe ser para nosotros, una persona puramente fabulosa. Dice que es hija de Nereo, dios marino, porque Nereo significa un lugar hueco y húmedo, de Νηρός, y porque el vaso filosófico es un hueco en el que nace Tetis, la Tetis que los poetas tomaban por la

16. El séptimo de los metales.
17. Homero, *Ilíada, ibíd.* vers. 785 y ss.

tierra,[18] y los latinos por el mar, porque este nombre quiere decir nodriza. Juno se jacta de haberla alimentado, educado y casado con Peleo; es la tierra filosófica, significada por Tetis, que tras haber permanecido algún tiempo en el vaso, se casa con la negrura, es decir, se vuelve negra, pues Peleo viene de πελίς, *negro*. De este matrimonio nació Piriso, o el que sale del fuego sano y salvo, porque el fuego de la materia reducido en mercurio de los filósofos resiste a los ataques del fuego más violento. Después tomó el nombre de Aquiles, este fiero y soberbio guerrero que desafió a todos los jefes de los griegos y de los troyanos, él lo podía hacer pues era invulnerable, por lo que acabamos de decir. Se enamoró de Briseida, es decir, del reposo, pues Briseida viene de βρίζω, *reposo*, porque el mercurio filosófico busca ser fijado.

Lo que acabamos de relatar del último libro de la Ilíada prueba claramente, a aquellos que han leído los libros de los filósofos, que Homero tenía en vistas la gran obra, puesto que piensa como ellos, se expresa igual y da con precisión la descripción de lo que sucede en las operaciones del elixir, que es el fin de la obra, como hace al final de su obra. Recordemos algunos trazos de ello, sin apartarnos de nuestro objetivo.

Júpiter envía a Iris hacia Tetis e Iris desciende sobre el *negro mar*; he aquí el mar filosófico, o la materia en disolución llegada al negro. Iris encuentra a Tetis, o la tierra filosófica, sentada en una caverna, es decir, en el vaso de los filósofos. Iris representa a los diferentes colores que aparecen al mismo tiempo cuando se produce la fermentación y la disolución. Tetis lloraba, es la materia que se reduce a agua. Tras haber oído el motivo de la visita de Iris, Tetis coge un velo negro y el vestido más negro que haya habido en el mundo. Los filósofos llaman al negro que entonces sobreviene a la materia, negro más negro que el mismo negro, *nigrum nigrius nigro.* Ya he aportado cien textos de los filósofos en este sentido, no los repetiré.

Tetis partió hacia el Olimpo, Iris la precedía y las dos estaban rodeadas por el mar. Es el comienzo de la sublimación de la materia; este mar es el agua mercurial, encima del cual se encuentra la tierra como si fuera una isla. Ésta era la de Creta donde nació Júpiter y la de Delos donde Febo y Diana vinieron al mundo. Llegan ante Júpiter y Tetis encuentra a Saturno, es el Saturno filosófico del que hemos hablado tan a menudo. Ella aparece allí con un aspecto triste y vestida de duelo, pues la negrura es símbolo de duelo y de tristeza. Júpiter le dice que vaya a encontrar a su hijo Aquiles y le obligue a devolver el cuerpo de Héctor a Príamo. Ella se pone cerca de él y durante este tiempo Iris va a encontrar a Príamo, para que determine ir hasta la tienda de Aquiles solamente acompañado por Ideo. Antes de dejar el negro la materia toma aún varios colores que habían aparecido primero. Tetis convence a su hijo. Príamo se pone en camino con Ideo, es decir, el sudor, de ἴδις, *sudar,* porque al disolverse la materia parece sudar.

18. Homero, *Ilíada,* lib. 14.

Príamo encuentra a Mercurio, que toma las riendas de su carro; esto es porque el mercurio filosófico es el conductor de la obra, es de él y por él que las operaciones se cumplen. Lleva alas en los talones porque es volátil y lo llevan en el aire con el viento; Hermes así lo había dicho:[19] *el viento lo lleva con él, el aire lo ha llevado en su vientre.* Mercurio despierta a los que duermen y duerme a los que velan, porque volatiliza lo fijo y fija lo volátil. Abre las puertas e introduce a Príamo con sus presentes; esto es porque es el disolvente universal y porque disolver, en términos de química es abrir. Deja que Príamo entre y abrace las rodillas de Aquiles; el fijo se reúne con el fijo y el disolvente es aún volátil. Príamo entrega sus presentes, que consisten en tapices, en telas y en oro; son los diferentes colores pasajeros que se manifiestan, el oro es el oro filosófico. Aquiles le devuelve el cuerpo de Héctor envuelto en dos de estos tapices, los dos más bellos; son los dos colores principales, el blanco y el rojo. Príamo vuelve a Troya con el cuerpo de su hijo y Mercurio, que lo esperaba, vuelve a conducir su carro, por la razón que hemos dicho antes. Entran en Troya, se prepara una hoguera y se quema el cuerpo de Héctor y se recogen sus huesos blancos; he aquí al color blanco, o el oro blanco de los filósofos. Los troyanos los meten en un ataud de oro que cubren con un tapiz color púrpura; es el fin del elixir, o la materia llevada a su última fijación y al color del amaranto o del pavo real de los campos, como dicen los filósofos.

Esta explicación sería más que suficiente para persuadir a un hombre al que no le cegara el prejuicio, sólo es preciso abrir los ojos para ver la verdad en su simplicidad. Pero me las tengo que ver con gente prevenida, se necesita más de una prueba para convencerlos y no dejaremos de dársela. No es suficiente con haber probado que Tetis es una persona figurada, también se ha de mostrar que Peleo y los otros también los son.

Se dice que Peleo fue hijo de Éaco y de la ninfa Endeis,[20] hija de Quirón. ¿Como podía ser que Éaco hubiera desposado a la hija de Quirón si éste fue hijo de Saturno y de la ninfa Fílira y sin duda nació antes de que Júpiter mutilara a Saturno? Aunque se considerara a los unos y a los otros como personas reales no se puede negar que habrían pasado varios siglos después del nacimiento de Quirón hasta Éaco. La hija del centauro debería ser entonces muy vieja. Pero su padre es imaginario, la hija lo es también y por otra parte, Éaco mismo no lo es menos, puesto que se dice que es hijo de Júpiter y de la ninfa Eginay Júpiter tuvo que metamorfosearse en fuego para tener relación con esta ninfa. Asimismo la fábula dice que habiéndose apercibido Sísifo de la frecuentación de Júpiter y de Egina, advirtió a Asopo, padre de esta ninfa. Júpiter para protegerla de la cólera de su padre la transformó en la isla que lleva su nombre. Hubiera sido después de esta metamorfosis que Egina habría dado a luz a Éaco, lo que es

19. Hermes, *La Tabla de Esmeralda.*

20. Según Pausanias y el escoliasta de Píndaro y de Apolodoro.

ridículo decir, queriendo tomar la cosa históricamente; pero tomada alegóricamente el hecho no es más sorprendente que el nacimiento de Adonis, después de la metamorfosis de su madre Mirra en el árbol que lleva su nombre.

Es bueno señalar aquí que todos los héroes de los que vamos a hablar y los que ya hemos mencionado hasta aquí, no solamente son descendientes de dioses imaginarios y quiméricos, sino que también tienen en común el hecho de que sus genealogías siempre están compuestas de ninfas, hijas del Océano, o de algunos ríos. Estas genealogías no ascienden más allá de cinco o seis generaciones y van a parar casi todas hasta Saturno, hijo del Cielo y de la Tierra. Se las puede contrastar en las siguientes columnas donde se encontrará las de los héroes griegos y las de los jefes troyanos:

Paris y Héctor	Helena nació de Leda,	Agamenón y Meneláo
Príamo o Podarco	mujer de Tindáreo, pero	Atreo o Tiesto.
Laomedón.	por un adulterio que	Pélope.
Ilo	cometió con Júpiter se	Tántalo, hijo de la
Tros	transformó en Cisne.	Ninfa Pluto.
Erictonio	Leda dio a luz al mismo	Júpiter.
Dárdano	tiempo dos huevos, de	Saturno.
Júpiter. Electra fue su madre	uno salieron Pólux y	
y era hija del Océano y Tetis.	Helena, y del otro Cástor y	

Memnón.	Patroclo.	Aquiles.
Titón y la Aurora.	Menetio.	Peleo y Tetis.
Laomedón.	Áctor.	Éaco.
Ilo.	Neptuno.	Júpiter y Egina.
Tros.		Saturno.

Erictonio.	Patroclo.	
Dárdano.	Menetio.	
Júpiter y Electra.	Japeto.	
Saturno.	El Cielo y la Tierra.	
	según Hesíodo	

Ayax, hijo de Oileo,	Ayax, hijo de Telamón	Diomedes.
Uno de los Argonautas.	Éaco.	Tideo.
	Júpiter y Egina.	Eneo.
	Saturno.	Proteo y Tebe.
	Ilíada, lib. 14, vers. 115.	

Ulises.	Palamedes.	Eurípilo.

Laertes. Acrises.	Nauplio. Neptuno y Amimone. Júpiter y Alcmena. Saturno.	Télefo. Hércules.
Laocoonte Príamo. Laomedón. Ilo. Tros. Erictonio. Dárdano. Júpiter y Electra. Saturno.	Protesilao. Ificlo. Anfitrión. Alceo. Perseo. Júpiter y Danae. Saturno.	Filoctetes. Peante o Apolo. Júpiter. Saturno.
Néstor. Neleo y Cloris. Neptuno y Tiro. Saturno.	Idomeneo. Deucalión. Prometeo. Japeto y Clímene. El Cielo y la Tierra. Hesíodo.	Idomeneo. Deucalión. Minos. Júpiter y Europa. Saturno. Homero, Ilíada.

He aquí a los principales de entre los griegos y los troyanos, paso por alto a Ascálafo y Jalmeno, los dos hijos de Marte y Astioque; Demofonte, hijo de Teseo; Eurialo hijo de Mecisteo; Teucro de Telamón; Esquedio y Epistrofio, hijos de Ífito; Agapenor del piloto Anceo; Tespio, Toas (Toante), Tlepólemo, Eumelo, Polípeto, y tantos otros que eran hijos de los argonautas, o que habían asistido ellos mismos a la expedición del toisón de oro, pues no es sorprendente que se les haya supuesto presentes en estas dos expediciones, tanto la una como la otra eran alegorías de la misma cosa.

No es menos fácil probar lo fabuloso mediante la genealogía de las mujeres, de donde han salido estos héroes. Electra, madre de Dárdano, era hija del Océano y de Tetis. Aurora, madre de Memnón, tuvo a Tea por madre y a Hiperión por padre. Asopo, hijo del Océano y de Tetis, fue padre de la ninfa Egina. Clímene, abuela de Menetio, también era hija del Océano. Circe, a la que Ulises conoció en su viaje, era hija del Sol. Tetis era una diosa; Eneas fue hijo de Venus, y así las otras. Es absurdo, pues, querer hacer realidad de personajes tan fabulosos como estos.

Pero una prueba, por lo menos bastante convincente, se encuentra en los nombres de los troyanos, los etíopes y de otras naciones que se supone que vinieron en ayuda de Príamo. Sin duda se convendrá en que la lengua de los frigios y la de los etíopes eran muy diferentes a la de los griegos. ¿Cómo nos ha llegado, pues, que todos los nombres tanto de los troyanos como los de sus aliados, eran griegos y de origen griego? Helo aquí: esto es porque Homero, autor de esta alegoría, era griego. Le hubiera sido muy fácil sacar estos nombres de las lenguas de Etiopía y de Frigia. Él había hecho en estos países largas estancias como para conocer algunos. Entonces ¿por qué no lo ha hecho? Sin duda es que no quería añadir esta verosimilitud a una ficción que no pretendía presentarla como una realidad.

Es sorprendente que los historiadores y los mitólogos que le han seguido no hayan hecho esta reflexión. Homero mismo nos enseña que el ejército de los troyanos estaba compuesto por tropas de diversas naciones y con diferentes lenguas y que unos y otros no se entendían: *no era de todos igual el clamor, ni único el modo de hablar; las lenguas se mezclaban al ser las gentes de múltiples lugares.* (Ilíada, 4, 437)

Necesariamente, pues, se ha de convenir en que Homero sustituyó por nombres griegos los verdaderos nombres que tenían los troyanos y los etíopes, que Memnón trajo para que lo ayudaran. Pero ¿qué razón podía haber tenido para actuar así? Si un poeta francés tuviera de hacer la historia de la ocupación de Praga por los austriacos, defendida con tanta gloria por los franceses, después de que hubieron abandonado Baviera, y diera nombres franceses tanto a los sitiadores como a los sitiados, sólo este detalle sería suficiente para los lectores como para dudar de la realidad de esta ocupación, ciertamente no se tendría ninguna fe en su relato, si algún historiador no lo rectificara. Más aún ¿qué pasaría si el poeta que primero nos hubiera dejado este hecho por escrito, hiciera descender a todos los oficiales, generales y otros, de Mar Lusina, de Gargantua, de Rolando el furioso, de Roberto el diablo, de Fierabras, de Olivier, compañero de Rolando, de Juan de París y de algunos otros personajes, que sólo han existido en las novelas? Por lo menos nombraría las ciudades vecinas, las aldeas, los ríos, la situación del campo, especificaría día a día los trabajos de los sitiados, nombraría a aquellos que hicieron las trincheras. ¿Se le creería entonces? Y si los historiadores posteriores sólo fundaran su narración del hecho sobre el relato de este poeta o sobre alguna tradición oral emanada de la ficción de este mismo poeta, ¿serían más creíbles? Sin embargo así son las cosas respecto a la ciudad de Troya y la ocupación que llevaron a cabo los griegos. Herodoto, al que Cicerón[21] llama padre de la historia, Herodoto que era del Asia menor, donde se dice que estaba situada Ilión, sólo habla de esta guerra después de Homero y de la tradición oral de algunos sacerdotes egipcios. Asimismo él duda del hecho en sí y dice:[22] *que se de fe a Homero y a los chipriotas, si se quiere. Para mí, he querido informarme de si hechos tan extraordinarios, inverosímiles y sensibles a la quimera, que los griegos cuentan que sucedieron en Troya, eran verdaderos.*

21. Cicerón, *Libro de las Leyes.*
22. Herodoto, *in Euterpe,* cap. 118.

Términos que muestran claramente la poca fe que daba a esta historia y que sin embargo relata, según lo que habría aprendido por tradición. Sin embargo se esfuerza en probar lo falso y a este efecto dice:[23] *yo conjeturo que Helena no fue a Troya, pues si hubiera estado allí, cuando los griegos fueron a reivindicarla, ciertamente los troyanos la habrían devuelto, ya sea forzando a Alejandro a devolverla, o bien devolviéndola de buena gana. Pues Príamo o sus parientes no hubieran sido tan insensatos como para ocasionar todos los males que se mencionan a sus hijos y a sus ciudadanos, únicamente por complacer a Alejandro y procurarle el disfrute de Helena. Y aunque hubieran tenido esta idea al principio de esta pretendida guerra, es de creer que cuando Príamo hubiera visto a dos o tres de sus hijos morir en combate contra los griegos, (si se ha de creer a los poetas respecto a ello), el mismo Príamo hubiera tenido a Helena como concubina y la hubiera remitido a los griegos para librarse de tantos males.*

Herodoto aún aporta otras razones, como se puede ver en su obra en la que dice positivamente que la lengua frigia era absolutamente diferente de las otras y a este respecto dice,[24] que durante el reinado de Psamético en Egipto, los egipcios se jactaban de haber sido los primeros existentes en el mundo. Que en el tiempo de este rey la disputa en este sentido se renovó y que finalmente fue decidida en favor de los frigios por la siguiente prueba. Al no encontrar Psamético ningún medio de decidir sobre esta cuestión, se apoderó de dos recién nacidos, de osbcuros parientes pobres, y los dio a un pastor para que los alimentara y los educara, con orden de tener con ellos todos los cuidados posibles, pero manteniéndolos separados en cavernas apartadas una de otra, haciendo que fueran amamantados por las cabras y prohibiéndole pronunciar jamás una palabra que pudieran entender, a fin de que, cuando sus órganos empezaran a formarse y tuvieran edad de hablar, pudiera saber de qué lengua serían las primeras palabras que pronunciaran. Así se hizo la cosa, y cuando estos dos niños tuvieron la edad de dos años, el pastor abrió la puerta del lugar donde estaban estos niños, los vio tender las manos y pronunciar claramente *beccos*. El pastor no dijo palabra entonces, pero viendo que cada vez que entraba ellos repetían la misma palabra, lo comunicó al rey, que los hizo traer ante él, y habiéndolos oído en persona pronunciar *beccos*, se informó de qué lengua podía proceder esta palabra. Se encontró que en lengua frigia *beccos* significaba el pan, entonces los egipcios consintieron en ceder a los frigios la gloria de ser más antiguos que ellos. Puesto que la lengua frigia era tan diferente de la egipcia y de la griega ¿cómo puede ser que todos los troyanos y sus aliados etíopes, tracios, etc, hayan tenido nombres griegos? La razón es muy simple, es que eran nacidos de padres griegos, es decir, de la imaginación de los poetas y de los escribanos de Grecia que han hablado de la toma de Troya.

23. Herodoto, *ibíd.* cap. 120.

24. Herodoto, lib. 2.

Lo que hay de extraordinario en el seguimiento de esta pretendida guerra, es que todos los héroes, de una parte o de la otra, exceptuando a un pequeño número, han desaparecido con la ciudad de Troya y han sido como amortajados bajo sus ruinas. Herodoto dice[25] que Homero vivió alrededor de ciento sesenta años después de la guerra de Troya; y Homero no nos dice haber visto ni uno sólo de los sucesores de tantos reyes unidos contra Príamo. ¡Qué pues! ¿En ciento sesenta años ha podido extinguirse la generación de tan grandes hombres de manera que Homero, en el mismo país, no haya visto ningún resto? En verdad nos habla de Pirro, hijo de Aquiles, de Telémaco, hijo de Ulises y de algunos otros, pero no dice ni una palabra de sus descendientes; lo que los otros autores nos dicen al respecto es tan poco capaz de probar la realidad que ellos mismos la destruyen manifiestamente, por la variedad de pensamientos en cuanto a esto se refiere.

En efecto ¿cómo no se ha de encontrar en incertidumbre un lector a la vista de todas las variaciones que se encuentran en los mismos antiguos respecto a este asunto? Y ¿qué se debe concluir de ello? Pues que ellos sólo han variado así porque no tenían ninguna época real, ningún monumento que hubiera subsistido y ningunas memorias ciertas sobre las que apoyar su relato. Cada uno encontraba en la narración de Homero y en la tradición (que sin duda nació de allí) tantas dificultades y tan poco de verosímil, que cada autor procuró ajustar su relato de la manera que le parecía más propia para dar a esta ficción un aire de historia real. Dion Crisóstomo decía, en medio mismo de Troya en una de su arengas, ¿puede ser, como se dice, que al venir aquí los griegos como vencedores y triunfantes, hubiesen sido tan mal recibidos, que asesinaran a algunos mientras que la mayor parte fuesen cazados vergonzosamente y se vieran obligados a ir a buscar establecimientos en países lejanos? Y por otro lado ¿puede ser que los troyanos vencidos y subyugados, en lugar de retirarse a las diferentes comarcas del Asia, donde tenían amigos y aliados, hubiesen atravesado el mar y pasado cerca de las costas de Grecia, para ir a fundar sus ciudades y reinos en Italia, e incluso que algunos de entre ellos, como Heleno, se establecieran en medio de la misma Grecia? No hay en ello ninguna verosimilitud, dice este autor, es preciso abandonar la tradición común.

Se ha de creer, pues, que estos pretendidos héroes tanto de una parte como de la otra fueran de la misma naturaleza que los compañeros de Cadmo, y que hubieran perecido de la misma manera que fueron engendrados, es decir, que la imaginación de los poetas, de donde habían nacido, les sirviera también de tumba. Es suficiente comparar lo que dice Herodoto para probar que el cálculo del abad Banier es falso, cuando determina la época de esta guerra en treinta y cinco años después de la muerte de Hércules. He escogido sólo este ejemplo para no multiplicar discusiones inútiles.

25. Herodoto, *Vida de Homero.*

Herodoto dice[26] que Homero vivió alrededor de cuatrocientos años antes que él y ciento sesenta años después de la guerra de Troya. En consecuencia la ocupación de esta ciudad hubiera acontecido quinientos sesenta años antes de Herodoto, y según el cálculo del abad Banier, Hércules habría precedido a Herodoto en quinientos noventa y cinco años. Lo que no concuerda nada con lo que dice este último autor:[27] *desde Dioniso, de quien se dice ser hijo de Semele, hija de Cadmo, hasta mí, han transcurrido casi mil seiscientos años y desde Hércules, hijo de Alcmena, casi novecientos.* Hércules, según Herodoto, vivió cerca de trescientos años antes de la ocupación de Ilión. Con este cálcu--lo de Herodoto, dejo juzgar al lector lo que debe pensar del cálculo del abad Banier, tanto sobre la época de la guerra de Troya como sobre la de la expedición de los argonautas, en la que se dice que Hércules asistió.

CAPÍTULO III

El origen de esta guerra

Remontémonos a la fuente de esta guerra y tomémosla, *ab ovo,* (desde el huevo, desde el principio) según la expresión de Horacio,[28] puesto que, en efecto, un huevo fue el primer principio y una manzana dio ocasión a ella. Júpiter se enamoró de Leda, mujer de Tíndaro, se transformó en cisne y gozó de Leda, que trajo al mundo dos huevos; de uno salieron Pólux y Helena y del otro Cástor y Clitemnestra. Helena se casó con Menelao y Clitemnestra fue mujer de Agamenón.

He aquí el huevo, veamos la manzana. Júpiter se enamoró de los encantos de la diosa Tetis, pero había aprendido de Prometeo que, según un oráculo de Temis, el hijo que naciera de esta diosa sería más poderoso que su padre, por tanto se determinó a desposarla con Peleo, hijo de Éaco, y éste era hijo del mismo Júpiter y de Egina. Tetis estuvo muy descontenta de ver que se desposaba con un mortal, pero Júpiter así lo quería y debía consentir. Júpiter mismo invitó a todos los dioses a la ceremonia y al convite de este matrimonio, a fin de hacerla más célebre, sólo la discordia fue olvidada o excluida. Esta diosa, para vengarse por este desprecio, fue secretamente a las bodas y echó en medio de la asamblea una manzana de oro con esta inscripción, *para la más bella.* No hubo ninguna de las diosas que no la pretendiera poseer, pero ya sea porque ellas fuesen menos susceptibles, o bien porque tuvieran esta deferencia hacia Juno, Minerva y Venus le cedieron sus pretensiones. Se había de adjudicar esta manzana a una de las tres. Todos los dioses, viendo la dificultad en la que se encontraría aquel de entre ellos que se eligiera como juez en esta disputa, no quisieron cargar con una tarea tan delicada. El mismo Júpiter creyó que no debía decidir

26. Herodoto, *Vida de Homerro.*
27. Herodoto, *In Euterpe,* cap. 145.
28. Horacio, *Arte Poético.*

entre su esposa, su hija y Venus; mandó a Mercurio que las condujera a un pastor, llamado Alejandro, que guardaba sus rebaños sobre el monte Ida. Este pastor tomó después el nombre de Paris y era hijo de Príamo, rey de Troya. Las diosas se presentaron al pastor de la manera que cada una creyó más apropiada para realzar su belleza. Primero, cada una de ellas en particular, le hicieron las promesas más halagadoras. Juno le ofreció cetros y coronas; Minerva le prometió virtud y bellos conocimientos; y Venus le dijo que tendría la más bella mujer que hubiera sobre la Tierra. Asimismo consintieron en las condiciones que desde luego podían afectar a su pudor, pero que Paris exigía para hacer su juicio con conocimiento de causa. Finalmente, ya sea porque el atractivo de una corona hizo poca impresión en el espíritu de Paris o bien porque la virtud le tocó menos que los encantos de una bella mujer, adjudicó la manzana a Venus, que efectivamente era considerada como la más bella.

Se vio claramente que Juno y Minerva no quedaron satisfechas con esta decisión pues juraron vengarse de su juez, de Príamo y de la ciudad de Troya, cuya pérdida fue resuelta y después ejecutada. Paris dejó exhalar su resentimiento y sólo pensó en ver efectuada la promesa de Venus. Esta diosa no tardó en cumplirla. Preparó la ocasión a Paris para que fuera a Grecia; lo condujo hasta Esparta a la casa de Menelao, que era el rey, e hizo de manera que su esposa Helena, la más bella mujer de su tiempo, se volviera sensible a los votos de Paris, que la raptó; este rapto fue la causa de la guerra y de la ruina de Troya.

Todos los dioses tomaron parte en esta guerra y combatieron los unos contra los otros. Júpiter, a ruegos de Tetis, tomó partido durante largo tiempo por los troyanos, para vengar a Aquiles de la injuria que le había hecho Agamenón al robarle a su querida Briseida. Asimismo amenazó con hacer sufrir su cólera a aquellos de entre los inmortales que favorecieran a los griegos, pero finalmente habiendo reunido a todos los dioses y las diosas en el Olimpo, con la sola excepción del Océano, fueron allí todos hasta las ninfas de los bosques, de los ríos y de las praderas; el mismo Neptuno dejó el fondo del mar para asistir,[29] Júpiter les dijo que entonces les dejaba la libertad de ir a combatir por o en contra de los troyanos. Juno, Minerva, Neptuno, Mercurio, autor de las comodidades de la vida, y Vulcano, se fueron a los barcos griegos. Marte, Apolo, Diana, Latona, Xanto y Venus, fueron a ayudar a los troyanos.[30] Cada uno exhortaba a los suyos en voz alta. Júpiter hizo bramar a su trueno; Neptuno provocó un temblor de tierra que extendió el pavor y el horror en la ciudad de Troya, incluso puso en una especie de confusión a los barcos griegos a los que favorecía. Las sacudidas fueron tan terribles que el monte Ida se estremeció hasta en sus fundamentos. El mismo Plutón se conmovió de miedo en el fondo de los Infiernos, y temió que la bóveda de su tene-

29. Homero, *Ilíada*, lib. 20, vers. 5.

30. Homero, *ibíd.* vers. 33.

broso palacio se desplomara sobre él, saltó de su trono y dio un gran grito.[31] Apolo con sus flechas de oro combatió contra Neptuno; Minerva tuvo a Marte y a Venus contra ella; Juno atacó a Diana y Mercurio a Latona. Xanto, así llamado por los dioses y Escamandro por los hombres, tuvo a Vulcano en cabeza. Así combatieron los dioses contra los dioses y Aquiles contra Héctor.

Un huevo y una manzana, pues, fueron la fuente de la expedición de los griegos y la causa de la ruina de Troya. Si no se les admite como tales, o se supone que no han existido jamás, será lo mismo para la pretendida expedición de los griegos. Pues si este huevo no ha existido, Helena, la más bella de las mujeres, digna recompensa de Paris, no habrá existido pues se dice que salió de este huevo, hija de Júpiter transformado en cisne y alimentada de la leche de gallina o de gallo. Y si la manzana de la discordia no fue jamás ¿qué será de Aquiles, nacido del matrimonio de Peleo y la diosa Tetis? No habrá habido disputa sobre la belleza entre Juno, Minerva y Venus. Si no hubiera habido diferencia entre ellas, Paris no hubiera podido ser el juez. Venus no hubiera tenido esta quimérica manzana y no habría prometido a Helena como recompensa. Si Helena no hubiera existido ¿cómo la habría podido raptar Paris? ¿Cómo Menelao habría inmiscuido a toda Grecia en su querella, para vengar una injuria que no se le hubiera hecho y para recobrar a una mujer que no existió jamás?

Es más, si quitamos la existencia real a Neptuno, Apolo y Vulcano, que fundaron y construyeron la ciudad de Troya, a Júpiter que raptó a Ganímedes, a Telamón que desposó a Hesíone, hija de Laomedón, a Juno, Palas y Venus que encendieron la antorcha de la guerra, a Peleo, Tetis y la diosa de la Discordia, ¿qué razones les quedarían a los griegos para hacer la guerra a los troyanos? ¿Qué ciudad tendrían para ocupar? Y si Ilión no ha existido ¿dónde habría reinado Príamo? ¿Que se habrá de pensar de las largas y penosas carreras de Eneas y de Ulises, las de uno como efecto de la cólera y la ira de Juno y las del otro como una venganza de Venus? ¿No tiene el sueño de Hécuba todo el aire de una fábula, lo mismo que el nacimiento de Paris y su educación? Se dice que estando embarazada Hécuba tuvo un funesto sueño, pensaba que en su seno llevaba una antorcha que debía abrasar un día todo el imperio de los troyanos. Al consultar al oráculo sobre este sueño respondió que el hijo que esta princesa traería al mundo sería la causa de la desolación del reino de Príamo. Habiendo dado a luz la reina, se hizo exponer al niño sobre el monte Ida, donde dichosamente para él lo encontraron algunos pastores y lo alimentaron. Alejandro (que es el nombre que llevaba primero) cuando se hizo grande se enamoró de una bella pastora llamada Enone, hija del río Cedreno, entre los brazos de la cual Paris fue muerto sobre el monte Ida, tras haber sido herido en la ciudad de Ilión.

31. Homero, *ibíd.* vers. 56.

Veamos si toda esta fábula tiene más inmediata relación con la filosofía hermética que con la historia, por lo que se juzgará si no es más bien una alegoría que un hecho real. Estando embarazada Hécuba soñó que en su seno llevaba una antorcha que debía abrasar y causar la ruina de Ilión. Hemos dicho más de una vez que los filósofos herméticos llaman a su azufre filosófico *fuego, antorcha, minera del fuego,* y a este respecto hemos citado el tratado hermético de Espagnet, con el de Filaleteo, sobre las tres clases de medicinas de Geber. También hemos probado que dan el nombre de mujer a su agua mercurial, que hablan de concepción, de alumbramiento, que llaman a esta agua *madre* lo mismo que a su materia, y que llaman *niño* al azufre filosófico que se ha producido. En este sentido se puede ver a Morien y se verá que toda la historia de Paris conviene perfectamente en ello. Hécuba es el agua mercurial o la materia que la produce y Paris es el azufre filosófico que ella lleva en su seno y que después de haber sido puesto en el mundo es expuesto sobre el monte Ida, del que ya he hablado precedentemente. Este monte es llamado Ida, como si se dijera monte que suda, de ἰδίω, *sudar,* porque siempre aparecen gotas de agua por encima, como si este monte filosófico sudara. Es de él que los filósofos han dicho: encerradlo en una habitación redonda, transparente y cálida, a fin de que *sude* y sea curado de su hidropesia; La Turba habla de ello, también Avicena y otros muchos filósofos.

Habiéndose hecho mayor Paris, sobre el monte Ida, se enamoró de Enone, hija del río Cedreno (Cebrén). Es como si se dijera, al traducir estos nombres, habiendo crecido Paris sobre el monte que suda se enamoró del agua vinosa, o de color del vino, hija del río llamado *sudor ardiente*. Se puede recordar que explicando otras fábulas hemos dicho que el agua mercurial se vuelve roja como el vino cuando el magisterio, o azufre filosófico está en vías de perfección, y que Raimon Llull, Ripley y algunos otros le han dado consecuentemente el nombre de *vino*. En efecto, Enone o esta agua mercurial es hija de Cedreno o el sudor ardiente, puesto que se vuelve roja a medida que el monte del sudor filosófico suda y enrojece. Pues Enone viene de Οἰνος, *vino,* y Cedreno de κεω, *yo quemo,* y de ἰδρώς, *sudor*. Paris fue a morir entre los brazos de Enone, por las heridas que había recibido en la toma de Ilión; es decir, que habiendo sido disuelto el azufre filosófico durante la operación del elixir, del que la toma Ilión es su alegoría, es fijado finalmente en el agua mercurial de color del vino, pues según Morien, la segunda operación no es más que una repetición de la primera. Las heridas de Paris son designadas por la disolución, y el estado de la materia del elixir en putrefacción, está indicado por Ilión, que viene de ἰλυς, *hez, porquería, cenagal.*

En cuanto a los dioses y las diosas, ya hemos dicho en el tercer libro y en otros lugares lo que significan. Y si se observa lo que los autores dicen de Helena se convencerá uno fácilmente de que su historia es una pura fábula, puesto que no es posible que fuera tan joven como para ser aún la más bella de las mujeres del tiempo en el que se figura que Paris la raptó. Por ello se ven obligados a confesar que se encuentran dificultades insuperables respecto a la edad de esta princesa,[32] incluso aceptando de este autor las combinaciones cronológicas que hace, Helena habría tenido al menos sesenta y algunos años en el tiempo de la toma de Troya. Pero según los cálculos cronológicos del abad Banier se verá que las cosas no concuerdan, a pesar del esfuerzo que hace para ajustarlo todo a su sistema, rechazando lo que no puede ajustar y admitiendo sólo lo que le puede convenir.

Según este autor[33] Pélope tuvo a Hipodamía, Piteo y Lisídice; Piteo fue padre de Etra y Lisídice madre de Alcmena. Antes había dicho[34] que Alcmena era hija de Anaxo y de Electrión, y que Méstor, hijo de Perseo y hermano de Electrión, había desposado a Lisídice, hija de Pélope, de la que tuvo a Hipótoe, raptada por Neptuno, pero pasemos esta contradicción, la indulgencia es extremadamente necesaria en este asunto cuando se lee su obra.[35] Etra fue madre de Teseo que, según el mismo autor, tenía al menos cincuenta años cuando raptó a Helena. Después de que la hubo raptado fue con Pirítoo para raptar a Proserpina, mujer de Aidoneo, fue hecho prisionero por Aidoneo y Hércules lo liberó de esta esclavitud. Después de esta expedición Hércules hizo otras antes de morir, liberó a Alcestis; hizo la guerra a las amazonas con Teseo, a quien le cedió a Antíope, una de ellas; acompañó a Jasón con Teseo en la expedición del toisón de oro; después fue a Troya, donde liberó a Hesíone y mató a Laomedón y finalmente murió a la edad de cincuenta y dos años. En consecuencia, desde el rapto de Helena por Teseo hasta la muerte de Hércules debieron de haber pasado alrededor de una decena de años. Entonces, si Teseo tenía al menos cincuenta años cuando raptó a Helena, debería de tener sesenta cuando Hércules murió. Teseo tenía, pues, dieciocho años más que Hércules. Pero ¿cómo cuadrar esto con la historia de Teseo, explicada en la página 317 del mismo tomo 3? El abad Banier representa a Teseo como un hombre joven a quien la gloria, virtud y grandes acciones de Hércules inflamaban su naciente coraje; que lo tenía en muy alta estima y estaba siempre presto a escuchar a aquellos que le contaban qué tipo de persona era y sobre todo a aquellos que lo habían visto y que podían enseñarle algunas particularidades de su vida; porque la admiración que sentía por la vida de Hércules hacía que sus acciones le vinieran de noche en sueños y de día lo empujaran a una noble emulación, y excitaban en él un violento deseo de imitarlo.

Si Teseo tenía sesenta años cuando Hércules murió, treinta años antes de la guerra de Troya ¿cómo podía tener Teseo setenta el primer año de la toma? Hubiera tenido noventa; y si Etra, su madre, se encontraba entre las esclavas

32. Banier, *Mitología*, t. 2, p. 516.
33. Banier, t. 3, p. 317.
34. Banier, *ibíd*. p. 266.
35. Considero que el abad Banier no es el inventor de estas genealogías. Pero al menos es responsable de adoptarlas todas, por contradictorias que sean, sin duda por la única razón de que estas contradicciones vienen de cuando en cuando a sacarlo de la dificultad.

de Helena, durante la toma de Ilión, y que Demofonte la reclamó a Agamenón, Etra debía de tener entonces ciento quince o ciento dieciséis años al menos, pues sin duda ella tenía quince o dieciséis cuando trajo al mundo a Teseo, y la toma de Troya duró diez años. Otra contradicción. Admitamos por un momento que Teseo hubiera muerto a la edad de setenta años, el primer año de la guerra de Troya y Hércules cincuenta y dos, treinta años antes del comienzo de esta guerra. Cincuenta y dos y treinta son ochenta y dos años que hubiera tenido Hércules, si hubiera vivido hasta la muerte de Teseo. Hércules sólo habría tenido doce años cuando nació Teseo, ¿se puede decir que Hércules a esa edad pudo haber destruido a tantos bandidos, buscado por toda la tierra y hecho todas esas bellas acciones, que fueron la admiración de Teseo y que excitaron en él un violento deseo de imitarlo? Abrían otras observaciones a considerar respecto a Hércules y Teseo, pero pasemos a Helena.

Algunos autores antiguos han asegurado que Teseo, tras haber raptado a Helena y antes de su viaje a Épira, la dejó embarazada en manos de su madre Etra y que ésta dio a luz a una hija. Si la cosa es así, sería preciso que Helena tuviera la edad suficiente para ello, puesto que sus hermanos gemelos estaban entonces preparados para conducir un ejército, y porque se dice que durante la ausencia de Teseo, Cástor y Pólux tomaron las armas, se hicieron jefes de la ciudad de Afidnes, liberaron a su hermana, permanecieron en Esparta con Etra, madre de Teseo, que por ello se convirtió en esclava de Helena, que la llevó a Troya cuando después fue raptada por Paris.

Ya he dicho que Helena debía de tener al menos sesenta años en el tiempo de la guerra de Troya, y si no le he dado más es porque este número de años otorgados a Helena son suficientes para probar lo que dije entonces, y porque uso las mismas armas que el abad Banier para combatirlo. Pero si nos remitimos a Apolonio[36] y a Valerio Flaco,[37] Helena debería tener mucha más edad, puesto que nos enseñan que Jasón contó a Medea la historia de Teseo y Ariadna como una historia del tiempo pasado. Y lo era en efecto, pues Hipsípila era hija de Toas (Toante) y Toas hijo de esta misma Ariadna, a la que Teseo abandonó en la isla de Naxo tras habérsela llevado de la isla de Creta, cuando hubo desafiado al Minotauro, con su ayuda. Jasón se enamoró de Hipsípila en la isla de Lemnos, yendo a la conquista del toisón de oro y allí tuvo una estancia bastante larga, pues allí tuvo dos hijos con Hipsípila, al que uno llamó Toas y al otro Eneo. Teseo no era muy joven cuando raptó a Ariadna; a su retorno es cuando sucedió a su padre, que se precipitó al mar cuando vio venir el barco de su hijo con las velas negras, puesto que le había dicho que las pondría blancas si volvía dichosamente de su expedición. Para entonces Teseo había realizado ya todas las grandes acciones que se le atribu-

36. Apolonio, lib, 3, vers. 995.

37. Valerio Flaco, lib. 6, vers. 90.

yen; había combatido con Hércules a los centauros que enturbiaron las bodas de su amigo Pirítoo; hecho que sucedió antes de que Hércules, por orden de Euristeo, fuera a buscar al jabalí de Erimanto, pues fue yendo hacia allí que desafió al resto de los centauros y cuando murió Quirón herido por Hércules, con una flecha emponzoñada con veneno de la hidra de Lerna.

La caza de este jabalí está considerada como el tercero de los trabajos de Hércules. Pues, según Herodoto,[38] Hércules vivió cerca de trescientos años antes de la guerra de Troya; Helena, pues, no debía de tener menos. Pero abandonemos, si se quiere, el pensamiento de Herodoto; es menos patente que Teseo raptara a Helena antes de que Pirítoo quisiera raptar a Proserpina. Pirítoo era hijo de Júpiter, según Homero,[39] y Proserpina hija de Ceres y mujer de Plutón, lo que alejaría aún más el nacimiento de Helena. El abad Banier cree deber atenerse a la genealogía de Pirítoo dada por Diodoro de Sicilia. No presta atención en que ésta no es menos fabulosa y que prueba aún mejor cuán estaba alejado Pirítoo del tiempo de la guerra de Troya. De todos los hijos de Océano y de Tetis, dice Diodoro, uno de los más famosos fue Peleo, que dio su nombre a un río de Tesalia. (Hesíodo había dicho[40] que Peneo era este mismo río) Este príncipe desposó a Creusa, de la que tuvo a Ifeo y a una hija llamada Estilbe. Apolo tuvo de esta princesa a centauros y lapitas. Éste tuvo de su mujer Eurione, viuda de Arsínoo, dos hijos, Forbas y Périfas. Forbas le sucedió, pero tras su muerte Périfas tomó su lugar y habiendo desposado a Astiagea, hija de Ifeo, tuvo muchos hijos, de los que Antión fue el más conocido por haber dado nacimiento a Ixión, que desposó a Clía, o Día, y tuvo a Pirítoo.

Se ve en esta genealogía que Pirítoo es el séptimo desde Océano y Tetis, al que Hesíodo considera como más antiguo de los dioses, y el sexto desde Apolo. Para probar esta antigüedad sería necesario aquí recurrir a la genealogía de los dioses, pero no es necesario repetir lo que hemos dicho en el tercer libro y en otros lugares. No se acabaría nunca si se quisieran examinar todos los artículos que causan tanta dificultad a los mitólogos. Pues muchos autores acreditados[41] pretenden que Helena sólo fue raptada por Teseo y que no la llevó a Afidnes, como se dice comúnmente, sino a Egipto, donde la puso en manos de Proteo, hijo de Neptuno, al que Hércules le mató sus hijos Tmilo y Telégono, porque mataban a los extranjeros que pasaban por su casa. Y dicho en dos palabras, es perder el tiempo y pasar fatigas querer arreglar históricamente unos hechos puramente fabulosos. Yo preferiría decir mejor, con algunos autores, que Helena era inmortal; tal pensamiento tiene una relación más inmediata con la fábula; también Servio[42] abraza este sentimiento. Otros, para eludir tantas insuperables dificultades, han dicho que la guerra de Troya no fue empe-

38. Herodoto, *In Euterpe.*
39. Homero, *Ilíada,* lib. 4.
40. Hesíodo, *Teogonía.*
41. Servio, sobre el lib. 5 de la *Enéida.*
42. Servio, sobre ellib. 2, de la *Enéida.*

zada por los griegos a causa de Helena sino a causa del rapto de Hesíone a la que Príamo quería recobrar. Pero entonces toda la Ilíada sería falsa y es esta obra de Homero la que ha dado a luz a todos los otros hechos a este respecto.

CAPÍTULO IV

No se puede determinar exactamente la época de esta guerra

Los autores antiguos y modernos son tan diferentes unos de otros respecto a este acontecimiento, que es imposible conciliarlos. Coringio y el caballero Newton lo sitúan 900 o 907 años antes de la Era vulgar, y Souciet 1388 años. Se cuentan al menos 40 o 50 opiniones que, para poner de acuerdo estos dos extremos, acercan o alejan más o menos este acontecimiento. Sobre eso se puede consultar a Escaliger, Petau y Dom Pezron, asimismo el décimo capítulo del tercer libro de las *Reflexiones críticas sobre las historias de los pueblos antiguos,* de Fourmont el mayor.

Homero es el primero en hacer mención de esta guerra. La ha puesto como motivo central de su Ilíada y de su Odisea, pero se contenta con hablar de los dioses, diosas, ninfas, héroes y heroínas que allí se encuentran, sin determinar ningún tiempo fijo para este acontecimiento, ni para nada de lo que pueda tener alguna relación con él. Sólo este detalle debería hacer pensar que es una pura ficción de este poeta, que ha querido alegrar su imaginación y hacer ver a la posteridad la fecundidad de su genio. Si es verdad que esta pretendida guerra sólo es una alegoría de la gran obra, la podía haber descrito en menos de una página, según lo que dice el Cosmopolita.[43] Esta manera de tratar la gran obra no es extraordinaria, Denis Zachaire también ha supuesto la toma de una ciudad, pero sólo ha hecho un tratado y la historia de la ocupación que supone está contenida en un sólo capítulo. Filaleteo ha escrito al menos 28 obras sobre esta materia; y Raimon Llull la ha extendido en una infinidad de volúmenes.

Los que han venido después de Homero y han querido determinar la época exacta de esta expedición, deberían habernos dicho sobre qué fundaban su teoría; sin esta precaución tenemos el derecho de rechazarlos y no creer en su palabra; asimismo tenemos razón en pensar que es una pura suposición por su parte. Herodoto, en la historia de la que Estrabón[44] dice que no hay que darle mucha fe, dice sin ninguna prueba,[45] que cree que Homero vivió alrededor de 400 años antes que él y 160 años después de la guerra de Troya. A. Gelle[46] sólo pone cien años de intervalo entre la toma de Ilión y el nacimiento de Homero. Herodoto parece determinar este acontecimiento bajo el reinado

43. El Cosmopolita, *Epílogo de sus 12 tratados.*
44. Estrabón, lib. 14.
45. Estrabón, lib. 2, cap. 53.
46. A. Gelle, lib. 17. cap. 21.

de Proteo, rey de Egipto, que todas las fábulas dicen que es hijo de Neptuno, en consecuencia un personaje fabuloso, y además no se puede determinar la época del reinado de este rey. Varrón, que hizo todo lo posible para ello y empleó todo su espíritu en reconciliar por la razón la teología de los paganos y en relacionarla con lo civil o con la física, según el testimonio de San Agustín,[47] es uno de los primeros que ha querido fijar la época de la guerra de Troya, sobre el razonamiento de Homero. Pero ha sacado esto, así como otras cosas, de su imaginación y San Agustín lo rechaza firmemente. Virgilio, apoyándose en el testimonio de Varrón, fija la toma de Troya en el año 300 antes de la toma de Roma. Livio y los otros romanos que han venido después, también han seguido a Varrón y han dado tanto el hecho como su época como ciertos, lo mismo que otras mil cosas que no sucedieron jamás.

No se sabe en qué tiempo vivió Homero y se ignora hasta su patria y el lugar donde murió, y aunque Herodoto haya escrito la vida de Homero abreviada, él mismo estaba incierto de lo que decía respecto a esto, puesto que a menudo usa el término, *yo pienso que, yo conjeturo que*. Tomas Valois[48] confiesa que la variedad de sentimientos de los autores, en lo tocante a Homero, hace imposible determinar nada sobre el tiempo en que vivió este poeta. San Agustín,[49] Eusebio, San Jerónimo,[50] y A. Gelle,[51] todos están de acuerdo en que Homero vivió antes que Rómulo. Eutropo dice que vivió en el tiempo de Agripa Silvio, rey de Albania, al cual sucedió Atenio Silvio, que reinó nueve años, a éste le sucedió Aventino Silvio, que reinó treinta y cuatro años. Procas Silvio vino después, que llevó la corona durante veintidós años; finalmente Amalio que al séptimo año de su reinado nació Rómulo, lo que hace alrededor de ochenta años entre Rómulo y Homero.

Cicerón[52] dice que siete ciudades se disputaron la gloria de haber visto nacer a Homero en su seno; y nombra entre otras a Esmirna, Quio, Salamina, Colofona y Argos. Gelle, con muchos otros, han creído que había nacido en Egipto; y Aristóteles creía que había nacido en la isla de Io. De manera que aquellos que estaban más cerca del tiempo de Homero no estaban mejor instruidos, en lo que le concernía, que aquellos que vinieron a continuación. Sólo se puede, pues, juzgar mediante conjeturas, y no se tiene nada de cierto.

Siendo Homero, pues, el primero que ha hablado de la guerra de Troya y de la ruina de esta ciudad, los otros autores no han podido darnos nada seguro sobre la época de este acontecimiento ni sobre el suceso mismo; siendo así ¿no se la puede considerar como una pura ficción? Los tiempos deben responder

47. San, Agustín, *Ciudad de Dios*, lib. 6, caps. 2, 3, 4.
48. Tomás Valois, *Sobre el libro 3, de la Cidad de Dios*, de San Agustín, cap. 2.
49. San Agustín, *ibíd.* cap. 6, lib. 22.
50. San Jerónimo, *Crónicas.*
51. A. Gelle, lib. 9.
52. Cicerón, *Orat. Pro Archia Poëta.*

a ciertos tiempos determinados, las cosas a las cosas y las personas a las personas, cuando se trata de establecer y de constatar la realidad de un hecho. Se sabe, por ejemplo, en qué año y bajo qué rey de Egipto nació Moisés. Sabemos dónde y bajo qué emperador tomó nacimiento Jesús Cristo nuestro Salvador; bajo qué cónsules Corintia fue destruida y Cartago reunida; en fin, tantos otros hechos de esta especie, de los que nadie duda. Pero ocurre lo mismo con la ciudad de Troya. Nada nos certifica su existencia y su destrucción excepto lo que han dicho Homero y aquellos que le han copiado, o que han escrito sobre tradiciones emanadas de los escritos de este poeta.

En verdad encontramos en Homero que Eneas, tras la destrucción de Troya, se escapó y fue a Italia; y los escribanos romanos no han escatimado en hacer valer este rasgo para dar lustre a su ciudad, haciendo descender a Rómulo de este héroe, al menos por las mujeres, pues le daban al dios Marte por padre. Todo esto coincide muy bien con la fábula. Eneas era hijo de Venus y Rómulo hijo de Marte, y ¿quién no sabe el buen acuerdo que hay entre este dios y esta diosa? ¿Eran los romanos de peor condición que los otros, que se jactaban a porfía de tener a los dioses como fundadores de sus ciudades? Cuando estos fundadores no eran los dioses ellos sabían inmortalizarlos. Y si un antiguo[53] se burlaba de los egipcios, diciendo que esta nación era muy dichosa de ver nacer a los dioses en sus jardines; se podría decir de los romanos y de los griegos que se jactaban altamente de ser todos descendientes de los dioses.

San Agustín no deja pasar este rasgo de su vanidad y la recuerda en estos términos:[54] *leemos y se nos dice que Rómulo fundó Roma y que reinó allí. También se nos deja por escrito que ha sido puesto entre el número de los dioses. Los escritos nos enseñan los hechos, pero no los prueban, pues no se muestra ningún monumento, ningún prodigio que atestigüe que ello haya sucedido. La loba que se dice que alimentó a los dos hermanos, en verdad podría ser puesta entre el número de prodigios, pero ¿qué prodigio es éste, y qué prueba respecto a la divinidad de Rómulo? Si esta pretendida loba no fue una mujer prostituida sino un animal real, siendo este prodigio común a los dos hermanos ¿por qué no son tanto el uno como el otro reputados como dioses?*

Algunos autores no han tenido dificultad en aventurar que Rómulo podía ser el hijo que nació del antiguo adulterio de Venus y Marte, cuando Vulcano los atrapó juntos en pleno acto. Otros han dicho que Rómulo nació de una virgen vestal, pariente de Vulcano. ¡Pero qué! ¿Se debe considerar como un dios a un hombre que ha empezado su reinado con un fratricidio? Asimismo se dice muy seriamente que un águila fue el augurio de la fundación de este reino y de su denominación; que una oca tomó a su cargo la defensa de la ciudad de Roma y la protegió (cuando los galos atacaron el capitolio) y que fue

53. Juvenal.

54. San Agustín, *De la Ciudad de Dios*, lib. 22, cap. 6.

gobernada por una gallina y sus polluelos (cuando un águila que llevaba uno lo dejó caer en el seno de Libia); que este polluelo era de una raza tan dichosa que los romanos no habrían osado emprender ninguna expedición sin haber consultado antes los pollitos que habían nacido.

Los romanos, a imitación de los troyanos, consideraron a Marte y a Venus como los dioses tutelares de su ciudad y de su imperio. Particularmente se puede ver en el libro 3, de la Ciudad de Dios, cómo San Agustín habla de eso a los paganos. Es sorprendente que aún hoy día haya tanta credulidad como para pensar que Roma sea un Fénix resucitado de las cenizas de Troya. Quizás se dirá que se puede creer haciendo abstracción del origen divino de Eneas y de Rómulo, pero este pensamiento no estará fundado sobre el testimonio de ningún autor antiguo. Aquellos por los que hemos aprendido el origen y la fundación de Troya y de Roma, sólo nos han dejado fábulas al respecto, ¿sobre qué fundarán los modernos la realidad de estos hechos? Se sabe bien que Roma ha existido, pero no se tiene ninguna prueba de este origen divino.[55] No es el mismo caso el de Troya, no se la ha conocido nunca excepto por el relato de Homero; ha desaparecido sin dejar ningún rastro que pueda atestiguar su existencia, sino es el pretendido establecimiento de Eneas y algunos héroes griegos en Italia, según el relato del mismo poeta. Puesto que Homero está considerado como fabuloso tanto por la fundación de Troya, como por la mayor parte de los hechos sucedidos durante el sitio de esta ciudad ¿por qué se ha de dar fe a lo que dice a continuación de Eneas y de su establecimiento en Italia? La manera con la que este poeta hace hablar y actuar a los dioses y a las diosas en todas las ocasiones prueba claramente que lo consideraba todo como una fábula, así como que vinieran a propósito, ya sea para embellecer su ficción o para alegrar su imaginación.

Homero funda sobre fábulas el establecimiento de Ilión y lo que dice referente a su ocupación, sin duda es todo una pura ficción. Según esto, no concibo cómo osan los mitólogos darnos con gran seriedad tantas fábulas al respecto, fundándose nada más que en Pausanias y algunos otros, que ellos mismos despreciaron, y con razón, puesto que están llenos de fábulas, contradicciones, puerilidades y que finalmente estos antiguos no tenían más pruebas de lo que aventuraban que las que tienen hoy día nuestros modernos mitólogos. La tabla Ilíaca, las piedras gravadas, los mármoles de Paros, son monumentos muy posteriores a Homero y que a lo más sólo prueban que se contaba este suceso en ese tiempo como se cuenta hoy día.

---

55. Todo el mundo conviene en ello, por ejemplo el mismo Tito Livio (véase su prefacio)

CAPÍTULO V

Fatalidades atribuidas a la ciudad de Troya

Tanto en el ejército de los griegos como en el de los troyanos, estaban persuadidos de que la ciudad de Troya no podía ser tomada si no se ejecutaban ciertas cosas de las que dependía la suerte de esta ciudad. Homero no las menciona todas expresamente, pero Ovidio, Licofrón y algunos otros antiguos han hablado de ellas. Sin embargo se las puede deducir de lo que relata Homero en diferentes lugares, tales como aquellos donde se describe lo que se hizo para ir a buscar a Filoctetes en Lemnos, Pirro en Esciros, la atención que los griegos ponían en impedir que los caballos de Reso bebiesen del agua del Xanto, y los peligros que desafiaron para llevarse el Paladión.

Estas fatalidades habían sido declaradas a los griegos por Calcas (Calcante), cuando Agamenón y los otros jefes del ejército griego fueron a consultarle sobre el éxito de la expedición que preparaban contra la ciudad de Troya. Calcas respondió que, 1.º, no tomarían jamás esta ciudad si Aquiles y su hijo Neoptólemo no los acompañaban, 2.º, que era necesario que tuvieran las flechas de Hércules, que este héroe, antes de morir había entregado como presente a Filoctetes, 3.º, que era absolutamente necesario que se robara el Paladión, al que los troyanos conservaban cuidadosamente en el templo de Minerva, 4.º, que uno de los huesos de Pélope debía ser llevado a Troya antes de la toma, 5.º, que era preciso robar las cenizas de Laomedón, 6.º, que se tuviera mucho cuidado en no dejar beber del agua del Xanto a los caballos de Reso. De los escritos de Homero se pueden deducir otras dos, la primera sería que era necesario hacer morir a Troilo, hijo de Príamo, antes de tomar la ciudad; y la segunda sería que el destino de Troya dependía da tal manera de Héctor, que jamás sería tomada esta ciudad mientras viviera. Finalmente se ha añadido una séptima, a saber, que Télefo, hijo de Hércules y Auge, debía de ser llamado a combatir junto a los griegos.

Es patente que a cualquier hombre sensato que se le dijeran cosas parecidas las consideraría como fábulas, como así lo parecían. Pues ¿qué relación pueden tener cosas tan diferentes y tan ajenas al objetivo que se proponían los griegos, como es el asedio de un ciudad y la ruina de los troyanos? ¿De qué podía servir a los griegos uno de los huesos de Pélope, y en qué podía perjudicar a los que defendieran Ilión? En cuanto a que se considere a Aquiles como un héroe, bravo, belicoso y que por su saber en el arte de la guerra, pueda ser de gran utilidad en el ejército donde se encuentre, pasa, se tiene razón en creerlo necesario; pero en cuanto al hecho de que se fundara esta necesidad en que Apolo y Neptuno fueron empleados por Laomedón para construir la ciudad de Troya, y rogaron a Éaco que les ayudara,[56] a fin de que la obra de un hombre mortal siendo

56. Escoliasta de Píndaro *sobre la quinta olimpiada.*

mezclada con la de los dioses, o sea la ciudad, que sin esto habría sido inexpugnable, pudiese un día ser tomada, y en consecuencia era preciso que uno de los descendientes de aquel que había ayudado a construirla ayudara también a destruirla. ¿No es más natural imaginar que el nieto de aquel que había contribuido a su construcción se opusiera con todas sus fuerzas a su destrucción? A menos, claro, que se quiera suponer alguna cosa alegórica en todo esto. Los muros de esta ciudad no caen al sonido de las trompetas; entonces se necesitaban arietes y hoy día, no sólo el ruido del cañón sino el choque de las bolas. Sin embargo la Escritura nos enseña que las murallas de Jericó se derrumbaron[57] sólo con el sonido de las trompetas que Josué hizo resonar alrededor de esta ciudad, pero sabemos también que él lo hizo por una orden expresa de Dios, y la Escritura nos atestigua la verdad del hecho. Lo que nos relatan los poetas no tiene este grado de certitud y asimismo se las debe considerar como puras ficciones, puesto que no son verosímiles. Examinemos estas fatalidades, cada una en particular.

PRIMERA FATALIDAD

Aquiles y su hijo Pirro son necesarios para la toma de Troya

El abad Banier y los partidarios de su sistema lo tienen complicado para adaptar estas fatalidades, por eso se contenta con relatarlas sin dar casi ninguna explicación. En cuanto a esta primera, él conjetura que Calcas, conquistado por los jefes del ejército griego, imaginó esta fatalidad para atraer a Aquiles y sus tropas al asedio de Troya y que para tener éxito se le dio el encargo al artificioso Ulises. Pero tomemos las cosas en el sentido natural que nos presenta la fábula y veamos si no encierra una alegoría simple de la filosofía hermética.

Se dice que Aquiles era hijo de Peleo y de Tetis. Aunque hayamos explicado ya lo que la fábula nos da a entender por ello, es mi propósito retocar alguna cosa para hacer la prueba más completa. Peleo viene de πελίς, *negro, moreno, lívido,* o de πηλός, *barro, cenagal.* Tetis es tomada por el agua. Isacio dice que Peleo, aconsejado por su padre, tuvo relación con Tetis, cuando entre todas las formas que tomaba para evitar las persecuciones de Peleo, tomó la forma de un pez conocido con el nombre de *seco.* Así he aquí a Aquiles hijo del barro negro y del agua. Se sabe que este pez llamado *seco* suelta un licor negro que tinta el agua en la que se encuentra y la transforma, por así decirlo, en tinta. Todo esto conviene bien a la circunstancia de la concepción del hijo filosófico, que hemos dicho que sucede, según los filósofos, cuando la materia puesta en el vaso llega a un estado parecido al de un barro negro, o al de la pez negra fundida. Por la misma razón la fábula dice que las bodas de Peleo y de Tetis se hicieron sobre el monte Pelión en Tesalia.

57. *Josué,* cap. 6.

A penas hubo nacido Aquiles, su madre para acostumbrarlo a la fatiga y volverlo como inmortal lo alimentó y lo crió de una manera que sólo es propia de Ceres y de Tetis. Lo escondía durante toda la noche en el fuego, para consumir en él todo lo que tenía de mortal y de corruptible; durante el día lo untaba de ambrosía. Este método sólo salió bien con Aquiles, los otros hijos murieron, es lo que hizo darle el nombre de Pirítoo, como *salvado del fuego*, o *viviendo en el fuego*. Peleo quiso intervenir en la educación de Aquiles, Tetis lo abandonó y se retiró con las nereidas. Después se puso a Aquiles en manos de Quirón para que lo instruyera en la medicina y las artes.

Como Aquiles había aprendido de Tetis que perecería en la guerra de Troya, cuando fue el momento de esta guerra, Aquiles se retiró con Licomedes para no encontrarse allí. Se disfrazó con ropa de mujer y tuvo relación con Deidamia, de la que tuvo a Pirro. Habiendo sabido los griegos, por medio de Calcas, la necesidad de la presencia de Aquiles, encargaron a Ulises que lo fuera a buscar. Este lo encontró tras algunas indagaciones y lo obligó a reunirse con los otros jefes del ejército de los griegos. Esta acción es una de las que dan más honor a Ulises.

Es preciso considerar a Ulises como el símbolo del artista prudente y hábil en su arte, o el agente exterior que conduce la obra. Aquiles es el agente interior, sin el cual es imposible llevar a cabo lo que el filósofo se propone. En el quinto libro hemos hablado de las cualidades requeridas en el artista; recuérdese lo que hemos dicho al respecto y póngase atención a lo que vamos a referir según Geber, se reconocerá en ello el retrato de Ulises según la naturaleza: *aquel que no tenga un extenso genio y un espíritu sutil propio para penetrar en los secretos de la naturaleza, para descubrir los principios que ella emplea y el artificio que usa en sus operaciones, para llevar a la perfección a los mixtos y a los individuos, no descubrirá jamás la simple y verdadera raíz de nuestra preciosa ciencia*. Tales son los términos de Geber,[58] que tras haber enumerado los defectos del espíritu que excluyen de esta ciencia, tales como un espíritu pesado y cerrado, la ignorancia, la credulidad temeraria que es una continuación, la inconstancia, la inquietud de asuntos que ocupan mucho, la avaricia, la negligencia, la ambición y la poca aptitud para las ciencias, finalmente en el séptimo capítulo, concluye con un epílogo donde se reconoce a Ulises como en un espejo. *Concluimos pues,* –dice este autor– *que el artista de esta obra debe estar ejercitado en la ciencia de la filosofía natural y debe estar perfectamente instruido, porque aunque tenga algún espíritu y algunos bienes no obtendrá jamás el fin sin ésta [...] Es preciso, pues, que el artista llame en su ayuda a una meditación profunda de la naturaleza y un genio fino, industrioso. La ciencia sola no es suficiente, ni el genio sólo tampoco, hacen falta los dos, porque se ayudan mutuamente. Debe ser de una voluntad constante, a fin de que no corra ahora tras una cosa y ahora tras otra, pues nuestro arte no con-*

58. *Geber, Suma perfección*. Parte 1, cap. 5.

siste en una multitud de cosas. Sólo hay una piedra, sólo una medicina y sólo un magisterio. Debe ser atento y paciente, a fin de que no abandone la obra a medio hacer. No ha de ser necesariamente muy activo y muy vivaz, la duración de la obra le fastidiaría. Finalmente que sepa que el conocimiento de este arte depende del poder divino que favorece a quien le place, que no lo comunica a los avaros, a los ambiciosos y a aquellos que sólo buscan saciar sus desarregladas pasiones; pues Dios está lleno de justicia, como está lleno de bondad.

Ovidio en sus Metamorfosis[59] introduce a Ulises y a Ayax disputándose las armas de Aquiles. Cada uno de ellos enumera los derechos que tiene sobre estas armas, mediante las bellas acciones que ha hecho y por los servicios prestados a los griegos. Cuando se ha leído la Ilíada de Homero se ve muy bien que Ulises se puede comparar a Ayax por las acciones de bravura y coraje. Ayax hace trofeo en Ovidio, muestra su escudo acribillado por golpes de lanzas y dardos, y reprocha a Ulises que el suyo esté aún entero en todas sus partes. Aunque Ayax arengó a los guerreros, que no ignoraban su valor y que naturalmente habrían estado dispuestos a dar preferencia a tan gran héroe, sin embargo se lo adjudicaron a Ulises cuando hubieron oído su arenga. ¿En qué consistió ésta? En recordar, 1.º, que él había sabido descubrir a Aquiles disfrazado con ropas de mujer y traerlo al ejército de los griegos; 2.º, que Aquiles venció a Télefo y le curó su herida; 3.º, que ha tomado las ciudades de Apolo; 4.º, que él es la causa de la muerte de Héctor, puesto que éste sucumbió bajo las armas de Aquiles; 5.º, que determinó a Agamenón a sacrificar a Efigenia por el bien público; 6.º, que a pesar del peligro que había en presentarse ante Príamo, para reivindicar a Helena, no temió ir allí con Menelao; 7.º, que los griegos angustiados por la duración y las fatigas del sitiado habían tomado la decisión de abandonarlo y retirarse, Ulises hizo tanto con sus exhortaciones y sus amonestaciones que los determinó a continuar; porque tendió trampas a los troyanos y había puesto el campamento de los griegos al abrigo de sus ataques mediante un buen muro de circunvalación (alrededor); porque por sus oportunos consejos siempre había sido mantenido en el ejército. Soy yo – dijo – quien ha sorprendido a Dolon. Yo mismo he penetrado hasta la tienda de Reso y le he quitado la vida. ¿Ha pasado Ayax a través de los centinelas, en los horrores de la noche y penetrado, no solamente en la ciudad, sino hasta los mismos fuertes en medio del hierro y del fuego y robado el Paladión? Sí, yo he tomado la ciudad por esta acción, puesto que mediante ella la he puesto en estado de ser tomada. Yo he traído a Filoctetes al campo, con las flechas de Hércules y es por su ayuda que hemos vencido.

Si se quiere poner atención a las explicaciones de las diferentes fábulas que he dado hasta aquí, se verá claramente que todos estos hechos sobre los que Ulises funda sus derechos sobre las armas de Aquiles son precisamente alegorías de las operaciones del magisterio de los sabios. Veamos algunos de

59. Ovidio, *Metamorfosis*, lib. 13, fáb. 1.

ellos. Hemos dicho que Aquiles es el símbolo del fuego del mercurio filosófico. La fábula dice que Aquiles era hijo de Peleo y Tetis, o del barro negro. El barro está compuesto de tierra y agua; el mercurio de los filósofos se extrae de estas dos materias. Según Espagnet:[60] *se la llama tierra como se la llama agua, tomada bajo diversos aspectos* –dice este autor– *porque está compuesta de estas dos.* Para indicar el estado de esta tierra filosófica, o del sujeto sobre el cual trabajan los filósofos, cuando debe dar a luz al mercurio, Espagnet cita los versículos siguientes de Virgilio, que expresan muy bien la disolución y la putrefacción de esta materia, significada por Peleo, porque es como un barro negro, al que casi todos los filósofos la comparan: *con los céfiros se resquebraja la tierra en terrones, con el arado hundido en el suelo empiece a gemir el toro y a resplandecer la reja gastada por los surcos.* (Geórgicas, 1, 44)

Cuando Aquiles nació, Tetis lo alimentó como Ceres había hecho con Triptólemo, lo ocultaba por la noche bajo el fuego y de día lo untaba de ambrosía. No repetiré aquí lo que ya he dicho en el artículo de Ceres; el lector puede encontrar allí la explicación.

Aquiles se hizo mayor, se retiró a casa de Licomedes donde se enamoró de Deidamia y tuvo un hijo llamado Pirro. El mercurio, cuando llega el momento en que empieza a fijarse, deja, por así decirlo, la casa paterna y materna, pasando del color negro al blanco. En este estado se retira con Licomedes, porque se transforma en una especie de tierra, que los filósofos llaman oro blanco, sol blanco, piedra que manda y que reina; lo que está expresado por Licomedes, que viene de Λύκος, *Sol,* y de μίδω, *mando, tomo cuidado.* Es por esto por lo que Licomedes es llamado padre de Deidamia, pues la parte fija en este estado tiene una virtud apropiada para fijar la parte volátil; los filósofos dicen que tiene una virtud magnética que atrae hacia ella a la parte volátil para fijarla y formar un sólo cuerpo de los dos. Todo el mundo sabe que el mercurio es volátil. El amor que Aquiles, símbolo de este mercurio, tiene por Deidamia, es esta virtud magnética y atractiva recíproca que hace que el uno y la otra se reúnan y que finalmente el volátil se vuelva fijo. No se puede expresar más acertadamente que mediante el nombre de Deidamia, puesto que significa una cosa que fija a otra, o que la detiene en su carrera, de θέω, *corro*, y de δαμάω, *domo, detengo.*

Deidamia da un hijo a Aquiles, que fue llamado Pirro a justo título; puesto que de la unión del fijo y del volátil se forma el azufre filosófico, que es un verdadero fuego o una piedra ígnea, a la que Espagnet llama *minera del fuego celeste*; Filaleteo la llama *fuego de natura.* Alfidio dice que cuando aquel que huye es detenido en su carrera por el que le persigue, la carrera de los dos termina, se reúnen y no son más que uno, que se vuelve rojo y fuego. Homero designa esta volatilidad del fuego mercurial, diciendo siempre de Aquiles, que tiene el pie ligero y que es extremadamente rápido en la carrera; πόδας ώκυς ποδαρκη. Este

60. Espagnet, *La obra secreta de la filosofía de Hermes,* canon 46.

poeta lo insinúa aún mejor,[61] cuando dice que Aquiles le dice a Automedonte que enganche su carro para su amigo Patroclo y que ponga sus dos caballos Janto y Balio, cuya velocidad igualaba a la del viento; la arpía Podarge los había engendrado de Céfiro, cuando paseaba por la orilla del Océano, estos caballos eran inmortales.[62] Ulises convenció a Aquiles de que se uniera a los griegos y éste reunió a los mirmidones, sus súbditos, se puso a su cabeza con Menestio, hijo del río Esperquio, dios e hijo de Júpiter y de la bella Polidora,[63] con Eudoro, hijo de Mercurio, llamado en esta circunstancia ἀκάκῄα, o el pacífico,[64] pero Eudoro al hacerse grande, fue célebre por su ligereza en la carrera. Pisandro fue el tercer jefe de los mirmidones; Homero dice[65] de él que era el más valiente de esta tropa, según Aquiles. Fénix, ya viejo, fue el cuarto y Alcimedón, hijo de Laerce, el quinto.

Una vez nacido Pirro, o el azufre filosófico perfecto, es preciso que el artista proceda a la segunda operación, a la que los filósofos llaman segunda obra, o elixir. Este elixir, o el procedimiento que se ha de usar para hacerlo, es lo que Homero ha tenido a la vista en su Ilíada. La primera fatalidad de Troya era que Aquiles, y tras él su hijo Pirro, debían encontrarse necesariamente en el campo de los griegos, para que esta ciudad fuera tomada. La razón es que el elixir no puede hacerse sin el mercurio filosófico, que es el principal agente. Según Morien[66] esta segunda operación es una repetición de la primera, en cuanto al régimen, o lo que sucede en el vaso en relación a los colores que se suceden. Homero dice que Aquiles reunió a los mirmidones y juntó a los otros griegos. Sorprende que Homero empiece su Ilíada por la cólera de Aquiles, que el abad Banier[67] sólo considera como un accidente. Este poeta, para seguir su objetivo no podía empezar de otra manera, o hubiera invertido el orden de las cosas. Supone la primera operación perfecta, o el oro filosófico, al que yo he llamado antes azufre. En consecuencia entra de pronto en la disputa de Agamenón y Aquiles, que hace nacer de la demanda que Crises, sacerdote de Apolo, hace de su hija Criseida; se sabe que χρύσεος, quiere decir *del oro, hecho del oro,* y se introduce a Apolo para designar el oro filosófico. Se dice que Agamenón no quiere devolver a Criseida, porque dice que es virgen y la prefiere a su esposa Clitemnestra.

Los filósofos también le dan el nombre de virgen. Espagnet dice:[68] *tomad una virgen alada, limpia y pura, con las mejillas de color púrpura.*[69] Sin embargo

61. Homero, *Ilíada,* lib. 16, vers. 145.
62. Homero, *ibíd.* lib. 17, vers. 444.
63. Homero, *ibíd.* lib. 16, vers. 173.
64. Homero, *ibíd.* vers. 185.
65. Homero, *ibíd.* vers, 194.
66. Morien, *Conversación del rey Calid.*
67. Banier, t. 3, p. 389.
68. Espagnet, canon 58.
69. Es bueno señalar que Homero también dice que Criseida tenía las mejillas bellas y rojas. *Ilíada,* 1, 323.

Agamenón se rinde ante las exhortaciones de Ulises y devuelve a Criseida; pero le protesta a Aquiles que para resarcirse le robara a Briseida, a la que Aquiles amaba perdidamente. Agamenón puso, pues, a Criseida en manos del sabio Ulises, es decir, del artista, para llevarla a Crises, su padre. Ulises fue constituido jefe de la diputación e hizo subir a Criseida en un barco, es decir, que la puso en el vaso. Después de que Ulises hubiera partido, Agamenón envió a coger por la fuerza a Briseida.[70] Los que fueron enviados encontraron a Aquiles sentado en su tienda y en su barco *negro*. Enseguida reconoció el motivo que les traía y le dijo a su amigo Patroclo que sacara a Briseida de la tienda y que se la entregara a ellos para que la condujeran a Agamenón; viéndola partir Aquiles se puso a llorar mirando al mar *negro* y se quejó a su madre Tetis de la injuria que acababa de hacerle Agamenón. Ella oyó sus ruegos desde el fondo del mar *blanco*, donde estaba con el viejo Nereo, su padre, y enseguida subió desde el fondo como una nube. Él le contó cómo, después de haber arruinado Tebas, Agamenón había tenido a Criseida en el reparto y él a Briseida; que Agamenón estuvo obligado a devolver a Criseida a su padre, porque Apolo irritado, había enviado la peste al campo de los griegos y para vengarse (de Aquiles) se llevó por la fuerza a su querida Briseida. Tetis le respondió llorando también: *hijo mío ¿porqué os he traído al mundo y os he criado con tanto cuidado? Sois el más desdichado de los hombres, pues se que el destino fatal os amenaza con una muerte cercana. Sin embargo voy a encontrarme con Júpiter en el Olimpo lleno de nieve y haré todo lo posible para convencerlo de que secunde vuestros deseos. Permaneced en los barcos sin combatir, y alimentad vuestra cólera contra los griegos. Júpiter fue a Etiopía ayer, para asistir a un convite con todos los otros dioses.* Después de hablar así, se fue.

Mientras tanto Ulises y Criseida llegaron a Crise, ciudad de Apolo, y habiendo echado el ancla del barco puso a Criseida en manos de Crises, su padre, el cual dirigió sus votos a Apolo, cuyo arco es de plata, a fin de que favoreciera a los griegos. Al día siguiente Ulises aparejó sus *velas blancas* y Apolo les envió un viento favorable y *húmedo*, así llegaron dichosamente al campo de los griegos.

Sólo es necesario haber leído superficialmente los libros de los filósofos herméticos para reconocer, en lo que acabo de relatar con los propios términos de Homero, las mismas maneras de expresar todo lo que sucede en el vaso después de que los ingredientes que componen el elixir, empiezan a disolverse y a caer en putrefacción, hasta que la materia haya llegado al blanco. Se puede comparar lo que acabamos de describir con Espagnet:[71] *los medios o signos demostrativos son,* –dice este autor– *los colores que aparecen sucesivamente, que hacen ver al artista los cambios que afectan a la materia y el progreso de la obra. Se cuentan*

70. Homero, *ibíd.* vers. 324 y ss.

71. Espagnet, *La Obra secreta de la Filosofía de Hermes,* can. 64.

tres principales, que son como los síntomas críticos a los que se ha de poner mucha atención; algunos han añadido un cuarto. El primer color es el negro, se le ha dado el nombre de cabeza de cuervo a causa de su gran negrura. Cuando empieza a ennegrecer es un signo de que el fuego de natura comienza su acción, y cuando el negro es perfecto indica que los elementos están confundidos conjuntamente y que la disolución ha terminado, entonces el grano cae en putrefacción y se corrompe, para ser más apropiado a la generación. El color blanco sucede al negro, entonces el azufre blanco está en su primer grado de perfección, es una piedra que se llama bendita, es una tierra blanca foliada en la que los filósofos siembran su oro. El tercer color es el citrino, que se produce por el paso del blanco al rojo, es como un color intermedio que participa de los dos, como la aurora azafranada que nos anuncia al Sol. Finalmente el cuarto es el rojo, o color de sangre, que se saca del blanco sólo mediante el fuego. Como la blancura perfecta se altera fácilmente, pasa bastante rápido, pero el rojo oscuro del Sol dura siempre porque perfecciona la obra del azufre, que los filósofos llaman esperma masculino, fuego de la piedra, corona real e hijo del Sol.

Volvamos a la Ilíada de Homero y veamos si lo que dice es conforme a lo que aprendemos de Espagnet, al que me contenta citar, para no multiplicar las citas sin necesidad, aportaré a otros autores como prueba de las explicaciones que daré.

Hemos visto anteriormente que Aquiles, símbolo del fuego del mercurio, era el principal agente en la obra filosófica; hemos seguido su vida hasta el nacimiento de Pirro en casa de Licomedes. Homero ha pasado todo esto y empieza por suponerlo enamorado de Briseida, es decir, en reposo, o en el estado que se encuentra el mercurio después de que su volatilidad ha sido detenida en su carrera por Deidamia. Esto es lo que le hace decir a Aquiles en la queja que lleva ante su madre Tetis. Después de haber arruinado Tebas, dice él, Agamenón tuvo a Criseida en reparto y los griegos me dieron a Briseida. Se sabe que Tebas fue el término de las carreras de Cadmo, también es allí donde Aquiles encuentra a Briseida, que, como hemos dicho significa dormir, reposar. Se trata de hacer la segunda obra, parecida a la primera; Homero supone, pues, a las materias en el vaso y empieza la operación, es decir, la fermentación de la materia. Esta fermentación ocasiona un movimiento en la materia, que amenaza al mercurio, o Aquiles, con quitarle su reposo, o Briseida. A esta fermentación sucede la disolución y la putrefacción causada por el oro filosófico, o Apolo, es la peste que Apolo envía al campo de los griegos. A esta peste sucede la muerte de los griegos, o la negrura llamada muerte por los filósofos. En este estado el volátil domina sobre el fijo y esta peste sólo cesará cuando Criseida sea devuelta a su padre, es decir, cuando la materia haya pasado del color negro al blanco, que es el oro blanco de los filósofos. ¿Qué es lo que pueden significar el viaje de Júpiter y los otros dioses a Etiopía y su retorno al Olimpo lleno de nieve, sino la negrura de la materia y su paso del color negro al blanco? Las lágrimas de Tetis y de Aquiles ¿no expresan la materia que se disuelve en agua? Todo esto está indicado por el viaje de Ulises, y aún está mejor indicado por lo que sucede en el campo de los griegos hasta su retorno.

Homero dice que apenas partió Criseida bajo el mando de Ulises, es decir, que fue puesta en el vaso filosófico por el artista, Agamenón envió a coger a Briseida de la tienda de Aquiles; he aquí la fermentación que empieza. Llegan a su barco *negro* y lo encuentran en su tienda sentado, pero extremadamente irritado; es la putrefacción y la negrura, indicada también por los mirmidones, a los que mandaba Aquiles, como así lo figura Homero. La fábula misma nos da a entender lo que se ha de pensar de los mirmidones, diciéndonos que nacieron de las hormigas, y esto a causa de que las hormigas son negras y cuando están todas juntas en su hormiguero su aspecto representa muy bien a la materia en su estado de negrura. La misma razón ha hecho decir que Peleo, padre de Aquiles, reinaba en Phtía sobre los mirmidones, porque Peleo quiere decir barro negro, porquería, y Phtía, corrupción, de φθέω, *corromper.* Los otros jefes que comandaban a los mirmidones bajo las órdenes de Aquiles, sólo por la etimología de sus nombres, indican todo lo que sucede en la obra. Menestio señala el reposo en el que está primeramente la materia, puesto que viene de μένω, *esperar en reposo*, y de σίαθ, *pequeña piedra*, o de δέω, *estar fijo, inmóvil.* El segundo se llamaba Eudoro de εἴδω, *dormir.* En consecuencia Homero dice que era hijo de Mercurio *el pacífico*, pero añade también que cuando tuvo una cierta edad se volvió célebre por su ligereza en la carrera, a fin de indicarnos la volatilización de la materia fija. El tercero era Pisandro, o que echa de beber, que riega, de πίω, *riego*, de donde se ha hecho πεοσίς, *prado, lugar regado*, y σώδηρεν, *techo, cima,* porque al volatilizarse la materia sube a la cima del vaso en forma de vapor y recae después sobre la materia en forma de lluvia o de rocío. Homero dice que era el más bravo de los mirmidones después de Aquiles, y lo dice con razón ya que sin este rocío la tierra filosófica no produce nada, así como un terreno árido no sería apropiado para hacer germinar el grano; la tierra es el receptáculo de las simientes y la lluvia es el alimento. El cuarto es Fénix, es decir, la piedra misma de los filósofos llegada al rojo. Los filósofos también le dan el nombre de Fénix, no solamente porque en el elixir renace de sus cenizas, sino también a causa de su color púrpura, pues Fénix viene de φοῖνιξ, *de color rojo púrpura, color sangre.* Es el pájaro fabuloso de este mismo nombre, se le dice rojo por esta razón y nadie puede jactarse de haber visto otro; los egipcios también hacían correr el rumor de que este pájaro venía a la ciudad del Sol para hacer allí su nido y renacer de sus cenizas. Finalmente el quinto es Alcimedón, o quien manda a la fuerza misma, es decir, la piedra perfecta. Hermes[72] le da el mismo nombre y dice que es la fuerza que sobrepasa a toda fuerza, desde que está fijada en tierra. Pero volvamos a Ulises.

Uno de los hechos más señalados de su vida es el haber sabido descubrir a Aquiles disfrazado con ropajes de mujer y haberlo obligado a reunirse con los griegos, para ir a destruir la ciudad de Troya. Y se preguntará ¿qué relación tiene

72. Hermes, *La Tabla de Esmeralda.*

este disfraz con la gran obra?, ¿este hecho no es muy simple y natural? Un hombre joven quiere ocultarse para no ir a una guerra en la que se le ha predicho que moriría ¿no sería una manera de conseguir su deseo? Pero ¿ya se piensa que por todos lados se nos da una idea de Aquiles bien diferente que la de un cobarde? Sólo este rasgo habría hecho que los griegos lo despreciaran, y desde luego no lo considerarían superior a los otros. En efecto ¿qué idea tendríamos de un hombre joven, hijo de un rey, de un príncipe o de un gran señor, que en el momento en que sus tropas se reúnen y se ponen en movimiento para ir a una batalla, o a un asedio peligroso, procurara disfrazarse con ropas de mujer y fuera a confundirse con las acompañantes de una princesa, para evitar el peligro que le amenaza? Por muy buena que haya sido la idea que haya podido dar hasta entonces de su coraje y de su bravura, ¿no haría tal acción que se le despreciara para siempre? Sin embargo no se ve nada de todo esto, al contrario, Aquiles es estimado, apreciado y considerado como el más valiente de todos los griegos. ¿De dónde puede venir tal contraste? Recuérdense las explicaciones que hemos dado hasta aquí y se verá claramente el desenlace.

Hemos probado en más de un lugar que los filósofos toman al sexo femenino como símbolo del agua mercurial volátil, la fábula nos habla de ella bajo los nombre de musas, bacantes, ninfas, náyades, nereidas. He aquí precisamente la razón por la que se dice que Aquiles se ocultó bajo ropa de mujer, pues el mercurio de los filósofos sólo es propiamente mercurio cuando es agua, y Aquiles lejos de sentir debilitarse su coraje bajo este disfraz se vuelve más activo, asimismo es preciso que pase por este estado para volverse apropiado para la obra, sin éste no podría penetrar los cuerpos duros y volatilizarlos. Se tiene razón al considerar este descubrimiento de Ulises como una de sus más bellas acciones, puesto que según todos los filósofos herméticos la disolución de la materia en agua mercurial es la clave de la obra. El Cosmopolita dice: *buscad una materia de la que podáis hacer un agua, pero un agua penetrante, activa y que sin embargo pueda disolver el oro sin ruido, sin corrosión y en una disolución natural; si tenéis este agua tenéis un tesoro mil veces más precioso que todo el oro del mundo, con ella lo haréis todo y sin ella no haréis nada.* Es por lo que los griegos, con Aquiles, lo pueden todo contra la ciudad de Troya y sin él no pueden hacer nada. Se dice que debe morir allí, y en efecto muere porque para completar la obra se ha de fijar el mercurio filosófico y hacer de manera que la parte volátil sea una misma cosa con la fija. Esta última está representada por los troyanos, que por esto siempre son llamados *domadores de caballos*, o son calificados con epítetos que significan algo pesado, fijo y apropiado para detener lo que está en movimiento. El mismo Héctor[73] es comparado por Homero a una roca. Al contrario de los griegos y todo lo que les pertenece, que siempre son representados como activos, siempre en movimiento. Homero dice de casi todos sus jefes que no tenían igual

73. Homero, *Ilíada,* lib. 13, vers. 137.

por su ligereza en la carrera, su destreza en el tiro al arco y en el lanzamiento de jabalinas; sus caballos son ligeros como el viento, las yeguas de Feretiades[74] son más rápidas que los pájaros, el mismo Apolo las había enseñado en la morada de las musas. En fin, todo lo que puede designar al volátil es atribuido a los griegos y todo lo que es apropiado para denotar al fijo es atribuido a los troyanos.

Por lo que hemos dicho se ve claramente por qué la presencia de Aquiles era necesaria para la toma de Troya y por qué su abuelo Éaco había ayudado a Apolo y a Neptuno a construir esta ciudad. Pues Éaco significa propiamente la tierra, de αἴα, *tierra,* o la materia de la que se hace la obra; esta materia puesta en el vaso se corrompe, he aquí el reino de Phtía donde reina Peleo, es decir, la negrura, que es en efecto la corrupción. Esta disolución o putrefacción produce el mercurio filosófico, en consecuencia es Aquiles que nace de Peleo. Cuando el azufre de los filósofos es perfecto Troya es construida, ¿por quién? Por Éaco, Neptuno y Apolo, porque el azufre ha sido hecho de agua y de tierra. Siendo esta tierra el principio del oro filosófico, o Apolo, no es sorprendente que él haya concurrido allí, puesto que es la propiedad fijativa de esta tierra la que hace la fijeza de este azufre. Pero para finalizar la obra no es suficiente tener este azufre, o la ciudad de Troya edificada, es preciso destruir esta ciudad, y es lo que hace el motivo de la Ilída, donde se ve que tras la muerte de Aquiles se va a buscar a su hijo Pirro aún joven y fuerte, porque, según la fatalidad, era necesario que hubiera alguien de la raza de Éaco. ¿Por qué? Porque a la fijación del mercurio, significada por la muerte de Aquiles, le sucede Pirro, o la piedra ígnea, como hemos visto anteriormente. Esta fijación está indicada por el nombre de aquel que mató a Aquiles, es decir, Paris, pues Paris viene de παρά y de ἵζω, *yo fijo, hago sentar,* o si se quiere de παριημι, *quito el vigor, vuelvo lánguido.*

La segunda razón de Ulises para justificar su derecho sobre las armas de Aquiles es el hecho de que ha tomado y arruinado las ciudades de Apolo, es decir, que ha hecho la obra y la piedra, por lo tanto el resultado debe permanecer con él, pues sin las armas de Aquiles, es decir, sin la acción penetrante, disolvente y volatilizante del mercurio, no habría conseguido llevar el elixir a su perfección. Podremos discutir sus otras razones a continuación, explicando las siguientes fatalidades y la continuación del asedio.

74. Homero, *ibíd.* lib. 2, vers. 763.

SEGUNDA FATALIDAD

Sin las flechas de Hércules, Troya no puede ser tomada

Al morir Hércules sobre el monte Eta, dio sus flechas como presente a Filoctetes y le obligó bajo juramento no descubrir a nadie en lo que se había convertido su cuerpo y lo que le había sucedido. Cuando los griegos emprendieron la guerra de Troya consultaron el oráculo de Delfos, sobre su éxito, y les respondió que la ciudad no podría ser tomada sin las flechas de Hércules. Ulises descubrió que Filoctetes las tenía, fue a su encuentro y se las reclamó; Filoctetes sólo le respondió que no podía darle noticias de ellas. No contentándose Ulises con esta respuesta insistió y Filoctetes viéndose presionado mostró con el pie el lugar donde estaban. Ulises las cogió y se las llevó a los griegos. Otros dicen que Ulises obligó a Filoctetes a unirse a los griegos y llevárselas él mismo. Yendo hacia Troya, los griegos lo abandonaron inhumanamente en Lemnos, a causa de una úlcera que le había producido la mordedura de una serpiente,[75] cuando buscaba en Crise un altar de Apolo, donde Hércules había sacrificado anteriormente y donde los griegos debían, según el oráculo, sacrificar antes de ir a sitiar Ilión; o como pretenden otros, esta úlcera le habría venido de una herida que le había hecho una de las flechas de Hércules, al dejarla caer sobre su pié. Estas flechas untadas con la sangre de la hidra de Lerna estaban envenenadas. Ulises fue enviado una segunda vez a Filoctetes, aunque fuesen enemigos, porque Ulises había sido uno de los que les pareció que debían abandonarlo en esta isla a causa de su herida. A pesar de esto Ulises tuvo éxito y lo llevó con él al asedio. Y en efecto ¿quién habría podido resistirse a Ulises, ese capitán astuto y artificioso que llevaba a cabo todo lo que emprendía?

La fábula nos enseña que Filoctetes fue un héroe célebre, compañero de Hércules, como Teseo, uno y otro por la misma razón que hemos referido cuando hemos hablado de Teseo, es decir, porque según Homero,[76] Filoctetes tiraba perfectamente al arco. En consecuencia fue a él que los griegos juzgaron como el más digno de suceder a Aquiles y vengar la muerte de este héroe, como así lo hizo matando a Paris. Sin duda esta destreza que Homero le supone determinó a Hércules a hacerle heredero de sus flechas, así como había consagrado su maza a Mercurio; con las flechas alcanzaba a los monstruos desde lejos y con la maza los aporreaba cuando los tenía a su alcance. También son éstas las dos armas necesarias para el artista de la gran obra; el volátil para cortar, abrir, ablandar, disolver y penetrar los cuerpos duros y fijos, y el fijo para detener al volátil y fijarlo. No es sorprendente, pues, que se considerara a las flechas de Hércules como absolutamente necesarias para la toma de Troya. Que

75. Homero, *Ilíada*, lib. 2, vers. 723.

76. Homero, *Ilíada*, lib. 2, vers. 718.

se preste atención a las circunstancias donde se supone que Filoctetes hizo uso de ellas, se verá que no significan otra cosa que eso mismo. La primera vez que quiere usarlas, una de estas flechas le cae en el pie y le causa una herida tan hedionda que Ulises opina que se le abandone en Lemnos, morada de Vulcano y el lugar donde primero abordaron los argonautas, lo que indica el comienzo de la obra. La putrefacción que sobreviene a la materia en el vaso, sólo se hace por la acción del volátil sobre el fijo, ocasionando su disolución; asimismo es la evaporación del volátil que nos hace sentir la hediondez de las cosas podridas. Estas flechas, símbolo del volátil, son la verdadera causa de la úlcera de Filoctetes. Se dice que se le dejó en Lemnos, porque mientras vivía Aquiles, o que el mercurio no estaba fijado, se podía pasar de Filoctetes, pero después de que Aquiles muriera era preciso recurrir a las flechas de Hércules; es por lo que se encargó a Ulises que fuera a buscar a Filoctetes y lo llevara al campo de los griegos. Por eso se ve el por qué es puesto entre el número de los argonautas.

Las flechas sirven para alcanzar a los pájaros o a los animales desde lejos, porque uno no se puede acercar a ellos. También se supone que Apolo y Diana tenían un arco y flechas, uno las usó para matar a la serpiente Pitón y la otra para hacer morir a Orión. También es de un flechazo que Apolo mató a Patroclo. Pero ya hemos hablado suficientemente de lo que significan estas flechas de Hércules, cuando hemos explicado sus trabajos. De paso se ha de señalar aquí que Homero habla de Hércules, de Teseo y de Pirítoo, como siendo hijos de los dioses y como habiendo vivido mucho tiempo antes que él,[77] lo que contradice el Abad Banier.

TERCERA FATALIDAD

Es necesario robar el Paladión

Propiamente no se sabe a qué atenerse respecto a este Paladión; según Apolodoro,[78] se dice comúnmente que era una estatua de Minerva, de tres codos de alta con un arma en la mano derecha, y una rueca y un huso en la mano izquierda; que era una especie de autómata que se movía por sí misma; cuando Ilo hubo construido Ilión en el lugar donde se detuvo un buey de diferentes colores al que había seguido, rogó a los dioses para que le dieran alguna señal que le hiciera conocer si esta ciudad les era agradable; entonces esta estatua cayó del cielo cerca de él, y habiendo consultado al oráculo sobre ello, le respondió que la ciudad de Troya jamás sería destruida mientras conservara esta estatua. El pensamiento más común es que fue robada por Ulises entrando por la noche en la ciudadela mediante un artificio, o mediante alguna astucia que, según Corion,[79] fue concertada con

77. Homero, *Odisea,* lib. 2, vers. 629.
78. Apolodoro, lib. 3.
79. Corión, *Nar.* 3.

Heleno, hijo de Príamo. Pero este autor pretende que fue Diomedes quien la robó, lo que no está conforme con lo que Ovidio hace decir a Ulises en la arenga a los griegos, de la que ya hemos hecho mención anteriormente. Ovidio dice también[80] que esta estatua cayó del cielo sobre el fuerte de Ilión y que consultando a Apolo respondió que el reino de Troya duraría mientras este Paladión fuera conservado. Los troyanos tenían, pues, una atención particular en conservar esta preciosa prenda y los griegos hicieron todo lo posible por robársela. He aquí la idea que nos dan de ella los antiguos autores paganos e incluso los cristianos, puesto que Arnobo,[81] San Clemente de Alejandría,[82] y Julio Firmico[83] hablan de este Paladión como si hubiera sido hecho de los huesos de Pélope. Es sorprendente que se hayan adoptado cosas tan absurdas y que se hayan afligido por ello, no sólo por el hecho de que una tal figura haya podido caer del cielo, sino por el hecho de que ni siquiera haya existido. Los mitólogos de nuestros días, que parecen haberse vuelto pirronianos respecto a muchas cosas, al menos verosímiles, y que quieren que se les considere como personas incapaces de admitir nada que no haya pasado por el tribunal de la crítica más severa ¿cómo es que no dudan de otras tantas que tienen visiblemente el carácter de pura fábula? ¿Es suficiente que una cosa sea referida por los autores antiguos para que no se pueda dudar de ella, o por lo menos tener el espíritu de examinar el hecho?

Sea lo que sea este Paladión, parece ser que el cielo de donde ha caído no es otro que el cerebro de Homero; según Eliano,[84] es de él que todos los poetas han tomado prestado todo lo que dicen, y es con razón que un pintor llamado Galaron representara una vez a Homero vomitando en medio de un gran número de poetas, que sacaban lo que podían de este caudal de Homero. Propiamente él es la fuente que ha formado todos estos arroyos de fábulas y de supersticiones que a continuación han inundado Grecia y las otras naciones. Se debe pensar, pues, de este Paladión como de otras tantas cosas cuya no existencia es la causa de todas las diferentes opiniones que los autores han tenido al respecto. Una cosa que jamás ha existido no deja de dar ocasión a muchos pensamientos diferentes, cuando se trata de constatar su existencia, la manera de ser, el lugar donde estuvo y lo que representaba. También hay autores[85] que aseguran que este Paladión no fue robado por los griegos; que habiéndolo cogido Eneas lo llevó a Italia con sus dioses penates y que los griegos sólo habían robado una

80. Ovidio, *Fastos,* lib. 6.
81. Arnobo, *Adv. Gent,* lib. 4.
82. Clemente de Alejandría, *Estromatas,* lib. 6.
83. Julio Firmico, *De error. Prof. Relig.*
84. Elien, lib. 13, cap. 22.
85. Denis de Halicarnaso, *Antigüedad romana,* lib. 2.

copia hecha a semejanza de la original. Ovidio[86] no quiere decidir sobre este hecho, pero dice que este Paladión en su tiempo estaba conservado en Roma, en el templo de Vesta. Tito Livio[87] dice lo mismo.

Respecto a este Paladión se pensaba en Roma lo que pensaron los troyanos en relación con su ciudad. Se han contado hasta tres, el primero fue el de Ilión, el segundo el de Lavinión y el tercero el de Albe, cuyo fundador se decía que fue Ascanio. Tulo Hostilio arruinó esta última ciudad a la que se le llamaba *la madre de Roma*. Virgilio no es del pensamiento de Dionisio de Halicarnaso, puesto que dice en estos propios términos que los griegos robaron el Paladión. *Después de haber dado muerte a los guardias del sumo alcázar, arrebataron la sacra efigie, y con ensangrentadas manos osaron tocar las virginales ínfulas de la deidad.* (Enéida, lib. 2, 34) Solino[88] parece haber querido acordar estas diferentes opiniones diciendo que Diomedes llevó este Paladión a Italia donde lo entregó como presente a Eneas.

¿Qué pensar, pues, de esta pretendida estatua y qué decidir en medio de tantas contradicciones? Que cada uno ha ajustado el hecho de la manera que estuviera más conforme a sus ideas y al objetivo que tenía en vistas; y que Homero dio lugar a todas estas opiniones y es de él que debemos tomar la verdadera idea del asunto. Pero ¿qué pensaba él? Se puede juzgar por las explicaciones que hemos dado del resto. El Paladión era una representación de Palas y se sabe que esta diosa representaba el genio, el juicio y los conocimientos de las ciencias y las artes. Se puede decir, pues, sin temor a equivocarse, que Homero ha querido decir que sin la ciencia, el genio y los conocimientos de la naturaleza, un artista no puede llegar al final de la obra; es por esto que se figura que Ulises la robó, porque Ulises es el símbolo del artista.

En toda la alegoría de la toma de Troya, él está representado como con un espíritu fino, un extendido genio, prudente y capaz de llevar a cabo todo lo que emprende. Según Geber[89] es preciso que el artista tenga todas la cualidades de Ulises, que conoce la naturaleza, que sabe desvelar sus procedimientos y los materiales que emplea y que no piensa en tener éxito si primero no consigue que Minerva le sea favorable. En vano se disertaría sobre la existencia de esta imagen de Palas, y aún más sobre el hecho de si había caído del cielo o si era obra de los hombres. Es cierto que la sabiduría y el conocimiento de las ciencias y las artes son un don del Padre de las luces, de quien procede todo bien, en consecuencia, es con razón que Homero y los otros dijeron que el Paladión había descendido del cielo.

86. Ovidio, *Fastos,* lib. 6.
87. Tito Livio, *De sec. Bello Punico.*
88. Solino, lib. 3, cap. 2.
89. Geber, *La suma de la perfección,* part. 1, cap. 5 y 7.

CUARTA FATALIDAD

Era necesario uno de los huesos de Pélope para la toma de Troya

Las tres cosas de las que hemos hablado y que se consideraban como requisitos para la toma de la ciudad de Troya, podían tener razonablemente alguna relación con tal empresa. Un guerrero bravo, con coraje como Aquiles no es de poca importancia. Las flechas eran las armas de aquel tiempo y eran necesarias, aunque no lo fuera en absoluto el hecho de que hubieran pertenecido a Hércules, pero a pesar de todo eran flechas. Se puede suponer que la idea de los griegos y los troyanos referente a la protección concedida por una diosa, tenía al menos un fundamento en su imaginación. Pero que el hueso de un hombre muerto hacía mucho tiempo, un hombre que no era considerado ni como un dios y ni siquiera como un gran héroe, se encuentre entre el número de estas fatalidades, preguntaría yo a nuestros mitólogos si ven alguna relación en ello. Por mi parte si adoptara sus sistemas, me vería obligado a confesar que no veo nada conforme a la razón.

¿Qué pueden hacer los huesos de un hombre muerto contra una ciudad donde tantos miles de hombres vivían a costa de sus fatigas y sus trabajos? En una palabra ¿qué relación tenía Pélope con la ciudad de Troya? Hijo del Tántalo que la fábula nos representa atormentado sin cesar en los infiernos por el temor de verse aplastado a cada instante por una roca suspendida sobre su cabeza y por la imposibilidad de poder beber y de comer de todo aquello que le rodea. Pélope no había participado con Éaco en la edificación de Ilión. No se puede, pues, aportar esta razón para probar la necesidad de su presencia, como los antiguos han deducido de la de Aquiles.

Se dice que Tántalo era hijo de Júpiter y de la ninfa Plote. Habiendo recibido a los dioses en su casa, no creyó poder regalarles mejor que sirviéndole a su propio hijo Pélope. Los dioses, habiéndose apercibido de ello, lejos de agradecerle el favor, se indignaron. Ceres fue la única que sin reconocer qué clase de manjar se le presentaba, porque tenía el espíritu ocupado por el rapto de su hija Proserpina, despegó un hombro y se lo comió. Los dioses tuvieron piedad de este desdichado hijo y habiendo reunido los trozos divididos y esparcidos de su cuerpo los pusieron en un caldero y los cocieron de nuevo devolviéndole así la vida. Pero como el hombro que se había comido Ceres no se encontraba se lo suplieron con uno de marfil, lo que ha hecho decir a Licofrón que Pélope rejuveneció dos veces. He aquí el crimen de Tántalo, que Homero[90] dice haber sido castigado con una sed y una hambre perpetuas, que no podía saciar aunque estuviera sumergido en el agua hasta el mentón pues cuando bajaba la cabeza para beber el agua huía y se bajaba también, y cuando quería coger de las diferentes clases de frutos que tenía al alcance de la mano, se agitaba el aire y los

90. Homero, *Odisea*, lib. 2, vers. 581.

alejaba de él. Ovidio dice lo mismo del suplicio de Tántalo, pero lo atribuye a la indiscreción que tuvo al divulgar entre los hombres los secretos que los dioses le habían confiado. *Tántalo, casi tocando con sus labios sedientos el agua y casi cogiendo con sus dedos las frutas.* (*Metamorfosis*, IV, 458)

Pélope desposó a Hipodamia, hija de Enómao, rey de Élida, después de que venciera a este rey en una carrera de carros. Este príncipe, asustado por la respuesta de un oráculo que le había dicho que su yerno lo mataría, no quiso casar a su hija y para alejar a los que querían alcanzar esta alianza, les proponía alguna condición peligrosa para ellos; prometió la princesa a quien le superara en la carrera y añadía que mataría a quien él venciera. El amante debía tomar la salida primero y Enómao lo seguía con la espada en la mano y si lo alcanzaba lo atravesaba con ella. Ya había hecho perecer a trece bajo su brazo y los otros habían preferido abandonar su pretensión que correr el mismo riesgo; asimismo Enómao había prometido construir un templo en honor a Marte con los cráneos de los que allí perecieran. Pélope no se intimidó por ello; pero para asegurar su victoria se ganó a Mirtilo, cochero de Enómao e hijo de Mercurio, y prometiéndole una recompensa le obligó a cortar en dos el carro del rey uniendo las dos parte de manera que no se notara. Así lo hizo Mirtilo, y en plena carrera se rompió el carro, Enómao cayó y se rompió el cuello. Pélope obtuvo así la victoria, desposó a Hipodamia y castigó su cobardía echándolo al mar. Después Vulcano haría expiar este crimen a Pélope.

Si se quiere tomar la molestia de comparar esta pretendida historia con las otras antiguas que tienen relación con ella, se verá que es una pura ficción. Se dice que Pélope fue rejuvenecido por los dioses tras haber muerto y haber sido cocido en un caldero; Baco también lo había sido de la misma manera por la ninfas, Esón por Medea. El convite de Tántalo no es menos fabuloso y pienso que ningún mitólogo se atrevería a defender su realidad. Se acusa a Tántalo de haber divulgado el secreto de los dioses. ¿Qué secreto podía ser éste? El pretendido banquete y los manjares que allí se sirvieron lo indicarían suficientemente si no se hubiera añadido que Ceres comió de ellos. Que se recuerde lo que hemos dicho de los misterios de Eléusis, tan célebres entre los egipcios y los griegos, y se sabrá en qué consiste este secreto. Parece ser, pues, que toda esta historia es una alegoría, tal como la de Osiris e Isis, la misma que la de Ceres, así como la de Baco o Dioniso y la de Esón y Medea. La de Pélope se ha de explicar, pues, en el mismo sentido. Tampoco es sin razón que se diga que fue amado por Neptuno y que este dios le diera el carro y los caballos con los que venció a Enómao, puesto que el agua mercurial volátil de los filósofos a menudo es llamada Neptuno. Además Vulcano, al que se mezcla en esta historia como expiador del crimen de Pélope, prueba más claramente aún que es una alegoría de la gran obra. Esta idea no es mía, Juan Pico de la Mirándola[91] ha hablado de ella en el

91. Pico de la Mirándola, *De Auro*, lib. 2, cap. 2.

mismo sentido y dice[92] que son muchos los que piensan que las riquezas de Tántalo vienen de la química, puesto que conocía la manera de hacer oro, y escribir sobre pergamino, y que Pélope y sus hijos consiguieron su imperio mediante ella; que no es sorprendente que Tiesto haya buscado por todos los medios obtener y apoderarse de la fuerza de este pretendido cordero que contenía este secreto y que había sido confiado a Atreo, su primogénito, lo que ocasionó posteriormente todas las trágicas escenas de las que hablan los autores. Los poetas Cicerón, Séneca y muchos otros, han hecho mención de ello, dice nuestro autor, pero sólo nos lo han transmitido bajo el oscuro velo de la alegoría.

Se ha de pensar lo mismo del hueso de Pélope, del que se dice que era de un tamaño enorme. Se ha formado esta alegoría por el hecho de que los huesos son la parte más fija del cuerpo humano y porque se necesita una materia fija en la obra, puesto que debe serlo, o volverse lo bastante fija por las operaciones, para fijar al mercurio que lo supera todo en volatilidad. Se sabe también que los griegos adoraron a la Tierra bajo el nombre de Ops y que la consideraban al mismo tiempo diosa de las riquezas. Es fácil ver que el nombre de Pélope ha sido compuesto de esta misma palabra *Ops* y de *Pélos*, que ya hemos explicado en más de un lugar. Pues que sea necesaria una tierra fija para la obra, todos los filósofos lo dicen; el autor anónimo del Consejo sobre el matrimonio del Sol y la Luna, cita las siguientes palabras de Graciano, las cuales tienen una relación inmediata con la alegoría del hueso de Pélope. *La luz se hace del fuego extendido en el aire del vaso, del hueso del muerto se hace la cal fija; desecando su humedad se vuelve ceniza. Es de ella que habla Azirato en la Turba, cuando dice que esta ceniza es preciosa.* Morien también habla[93] de ello y recomienda no despreciar estas cenizas, porque allí está oculta la diadema del rey. Esta ceniza es la que ha dado lugar a la quinta fatalidad de Troya, que vamos a explicar.

QUINTA FATALIDAD

Antes de tomar la ciudad, era preciso robar las cenizas de Laomedón, que estaban en la puerta de Escea.

Laomedón (o Laomedonte) había construido las murallas de Troya, o más bien Neptuno y Apolo bajo sus órdenes. Vulcano también había trabajado allí. Este rey rehusó dar a estos dioses la recompensa que les había prometido. Irritado por esta negación, Neptuno envió un monstruo marino que arrasó el país, y este dios sólo podía ser apaciguado mediante el sacrificio de Hesíone, a la que Laomedón se vio obligado a exponer para que fuera devo-

92. Pico de la Mirándola, lib. 3, cap. 1.

93. Morien, *Conversación con el rey Calid.*

rada por este monstruo. Hércules la liberó de este peligro y mató a Laomedón. Los troyanos conservaron las cenizas de este rey en la puerta de Escea. Hemos explicado esta fábula en el precedente libro, pero como no hemos dicho nada de estas cenizas de Laomedón, se ha de explicar aquí lo que significan.

Es bastante difícil concebir que sea necesario profanar la tumba de un rey y robar sus cenizas, como condición absolutamente indispensable para poder tomar una ciudad. Si esta tumba hubiera tenido un emplazamiento en la única avenida por donde se pudiera entrar en la ciudad, yo convendría en que hubiera sido necesario apoderarse de ella, pero no se ha hecho mención de nada de esto. Y además, ¿por qué robar las cenizas? ¿para qué podían servir? Se le dio a Ulises este encargo y así lo hizo. ¿Por qué Ulises mejor que otro? La razón se adivina fácilmente en mi sistema.

Se ha visto en la fatalidad precedente que eran necesarios los huesos y que de estos huesos se hacían unas cenizas. Los huesos y las cenizas son dos nombres alegóricos de dos cosas requeridas para la obra. Los autores herméticos hablan de ello en una infinidad de lugares. *El cuerpo del que se ha quitado la humedad* –dice Bonelo,[94]– *se parece al de un muerto; necesita entonces la ayuda del fuego hasta que con su espíritu sea cambiado en tierra, y en este estado es parecido a la ceniza de un cadáver en su tumba. Quemad, pues, esta cosa sin miedo hasta que se vuelva ceniza, una ceniza apropiada para recibir su espíritu, su alma y su tintura. Nuestro latón, igual que el hombre, tiene un espíritu y un cuerpo. Cuando Dios los habrá purificado y purgado de sus enfermedades, los glorificará. Y yo os digo, hijos de la sabiduría, que si gobernáis bien esta ceniza, será glorificada y obtendréis lo que deseéis.* Todos los otros se expresan en el mismo sentido. Basilio Valentín ha empleado dos o tres veces los huesos de los muertos y sus cenizas para la misma alegoría.

Se precisan, pues, unas cenizas para hacer la medicina dorada, pero las cenizas de un sujeto particular, las cenizas de Laomedón, es decir, de aquel que ha construido la ciudad de Troya y que ha perdido la vida a causa de ella. Se ha saber lo que es *perder la vida* en el sentido de los filósofos herméticos. Así es para Laomedón, como para los descendientes de Éaco; el uno y el otro habían trabajado en levantar la ciudad de Troya, el uno y el otro, pues, han de contribuir a su destrucción. Es por lo que los autores herméticos dicen a menudo que el fin de la obra rinde testimonio a su comienzo y que se ha de finalizar con lo que se ha empleado para empezar. *Ved y examinad* –dice Basilio Valentín[95]– *lo que os habéis propuesto hacer y buscad lo que os puede conducir a ello, pues el fin debe responder al principio. No toméis una materia combustible, puesto que os habéis de proponer hacer una que no lo sea. No busquéis vuestra materia en los vegetales, puesto que tras haber sido quemada no os dejarían más que una ceniza*

94. Bonelo, *La Turba.*

95. Basilio Valentín, *Prefacio a sus Doce Llaves.*

muerta e inútil. Acordaos que la obra se empieza con una cosa y termina por otra, pero esta cosa contiene dos, una volátil y la otra fija. Finalmente estas dos deben reunirse en una totalmente fija, y fija de tal manera que no tema los ataques del fuego.

SEXTA FATALIDAD

Era preciso impedir que los caballos de Reso bebieran en el río Xanto, y robarlos antes de que lo pudieran hacer.[96]

De cualquier manera que se considere esta fatalidad, siempre presenta algo de ridículo, si se toma el hecho históricamente. Es de creer que antes de emprender el asedio de Troya, los griegos se habrían informado perfectamente de estas fatalidades, es decir, de las condiciones requeridas para que esta ciudad pudiera ser tomada. No es verosímil que el abad Banier[97] piense que el mismo Ulises extendió el rumor de esta fatalidad, para empujar eficazmente a los griegos a impedir que Reso socorriera a la ciudad. No se esforzó mucho en pensar esto pues todo el mundo sabe que para tomar una ciudad sitiada es preciso impedir que reciba ayuda. Además, la fatalidad no decía que había que impedir que Reso entrara con sus tropas en la ciudad, sino que era necesario matar a Reso y robar sus caballos antes de que hubiesen bebido agua del Xanto.

Si hoy día se contaran cosas parecidas se reirían en la cara del que hiciera un cuento semejante, y sin duda lo griegos habrían hecho otro tanto con Ulises, si hubiera propuesto tan pueril estratagema para reanimar el abatido coraje de los griegos.

Es preciso, pues, tomar la cosa desde otro punto de vista y señalar con Homero,[98] que Reso llegó hacia el final del asedio, fue el último de todos los que vinieron en socorro de Troya; que era hijo de Eioneo y rey de Tracia; que sus caballos eran grandes, bellos, más blancos que la nieve y veloces como el viento. Finalmente, Ulises se los llevó con sus despojos, después de que Diomedes hubiera matado a Reso y a otros doce tracios, sin que nadie se diera cuenta de ello. También es bueno observar que el Xanto era un río de la Tróada cuyas aguas tenían la reputación de volver de color amarillo rojizo a los animales que allí bebían. Todo está perfectamente combinado en estas fatalidades, así como en Homero, y no hay nada de ridículo cuando se toman las cosas en el sentido alegórico con el que han sido dichas. Reso viene hacia el fin del asedio, y no debía llegar antes. Sus caballos eran blancos, este color es la prueba, puesto que el color blanco indica en la materia el principio de

96. Llevándose luego a sus reales los fogosos caballos del infeliz vencido, antes que hubiesen gustado los pastos de Troya y bebido las aguas del Xanto. Virgilio, *Enéida,* lib. 1, vers. 472.

97. Banier, t. 3, p. 409.

98. Homero, *Ilíada,* lib. 10, vers. 434.

la fijación y sólo se manifiesta hacia el final de la obra. Los filósofos advierten a los artistas que tengan cuidado en no equivocarse y en hacer que los colores se sucedan de manera que el negro aparezca el primero, después el blanco, después el citrino y finalmente el rojo; y que si no aparecen en este orden es una prueba de que se ha forzado el fuego y que todo se ha echado a perder. *El color del pavo real campestre se muestra sobre la materia* –dice el Trevisano[99]– *cuando se fuerza mucho el fuego apareciendo entonces el rojo en lugar del negro.* Isaac Holandés dice *que el color del ladrillo al comienzo de la obra, la vuelve inútil; pero cuando está en su punto de perfección, la materia toma el color amarillo que enseguida se vuelve rojo y finalmente púrpura.* En cuanto al color amarillo, Ceros dice en la Turba: *coced con atención vuestra materia hasta que tome un bello color azafrán.* Y Boratos dice: *coced y triturad el latón con su agua hasta que se vuelva de un color azafrán dorado.*

Este color amarillo indica, pues, una falta de régimen y un defecto en las operaciones, cuando se manifiesta al comienzo de la obra y antes del color blanco, el artista debe poner toda su atención para que los caballos de Reso no beban en el agua del Xanto, es decir, que el amarillo aparezca antes que el blanco. Es lo que Homero ha querido indicarnos, ya que dice que los caballos eran blancos y que Ulises los robó antes de que hubieran bebido; porque ξαντίς quiere decir *amarillo.* Y cuando dice que eran veloces como el viento, es para indicar el estado del mercurio que aún es volátil. He aquí la verdadera razón por la que Homero hace remarcar que Reso y los tracios habían sido los últimos en venir de entre los que brindaron ayuda a Troya. Memnón, que se supone rey de Etiopía, acudió el primero, porque el color negro indicado por Etiopía, aparece el primero. Pándaro, hijo de Licaón, llegó al mismo tiempo con los zeléinos, que bebían el *agua negra* del Esepo y que habitaban en la base del monte Ida.[100] Se sabe que la disolución de la materia se hace durante la negrura y que los filósofos han dado a menudo el nombre de *lobo* a su materia; hemos citado más de una vez en esta obra los textos de los filósofos que así lo refieren. No es sorprendente, pues, que Homero suponga a un Pándaro o destructor de raza de lobo, para mandar a los suyos que bebieran del agua negra. Quizás venga de ahí el nombre de *pendard* (bribón), que el pueblo da tan comúnmente a los hombres perversos, brutos y malvados.

Luego vinieron Adrasto y Amfio, los dos hijos de Mérope el percosiano o el manchado, que mandaban a los adresteos y a los apesianos. ¿No es como si Homero hubiera dicho: tras el color negro aparece el color variado, al que los filósofos llaman *la cola del pavo real*? Con los apesianos vinieron los de Percos, de Sestos y de Ábidos, mandados por Asio, o el cenagoso, el fangoso, lleno de limo, de A"σις, *limo, barro;* porque tras la disolución, la materia de los filósofos se parece al barro. Tras los percosianos, Hipótoo, o el caballo que es extrema-

99. El Trevisano, *Filosofía de los metales.*

100. Homero, *Ilíada*, lib. 2, vers. 824 y ss.

damente veloz, condujo a los pelasgos, o aquellos que tocan la tierra, de πέλας, *cerca*, y de γής, *tierra;* como si Homero hubiera querido decir que la tierra o la materia de los filósofos se volatilizara.

He aquí que no hace falta nada más para probar que Homero decía con razón que Reso había venido el último en ayuda de los troyanos. Siguiendo la enumeración que hace, tanto de los griegos como de los troyanos, encontraríamos claramente los signos demostrativos, o los colores que se manifiestan sobre la materia, pero para esto haría falta un comentario de toda la Ilíada y no es lo que me he propuesto. Por los casos que explico se puede juzgar a aquellos de los que no hablo. ¿Cómo explicarían los partidarios de la realidad del asedio de Troya la acción de Ulises y Diomedes que penetraron solos en el campo de los tracios, mataron a muchos, a Reso entre ellos, y volvieron a su campo con los caballos de este rey sin que nadie se diera cuenta? Estos son los términos de Homero:[101] *Diomedes no se dejó doblegar por los ruegos de Dolón y le cortó la cabeza de un golpe de espada. Después de que le hubieron quitado su casco, guarnecido con una piel de garduña, y la piel de lobo que lo cubría, su resplandeciente arco y su larga lanza, Ulises los tomó y los levantó en alto para ofrecerlos a Minerva y dijo: regocijaos diosa, por el golpe que acabamos de dar, que la ofrenda que os hago sea agradable a vuestros ojos, pues sois la primera de los inmortales habitantes del Olimpo a la que invocamos. Conducidnos, os ruego, a las tiendas de los tracios y al lugar donde están sus caballos. Habiendo hablado así puso los despojos de Dolón sobre un tamariz e hizo una señal arrancando las cañas y las ramas de alrededor a fin de poder encontrarlos a su vuelta y no los perdieran en la obscuridad de la noche. Marchando, pues, el uno y el otro a través de las armas y de la sangre negra de los heridos llegaron pronto a las primeras filas de los tracios, a los que encontraron durmiendo por la fatiga. Sus armas puestas en tres filas estaban junto a ellos. Cada uno tenía también dos caballos. Reso dormía en medio de ellos y también tenía dos caballos a su lado. Ulises fue el primero en darse cuenta y le dijo a Diomedes: he aquí al hombre y a los caballos que Dolón nos ha indicado. Vamos, coraje, animaos, no permanezcáis aquí ociosos con vuestras armas, desatad los caballos, o matad a los hombres, yo me encargo de los caballos. Entonces Minerva despertó el coraje de Diomedes y habiéndole inspirado fuerza, mataba a derecha e izquierda golpeando con su espada, ríos de sangre regaban la tierra y los tristes gemidos de los heridos se oían por todas partes. Parecía un león que se echa sobre un rebaño mal guardado. Mató a doce y a medida que los mataba, el prudente Ulises los arrastraba por los pies para ponerlos a un lado a fin de que al llevarse los caballos encontraran el camino libre y no se espantaran al caminar sobre los cadáveres, pues aún no estaban acostumbrados. Habiendo llegado finalmente el hijo de Tideo junto al rey le quitó la vida y fue el treceavo de los que Diomedes mató. El hijo de Eneo le proporcionó esa noche un mal sueño, por consejo de Minerva. Mientras que Diomedes trabajaba así, Ulises desató los caballos y los*

101. Homero, *Ilíada,* lib. 10, vers. 455 y ss.

condujo después con sus arreos, golpeándoles con su arco (pues había olvidado coger sus látigos) y los separó de la tropa. Silbó después para advertir a Diomedes, pero éste no lo oía, pues meditaba si robaría el carro donde estaban las armas del rey, después de haber cortado las riendas, o si mataría aún algunos tracios. Pero Minerva acercándosele le dijo: hijo del valiente Tideo, pensad que es tiempo de que volváis a vuestros barcos. Temed que otro dios despierte a algún troyano y os obligue a emprender la huida. Él reconoció la voz de la diosa y habiendo montado sobre los caballos que Ulises golpeaba con su arco regresaron a sus barcos.

Yo pregunto si tal hecho es creíble y si es posible que un hombre mate a doce en medio de otros miles, aunque dormidos, sin que nadie se de cuenta. ¿Podía ser tan profundo su sueño como para no ser interrumpido por los gemidos de los heridos, o por lo menos despertar a uno sólo? ¿Ni un centinela, ni un cabo de guardia? ¿Se podría arrastrar a los cuerpos de los muertos y los heridos a través de los otros y se haría pasar a los caballos sin hacer el suficiente ruido como para despertar a alguien? ¿Caería un hombre sobre otros, como si fuera un león, y golpearía sin ton ni son, a derecha e izquierda sin despertar a nadie? ¿sería necesario que el mismo Apolo tuviera que gritar al oído de Hipocoón, primo de Reso y acostado junto a él, para despertarlo y obligarle a dar la alarma? Dejo al lector que él mismo lo juzgue. Para mí, digo con Homero que es Minerva la que dio este golpe y presidió esta acción, como en todas las de Ulises. Homero no habría concertado tan mal un hecho, si hubiera querido presentarlo como un hecho real. Pero dándolo como alegórico es natural que sea así. El artista de la medicina dorada trabaja en concierto con el mercurio filosófico y las acciones les son comunes. La materia, siendo negra, está representada por la noche y el sueño; la masacre de Reso y los tracios significa la disolución y la muerte de Dolón también. Se le quita su casco cubierto con una piel de garduña y la piel de lobo que lo cubría, porque estas pieles son de un color pardo, que indica un debilitamiento del color negro. Ulises los expone sobre un tamariz; la elección que hace Homero de este árbol hace ver perfectamente su atención en designar las cosas con exactitud. El tamariz es un árbol de mediana altura, su corteza es áspera, ruda, gris por fuera, rojiza por dentro y blanquecina entre estos dos colores. Sus flores son blancas y purpúreas. ¿No es como si el poeta hubiera dicho: ¿al color negro, o a la disolución designada por la muerte de Dolón, le sucede el color pardo, a éste el gris, después el blanco y finalmente el rojo? ¿A quién podía Ulises consagrar mejor, los despojos de Dolón, que, a Minerva, puesto que es la diosa de la Sabiduría y de las ciencias?

En fin, Ulises y Diomedes llegaron al campo de los tracios y tras la masacre que hicieron, se llevaron los blancos caballos de Reso; he aquí la volatilización de la materia, que sucede tras la putrefacción y donde se manifiesta el color blanco. Diomedes dudaba de llevarse el carro del rey y las armas que estaban dentro, pero Minerva lo determina a partir sin ellos. ¿Por qué? Es porque el carro era de plata y las armas que encerraba eran de oro.[102] Diomedes, pues, no podía llevárselas, no porque fueran muy pesadas, sino porque la materia venida al blanco, llamada *luna* o *plata* por los filósofos, es entonces fija y no volátil, y con más razón cuando a tomado el color rojo, o el oro filosófico. Las armas estaban en el carro, pues el rojo está oculto en el interior del blanco, según el decir de todos los autores herméticos. Espagnet dice:[103] *a la llegada de Júpiter, o el color gris, el niño filosófico está formado. Se alimenta en la matriz y finalmente aparece con un vestido blanco y brillante como la Luna. El fuego exterior ayudando después al fuego de la naturaleza, hace el oficio de los elementos. Lo que estaba oculto se manifiesta; el azafrán da su color al lis, y finalmente la rojez se extiende por las mejillas del niño que se ha vuelto más robusto.* Tras haber robado los caballos, Ulises y Diomedes vuelven al campo de los griegos, esto es para significar que la materia, habiendo subido a lo alto del vaso volatilizándose, recae al fondo de donde había partido.

Tales son los caballos de Reso que se habían de robar antes de que bebieran del agua del Xanto. Como se ha visto, era necesario apoderarse de ellos antes de aquel momento, puesto que la materia venida al amarillo, o color del azafrán, no habría podido ser volatilizada, condición requerida, sin embargo, para la perfección de la obra, o la toma de Troya.

A estas fatalidades se ha añadido las de la muerte de Troilo y Héctor. Uno y otro perdieron la vida bajo los golpes del valiente Aquiles. Ya se sabe lo que significan los nombre de Tros y de Ilo, de los que ha sido compuesto Troilo, en consecuencia, es inútil entrar en una nueva explicación al respecto. Sólo diría que la disolución y la putrefacción de la materia, que están significadas por este mismo nombre, y tanto la una como la otra son imprescindibles para tener éxito en la obra, hacen entender la razón de que se considerara la muerte de Troilo como una condición requerida para la toma de la ciudad de Troya. La de Héctor no lo era menos ya que era el principal defensor. vio a Aquiles viniendo hacia él, semejante a Marte, con una capacidad terrible, amenazante y brillante como el fuego, o como el Sol cuando se levanta, dice Homero.[104] Desde que Héctor se dio cuenta quedó espantado y a pesar del corazón y la bravura que había mostrado hasta entonces y ha pesar de las exhortaciones que él mismo se hizo para reanimar su coraje, no pudo sostener la presencia de Aquiles y recibirlo con pie firme. El temor se apoderó de él y optó por huir. Aquiles, el de los pies ligeros, lo persiguió con la misma rapidez que un pájaro de presa cae sobre una paloma espantada. Héctor huyó con mucha fuerza y velocidad, pero Aquiles lo persiguió aún más rápido. Llegaron a las dos fuentes del Escamandro, llenas de precipicios y recodos. Una es caliente

102. Homero, *Ilíada*, lib. 10, vers. 438.

103. Espagnet, *La Obra secreta de la Filosofía de Hermes*, can. 78.

104. Homero, *Ilíada*, lib. 22, vers. 131.

y exhala humo, la otra está siempre congelada, incluso en lo más fuerte del verano. Pasaron por encima, y Aquiles no lo habría podido alcanzar si Apolo no se hubiera presentado ante Héctor. Le reanimó el coraje. Minerva también estaba presente bajo la figura de Deífobo, hermano de Héctor, al que animó a que hiciera frente a Aquiles; éste le asestó un golpe de lanza a Héctor, que lo evitó. Héctor le lanzó la suya con tanta fuerza y violencia que cayó hecha pedazos al chocar contra el escudo de Aquiles. Al verse sin lanza Héctor recurrió a su espada y se lanzó sobre Aquiles que lo paró con un golpe de lanza que dio en su clavícula y lo tiró al suelo. Muriendo Héctor le predijo que Paris, ayudado por Apolo, acabaría con su vida.

No se ha de reflexionar mucho para ver que esta huida de Héctor y la persecución de Aquiles significan la volatilización de la materia. Alfidio, que ya he citado al respecto, dice que cuando el que persigue detiene al que huye, se vuelve el amo. Aquiles y Héctor llegan a las dos fuentes del Escamandro, una caliente y líquida y la otra congelada, porque efectivamente, hay dos materias en el fondo del vaso, una líquida y la otra congelada, es decir el agua y la tierra congelada, que está formada de esta misma agua. No se detuvieron allí, pero dieron vueltas y vueltas, porque la materia al volatilizarse sube y desciende más de una vez antes de fijarse. Héctor no se detuvo hasta que se le presentó Apolo y le habló, pues la materia volátil sólo se fija cuando se reúne con la fija. Entonces se da el singular combate donde Héctor sucumbe, y predice a Aquiles que morirá bajo los golpes de Paris y Apolo; por la misma razón que este mismo dios fue la causa de la muerte de Patroclo, así como la de Héctor.

Finalmente, Télefo, hijo de Hércules y de Auge, era absolutamente necesario para la toma de Troya. Hemos dicho en el precedente libro, que Hércules era el símbolo del artista. Auge significa esplendor, brillo, luz, y ya se sabe que los filósofos dan estos nombres a la materia fijada al blanco, en contraste con el negro al que llaman noche y tinieblas. Télefo significa el que luce y brilla desde lejos, es por esto que se dice que es hijo de la Luz. Necesariamente debía estar en la toma de Troya, puesto que ésta no podría llevarse a cabo si la materia no está fijada.

Éstas eran las fatalidades de la ciudad de Troya y tal es el sentido en el que se las debe entender. Éstas son las fábulas, o más bien las alegorías, que tomadas en el sentido histórico no tendrían nada de ridículo. Los partidarios del sentido histórico bien lo han sentido; tampoco se les a obligado a explicarlas. Todas han sido la obra de Ulises, como Ovidio se lo hace decir en su arenga para disputar las armas de Aquiles. Él descubrió a Aquiles bajo su disfraz de mujer y le obligó a unir sus armas a las de los griegos. Llevó a Filoctetes al campo y trajo las flechas de Hércules; robó el Paladión, trajo el hueso de Pélope, robó los caballos de Reso y fue causa, dice él, de la muerte de Héctor y de Troilo, puesto que estos dos hijos de Príamo sucumbieron bajo las armas de Aquiles. Finalmente obligó a Télefo a unirse a los griegos contra los troyanos, aunque fuera aliado de estos últimos y debiera ser enemigo de los primeros, que le habían librado una batalla donde fue herido. Se tiene razón al decir que era aliado de los troyanos; la naturaleza de Télefo, o la piedra al blanco lo indican suficientemente, puesto que es de naturaleza fija como la piedra al rojo, o el elixir designado por los troyanos. Asimismo Homero nos enseña que se ha de tener de Ulises la misma idea que la que tenemos de Hércules. En su descenso a los Infiernos le hace hablar así:[105] *Hércules me reconoció desde que me vio y me dijo: bravo y valiente hijo de Laertes, Ulises que sabéis tantas cosas ¡Ay! Pobre miserable sois, os parecéis a mí; tenéis que superar muchas fatigas y trabajos parecidos a los que yo he sufrido, cuando vivía sobre la tierra. Soy hijo de Júpiter y a pesar de esta cualidad, he tenido que sufrir males. Estuve obligado a obedecer las órdenes del más malvado de los hombres y que era duro al mandarme. Se imaginó que el trabajo más difícil y más peligroso que podía ordenarme era el de venir aquí a robar el Cerbero. Vine y lo arranqué de los Infiernos, bajo la guía de Minerva y de Mercurio.*

Son bien remarcables estas guías de Hércules. También son las mismas que condujeron a Ulises en sus operaciones. Siempre se ve a Minerva a su lado. Se reconocían bien el uno y la otra. Hércules consagró su maza a Mercurio, Ulises ofreció a Minerva los despojos de Dolón, teniendo el cuidado al hacerlo de advertir a esta diosa que la prefería a todos los habitantes del Olimpo y que sólo a ella hacía esta ofrenda. Asimismo ella llama a Ulises,[106] el más fino, el más astuto y el más ardiente de los hombres. Ella le dice: *pero no disputemos de astucias y de finezas, sabemos suficiente de lo uno y de lo otro, puesto que no tenéis igual en cuanto a consejos y a elocuencia. Yo soy igual en relación a los dioses. ¿No reconoceréis, pues a Minerva, la hija de Júpiter, a mí que me es un placer acompañaros por todo y ayudaros en todos vuestros trabajos?*[107]

Este testimonio no es contradicho por las acciones de Ulises. Siempre se ve en él a un hombre sabio y prudente que no hace nada a la ligera y, en fin, a quien todo le sale bien. También era así Hércules, no emprendía nada que no llevara a cabo. Así es, o así debería ser el filósofo hermético que emprende los trabajos de Hércules, o las acciones de Ulises, es decir, la gran obra, o la medicina dorada. En vano se intentará ejecutarlas si no se tienen todas las cualidades de estos héroes. En vano se trabajará si no se conoce la materia de la que fue construida la ciudad de Troya; si se ignora la raíz del árbol genealógico de Aquiles. Los filósofos la han disfrazado bajo tantos diferentes nombres que se ha de tener la penetración y el genio de Ulises para reconocerla. Es esta multitud de nombres lo que, según Morien,[108] induce a error a casi todos los que intentan conocerla. Pitágoras en la Turba dice que toda la ciencia del arte hermético consiste en encontrar una materia, reducirla en agua y reunir esta agua con el cuerpo de la plata viva y de la magnesia. Buscad, dice el Cosmo-

105. Homero, *Odisea*, lib. 2, vers. 614.
106. Homero, *Odisea*, lib. 13, vers. 292 y ss.
107. Homero, *Ilíada*, lib. 10, vers. 278, y en la *Odisea*, lib. 13, vers. 300.
108. Morien, *Conversación con el rey Calid.*

polita, una materia de la que podáis hacer un agua que disuelva el oro naturalmente y radicalmente. Si la habéis encontrado, tenéis la cosa que tanta gente busca y que tan pocos encuentran. Tenéis el más preciado tesoro de la tierra.

Tales son, o más o menos parecidas, las indicaciones que los autores herméticos dan de esta materia. Sería preciso ser más que un Edipo para adivinarla por sus discursos. Sin duda que es una cosa muy común y poco ignorada, puesto que hacen de ella tan gran misterio y hacen todo lo posible por disfrazarla para que sea desconocida. No cabe duda que las operaciones también son fáciles, ya que el Cosmopolita y muchos otros aseguran que se la puede describir no en pocas páginas, sino en pocas líneas e incluso en pocas palabras. Sin embargo, esta cosa que se puede expresar y decirse en tan pocas palabras, Homero ha encontrado tanta fecundidad en su genio como para extenderla de manera que ha hecho de ella toda su Ilíada. Probado por el Cosmopolita que dice, que aquel que está al corriente de la gran obra, encontrará allí suficiente materia como para componer una infinidad de volúmenes. Así, por el asedio de Troya y la reducción a cenizas de esta ciudad, Homero ha tenido a la vista, y ha descrito alegóricamente, la manera de encerrar a Paris y a Helena, o la materia en el vaso e indicar lo que allí sucede durante las operaciones. Él supone a un hombre y a una mujer porque esta materia es en parte fija y en parte volátil, en parte agente y en parte paciente. Este vaso es el templo de Apolo el Timbrio, donde Aquiles fue muerto por Paris. Este sobrenombre de Apolo le viene de la planta o pequeño arbolete llamado *Thymbre*, con los tallos cubiertos con una lana bastante ruda de color purpurina. Ya se ha visto que este color es el signo de la perfecta fijación de la materia.

Entonces la ciudad de Troya es tomada y la mayor parte de los héroes que han asistido, se retiran a países extranjeros, como hicieron Eneas, Diomedes, Antenor y tantos otros, para fundar reinos. Esta dispersión indica el efecto del polvo de proyección, que tiene la propiedad de fundar reinos y hacer reyes, es decir, de transformar los diferentes metales en oro, que es llamado el rey de los metales. El Trevisano[109] ha empleado esta alegoría en ese sentido; Basilio Valentín[110] ha hecho lo mismo. Y en efecto, si se considera al oro como el rey de los metales ¿no es lo mismo fundar nuevos reinados en países lejanos, que transformar en oro a los metales que al menos tienen afinidad con el oro?

Paris, Helena y Aquiles son, pues, los tres principales héroes de la Ilíada, a continuación, Héctor y Pirro. Ulises es propiamente el consejero de los griegos, es decir, el que conduce las operaciones. Aquiles es el agente interior, o el fuego innato de la materia, que durante un tiempo permanece dormido y como entorpecido, finalmente se despierta y actúa. Es muerto al fin por Paris, este hombre afeminado a quien se le reprocha siempre su negligencia y su blandura, pero

109. El Trevisano, *Filosofía de los Metales.*

110. Basilio Valentín, *El Azoth de los Filósofos.*

que sin embargo muestra de cuando en cuando un gran coraje. Pirro el de los cabellos rojos sucede a su padre Aquiles y arruina la ciudad de Troya. Este color rojo de los cabellos de Pirro no está designado sin razón, pues Homero sabía bien que la ciudad de Troya es tomada, o que la obra está terminada, cuando el elixir ha adquirido el color rojo. La cualidad ígnea de Aquiles ha determinado al poeta a representar a este héroe como bravo, valiente, siempre animado y casi siempre en cólera. La ligereza del fuego ha hecho darle los epítetos de πίδας (agua de fuente), ὠκύς (rápido veloz), πόδαρκης (de pies ágiles). Su analogía con el fuego ha hecho decir que Vulcano fabricó su escudo. Es por eso que fue llamado Pirisoo, porque este fuego vive en el fuego mismo sin ser consumido.

Después de que hubo matado a Héctor, el más valiente de los troyanos, el cuerpo de este héroe fue rescatado por un peso igual a él en oro. Cuando Aquiles fue muerto por Paris, los griegos también rescataron su cadáver con el mismo precio. Estos héroes al ser de oro y descendidos de los dioses auríficos no podían ser rescatados de otra manera. En consecuencia, se figura también que sus huesos fueron depositados en féretros de oro y cubiertos con una tela de color púrpura. El de Aquiles había sido dado a Tetis por Baco. La historia de Baco nos ha enseñado la razón de ello, pues es este dios de oro el que concedió a Midas la propiedad de cambiar en oro todo lo que tocara. Aquiles después de muerto fue desposado con Medea en los Campos Elíseos; se sabe que Medea poseía el secreto de rejuvenecer a los viejos y curar las enfermedades; no se puede, pues, figurar un matrimonio más adecuado, puesto que el Aquiles filosófico tiene las mismas propiedades. Durante su vida, la herrumbre de sus armas había curado la herida que éstas habían hecho a Télefo. Se reconoce a Pirro en una infinidad de textos de los filósofos herméticos, pero sólo citaré a Raimon Llull respecto a esto. *La naturaleza de esta cabeza roja* –dice[111]– *es una substancia muy sutil y ligera, su complexión es cálida, seca y penetrante.* Este autor no es el único que ha tenido en cuenta en sus alegorías, lo que pasa en el asedio de Troya. Basilio Valentín hace significativa mención de Paris, Helena, Héctor y Aquiles en su descripción del vitriolo. Muchos autores han tenido de esta guerra la misma idea que yo, y han hablado de ella en el mismo sentido.

No pretendo que la Ilíada de Homero sólo encierre esto. Es verdad que sólo es una alegoría, lo mismo que la Odisea, pero es una alegoría hecha en parte para explicar los secretos físicos de la naturaleza y en parte para dar a la posteridad lecciones de política. Sin duda es por esto último que Alejandro le hacía tanto caso que llevaba siempre a Homero con él y lo ponía bajo su almohada durante la noche. Y, a decir verdad, ¿puede parecer que se hubiera considerado a las obras de Homero como la más bella producción del espíritu humano, si se hubiera pensado que se consideraban como reales tantas cosas pueriles que relata además de los adulterios, muertes, robos y otras maldades que atribuye

111. Raimon Llull, *Testamento,* cap. 81.

a los dioses y a las diosas? Habla de una manera más propia para hacerlas despreciar que respetar. Los discursos que les hace mantener, los injuriosos reproches que pone en su boca y tantas otras cosas, hacen ver claramente que su idea era hablar alegóricamente, pues no es verosímil que tan gran hombre hubiera hablado en ese tono y que los hubiera creído reales. Él pensaba más bien que las gentes de espíritu sabrían separar la corteza del fruto y que verían los tesoros bajo el velo que los oculta.

Es preciso, pues, considerar en las obras de Homero al menos cuatro cosas: un sentido jeroglífico o alegórico, que vela los más grandes secretos de la física y de la naturaleza. Sólo los filósofos naturalistas y aquellos que están al corriente de la ciencia hermética por teoría bien meditada, o por práctica, están en estado de comprenderlo. Estos admiran en sus obras mil cosas que les sorprenden y les sobrecogen de admiración, mientras que los otros las pasan y no son tocados en nada. Los políticos encuentran admirables reglas de conducta para los reyes, los príncipes, los magistrados y asimismo para las personas de todas las condiciones. Los poetas le señalan un genio fecundo y una sorprendente invención para las ficciones, las fábulas y todo lo que concierne a los dioses y a los héroes. Para ellos es una fuente inagotable. Finalmente, los oradores admiran la noble simplicidad de sus discursos y la naturalidad de sus expresiones.

Se puede decir también que Homero ha mezclado algo de histórico en su Ilíada y su Odisea, pero lo habrá hecho para hacer sus alegorías más verosímiles, como hacen aún hoy día la mayor parte de los autores de los romances. Lo verdadero está sumergido en tantas ficciones y de tal manera disfrazado que no es posible adivinarlo. Así, admitiendo que hubiera existido una ciudad de Troya algunos siglos antes de Homero, se podría decir que su ruina le ha suministrado el proyecto de su alegoría, pero no se entenderá de ello que el relato que hace es verdadero. Denis Zachaire, que vivió en el siglo dieciséis, ha hecho lo mismo que Homero, ha supuesto el asedio de una ciudad, en verdad no lo dice, pero habla como de un hecho real; *la diferencia que se encuentra entre estos dos autores,* es que el francés advierte de que habla alegóricamente y el griego lo deja adivinar.

Se debe concluir, pues, de todo lo que hemos dicho hasta el presente, que la Ilíada de Homero encierra muy poco, o nada, de las verdades históricas, pero mucho de las alegóricas. La prueba de ello es palpable. Supongamos por un momento con Herodoto,[112] que Homero vivió alrededor de ciento sesenta años después de la toma de Troya. Ciertamente no quedarían ninguno de aquellos, ni de los primeros ni casi de los segundos descendientes de los que allí asistieron, pues se sabe que, según el curso ordinario de la naturaleza, al menos se suceden cuatro generaciones en el espacio de ciento sesenta años. No es probable entonces que Homero haya podido tomar con certeza los hechos que relata y particu-

112. Herodoto, *Vida de Homero.*

larmente el detalle circunstancial de las acciones de cada jefe. Ya no hablo de las diferentes idas y venidas de los dioses y diosas, de los rayos lanzados por Júpiter, del temblor de tierra que provoca Neptuno, en cuya sacudida el mismo Plutón fue arrebatado de terror sobre su infernal trono. Dejo los diferentes combates que se dieron entre los inmortales en aquella ocasión. Todo el mundo conviene en que éstas son puras ficciones del poeta, pero no todos piensan lo mismo de las acciones de Ayax, Agamenón, Menelao, Diomedes, Ulises, Memnón, Héctor, Paris, Aquiles, Patroclo y etc. ¿Qué significan las piedras que estos héroes se tiraban en el combate? ¿Es que unos guerreros como esos se abatían como lo harían hoy día unos chiquillos traviesos, en lugar de hacer uso de sus armas? Héctor mató a Epigeo de un golpe de piedra.[113] Cuando Patroclo vio venir a Héctor hacia él, tomó su jabalina con la mano derecha y con la otra una piedra blanca, con la cual golpeó en la frente a Cebrión, cochero de Héctor, y lo derribó al suelo.[114] Ayax también derribó a Héctor de un golpe de piedra, que le dio en el pecho, y esta piedra era una de las que habían en la orilla para atar los barcos.[115] Con un golpe parecido Héctor había derribado a Teucro;[116] hasta allí sólo en uno de los combates se habían tirado piedras uno contra otro, pero sin duda que Ayax y Héctor gustaban de esta manera de combatir, pues tras haber sido abatidos a golpes de lanza, se acababan de abatir a golpes de piedras, pero ¿qué piedras? Éstas no eran guijarros que se pudieran lanzar fácilmente, éstas hacían el mismo efecto que una muela de molino cayendo desde lo alto.[117] Diomedes, por lo menos tan robusto como Ayax, quiso aplastar a Eneas con una piedra tan grande y pesada que dos hombres no habrían podido levantarla. Pero el hijo de Tideo la movió solo y la lanzó con tanta facilidad que cayó sobre la cadera de Eneas, y lo habría abatido si Venus, su madre, no hubiera acudido en su ayuda.[118]

¿Se creerá la palabra de Homero? Y ¿no se hará lo mismo al leer en Rabelais las acciones de Pantagruel,[119] que para distraerse levantó él solo, sobre cuatro pilares, una roca de alrededor de doce toesas[120] en cuadrado? Hay cientos de hechos tan poco verosímiles como estos, sin embargo, no se avisa de que se dude de ello. Se ha de creer al poeta de buena fe, pues no cita ninguna garantía de lo que dice. Es probable que no las tuviera, pues por mala o mal escrita que hubiera sido la historia de un asedio tan famoso *Homero habría podido aportar algunos fragmentos como prueba de lo que aventura, o algún otro autor nos hubiera hablado de ello.* Se ha de convenir, pues, que Homero lo ha

113. Homero, *Ilíada,* lib. 16, vers. 577.
114. Homero, *ibíd.* vers. 734.
115. Homero, *ibíd.* lib. 14, vers. 410.
116. Homero, *ibíd.* lib. 8, vers. 327.
117. Homero, *ibíd.* lib. 7, vers. 265.
118. Homero, *ibíd.* lib. 5, vers. 302.
119. Rabelais, lib. 2, cap. 5.
120. *Toesa:* Antigua medida francesa de longitud, equivalente a 1946 mm. *(N. del T.)*

sacado todo de su imaginación; pues si bien es verdad que alguna tradición oral habría podido conservar la memoria de algunos hechos señalados de los jefes de las dos partes, también lo es que no serían unas circunstancias tan detalladas como encontramos en este poeta. Confieso que hay algunas verdades en Homero. Los lugares de los que habla han existido al menos en parte, pero es imposible poder explicar cómo han podido suceder algunas cosas, por ejemplo, el hecho que Memnón haya venido desde Etiopía en ayuda de Príamo ha ocasionado una infinidad de disertaciones que, en lugar de constatar el hecho, sólo han servido para volverlo más dudoso. El abad Banier dice:[121] no es fácil determinar quién era y de dónde venía, los eruditos están muy divididos al respecto. Se puede ver a Perizonio y a Fourmond el mayor, que se han tomado muchas molestias en examinar este artículo. Tanto el uno como el otro se apoyan sobre la autoridad de autores antiguos, pero no concuerdan entre ellos, en consecuencia, sólo nos dejan conjeturas. Las incertezas de Perizonio prueban la debilidad de su opinión. Fourmond[122] cree haber demostrado bajo qué rey de Egipto fue tomada Troya, prefiriendo a Manetón antes que a los historiadores griegos, pero no ha podido encontrar al Titón de los griegos y a su hijo Memnón que entonces reinaba en Diópolis. Además, dice muy bien el abad Banier,[123] ¿sobre qué fundamento se puede asegurar que el rey de Egipto en aquel tiempo fuera pariente y aliado de Príamo que reinaba en Frigia y que envió desde el fondo de la Tebaida a su hijo con veinte mil hombres en ayuda de una ciudad tan alejada, de la que aparentemente nunca había oído hablar? Los reyes de Egipto, sobre todo los de Dióspolis, que reinaban en aquel tiempo, orgullosos de su poder, de sus fuerzas y de sus riquezas, despreciaban soberanamente a los otros reyes y no querían hacer con ellos ninguna comparación.

Convengamos pues, que las ficciones y las fábulas que inundan esta historia y en las cuales es como absorbida, deben, por lo menos, volverla sospechosa. En cuanto a la realidad de las ciudades y de los lugares que son relatados en Homero, además de que un gran número de ellas nunca han podido ser descubiertas por Estrabón y los otros geógrafos; su misma existencia, anterior a Homero, sólo significaría que la ficción ha sido ajustada a su situación y que les otorgó fundadores y reyes imaginarios, a imitación de los egipcios que se jactaban de haber tenido a los dioses por reyes hasta Horus, hijo de Isis y de Osiris. Ya hemos dicho, según Diodoro de Sicilia, que los antiguos poetas, Melampo, Homero, Orfeo, etc, habían dado a los lugares nombres conformes a su doctrina; sin duda que aquellos que no se han podido descubrir eran figurados y que la mayor parte de los otros tenían su origen allí. Se tiene una prueba de ello, suficientemente convincente, en las etimologías que he dado.

121. Banier, t. 3, p. 497.

122. Fourmond, *Reflexiones sobre las historias de los pueblos antiguos.*

123. Banier, *ibíd.* p. 498.

Éstas confirman lo que dice Diodoro, puesto que cuadran perfectamente con la doctrina que supongo dio lugar a la Ilíada.

Sólo hay este medio para poner de acuerdo a todas las diferentes opiniones de los autores al respecto. Tantas disertaciones hechas sobre los obscuros y difíciles lugares que cita Homero, son inútiles, al menos en cuanto a ésta. La única utilidad que nos queda es el esclarecimiento de muchos otros puntos de la historia, gracias a los lugares que cita Homero. Los eruditos que los han puesto al día, y se ha de reconocer su infatigable trabajo, han adquirido la consideración del público. Sus obras son antorchas que sólo han disipado las tinieblas extendidas sobre los nombres de sus autores. Pero, en fin, ellos han hecho lo posible, se han esforzado a base de vigilias y fatigas, han creído ser útiles y es justo, pues, que se les tenga en cuenta. Confesémoslo de buena fe, los autores de estas disertaciones y los antiguos de los que sacaron sus pruebas, no han visto más claro los unos que los otros. La prueba de ello es palpable, todos han bebido de la misma fuente y todos tienen opiniones contrarias. Pero que se de para explicar a Homero a un filósofo hermético, que haya estudiado la naturaleza y que sepa la teoría y la práctica de su arte, o a alguien como yo que haya hecho un largo estudio de sus obras, para tratar al menos de ponerse al corriente del carácter de sus alegorías, desarrollar su enigmático estilo, desvelar sus jeroglíficos, ver si sus obras y su arte tienen un objeto real, si esta ciencia merece ser tan despreciada como lo es y finalmente dar, por la combinación de sus razonamientos y mediante la concordancia de sus expresiones, un esclarecimiento sobre una ciencia tan obscura; estoy seguro que estos no se pondrían en contradicción los unos con los otros. Todos explicarían la misma cosa del mismo objeto y de la misma manera.

Asimismo son las repetidas aplicaciones que hacen a su materia y a sus operaciones de los diferentes rasgos de la fábula, lo que ha hecho nacer en mí la idea de esta obra. He visto acuerdo en sus explicaciones y he constatado con placer que todos tenían los mismos principios. De tantos autores que han escrito sobre la filosofía hermética no he visto ni uno sólo que fuera contrario a otro, me refiero a aquellos que tienen la reputación de estar al corriente de esta ciencia, pues a los otros no los tengo en cuenta. Si a veces parece que se contradicen es porque escriben enigmáticamente y el lector explica de una operación lo que el autor dice de otra. Uno parece decir sí donde otro dice no, pero es que toman la cosa desde diferentes puntos de vista. Aquel llama agua a lo que este llama tierra, porque su materia está compuesta de las dos y porque se vuelve agua o tierra sucesivamente.

En fin, par finalizar lo que tenemos que decir de la Ilíada, que se examine seriamente a los héroes y las circunstancias, propiamente sólo se verá a un Ulises, que, por su prudencia, sus consejos, sus discursos y a menudo sus acciones lo gobierna todo, lo dirige todo y se encarga de todo. Instruido de las fatalidades de Troya, o de las condiciones sin las cuales esta ciudad no podría ser tomada, las ejecuta, o pone a los griegos en situación de ejecutarlas. Lo que hace por él mismo son precisamente los cuidados y los pasos del artista. Lo que los griegos y los troyanos hacen es lo que sucede en el vaso filosófico, con la ayuda del arte y de la naturaleza; finalmente Ulises lo dispone todo, hace una parte de las cosas y los griegos actúan cuando él los ha puesto en el punto de hacerlo. Tras él viene Aquiles, como el agente interior, sin el cual la naturaleza no actuaría para nada en el vaso, porque él es el principal ministro. Es mediante él que la materia se disuelve, se pudre y llega al negro. Homero también ha tenido el cuidado de decir que Aquiles estaba retirado en su barco *negro.* Euríalo, Menesteo, Toas (Toante), Idomeneo, Podarco, Eurípilo, Polipetes, Prótoo, Creton, Orsíloco y la mayor parte de los griegos habían llevado barcos negros. Protesilao, que se supone que fue muerto al comienzo, es detenido y enterrado en la tierra negra. Finalmente, Ulises es el único del que Homero dice que la proa de su barco era roja, que tomó un barco negro para devolver a Criseis a su padre Crises y que puso velas blancas en su retorno.

Uno de los otros héroes de la obra es Pirro o Neoptólemo, ya se ha visto el por qué. Finalmente, Paris es aquel contra quien los griegos combatieron para rescatar a Helena, que es el objeto de tantas penas y de tantos trabajos. Los otros actores sólo han sido ajustados como adorno y para formar el cuerpo de la ficción. Agamenón como jefe principal, Ayax como bravo guerrero y Diomedes como compañero de Ulises. Los otros son para llenar los incidentes que ha necesitado crear para formar lo verosímil de su ficción, en la que ajusta lugares de Grecia, de Frigia, de Tracia, etc. Que Troya haya existido o no, que haya sido destruida o que no lo haya sido, lo que siempre es verdad es que la Ilíada de Homero tiene el aire de una pura ficción, que se debe de juzgar como los trabajos de Hércules y como se piensa de las fábulas que incluyen a dioses y héroes. No se ha de juzgar la realidad del hecho por lo que dicen los autores posteriores a Homero, puesto que han venido muchos siglos después que él, todos han mamado de él y a pesar de esto no están de acuerdo entre ellos. Algunos han querido corregir en Homero lo que ellos no han podido explicar, otros lo han contradicho sin poner atención en que al hacerlo han vuelto el hecho aún más incierto. Si se toma el testimonio de Herodoto, la guerra de Troya sólo puede ser falsa, puesto que Helena, por la cual se supone que todo sucedió, estaba detenida entonces en casa de Proteo, rey de Egipto. Sin embargo, Cicerón llamó a este autor padre de la historia, tanto por su antigüedad como por su obra y su manera de escribirla. ¿Tendremos más fe en los otros autores paganos, que admitieron las fábulas más ridículas como verdaderas? Ellos han copiado ciegamente a Orfeo, Lino, Melampo, Museo, Homero y Hesíodo, y ¿de dónde han sacado estos últimos lo que relatan? Esto se sabe, es de Egipto, fuente de todas las fábulas. Los egipcios se jactaban de haberlo aprendido de Isis, Isis de Mercurio y Mercurio de Vulcano.

Pero, en fin, si se quiere sostener obcecadamente que hay verdades históricas bajo el velo de estas fábulas, que se me conceda al menos el hecho de que se haya podido tomar el suceso de estas historias para formar las alegorías, alegorías de cosas muy ocultas y muy secretas. Paracelso, Fernel y tantos otros lo han hecho, es lo que vuelve sus obras ininteligibles casi para todo el mundo. En los sistemas de aquellos que han querido explicar las fábulas históricamente, o moralmente, se encuentran dificultades insuperables que ellos mismos confiesan no poder desenredar ni resolver. En el mío no se encuentra ninguna. Todo está completo, todo es simple, todo es natural. Al menos esto es una presunción que indica la ventaja que tiene sobre los otros y que debe servir de prueba, a la gente de buena fe y exenta de prejuicios, de que es la única verdad.

CAPÍTULO VI

El descenso de Eneas a los Infiernos

Todo el mundo sabe que aunque la Enéida de Virgilio sea, sin oposición, el más bello poema latino que tenemos, es sin embargo una imitación al de Homero; no será sorpresa, pues, que yo una a la Ilíada[124] una parte de la Enéida. Virgilio ha seguido sus ideas, ha dado rienda suelta a su imaginación, pero no se ha apartado del proyecto que Homero le había suministrado, sólo se lo ha hecho propio por la manera en que lo ha tratado. No pretendo, pues, atribuir a Virgilio todos los conocimientos de la filosofía hermética; sin duda había tomado de varios lo que él dice, como había hecho con muchas otras cosas; también se podría pensar que Virgilio tenía alguna idea de ello, que sentía cuál era el objeto de la Ilíada y de la Odisea y que las consideraba como alegorías de la medicina dorada. Quizás se encontrara en el caso de otros muchos eruditos que, mediante un estudio asiduo y reflexionado de los autores herméticos, tienen ideas verdaderas, aunque indeterminadas, de la materia y de las operaciones de este arte, pero que no ponen mano a la obra por falta de algún amigo que les indique cuál es precisamente esta materia, y que fije esta indeterminación para el comienzo y la continuación del trabajo requerido para tener éxito.[125]

No es sorprendente, pues, que Virgilio haya deslizado en su Enéida algunos rasgos que tienen relación con ella. Tal es en particular el del descenso de Eneas

124. Viene a propósito señalar que el término mismo de *Ilias* ha sido tomado por muchos autores para significar el fin, el término de una cosa. El Cosmopolita lo empleó en ese sentido. *Ita etiam*, dice en su primer tratado, *generosa natura semperagit usque in ipsum Iliadum, hoc est, terminum ultimum, postea cessat.*

125. Lo he explicado todo en estos doce tratados – dice el Cosmopolita en su epílogo – he aportado todas las razones y las pruebas naturales, a fin de que el lector temeroso de Dios y deseoso de este arte, pueda comprender más fácilmente todo lo que, con la ayuda de Dios, he visto y he hecho con mis propias manos sin ningún fraude ni sofisticación. Es imposible llegar al final de este arte sin un conocimiento profundo de la naturaleza, a menos que Dios, por un singular favor, se digne a revelarlo, o que un amigo de corazón declare este secreto.

a los Infiernos. Espagnet,[126] Augurel,[127] Filaleteo,[128] y muchos otros filósofos han adoptado los propios términos de Virgilio, y han hecho aplicaciones muy afortunadas, en los tratados que han compuesto sobre la gran obra. No es sin fundamento, pues, que yo le suponga estas ideas a Virgilio y me conformaré a las aplicaciones que han hecho estos autores, en las explicaciones que daré de la narración de esta poeta.

Al tomar tierra en Cumas,[129] Eneas dirigió sus pasos hacia el templo de Apolo y hacia el antro de la horrorosa sibila, que este dios inspira y a través de la cual descubre el porvenir. La entrada de este templo estaba decorada con una representación de los sucesos de Dédalo, llevando las alas que había fabricado y que después consagró a Apolo, en honor del cual había edificado este templo. También se veía allí el laberinto que Dédalo construyó en Creta, para encerrar al Minotauro, las penas y los trabajos que se han de experimentar para vencer a este monstruo y para salir de este laberinto una vez que se ha penetrado allí, teniendo el hilo que Ariadna dio a Teseo con esa intención.[130] Estas representaciones impresionaron a Eneas y se detuvo a contemplarlas, pero la sacerdotisa le dijo que el tiempo no le permitía entretenerse. Se vuelve, pues, al antro donde la sibila daba sus oráculos, y apenas hubo llegado la vio arrebatada por el furor que tenía costumbre de agitarla en estas circunstancias. Los troyanos que acompañaban a Eneas fueron presos de terror. Eneas mismo tembló ante este aspecto y dirigió desde lo mejor de su corazón su ruego a Apolo. Le recordó la protección tan particular con la que siempre favoreció a los troyanos y le rogó insistentemente que la continuara. Le prometió levantar dos templos de már-

---

126. Espagnet, *La Obra secreta de la Filosofía de Hermes.*
127. Augurel, *Crisopeya.*
128. I. Filaleteo, *Entrada abierta al palacio cerrado del rey.*
129. Virgilio, *Enéida*, lib. 6, vers. 2 y ss.
130. Las decoraciones de este templo son considerables, y no es sorprendente que hayan atraído la atención de Eneas. Un artista no tendría que reflexionar demasiado sobre una empresa tal como la de la gran obra, a fin de poder venir al punto de tomar, como Zachaire (en su *Opúsculo*) una última resolución que no encuentre ninguna contradicción en los autores. No solamente las operaciones y el régimen son un verdadero laberinto, de donde es muy difícil salirse, sino que las obras de los filósofos configuran uno aún más embarazoso. La gran obra es muy fácil, si se cree a los autores que tratan de ello, todos lo dicen, y algunos incluso aseguran que sólo es un divertimento de mujeres y un juego de niños; pero el Cosmopolita hace observar que cuando dicen que es fácil, se ha de entender para aquellos que la conocen. Otros han asegurado que esta facilidad sólo considera las operaciones que siguen a la preparación del mercurio. Espagnet es de este pensamiento, puesto que en su canon 42 dice: *se precisa un trabajo de Hércules para la sublimación del mercurio, o su primera preparación; pues sin Alcides, Jasón no hubiera emprendido nunca la conquista del Toisón de oro.* Augurel (*Crisopeya*) a este respecto se expresa en los términos siguientes: *Alter inaut aiam noto de vertice pellem principium velut oflendit, quod sumere possis; alter onus quantum subeas.* Ya he explicado la fábula del Minotauro y de Teseo. Se puede recurrir a ella.

mol en reconocimiento, uno en su honor y otro en el de Diana,[131] cuando se estableciera en Italia con sus compañeros de viaje. Asimismo se propuso instituir las fiestas de Febo y hacer que se celebraran con toda la magnificencia posible. Después dirigió su palabra a la sacerdotisa y le rogó que no pusiera sus oráculos sobre hojas voladoras, temiendo que el viento las dispersara y no las pudiera recoger. Al fin habló la sibila y predijo a Eneas todas las dificultades que encontraría y los obstáculos que tendría que superar, tanto en su viaje, como en su establecimiento en Italia.[132] Pero ella lo exhortó a que no perdiera el coraje y que aprovechara la ocasión para llevar adelante su empeño con más vigor. Sin embargo sus oráculos[133] estaban llenos de ambigüedades, de equívocos y no era fácil entenderlos, pues envolvía la verdad con un velo obscuro y casi impenetrable.[134] Eneas respondió a la sibila que había previsto todo lo que le podía suceder, que lo había reflexionado y que estaba dispuesto a todo. Pero ya que se asegura, le dijo él, que está aquí la entrada del tenebroso imperio de Plutón, desearía ardientemente ver a mi padre Anquises, al que he salvado de las llamas a través de mil flechas tiradas contra nosotros, él que, a pesar de la debilidad de su edad, tuvo el coraje de exponerse a los mismos peligros que yo y de acompañarme en todos los trabajos que he sufrido. Él mismo me recomendó venir a encon-

---

131. Apolo y Diana eran los dos principales dioses de la filosofía hermética, es decir, la materia fijada al blanco y al rojo, con razón Eneas se dirigía a ellos y les prometía levantar dos templos. El mármol, por su dureza, indica la fijeza de la materia, y el establecimiento de Eneas en Italia designa el término de los trabajos del artista, o el fin de la obra.

132. Las dificultades que se encontraron para llegar a este establecimiento no son pequeñas, ya que muchos lo intentan y lo han intentado sin tener éxito. Lo podemos juzgar por lo que dice Pontano (Epístola sobre el fuego), que ha errado más de doscientas veces y que ha trabajado durante largo tiempo sobre la verdadera materia sin tener éxito, porque ignoraba el fuego requerido. Se puede ver la enumeración de estas dificultades en el tratado que ha hecho Thibault de Hogelande.

133. Esta manera de explicarse mediante términos ambiguos y equívocos es precisamente la de todos los filósofos. No hay ni uno que no la haya empleado, es lo que hace a esta ciencia tan difícil y casi imposible de aprender en las obras que tratan de ella. Escuchemos a Espagnet sobre eso (canon 9): *que aquel que ama la verdad y que desea aprender esta ciencia escoja a pocos autores, pero señalados como buenos. Que tenga como sospechoso todo lo que le parezca fácil de entender, particularmente en los nombres misteriosos de las cosas y en el secreto de las operaciones. La verdad está oculta bajo un velo muy obscuro; los filósofos jamás dicen más verdad que cuando hablan obscuramente. Siempre hay artificio y una especie de supercherìa en los lugares donde parecen hablar con más ingenuidad.* También dice en el canon 15: *los filósofos tienen la costumbre de expresarse mediante términos ambiguos y equívocos, asimismo a menudo parecen contradecirse. Si explican sus misterios de esta manera no es por el deseo de alterar o de destruir la verdad, sino a fin de ocultarla bajo estos rodeos y de volverla menos sensible. Es por esto que sus escritos están llenos de términos sinónimos y homónimos que pueden despistar. También se explican mediante figuras jeroglíficas y llenas de enigmas, y mediante fábulas y símbolos.* Es suficiente leer a algunos de estos autores para reconocer este lenguaje. En cuanto a las fábulas de Orfeo, de Teseo y Helena, las hemos explicado en los libros precedentes.

134. Virgilio, *Enéida,* lib. 6, vers. 98.

traros y pediros esta gracia. Volveos propicia a mis ruegos, pues sin duda Hécate os tiene aquí para eso. Se le concedió a Orfeo para ir a buscar a su esposa. Cástor y Pólux van y vienen alternativamente todos los días. Teseo ha descendido allí para raptar a Proserpina y Hércules para llevarse al Cerbero. Ellos son hijos de dioses, yo también lo soy. La sibila le respondió: Hijo de Anquises y de los dioses, es fácil descender a los Infiernos, la puerta de este obscuro lugar está abierta día y noche,[135] la dificultad está en volver de allí y subir a la morada de los vivos.[136] Hay pocos que puedan hacerlo. Se ha de ser hijo de los dioses; por una sublime virtud es preciso ser vuelto semejante a los inmortales, o al menos merecer el afecto del siempre justo Júpiter. En medio de este lugar están los vastos bosques rodeados del negro Cocito. Pero como mostráis tan gran deseo de pasar dos veces el lago Estigio y ver dos veces la morada del tenebroso Tártaro, quiero secundar vuestros deseos. Escuchad pues, lo que tenéis que hacer para salir airoso, y retened bien lo que os voy a decir.

Un frondoso árbol oculta entre la multitud de sus ramas un flexible ramo, cuyo tallo y hojas son de oro. Está consagrado a Proserpina. No es en los bosques, ni en los bosquecillos, ni en los valles, donde se le encuentra.[137] No se

---

135. Virgilio, *ibíd.* vers. 126.

136. La Sibila tiene razón al decir que la entrada de este lugar está abierta día y noche, puesto que los filósofos dicen que es en todo tiempo y en todo lugar que se puede hacer la obra. Pero todo no está en entrar allí, es preciso estar instruido en las operaciones, saber hacer la extracción del mercurio y adivinar de qué mercurio hablan los filósofos. Es precisamente en esto que Espagnet hace la aplicación de estas palabras de la Sibila, *Pauci quos aequus, etc.* Pues como dice el mismo autor (*canon 36*): *Para impedir que se distinguiera cuál es el mercurio del que hablan los filósofos y ocultarlo en las tinieblas más obscuras, ellos han hablado como si hubieran de muchas clases, y lo han llamado mercurio en todos los estados de la obra donde se encuentra y en cada operación. Después de la primera preparación lo llaman su mercurio y mercurio sublimado; en la segunda que ellos llaman la primera, porque los autores no mencionan esta primera, llaman a este mercurio, mercurio de los cuerpos o mercurio de los filósofos, porque entonces el Sol está allí reincrudado; todo se vuelve un caos, es su Rebis, es su todo, porque todo lo que es necesario para la obra se encuentra allí. Asimismo a veces han dado el nombre de mercurio a su elixir, o medicina tingente y absolutamente fija, aunque el nombre de Mercurio casi no conviene más que a una substancia volátil.* Se ha de ser, pues, hijo de los dioses para salir de las dificultades y seguir exactamente las enseñanzas de la Sibila, si se quiere pasar dos veces por el lago Estigio y ver dos veces la morada del Tártaro, es decir, hacer la preparación de la piedra o del azufre y después el elixir. En cada operación se ve una vez el negro Estigio y el tenebroso Tártaro, es decir, la materia al negro.

137. Este árbol es el mismo que aquel donde estaba suspendido el Toisón de oro, es la misma alegoría explicada en el segundo libro. Pero la dificultad está en reconocer esta rama; pues los filósofos, dice Espagnet (canon 15), han puesto una atención más particular en ocultar este ramo de oro que cualquier otra cosa, éste sólo lo puede arrancar, añade este mismo autor según las palabras de la Sibila: *quien ... podrá reconocer los pájaros maternales hacia quienes dos palomas, viniendo del cielo, dirigirán su vuelo.* No es sorprendente que los filósofos se hayan aplicado en ocultar este ramo de oro, puesto que está ante los ojos de todo el mundo (*Cosmopolita, epílogo, en Enigmas*), se encuentra por todo, todo el mundo hace uso de él y todo proviene de él. Es conocido de los jóvenes y de los viejos, dice el autor del tratado que lleva por título, *Gloria Mundi*, se encuentra en los campos, los bosques,

podría penetrar en estos lugares subterráneos sin haber cogido este ramo que tiene los frutos de oro. Es el presente que Proserpina quiere que se le ofrezca. Siempre se le encuentra, pues apenas que se le ha arrancado crece otro del mismo metal. Ved, buscadlo con vuestros ojos y cuando lo hayáis encontrado cogedlo y arrancadlo sin pena, si el destino os es favorable, vendrá por él mismo, pero si os es contrario todos vuestros esfuerzos serán inútiles, no lo pueden conseguir ni la fuerza ni el hierro.

Aún tenéis otra cosa por hacer. Sin duda ignoráis que el cuerpo muerto de uno de vuestros amigos infecta toda vuestra flota; id pues, e inhumadlo y como expiación sacrificad bestias negras; se ha de empezar por esto;[138] después podréis

---

las montañas y los valles. Pero se le desprecia porque es muy común. Ni la fuerza ni el hierro son necesarios para arrancarlo; es la ciencia de la obra. Este ramo es el mismo que la planta llamada *Moly*, que Mercurio dio a Ulises (*Odisea*, lib. 10, vers. 302 y ss) para librarse de las manos de Circe. *Tal diciendo, el divino Argifonte (Hermes) entregome una hierba que del suelo arrancó y, a la vez, me enseñó a distinguirla; su raíz era negra, su flor de color de la leche;Moly suelen llamarla los dioses; su arranque es penoso para un hombre mortal.* Por eso se ve que Homero y Virgilio están deacuerdo, pero el primero indica más precisamente la cosa, puesto que señala el color de la raíz y de la flor. Los antiguos autores que pensaban que Homero sólo escribía alegóricamente, no se han cuidado de buscar esta planta entre el número de las otras. Ellos han pensado que Homero sólo había querido significar con ello la erudición y la elocuencia. A este respecto se puede ver a Eustatio, fol. 397, lig. 8, y a Teócrito, Idyll. 9, vers. 35. Asimismo lo han querido probar mediante la lengua hebraica, de la que muchos piensan que este poeta estaba perfectamente instruido, lo mismo que de las ceremonias del culto de los judíos. Filóstrato favorece este pensamiento (Heroicis, fol. 637). Véase también a Focio en su Biblioteca, fol. 482. Duport, Gnomolog, Homeric, Noel el Conde (Natali Conti) (*Mitología*, lib. 6, cap. 6) y (Antología, fol. 103). Plino el naturalista ha creído que esta planta era el Cinocéfalo, en latín *Antirrhinum*, y en francés *muffle de veau.* (lib. 25, cap. 4, y lib. 30). Emeri en su *Diccionario de las plantas*, piensa que Moly es una especie de ajo, del que da la descripción bajo el nombre de *Moly.* Ptolem. Héphaestion, también habla de ella, lib. 4. Collat. *Cum Scholiis Sycophron*, vers. 679. Todavía se puede consultar sobre eso a Máximo de Tiro, cap. 9; pero ni los unos ni los otros han dado en el objetivo. En verdad Homero hablaba alegóricamente, pero hacía alusión a los colores que sobrevienen a la materia de la gran obra durante las operaciones. La raíz de esta planta es negra, porque los filósofos llaman raíz y llave de la obra al color negro, que es el primero en aparecer. El color blanco que sucede al negro son las flores de esta planta, o las rosas blancas de Abraham el judío y de Nicolás Flamel; el lis de Espagnet y de tantos otros; el narciso que recogía Proserpina cuando fue raptada por Plutón, etc. Por eso se ve el por qué la fuerza y el hierro son inútiles para arrancar esta planta.

138. Proserpina exige que se le presente este ramo de oro, no es posible ir a ella sin tenerlo. Pero antes de cogerlo es preciso inhumar a aquel que siempre ha acompañado a Héctor hasta la muerte y que Tritón había hecho perecer entre las rocas del mar. Es decir, que se ha de poner en el vaso al mercurio fijado en piedra en el mar filosófico y continuar el régimen de la obra; entonces la materia se dispondrá para la putrefacción y la inhumación filosófica, como hacen los compañeros de Eneas con el cuerpo de Misenas, a los cuales deja el cuidado de hacer los funerales, mientras que él busca el ramo de oro. Se sabe lo que se ha de entender por la muerte, ya hemos hablado de ello en los libros precedentes. Virgilio, que no quería dar esta historia como verdadera sino como una pura alegoría, tiene el cuidado de prevenir al lector de una vez por todas, diciendo (vers.173): *Si credere dignum est.* Sólo después de la inhumación de Misenas, Eneas puede ver el lago Estigio y el tenebroso imperio de Plutón, y es durante los funerales, mientras que los troyanos lloran sobre el cuerpo del difunto, que rodean la hoguera con hojas negras

ver los bosques estigios y estos imperios inaccesibles para los vivos. Eneas se volvió pensativo con Acates, su fiel compañero. Encontraron en la orilla el cadáver de Misenas, hijo de Eolo, que Tritón había ahogado precipitándolo a través de las rocas del mar (si es que el hecho es creíble). Entonces se dispusieron a ejecutar las órdenes de la sibila, y para ello se acercaron a una antigua selva y cortaron leña para hacer la hoguera. Mientras hacía este trabajo, Eneas observaba toda la selva con los ávidos ojos para descubrir el ramo de oro del que la sibila le había hablado.

Mientras tanto dos palomas[139] vinieron volando hacia él y se posaron sobre el césped. Las reconoció porque eran pájaros consagrados a su madre y el corazón se le llenó de alegría, y les dirigió la palabra en estos términos: servidme de guías y dirigid mis pasos hasta el lugar de la selva donde crece este ramo de oro. Y vos, mi madre diosa, no me abandonéis en la incertidumbre en la que me encuentro.

Habiendo hablado así se puso en marcha, observando con atención los signos que las palomas le hacían y el camino que tomaban. Emprendieron el vuelo y fueron tan lejos como la vista podía alcanzar. Pero cuando llegaron a la entrada del hediondo Infierno, se apartaron de pronto y fueron a posarse,

---

(vers. 213), lavan el cadáver y le hacen unciones; es entonces cuando Eneas encuentra este ramo tan deseado, bajo la guía de dos palomas. Morien (*Conversación con el rey Calid*) habla en muchos lugares de este cuerpo infecto y hediondo que se ha de inhumar, al que llama *inmundicia de muerte*. Filaleteo emplea el mismo término en su tratado *de La verdadera confección de la Piedra*, p. 48. Y dice que la grasa, el plomo, el aceite de Saturno, la magnesia negra, el vino ígneo, las tinieblas, *el Tártaro*, la tierra negra, el estiercol, el velo negro, el espíritu fétido, la inmundicia del muerto, el menstruo hediondo, todos son términos sinónimos que significan la misma cosa, es decir, la materia venida al negro. En cuanto a las palomas, Espagnet ha empleado la misma alegoría (canon 42 y 52) y dice: la entrada del jardín de las hespérides está guardada por bestias feroces, que sólo se pueden mitigar con los atributos de Diana y las palomas de Venus. Filaleteo también ha hablado más de una vez de estas palomas, en su tratado *la entrada abierta al palacio cerrado del rey*. Sin ellas, dice este autor, no es posible llegar allí. Que se ponga atención a lo que significan los atributos de Diana y se verá que no es fácil penetrar en la morada de Proserpina sin su ayuda, como tampoco era posible tomar la ciudad de Troya sin las flechas de Hércules; es por esto que las palomas vinieron a Eneas volando y también fueron volando a posarse sobre el árbol doble, que oculta el ramo de oro. El Cosmopolita hace mención de este árbol (*Enigrac.*) en estos términos: *enseguida fui conducido por Neptuno a un prado donde había un jardín, en el que habían muchos árboles dignos de atención y perfectamente bellos. Entre muchos se veían dos más principales, más altos que los otros, salidos de una misma raíz, uno llevaba frutos brillantes como el Sol y cuyas hojas eran de oro, y el otro producía frutos blancos como el lis y sus hojas eran de plata. Neptuno llamaba a uno árbol solar y al otro árbol lunar.* Cuando las palomas llegaron junto a Eneas se posaron sobre el césped, es el prado del Cosmopolita. Éstas se apartaron de la entrada del hediondo Infierno, porque la materia se volatiliza durante la putrefacción. Fueron a posarse sobre el árbol solar, es decir, que la volatilización cesa desde que las partes volátiles se fijan en una materia que los filósofos llaman oro.

139. Virgilio, *Enéida*, *ibíd.* vers. 190.

según el deseo de Eneas, sobre el árbol doble, cuyas ramas tenían un brillante color de oro.

Habiendo visto Eneas el ramo tan deseado[140] lo cogió con ardor y lo llevó al antro de la sibila. Después se reunió con sus compañeros que estaban ocupados en los funerales de Misenas. Coríneo recogió los huesos y los encerró en una urna de bronce.[141] Eneas le levantó una tumba y se volvió con la sibila para conformarse a los consejos que le había dado. Su antro estaba elevado, pedregoso, guardado por un lago negro y rodeado por un sombrío bosque. Los pájaros no podían volar por encima impunemente,[142] pues un vapor negro y hediondo se exhala de la abertura, y se eleva hasta la convexidad del cielo y los hace caer dentro.

Después Eneas sacrificó cuatro toros negros[143] invocando a Hécate, cuyo poder se siente en el Cielo y en los Infiernos. Ofreció una oveja negra a la Noche, madre de las euménides, y a la Tierra su hermana, y finalmente inmoló una vaca estéril a Proserpina y terminó con los sacrificios a Plutón.

La sibila entró en esta espantosa abertura,[144] y Eneas le siguió con paso firme. Marcharon el uno y el otro en una obscuridad parecida a la del final del día, donde el color de los objetos empieza a no distinguirse. En la entrada de este lugar se encuentran los cuidados, las inquietudes, las enfermedades, la muerte,

140. Virgilio, *Envida, ibíd.* vers. 210.

141. Virgilio no dice que se pusieran los huesos de Misenas en una urna de oro o de plata, como Homero dice que se hizo con los de Héctor y los de Patroclo, sino en una de bronce, y esto no es sin razón. Son tres estados en los que se encuentra la materia, bien diferentes los unos de los otros. El que está representado por Misenas es el primero de los tres, es el tiempo en el que la materia está en putrefacción, es entonces que los filósosfos la llaman *bronce, latón* que se ha de blanquear. Blanquead el latón y romped los libros, entonces os son inútiles, dice Morien (*conversación con el rey Calid*). Los sabios de este arte, en este estado lo han llamado *Quilo, plomo, Saturno,* y algunas veces *cobre o bronce,* a causa del color negro y de su impureza de la que se ha de purgar (Filaleteo, *op. cit.* p. 43). Ripley dice (*recapitulación de su tratado*): *por este medio tendréis un azufre negro, después blanco, después citrino y finalmente rojo, salido de una sola y misma materia de los metales; es lo que ha hecho decir a los filósofos: Aunque ignorárais todo el resto, si sabéis conocer nuestro latón o bronce.* Filaleteo, después de haber citado el tratado de Ripley añade: *coced, pues, este bronce, y quitadle su negrura imbibiéndolo y regándolo hasta que blanquee. Nuestro bronce, dice Jean Dastin, primero se cuece y se vuelve negro, entonces es propiamente nuestro latón que se ha de blanquear.* He aquí la urna de bronce en la que se ponen los huesos de Misenas. Los de Patroclo fueron puestos en una de plata y los de Héctor en una de oro, porque uno significa el color blanco de la materia llamado *plata* u *oro blanco,* cuando está en ese estado, y el otro indica el color rojo llamado *oro*.

142. Los pájaros no podían pasar volando sobre la abertura del antro que sirve de entrada al Infierno sin caer allí, porque la materia que se volatiliza, significada por los pájaros, recae al fondo del vaso después de haber subido a la cima. El espacio que se encuentra vacío entre la materia y esta cima es llamado *Cielo* por los filósofos, también dan el nombre de *Cielo* a la materia que se colorea. La negrura que sobreviene a la materia no puede significarse mejor que mediante los sacrificios y la inmolaciones de animales negros que Eneas hace a Hécate, a la Noche y a Plutón.

143. Virgilio, *Envida, ibíd.* vers. 243.

144. Virgilio, *Envida, ibíd.* vers. 270.

el sueño y los sueños. Se ven allí diversos monstruos, tales como centauros,[145] Escila con dos formas, Briareo, la hidra de Lerna, la Quimera, las gorgonas, las harpías y las sombras con tres cuerpos.

Tal es el camino que lleva al río Aqueronte, lleno del barro del Estigio y de la arena del Cocito. Caronte, el espantoso Caronte, es el guardián de estas aguas; su barba es semiblanca, sucia y mal peinada; un harapo de tela sucio le sirve de vestimenta; es el que está encargado de pasar al otro lado de las sombras a quien se presenta. Una innumerable multitud[146] de errantes sombras revolotean sobre las orillas del río y ruegan insistentemente a Caronte que las pase. Él rechazaba brutalmente a todas aquellas cuyos cuerpos no habían sido inhumados, pero finalmente, al cabo de un tiempo las metía en su barca.[147]

La sibilia y Eneas[148] continuaron su camino y se acercaron al Estigio. Caronte habiéndolos visto desde su barca, dirigió estas palabras a Eneas: ¿Quién sois

---

145. Virgilio presenta aquí, bajo un sólo punto de vista, todo lo que las fábulas encierran de horroroso, horrible y espantoso; se diría que ha querido enseñarnos que todas estas diferentes fábulas sólo tienen un mismo objeto, porque son alegorías de la misma cosa, y que sería vano intentar explicarlas de otra manera. Es el objetivo que me he propuesto en esta obra, todas mis explicaciones tienden a esto. Se puede recordar las que he dado hasta aquí, se verá que he explicado todos estos monstruos de la misma manera, es decir, de la disolución que se hace mientras que la materia es negra; he encontrado mis pruebas de ello en las obras de los filósofos y las he explicado según la circunstancia, se puede, pues recurrir a ellas. Pero Virgilio sigue paso a paso lo que sucede en la obra y nos conduce firmemente. De los monstruos va al río Aqueronte, cenagoso en extremo, lo que forma el barro o el estiercol filosófico, y en las fábulas del Cocito indican las partes cuya reunión compone la piedra. De ahí viene el Caronte. En el retrato que hace ¿puede desconocerse el color gris sucio que sucede inmediatamente al negro? Esta barba gris del viejo mal peinado, estos harapos de tela que le cubren, puestos a propósito, son símbolos de los más fáciles de entender. La orden que tiene de pasar por las sombras hasta más allá del negro y cenagoso Aquerón, indica perfectamente que no se puede pasar del color negro al blanco sin el color gris como intermediario. El Érebo, que fue padre de Caronte, y la Noche su madre, nos hace comprender mejor lo que era.
146. Virgilio, *Envida, ibíd.* vers. 305 y ss.
147. Hubiese sido muy difícil expresar la volatilización de la materia durante y después de la putrefacción, mediante una alegoría más expresiva que la de las sombras errantes y revoloteadoras sobre las orillas del Estigio; la cosa se explica por ella misma. Pero ¿por qué Caronte se negaba a pasar a aquellas cuyos cuerpos estaban sin sepultura? La razón es muy simple. Mientras que las partes volátiles erran y revolotean en lo alto del vaso por encima del lago filosófico, no están reunidas en la tierra de los filósofos, que pasa del color negro al color gris, significado por Caronte; esta tierra nada como una isla flotante, lo que ha dado ocasión de figurar la barca. Cuando estas partes volátiles al cabo de un tiempo son reunidas en esta tierra, el tiempo que se les ha fijado para errar se termina y vuelven al lugar de donde habían partido y pasan con las otras. Virgilio ha expresado perfectamente lo que se ha de entender por esta inhumación, es decir, esta reunión de las partes volátiles revoloteantes, con aquellas que están en el fondo del vaso, de donde se habían separado. *Entrega esos despojos a su postrera morada, cúbrelos con un sepulcro,* dice Virgilio, (vers. 152) hablando de Misenas; y (vers. 327) hablando de las sombras: *pues no le es permitido transportar a ninguno a la horrendas orillas por la ronca corriente antes que sus huesos hayan descansado en sepultura.*
148. Virgilio, *Envida, ibíd.* vers. 384.

que os presentáis armado en la orilla de este río? ¡Hablad! ¿Que venís a hacer aquí? Retroceded, esta es la morada de las sombras, de la noche y del sueño. No me está permitido admitir a los vivos en mi barca, ya me arrepentí bien de haber recibido a Hércules, Teseo y Pirítoo, aunque fueran hijos de dioses y de un extraordinario valor. El primero tuvo la osadía de atar al Cerbero, guardián del Tártaro, y se lo llevó; los otros dos tuvieron la temeridad de intentar raptar a Proserpina. Al ver a Caronte encolerizado, la sibila le dijo: apaciguaos, dejad de excitaros, no venimos con el deseo de hacer violencia. Que el guardián en su antro ladre eternamente, si así lo quiere, y que Proserpina permanezca tranquila cuanto quiera en la puerta de Plutón, no nos opondremos. Eneas es un héroe recomendable por su piedad; sólo el deseo de ver a su padre lo ha traído hasta aquí. Si un deseo tan religioso no hace impresión en vos, reconoced este ramo de oro. Entonces Eneas lo sacó de debajo de sus ropas, donde lo tenía oculto.

Al ver este ramo Caronte se tranquilizó y tras haberlo admirado largo tiempo, condujo su barca hasta la orilla donde estaba Eneas. Alejó a las sombras y habiendo introducido a Eneas a bordo, con la sibila, los pasó hasta el otro lado del limoso río. Allí se encuentra el Cerbero de tres cabezas, cuyos espantosos ladridos resuenan en todo el reino de Plutón. Desde que vio a Eneas se le erizaron las culebras que le cubrían el cuello, pero la sibila lo adormeció echándole en su boca abierta una composición soporífera de miel y otros ingredientes;[149] se la tragó ávidamente y su propiedad hizo efecto. Cerbero se acostó con un fuerte sueño y la inmensidad de su cuerpo llenó todo el antro. Eneas desembarcó enseguida y se apoderó de la entrada.

Dio algunos pasos y empezó a oír llantos y gritos de niños, a los que la cruel muerte había arrancado del pecho de sus madres; gemidos de los que habían sido injustamente condenados a muerte, cada uno tiene su lugar determinado y va a sufrir el interrogatorio de Minos. Después de estos últimos están aquellos que se han quitado la vida ellos mismos, vida de la que querrían gozar en ese momento, aunque tuvieran que estar sujetos a los trabajos más penosos y sumidos en la peor miseria. Se veía una infinidad de otros repartidos aquí y allá, vertiendo amargas lágrimas; los amantes y las amantes, a quienes los cuidados y las inquietudes habían dado muerte; Fedra, Procris, Erifila, Evadne, Pasífae, Laodamía, Ceneo y Dido. Cuando Eneas la percibió fue hacia ella y le habló, pero las excusas del héroe no hicieron impresión en ella, giró la cabeza,

149. Es inútil repetir aquí lo que ya hemos dicho en el segundo libro respecto a la poción que Medea dio a Jasón para adormecer al dragón, guardián del toisón de oro. El lector se dará cuenta de que todas son alegorías parecidas y en consecuencia deben ser explicadas y entendidas de la misma manera, lo que encierra una nueva prueba que justifica la idea que voy a dar de este descenso de Eneas a los Infiernos. El dragón que es guardián del jardín de las hespérides tiene con ellos una estrecha relación, el Cerbero era hermano de los dos, nacidos de Tifón y de Equidna. La hidra de Lerna, la serpiente Pitón, la Esfinge, la Quimera, también habían salido del mismo padre y de la misma madre que el Cerbero. Este parentesco explica lo que eran y lo que se debe pensar de ellos.

huyó y fue junto a Siqueo, su esposo, quien correspondiendo a su amor quiso consolarla en su aflicción.

De allí Eneas fue a los lugares ocupados por aquellos que se habían hecho un nombre por sus trabajos militares. El primero que se presentó ante sus ojos fue Tideo, después Partenopeo y Adrasto. Después vio a otros troyanos muertos durante la guerra de Troya, Glauco, Medonte, Tersíloco, Antenor, Políbeto, favorito de Ceres, y el cochero de Príamo, Ideo. La mayor parte de los griegos que se aparecieron a Eneas, con sus brillantes armas, fueron presos de temor, unos huyeron y los otros se pusieron a dar gritos. vio a Deífobo, hijo de Príamo, y al verlo no pudo evitar soltar un suspiro, porque Deífobo se le apareció con las orejas, la nariz y las manos cruelmente mutiladas.[150]

Estaban aún en plena conversación, cuando la sibila temiendo que se extendieran más de la cuenta, advirtió a Eneas que empezaba a aparecer la aurora y que el tiempo fijado para las operaciones iba pasando. Eneas, le dijo ella, he aquí que pasa la noche y perdemos el tiempo en llorar. Aquí el camino[151] se divide en

---

150. Esta enumeración de las sombras que vió Eneas, parece que se haya puesto para adornar el relato y hacerlo más interesante, pero no es lo mismo de la descripción que hace del Tártaro. Tisífone, la cruel ejecutora de los suplicios a los cuales los dioses mandaban a los criminales, y los mismos criminales son designados por sus suplicios. Allí se ve a los titanes, Oto y Efialtes, estos dos gigantes de los que habla Homero (Odisea, lib. 11) Salmoneo, Titio, los lapitas, Ixión, su hijo Pirítoo y su amigo Teseo, Flegias, etc. Asimismo se cree que Virgilio ha querido hacer alusión a algunas personas que vivían en su tiempo designando los crímenes de los que el rumor público los hacía culpables y que hablaba de ellos bajo los nombres tomados de la fábula. Virgilio no dice que Eneas fuese allí, sino que la sibila le contó lo que pasaba. El retrato que este poeta hace del Tártaro, parece estar puesto expresamente para designar a los sopladores y buscadores de la piedra filosofal, que trabajan sin principios y pasan toda su vida en fatigantes trabajos de los que sólo sacan enfermedades y miseria. Ya hemos dicho que Pirítoo era su símbolo de ello. Los otros lo son aún de una manera más determinada. Ixión que sólo abrazó una nube y es atado a una rueda que da vueltas sin cesar, para darnos a entender que los sopladores sólo recogen de su trabajo los vapores y el humo de las materias que emplean y que son una especie de gente condenada a un trabajo perpétuo e infructuoso. Sísifo tenía que empujar una pesada roca y hacer todos los esfuerzos posibles para subirla a la cima de una montaña y cuando creia que había llegado al punto donde debía colocarla, la roca se le escapaba de las manos y caía de nuevo al pie de la montaña, donde la iba a buscar y empezaba de nuevo el mismo trabajo, sin obtener ningún fruto. Éste es el verdadero retrato de estos sopladores de buena fe, que trabajan día y noche con la esperanza de tener éxito, puesto que creen estar en el buen camino, pero tras muchas fatigas, cuando casi han llegado al punto que buscaban, o sus vasos se rompen o les llega cualquier otro accidente y se encuentran en el mismo punto donde estaban cuando empezaron, no se desaniman con las esperanza de salir mejor airados la próxima vez. Las danaides, que llenan de agua sin cesar un tonel que no tiene fondo, representan perfectamente a los que sacan siempre de su bolsa y de la de otros, los bienes que se les escapan, sin que les quede otra cosa que los toneles donde estos bienes se desvanecen y se pierden. Se pueden juzgar otros casos mediante estos.

151. El camino que conduce al Tártaro es el que toman la gente de la que acabo de hablar, el que lleva a los Campos Elíseos es el que sigue Eneas y con él los filósofos herméticos. Los primeros encuentran en la entrada a Tisífone y las Furias y no encuentran más que un aire apestado, una morada sombría y tenebrosa, con un trabajo penoso e infructuoso. Los segundos, al contrario, seguros de su hecho,

dos, uno lleva a los muros del palacio de Plutón y a los Campos Elíseos, el otro, que está a la izquierda, conduce al Tártaro. Eneas levantó los ojos y de pronto vio los elevados muros sobre la roca que estaba a la izquierda, estaba rodeado de un río de llamas muy rápido que se llama Flagetón y hace un gran ruido por el choque de los guijarros que arrastra. En frente había una vasta y gran puerta que tenía a los lados dos columnas de diamantes, que los mismos habitantes del cielo no podrían cortar con el hierro, una torre de hierro se elevaba en los aires, Tisífone guarda su entrada día y noche.

Tras este relato, la vieja sacerdotisa de Apolo dijo a Eneas: es tiempo de continuar nuestro camino y terminar la obra que hemos emprendido, ya veo los muros de la morada de los cíclopes y las puertas del palacio abovedado, donde debemos depositar el ramo de oro. Marcharon, pues, y al llegar a estas puertas, Eneas se lavó el cuerpo y hundió su ramo en el umbral mismo. Tras haber hecho esto se vieron transportados a esos lugares afortunados, donde se respira un aire suave y donde la beatitud establece su morada.

Allí se ven a los troyanos[152] que se han sacrificado por su patria, los sacerdotes de Apolo que han vivido religiosamente y que han hablado de este dios de la manera que conviene, aquellos que han inventado o cultivado las artes y aquellos que se han vuelto recomendables por sus beneficios;[153] todos tienen la frente ceñida con una cinta blanca y una diadema del mismo color. La sibila les

---

porque tienen a la sibila como guía, perciben desde el principio los muros y la puerta del palacio del dios de las riquezas; todo lo que tiene la naturaleza de más agradable se presenta ante sus ojos. Se puede recordar en esta ocasión lo que aporté según los filósofos, respecto a la morada de Baco en Nisa y de Proserpina en Sicilia, es una descripción de los Campo Elíseos bajo otros nombres. Es suficiente gemir como Eneas por la desdichada suerte de aquellos que no están guiados por la sacerdotisa de Apolo, estos toman el camino del Tártaro pero no se les ha de seguir, es perder el tiempo así como distraerse contenplándoles; es mejor continuar el camino e ir a colocar el ramo de oro. Empezaba a aparecer la aurora, cuando percibieron los muros del palacio, es decir, que el color negro significado por la noche, empezaba a dar paso al color blanco, llamado luz y día por los filósofos. Caminaron, pues, y habiendo llegado a la puerta Eneas colocó allí el ramo de oro, porque la materia en este estado de blancura imperfecta empieza a fijarse y, en consecuencia a volverse oro de los filósofos. Es por lo que se dice que Eneas hundió su ramo en el umbral de la puerta, pues la puerta indica la entrada a una casa, así como este color blanco imperfecto es un signo del principio de la fijación.

152. Virgilio, *Envida, ibíd.* vers. 662.

153. Después entraron en el lugar de las delicias, de alegría y de satisfacción, donde todos los habitantes llevan una diadema blanca. He aquí el progreso insensible de la obra, he aquí los diferentes matices de los colores que se suceden. Se ha visto al negro representado por la noche, la obscuridad del antro de la sibila, por las negras aguas de los ríos del Infierno, y la disolución de la materia por los monstruos que habitan en las orillas de estos ríos; el color gris por la barba de Caronte y sus sucios ropajes; el blanco un poco más desarrollado, por el día que extiende la aurora y la aparición de los muros del palacio. He aquí finalmente el blanco totalmente hecho, manifestado por las cintas y las diademas blancas de los habitantes de los Campos Elíseos.

dirigió a todos estas palabras, a Museo en particular:[154] Decidnos, almas muy dichosas, decidnos, ilustre Museo ¿dónde encontraremos a Anquises? ¿En qué sitio de este lugar tiene su morada? Es el deseo de verle el que nos trae y nos ha hecho atravesar los grandes ríos del Infierno. Nosotros no tenemos un retiro fijo, les respondió Museo, todos habitamos por igual estas agradables riberas, estos prados verdes y siempre regados, pero si queréis subamos sobre esta elevación y pasemos al otro lado.

Museo subió allí con ellos y les hizo notar los brillantes campos cuya luz deslumbraba a los ojos. Después descendieron al otro lado y divisaron a Anquises, que recorría con ojos atentos las sombras troyanas y las otras que debían ir a reunirse con las inmortales. Sin duda repasaba en su espíritu a los que pertenecían a sus lazos de sangre, su estado, sus costumbres, sus acciones. Mientras tanto se apercibió de que Eneas venía hacia él, lágrimas de alegría mojaron sus mejillas y le tendió los brazos diciéndole: he aquí que habéis venido, el amor paternal os ha hecho vencer los trabajos de un viaje tan penoso, os veo, os hablo, contaba hasta los cuartos de hora en la impaciencia de volveros a ver y mi esperanza no ha sido vana. ¡Cuántas tierras, cuántos mares habéis recorrido! ¡cuántos peligros habéis sufrido! ¡Cuánta inquietud he tenido por vuestra causa! Yo temía mucho que Libia arruinara vuestro proyecto.[155] Eneas le respondió: después de que la muerte nos separara, la tristeza se apoderó de mi corazón, siempre estabais presente en mi espíritu y el ardiente deseo de veros me ha traído aquí. Dejé mi flota en las orillas tirrenas, no os inquietéis por ella; permitid que os abrace, no me privéis de esta satisfacción. Expresando así su alegría vertió abundantes lágrimas, tres veces le tendió los brazos para abrazarlo y tres veces la sombra de Anquises, parecida a la imagen de un sueño, se desvaneció en sus manos.

Durante esta conversación, Eneas vio a su lado un bosquecillo situado en un valle apartado, era una tranquila morada para sus habitantes y el río Leteo

---

154. La sibila dirigió la palabra a Museo en particular, ¿por qué? Es porque Museo pasa por ser uno de los que sacaron de Egipto el conocimiento de la genealogía dorada de los dioses y porque ha podido ser el primero en llevar su teogonía a Grecia. Él había hablado de Apolo, o el oro filosófico, de la manera que conviene hacerlo, asimismo había cultivado el arte de enseñar a hacerlo y a hablar de ello. No es sin razón, pues, que se figure que la sibila se dirigió a él para encontrar lo que Eneas buscaba.

155. Libia está al occidente de Egipto, es una parte de África que antiguamente tuvo los nombres de Olimpia, Oceanía, Corifé, Hesperia, Ortigia, Etiopía, Cirena, Ofiuse. Anquises tenía razón al decir que había temido por Eneas respecto a Libia, puesto que el régimen más difícil de la obra es, según todos los filósofos, el que se ha de guardar para llegar al color negro y para salir de él, pues el negro es la llave de la obra y es el primer color sólido que debe sobrevenir a la materia; es el signo de la disolución y la corrupción que necesariamente debe preceder toda generación. Si se fuerza mucho el fuego, dicen los filósofos, el color rojo aparece antes que el negro, se quemarán las flores y se frustrará el intento. Poned, pues, toda vuestra atención, añaden ellos, al régimen del fuego; coced vuestra materia hasta que se vuelva negra, porque es la señal de la disolución y de la putrefacción; cuando lo hayais conseguido, continuad vuestros cuidados para blanquear vuestro latón (*Filaleteo, Enarrat. Method, p. 80*) cuando sea blanco regocijaos entonces, pues el tiempo de las penas ya pasó: *dealbate latonem & rumpite libros.*

lo rodeaba por todas partes; una multitud de sombras de todas las naciones revoloteaban en su entorno y parecían un enjambre de abejas, que en un bello día de verano van en bandadas y revolotean alrededor del lis y de las flores que esmaltan una pradera.[156] Eneas, sorprendido por este espectáculo, pre-

156. Este afecto de Virgilio al citar primero el lis, que es una flor extremadamente blanca y poco común en las praderas, parece no tener otro objetivo que el de confirmar la idea de la materia llegada al blanco, que primero había designado mediante las cintas blancas que ciñen la frente de los habitantes de los Campos Elíseos. Asimismo se diría que no ha llevado más allá la descripción de la obra si no hubiera añadido que muchas otras flores esmaltaban las praderas. Aunque en total sean variadas estas flores, se sabe que tomadas cada una en particular son, comúnmente, blancas, o amarillas, o rojas, o mezcladas de algunos de estos colores. Virgilio había designado el blanco en particular mediante el lis; se contentó con indicar los otros dos en general. Después entraron en el lugar de las delicias, de alegría y de satisfacción, donde todos los habitantes llevan una diadema blanca. He aquí el progreso insensible de la obra, he aquí los diferentes matices de los colores que se suceden. Se ha visto al negro representado por la noche, la obscuridad del antro de la sibila, por las negras aguas de los ríos del Infierno, y la disolución de la materia por los monstruos que habitan en las orillas de estos ríos; el color gris por la barba de Caronte y sus sucios ropajes; el blanco un poco más desarrollado, por el día que extiende la aurora y la aparición de los muros del palacio. He aquí finalmente el blanco totalmente hecho, manifestado por las cintas y las diademas blancas de los habitantes de los Campos Elíseos.

La sibila dirigió la palabra a Museo en particular, ¿por qué? Es porque Museo pasa por ser uno de los que sacaron de Egipto el conocimiento de la genealogía dorada de los dioses y porque ha podido ser el primero en llevar su teogonía a Grecia. Él había hablado de Apolo, o el oro filosófico, de la manera que conviene hacerlo, asimismo había cultivado el arte de enseñar a hacerlo y a hablar de ello. No es sin razón, pues, que se figure que la sibila se dirigió a él para encontrar lo que Eneas buscaba.

Libia está al occidente de Egipto, es una parte de África que antiguamente tuvo los nombres de Olimpia, Oceanía, Corifé, Hesperia, Ortigia, Etiopía, Cirena, Ofiuse. Anquises tenía razón al decir que había temido por Eneas respecto a Libia, puesto que el régimen más difícil de la obra es, según todos los filósofos, el que se ha de guardar para llegar al color negro y para salir de él, pues el negro es la llave de la obra y es el primer color sólido que debe sobrevenir a la materia; es el signo de la disolución y la corrupción que necesariamente debe preceder toda generación. Si se fuerza mucho el fuego, dicen los filósofos, el color rojo aparece antes que el negro, se quemarán las flores y se frustrará el intento. Poned, pues, toda vuestra atención, añaden ellos, al régimen del fuego; coced vuestra materia hasta que se vuelva negra, porque es la señal de la disolución y de la putrefacción; cuando lo hayais conseguido, continuad vuestros cuidados para blanquear vuestro latón (*Filaleteo, Enarrat. Method, p. 80*) cuando sea blanco regocijaos entonces, pues el tiempo de las penas ya pasó: *dealbate latonem & rumpite libros.*

Este afecto de Virgilio al citar primero el lis, que es una flor extremadamente blanca y poco al, que señalan la continuación de la obra hasta el rojo. La respuesta de Anquises a Eneas lo prueba perfectamente. Este espíritu ígneo infundido en la materia es precisamente el que los filósofos herméticos dicen que está en su magisterio perfecto, al que también han dado el nombre de Microcosmos, o pequeño mundo, como siendo un resúmen de todo lo que el Macrocosmos tiene de perfecto. Dicen que es el principio de todo; todo está hecho de él; produce el vino en la viña, el aceite en el olivo, la harina en el grano, la simiente en las plantas, el color en las flores, el gusto en los alimentos; es el principio radical y vivificante de los mixtos y de todos los cuerpos; es el espíritu universal corporificado, que se especifica según las diferentes especies de individuos de los tres reinos de la naturaleza. El magisterio es, dice Espagnet, una minera del fuego celeste. Se ha de observar respecto a esto que Virgilio ha tenido el cuidado de distinguir los astros terrestres de los celestes, a fin de que el lector

guntó lo que era este río y esa cantidad de hombres esparcidos por su orilla; Anquises lo instruyó en estos términos: Desde el principio un cierto espíritu ígneo fue infundido en el Cielo, la Tierra, el Mar, la Luna y los Astros titánicos o terrestres; este espíritu les da la vida y los alimenta; a continuación un alma extendida por todos los cuerpos, da el movimiento a toda la masa. De allí han venido todas las especies de hombres, cuadrúpedos, pájaros y peces; este espíritu ígneo es el principio de su vigor; su origen es celeste y les es comunicado por las simientes que los han producido. Anquises los condujo después en medio de esta multitud de hombres que habían visto, y estando subido sobre una pequeña elevación, para ver mejor todo su mundo y pasar revista a uno tras otro, designó a Eneas todos aquellos que en Italia y en el transcurso del tiempo debían descender de él y sostener la gloria del nombre troyano.

---

no los confunda; es por esto que los ha llamado titanes, porque se sabe que los titanes eran hijos de la Tierra. Los astros terrestres son los metales, a los que la química ha dado los nombres de los planetas. Virgilio añade que este fuego es de origen celeste, porque, según Hermes (*Tabla de Esmeralda*) el Sol es su padre y la Luna su madre. Todos los filósofos herméticos lo dicen como él. Se llenaría un volúmen entero en este sentido; yo mismo he aportado un buen número de citas en el transcurso de esta obra. Cuando el magisterio ha adquirido la perfección, entonces es este fuego concentrado, este espíritu de la naturaleza, que tiene la propiedad de corregir las imperfecciones de los cuerpos, de purificarlos de sus impurezas, reanimar su vigor y producir todos los efectos que los filósofos le atribuyen. Finalmente es una medicina del espíritu, puesto que vuelve a su poseedor exento de todas las pasiones, la avaricia, la ambición, la envidia, los celos y otras que tiranizan sin cesar el corazón humano. En efecto, teniendo la fuente de las riquezas y de la salud ¿qué más se puede desear en el mundo? No se aspirará a los honores, pues la miseria está alli ligada. No se envidiará los bienes y la fortuna de otro, cuando se tiene con qué satisfacerse y hacer a los otros partícipes de ello. Los filósofos, pues tienen razón al decir que la ciencia hermética es la parte de los hombres prudentes, sabios, piadosos y temerosos de Dios; que si no eran así cuando Dios permitió que tuviesen su posesión, ellos se han vuelto así después.

ÍNDICE

ÍNDICE DE LOS LIBROS
Y CAPÍTULOS
DE LA SEGUNDA PARTE

LIBRO III

LIBRO IV

LIBRO V

LIBRO VI